Edith Stein

Irene Chikiar Bauer

Edith Stein

Judía. Filósofa. Santa

taurus

Papel certificado por el Forest Stewardship Council®

MIXTO
Papel | Apoyando la silvicultura responsable
FSC® C117695

Penguin Random House Grupo Editorial

Primera edición: junio de 2025

Printed in Spain – Impreso en España

ISBN: 978-84-306-2800-1
Depósito legal: B-6334-2025

Impreso en Rotoprint by Domingo, S. L. Castellar del Vallès (Barcelona)

TA 2 8 0 0 1

A Horacio Walter Bauer

Entreme donde no supe,
y quedeme no sabiendo,
toda ciencia trascendiendo.

SAN JUAN DE LA CRUZ

Nada te turbe,
nada te espante.

SANTA TERESA DE ÁVILA

ÍNDICE

TERCERA PARTE

AGRADECIMIENTOS

Esta biografía no es solo el producto de un desarrollo intelectual: lleva entrelazadas experiencias de vida, encuentros profundos con familia y amigos. Deseo agradecer fundamentalmente a quienes me acompañaron durante todo este tiempo. A mi familia de origen, representada hoy por mis hermanos, Darío, Jorge y Yamila, y sus familias. A Horacio, mi marido, que fue el primero en ponerme en contacto con Edith Stein. A mi hija Miranda, por el hecho de ser ella misma, con intensidad y apasionada determinación. A las primeras lectoras de este libro, en su etapa manuscrita: Mónica Veli, quien lo imprimió y glosó, capítulo a capítulo. A María del Carmen Winkelmann, Lili Grinberg, Patricia Veli, por las entrevistas y conversaciones acerca de la biografiada y la vida carmelita. A Horacio Varela Roca y a Mónica Plöese, a quienes siempre estaré agradecida por su atenta y empática escucha. A Alejandro Bertolini, por los encuentros, por regalarme su tesis sobre Edith Stein con una bella dedicatoria: "Para una lectora tan audaz y decidida como la autora que estudia".

Tambié quiero agradecer a Elena Martínez Baviére, por su estímulo. Ella me obsequió libros recientemente publicados de Mercedes Monmany, que iluminaron aspectos del contexto europeo de la vida de Edith Stein. A mi editor, Roberto Montes; fue un hallazgo de sincronicidad que, en etapa de redacción, me haya regalado un libro de Taurus, de la década del cincuenta, dedicado a Edith Stein, cuya versión yo tenía en francés. A Gabriela Vigo le agradezco su atenta y paciente lectura.

Me siento en deuda con Cristina Elgue, quien me estimuló a seguir adelante con mi desarrollo académico. Gracias a Keila Chikiar por asistirme en la etapa final de proyecto. También deseo mencionar a quienes de una u otra manera estuvieron cerca de este libro: Perla Gonilsky, Marta Roscardi, Juancho Hollmann, Daniel Berenguer, Mateo Chimenti, María Celia Gayoso, Gabriela Gutiérrez, Pablo Dreizik, Agustín Vignoni, Silvina Aizpún, Hernán Candiloro, Amparo Serrano de Haro y, muy especialmente, Elena Vilma López, que, a su vez, para aclararme algunas dudas, sostuvo un intercambio con el destacado especialista en fenomenología husserliana Roberto Walton.

INTRODUCCIÓN

La conversión al cristianismo de la filósofa y religiosa alemana Edith Stein no impidió que fuera asesinada, en 1942, por pertenecer a la misma estirpe que Jesús. Diez años antes, conmovida por las determinaciones nazis que habían excluido a los judíos de la vida pública y por el sufrimiento que esto causaba a los suyos, mientras pasaba unos días en la casa materna, se dispuso a escribir apuntes autobiográficos sobre su familia y ancestros. Fue así como, en 1933, a poco de ingresar al Carmelo, comenzó el manuscrito que lleva por título "Los recuerdos de mi madre". Allí presenta aspectos de la vida de sus bisabuelos y abuelos maternos, y recuerda las ciudades alemanas en las que habían vivido y ejercido sus profesiones. Esta rememoración no es ingenua, surge del deseo de sacar del letargo a sus lectores con un discurso opuesto al del nazismo. La producción filosófica de Stein era por entonces enorme; lo mismo que sus escritos antropológicos y pedagógicos que, junto con los espirituales, se reúnen en los cinco tomos de sus obras completas.

En 1998 el papa Juan Pablo II canonizó a Edith Stein. Supo de ella cuando era estudiante, a través de su profesor Roman Ingarden, en quien, se sospecha, en su juventud ella pudo haber estado interesada románticamente. La canonización encendió una serie de debates, en los que participaron sectores del judaísmo y sus propios descendientes, para quienes incuestionablemente Edith Stein había sido asesinada en campos de concentración por su condición de judía, como algunos de sus hermanos y parientes: para ellos no era sencillo asimilar que fuera presentada como mártir cristiana. Por su parte, Juan Pablo II la destacó en la homilía de canonización como "eminente hija de Israel e hija fiel de la Iglesia", y agregó:

> Edith Stein, por ser judía, fue deportada junto con su hermana Rosa y muchos otros judíos de los Países Bajos al campo de concentración de Auschwitz, donde murió con ellos en la cámara de gas. *Hoy los recordamos a todos con profundo respeto.* Pocos días antes de su deportación, la religiosa, a quienes se ofrecían para salvarle la vida, les respondió: "¡No hagáis nada! ¿Por qué debería ser excluida? No es justo que me beneficie de mi bautismo. Si no puedo compartir el destino de mis hermanos y hermanas, mi vida, en cierto sentido, queda destruida".

"Quien busca la verdad, consciente o inconscientemente, busca a Dios", dijo Edith Stein. Y, justamente, lo que me interesó fue el camino que hizo en búsqueda de *su* verdad, una búsqueda que la llevó desde el judaísmo al agnosticismo, y de allí, luego de doctorarse en filosofía y ser asistente personal de Edmund Husserl —el fundador de la fenomenología—, a la conversión. Una *metanoia* que, mediada por situaciones históricas concretas, de ninguna manera la llevó a renegar de sus orígenes. Y es esta actitud lo que la hace cercana, comprometida íntegramente consigo misma y, a la vez, contemporánea.

Como me sucedió al escribir biografías anteriores, lo primero que hice fue leer sus textos autobiográficos. En paralelo, me dispuse a estudiar su obra. Para ello me puse en contacto con Pablo Dreizik, Alejandro Bertollini, Jorge Roggero, Jesús Moreno Sanz, Carlos A. Tabenschlag, con los que tomé clases o sostuve entrevistas. También me asesoré con Hernán Candiloro y, en etapa de redacción, supo leer el manuscrito Elena Vilma López, que a su vez, para aclararme algunas dudas, sostuvo un intercambio con el destacado filósofo argentino Roberto Walton. También asistí a congresos y conferencias dedicados a Edith Stein, tanto de manera presencial como virtual, de modo que pude escuchar a personalidades destacadas, especialistas en fenomenología y en su vida y su obra, algunos de los cuales están citados en este libro. Además de leer las principales biografías que se le han dedicado y trabajos sobre su obra, viajé a Alemania para ver el Archivo Edith Stein en Colonia, y pasé por el Carmelo de Echt. Fueron sin duda fundamentales los cinco tomos de sus obras completas, a cargo de Julen Urkiza y Francisco Javier Sancho.

Resultó determinante contar con la autobiografía de Edith Stein, que, no es un dato menor, se enmarca en un pensamiento filosófico signado por la empatía, pautado por la apertura a los otros y la necesidad de indagar en la estructura de la persona humana y en las propias vivencias. Sin embargo, ella sabía que, al ser judía, debía expresar sus pensamientos con sumo cuidado. Además, había transitado una conversión que la llevó, dadas sus características personales, a combinar indagación fenomenológica con contenidos dogmáticos de la revelación cristiana, y a confrontar la fenomenología con la filosofía contemporánea y la teología. Esto impactó en su vida y en su escritura autobiográfica, porque Stein hizo de la filosofía un hábito y lo combinó con un estilo de vida empeñando en ello su voluntad de la cual estaba convencida, que "puede orientarse para acometer la tarea de autoconfiguración"[1]. No hay que perder de vista que, a esa altura, Stein llevaba desde hacía una decena de años una vida signada por un ideal que guiaba su "proceso de autoconfiguración"[2], como ella misma lo llama en *Estructura de la persona humana*. Proceso que la llevó del judaísmo al agnosticismo, luego a la filosofía, en 1921 a la religión católica y, en 1933, doce años después de su conversión, meditados y estudiados a fondo el dogma y luego de adentrarse en la filosofía católica, a las puertas del convento.

En mayo de 1935, Edith Stein interrumpió sus escritos autobiográficos. Se sabe que durante los seis meses del postulantado y en su año como novicia carmelita escribió la parte más extensa, *Historia de nuestra familia: las dos más jóvenes*, en la que relata la vida familiar y, como sugiere el título, se centra en ella y en su hermana Erna. Por encargo de sus superiores, alrededor de mayo de 1935, comenzó a elaborar su "extensa obra filosófica"[3], *Ser finito y ser eterno*, por lo que interrumpió la redacción de sus recuerdos, que retomaría una vez exiliada en Holanda, a principios de 1939. En esa oportunidad escribió apenas unas páginas en las que contó la "buena impresión"[4] que le produjo Martin Heidegger cuando lo conoció, mucho antes de que se lo considerada uno de los filósofos más relevantes del siglo XX; relata su examen de doctorado y cómo se convirtió en asistente de Husserl. Se piensa que Edith Stein (por entonces Sor Teresa Benedicta de la Cruz) tenía intención de continuar con sus recuerdos, pero esos escritos no fueron revisados ya que fue apresada y asesinada en 1942.

El punto es que la escritura autobiográfica implica una serie compleja de desplazamientos. En el intento de englobar el abismo que hay entre las palabras y las cosas, surgen una infinidad de interrogantes. En lo que respecta a Edith Stein, si bien toda memoria es inconclusa, podría afirmarse que su caso despliega otros inconvenientes. En principio, que comenzó a escribir el mes anterior a su entrada al Carmelo, en su etapa católica, cuando ya era una mujer madura que pasaba sus recuerdos por el tamiz de un sinfín de desilusiones y que sabía que sus escritos pasarían el filtro de la censura nazi. Pero lo fundamental es que, después de la conversión, tenía una idea de la providencia como impulsora del destino. Desde esta perspectiva retoma la época de la niñez, cuando todavía practicaba la religión judía, y su período de agnosticismo, iniciado alrededor de sus 12 o 13 años. Además de los dilemas propios de todo escrito autobiográfico, en su caso, la persona que relata su vida ha experimentado una completa transformación, un cambio de sentido en la vida. Quien escribe la segunda parte de estas memorias es Sor Teresa Benedicta de la Cruz[a], una monja carmelita que retrata su época de estudiante universitaria, cuando estaba a punto de doctorarse: una joven que en 1916 desconocía su destino de conversión y cuyas expectativas pasaban por defender su tesis, por que llegara finalmente la paz y, probablemente, por encontrar y experimentar el amor.

Por mi parte, comencé a interesarme en su vida y en su obra en 1998, año de su canonización, cuando escribí una semblanza biográfica en la revista cultural *El Arca*. En ese entonces, todavía en etapa de formación y estudio, no pude avanzar mucho más; por otra parte, aunque leí varios de sus escritos, no estaba en condiciones de abordar la complejidad de su obra. Pasaron los años, completé mi formación académica y, sin ser enteramente consciente de ello, seguí fascinada por su compleja personalidad y por la manera en que se conjugan en Edith Stein vida y obra. Cada tanto, como sostuve más arriba, me disponía a estudiarla. Luego de la publicación de mi biografía sobre Virginia Woolf y mientras escribía otros libros, dedicados a Eduarda Mansilla y Victoria Ocampo, todas ellas mujeres comprometidas con su tiempo, Edith Stein se impuso como nuevo desafío. A diferencia de ellas, pudo tener estudios formales, se doctoró en filosofía, fue docente y escritora. El rigor académico, su origen judío, el contexto histórico y cultural pudo haber influido en que no dejara testimonio, si las tuvo, de experiencias místicas. Fascinada por el *Libro de vida*, autobiografía de Santa Teresa de Ávila, refundadora del Carmelo —quien, Edith Stein no lo sabía, tuvo un abuelo converso—, inició su tránsito en el catolicismo. Edith Stein dedicó los últimos años de su vida a trabajar sobre San Juan de la Cruz. Cincuenta años después, en 1993, escri-

a Generalmente, cuando se trata de autores hombres, la biografía los nombra por el apellido en señal de distancia y respeto, mientras que en casos de mujeres se las llama por su nombre. En esta biografía nos referiremos a ella como Edith Stein cuando la conectamos con otros pensadores, y la llamaremos por su nombre en situaciones personales o familiares sin por ello menoscabar su figura como filósofa, religiosa y escritora.

bí un pequeño ensayo sobre el místico español. Ahora, con la publicación de esta biografía, siento que se consuma una etapa. Entrego a los lectores este libro, producto de un largo proceso de maduración, con la esperanza de que descubran en Edith Stein aquello que en esta época, en la que nos atiborramos de sensaciones, no es sencillo de encontrar: una manera de hallar, pese a las frustraciones y al horror, un sentido a la propia vida.

PRIMERA PARTE

1
CONSTELACIONES FAMILIARES

LA IMPORTANCIA DE LOS RECUERDOS

La familia paterna y la materna de Edith Stein provenían de lo que fue el límite oriental del Imperio prusiano, hoy Polonia. Sus ancestros maternos, fabricantes de jabón y de velas, no descuidaban la religión ni las tradiciones. Su bisabuelo, Joseph Burchard (1784-1874), que fue cantor y monitor, y contaba con una sala de rezos ubicada en su propia casa, tenía unos treinta años cuando se promulgó el Edicto de Emancipación que concedía la ciudadanía a los judíos, les daba derecho a elegir su lugar de residencia, a comprar tierras, a servir en el ejército y a casarse libremente. También fue fabricante de algodón quirúrgico. La vida familiar era central para él: tuvo once hijos y, a partir de su setenta cumpleaños, la mayoría de ellos se reunían para celebrarlo cada año.

Edith destacó el patriotismo de su familia, al recalcar que sus parientes habían participado en conflictos armados junto con otros alemanes. Alrededor de 1871, dos de los hijos de su bisabuelo habían perdido la vida en la guerra francoprusiana. Ella subrayaba estas cuestiones cuando la propaganda nazi ocultaba el heroísmo de los judíos galardonados con la cruz de hierro por su accionar militar en los conflictos bélicos. La relevancia que otorgó a sus ancestros se conecta con los cambios radicales que se habían vivido en el siglo XIX y que impactaron fuertemente en la vida de los europeos en general y de los judíos y de su familia en particular.

Aunque representaban una minoría, la historia de los judíos de Breslau se remonta a muchos siglos antes de su nacimiento. En 1917 se descubrió allí la tumba judía más antigua de Polonia, fechada en 1203. En el medioevo, además de un cementerio, la ciudad albergaba varias sinagogas y una casa de baños rituales.

Lejos de gozar de estabilidad, durante el siglo XIV los judíos sufrieron varias expulsiones. En 1453, cuarenta y uno de ellos fueron quemados en la hoguera, acusados de profanar la Sagrada Hostia, en tanto que los demás miembros de la comunidad fueron expulsados. Cuenta Suzanne M. Batzdorff, sobrina de Edith, que "este fue uno de los argumentos sobre los que se apoyó en sus esfuerzos" su padre cuando Edith decidió convertirse al catolicismo, "para intentar alejarla de sus planes de ser carmelita"[5].

Conocedora de la historia de su ciudad natal, Edith sabría que, pese al decreto imperial de 1455 que impedía el asentamiento judío en Breslau, desde comienzos del siglo XVI se otorgaron permisos de residencia a los comerciantes que se desempeñaban en las ferias y, más adelante, permisos de visitas para otras épocas del año. Luego, a fines del siglo XVII, algunos miembros de su comunidad pudieron asentarse temporalmente. Cuando Prusia conquistó la ciudad, en 1741, se concedió la residencia a doce familias. Veinte años después, pudieron establecer un cementerio. En 1776, alrededor de dos mil judíos vivían en Breslau.

Apenas una década después, los de mejor posición gozaban de los frutos de la emancipación cultural y social. Pero en el terreno político no se observaban avances significativos. Las autoridades prusianas reconocían la importancia de los judíos para comerciar con Polonia, pero no concedían suficientes permisos de residencia. Lo que resultó determinante para su integración fue la conquista de Prusia, en 1806. Napoleón, inspirado por lo sucedido en Francia, donde en 1791 la Asamblea Nacional había declarado a los judíos ciudadanos de la república, emitió un decreto que determinó la igualdad para los residentes en los territorios prusianos.

Finalizada la ocupación francesa, estas leyes fueron revocadas, nuevos actores modernizaron el estado prusiano y lograron que el 11 de marzo de 1812 se promulgara el Edicto de Emancipación. Además, se abolieron los impuestos discriminatorios. Sin embargo, el Congreso de Viena de 1815 negó a los judíos prusianos plenos derechos políticos impidiéndoles alcanzar altos grados en el ejército, en la enseñanza y en la política. Ante esta involución, muchos de ellos, pertenecientes a la clase alta, educados y ricos, que se habían alejado de la religión de sus padres, optaron por adoptar el cristianismo. Esto acentuó la tensión entre judíos no tradicionalistas y judíos ortodoxos y, paralelamente con las conversiones, se produjeron divisiones internas. Muchos de los que no se convirtieron se aglutinaron en tono a Zacharías Frankel, representante del Judaísmo Conservador, o alrededor de Abraham Geiger, portavoz de lo que se llamó Judaísmo Histórico.

Para pensarse a sí misma, Edith Stein abreva en la vida de sus antepasados. Sus bisabuelos Samuel Stein y Jakob Courant fueron ciudadanos prusianos naturalizados en 1812, mientras que su bisabuelo Joseph Jehuda Burchard recién alcanzó ese derecho en marzo de 1837. Pero en la práctica la emancipación no se dio con la celeridad esperada; lo que decían los papeles no se hacía efectivo en la realidad, e incluso se emprendieron campañas para revocar el edicto. La segregación siguió de manera más o menos enmascarada, por lo que muchos judíos apoyaron la revolución de 1848 creyendo que, una vez reunificada y democratizada Alemania, alcanzarían finalmente la igualdad.

Fracasada esta revolución, quedó en suspenso toda expectativa democrática. En 1850, la constitución del Imperio prusiano prohibió a los judíos ser funcionarios del gobierno, profesores de la universidad y oficiales del ejército. Recién dos décadas después, tras la guerra francoprusiana de 1870-1871 y con la creación del "Reich" alemán, cayeron algunas prohibiciones, aunque apenas alcanzaron altos cargos como funcionarios y les resultó muy difícil obtener puestos en la enseñanza[a].

a Como las fraternidades de las universidades los excluían, en 1886 se fundó en Breslau "Viadrina", primera fraternidad judía. Explica S. B.: "Su principal propósito fue la defensa de los estudiantes universitarios judíos frente a los insultos y ataques humillantes" (SB, 43-4).

ANCESTROS MATERNOS

Para Edith fue destacada la actividad comunitaria de sus bisabuelos maternos, Joseph Burchard y Ernestine Prager (1798-1891), originarios de la provincia de Posen, quienes a poco de casarse se establecieron en Lublinitz. Este traslado se ha interpretado como un deseo de prosperar, ya que, pese al decreto de emancipación, los judíos de Posen eran mucho más pobres que los que vivían en Prusia, se dedicaban en su mayoría a la venta ambulante y eran artesanos o jornaleros. Al analizar esa época, Hannah Arendt graficó la separación entre los judíos pobres y los ricos, estos últimos amparados por las regulaciones del emperador Federico: "En 1803, los judíos protegidos de Prusia" rondaban el "20 % de la población judía del país [...], casi un 60 % de los judíos de Posen vivía en una pobreza deplorable, constituyendo una carga para una población ya de por sí pobre"[6].

En ese contexto, las mujeres de la familia de Ernestine, bisabuela de Edith, incluidas las más pequeñas, montaron un taller, de modo que "todo el ajuar de novia para las familias amigas se hizo en esta escuela de costura"[7]. Su bisabuela

> era una "mujer profundamente piadosa". En la sinagoga y en el cementerio, rezaba con la mayor concentración e interioridad, así como cuando el viernes por la noche encendía las luces del sábado y hacía las oraciones correspondientes. Al final añadía: "Señor, envíanos solo lo que podamos soportar"[8].

Al parecer sus oraciones no fueron desatendidas, ya que, aunque ella y su marido "vivieron en gran pobreza", se las ingeniaban para ahorrar "para los más pobres"[9]. Se sabe que Joseph vivió hasta los ochenta y nueve años. Lamentablemente, durante su última etapa su carácter se tornó antojadizo y difícil, lo que hizo que su esposa, treinta años menor, decidiera mudarse a casa de su hija Adelheid. Con ellos Ernestine vivió hasta su fallecimiento a los noventa y tres años. Por lo que puede apreciarse a través de lo que cuentan Edith Stein y su sobrina Susanne Batzdorff, quien logró emigrar a los Estados Unidos, Ernestine despertaba admiración y cariño. Susanne, durante la adolescencia, se apegaba a "un libro de oraciones hebreo-alemán" que su antepasada había recibido del club de mujeres judías de Lublinitz en un aniversario de bodas[10].

Edith se sintió muy orgullosa del progreso y del protagonismo de su abuela materna, Adelheid Burchard (1824-1883), casada con Salomon Courant (1815-1898). Luego de la emancipación, el matrimonio dejó la venta ambulante y, dedicados a fabricar cirios y jabones, abrieron una "pequeña tienda de ultramarinos". Finalizada la compra de mercancía para iniciar esta actividad, solo les quedaron 25 céntimos. Gracias a ambos, al poco tiempo, el negocio iba muy bien. Todas las operaciones se decidían entre los dos; los libros de cuentas los llevaba siempre la abuela. El abuelo nada hubiese hecho sin preguntarle a ella[11].

En esta familia matriarcal, Adelheid, que tuvo dieciséis hijos, debió ser una mujer imponente, ya que todos recurrían a su marido cuando tenían pequeñas necesidades, pero "se acudía a la abuela si se necesitaba un serio consejo, y esto no solo el marido y los hijos y los hermanos sino también muchos amigos[a]. Señoras nobles, muy ricas, de los alrededores, iban con frecuencia en sus coches a visitarla, considerando un honor tenerla como amiga"[12]. El retrato de esta abuela evoca como un reflejo algo deslucido y provinciano salones de mujeres judías, como Rahel Varnhagen, quien entró en el mundo social alemán y se hizo "experta hasta el virtuosismo en el arte de comunicar su propia vida, de presentarse a sí misma"[13]. Aunque socialmente estaban en las antípodas una de la otra, estas dos mujeres vivieron la experiencia, caídos los muros del gueto, de abrirse paso y relacionarse con la sociedad prusiana.

---

a Edith Stein pudo tener en mente a las mujeres de su familia cuando escribió "Vocación del hombre y de la mujer" en 1931, donde presenta el caso ideal del hombre que habilita a su mujer a "participar en sus tareas y se deja conducir por ella" (OCIV, 289).

En la misma línea de mujeres fuertes, consejeras y conocedoras del alma de sus contemporáneos, Edith Stein inscribe a su madre, Auguste Courant (1849-1936), cuarta entre los quince hijos de Salomon y Adelheid que llegaron a la edad adulta. Desde muy pequeña Auguste tuvo que colaborar en la casa y en la tienda. Pero, mientras que los varones estudiaron el bachillerato (cinco fueron comerciantes, uno farmacéutico y otro químico), ella solo asistió a una escuela elemental católica y debió abandonar la escolaridad a los doce años, contentándose, suponemos, con recibir lecciones particulares de alemán y francés.

En cuanto a la formación religiosa, Auguste siguió clases de religión con un maestro judío, y aunque estudió hebreo, no sabía lo suficiente como para traducirlo o comprender bien los rezos entonados en ese idioma. Por entonces, la formación consistía en aprender los mandamientos y algunos salmos de memoria, en alemán, y también se leían parte de las Sagradas Escrituras. De una generación a otra, al tiempo que se abandonaban ritos y costumbres ancestrales se consolidaba el proceso de asimilación del que fue iniciador Moses Mendelssohn[a], defensor de los principios de la Ilustración. En 1779, utilizando caracteres hebreos, tradujo el *Pentateuco* al alemán con el objetivo de que los judíos pudieran aprender esta lengua. Apenas unas generaciones después, los chicos judíos asistían a los colegios del imperio y comenzaban a estudiar en sus universidades.

Sin marcar las tensiones generadas entre el ideario de la asimilación y la experiencia histórica concreta de los judíos de la época, Edith dio testimonio de la vida de sus ancestros como si se encontraran inmersos en un conjunto armónico de comunidades. Como una primera comunidad ubica al núcleo familia, unidos por el afecto y el respeto. Estos valores los traslada al segundo conjunto, el de la comunidad judía de la que formaban

---

a Según sostiene Hannah Arendt, Mendelssohn habría aconsejado: "Adaptaos a las costumbres y a las circunstancias del país al que os hayáis trasladado; pero permaneced siempre fieles a la religión de vuestros padres. ¡Llevad ambas cargas como podáis!" (*Escritos judíos*, p. 86).

parte. Finalmente, posiciona a sus parientes en un conjunto más abarcativo, integrándose a la comunidad alemana. La manera en que la asimilación impactó en la vida familiar la grafica diciendo que, aunque su madre recordaba que junto con sus hermanos asistía a las clases de religión "con el mayor entusiasmo":

> Se les había inculcado siempre el respeto a todas las religiones y jamás debían decir algo contra una religión distinta [...]. El estudio diario de la Escritura y del Talmud, que siglos pasados había sido un deber para todo hombre judío y que hoy todavía se conserva entre los judíos orientales, no era costumbre en casa de mis abuelos; pero todas las prescripciones de la Ley eran estrictamente observadas[14].

Para reafirmar el lazo de confianza establecido con sus vecinos y conciudadanos, Edith recuerda que a su abuelo "una vez, un campesino le trajo una cantidad de dinero para que se lo guardase. El abuelo lo tomó y le dijo: 'Espera, voy a darte un recibo'. Trajo el recibo, el campesino lo observó con mucha atención y se lo devolvió diciéndole: 'Guárdemelo usted también'". Décadas después, el padre de una profesora de Pedagogía de Beuthen la saludó al saber que era nieta de Salomon Courant: "Había sido una de las familias más respetadas de la ciudad [Lublinitz], y recordaba perfectamente al viejo señor"[15].

Pero no se trataba de un respeto irrestricto ya que Lublinitz fue disputada por los polacos finalizada la Primera Guerra. Y Edith deja claro cuál fue la posición de sus parientes:

> ... mis tías se dedicaron solícitas a la manutención de los soldados. Más de una noche la pasaron en la estación. Mi tío era el hombre de confianza de las autoridades alemanas para la distribución de los alimentos. Toda la familia se ganó el odio de los polacos debido a su decidida actitud en favor de la causa alemana[16].

Cuando en 1921 el destino de la ciudad se sometió a votación, más de cincuenta descendientes de la familia votaron de acuerdo con los alemanes, lo que hizo que, al pasar Lublinitz a formar parte de Polonia, debieran vender la casa familiar y abandonar la ciudad[a]. Desde entonces, los acompañó la nostalgia, al punto que Edith entiende que las exorbitantes fatigas y emociones, "la pérdida de la patria"[17], minaron las fuerzas de una de sus tías, que luego sufrió un ataque de apoplejía. Con este tipo de relato intenta salir al paso de las acusaciones nazis que oponían el nacionalismo alemán al cosmopolitismo judío. Sobre estas cuestiones también deslizó comentarios en sus conferencias y en los escritos pedagógicos y antropológicos. Desde un principio, la problemática comunitaria y lo que significa la pertenencia a un pueblo aparecen abordados filosóficamente, luego de *El problema de la empatía* (1916), en *Causalidad psíquica*, *Individuo y comunidad* y *Una investigación sobre el Estado* (1919-1921).

Para Stein, "el fin del hombre es que *su* voz suene con las demás"[18]. En su período católico, cuando piensa que hombre y mujer "han de ser considerados como acuñaciones diferentes de la imagen de Dios", destaca que la humanidad está articulada "en *pueblos*, cada uno con su modalidad" y enfatiza: "El Señor, que se eligió un pueblo para nacer en él, que durante su vida terrena habló la lengua de este pueblo, pensó con sus metáforas e imágenes, observó sus costumbres y le dedicó todas sus energías, él ha dado a cada pueblo una misión en esta tierra y para la eternidad, y a cada uno una misión dentro de su pueblo"[19]. Podría decirse que, en 1933, la autora de aquellas palabras sintió que su misión pasaba por contar la historia de los suyos. La intención autobiográfica tiene su

---

a Susanne Batzdorff recuerda: "Durante muchos años, los Courant no fueron bien vistos en Lublinitz, a causa de la postura progermana. Con el ascenso de Hitler, los judíos que habían permanecido en la ciudad fueron deportados al Este. A fines del siglo XX se descubrió en una casa, "bajo varias capas de pintura un rótulo que dice 'S. Courant'". La casa se restauró y allí funciona el centro Edith Stein de las ciudad de Lublinitz (ahora Lubliniec) (SB, 54).

paralelo en uno de los capítulos de *Estructura de la persona humana*, correspondiente al curso brindado en el Instituto de Pedagogía Científica de Münster, entre fines de 1932 y febrero de 1933, cuando se le prohibió seguir dictando clases por ser judía. Allí había dicho: "Hay personas a las que un pueblo tiene que agradecerles más de lo que él le ha dado [...]; todo pueblo tiene una historia; [...] su historia espiritual es en buena parte la historia de la asimilación de elementos ajenos". Meses antes de que Hitler llegara al poder, ella todavía confiaba: "Es propia del modo de ser del pueblo alemán la inusitada apertura a elementos espirituales ajenos: podemos estar totalmente seguros de que no sería lo que él es sin lo que ha recibido de otros"[20].

LA FUERZA DE UNA MADRE

En principio, Edith pondera la responsabilidad, seriedad y disposición al servicio de su madre, quien desde los seis años "hacía punto en competencia con su hermana Selma", mientras que a los ocho "era ya tan hábil que los padres la enviaban como ayuda a casa de los parientes cuando estos estaban en necesidad". A los diez Auguste quiso aprender a lavar y tomó la decisión de levantarse de madrugada para ver cómo realizaban ese trabajo las empleadas de la casa. También era divertida, "bromeaba, reía y cantaba mucho", especialmente cuando recibía en su casa a hermanos y primos, "y en las grandes fiestas familiares, cumpleaños y bodas". Había aprendido algo de piano, disfrutaba de la música y siendo anciana todavía podía "tocar de memoria algunos fragmentos del vals de Strauss: 'Vino, mujer y canción'"[21].

A los nueve años, Auguste conoció a Siegfried Stein (1844-1893), originario de Gleiwitz, a veinte kilómetros de Lublinitz. Se hicieron amigos, comenzaron a escribirse y, según Edith, estas cartas evidencian, "poco a poco, por alusiones indirectas, cuánto deseaban formalizar las relaciones"[22]. Finalmente, cuando Auguste tenía veintiún años y Siegfried[a] veintiocho se casaron y se instalaron cerca del almacén de madera de la madre de él, cuya empresa llevaba el nombre "Viuda de S. Stein". Aunque suegra y nuera se respetaban, debió existir tensión entre ellas, sobre todo porque Auguste tenía ideas propias, como proteger a uno de sus jóvenes cuñados que, con oposición materna, quiso dedicarse al teatro. Este tipo de detalles completan la imagen que Edith brinda de su madre retratándola como una mujer seria y responsable, con aptitudes para el comercio pero capaz de reconocer y apoyar una vocación artística[b]. Una personalidad equilibrada y con sentimientos nobles, muy lejos del estereotipo de la mujer judía propagado por el nazismo.

Lo curioso es que, con el tiempo, el joven cuñado protegido de Auguste resultó ser el reconocido comediógrafo y director teatral Leo Walter Stein[c], y algunas de sus obras, como *La bailarina del rey* y *Liselotte del Pfalz*, "a causa de su contenido nacional" fueron "muy estimadas y representadas en los teatros del Tercer Reich"[23]. Al resaltar que la obra de su tío, un judío alemán, representaba sentimientos nacionales, Edith contradice la falacia nazi que presentaba a los judíos como un grupo que velaba solo por sus propios intereses.

SIEGFRIED Y AUGUSTE

Una tía de Edith Stein afirmó que su familia fue "estrictamente tradicional" y muy piadosa[24]. Al quedar ciego su padre, Siegfried

---

a Siegfried Stein fue hijo de Simon Stein y su tercera esposa, Johanna Cohn. Tenían una granja y comerciaban maderas que vendía en las minas de carbón.

b Comentó Susanne Batzdorff: "La abuela tenía una enorme alegría de vivir, un continuo sentido del humor que la ayudó a vencer muchas penurias en su vida" (SB, 72).

c Famoso como dramaturgo y director de comedias musicales, tuvo una "lujosa residencia" en una zona elegante de Berlín (SB, 74).

Stein fue el encargado de dirigir las oraciones del Séder (primera noche de Pésaj) y la lectura de la Hagadá (narraciones de la historia del Éxodo que se leen el Séder de Pésaj). Respecto de la boda de Siegfried Stein y Auguste Courant, la misma testigo relató:

> Mi hermano Siegfried se casó con Gustel, a quien nosotros queríamos desde hacía algún tiempo, cuando ella [...] vino a visitarnos a nuestra casa [...] fuimos a su boda en nuestro carruaje, ya que las conexiones entre trenes a la pequeña ciudad de Lublinitz no eran muy buenas. Como había mucha gente joven de la familia de la novia, la boda fue un acontecimiento animado y alegre[25].

Por falta de dinero, los padres de Edith Stein debieron suspender su viaje de bodas. Tenían urgencia por establecerse y conformar su propia familia. Durante los primeros diez años en Gleiwitz nacieron sus hijos Paul (1872-1943), Selma (1873-1874), Else (1876-1958), Hedwig (1877-1880), Arno (1879-1948) y Ernst (1880-1882). Mientras vivieron allí las cosas no resultaron fáciles dado que Johanna Cohn de Stein, la madre de Siegfried, "no era mujer de negocios [...]. Se confió a un gerente que la engañó, y no se dejó convencer por nadie de que él no merecía su confianza"[26]. Por estos motivos y por desinteligencias respecto del manejo de la empresa familiar, el joven matrimonio se mudó a Lublinitz donde, con el apoyo de los padres de Auguste, establecieron su primer negocio.

Al principio, vivían en una pequeña casa con un gran jardín, propiedad de los Courant. Auguste se ocupó de cultivar verduras y frutas: era una alegría para ella obsequiar "espléndidamente la cosecha a otros" para mantener así "fielmente la vieja costumbre judía que consiste en no comer los primeros frutos de la cosecha, sino regalarlos"[27]. Sin embargo, Edith reconocería que su madre no siempre obsequiaba "a los realmente pobres, como debe ser en estricta observancia", porque dicho mandato entraba en conflicto "al cruzarse el amor por sus familiares, especialmente sus hermanos"[28]. El afecto hacia estos últimos era enorme, por lo que sus hijos pronto aprendieron "de memoria, rítmicamente" los nombres de sus quince tíos[29].

Actualmente, la Sociedad Edith Stein de Lubliniec conserva la documentación que informa que Siegfried Stein registró su firma comercial en 1882. En cierto momento, la familia vivió en una vieja oficina de correos donde vendían madera, carbón y materiales de construcción. Un par de años después se mudaron a 'Villa Nova', la casa con jardín que pertenecía a los padres de Auguste, donde Siegfried estableció la dirección comercial[a]. Finalmente, como en Lublinitz tampoco pudieron prosperar y la ciudad carecía de una escuela de enseñanza media a la que pudieran asistir los hijos mayores, en 1890 la familia se trasladó a Breslau. En Lublinitz habían nacido otros cuatro hijos: Frieda (1881-1942), Rosa (1883-1942), Richard (1884-1887) y Erna (1890-1978). Se sabe que cuatro de los niños fallecieron a causa de enfermedades para las que se carecía de tratamiento.

El 12 de octubre de 1891, el día de Yom Kipur, Día del Perdón o de la Reconciliación, nació Edith Stein, la menor de sus once hijos. Para su madre se trató de un hecho significativo por lo que, aunque la festividad no cayera cada año exactamente un 12 de octubre, optó por celebrar el cumpleaños de su hija menor el día de Yom Kipur. Edith interpretó: "Me parece que su actitud, más que otras cosas, ha sido la causa de serle tan querida su hija más pequeña"[30]. Otro signo de su religiosidad es que su madre tenía la costumbre de festejar su propio cumpleaños el Día de los Tabernáculos.

Mientras los Stein se instalaban en Breslau, la ciudad capital de Silesia iniciaba el proceso de desarrollo económico e industrial que la convirtió en una de las mayores ciudades alemanas. Entre 1860 y 1900, la población se triplicó alcanzando medio millón de habitantes, de los cuales el 57 % eran protestantes, el 37,5 % católicos y el 5 % judíos. El edificio de la Ópera funcio-

---

a Hoy restaurada, es propiedad de la Sociedad Edith Stein de Wroclaw (SB, 56).

naba desde 1841 y la ciudad florecía como centro económico e industrial en el que confluían varias líneas ferroviarias. Situada sobre las riberas del río Oder, sus numerosas islas y parques invitaban a realizar bellos paseos. También las edificaciones eran imponentes. En una de aquellas islas, entre los brazos del Oder, se sitúa la catedral, construida en el siglo X. Cerca de la Plaza del Mercado y del antiguo ayuntamiento se ubica la Iglesia de Santa Isabel, con su imponente torre. Lindante con la Plaza de la Sal (en la actualidad mercado de flores) se encuentra la Iglesia María Magdalena, que data del siglo XIII.

Los alumnos de las escuelas solían hacer excursiones en barco por el Oder hasta arribar al castillo y los jardines de Schaffgotsch. Edith, que disfrutaba especialmente los paseos por el parque Scheitniger (parque Szcytnicki), destacó la magnífica arquitectura del Jahrhunderthalle (actualmente Hala Ludowa), edificio novedoso para la época, que se inauguró en 1910, con una capacidad para albergar a diez mil personas y que contaba, se decía, con el órgano más grande del mundo.

En cuanto a la comunidad judía, entre otros centros religiosos, concurría a la Nueva Sinagoga y a la Sinagoga de la Cigüeña Blanca, diseñada por el arquitecto Carl Ferdinand Langhans (1781-1869). En la actualidad, además del Ayuntamiento gótico, emblema de la ciudad donde se ha erigido un busto de Edith Stein[31], se encuentra la Universidad Federico-Guillermo, donde comenzó sus estudios superiores en momentos en que la convivencia entre polacos y alemanes no presentaba, a ojos de la familia, dificultades insalvables.

Tres generaciones después de la emancipación, y pese a la belleza de Breslau y de sus encantadores paseos, la vida de Auguste y Siegfried Stein no estuvo exenta de complicaciones. Primero se ubicaron en un pequeño departamento de la calle Kolen número 13 (actualmente Stanislawa Duboia) y alquilaron un sitio cercano con el fin de instalar el negocio de maderas. La situación económica era estrecha, el negocio familiar estaba gravado por deudas, y todo empeoró trágicamente cuando durante uno de sus viajes de negocios Siegfried sufrió una insolación en las cercanías de un molino aserradero con el que comerciaba. Por casualidad, un cartero que pasó por allí lo vio en el suelo. En un principio pensó que estaba descansando, pero al volver horas después y constatar que seguía en el mismo lugar, se acercó y comprobó que estaba muerto. Fue el 10 de julio de 1893. Edith, su hija más pequeña, tenía casi dos años.

Reunidos en consejo familiar, sus parientes aconsejaron a Auguste Stein que vendiera el negocio y comprara una casa en la que residir y con habitaciones para alquilar. Para sorpresa de todos, ella decidió continuar con la venta de maderas. Además de su aptitud para el comercio, Auguste poseía un don especial para relacionarse con la gente. Sin haber estudiado contabilidad era capaz de llevar los libros de cuentas, aunque no le gustaba el trabajo de oficina y prefería ocuparse del trato con los clientes, en su mayoría carpinteros, carreteros, artesanos y contratistas. Auguste tenía muy buen vínculo con los proveedores, fueran vendedores mayoristas o judíos polacos que trabajaban como representantes de grandes propietarios. "Mi madre", escribió Edith Stein, "medía y ponía precio a las tablas, y si un carro tenía que ser descargado rápidamente, se encaramaba sin reparos al carromato y competía con los trabajadores empujando los pesados tablones"[32]. Al declarar que Auguste "ha sido siempre una alemana muy patriota", Edith cuenta que la música de su boda se compuso con la melodía de una canción alegórica, y agrega con emoción en tiempos en que los nazis se habían hecho del poder: "Todavía hoy, no puede soportar que le quieran negar su idiosincrasia alemana"[33].

BUENAS VOLUNTADES EN CONFLICTO

Joven y viuda, Auguste tuvo objetivos precisos. Debía pagar las deudas del negocio y hacerlo prosperar, también brindarles a sus hijos la mejor educación posible. Aunque cuatro de ellos fallecieron a temprana edad y la empresa no marchaba bien, no se amedrentó, sino que fue en extremo audaz y valiente. Tomó las riendas del comercio y llegó a ver que se "se las arreglaba"[34] mejor que su marido. Es cierto que como *materfamilias* contó con el apoyo de sus hijos mayores. La muerte temprana del padre impidió que Paul, de veintiún años y que había terminado el bachillerato, ingresara a la universidad. Por falta de medios económicos debió trabajar en la empresa familiar.

Auguste pensaba que, luego de sufrir escarlatina (la causa del fallecimiento de su hija Hedwig), el carácter de Paul había cambiado sustancialmente[a]. Pero además de lo traumático que fue para él sobrevivir a su hermana, la vida de Paul no fue sencilla tras perder a su padre, ya que en momentos en los que el dinero escaseaba se convirtió de pronto en el hombre mayor de la familia y sintió responsabilidad por el destino de todos. Edith no parece considerar estas circunstancias cuando interpreta que Paul no prosiguió los estudios universitarios, aunque "quizás se hubiese encontrado un camino, si él hubiese insistido"[35]. Puede que imponerse no fuera "su estilo". Tal vez, en su fuero íntimo sintiera algo así como la culpa del sobreviviente, tras la pérdida de sus hermanas mayores, Selma (1873-1874) y Hedwig (1877-1880), y sus hermanos, Ernst (1880-1882) y Richard (1884-1887).

Aunque Edith es siempre respetuosa con su madre y con sus ancestros, reconoce al escribir sus recuerdos que

> si algo [...] les sonase a mis queridos hermanos a crítica de sus debilidades, que me perdonen. No se puede contar la vida de una madre sin entrar en detalles de lo que ella vivió con sus hijos y lo que por ellos ha sufrido. Cuando, finalmente, yo misma aparezca en estas líneas, no seré conmigo misma más suave que con los demás[36].

Esta última afirmación ha sido matizada por estudiosos, como Jesús Moreno Sanz, que contemplan la gran ayuda que el relato de su vida ha dado a los biógrafos, pero observa entre

a Paul "era un niño hermosísimo, inteligente, vivo. Más tarde se volvió silencioso, tímido, cerrado, que nunca pudo hacerse valer ni hacer valer sus cualidades" (OCI, 173-4).

líneas "la carga, no siempre leve, de autojustificación, y muchas veces de un franco empeño de enaltecimiento espiritual, que tan claramente se observa en ella"[37].

Lo cierto es que Paul fue recordado como un hombre tranquilo y amable, inclinado al arte, que había disfrutado trabajar en una librería, puesto que debió abandonar para ayudar a su madre en el prosaico negocio de maderas. Finalmente, como empleado bancario "desempeñó su puesto con excesiva exactitud y puntualidad, sin que tuviera el merecido reconocimiento"[38]. Una vez jubilado "con una modesta pensión"[39], parecería "más satisfecho que en toda su vida"[40]. Liberado de los trabajos que no se adecuaban a su naturaleza, pudo dedicarse al arte, en compañía de su mujer, o realizar largas excursiones con sus hijos[a].

Edith describe a Else con la misma precisión quirúrgica dedicada a Paul. Dice que su hermana fue una niña inteligente, que quiso ser maestra (única profesión que las jóvenes podían seguir en ese entonces). Con el apoyo de su madre, debió estudiar al mismo tiempo que se encargaba de la economía doméstica y del cuidado de los hermanos menores. El caso es que Else era rigurosa y todos sufrían su autoridad. Todos menos Edith, la más pequeña, la más mimada, que aseguró que Else solía mirar "a sus hermanos un poco desde arriba" y nunca estaba contenta en casa. Seguramente no fue fácil ocuparse de sus hermanos, de la casa y, al mismo tiempo, seguir con sus estudios.

En cuanto a su hermano Arno, encargado del negocio familiar, es retratado con un temperamento "vehemente" que oca-

---

a En cuanto a su bonhomía y don de gentes, uno de los sobrinos de Paul subraya cuánto disfrutaba la literatura, la música y el teatro. También resalta sus dotes actorales: "Representaba escenas de las óperas con una persuasión gráfica y a veces aterradora. Lo más vivo en mi mente es la representación de la bruja de Hansel y Gretel, de Humperdinck..." (SB, 151). Este mismo sobrino dice que a Paul "nunca parecía preocuparle que mejoráramos nuestras ideas o maneras, ni nos empujaba hacia una posible dirección correcta como la mayoría de los otros familiares de su generación hacían incesantemente" (SB, 151).

sionó sufrimientos a la madre y, presumiblemente, a su entorno. Con el paso de los años, cuando Arno montaba en cólera era muy difícil de apaciguar, por lo que los clientes recurrían a la anciana señora, que intervenía como mediadora. Así es como Edith presenta las cosas en su autobiografía. Pero la hija de Arno, Lotte Sachs, se sintió afectada[a]. En tanto que otra de sus sobrinas, Anni Gordon, hija de Else, se refirió a la parcialidad del texto[41], en *Mi tía Edith* Susanne M. Batzdorff ofreció su testimonio y el de los sobrevivientes, todos ellos impactados al leer la mencionada autobiografía. En su libro, Susanne trata de mantener un equilibrio siempre inestable entre sus propios recuerdos, el cariño a su tía, la devoción y el respeto hacia sus padres, y sus propias ideas acerca de la conversión y la conversión de Edith en particular. En cuanto a la publicación de sus recuerdos, Susanne esboza una hipótesis plausible: cree que su tía "tenía la decidida intención de volver a esta obra" para completarla, "para evaluar cuidadosamente lo que había escrito". Y agrega: "No podemos estar seguros de que hubiera suavizado algunos de sus pasajes más problemáticos para proteger a sus implicados, pero es una posibilidad. Esto también explicaría su petición posescrita"[42]. En esta petición, Edith explicitó que su autobiografía no debía publicarse mientras alguno de sus hermanos siguiera con vida.

UNA MATRIARCA EN ÉPOCA PATRIARCAL

Durante su infancia, cuando vivienda y negocio eran vecinos, Edith, sus hermanos y numerosos parientes y amigos solían jugar en el almacén de maderas. Mientras fueran obedientes y no

---

a Lotte, que nació en 1917, dice: "Me parece increíble que tía Edith escribiera sobre todas las debilidades de la familia de una manera tan directa; aunque el libro no fuera publicado hasta la muerte de los hermanos, nosotros, la generación siguiente, tenemos que estar sufriendo" (SB, 78). No acusa a Edith de alterar la verdad, sino de mostrar "debilidades de la familia", cuya lectura la conmociona.

molestaran, Auguste los dejaba hacer columpios con las tablas, jugar al escondite y hacer construcciones. Los divertimentos de infancia estaban signados con la impronta ética de su madre y cómo la transmitía a los hijos. "Enemiga de la delación", no permitía que le contaran chismes. Su trato con los obreros "era absolutamente patriarcal"[43], se preocupaba por ellos y sus familias, y si alguno enfermaba lo visitaba en el hospital, encargándose personalmente de que recibiera la medicación adecuada. Edith rememora lo que sucedió cuando uno de los empleados que trabajó para ellos como portero enfermó: "Su mujer nos llamó cuando entró en agonía. Mi hermano Arno y yo estuvimos a su lado. (Los dos habíamos prestado servicio en la Cruz Roja durante la guerra). Yo le cerré los ojos"[44]. El retrato que hace de su madre es vívido y exaltador:

> Mi madre se ha dejado llevar siempre de su gran corazón. A veces ha dado dinero a "clientes holgazanes" si los veía en necesidad. Muchas veces la han engañado y el negocio ha sufrido grandes pérdidas. A pesar de todo, seguía adelante. Mi madre lo ha atribuido siempre a la bendición de lo alto[45].
>
> ...cuando yo había perdido mi fe de la infancia, me dijo en una ocasión, como una prueba de la existencia de Dios: "No puedo imaginarme que todo lo que he conseguido lo deba a mis propias fuerzas"[a]. Y era cierto. Pero sus cualidades naturales habían colaborado también. Un día nos visitó una antigua amiga de mi madre, y dijo: "Tengo que contarles lo que acabo de oír en el tranvía. Dos señores hablaban del negocio de maderas de Breslau, y uno de ellos decía: "¿Sabe usted quién es aquí el comerciante más hábil del ramo? Es la señora Stein..."[46].

---

a Durante sus *Cursos antropológicos* (1932-1933), en "Problemas de la formación de la mujer", Stein hace un retrato de la mujer veterotestamentaria que se ajusta al retrato materno: "Ocupa el lugar de reina. Su tarea suprema no es solamente dar a luz a los hijos y cuidar de su progreso corporal, sino educarles en el temor del Señor" (OCIV, 513).

En efecto, Auguste se convirtió en una empresaria de éxito. Con algo de capital de base, buenas decisiones, honestidad y trabajo, había prosperado. Incluso fue la primera entre sus conocidos en instalar "un teléfono para su establecimiento"[47]. El contexto no desmiente este caso, ya que en 1910, en Alemania, 29 de los 600 primeros contribuyentes al fisco eran judíos[48]. Que la señora Stein fuera "el comerciante más hábil del ramo" podía interpretarse positivamente, y era un halago; pero, desde el punto de vista antisemita, a esa afirmación subyacían presupuestos negativos. Por este tipo de situaciones, al analizar el proceso de modernización de Europa, con sus crisis y tensiones, el historiador italiano Enzo Traverso ha explicado que la historia de los judíos puede leerse "como el *sismógrafo* de las sacudidas que han golpeado y transformado el mundo moderno"[49]. En el imperio prusiano esto se vio reflejado cuando, al destacar en el comercio, en las actividades culturales y, bien adaptados al mundo moderno, a la sociedad de masas y a las grandes ciudades, sectores reaccionarios de la aristocracia, y aquellos que veían con malos ojos su progreso, albergaron sentimientos antisemitas que encontraron cauce político en la década del treinta.

HERMANAS AFORTUNADAS

En tanto los hermanos mayores crecieron en tiempos de privaciones, las menores, Erna y Edith, se beneficiaron al criarse cuando el negocio materno prosperaba. Hasta entonces, si bien no habían tenido la sensación de ser pobres[a], los Stein no se permitían lujos y habían mantenido "la mayor sencillez en

---

a Sin embargo, dice Susanne Batzdorff: "Lo pobres que eran al principio aparece en la anécdota de la manzana" (SB,133). Auguste le dio a Erna "una manzana roja y muy grande, mandándole que la conservara hasta que sus dos hermanas mayores, Frieda y Rosa, volvieran de la escuela". Erna no pudo resistir la tentación de comerla y fue castigada por privar a las mayores de la merienda.

cuanto a vivienda, alimentación y vestidos"[50]. Austeras como sus hermanos, las más pequeñas no compraban libros nuevos para el colegio, recibían los que ya habían usado sus parientes. Pero la madre no aceptaba exenciones en la matrícula escolar y tampoco ahorraba cuando se trataba de excursiones y colectas.

Auguste no permitía que sus hijos les faltaran el respeto a sus profesores, ni siquiera que bromearan sobre ellos, pero tampoco aceptaba que fueran tratados injustamente. Siguiendo este criterio, una vez presentó una denuncia contra una maestra que acusó a Erna de mentir. Edith insiste en los valores que imperaban en la familia: "Veíamos que nuestra madre trabajaba sin parar de la mañana a la noche, por lo que nos parecía lo más natural no manifestar ningún capricho"[51]. Saberse dependientes de una madre rigurosa, con altos estándares de moralidad y que día a día se sacrificaba por su familia marcó a las hermanas menores. Dice Edith: "Erna y yo [...] éramos muy responsables, y antes hubiéramos hecho algo prohibido en presencia de mi madre que durante su ausencia"[52].

El trabajo de Auguste era extenuante. Pasaba muchas horas al aire libre, debía viajar para buscar la mercadería que solicitaban sus clientes, tasarla, ver cómo la descargaban y cómo se preparaban los envíos. Las horas pasadas a la intemperie hicieron que llegara a la vejez "vigorosa y lozana". Recuerda Edith que, incluso en los días más crudos del invierno, "venía a casa con las manos calientes y podía calentar las mías. Esto ha sido para mí un símbolo: que en casa toda vida y todo calor provenía de ella"[53]. Como destaca Moreno Sanz, desde sus primeros escritos filosóficos Stein llevó "la fenomenología a las raíces de la vida"[54]. Que subraye el calor como fuente de energía proveniente de su madre nos recuerda su noción de "cuerpo vivo", que para ella es "expresión de los más íntimos sentires" y que puede provocar, a su vez, "la comprensión empática que podemos tener del otro"[55]. Edith escribe sus recuerdos, poco después de su curso *Estructura de la persona humana*, donde dice que "la principal vía de acceso al modo de ser de las personas"[56] se expresa en su exterior. Así, el calor que transmitía su madre estaría asociado a su idea de que "por naturaleza estamos abiertos a los hombres"[57] de forma que es factible que recibamos una fuerza vivificante irradiada por otra persona, lo que nos produce una singular alegría. Acerca de la relevancia que da a lo materno en sus escritos, en una conferencia brindada en 1932 afirmó, de acuerdo con sus "experiencias y conocimiento": "Estoy convencida de que ningún poder natural puede compararse en su influencia con la influencia de la madre en cuanto se refiere al carácter y destino del hombre"[58]. Para ella, Auguste había sido fuente de irradiación de calor, de alegría, y también la había habilitado a seguir su propio camino.

La suya no fue una madre común. A diferencia de otras mujeres de la época, Auguste apenas podía ocuparse de las labores domésticas. Edith contempla el caso en sus conferencias, que siempre pueden leerse en clave autobiográfica[a]. Auguste tampoco podía permitirse pasar tiempo de recreación con sus hijas. Por eso, Erna y Edith sintieron mucha alegría cuando una de sus amigas les propuso hacer una excursión. Estaban ilusionadas, pero quedaron apenadas porque su compañera se olvidó de informar que las había invitado y las dejó esperando "toda la tarde, preparadas con sus vestidos de fiesta". Al enterarse, fue recriminada por haber importunado a una mujer muy ocupada, ya que "la pobre señora Stein podía haberse ahorrado el tiempo que empleó en arreglar a las niñas"[59].

En ocasiones, el agotamiento de Auguste la llevaba a decir: "Lo mejor del mundo es mi cama"[60]. Necesitaba tanto el descanso nocturno que estaba convencida de que "el pecado mayor" era "molestar a una persona cuando duerme"[61]. Uno de sus placeres era que le leyeran cuando descansaba, y como hasta los seis años Edith durmió en su habitación solía escuchar cuando sus hermanas mayores le leían en voz alta.

En la casa de los Stein, como suele suceder en las familias numerosas, los hermanos compartían habitaciones. El mejor

a Dice "estar-para-el-niño no implica estar-siempre-con-él" (OCIV, 376).

cuarto, con escritorio, estaba reservado para Else, que solía quedarse estudiando hasta tarde. En ocasiones, alquilaban la habitación a algún estudiante. Uno de ellos, un muchacho católico, se enamoró de ella y llegaron a comprometerse, pero, recuerda Edith, la oposición de sus familias "debido a la diferencia de la fe"[62] hizo que deshicieran el compromiso. Si bien no se extiende en el tema, no hace falta mucho más para imaginar la reacción familiar cuando anunció su conversión al catolicismo.

2
INFANCIA

LA PEQUEÑA "JITSCHL"

Su hermana Erna, que le llevaba un año y ocho meses, era más bien alta y fuerte y tenía "el rostro blanco y rosado como Blancanieves"[63]. En cuanto a Edith, fue una niña "pequeña y frágil" y "a pesar de todos los cuidados, pálida"[64]. Mediante apelativos zoológicos, los familiares apodaron a Rosa"león", a Erna le decían "corneja"[65] porque cuando se irritaba estallaba en cólera, mientras que Edith recibió el apelativo "gatito"[66]. Este sobrenombre pudo deberse a que sus hermanos jugaban con ella como si fuera un pequeño felino, por el color de sus ojos, o porque de pequeña no se amedrentaba y lograba mantenerse en pie durante las peleas con ellos.

También la llamaron "jitschl"[67], palabra usual en regiones de la Alta Silesia polaca para nombrar a los niños. Cuando Edith fue creciendo, todos en la familia coincidieron en que Erna era "transparente como el agua clara", mientras que ella resultaba hermética y reservada como "un libro de siete sellos"[68]. Aun así, durante sus primeros años, fue considerada "un azogue, viva, siempre en movimiento, de genio chispeante, ocurrente, atrevida y entrometida". Pronto se supo que, si la contrariaban, podía ser "indomable, voluntariosa y colérica". Para moderar sus arranques, su hermana mayor Else intentó los recursos pedagógicos que había utilizado con los otros niños. Pero, como no obtuvo buenos resultados, decidió castigarla encerrándola en un cuarto oscuro. Todo parecía inútil: Edith gritaba, pateaba la puerta, se tiraba al suelo cuando se avecinaba el peligro, se ponía rígida y era casi imposible alzarla. Una vez, en su "oscura prisión", gritaba con todas sus fuerzas y golpeaba la puerta con sus puños. Finalmente lograba su objetivo, los vecinos oían sus gritos, todos quedaban agotados y así la liberaban del encierro[69].

Edith interpreta que este comportamiento escondía un mundo interior secreto. Todo lo que veía o escuchaba "lo elaboraba por dentro" y podía tomar decisiones para toda la vida. Cierta vez, la conducta de un borracho le produjo tal impacto que la visión siguió atormentándola día y noche. Aunque en su familia nadie tenía problemas con el alcohol, nunca pudo entender que la gente "se ría de estas cosas" y siendo estudiante siempre evitó tomar "la menor gota de alcohol para no perder por propia culpa" lo que denominó su "libertad intelectual y dignidad humana"[70].

Contar una vida, tarea de la biografía y de la autobiografía, no es inocuo; se parte de la idea de que la vida en cuestión merece ser contada. Edith Stein sintió la necesidad de revelar aspectos de la suya inmediatamente antes de ingresar a un convento. Todo lo que se lee en ella tiene correlato en su obra porque, como aclara Alasdair MacIntyre, la historia de su desarrollo filosófico no se puede contar "de forma inteligible si se abstrae de su vida". Y esto es así porque "ella hizo deliberadamente que su pensamiento filosófico tuviera que ver con las prácticas de la vida cotidiana, y utilizó las experiencias proporcionadas por tales prácticas para formular problemas filosóficos y llegar a conclusiones"[71].

Impresionable, sensible, empática, de niña, si en su presencia se relataba algún crimen, Edith podía permanecer en vela toda la noche, atormentada por un "miedo horroroso"[72]. Pero comprendió que no sacaba nada con comentar las cosas que la hacían "sufrir interiormente", y se acostumbró a guardar estas impresiones para sí misma[a], aunque a veces, sin motivo aparente, le daba fiebre "y en el delirio hablaba de lo que en el interior [la] invadía"[73]. Así la retrató una amiga de la niñez:

---

a Mac Intyre agrega que para "comprender" la filosofía de Edith Stein es fundamental describir "las etapas por las que pasaron su vida y pensamiento" (MacIntyre, 25). Por su parte, Moreno Sanz distingue una primera etapa (1891-1911) signada por "singulares crisis infantiles que la retrajeron a su interioridad y la marcaron por vida como reservada y prudente, pero también sumamente obstinada en sus propósitos" (MS, 30-31).

> "Al que miente una vez no se le cree, aunque diga verdad". Aún hoy oigo decir esto a la pequeña Edith, que a la sazón podía contar cuatro años, a coro con su hermana Erna [...]. Esta era entonces mi amiguita predilecta. Erna y yo éramos aproximadamente de la misma edad y mirábamos con cierto desprecio a la insignificante Edith que era la "jitschel". Ella era entonces muy pequeña, paliducha y débil, mientras que Erna y yo estábamos robustas, fuertes y muy crecidas para nuestra edad, lo que siempre oíamos como una alabanza...[74].

Su hermano Paul le hacía memorizar, antes de que supiera leer, las ilustraciones de una gran historia de la literatura. También podía identificar, en un juego de naipes literario, las cuatro obras que correspondían a cada autor. Con cinco años, Edith recitaba de memoria *Bertrand de Born*, de L. Uhlan, y las *Baladas* de Schiller. De este último es la obra *María Estuardo*, que su hermana y su madre vieron en teatro. Esa noche, después de escuchar la historia de la reina escocesa, Edith tuvo un estado febril en el que gritó una y otra vez, con gran excitación "cortadle la cabeza a Isabel"[75]. Para Moreno Sanz "es la primera manifestación de las recurrentes angustias que padecerá a lo largo de su vida, a veces en el seno de profundas depresiones, y hasta 1921 con severos peligros de desequilibrios psicológicos, en los que tendrá una influencia decisiva su propia avidez intelectual", la cual sería "dada su gran receptividad y porosidad, su propia tabla de salvación"[76].

En cuanto a su actitud caprichosa, según su propio testimonio, con el paso del tiempo los berrinches quedaron atrás y se convenció a sí misma de que su madre y su hermana Frieda sabían mejor que ella lo que le convenía. En esa época decidió que "tenía que confiar en ellas y obedecerlas libremente"[77]. Podemos preguntarnos si habla allí la nena de siete años o la aspirante a entrar al Carmelo, alguien decidido por un camino que implica confianza y una obediencia libremente asumida. Lo que queda claro es que, desde muy pequeña, Edith tuvo como objetivo el autodominio. Ver explosiones de enojo en otras personas comenzó a darle vergüenza "y el vivísimo sentimiento de una falta de dignidad que trae ese dejarse llevar"[78]. No son pocas las páginas que dedica a la "dignidad" y a situaciones que a sus ojos la disminuyen, como la borrachera y los estallidos de cólera. Ser una persona digna, a eso apuntó Edith Stein durante toda su vida. Cuatrocientos años antes, Santa Teresa de Ávila tuvo una similar obsesión por la honra y por dejar en claro, frente a sus contemporáneos y en sus textos autobiográficos, no solo su propia dignidad sino la de su familia. En uno y en otro caso el contexto fue fundamental: tanto durante los años de la Inquisición como en los del Nazismo, uno de los ataques principales a la comunidad judía se centraba en la cuestión de la honra[a].

Según su anecdotario, Edith registró estas cuestiones desde muy niña. Así, cuando a los siete años, en la celebración del ochenta aniversario de una pariente, participó junto con Erna de un espectáculo de danza, "protestó" cuando les informaron que las maquillarían. Y cuando la maestra de ballet, que les había enseñado danzas de la época de juventud de la homenajeada, apreciando su talento y habilidad la colocó en primera fila y luego le preguntó si quería tomar clases, Edith, que tenía otras aspiraciones, no creyó que la pregunta mereciera "una respuesta seria por [su] parte"[79]:

> En mis sueños veía siempre ante mí un brillante porvenir. Soñaba con felicidad y gloria, pues estaba convencida de que estaba destinada a algo grande y que no pertenecía en absoluto al ambiente estrecho y burgués en el que había nacido[80].

Cada vez más reservada, guardaba para sí esos anhelos, lo mismo que las angustias que la atormentaban. Debido a su "exu-

---

a En su edición de *Libro de la vida*, dice Dámaso Chicharro: "Se entendía la honra como un reflejo de la opinión y no como posesión basada en valores estables". También agrega: "Teresa había tenido que soportar el sentirse señalada como cristiana no limpia, lo cual explica buena parte de su filosofía de la vida". "El comprobar ascendencia hebrea, aunque fuese en la quinta generación, era la mayor infamia" (LDV, 21-2).

berante fantasía" celebró su temprana escolarización, gracias a la cual su "espíritu tan vivo recibió alimento sólido"[81]. Nuevamente, Edith habla de la "dignidad" al comentar que, cuando a los seis años Erna comenzó el colegio, se sintió desgraciada por no poder acompañarla. En compensación, su madre la inscribió en una guardería. El resultado, recuerda Edith, fue penoso: "Esto lo consideré muy inferior a mi dignidad. El llevarme cada mañana era una verdadera batalla. No era nada amable con mis compañeros y [era] difícil conseguir que jugase con ellos"[82].

Al principio, sus hermanos se turnaban para llevarla al jardín de infantes. Todos se hacían cargo de la hermana pequeña y la mimaban mucho, algo que ella veía con naturalidad. Por eso, un día de lluvia Edith exigió y logró que su hermano Paul la alzara en brazos todo el camino. Cuando Auguste le recriminó no agradecer ese gesto, a Edith le costó decir gracias. Estaba acostumbrada a hacer lo que quería, y que Paul, casi veinte años mayor, jugara con ella, la llevara en sus espaldas por la casa y le cantara canciones estudiantiles o populares mientras ella, como si fueran riendas, se agarraba de su cabello.

Rodeada por hermanos mayores, Edith odiaba ir a la guardería. Por eso, al acercarse su sexto cumpleaños, pidió como único regalo asistir a la "escuela grande"[83]. Atendiendo su deseo, Else, que había sido una excelente alumna y estudió magisterio, fue a hablar con el director de la escuela Viktoria. Logró que ingresara a prueba en la mitad del ciclo lectivo. Así, el 12 de octubre de 1897, Edith se matriculó en la misma escuela que Erna, y así comenzó lo que "denominará con sorna 'mi período ilustrado'"[84]. Poco después, se dirigió a la biblioteca familiar para buscar la obra *María Estuardo*, de Schiller, y fue a la cocina donde estaba su madre "para preguntarle si podía leer en voz alta". Ella, "con toda seriedad", le dijo: "Lee, pues"[85]. Esta no sería la única vez que su madre habilitara su camino de autosuperación.

Aunque al principio a Edith le costó escribir con tinta y le era difícil leer algunas palabras, pronto se equiparó con sus compañeras, e iniciar al colegio terminó por definir su personalidad. Fue una alumna aplicada, que solía participar en clase.

Sus materias favoritas eran alemán e historia, y cuando cada año recibía los libros de esas materias, los devoraba. Además, escribir composiciones no solo le daba placer, sino que también le permitía "emplear algo de las cosas interiores"[86] que la preocupaban. La escritura le permitía expresar aquello que no se atrevía a decir directamente, y de esta manera comunicarlo a sus maestros. Expresarse por escrito fue un gran y feliz descubrimiento, al punto de que se ha afirmado que "el desarrollo de su escritura y su propio modo de filosofar ulteriores tendrán mucho de infancia recuperada, de volver a ser, gozosa y beatíficamente, aquella niña..."[87]. Para Moreno Sanz, "a los siete años cristaliza en ella una gran transformación [...] que le hace retirarse a su interior y a practicar un soberano autodominio y un rigor moral del que ya no se desprenderá nunca"[88].

Enseguida empezó a molestarle que en su casa celebraran sus logros y que sus composiciones fueran materia de conversación y de lectura entre parientes y visitas. Además de su tendencia a sumergirse en su mundo interior, le molestaba que la tomaran como una curiosidad por expresarse mejor de lo que se esperaba a su edad. En cambio, sus maestros la consideraban sin hacer grandes demostraciones: "Quizá dijese en las clases algunas cosas que la mayoría de mis compañeras no entendían. Yo no lo hacía notar, y tampoco los maestros lo daban a entender más que distinguiéndome con buenas notas"[89].

Ya por entonces, aunque Erna y Edith se consideraban "gemelas"[90], iban juntas a todas partes, tenían amigas comunes y leían los mismos libros, las diferencias de carácter eran notorias. Else lo dejó en evidencia[91] al relatar que un día, muy nerviosa porque debía rendir los exigentes exámenes de magisterio, se le escapó "decir ante las pequeñas: 'Si no apruebo, me tiro al río Oder'". Cuando muy avanzada la noche regresó a su casa, comprobó que mientras que Erna dormía profundamente, Edith la esperaba desvelada. Además, cuando Auguste, a modo de broma, afirmó que Else había sido "suspendida", Edith corrió a abrazar a su hermana mayor al tiempo que le rogaba que no se tirase "al Oder". Con más sentido común, cuando despertaron a

Erna e intentaron hacerle la misma broma, aún medio dormida, exclamó: "¡Para quien se lo crea!"[92].

Otro rasgo que las diferenciaba es que, aun siendo muy buena alumna, Erna se conformaba con libros sencillos y amenos. Más tarde, cuando influida por la decisión de alguna amiga expresó el deseo de pasar al instituto femenino, no tenía en claro cuál sería su profesión. Por su parte, con apenas seis años, cuando su hermana mayor terminaba el magisterio, Edith anunció que también sería maestra. Probablemente esta decisión se relaciona con que, una vez escolarizada, no tardó en descubrir que se encontraba más a gusto en la escuela que en su casa[93].

Una casa, sin embargo, muy animada. Al menos así lo recuerda una pariente:

> Entre todos nuestros amigos se extendió la historia de que "En ningún otro lugar te lo pasas tan bien jugando como en los Stein" [...]. Encontrábamos fascinante el entorno del aserradero. En medio del piso superior, un artificio movía los troncos de madera a través de una máquina, cortándolos a lo largo en diferentes dimensiones. Los niños encontrábamos divertido sentarnos en los extremos de los troncos y montarnos en ellos. Te podías imaginar viajando a cualquier lugar. El sonido de la sierra todavía resuena en mis oídos, y el olor del serrín es inolvidable...[94].

LA MEJOR ALUMNA

Durante esos años, además de esforzarse por ser una buena compañera, Edith era una excelente estudiante y solía recibir el premio a la mejor alumna de su clase de manos del director del colegio. Cuando era premiada tenía sentimientos encontrados debido a que, aunque valoraba mucho ese reconocimiento, "era siempre para mí un momento muy desagradable el tener que atravesar la clase entre las dos filas apretadas de alumnas para llegar a la presidencia, donde estaban sentados la totalidad de los profesores. Todos los ojos, desde delante y desde atrás, miraban en la misma dirección, mientras el director pronunciaba unas cordiales palabras"[95]. En esas ocasiones, hermanas, primas y amigas la saludaban con orgullo. Luego, de regreso en su hogar recibía la felicitación del resto de la familia. Pero Edith asegura que no le gustaba "que se hiciera tanto ruido" y que se comentasen sus éxitos "con todos los parientes y conocidos"[96].

Décadas después, una condiscípula de la escuela Viktoria aseguró que Erna y Edith "parecían ya entonces de un natural muy dominador. Principalmente el carácter de Edith se [había desarrollado] entretanto muy claramente"[97]. Pese a ser la menor la consideraron "la más sensata". En cuanto a su carácter, la misma amiga cuenta:

> Se la quería, pero esto desarrolló en ella un orgullo indomable, cuya tensión se deshacía en lágrimas de rabia cuando no alcanzaba lo que deseaba. No le gustaba nada el no aparecer como la mejor y la más hábil. Y, sin embargo, en buena parte, tenían las hermanas la culpa, ya que hicieron de ella una especie de ídolo al cual adoraban[98].

Es comprensible que sus hermanos mayores, que debieron suspender sus estudios por ayudar a su madre, o porque la enseñanza superior todavía no estaba habilitada para las mujeres, proyectaran en Edith sus deseos y aspiraciones. Else llegó a decir, refiriéndose a su hermanita menor: "Nos queríamos terriblemente, siendo ella de todas las hermanas la que más se me parecía"[99]. Frente a expectativas tan altas, con una autoexigencia que no le iba a la saga, Edith desplegaba su inteligencia y actitud para el estudio. Pero una anécdota brindada por su compañera de banco de la escuela Viktoria presenta una faceta menos rígida y evidencia que también podía actuar con picardía. Su amiga relata:

> Mientras que yo tenía disposición para las cuentas y para las otras ciencias […] y era negada para las lenguas, a ella le pasaba al revés. De aquí surgió espontáneamente una especie de colaboración (no permitida) en nuestros trabajos, en la que una soplaba a la otra.

Preferentemente se copiaba lo que una misma no sabía. Y nos complementábamos mutuamente de manera encantadora[100].

En todos los casos, aquellos que la conocieron coinciden al señalar que fue una nena juiciosa y sensata. Pero, además, en su afán de honestidad, podía llegar a tomarse muy en serio cualquier actividad. Hasta en los juegos de prendas, comunes en las fiestas familiares, sentía que debía responder "con honor y conciencia" las preguntas preparadas por los participantes. Las favoritas, y las que más se repetían, eran a cuál hermano quería más o a cuál de ellos quería parecerse. Sobre esta costumbre, Edith aventuró una interpretación: "Se pretendía entrar en el secreto del corazón humano y aquí estaba el valor de este juego infantil. Sí, ciertamente, algunas veces la pregunta era difícil de responder, sin embargo, se sentía uno elevado en esa bajada a la propia profundidad"[101]. Edith también participaba de juegos de ingenio[a]. Otro de los divertimentos, al final de las reuniones familiares, consistía en reunirse a contar historias "horripilantes"[102]. Consustanciada con el rol de narradora, Edith se sentía feliz si conseguía entusiasmar a los demás con sus historias o con las pequeñas obritas que escribía para representar en familia.

Era un grupo extenso, ya que además de amigos cercanos, los hermanos Stein tenían gran cantidad de parientes. Durante mucho tiempo Edith y Erna tuvieron como compañía de juegos a dos primos gemelos, Hans y Franz Horowitz, con quienes se visitaban asiduamente. Mientras que Hans, "más impulsivo y agudo", prefería a Erna[b], Franz era "más serio y reflexivo"[103] y tenía predilección por Edith. Los muchachos, que eran bue-

---

a Una de sus compañeras recordó: "La lotería era nuestro juego preferido. Edith prefería más aquello donde brillase su gloria: '¿Cómo? ¿Por qué?', como acertijos y cosa parecida" (Posselt, 19). Cuando aún no sabía leer aprendía de memoria las respuestas. A su hermana Else la "llenaba de indignación que algunas la tuvieran por petulante" (Posselt, 22).

b La hija de Erna lo describió como "uno de los primeros pretendientes de mi madre, que quizá aún esté enamorado de ella" (SB, 93).

nos músicos, pasaban muchas horas al piano y tenían paciencia cuando ellas intentaban tocar a cuatro manos.

Así como deseaba obtener iguales derechos que los varones, Edith descubrió que no le gustaba realizar las tareas de la casa, limpiar el polvo o secar los platos. También comprobó que cuanto más le exigían sus estudios, más la liberaban de las cargas domésticas. Pero, aunque en su momento lo disfrutó, al recordar etapas en las que siendo estudiante y profesora vivió sola, y pensando seguramente en las exigencias monásticas, en sus memorias reconoce: "[Esto no supuso] una ventaja, pues se cae en una formación unilateral que más tarde he tenido que lamentar"[104].

"LAS GRANDES FIESTAS JUDÍAS"

Pésaj, Año Nuevo y Día de la Reconciliación (o Día del Perdón) eran celebraciones que Auguste Stein respetaba a conciencia. La mayoría de los cristianos de su tiempo desconocían que la festividad de Pésaj evoca la salida de los hijos de Israel de Egipto. Tal vez por eso Edith debió explicar que Pésaj "se celebra tal y como la celebró el Señor con sus discípulos cuando instituyó el sagrado sacramento del altar y se despidió de ellos"[105]. Durante el Pésaj se come pan sin levadura, y también hierbas amargas que recuerdan la congoja del destierro, además se bendice el vino y se lee el relato de la liberación de la esclavitud de los judíos de Egipto. Con ánimo comparatista, Edith Stein intentó mostrar similitudes entre la celebración de Pésaj y la misa, dado que en ambas se parte el pan y se bendice el vino.

Durante las celebraciones, las familias judías de Breslau solían encargar a grandes panaderías el "matzá", un pan elaborado con instrucciones específicas y bajo la vigilancia de los rabinos. Con detalle Edith rememora:

> El día de preparación anterior a la fiesta toda la casa está levantada. Se aparta todo lo fermentado, se reúnen los restos de pan y se queman. Y no es esto todo, pues la vajilla misma es llevada al desván o

> al sótano, y se trae otra que estaba todo el año guardada y que en este día debía ser limpiada con todo cuidado. (Durante mi infancia todo esto se mantuvo así en la familia; más tarde, sin embargo, los hermanos mayores de mi madre, un tanto liberales, "recortaron" algunas cosas). Las mujeres tienen mucho que hacer en el día de la preparación, sintiéndose felices cuando llega la noche y con ella comienza por fin la fiesta. (La fiesta judía comienza la víspera por la tarde cuando aparece la primera estrella en el cielo)[106].

En casa de los Stein la celebración duraba una semana, lo que resultaba excesivo para los más chicos que, luego de disfrutar la novedad, extrañaban sus costumbres del resto del año, y celebraban como "una nueva fiesta la reaparición en la mesa del pan untado de mantequilla de nuevo"[107]. Edith también informa a sus lectores que durante la tarde del Séder es costumbre que el hijo menor haga una serie de preguntas rituales a los mayores. Al ser la menor de los hermanos, ese lugar le estaba destinado. Más adelante, y seguramente aún más luego de su conversión, sintió alivio al verse relevada de la tarea por sus sobrinos, primos y sobrinas más jóvenes. Con el paso del tiempo sentiría que "la celebración de la fiesta tenía algo doloroso", debido a que solo participaban en ella con devoción su madre y los niños pequeños[108]. Según parece, no era la única que experimentaba estos sentimientos:

> Los hermanos, que debían hacer las oraciones en lugar del padre muerto, las hacían de manera poco digna. Si no se encontraba presente el mayor y el más joven asumía el papel de cabeza de familia, se notaba con demasiada claridad que interiormente se reía de todo esto[109].

¿Percibía Auguste Stein estas actitudes? Una de sus nietas, Ilse Gordon, aclaró: "Es verdad que mis padres no asistían a la sinagoga y no observaban en casa los ritos tradicionales de la religión judía, ni educaron a sus hijos de acuerdo con ellos"[110]. Esto convalida lo señalado por Edith al tiempo que muestra que, tras la emancipación, la tercera generación de su familia se había asimilado casi completamente. La mayoría de ellos solo asistía o participaba de los rituales religiosos de Auguste, la matriarca que había procurado el bienestar de todos. Solo cuando los nazis subieron al poder y decretaron la expulsión de los judíos de todos los cargos públicos la situación cambió radicalmente, y los jóvenes sintieron la necesidad de reconectarse con las tradiciones judías.

Esa fue la experiencia de Susanne Batzdorff, quien en su adolescencia solía acompañar a Auguste a la "Nueva Sinagoga" que, construida por el arquitecto Edwin Oppler, había sido diseñada en un estilo de acuerdo con una máxima que expresaba la convicción de los judíos prusianos emancipados: "The German Jew in German State has to built in a German Style"[111]. Inaugurada en 1872, se trataba de una construcción magnífica que en tamaño y belleza era considerada la sinagoga más importante después de la de la calle Oranienburger, de Berlín. Mientras que la "Sinagoga de la cigüeña" fue utilizada más tarde por los judíos ortodoxos, la "Nueva Sinagoga", elegida por los liberales, fue destruida "durante la infame masacre" del 9 y 10 de noviembre de 1938. Durante los años veinte y treinta su rabino fue Hermann Vogelstein, que impresionó a Hannah Arendt de pequeña, quien al escucharlo hablar le dijo a su madre que se casaría con él[a].

Los que frecuentaban la "Nueva Sinagoga" recuerdan que se constituyó en "un centro de vida judía y un punto de encuentro para la comunidad"[112]. Auguste Stein tenía un sitio "en la parte trasera del mirador de mujeres"[113]. Una de sus nietas se preguntaba por qué "había elegido un asiento desde el que apenas se podía ver"[114] a los oficiantes. Tal vez fuera un signo de modestia. La misma nieta informa: "Como una extraña mezcla de prácticas ortodoxas, conservadoras y reformadas", hombres y mujeres se sentaban separados, la ceremonia era "en su mayor parte en hebreo, y solo algunas oraciones se recitaban en el alemán nativo, y el sermón del rabí también era en alemán"[115].

---

a Hermann Vogelstein (1870-1942), rabino liberal en Königsberg, estuvo allí desde 1897 hasta 1920 cuando se trasladó a Breslau. Solía visitar a los Arendt y brindó a Hannah educación religiosa (Young-Buehl, 72).

Aunque estuvieran distanciados de sus ideas religiosas y no compartieran la piedad materna, los hijos obedecían a Auguste, para quien era "sagrado" que asistieran a la sinagoga el Día de los Difuntos para recordar a su padre[116]. En esa fecha, recuerda Edith, "día y noche lucían en casa dos grandes y gruesos cirios en recuerdo de nuestros muertos"[117]. La devoción de Auguste se arraigaba en usanzas ancestrales ya que, por ejemplo, seguía la costumbre de sus mayores de nunca comer uvas ni miel antes de principios de año. Asimismo, como en casa de sus padres, durante el Séder de Pascua, a la hora indicada encendía las velas del tradicional candelabro de plata y hacía sus oraciones; también asistía a la sinagoga, todas actividades piadosas que sus hijos no compartían con la misma intensidad.

Que las memorias de Edith no estuvieron destinadas solo a lectores judíos es evidente cuando explica que "el judaísmo tiene una liturgia desarrollada"[118]. Y que de esta liturgia, compuesta por salmos y lecturas bíblicas, "ha surgido la liturgia de la Iglesia"[119]. Aunque siempre debe considerarse el notable esfuerzo realizado para reconciliar a lectores cristianos con la tradición judía precedente, también hay que resaltar que no menciona las importantes instituciones judías de Breslau. Por eso, personalidades relevantes de la comunidad judía liberal, como el rabino Hermann Vögelstein, no aparecen en su relato.

Vögelstein fue una personalidad singular y carismática que, como se dijo, conoció a la familia de Hannah Arendt[a]. Edith tampoco alude a las divisiones entre judíos ortodoxos y judíos liberales palpables desde la emancipación hasta la Primera Guerra Mundial. Una idea de estas tensiones las brinda el escritor polaco Isaac Bashevis Singer en *El mago de Lublin*. Allí, escenifica lo que podría haber sentido un judío polaco que, por su profesión de mago itinerante, se siente dividido entre el respeto por la tradición y los fulgores de la modernidad:

a La llegada de Vögelstein a Breslau coincidió con el período en el que, concluida su formación universitaria, Edith Stein transitaba el camino de la conversión.

> Desde la niñez, había estado rodeado de gente religiosa. Incluso Esther [su mujer] mantenía un hogar judío y su cocina era perfectamente kosher. Semejante progenie quizá fuera excesivamente asiática, como aseguraban los judíos ilustrados, pero, por lo menos, tenían una fe, un hogar espiritual, una Historia y una esperanza. [...] Por su parte, ¿qué tienen los judíos asimilados? Nada propio. En un lugar, hablan en polaco; en otro, en alemán, y hasta en ruso y en francés.[120]

Edith no dice haber sufrido en la infancia incidentes antisemitas. Pudo haber evitado esos temas dado el contexto histórico de la escritura de sus memorias. Siempre nos quedará la duda de cuánto las hubiera modificado de haber sobrevivido. Por eso, resultan ilustrativos testimonios como los de Hannah Arendt, que en una entrevista televisada en 1964 pudo hablar francamente del tema:

> Yo procedía de una familia antigua de Königsberg (los Arendt). Pero la palabra "judío" nunca fue mencionada en casa. La conocí por primera vez —aunque realmente apenas si vale la pena relatarlo— en las observaciones antisemitas de los niños cuando jugábamos en las calles. [...] Cuando mis maestros lanzaban observaciones antisemitas —generalmente no dirigidas a mí, sino a mis compañeros judíos, particularmente a los del este[a]— yo tenía instrucciones de levantarme, abandonar el aula, marcharme a casa y contar exactamente lo que había pasado. Mi madre entonces escribía una de sus muchas cartas y con ello concluía mi participación en el asunto. [...] Si los comentarios venían de otros niños, mi proceder tenía que ser otro. Quedarme y defenderme de esas observaciones[121].

Desconocemos si Edith Stein vivió una década antes experiencias similares. Volviendo a su ciudad natal, se sabe que

---

a Los prejuicios contra los judíos del este merecen aclaración. León Poliakov calificó de "odio a sí mismo" al sentimiento del judío asimilado "que, a su vez, se proyecta contra el 'otro' tipo de judío" (MS, 230-231). Sin consciencia de ello, Edith Stein habla del "desagradable tono de los incultos judíos del este" (MS, 231), algo que seguramente hubiera borrado de su autobiografía de haber sobrevivido el exterminio nazi.

gracias al legado de Jonas Fraenkel, un hombre que había nacido en la pobreza y que llegó a ser un importante banquero, desde 1846 funcionaba en Breslau el primer seminario rabínico de Alemania. Asimismo, se creó la Fundación Fraenkel, que ayudó a fundar el Hospital Judío y otras instituciones, como orfanatos, hogares y albergues para desamparados[a]. Hasta 1938, cuando tras la noche de los cristales rotos el seminario debió cerrar sus puertas, se formaron allí más de setecientos estudiantes. Llegar a ser rabino implicaba estudiar exhaustivamente durante siete años, en tanto que la carrera de maestro se cursaba en tres. Erika, sobrina de Edith que desde muy joven sufrió en carne propia el fracaso de la asimilación, tomó cursos allí. Y fue justamente en la sinagoga del seminario rabínico donde, como veremos, en 1933 Edith comenzó una conversación con su madre explicándole sus razones para ingresar al Carmelo.

LA FIESTA MÁS SOLEMNE

El Yom Kipur, Día del Perdón o de la Reconciliación, es un momento de gran introspección para los observantes. Edith la denominó "la fiesta más solemne" del judaísmo. Según explica, era

> el día en que antiguamente el sumo sacerdote entraba en el *sancta sanctorum*, y ofrecía por sí mismo y por todo el pueblo el sacrificio de la reconciliación, presentando el chivo expiatorio que carga

---

a Asimismo, en 1872 se creó la Universidad para el Estudio del Judaísmo. De alguna manera, muchas de estas instituciones retomaron proposiciones de David Friedländer, integrante de la comunidad judía de Berlín, y que sugirió (como lo hizo Lutero respecto del latín, centurias atrás) que las ceremonias religiosas fueran en alemán, en lugar de en hebreo. En 1819 se fundó la Sociedad para la Cultura y Estudio del Judaísmo con la finalidad de "revisar completamente la educación judía y la forma de vida judía". Su eslogan, dirigido a la comunidad judía, fue: "Abrirse no significa perecer". Esto produjo "una clara grieta entre la rama ortodoxa y la reformada de la comunidad" (SB, 40).

con los pecados de todo el pueblo, siendo enviado al desierto. Todo esto ya no se hace, pero todavía hoy ese día se celebra con oraciones y ayunos, y el que conserva aún algo de espíritu judaico visita el "templo" ese día[122].

Por haber "nacido el día de la Reconciliación", esa fecha tenía para ella y su madre una significación especial. Y aunque Edith recibía por parte de amigos y familia felicitaciones y regalos el 12 de octubre, comenta al recordar la vida de Auguste: "Y porque nuestro destino está especialmente entrelazado, me ha parecido mejor, en esta semblanza de mi madre, hablar más de mi propia evolución que de la de mis hermanos"[123]. En cuanto al Día del Perdón, o de la Reconciliación, así sucedía en su familia:

> En la víspera se debía cenar siendo todavía de día, pues al aparecer la primera estrella, comenzaba el oficio en la sinagoga. Esa noche no iba sola mi madre, sino que la acompañaban mis hermanas mayores, e incluso los hermanos consideraban un deber honroso el no faltar. Las viejas melodías solemnes de esa tarde atraían incluso a los pertenecientes a otras creencias. A la mañana siguiente mi madre se levantaba un poco más tarde de lo acostumbrado (normalmente se levanta todavía hoy a las cinco y media) y, aun así, era la primera de todos. Recorría las camas de todos, quienes la despedían cariñosamente, pues permanecía en la sinagoga todo el día. Nosotros nos quedábamos lo más posible en la cama (ya que en este día se nos permitía leer en la cama); nuestra hermana Frieda no se levantaba en todo el día, pues de lo contrario no podía soportar el ayuno[124].

Pensemos en Auguste cuando, en 1933, se entera de que Edith, su hija "tan querida", "su hija más pequeña", alejándose completamente de las tradiciones familiares anuncia que dará un vuelco completo a su vida. La hija a la que "le gustaba más esa fiesta que todas las demás", la que sentía predilección por este día de expiación, en el que se ayunaban veinticuatro horas, elegía diferenciarse y abandonar para siempre la religión de su familia. El impacto fue enorme. Por parte de Edith, la decisión implicaba también una pregunta: ¿cómo seguir, de todas maneras, en conexión con los suyos? En 1933, antes de dejar su ciudad natal, el Día de la Reconciliación Edith observó el ayuno, hábito que había iniciado a los trece años. Una costumbre que su madre seguía a consciencia[125]. Pero la distancia generacional entre madre e hijos adquirió ribetes especiales, como ella misma confesaría:

> A pesar de esta unión tan íntima no fue mi madre mi confidente —tan poco como cualquier otro. Desde mi más tierna infancia llevé una curiosa doble vida, ofreciendo a los observadores externos unos cambios incomprensibles así como súbitas transformaciones[126].

PREOCUPACIONES Y DESAVENENCIAS FAMILIARES

El manuscrito de la autobiografía de Edith Stein, que se encuentra en el Archivo del Carmelo de Colonia, contiene 1070 hojas autógrafas paginadas por la autora; pero no están completas. Faltan treinta y cuatro páginas (162-190, 220- 224) y no se conoce el motivo de esa ausencia. Sí de las dificultades que pasaron las carmelitas para esconder los manuscritos de los nazis y decidir qué hacer con ellos, a las que nos referiremos oportunamente.

Como con las memorias de Thérèse de Lisieux, este tipo de situaciones se repiten en muchas autobiografías de mujeres, sean o no religiosas. Pérdidas, sustracciones, censuras más o menos veladas de los que tienen en su poder los manuscritos antes de su publicación son moneda corriente. Lo cierto es que se interrumpe el manuscrito de Edith en una página con anécdotas del colegio, con lo que se produce un salto que lleva al punto dos de la segunda parte: “Preocupaciones y desavenencias familiares”. Aquí, ella abandona el tema del colegio y se lanza de lleno a relatar sucesos que la conmovieron especialmente.

Uno de ellos, un acontecimiento muy traumático, se dio cuando Edith tenía diez años y supo que un tío suyo, Jakob Burchard, casado con Cilla (Cecilia), una hermana de su madre, se había suicidado. Había sido un tío cariñoso y muy querido por la familia, y todos se sintieron muy afectados por su muerte. Participar del del velatorio y del entierro conmocionó a Edith, quien explica que en la tradición judía, durante la oración fúnebre, el rabino hace un resumen de la vida del muerto y destaca las cosas buenas que hizo. Ya asumida en la fe católica, Edith presume que ese tipo de relato aviva el dolor de la familia "sin obtener consuelo alguno". Interpreta que sucede porque, detrás de las palabras, "si el cuerpo se convierte en polvo, el espíritu vuelve a Dios, que es quien se lo dio", no subyace una "fe en una pervivencia personal y en un volver a encontrarse tras la muerte"[a][127]. A continuación, compara esa experiencia con la primera vez que asistió a un culto funerario católico: "Se trataba del entierro de un sabio famoso; pero nada se dijo de sus méritos, ni del apellido que había llevado en el mundo. Solamente se encomendaba a la misericordia de Dios su pobre alma mediante el nombre de pila. Ciertamente, ¡qué consoladoras y serenantes eran las palabras de la liturgia que acompañaban al muerto a la eternidad!"[128]. Poco después del suicidio de su tío materno, también ocurrió el de un hermano de su padre que manejaba el negocio de los abuelos en Gleiwitz. Edith explica que los dos tomaron esa decisión acuciados por problemas económicos que se sentían incapacitados de resolver. No resulta extraño que evoque estas situaciones luego de 1933. Ni que explique que "la lucha económica contra los judíos" produjo "de golpe tantas ruinas, [y] ha sido también la causa de un espantoso número de suicidios"[129]. Por haber vivido en los dos mundos, el judío y el católico, Edith aventura una explicación a la ola de suicidios:

---

a Edith Stein no toma aquí en cuenta que, si bien la resurrección es fundamento de la fe cristiana (Dice San Pablo en 1 Corintios 15:14: "Y si Cristo no resucitó, es vana nuestra predicación y vana también la fe de ustedes"), también creen en ella sectores del judaísmo.

> Creo que hay una relación entre la incapacidad de mirar con ojos serenos y aceptar el hecho de la ruina de la vida externa, con una concepción pobre sobre la vida eterna. La pervivencia personal del alma tras la muerte no es un dogma de fe. Todo el anhelo se centra en el aquí. Incluso la piedad de los devotos está dirigida hacia la santificación de esta vida. El judío es capaz de ser tenaz, esforzado e incansable; soportar privaciones año tras año, pero en tanto en cuanto tenga la meta ante los ojos; pero si se le quita esto, su capacidad de tensión se rompe; la vida se le aparece como carente de sentido y con gran facilidad llega al rechazo de todo. Sin embargo, para el verdadero creyente, la sumisión ante la voluntad de Dios lo retiene ante ello[130].

Ese sería el caso de su madre, que, "con su inquebrantable lozanía de vida", pensaba que la decisión de sus tíos solo podía explicarse "por una perturbación mental"[131]. Al analizar cómo Edith Stein interpreta el rito funerario judío y las "olas de suicidios", Moreno Sanz retoma lo que dice su sobrina en *Mi tía Edith*, que sostiene que desconocía profundamente el judaísmo y tenía "muchos prejuicios"[132] de los que nunca logró liberarse, y así proyectó en su autobiografía, en los recuerdos de la niña que fue, la mirada de la adulta. Por su parte, en el prólogo del mencionado libro, Eugen Fisher, secretario de asuntos ecuménicos e interreligiosos de la Conferencia Nacional de Obispos (USA), se ve en la obligación de recordar que, cuando Edith Stein se incorporó al catolicismo, en la liturgia del Viernes Santo se pedía por la conversión de los "pérfidos judíos" (así se había traducido del latin *perfideles*: "creyentes a medias"). Tras la Segunda Guerra Mundial, el papa Pío XII hizo que se cambiase el término por "infieles", pero recién el papa Juan XXIII, "de feliz memoria", suprimió la confusa traducción de *perfideles* definitivamente. Luego, con la reforma de la liturgia "emprendida por el papa Pablo VI siguiendo el mandato del Concilio Vaticano II, la antigua plegaria fue reescrita y privada de toda referencia a la conversión"[133]. Vale aún una aclaración. Ante las comunidades judías de Colonia, Alemania, poco antes de la beatificación de Edith Stein, el papa Juan Pablo II "manifestó el reconocimiento" hacia ella, pero también "por el hecho de que el pueblo judío, gracias a su propia fe, continúe dando testimonio vivo de la revelación divina que se le otorgó como pueblo de Dios", y atacó la antigua "enseñanza del desprecio"[134] que tantos males causó por siglos y siglos[a]. En lo que respecta a Edith Stein y sus afirmaciones sobre la piedad judía, basadas en sus propios prejuicios y en la liturgia católica de su época, todavía abogaba por la conversión de los judíos, cuestión que se ve contrarrestada en sus escritos pedagógicos y antropológicos, en los que se filtra un espíritu ecuménico mucho más abierto y conciliador.

En cuanto a la moral de su madre, Edith resalta que solía abrir las puertas de su casa y recibir a las familias en apuros y a los huérfanos cada vez que lo necesitaban. Auguste protegió a los hijos de su hermano Siegmund, considerado una "oveja negra"[135] porque, aunque brillante y bonachón, era propenso al despilfarro. De sus tres hijos, el menor era el preferido de Auguste. Pero fue el hermano del medio el que, abrazándola, un día le preguntó por qué su madre no se le parecía. El mayor, Richard Courant, fue el que más sufrió la dinámica familiar. A Edith le parecía un signo de buena fe que, consciente de la poca solidez de su padre, "por nada se dejó desviar de su amor filial"[136].

Aunque era brillante, por ser judío Richard Courant debió dar una dura batalla para conseguir un puesto universitario. Es-

---

a Eugene Fisher destaca que en *Judíos y judaísmo en la predicación y en la catequesis de la Iglesia*, documento de la Santa Sede, del 24 de junio de 1985, número VI. 1, Juan Pablo II recuerda el martirio sufrido por los judíos de Renania cuando alude a "la conversión forzada y la consiguiente masacre" efectuada por "vagabundos rezagados de la Primera Cruzada de 1096 [...]; el papa ve aquí a los cristianos que perpetraron tal acción como los malhechores que fueron, y reconoce a sus víctimas judías como mártires a causa de su verdadera fe en el Dios de Israel". Para mostrar el cambio operado a través de los siglos, este papa subraya, ante las comunidades judías: "Que el Padre de la vida, benévolo y compasivo, cuide de vuestras comunidades y las bendiga, especialmente en los momentos en que os reunís para escuchar la palabra santa de Dios" (SB, 14).

tas situaciones eran corrientes. Algo similar le sucedió a Else, que luego de titularse como maestra solo pudo ejercer como profesora particular ya que conseguir un puesto en una escuela "era casi imposible en Prusia para una judía"[137]. Más o menos por entonces, otro acontecimiento perturbó la vida familiar. La elección matrimonial de Paul disgustó a Auguste y le trajo varios sinsabores. Edith fue testigo de que, después de años de intentar su aprobación, Paul se comprometió en secreto contra la voluntad materna, y terminó fugándose de su casa[a]. Cuando finalmente, y luego de mediaciones de familiares, volvió al hogar y se realizó la boda, las relaciones entre suegra y nuera nunca fueron cordiales. Siempre partidaria de los juicios de su madre, en su autobiografía Edith también es crítica con su cuñada.

Entre tanto, aconsejada por una amiga, Else consiguió trabajo en Hamburgo, una ciudad grande y cosmopolita donde poco después se encontró con Max Gordon, un primo de su madre, que era médico y que le llevaba nueve años. En septiembre de 1903, la familia supo que él y Else se habían comprometido. Para Erna y Edith, el casamiento debió de ser un suceso memorable. Ambos esposos se consideraban "ateos del todo" y Auguste debió aceptar con dolor que no celebraran una boda religiosa[b]. Además, como a Max Gordon no le gustaba viajar, la boda se realizó en Hamburgo. Al año siguiente, mientras cursaba el primer embarazo, Else dijo que extrañaba a sus hermanas pequeñas, que entonces fueron a

---

a Esta fuga impactó fuertemente a Edith y a su hermana Erna, las hijas menores: "Nos despertamos una noche y vimos que nuestra madre lloraba, corrimos hacia ella, nos subimos en su regazo e intentamos consolarla. Después de algunos años hemos sabido que, precisamente aquella noche había desaparecido nuestro hermano mayor y que los otros hermanos lo buscaban" (OCI, 179). Esto condicionó el vínculo.

b Después del relato de las dificultades que tuvo para aceptar esta boda, faltan unas páginas de los manuscritos de Edith Stein. De ahí se salta a "...del cuñado, que en todo caso espantaba a las gentes tan pronto surgían diferencias de opinión" (OCI, 218).

visitarla. Fue "un gran acontecimiento", ya que nunca habían viajado tan lejos[138].

Pero lo peor estaba por venir. Aunque para Else "no había nada superior"[139] a la visita de su madre, cuando Auguste la visitaba en Hamburgo las dos discutían constantemente cuando esta pretendía influir en la dirección de la casa y en cómo tenía que conducirse con su marido y sus hijos. Las visitas de Else a Breslau eran casi peores, "porque entonces arremetía contra una falange cerrada"[140]. Aliada incondicional de su madre, Edith interpreta el carácter de sus hermanos al señalar sus lados luminosos y los que considera en sombras. Asegura que Rosa tenía carácter fuerte, como Arno, y que los dos se criticaban uno al otro sin darse cuenta de lo similares que eran. Pero "la natural vehemencia de Rosa", decía Edith, "estaba reforzada por una gran excitabilidad, debida a que se sentía insatisfecha"[141]. El caso es que después del fracaso matrimonial de Frieda, que se había casado con un viudo del que se separó luego de tener una hija, Rosa desestimó cualquier sugerencia de casarse y se dedicó a las tareas domésticas en la casa familiar. Lamentaba no ser allí la jefa indiscutida y estar supeditada a su madre y hermanas, cada una con sus "peculiares deseos, que había que respetar, aunque frecuentemente, y con palabras airadas, [ella] llevaba la contraria"[142]. Rosa pensaba que subestimaban su trabajo y anhelaba algo diferente, pero "no tenía la suficiente iniciativa y energía para llevar a cabo sus planes profesionales ante la resistencia familiar"[143]. Por todo esto, la convivencia en la casa materna se hacía difícil. Rosa trataba de hacer valer su trabajo ante Frieda y Auguste, que pasaban gran parte del día en el negocio de madera, y sin embargo la ayudaban en la casa antes de ir a trabajar y a su regreso.

Por su parte, Auguste creía que por la cercanía de edad sus hijas debían llevarse bien, y sufría cuando Rosa quería diferenciarse de Frieda, dormir en un cuarto separado o tener sus propias amigas. "Todos estos pequeños gustos, tan comprensibles por otra parte —explica Edith—, provocaban choques, porque los expresaba con palabras bruscas. A mí me concedían cosas semejantes con la mayor naturalidad, sin que tuviese que emplear muchas palabras"[144]. "Mi hermana", escribió Edith, "quería ser sincera, naturalmente, pero hablaba solo de lo que ella sufría y no se le pasaba por la imaginación decir también lo que los demás habían de sufrir por su causa". Edith se vio en la necesidad de hablar con ella y hacer "algunas rectificaciones, reconociendo, no obstante, los diarios sacrificios de Rosa"[145].

En los recuerdos de Edith su hermana Rosa merece particular atención. De pequeña, sin destacar como estudiante, al "león" le encantaba juntarse con los chicos revoltosos del vecindario, tocar timbres y hacer travesuras. Según parece, tendía a idealizar personas o personajes, a constituirlos en ídolos que luego se desmoronaban a sus pies. Era apasionada cuando se aferraba a ideas que defendía con la misma exaltación que a sus seres queridos. Siempre apegada a su familia, Rosa acompañó a su madre hasta el final de su vida, para luego seguir a su hermana Edith al Carmelo de Colonia. Lejos de imaginar que marcharían juntas al campo de concentración donde serían asesinadas, en sus memorias Edith escribió: "Yo he experimentado su leal amor de hermana durante toda mi vida"[146].

Mucho antes, cuando los conflictos familiares alteraban la paz doméstica, en sus tiempos de estudiante Edith "soñaba con una casa ideal" y se veía viviendo en ella con su madre y con Erna, las tres solas[147]. Pese al afecto maternal que le profesaban sus hermanas mayores, eran grandes las diferencias entre sus exigidas vidas domésticas y las ventajas que ella y Erna tuvieron al estudiar y tener amistades propias. Con el tiempo, cuando Edith se marchó de Breslau, Frieda se ocuparía de pasar sus grandes trabajos a máquina, mientras que Rosa entabló amistad con sus amigas, teniéndolas al tanto de su vida. Según sus sobrinos, el carácter de Rosa fue dulcificándose con los años. Para Lotte, que nació en 1917, había sido una tía "muy criticona"[148], en tanto que Susanne, que nació en 1921 y creció en tiempos de la conversión de Rosa al catolicismo, aseguró que ella y su hermano eran sus "consentidos": "Nuestra primera parada era en la gran cocina, donde tía Rosa estaba ocupada cocinando o cociendo en el horno y casi siempre tenía algún bocado sabroso para nosotros"[149]. En numerosas biografías y estudios sobre las memorias de Edith Stein, lo mismo que en el libro *Mi tía Edith*, se sostiene que, al hablar de su familia, Edith no se posiciona como una observadora distante: está comprometida con lo que relata, infiere, sopesa, juzga y, a pesar de todo, intenta ser benevolente. En estos relatos, solo la madre parece intachable y se deja entrever cómo Auguste supo depender de Edith, que resultaba muy buena mediadora, y comenzó a recurrir a ella cuando quería que intercediera ante Rosa o sus otros hijos.

Según parece, Edith aceptaba el rol como un deber ineludible. Por eso, en su momento, supo convencer a su hermana de celebrar en la casa familiar las bodas de plata de su hermano mayor, que tenía una vivienda pequeña y descuidada. Cuando se trataba de convencer a los suyos, Edith siempre lograba su objetivo.

3
ADOLESCENTE EN CRISIS

LA CABEZA DE CRISTO Y LOS OJOS DE LA VIRGEN

En 1906, concluidos los nueve cursos de la "escuela superior femenina"[150], pese a la insistencia del director del establecimiento educativo y con el sentimiento de que el colegio no le daba lo que necesitaba, Edith decidió no seguir estudiando. Según ella, "tanto entonces como ahora, un instinto sano fue lo que me hizo ver decisivamente que yo había estado ya lo suficiente en el banco escolar y que necesitaba ya otra cosa distinta"[151]. Con quince años, se preguntó por "la manera de ver el mundo"[152] y sintió que la institución educativa no respondería sus inquietudes. Por eso no le costó "decir adiós a la escuela". Además, "por un lado estaba harta de aprender. Y por otro no sentía especial cariño por ninguno de [sus] maestros"[153]. Edith era una lectora apasionada, y curiosamente, su búsqueda recuerda a los autores románticos quienes, en contraposición con los ilustrados, apuntan más a alcanzar cierto equilibrio o armonía interna que a la adquisición de conocimientos.

Pero, según comentó, nadie en su familia esperaba semejante decisión:

> Toda la familia me definió desde la más tierna infancia por dos cualidades, se me reprochaba (con toda razón) el ser ambiciosa y también se me llamaba la "lista" Edith. Ambas cosas me dolían mucho. La segunda porque yo interpretaba que lo decían pensando que yo me lo creía y, además, me parecía que se indicaba que solamente era lista. Desde los primeros años de mi vida yo sabía, por otra parte, que era más importante ser bueno que listo[154].

Entre los que estaban orgullosos de su inteligencia y ponían en ella altas expectativas destacaba su tía Cilla, una de las hermanas de Auguste, quien, además de preferirla entre los demás sobrinos, solía incitar la competencia entre ellos. Todo comenzó cuando, al encontrarla en la calle llorando desconsoladamente porque no quería ir al jardín de infantes, en un intento de consolarla y convencerla su tía le regaló "un gran cucurucho de ciruelas amarillas". Pero, aunque ese regalo era un verdadero tesoro, al comprobar que Edith no se dejaba "sobornar por tales cosas materiales" su tía le aseguró que la apoyaría en su deseo de ir a la escuela "grande". Por este motivo, siempre que se enteraba de sus éxitos escolares repetía que gracias a ella había adelantado un año, y la llamaba, con cariño, "ambiciosa". Además de sentirse presionada, para Edith la broma "tenía algo de punzante". También le molestaba que esas actitudes generaran fricciones familiares, como cuando esta misma tía, para estimular una suerte de competencia con una de sus primas que iba a su misma clase, le ofreció un marco de plata si alcanzaba un puesto mejor que el de Edith, aunque "ambas estaban convencidas de que aquel premio era inalcanzable"[155]. Si bien su inteligencia producía "envidia"[156] y eran comparadas a menudo, parece que las primas lograron ser "buenas amigas"[157]. De todas maneras, llegó la ocasión en la que, cansada de perder siempre frente a ella, su prima le rogó: "permíteme que una vez tenga yo razón"[158].

No eran solamente sus calificaciones, el comportamiento de Edith también era destacado. Una anécdota ilustra el clima de las escuelas de entonces. Durante su escolaridad Edith tuvo una sola amonestación. Fue por ayudar a unas compañeras que habían llegado tarde a clase y que le pidieron que las pusiera al tanto del repaso de Geografía, tarea que les había encomendado el profesor. Aunque el repaso había terminado y quedaba prohibido hablar en la hora siguiente, destinada a religión, creyendo que "en estricta moral escolar la camaradería" estaba "por encima de todo"[159], Edith se ocupó de susurrar la lección a sus compañeras. Una maestra que pasaba por ahí advirtió el desliz y luego de reprenderlas se lo comunicó al director. Aunque sus compañeras asumieron la culpa, Edith fue amonestada por hablar en clase y esto figuró en su cuaderno escolar. Ella aseguraría que "el consejo de profesores no debió considerar el delito tan grave", ya que sus calificaciones finales no se vieron afectadas por la pequeña transgresión[160].

La insistencia de Edith en el respeto por las normas puede atribuirse a su educación germana, pero también a los altos estándares que debían alcanzar los judíos si querían ser incluidos social y culturalmente. Inspirada por la idea romántica de alcanzar una visión totalizadora de la vida, sin deseo de continuar la escolaridad y lejos de compartir la "exaltación entusiasta quinceañera" de sus condiscípulas, con las que no tenía "gran sintonía"[161], dejó los estudios. También es probable que sufriera ante las "burlas"[162] de las compañeras que la consideraban demasiado seria. Seriedad evidente cuando a los trece años, por iniciativa suya, le regalaron como despedida a un joven maestro que ella consideraba "excepcional" una reproducción de la pintura *Isla de los muertos*, de Arnold Böcklin[a], en la que se observa una barca conducida por Caronte, personaje griego que conducía las almas al Hades.

La decisión de abandonar los estudios también habrá sorprendido a los padres de sus compañeras, que la ponían como ejemplo y fomentaban que sus hijas establecieran con ella lazos de amistad o de camaradería. Pero, aunque Edith aceptaba estas relaciones, no alcanzó gran intimidad con ninguna de ellas. No se sentía a gusto con su entorno, desaprobaba que no se dijera "siempre la verdad" y le molestaban los subterfugios y engaños[163]. Tampoco logró hacer amistad con una de sus compañeritas a cuyo padre Auguste consideraba un advenedizo. No se trataba

a Se trata de una obra con varias versiones. El escritor ruso Vladimir Nabokov dijo que en "cada casa de Berlín" había una reproducción. Sigmund Freud, el primer ministro francés Georges Clemenceau y el líder comunista Vladimir Lenin tuvieron una en sus estudios. Lo llamativo es que Böcklin fue uno de los pintores favoritos de Hitler, que tuvo esta obra que actualmente se puede ver en el Altes Museum de Berlín. Recreada en el cine, también ha inspirados a músicos como Rachmaninoff y Mahler. Y a pintores del siglo XX en adelante, como Salvador Dalí.

de su procedencia, "una familia no importante de Lublinitz, que había trabajado en casa de los abuelos como costurera"[164], lo que Auguste objetaba es que al prosperar económicamente se mudaran a una zona en la que "se concentraban los judíos enriquecidos"[165]. A diferencia de esta familia, ella siempre vivió en el mismo barrio popular y no tuvo la pretensión de escalar socialmente. Por eso, aunque en 1910 compró una casa de grandes dimensiones, permaneció en la parte "menos distinguida"[166] de la ciudad, donde se encontraba su negocio de maderas.

Apenas tres generaciones atrás, los antepasados de Edith vivían en guetos, eran observantes de la Torá y seguían fielmente los principios de la Halaká, conjunto de preceptos a través de los cuales configuraban sus vidas. A través de los siglos, el apego a la Ley había preparado a los judíos asimilados para un nuevo cumplimiento que los llamaba a interiorizar el ideal formativo de la *Bildung*, un aspecto específico del romanticismo alemán del que eran representantes y adalides Von Humboldt, Kant, Schiller y Goethe. Los fundamentos estoicos de la *Bildung*, sus aspectos éticos, habían sido resaltados por el fundador de la Universidad de Berlín, para quien se trataba de "proporcionar un contenido tan grande como sea posible al concepto de humanidad en nuestra persona"[167].

Trasladado a Alemania, el ideal de educación de la Ilustración[a] francesa adquirió características propias: se acentuó el aspecto personal de modo que, para Humboldt, la *Bildung* quedaría asociada a la libertad individual, a la esfera privada del individuo. Como otros muchos judíos alemanes asimilados, hasta su conversión Stein compartía el ideal de la *Bildung*, como pro-

---

a Como conferenciante y docente, Edith Stein insiste en la "crisis" en el ámbito de la "formación" (*Bildung*) que a su entender deriva de un "concepto de formación" derivado de "la época de la Ilustración" (OCIV, 197) que propiciaba "un saber enciclopédico lo más completo posible" y que está basado en "la idea usual del alma, la de una tabula rasa en la que se debe escribir lo que se pueda mediante la comprensión intelectual y el troquelado mnemónico" (OCIV, 197).

ceso de formación y de trabajo sobre uno mismo que implicaba la búsqueda de perfeccionamiento y el cultivo de los talentos personales. Pero la *Bildung* no solo se abocaba a la formación intelectual, sino también a alcanzar un desarrollo espiritual que se viera reflejado en la sensibilidad y en el carácter.

No hay que olvidar que "formación" es una palabra que tuvo un origen místico-medieval que aludía a la imagen (*Bild*) de Dios en el alma del hombre. Imagen a partir de la cual, según el Antiguo Testamento y la Biblia, cada persona ha sido creada, y que debería desarrollar con el fin de lograr su cabal expresión. En su etapa católica, y especialmente como docente y conferenciante, Edith se dedicó con vehemencia a desarrollar la idea de una *Bildung* católica que, a su entender, ofrecía el contrapeso a las crisis de formación de su época y la esperanza de revertir las desviaciones individuales y colectivas. Para ella "formar (*bilden*) es dar forma (*formen*) a un material para que alcance una hechura según una imagen"[168]. De alguna manera, no está lejos a lo expresado por Goethe:

> El concepto de ser humano no debe encerrar ninguna contradicción con el concepto de la divinidad; y, aun cuando percibamos cierta distancia y disimilitud respecto a esta [...], hemos de perseguir toda la perfección que sea posible, para así poder confirmar nuestra similitud con Dios.[169]

Stein infiere que para "la *persona entera* está previsto su proceso formativo" y en cada persona "la forma interior trabaja para formar el cuerpo y el alma según el propio arquetipo"[170]. Convencida además de la responsabilidad personal, ya que "toda formación es autoformación"[171], no descarta que le corresponde al entorno del individuo "una obligación y responsabilidad en ese sentido"[172], y concede que la "meta [que] busca un formador de seres humanos (para la formación de otros, o para la suya propia), depende de su cosmovisión"[173].

Un estudiante de medicina, amigo de uno de sus numerosos primos, tuvo una gran intuición al decirle, cada vez que se encontraba con ella, que tenía "[la] cabeza de Cristo y [los] ojos de la Virgen". Este joven solía preguntarle si aún no había encontrado un escultor que, atraído por su color de alabastro, la hubiera tomado por modelo[174]. La insistencia con la que este joven remachaba en estas cuestiones hacía que ella apenas pudiera dominarse cuando "tenía que soportar semejantes discursos"[175]. ¿Captaba el estudiante de medicina algo que a los demás se les escapaba, o solamente se sentía fascinado por su particular belleza y personalidad? En todo caso, no era el único atraído hacia ella.

Cuando Edith viajó a ver a su hermana Else, su primo Franz, temiendo que se instalase indefinidamente en Hamburgo lamentó que no fijara fecha de regreso. Durante los diez meses que Edith permaneció allí Franz no dejó de escribirle, y aunque apenas recibió respuestas a sus continuas cartas, fue el encargado de recibirla en la estación de trenes, cuando regresó a Breslau.

En su *Bildung-roman* (novela de formación) *Wilhelm Meister*, Goethe presenta un protagonista que se busca a sí mismo guiado por las preguntas "¿quién soy?" y "¿quién llegaré a ser?", típicas de la adolescencia. En ese sentido, el viaje a Hamburgo de Edith puede leerse como un viaje de iniciación en el que confluían la búsqueda de sí misma y el deseo de ver el mundo sin la presencia protectora, pero también acuciante, de la madre. Posteriormente, Edith realizaría numerosos viajes, buscaría nuevas experiencias. Es singular que ya en este período, sin formación filosófica y espontáneamente, siguiera el itinerario de la *fenomenología* como ciencia de la experiencia según la propuesta de Hegel:

> El camino del alma que recorre la serie de sus formaciones como las estaciones que le son prescritas por su propia naturaleza; así purificándose, ella se eleva al espíritu y, a través de la completa experiencia de sí misma, obtiene el conocimiento de lo que es en sí misma[176].

UNA VUELTA DE TUERCA

¿Cómo fueron los diez meses en Hamburgo? Se sabe que, entre mayo de 1906 y marzo de 1907, Edith hizo gran parte del trabajo de la casa. Se sentía en deuda con su hermana mayor, que la "había cuidado con gran amor cuando era pequeña"[177], y aunque "como benjamina consentida" su vida en Breslau era más tranquila y agradable, nunca expresó el deseo de regresar. Según su relato, la experiencia fue positiva pero también turbadora:

> Por lo general, los niños se sentían siempre atraídos hacia mí y estaban pendientes de mí, aunque no me ocupase de ellos[178].

> Creo que el tiempo que estuve allí fue el mejor de la vida matrimonial de mi hermana[179].

> A pesar de ser yo tan joven aún, Else hablaba conmigo abiertamente acerca de todo. Por lo general, yo escuchaba tranquila y apenas la contradecía. Si en ciertos momentos me sentía con la obligación de manifestar una opinión diferente, lo hacía con tanta serenidad que nunca llegamos a controversias agitadas[180].

Gracias a su cautela y autodominio, Edith fue muy bienvenida, y la inicial visita de seis semanas se convirtió en una estadía de diez meses. Comprobar que el matrimonio de su hermana no mejoraba con la llegada de los hijos la condujo a analizar la situación y, al recordarla, interpretó: "Mi hermana que tantos niños extraños había educado y que se gloriaba de comprender a todos, jamás atinó a tratar adecuadamente a su propio hijo"[181]. Recordando esa etapa Else aseguró Edith había cuidado a los niños, que "era habilidosa y muy de fiar"[182]. El carácter del marido de Else, enfrentado con sus colegas por rechazar innovaciones en los planes de salud y no aceptar nuevos tratamientos, conspiraba contra la armonía conyugal. Además, negarse a prescribir la droga arsfenamina, que con el nombre de Salvarsán fue introducida en 1910 y que curaba la sífilis, no ayudó a que su consulta prosperara.

Para Moreno Sanz, el viaje de Edith Stein a Hamburgo "es la primera 'huida'" del seno familiar "también sometido a tensiones entre la dominadora madre y sus dos hijos mayores, sus nueras, y las dos encargadas del hogar, la permanentemente insatisfecha Rosa, y la desgraciada y obediente Frieda"[183]. Pero allí no solo se ocupaba de los niños, también preparaba la comida para su cuñado[a] porque, durante su estadía, a menudo Else salía en compañía de Martha Kaminski, una excompañera de estudios que había regresado de Norteamérica y muy pronto se convertiría en una de sus cuñadas.

Sobre este período de su vida, Edith reflexiona: "Cuando recuerdo ahora la temporada en Hamburgo me parece que fue como la mariposa en su etapa de gusano atrapado en su red de seda. Mi círculo era muy reducido, y vivía todavía más aislada en mi mundo interior que cuando en casa"[184]. Ese mundo interior se enriquecía con numerosas lecturas que resultaban imprescindibles para completar las etapas de la *Bildung*. Para Schiller, uno de sus autores admirados, la experiencia estética constituía una condición esencial para la formación individual. Pero Edith también "oía y leía" cosas para las que no se sentía preparada, como las discusiones matrimoniales o las referencias a los libros de medicina de su cuñado, especialista en enfermedades de la piel y enfermedades venéreas[185]. Enterada de lo difundida que estaba "la sífilis, contraída a menudo por hombres que habían tenido una 'aventura' en un prostíbulo, y que luego contagiaban" a sus esposas, comienza a combatir "la doble moral de la época"[186]. Y este podría ser un primer paso en dirección al feminismo, con el que se comprometería más adelante.

---

a Al principio, Max Gordon, el marido de Else, se preguntó "cómo podía confiar un hijo a una señorita soñadora". A lo que Else respondió: "Esta señorita es mi hermana" (OCI, 222).

El hecho de que Max Gordon y Else fueran “incrédulos por completo” pudo haber dado sustento a que, durante su viaje, “por decisión libre”, abandonara la oración como práctica religiosa. Moreno Sanz considera que la pérdida de su fe infantil, asociada con el alejamiento de la tutela de su madre y hermanos, y el abandono de los estudios indicarían, además de la búsqueda de la independencia, un período que interpreta como “su segunda gran transformación”[187]: “en ella hay elementos anímicos que la teoría hindú del *vairâgya* (‘desencantamiento’ o ‘desapasionamiento’), [...]un clima apacible de desengaño engendrador de una nueva lucidez que conduce a apartarse de la sabiduría y los bienes de este mundo: riqueza, amor y poder”[188].

Pero Edith siguió “viviendo con la convicción de que se [le] había asignado algo grande”[189]. Más adelante, dice que estaba convencida de que se haría de ella “algo importante”[190]. Al hecho de encontrar un sentido a su vida se suma, en su etapa religiosa, la idea de la Providencia divina como determinante en su destino y la convicción, “explícita y reiterada” en su autobiografía, de sentirse llamada a “algo grande” desde la infancia. Lo que Moreno Sanz denomina “*leitmotiv* de esta autobiografía”[191].

Entre tanto, seguramente convencida de que las exigencias de Else y el carácter de Edith llevarían a esta última a extralimitarse y a trabajar demasiado, Auguste se preocupó porque también tuviera distracciones. A esos efectos, dispuso que Paul pasara allí las vacaciones, instruyéndolo para que la llevara de visitas y a excursiones. Durante un paseo, en la isla Helgoland, Edith tuvo una experiencia que la impresionó vivamente:

> ...había una oveja atada a un poste. Cuando nos acercamos baló lastimosamente, y desde el fondo de sus ojos verde claro y transparentes venía un abismo de angustia mortal e incomprensión, que no pude olvidar[192].

Esta vivencia de comunión con un ser sufriente ha sido rescatada una y otra vez por estudiosos de la obra de Stein, que ven ahí una anticipación de su interés por el tema de la empatía, al que dedicó su tesis de doctorado. Por otra parte, la imagen "no deja de provocar cierta conmoción en el lector, si sobre este relato proyecta el fin sacrificial"[193] que le espera a Edith Stein siete años después de escribir este recuerdo.

Pero también se trata de una vivencia relacional en la que el encuentro con el otro es posible porque se lo asume como alteridad absoluta, sin que medie el conocimiento racional. En dicho encuentro el otro se impone, no hay reciprocidad, pero sí la capacidad de captar su vivencia[a]. El tema de la mirada aparece en otras obras de Edith Stein, pero es en *Estructura de la persona humana* donde reflexiona sobre este incidente autobiográfico, y convoca a la experiencia personal: "Cuando miro a un animal a los ojos, hay en ellos algo que me mira a mí. Miro dentro de un interior, dentro de un alma que nota mi mirada y mi presencia. Pero se trata de un alma muda y prisionera: prisionera en sí misma, incapaz de ir detrás de sí y de captarse a sí misma, incapaz de salir de sí y acercarse a mí"[194]. Frente a esa mirada, Edith Stein sintió una íntima responsabilidad. De ello habla en "Naturaleza, libertad y gracia" cuando dice que es propio del ser humano "'notar' lo que vive en el alma del animal, del mismo modo que también el animal nota lo que hay en el alma del hombre", y que a la persona le corresponde "reconocer la angustia en cuanto angustia que en el animal solo vive en la oscuridad"[195]. Más adelante enuncia un postulado que hoy denominaríamos ecologista: "La responsabilidad por la redención del mundo de los animales no es una *co*-responsabilidad como la que tenemos por nuestros semejantes [...]; el destino de las criaturas carentes de libertad depende por entero de la actividad de mediador del hombre"[196].

---

a El abismo de angustia mortal e incomprensión que Edith advirtió en los ojos de animal anuncia la dimensión ética a la que se referiría Emanuel Levinas, para quien "la epifanía del rostro es una visitación". Una instancia en la que el Otro me interpela "y me significa un orden, por su desnudez, por su indigencia. Es su sola presencia la que es intimación a responder". *Humanismo del hombre* (59-62).

DE REGRESOS Y RECLAMOS

Durante la visita de su hermana menor, Else recibió otras visitas: en las vacaciones de verano de 1906 también estuvo Erna y, en las Navidades, Auguste que pudo ver que Edith se desarrolló "rápido y vigorosamente"[197]. Finalmente Edith regresó a Breslau a causa de la grave enfermedad de Harald, uno de los hijos de su hermano Paul. La unión de la familia seguía siendo un tema crucial al punto que Frieda le comentó: "Habíamos dicho: si ahora no viene es que no es nuestra hermana"[198]. Tal recibimiento le produjo a Edith "una penosa impresión", pero no hubo tiempo de reclamos, ya que el niño falleció días después. Para colaborar con sus hermanas y reemplazar a Rosa, que se tomó unos días en la montaña para reponerse, Edith se hizo cargo de la casa. Los meses fuera de Breslau la habían cambiado, se había transformado en una joven adulta, y sus rasgos también lo delataban. Su pelo había oscurecido, pero, además, al ayudar a Else había quedado demostrado que, aunque sin alcanzar la maestría de las hermanas mayores, estaba capacitada para llevar adelante las tareas de la casa y las labores cotidianas.

La enfermedad de Harald y su triste final recrudeció las discrepancias entre Auguste y Trude. Pese a los desplantes de su suegra, la mujer de Paul intentaba llevarse bien con ella. Uno de sus hijos, Gerhard, que en los años treinta emigró a Norteamérica, atribuyó las desavenencias entre ellas a cuestiones de carácter:

> Mi abuela era ante todo una mujer de negocios y muy exigente respecto a su casa. El interés de mi madre estaba en las artes y el deporte, mientras que su casa fue algo secundario. Una de sus aficiones era criar canarios en la cocina. La antipatía de mi abuela por mi madre fue tan lejos que llegó a pedirle personalmente que no se casara con mi padre[199].

Gerhard Stein aseguró que su madre "tenía un corazón de oro"[200]. Sus familiares aportaron facetas que no se mencionan en los recuerdos de Edith Stein: "Al tener diecisiete hermanos [Trude] necesitaba ganarse la vida; solo más tarde, a los cuarenta, estudió música. Enseñaba y daba clases; tocaba el piano, el violín y la viola"[201]. Gerhard Stein, luego de la muerte de sus padres en campos de concentración leyó las memorias de su tía Edith. Se sabe que su escrito fue "una fuente de deleite y consternación"[202] para los sobrevivientes. Cuando se publicó, varios miembros de la familia "se sintieron obligados a escribir un relato de la historia desde su propio punto de vista"[203a]. La tendencia de Edith a emitir juicio sobre la vida familiar parece hallar correlato intelectual en *Ser finito y ser eterno*, donde plantea la retractación y "contritio" (*contrición*) que puede sucederle al haber "ofendido" a alguien y la posibilidad de arrepentimiento frente a "un juicio precipitado"[204]. Aunque sus juicios no hayan sido precipitados, no le hubiera sido indiferente el dolor que produjeron en los suyos. Las razones por las que expresó tan abierta y categóricamente sus opiniones acerca de los miembros de su familia no son fáciles de dilucidar. Pero no hay que descartar que haya tomado de Aristóteles la definición de *verdad del juicio* como verdad lógica en la que se da "la conformidad del sentido del juicio con un estado de cosas existente"[205]. En esa línea, su búsqueda de la verdad la conduciría a describir cada situación, cada "estado de cosas" sin apartarse de lo que observaba. El examen de consciencia, también asociado a lo religioso, explica que no haya deseado que sus hermanos, salvo Rosa, pudieran leer sus

---

a Gerhard Stein (1902-1987) logró emigrar a Estados Unidos. No habrá sido sencillo leer las páginas en las que Edith dice que se hizo "presumido y egoísta", que les había perdido el respeto a sus padres y que estos "debían sucumbir a sus deseos" (OCI, 216). Sobreviviente de una época aciaga, hasta el final de su vida Gerhard Stein no pudo desprenderse de los fantasmas: cerca de los ochenta y dos años escribía con tristeza sobre su "ignorancia y [...] falta de habilidad para traerlos a este país [Estados Unidos] cuando todavía era tiempo para hacerlo" (SB, 155). Asistió al proceso de beatificación de Edith Stein con sus hijos y nietos.

escritos autobiográficos. Edith creía en el poder de las obras de arte y de las biografías[a] como coadyuvantes en el proceso o camino de "autoconfiguración" personal. Un proceso que exigiría ver las cosas sin encubrimientos ni hipocresía, con el objetivo de que "el alma pueda poseer un conocimiento sobre sí misma y que pueda tomar posición frente a sí misma. El alma debe 'llegar hasta sí misma' en dos sentidos: *conocerse* a ella misma y *llegar a ser* lo que ella debe ser"[206]. Entonces, ofrecer su testimonio a Rosa, a sus sobrinos y lectores es una invitación a que a partir de allí realicen un proceso de "autoconfiguración", viendo de frente los defectos o debilidades de sus familiares. Esto no implicaría juzgarlos, porque el mandamiento del amor al prójimo es, como dice en *Ser finito y ser eterno*, un precepto que "vale sin condiciones ni restricciones. El 'prójimo' no es aquel con quien 'simpatizo'. Es todo hombre que se acerca a mí, sin excepción"[207]. A su vez, este precepto bíblico halla paralelo en el "tú puedes porque debes"[208], expresado por Kant en la *Crítica de la razón práctica*, en donde el "deber" constituye una obligación plena de sentido en el que se manifiesta la libertad del yo aun frente a sus inclinaciones personales, a su propia naturaleza.

FAMILIAS EXIGENTES

En sus recuerdos, Edith reflejó el alto nivel de exigencia que los Stein imponían a sus integrantes. En esa línea, no queda bien parada la esposa de su hermano Arno, Martha Kaminsky, que luego de su divorcio en Norteamérica decidió emplear "todos sus ahorros" para visitar a la familia Stein. Según Edith, "era muy alegre, ruidosa y viva, llenando de vitalidad"[209] el lugar en el que se encontrara, y "tenía la idea de casarse con mi hermano,

a Para Stein, la biografía, las obras maestras de la historia, "al igual que las de un arte capaz de acceder al interior de las almas", cobran "gran relevancia como introducción y entrenamiento para la captación del modo de ser propio de los individuos" (OCIV, 584).

antes que él mismo pensara tal cosa"[210]. El deseo de Martha se hizo realidad: Arno se casó con ella, vivieron por un tiempo en la casa materna, pero la convivencia no resultó. Auguste imponía un rigor y ascetismo similar a una atmósfera conventual. Al intentar explicar el motivo de las desavenencias entre Auguste y las esposas de sus hijos, Edith asegura:

> Lo que mi madre no podía soportar de las dos nueras era que no hubiesen aprendido a dirigir una casa ordenadamente. Una tiene aptitudes para la música y ha empleado siempre mucho tiempo en dar y recibir clases. A la otra, le gusta ir de compras y hacer visitas, y siempre busca alguna distracción para estar fuera de casa; y por ello ambas son extrañas a mi madre[211].

Una y otra vez Edith alude al rol central de Auguste en la familia. Sus nueras debían establecer un delicado equilibrio y Edith no es condescendiente con ellas. Como si fuera un eco de Auguste señala que Trude no estaba preparada para ser madre, que antes de tener a su primer hijo nunca había visto a un recién nacido, y que quedó "muy defraudada porque su pequeño no vino al mundo con largos rizos rubios"[212]. Además, como el niño enfermaba con frecuencia, la abuela terminó ocupándose, pero, advierte Edith, cuando su hijo se hizo mayor Trude intervino en las relaciones entre ellos.

Aunque concede que su madre era "especialmente intransigente" con las "faltas de carácter", destaca que le molestaban "ante todo la hipocresía", la impuntualidad y la "exagerada autosuficiencia"[213]. En defensa de Auguste, que sufría cuando le insinuaban que "era mala suegra", aduce que "el sentimiento de pertenencia familiar tan arraigado es una gran resistencia para la aceptación de elementos extraños. El juicio: 'son totalmente distintos a nosotros' significaba", en labios de Auguste, Frieda y Rosa, "una categórica raya de separación"[214]. Frente a esta imposibilidad de aceptar las diferencias, los hermanos de Edith sufrían divididos entre la lealtad y el cariño a su madre y el vínculo con sus mujeres.

Una de sus nietas recordó que, aunque cariñosa y divertida, Auguste[a] "tuvo conflictos con cada uno de sus yernos y nueras"[215]. En un capítulo de su libro que titula "Mi abuela, el matriarcado", constata lo difícil que podría resultar la convivencia familiar:

> Recuerdo que mi abuela criticaba la forma en que Trude llevaba su casa; no bebía su café, y cuando la invitaba a casa para la celebración de un cumpleaños, la abuela se aseguraba de que su hija Rosa le trajera su especialidad, *pastel de miga*, de manera que la abuela no tuviera que comer el pastel que Trude había preparado, y en el cual tenía poca confianza. En contraste con esto, nunca oí a mi tía Trude hablar de la abuela de otra manera que no fuera con un profundo respeto e incluso afecto[216].

Contrastar la mirada de Edith Stein sobre su familia con la de sus sobrinos nos da una idea de cuáles eran sus sentimientos al redactar sus memorias. El énfasis que pone al resaltar las virtudes maternas coincidía con la desolación de Auguste cuando, en 1933, al tiempo que a sus hijos se les prohibía ejercer sus profesiones, veía derrumbarse el imperio familiar que había construido y se enfrentaba a la decisión de su hija menor, dispuesta a hacer cambios drásticos y definitivos que no estaba en condición de aceptar.

---

a Ernie, otro de los hijos de Else, recordaría: "Cuando nos bañaba a los niños, lo cual sucedía muy frecuentemente cuando éramos muy pequeños, nos entretenía con canciones de operetas de Jacques Offenbach ('Allí llegó un rico hacendado brasileño…') […]. Al final del baño, nos envolvía de la cabeza a los pies en enormes toallas de baño e imaginaba, mientras nos secaba, que nosotros éramos montañas de pasta que ella tenía que moldear para hacer pan. Y todo ello haciéndonos cosquillas y pellizcándonos, hasta hacernos perder la respiración de la risa, no menos la abuela que nosotros" (SB, 72).

DE RITUALES Y PIEDADES

Edith matiza los efectos de la excesiva autoridad, y las actitudes posesivas de Auguste, explicando que su objetivo era el bien de todos. La figura de su madre termina asemejándose a una hagiografía y concuerda con el prototipo de la mujer fuerte de los evangelios (Proverbios 31,10). El hecho de vivir en Breslau, donde se encontraba el Seminario Judeoteológico, pudo influir en la concepción reformista o liberal de la familia Stein, comandada por una mujer fuerte. Así la retrata Erna, presentando otra faceta de la figura materna:

> Nuestra vida familiar era como la de todos los judíos ortodoxos. Observábamos cuidadosamente los días de fiesta y de ayuno; mi madre creía en Dios con todo su corazón, pero era muy amplia de espíritu y, en consecuencia, no ejerció ninguna presión religiosa sobre nosotros. Todos [los hijos] han aprendido hebreo en una escuela judía, excepto los dos últimos, Edith y yo, pues entonces vivíamos en las afueras, y mamá no quería dejarnos recorrer solas la larga distancia que nos separaba de esta institución[217].

Con el clima de antijudaísmo en aumento, habría que preguntarse si el temor materno no se relacionaba con la posibilidad de que sus hijas, al tener que ir solas, fueran atacadas o discriminadas en su camino a la escuela judía. También existían otros conflictos. Rosa, que se ocupaba de la limpieza y de la cocina, "comenzó a considerar su trabajo específico como inferior y a sentirse descontenta"[218]. Buscando una salida a estos sentimientos, evaluó estudiar enfermería, y también pensó en comprar una casa para huéspedes en la montaña, pero finalmente "se rindió a la suerte de empleada doméstica" que tenía en la casa familiar. Como alternativa, fue "protectora honorífica de huérfanos de la ciudad": se encargaba de controlar si los niños eran bien atendidos por las familias que los recibían y también los ayudaba en sus tareas escolares. Edith se ocupa de aclarar: "Los cambios políticos la despojaron hace algunos años de este quehacer. Pero ahijados a los que poder hacer bien nunca le faltan, aunque no tenga el encargo"[219]. Una de sus sobrinas recordó que Rosa protegió especialmente a una compañera suya que sufría algún tipo de retraso madurativo y "siempre iba a la escuela con golpes sobre todo su cuerpo"[220]. Los maestros también la castigaban por su desatención, pero Rosa comenzó a llevarla a su casa, a cuidarla y a ayudarla a estudiar. Era la primera vez que veían "a alguien tratar a esta niña con afecto"[221].

Exigente consigo misma y con los demás, para Rosa "solo había deberes, un constante 'debes' o, más a menudo, 'no debes'"[222]. Lo cierto es que no se la veía feliz, y si bien comenzó a estudiar literatura e historia del arte en la escuela superior popular, lo que determinó un cambió en su vida fue su "evolución religiosa" que, afirmaría Edith, le abrió un mundo nuevo, la convenció de "renunciar a todas las satisfacciones externas y a perseverar silenciosamente en su puesto"[223].

DECISIONES DE LA BENJAMINA

En 1907, nuevamente en la casa materna, sin decidirse a retomar los estudios, Edith leía copiosamente. Se interesaba por las obras de Franz Grillparzer, dramaturgo austríaco que trata temas psicológicos; una de sus obras más conocidas es *La judía de Toledo*, que retoma el título de Lope de Vega[a]. También leía a

---

a El protagonista es Alfonso VIII (1155-1214) casado con Leonor de Plantagenet, hija de Enrique II de Inglaterra y de Leonor de Aquitania, que en la obra se enamora de una bella judía de Toledo, a quien Lope de Vega bautiza con el nombre de Raquel y que es víctima de una conjura que termina con su vida. La historia fue retomada entre otros en la *Crónica general* (1270) de Alfonso X el Sabio y en la *Romanza* de Lorenzo de Sepúlveda: "A Toledo fue Alfonso / Con la reina joven y bella / Pero el amor lo cegó / Y se engañó por amor / Se prendó de una judía / cuyo nombre era Fermosa / Sí, Fermosa se llamaba / Y la llamaban así con justicia / Y por ella olvidó él a su reina". El tema fue abordado desde una perspectiva antijudía durante el Siglo de Oro y tiene un extenso recorrido en numerosas poesías y piezas de teatro.

Friedrich Hebbel, dos de sus obras, *Judith y Herodes* y *Marianne,* que se centran en heroínas judías. Mientras que Henrik Ibsen se encontraba entre sus elegidos (años más tarde, en sus clases y conferencias, cita sus obras), el autor preferido de Edith Stein era Shakespeare. La literatura y la dramaturgia era un mundo autónomo que constituía su "pan cotidiano"[224]. La jovencita que había abandonado los estudios se sintió más a gusto entre sus libros que con su propia familia: "Sumergida en este mundo multicolor de las grandes pasiones y acciones, me sentía más familiarizada que en la vida cotidiana, y no se me molestaba"[225]. Su voraz intensidad lectora, su concentración y compenetración eran evidentes, por eso, cuando tomó de la biblioteca los dos tomos de *El mundo como voluntad y representación*, sus hermanas mayores, temiendo que el pesimismo de Schopenhauer la afectara, evitaron que los leyera.

Edith volvió a ver a sus primos Hans y Franz casi todas las noches. "Con gran paciencia", dijo Edith, "soportaban el tocar con nosotras a cuatro manos, hasta el punto de que me invitaron para tocar una sinfonía de Beethoven, aun cuando no podía aportar la menor agilidad de dedos"[226]. Volvió con ellos la música, jugaban al tenis y remaban. Sugestivamente, ella comenta, sin dar más explicaciones: "Yo ya no era una niña ingenua. Cuando no necesita manifestar mis deseos, sino que con una mirada conseguía lo que quería, me llenaba de satisfacción"[227]. Lo que no se dice en sus recuerdos aflora en las páginas de *Mi tía Edith*, cuando su sobrina dice que llegó a conocerla mejor a través del relato de sus padres, que recordaban a Edith como una "buena compañera"[228] y destacaban "su sentido del humor, su sociabilidad entusiasta y su alegría. Todo esto era evidente en las sátiras humorísticas y rimadas que escribió para ciertas ocasiones familiares"[229]. Pero, agrega Sussanne B.: "De estos rasgos, muy poco aparece en su autobiografía". Interpreta que la imagen "seria y puritana" puede deberse a varios motivos[230], especialmente al momento en que escribe sus memorias. Por su parte, Moreno Sanz sostienen que "como contrapunto" al puritanismo de su autobiografía, aparece "su verdadera" naturaleza afectiva "tendente a una inequívoca atracción por un tipo definido de varón"[231]. Su devoto primo Franz no correspondía a esta imagen. Además, hay que considerar que, de regreso de Hamburgo, Edith había visto lo que implicaba la "doble moral" para hombre y mujeres, y ni ella ni Erna estaban dispuestas a comprender "el anhelo de 'gozar de la vida'"[232] tal y como lo planteaban los gemelos, que por entonces tenían diecinueve años. Categóricamente, Edith afirma: "Nos atribuían un idealismo excesivo y apartado de la realidad, mientras que a nosotras nos repugnaban muchas cosas de otros por frívolas"[233].

Mientras Edith se refugiaba en la lectura, Erna cursaba sus últimos cursos, tenía mucho que estudiar y debía realizar algunas redacciones. Si bien era inteligente, a diferencia de Edith no "hallaba ninguna alegría en escribir"[234], por lo que ella la socorrió: leía lo que Erna había escrito, lo corregía o directamente lo redactaba. Es probable que durante estos encuentros Erna la estimulara a retomar sus estudios. Reservada e introspectiva, mientras pensaba qué camino seguir, sin llegar todavía a ninguna conclusión, Edith no quiso tratar el tema con su familia, aunque sabía que todos esperaban con interés lo que "habría de decidir sobre [su] porvenir"[235]. Para que no desperdiciara su talento y capacidades, como dibujaba muy bien, le sugirieron estudiar arte y, pensando que tal vez podría interesarse en trabajar allí, Arno la llevó a visitar un estudio fotográfico. Con los años, Edith identificó qué era lo que la detenía:

> ... yo no podía actuar mientras no tuviera un impulso interior. Las determinaciones procedieron de una hondura que yo misma desconocía. Una vez que algo subía a la clara luz de la conciencia y tomaba firme forma racional, nada podía detenerme. Ciertamente experimentaba una especie de placer deportivo en emprender lo aparentemente imposible[236].

Siguiendo la tendencia de Auguste, que solía reunir a sus hijos por pares según su edad, Erna y Edith se sentían casi gemelas. Pero cuando Edith ayudó a Erna a preparar sus exámenes e insistió en que debía responder las preguntas de historia inglesa o francesa en francés o inglés respectivamente resultó claro que sus exigencias superaban las de su hermana. Como sucedía con frecuencia, Edith encontró argumentos para convencerla. En este caso, le alcanzó con alegar que el entrenamiento le sería útil para el examen de lenguas modernas. Un motivo de presión adicional era que las jóvenes debían rendir examen en un instituto para varones, y ante profesores que no conocían. Ese día, para animarla en los recreos o descansos de la extenuante jornada, Edith acompañó a Erna hasta que llegaron madre y hermanos "para conducirla triunfalmente a casa, una vez terminada la batalla"[237].

Finalizado el bachillerato, David Courant, un hermano de Auguste que era farmacéutico en la ciudad de Chemnitz, invitó a Erna a pasar allí sus vacaciones. Su tío, recuerda Edith, tenía "proyectos serios":

> Pensaba que el estudio de la medicina era lo único que tenía sentido para nosotras. Quería convencernos a las dos para que estudiásemos medicina, y ya nos imaginaba a ambas trabajando en una clínica privada en distintas especialidades. Como a mí me faltaban todavía dos años para poder empezar los estudios universitarios, mi tío se limitó de momento a trabajar a mi hermana con conversaciones confidenciales[238].

Edith dice que Erna era "bella, abierta y comunicativa, de gran pureza de corazón, de gran bondad, muy modesta, no consciente de sus propias virtudes, inteligente, habilidosa y adaptable". Pero también señala algunos defectos. Según su perspectiva, era "algo irritable, excesivamente influenciable y tenía una cierta pasividad"[239]. Ante la insistencia de su tío, y dado que conocía muy bien el talante pasivo de su hermana, Edith le aconsejaba: "No te dejes influir, haz lo que a ti misma te parezca conveniente"[240]. Aunque Erna le aseguró que permanecería firme, luego de unos días a solas con su tío le escribió a su madre solicitándole su consentimiento para estudiar medicina.

4
EL REGRESO DE LA ILUSIÓN

HORA DE RETOMAR LOS ESTUDIOS

A diferencia de las "insistencias cargantes de los demás"[241], que no aprobaban que Edith no estudiara ni se decidiera por alguna actividad profesional, Auguste, que la conocía mejor que nadie, guardaba silencio. Intuitivamente, llegado el momento, una mañana, mientras la peinaba como cuando era pequeña, le preguntó a Edith "si no tenía ninguna ilusión por nada"[242]. Como si hubiera esperado la pregunta, ella confesó que lamentaba no asistir al instituto. Auguste se limitó a comentar que no debía pensar en que había perdido el tiempo: "Hay quien empieza cuando tiene treinta años, dijo. Con dieciséis aún no cumplidos no habría de ser excesivamente tarde"[243].

"Cuando podíamos encontrar lo que necesitábamos dentro de la familia no recurríamos a extraños"[244], escribió Edith Stein. Por ello, para preparar sus exámenes, se dirigió a su primo Richard Courant, con una brillante carrera de matemático en la Universidad de Gotinga (el instituto Courant de la Universidad de Nueva York lleva su nombre). De paso por Breslau, Richard comenzó a prepararla diariamente. No mucho antes había desistido de ayudar a otra de sus primas porque descreía de su inteligencia, pero confiaba en la de Edith. Además de ayudarla con las matemáticas, para el examen de latín le presentó a un filólogo muy exigente, que solo después de evaluar sus capacidades accedió a prepararla. Cada jornada, Edith recibía una clase de matemáticas y una de latín, y dedicaba el resto del día a preparar una gran cantidad de tarea.

Los exámenes que debía afrontar eran muy rigurosos y abarcaban la revisión de tres años del instituto femenino. En latín, por ejemplo, además de gramática completa, debía conocer las obras de César y Ovidio que estaban en el programa. En cuanto a las demás materias confiaba en los conocimientos adquiridos en la escuela y que pensaba repasar a último momento. A pesar de saberse inteligente, enfrentaba una empresa muy arriesgada y, como no le hacía "ninguna gracia"[245] ser tema de conversación, pidió expresamente en su casa que no se comentara lo que estaba haciendo. Sin embargo, hubo alguna que otra infidencia.

También algunos incidentes. Cuando su primo Richard regresó a Gotinga, Edith continuó tomando clases con un profesor que no le gustaba para nada[a]. Desde un principio le pareció "no ser hombre de confianza". "Sus malos modales" le ponían "los nervios de punta, y cada clase se convertía en una pequeña tortura"[246]. El profesor se comía las uñas, hacía bromas desafortunadas, llegaba tarde, trataba de trabar "conversaciones sobre asuntos personales" y generaba un sinnúmero de distracciones. Categórica, le advirtió que no tenían tiempo para conversar, de lo contrario, corría el riesgo de no terminar la materia. Fastidiado, el profesor respondió que, de no haber estado "tan excepcionalmente dotada"[b], no habrían conseguido avanzar como lo habían hecho y, a pesar del enojo que le produjo su reto, le sugirió que se dedicara a las matemáticas. Para zanjar el tema y evitar más intromisiones, aunque no tenía nada decidido, ella deslizó que no descartaba la posibilidad de estudiar medicina.

Más exigente que los profesores, Edith marcaba el ritmo de las clases. Porque no solo exigía puntualidad a sus maestros. También los ponía a competir unos con otros. Así, cuando el

---

a Hasta ese entonces, había recibido las lecciones de matemática gratuitamente. Luego, Frieda, que manejaba la caja del negocio, al ver "la gran cantidad de monedas de oro" destinadas a las lecciones, se mostró poco partidaria de que continuara una enseñanza tan costosa (OCI, 274).

b Respecto al talento para las matemáticas, Jesús Moreno Sanz pone en conexión a Edith Stein con destacadas filósofas (de generaciones posteriores): María Zambrano, Hannah Arendt y Simone Weil, "cuyo hermano, André, será uno de los mejores matemáticos del siglo XX, al igual que el primo de Edith Stein, Richard Courant, ante el que no dejará de dar muestras también ella de cierto complejo" (MS, 26).

profesor de latín le sugirió que se incorporara a mitad de curso, el profesor de matemática "se sintió espoleado más fuertemente que hasta entonces y tuvo que acomodarse suspirando a la aplicación de la incansable alumna"[247]. Por su parte, ella parece haber vivido esa temporada con actitud deportiva. Sentada a la mesa en la que hacía las tareas, siempre que resolvía algún difícil problema de matemáticas "silbaba un par de compases como canción de victoria"[248]. Y, aunque nunca pensó dedicarse a la materia, superarse le "producía una deportiva satisfacción como una gimnasia mental sana"[249]. Con el latín la sensación era muy diferente. Le encantaba su gramática, sus leyes exactas y, según recuerda, "tenía la impresión de que aprendía mi lengua materna, aunque entonces no tenía ni el presentimiento de que era el idioma de la Santa Iglesia y de que habría de rezar con él"[250].

Estudiaba con tanta concentración que solo veía a su familia durante las comidas. Acostumbrada desde niña a acostarse a las ocho, durante los cursos superiores se extendió ese horario solo una hora más, pero no más tarde, porque le gustaba sentirse despejada para la tarea desde muy temprano. Conforme a lo habitual en su época, los profesores se dirigían a ella llamándola "distinguida señorita" y, sorprendidos por su seriedad e inteligencia, la trataban con mucha consideración. Edith sentía que llegaba a una etapa en la que podía vislumbrar su futuro y disfrutar del presente: "Recuerdo aquel medio año de trabajo constante como la primera época de mi vida verdaderamente feliz. Esto se debía a que por primera vez estuvieron mis energías intelectuales completamente polarizadas en una tarea conforme a ellas"[251]. Pero no todos compartían su felicidad. Fue el caso de su primo Franz, su "fiel caballero andante"[252]. Esta relación merece analizarse ya que, aunque Edith no dice que fuera su pretendiente y siempre prima el tono puritano cuando lo recuerda, sin embargo desliza comentarios que denotan lo comprometido afectivamente que Franz estaba con ella. Así, un día en que ella trabajaba secretamente en sus exámenes, al ver que ocultó un papel que estaba sobre su mesa, "con una cierta tristeza" él le preguntó si tenía algún secreto. Cuando le mostró el papel con ejercicios y le confesó que pensaba hacer el bachillerato, se terminó el diálogo. Edith comenta: "No sé lo que sintió en aquel momento. Es posible que se dijese que me había perdido. Franz era más serio y caviloso que su hermano gemelo; precisamente por esto me había atraído siempre"[253]. Pero Frank había tenido que abandonar los estudios y trabajaba en un banco. Cuando Edith ingresó al instituto los hermanos dejaron de visitarlas. Sus caminos se separaban.

Entre septiembre de 1907 y la Pascua de 1908 Edith estudió intensamente, pero al acercarse la fecha del examen, temió haberse extralimitado en su deseo de recuperar el tiempo perdido. En búsqueda de consejo, Auguste la llevó a ver al director del instituto, que no las tranquilizó completamente, pero tampoco logró descorazonarlas. Pese al esfuerzo adicional Edith no se arrepentía de haber dejado los estudios, sentía que los dos años sin ir a la escuela la habían fortalecido "corporalmente tanto que estaba preparada para afrontar esfuerzos sin dificultad"[254].

Fue un alivio cuando el exigente profesor de latín le aseguró que "dominaba la gramática como pocos"[255] y también podía traducir y leer correctamente. En cuanto a las otras materias, encontró una compañera para repasar francés, inglés e historia. Hasta ese momento nunca había dado un examen final, por lo que Edith interpretó que debía saber todo el programa de estudios, y no solo las asignaturas tal cual se habían dado en clase. Mucho después, cuando fue profesora y tuvo que examinar alumnos descubrió que, la mayor parte de las veces, "el examinador es feliz cuando saca algo positivo de su víctima"[256]. Así lo habrán sentido sus profesores, al menos fue la única postulante que aprobó el ingreso directo al séptimo curso de bachillerato.

ESCUELA VIKTORIA

Una vez en el instituto, Edith se reencontró con antiguas condiscípulas. Además de su compañera de banco, Julia, que "pasaba por ser la muchacha más rica de la ciudad"[257], siete de las estudiantes eran judías, pero ninguna observante. Solo una de ellas era católica (paradójicamente debió repetir el curso por dificultades en latín), las demás eran protestantes. A estas últimas estaban destinadas las clases de religión, encomendadas a un profesor que, recordó Edith, "centraba su cometido en que sus alumnas lo admirasen, y esto fue para algunas un verdadero peligro"[258]. Que resalte que sus siete compañeras judías no estaban "educadas en la estricta observancia", y que en ninguna de ellas pudo observar "una piedad profunda"[259], habla del judaísmo liberal que la rodeaba; y que destaque que la única condiscípula católica era "una muchacha sensata, comprensiva, equilibrada y amable"[260] es señal, según Moreno Sanz, de su propia proyección y "de su incondescendencia respecto de comportamientos judíos y su proclividad a los católicos"[261]. Sin embargo, tanto en sus escritos autobiográficos como en conferencias y escritos pedagógicos y antropológicos, redactados pocos años antes que los primeros, aun en su etapa católica lo que defiende es la "observancia" religiosa sentida, no formalista o exterior. Una observancia que en el judaísmo ve representada por su madre, heroína de su autobiografía.

Como estudiante, la reincorporación de Edith tuvo repercusión en su curso. Todas las alumnas se conocían desde el año anterior, y pronto advirtieron que *la nueva* era una estudiante excepcional. Esto sucedió en la primera hora del primer día de clase, cuando se enfrentaron con el profesor de latín, el temido y estricto profesor Olbrich que, además de tener un modo duro e hiriente de corregirlas, se molestaba si después de clase las estudiantes subían a su tarima para hablar con él o para hacerle preguntas. "Por eso", rememora Edith, "decíamos de él que era un misógino y nos daba la impresión de que se creía demasiado bueno para un centro femenino"[262]. Ese primer día, para comprobar el nivel de su nueva alumna, y tal vez para ponerla en aprietos, Olbrich la hizo leer en voz alta la autobiografía de Ovidio: "*Ille ego qui fuerim, tenerorum lusor amorum...*". Pero luego de escuchar unas pocas palabras debió admitir: "Usted sabe leer"[263]. Aunque enseguida la ubicó en el primer puesto de la clase, a ella comenzó a incomodarla que el profesor la pusiera como ejemplo o la comparara, lo que podría predisponer en contra suya a sus compañeras. Inmutable, el profesor Olbrich decía, mirando a las demás, que se necesitaba "una gran firmeza de carácter para conseguir algo con semejante compañía". Por eso, al saludarla, y en tono de broma, las compañeras llamaban a Edith la de "firme carácter". Afortunadamente, los comentarios del profesor no complicaron las relaciones entre condiscípulas:

> No éramos muchas. Al examen final del bachillerato llegamos solo quince. Este pequeño rebaño estaba muy unido y creo que yo tenía la confianza de todas. Antes de la clase de latín yo tenía que traducirles lo que teníamos que preparar. Generalmente me sentaba para esto en una mesa y las demás me rodeaban apretadas en mesas y sillas. Algunas compañeras me traían sus ejercicios de composición en alemán y francés para que los revisase antes de ponerlos en limpio. Cuando llegué era una extraña para el curso, y me llamaban de usted, pero al poco tiempo acordamos todas el "tú"[264].

A poco de ingresar al Instituto, y dado su desempeño, Edith se convirtió en una de las estrellas del establecimiento. Su fama recorrió las aulas luego de que el profesor Olbrich comunicara en otro curso: "En la clase inferior a ustedes está la señorita Stein la primera, luego viene un gran vacío, y a continuación las demás"[a]. Esta noticia fue diseminada por toda la escuela y se extendió por gran parte de la ciudad.

Pero no todo era estudio. Inmersa en la vida estudiantil, Edith compartía diversiones de la época, como enviar a sus amigas cartas escritas con caracteres griegos. Entre otras costumbres, estaba la de no invitar a una compañera que no conocía sin ser invitada antes, y tratar de usted a profesores y a condis-

---

a Moreno Sanz deja ver que Stein es "pródiga" en "autoalabanzas" aunque "siempre las ponga en boca de otros" (MS, 239).

cípulas que no formaran parte de su familia o círculo íntimo. Pero ciertas conversaciones o problemáticas comunes podían acortar las distancias. Así, cuando un grupo planteó la cuestión del matrimonio, evaluaron los pros y los contras del casamiento y de la vida de casada. Después de recordar la respuesta de una de ellas que dijo que solo contraería matrimonio de encontrar a alguien que le "gustara", Edith reconoció: "Esta respuesta me pareció mejor que mi postura, fuertemente tocada entonces por el feminismo"[265].

En esa época, no todo eran rosas, o al menos, no se podían evitar sus espinas. Aparecieron en un juego de prendas en el que debió adivinar cuál de los participantes le había atribuido ciertas características. De entre ellas, solo hubo un reproche que la alteró.: alguien dijo que ella se alegraba del mal ajeno. Edith recordó que, al enterarse que el autor de la frase había sido uno de los profesores que más apreciaba, se le saltaron las lágrimas:

> Para mí no había cosa más horrible que aquel defecto [...]. Quizá podía haber dado motivos para tal sospecha el que algunas veces me reía ante respuestas tontas en clase. Los profesores sabían bastante poco de nosotras y no podían hacer juicios definitivos. Hedi Kopf asintió cuando el profesor lo propuso, y esto es lo que me resultó especialmente doloroso. Cuando vio lo que me había dolido la acusación, me miró tímidamente de reojo. El buen profesor no dijo nada. Él había tomado todo el juego como una broma inofensiva y estaba desconcertado ante el efecto[266].

Hay un momento de sus memorias en el que Edith anticipa que, al describirse a sí misma, será tan dura como lo había sido al señalar los defectos de su familia y conocidos. Anécdotas como la anterior, o recordar que una de sus compañeras, ante una observación suya, le dijo en voz alta "no seas tan petulante", deja entrever que, aunque se esmeraba en llevarse bien con todos, había ocasiones en las que resultaba irritante a las condiscípulas menos aventajadas. Asimismo, la alta vara con la que medía a los demás también podía ocasionar problemas con sus profesores.

Edith se acuerda especialmente de un profesor de filología que luego de gran constancia había adquirido un profundo saber, y que admiraba a personas como ella, dotadas excepcionalmente. Como les sucedía a las demás, este profesor la aburría, sus clases eran monótonas y carecían de incentivos por lo que la mayoría de las estudiantes se dormían o distraían.

PICARDÍAS DE ESTUDIANTES Y ALGUNAS DIVERSIONES

Para contrarrestar esta tendencia Edith tuvo que desarrollar estrategias que le permitieran mantenerse despierta y atenta, que formaban parte de su determinación de ser respetuosa con los profesores, a la vez que respondían a su deseo de permanecer en los primeros puestos de la clase. Aun así, Edith compartía inocentes picardías con sus compañeras. Las jóvenes habían descubierto el punto débil del estricto director del instituto, quien además les enseñaba historia. Cuando no querían que les dejara tarea, lo interrumpían con una pregunta sobre la socialdemocracia y el "empedernido conservador"[267] largaba un discurso que solo finalizaba con el aviso de recreo. Mientras que en el Instituto la enseñanza de la historia "era del todo prusianaconservadora", Edith recuerda que en su casa se leía periódicos liberales, lo que oficiaba como "un contrapeso del hurra patriótico oficial"[268].

No resulta extraño entonces que desde su juventud criticara las exaltadas muestras de nacionalismo. Por ejemplo, la manera de celebrar la batalla del 2 de septiembre cuando, en recuerdo de la derrota francesa de 1870, las alumnas mayores realizaban una excursión en barco hasta un sitio en el que se daba un discurso alegórico y se entonaban canciones patrióticas. Aunque "aquel *pathos* [le] era ajeno", en esa época Edith no se consideraba pacifista y detestaba ese tipo de celebraciones[269]. No hay que olvidar que redactó sus recuerdos al mismo tiempo que el nacionalsocialismo acusaba a los judíos de ser parte de una "conspiración mundial" en contra de los intereses de Alemania.

En esos tiempos, otro judío alemán, Albert Einstein, recibía ataques por ser pacifista y, pese recibir en 1921 el Premio Nobel, en 1933, radicado en Norteamérica, era constantemente citado por la prensa nazi como uno de los líderes de esa supuesta conspiración. También en el contexto de los años treinta, Carl von Ossietzky[a], que en 1922 había fundado el movimiento *Nie Wieder Krieg* ("Nunca Más Guerra") se convertía en "uno de los personajes más odiados por Hitler"[270].

El caso es que, siendo estudiante, a Edith le molestaba tanto el estilo de la conmemoración de la batalla de Sedan que se prometió no volver a participar. Como estaba prohibido faltar ese día y no quería mentir una enfermedad, durante su último año en el Instituto ideó una estrategia inspirada en una excursión de un par de días que Erna había hecho con sus compañeras. Edith planteó a las suyas tomar una pequeña vacación coincidentemente con aquella conmemoración. Para su contento, el plan surtió efecto, todas se entusiasmaron y además lograron que una de sus jóvenes profesoras las acompañara. El director aprobó la iniciativa a condición de que se ocuparan de recordar la batalla de Sedan. Al desistir la profesora de dar el discurso conmemorativo, Edith se encargó de componer "en verso", algo "esencialmente distinto a lo acostumbrado"[271]. Una de las estudiantes había llevado un "Bi-Ba-Bo", muñeco con una cabecita china de celuloide, y un ropaje en el que se introducía la mano, como en los títeres. Edith se acompañó del muñeco para dar el discurso.

Cuando Edith rememora este período recupera anécdotas, pero también recuerda a varias de sus compañeras y profesores. Afirma que sus años de bachillerato "fueron una época feliz" y que "la buena literatura"[272] que leyó entonces fue un caudal que atesoró toda la vida. Como dicen Müller y Neyer, por entonces vivía "en un ambiente agnóstico" en el que "la cultura constituía un importante sucedáneo del mundo religioso"[273]. En palabras

---

a En 1936 obtuvo el Premio Nobel de la Paz. Fue arrestado, "torturado por la Gestapo y muerto tras ser internado en un campo de concentración en 1938" (Mercedes Monmany, Stpea, 39).

de Moreno Sanz, su inmersión en el saber y la cultura estaba "por completo impregnada del ideal de la *Bildung* germánica: literatura, música, ópera, teatro, artes plásticas, intensos estudios escolares"[274]. En este mundo, el papel de la literatura fue central. Edith entró en un "círculo literario"[275]. El profesor Olbrich fue su profesor de alemán los dos últimos años. Y ella descubrió, en "las poesías filosóficas de Schiller"[276], una concepción del mundo que le agradaba. Nuevamente, se da el caso de que un descubrimiento de la etapa de estudiante le da material para sus estudios y escritos filosóficos del futuro. Schiller y su "reinterpretación de la razón trascendental, de la ética y de la estética kantianas"[277] pudieron brindarle un primer impulso hacia la filosofía[a]. En *Ser finito y ser eterno*, Stein recupera a Schiller y, al hacerlo, nos habla de sí misma: "Nos vemos a nosotros mismos 'espiritualmente' en imagen, cuando nuestra propia esencia nos sale al encuentro en otros hombres. La sentencia de Schiller 'si quieres conocerte tú mismo mira lo que hacen los otros' muestra la importancia del tal representación para el conocimiento de sí"[278].

Inmersa en una búsqueda de sí misma, la escritura es la vía que Edith Stein encontró para expresarse, aun cuando el corrector de las redacciones fuera el estricto profesor Olbrich y "los ejercicios de composición [resultaran una] cruz para muchas" de sus compañeras. Como escritora en ciernes, si bien sus trabajos obtenían siempre la más alta calificación, cada vez que le daban sus notas Edith se alegraba como si fuera la primera vez. Esto sorprendía a sus compañeras, habituadas a sus logros. Escribir en un correcto alemán y expresar las ideas con claridad era importante por lo que, en su casa, existía la costumbre de recompensar la mejor nota en composición con cincuenta céntimos.

a Müller y Neyer relacionan las obras de Schiller Wallenstein y Maria Estuardo con situaciones límite, lo mismo que le sucederá a Edith Stein, en tanto "el ideal de la moralidad y de la dignidad humana, de la libertad y de la humanidad debe acreditarse en la resistencia a una realidad a menudo despiadada o indolente y debe madurar en la autodisciplina de las personas dispuestas al sacrificio" (MyN, 49).

No obstante, cansada de estar en el ojo de todos, Edith tomó la costumbre de no hablar de ello. Cuando "por otros cauces" madre y hermanos se enteraban, primaba en ella, más que el deseo de obtener una recompensa, "el temor de convertirse en orgullo de la familia"[279]. En el instituto, sin embargo, encontraba la manera de sobresalir. Por ejemplo, compuso un elogioso acróstico con el nombre del profesor de matemáticas, en el que lo llama "nuestro preferido" y destaca su sentido del humor[280].

Incansable, por las tardes Edith se dedicaba a sus autores favoritos. Tenía predilección por el teatro, y si "se anunciaba la representación de un drama clásico" se sentía "personalmente invitada"[281] a asistir:

> Contaba los días y las horas que faltaban. Era una felicidad sentarse en el teatro y esperar a que el pesado telón metálico se alzase lentamente [...]; se abría un mundo extraño. Entonces yo vivía por completo lo que se desarrollaba sobre el escenario, y lo cotidiano desaparecía[282].

Para gran parte de la burguesía de fines del siglo XIX y principios del XX era un deber estar al tanto de lo que sucedía en el ámbito artístico y cultural. En eso Edith no se diferenciaba de tantos burgueses o de las mujeres que comenzaban a formarse en las universidades, para quienes asistir al teatro, conocer y escuchar música clásica eran actividades fundamentales. Alentada por *La flauta mágica,* la primera ópera a la que concurrió, recordó: "Compramos la partitura para piano y pronto nos la supimos de memoria". Igualmente sucedió con *Fidelio*, que para ella era "la mejor"[283]. No sorprende, ya que *Fidelio*, la única ópera de Beethoven, es una obra clave del romanticismo que trata acerca de los valores del amor, la perseverancia de la voluntad, la lealtad y el sacrificio, cuestiones en las que Edith Stein siempre sería una experta. Como dice Moreno Sanz, cuando habla del bachillerato, lo que Edith Stein quiere destacar "es cómo sus energías —lo que después denominará su 'fuerza vital'— ha ido integrando diversas causas y tendencias puramente naturales, las influencias del entorno, las motivaciones en que entraba en juego su libertad, y el modo en que va abriéndose a los otros y a muy diversos mundos espirituales, es decir, en un ejercicio de 'empatía' en el que pone en juego tanto su comprensión como su afectividad"[284]. Esto sucede porque, tanto como autobiógrafa, filósofa, conferencista y pedagoga, actividades realizadas al momento de escribir sus recuerdos, Stein ha desarrollado sus investigaciones poniendo en juego afectividad y racionalidad. Y esto sucede también en la obra filosófica que escribe en paralelo a parte de su autobiografía, *Ser finito y ser eterno.*

Si pensamos en su opinión de Wagner, compositor preferido por Hitler y que publicó escritos antijudíos[a], aunque Edith confiesa que en una ocasión no pudo resistirse "a su encanto"[285], rechazaba su música, con excepción de la ópera *Maestros cantores (Die Meistersinger von Nürenberg).* En esta, el protagonista, Hans Sachs, representa valores que en parte Edith compartía, ya que encuadra en "el eterno conflicto entre la necesidad de renovación" representada por "Walther, el cantor de inspiración libre, y las fuerzas conservadoras de una crítica demasiado ligada a la tradición". Hans Sachs, según algunos especialistas, encarna "la sabia mediación" por ser "custodio de la tradición y consciente de la necesidad de renovación en el arte".

El director de orquesta John Eliot Gardiner realizó una confrontación entre Bach y Wagner que hubiera interesado a Edith Stein. En la cantata, BWV 152, *Tritt auf die Glaubenshbabahn* compuesta para el primer domingo después de Navidad, Bach resalta "la palabra Stein ('piedra')", que "simboliza la piedra angular de la fe fijada por Dios en la encarnación de Jesús, pero también que las pasiones humanas pueden adoptar la forma de

a Como dice Jonathan Carr, Wagner nunca se retractó de ellos, siendo ya un compositor de éxito: "Wagner quiso reeditar *El judaísmo en la música*, un tratado antisemita que había publicado con seudónimo dos décadas antes. Le dio entonces una formulación aún más encarnizada". Su mujer, Cósima, "dejó anotado su 'gran placer por la tersura y concisión' del texto" (Carr, 26).

un impedimento para la salvación"[286]. En la obra se propone "un diálogo alegórico entre Jesús (bajo) y el Alma (soprano):

> Tres instrumentos arcaicos —una flauta de pico, una viola d'amore y una viola da gamba—, que representan el viejo orden […], se yuxtaponen a un oboe "moderno" y un bajo continuo que representan el nuevo. Se percibe el evidente placer que le produce a Bach la mezcla y la combinación de estos timbres instrumentales antes de su convergencia final destinada a reflejar la unidad de Jesús y el Alma[287].

La "mezcla y la combinación", asegura Gardiner, produce un "evidente placer" a Bach, que busca allí una "convergencia final". En contraposición, "lo extranjero", lo que no es "alemán puro", el bonachón Hans Sachs de Wagner, quien expone al final de la ópera una ideología que va más allá de la propuesta musical. Al aceptar la mezcla de lo antiguo y lo moderno, Johann Sebastian Bach parece ser el más moderno de todos los compositores.

El gusto por la música culta es otra de las cosas en común que, según Moreno Sanz, Edith Stein comparte con filósofas de una generación posterior, en las que también prima el "*amor intellectualis*"[288] y que durante "tiempos sombríos"[a] supieron sufrir y resistir en su vida personal y filosófica la coerción impuesta por el "'cerco' que les creó la historia"[289]. Tanto Edith Stein como Simone Weil, Hannah Arendt y María Zambrano "desarrollaron un gran gusto musical"[290].

---

a Pionera en relacionar a Edith Stein, Simone Weil y Hannah Arendt, Silvie Courtine-Denamy las reúne en su libro titulado *Tres mujeres en tiempos sombríos*. Otras publicaciones que relacionan a Edith Stein con otras filósofas o escritoras de su tiempo son las del citado Jesús Moreno Sanz y las de Rachel Fedhay Brenner, quien en su *Resistencia ante el holocausto* compara las actitudes e ideario de Edith Stein, Simone Weil, Ana Frank y Etty Hillesum.

VOCACIONES EN DISPUTA

Segura de sus propios gustos en materia artística e intelectual, al final del bachillerato Edith decidió qué carrera seguir. Su primo Franz, que la conocía bien, pensó que se inclinaría por estudiar Literatura e Historia, pero ella confesó, ante la mirada atónita de Frieda, que no veía bien que eligiera una carrera poco práctica y que deseaba especializarse en Literatura y Filosofía. Aunque estas disciplinas la habilitaban como docente, acorde a su capacidad de estudio y a lo que la familia había invertido en ellos, se pensó que elegiría profesiones más redituables, como la medicina. Además, por ser judía y mujer Edith no podría acceder a un buen cargo en la docencia. También su primo Richard Courant se mostró muy sorprendido. Aunque las matemáticas eran también una profesión "tan poco lucrativa"[291] y para disuadirlo unos parientes le habían ofrecido pagar sus estudios de abogacía o medicina, cuando fue a Edith a quién le tocó decidir qué estudiar, ambos sostuvieron el siguiente diálogo:

> —¿Pero cómo se te ocurre estudiar precisamente filosofía? —le preguntó Richard.
> —¡Ay! ¿Cómo se te ocurrió a ti estudiar precisamente matemáticas? —le respondió Edith, sonriendo. Pero su primo perseveró en el intento de seguir con la discusión.
> —¿Te has dedicado ya a la filosofía? —insistió.
> —No; propiamente, todavía no; pero quiero. He leído algo de Haeckel, pero en realidad esto no merece el nombre de filosofía —contestó Edith.

Y quizás fue ese juicio sobre Haeckel lo que despertó en Richard confianza en la capacidad filosófica de Edith[292]. Por su parte, desestimando cualquier intromisión, Auguste tranquilizó a su benjamina diciéndole: "No debe entrometerse nadie[a]. Nadie

---

a Auguste hubiese querido que su hija estudiara "derecho". Pero Edith tenía "el argumento de que hasta entonces no habían admitido todavía mujeres a los exámenes de esa facultad" (OCI, 288).

nos ha dado nada. Haz lo que creas mejor"[293]. En cuanto al tío que había convencido a Erna de estudiar medicina, volvió a la carga invitándola a que lo visitase en Chemnitz. Pero Edith aclaró que ya había elegido su carrera y que "no estaba dispuesta a ponerla a discusión"[294]. Ante esta declaración, recuerda:

> Mi tío rindió sus armas y no hizo el menor intento de convencerme. Algunos meses después le diría a mi hermana que quizá de viejo tendría que descubrirse a mi paso, pero que, por el momento, no comprendía una elección de carrera basada solamente en la disposición e inclinación personales[295].

Se entiende que en un país y en tiempos en los que solo ciertas carreras podían asegurarle un futuro promisorio, su tío no comprendiera la decisión de estudiar Filosofía, carrera con escasísimas posibilidades de inserción laboral. En contraposición, los médicos y las médicas podían atender a los miembros de su propia colectividad y no dependían de cargos oficiales.

EXÁMENES Y CURIOSIDADES

Aunque a pocos se les pasó por la cabeza que Edith reprobara, al prepararse para cada asignatura, se exigió al máximo de sus posibilidades. Debía rendir Alemán, Historia y Latín. El primer examen consistió en realizar una composición. Pese a su facilidad para redactar y a las calificaciones que había obtenido hasta entonces, puso tanto empeño que, al momento de entregar el examen, no había llegado a pasar en limpio el borrador, que de todas maneras lucía muy prolijo. Por eso, esa tarde estuvo "inconsolable"[296]. Semejante desconsuelo preocupó al profesor Olbrich, quien, contagiado de sus temores, al día siguiente, durante el examen de Latín, varias veces se le acercó para preguntarle si le alcanzaría el tiempo. Pero en esa oportunidad Edith estuvo muy tranquila, con solo oír el dictado había tenido "clara la traducción y el escribirla fue cosa rápida"[297].

Como solo quienes aprobaban los exámenes escritos no tenían que rendir los orales, durante las semanas siguientes la mayoría de sus compañeras siguieron estudiando. Nadie dudaba que Edith no tendría que pasar a la instancia oral, lo que le dio la sensación de "que estaba como excluida"[298] del grupo de nerviosas estudiantes con poca confianza en sí mismas. No se trataba solo de confianza: a lo largo del año Edith se había preparado a conciencia. En vistas a los exámenes, tenía un cuaderno con todas las odas de Horacio traducidas y comentadas. También había desarrollado algunos temas de historia (incluso en francés e inglés, para practicar esos idiomas): "Todos estos tesoros los repartía en clase entre las necesitadas. Se tendían manos suplicantes y lo que les daba era recibido con inmensa gratitud"[299].

Finalmente, llegaron los resultados. Edith recordó la fecha con precisión: el 3 de marzo de 1911 le entregaron las calificaciones. Ese mismo día, las estudiantes que no habían pasado el escrito debían dar, por la tarde, el examen oral. Poco antes de recibir el veredicto, uno de los profesores, que la encontró en el pasillo, le sonrió bondadosamente diciéndole: "Qué, ¿tiene usted mucho miedo?"[300]. Solo en ese momento se sintió totalmente tranquila. No fue el caso de su compañera de banco, Julia, quien le pidió ir a su casa para prepararse para la tarde. Sorprendida, Edith pensó que, en realidad, lo que deseaba era conocer dónde vivía. Cuando llegaron, la familia la esperaba con una tarta que tenía inscripta una felicitación en letras de chocolate. Pero Edith no se entretuvo mucho con el festejo porque tenía que dedicarse a su invitada:

> Julia quería varias cosas. Debía repasar algo de historia conmigo. Además, me confesó que hacía tiempo esperaba la ocasión de poder peinarme a su gusto. Con gusto traje peine y cepillo y me senté ante el espejo y, mientras manipulaba en mi cabeza, yo desarrollé la explicación que me había pedido sobre la guerra de los treinta años[301].

Es posible imaginar una escena similar transcurrida en la juventud de Teresa de Ávila, dispuesta a ser peinada mientras sostiene una amable conversación con amigas. Pero lo que es un hecho definitivamente moderno es que Edith Stein, más tarde Teresa Benedicta de la Cruz, había obtenido los mejores puntajes del bachillerato y se dedicaba, mientras una de sus compañeras le cepillaba el cabello, a repasar una clase de historia, una de sus materias favoritas. Años después ella misma sostuvo que quien conoce la situación de una época, conoce el 'espíritu' de esa época, y este mismo espíritu es el que "habla desde sus artes plásticas, desde sus formas sociales, desde su política, etc."[302].

Según Edith, Julia quedó sorprendida al "encontrar una casa tan bonita en un barrio poco aristocrático"[303]. ¿Cómo era la casa elegida por Auguste Stein? Se trataba de una edificación de dos pisos:

> La casa era consistente, llamativa por su rica y elegante construcción [...]. Su fachada estaba adornada con decoración de estuco, y en el frente del edificio se extendía un pequeño jardín a ambos lados de la casa, que estaba rodeado por una valla de hierro forjado en la puerta[304].

Cuenta Edith que cuando su compañera la visitó, "le impresionaron especialmente la amplia escalera interior de madera de roble y la sala"[305]. Luego del vestíbulo se encontraban el comedor, la cocina y varios cuartos. En el piso superior había "una sala muy elegante para banquetes, con una 'habitación para fumar' adjunta, ambas de enormes proporciones y con suelos entarimados, así como varios dormitorios"[306]. Era costumbre de la época que, incluso en casas así, hubiera un solo baño y una bañera alcanzaba para todos[a].

---

a La casa sufrió algunas modificaciones cuando los hijos casados de Auguste se mudaron con ella debido, en principio, a la falta de viviendas después de la Primera Guerra Mundial. Una descripción detallada de la casa la da el libro *Mi tía Edith* (SB 93).

Saciada la curiosidad de Julia, fueron juntas al instituto, y Edith aun tuvo que preocuparse "por las otras que se examinaban"[307]. Pese a la tensión, existía un clima de fiesta anticipada. El grupo de Edith había instaurado lo que se convirtió en una tradición: las alumnas del curso anterior ofrecían una tarta a las que se recibían y, luego del oral, les obsequiaban un ramito de violetas a cada una.

La fiesta de graduación también tuvo sus peculiaridades. Se componía el "drama de la cerveza", o pieza teatral para divertir a la concurrencia. Que Edith fuera la encargada de escribirla refuerza la idea de que no solo era de las mejores alumnas, sino que las demás reconocían en ella talento artístico y sentido del humor. La obrita en cuestión, "cuya heroína era ella misma"[308], tenía por tema lo que le sucedía a una alumna que quedaba trastornada luego de las exigencias del examen. Preocupada, la madre llamaba a un mago "para que le expulsase los malos espíritus"[309]. El mago realizaba sus conjuros y los espíritus iban saliendo uno tras otro: "Cicerón, Horacio, la señora Stein...", hasta que la joven se sentía mejor, aunque se daba cuenta de que había olvidado todo lo estudiado, y exclamaba: "Mi cabeza está vacía de todo saber / No temo a nada ni a nadie / Pues aquí está claro y distinto / que he alcanzado la madurez para estudiar"[310].

En cuanto a la fiesta de egresadas, también estaba regida por convenciones. Las estudiantes "de buenas familias, que sabían cómo se organiza una fiesta social de despedida"[311] se ocupaban del evento. Edith formó parte del grupo organizador. El entusiasmo por celebrarla hizo que invitaran a los profesores antes del examen oral, lo que no fue bueno, aunque todos ellos asistieron a la celebración del fin de ciclo.

Pese a componer con humor el "drama de la cerveza", hasta último momento Edith fue para sus condiscípulas una persona misteriosa y reservada. Todas sabían que era en extremo exigente, y volvieron a comprobarlo durante el ensayo general de la obra cuando le dieron un buen dolor de cabeza por no saber completamente sus papeles. De todas maneras, para alivio suyo y alegría de todas, la función no solo salió bien, sino que el profesor Olbrich les aseguró que no había visto, en ese tipo de celebraciones, "una obra tan bien llevada". Otra de las costumbres para terminar el curso consistía en leer una suerte de anuario, denominado "periódico de la cerveza", que contenía simpáticos versos sobre cada alumna. Todos los profesores se sorprendieron cuando escucharon los que sus compañeras le habían dedicado a Edith:

Igualdad de la mujer con el hombre
Así dice la sufragista
A la que un día, con seguridad,
En el Ministerio veremos

De no haber existido discriminación en Alemania, sus compañeras hubieran acertado con el pronóstico. Los profesores, que no conocían ese aspecto suyo, también escribieron frases en el anuario y la retrataron con precisión. Así, el "en otros tiempos tan temido director" afirmó: "Golpea en la piedra [Stein significa piedra, en alemán] y brotan tesoros"[312]. Pero el que más conmovió a Edith fue el profesor Olbrich, que transcribió una corta frase de su admirado Ibsen: "Martillazo sobre martillazo, hasta el último día de la tierra"[313].

Sin duda sus profesores habían captado lo que sería la principal característica de Edith Stein, dueña de una tenacidad y convicción que conformaron su destino. A todo esto, Auguste enseñaba orgullosa el diploma de su hija a quien quisiera compartir su entusiasmo, como uno de sus clientes, que hizo una copia para mostrarla a sus amigos. Recordemos que los primeros estudiantes y universitarios judíos provenían de una generación de comerciantes y banqueros, pero también de una "generación de zapateros [que] alumbró y educó a una progenie de escritores, artistas e intelectuales"[314]. En ese sentido, Edith Stein se inscribía en un grupo con grandes perspectivas, grupo al que pertenecieron personalidades como Else Lsaker-Schüller, poeta, hija de un banquero; Stefan Zweig, escritor, hijo de un fabricante textil; Franz Kafka, escritor, hijo de un comerciante mayorista; Sigmund Freud, hijo de un comerciante; Albert Einstein, hijo de un empresario; Walter Benjamin, hijo de banqueros de Berlín; Gershom Scohlem, hijo de un imprentero. Y la lista continúa...

Solo una generación después llegaron mujeres, como Hannah Arendt, quince años menor que Edith Stein. Cuando a Arendt le tocó el turno de ingresar a la carrera de filosofía, la habían precedido destacadas estudiantes mujeres. Que su padre fuera ingeniero y su madre tuviera una excelente formación e inquietudes políticas e ideas pedagógicas modernas la ubican en un estrato diferente. Por pertenecer a una familia que recién ingresaba a la burguesía, en la que muchos de sus hermanos todavía eran comerciantes o empleados, Edith tuvo que defender su decisión de estudiar filosofía. En tren de comparaciones, podría decirse que, como lo hicieron en el siglo XVI la fundadora de las carmelitas Teresa de Ávila y, a fines del siglo XIX, la carmelita francesa Teresa de Lisieux, en la primera década del siglo XX Edith Stein tuvo que mostrarse obstinada a la hora de defender su vocación. Recordemos que Teresa de Ávila comenzó su vida religiosa en contra de la voluntad paterna, mientras que Teresa de Lisieux llegó hasta el papa León XIII para solicitar ingresar a la Orden carmelita antes de la edad permitida. Edith, cuya vocación religiosa llegó más tarde, no fue menos obstinada al defender lo que despuntaba por ser su primera vocación, la filosofía.

NUEVA VIDA, VIEJOS PREJUICIOS

Al día siguiente de aprobar el bachillerato, Edith se permitió quedarse en la cama hasta tarde y leer las cartas de felicitación de parientes y amigos. Entre ellas, la del tío que insistentemente la invitaba a su casa para convencerla de estudiar medicina. Leyendo los mensajes, se percató de que “aquella gran felicidad que había soñado alcanzar tras el examen no había hecho acto de presencia, más bien experimentaba un gran vacío interior”[315].

Al dejar atrás una manera de vivir que había amado "entrañablemente", se preguntó: "Y ahora, ¿qué?"[316]. Volvió a meditar sobre las razones que esgrimía su tío para que se dedicara a una profesión más lucrativa:

> ¿Era buena la decisión que había tomado? Estamos en el mundo para servir a la humanidad... esto se consigue mejor si se hace aquello a lo que nos inclinan nuestras peculiares aptitudes... Entonces... La conclusión parecía inmejorable. Toda duda fue disipada...[317].

Ya nadie la hizo cambiar de parecer. Para descansar o como premio por sus logros, Edith viajó a Berlín. Al tener allí numerosos parientes, las salidas eran continuas. Que Edith subraye que la llevaron a ver insustanciales "operetas modernas" y "bufonadas berlinesas"[318] que no eran de su gusto da indicio de su puritanismo juvenil o, al menos, de lo que siente al momento de escribir sus recuerdos.

Instalada en casa de unos tíos, de pronto quedó en medio de un problema entre dos hermanos de su madre que estaban distanciados. Para complacer a uno de ellos no visitó al otro, lo que además de enredar las relaciones familiares terminó por generarle ciertos escrúpulos y un posterior arrepentimiento[319]. En sus memorias, al marcar este y otros errores, Edith hace lo mismo que su admirada Santa Teresa en el *Libro de la vida*, cuya lectura la impactó fuertemente. Pese a los siglos que las separan y a la diferencia de cultura y formación, hay muchas coincidencias entre la fundadora del Carmelo y la filósofa judía, quien después de leer su autobiografía tomó la decisión de convertirse al catolicismo. Así como Santa Teresa, Edith disfrutaba de la lectura, pero también le gustaba cantar y bailar. Lamentablemente, ni en el siglo XVI ni en el siglo XX sus compatriotas estuvieron a la altura de las circunstancias ni preparados para semejante despliegue de talentos aparentemente contrapuestos.

De hecho, cuando después de Berlín, Edith se dirigió a Chemnitz, tuvo un enfrentamiento con su primo Erich, que estaba harto de que su padre la pusiera como ejemplo de buena estudiante. Al saber que Edith había leído la segunda parte del *Fausto* de Goethe, comentó enojado: "Solo tienes tiempo para leer, porque eres una perezosa para hacer deporte"[320]. Poco después, debió retractarse. Estaba ensayando un baile de moda con un amigo y, luego de invitarla a participar y ver que bailaba muy bien, terminó por admitir a desgano: "Una chica que ha hecho el examen final de bachillerato sin tener que hacer el oral, que ha leído a *Fausto* y sabe bailar valses con giro a la izquierda, hay que exhibirla en el teatro Hansa"[321] (un teatro de varieté de la ciudad).

5
DECIDIR EL PROPIO CAMINO

EL "TRÉBOL DE CUATRO HOJAS" Y FEMINISMOS DE ÉPOCA

El día que se inscribió en la carrera de Medicina, Erna conoció a Hans Biberstein, un estudiante que la encontró atractiva y nunca más se despegó de ella. Contrariamente al estereotipo de mujer universitaria que imaginaba, se topó con una compañera linda y joven. Pero enseguida supo que tenerla cerca aparejaba la constante compañía de Edith. A partir de ahí no solo estudiaban juntos. Hans era muy buen deportista y las hermanas solían jugar con él al tenis. Según Edith, era muy competitivo y le molestaba que ella no corriera las pelotas que no creía poder alcanzar. A pesar de estas y otras diferencias menores, los dos tenían intereses comunes, como su pasión por la historia, carrera que él no había considerado por su "poco provecho práctico". Cuando Edith preparó su examen final de bachillerato, Hans la acompañó a estudiar, y es probable que en ese entonces se sintiera atraído hacia ella[a]. Edith comentó, refiriéndose a esa etapa: "Más tarde me confesó mi hermana en una ocasión que por aquel entonces hubiera podido tener ella celos de mí"[322]. Hubo momentos en los que Erna quedaba en un segundo plano:

> Poníamos al piano a Erna, que tocaba para que nosotros bailásemos. Hans era el compañero de baile ideal; yo acostumbrada a decir que era tal su destreza que se le podían perdonar todos sus defectos, siendo para los dos un gran placer el bailar. A mi hermana no le ocurría lo mismo; solamente bailaba a gusto y bien con mi cuñado[323].

---

a Dice Susanne M. Batzdorff con respecto a este tema: "Por observaciones que mi padre nos hizo años más tarde, la sospecha de que sintieran alguna atracción el uno por el otro no se puede negar" (SB, 104).

Edith y Erna compartían amistades. Formaban un grupo con otras dos muchachas que incorporaron a Hans a su grupo. Su madre era viuda y él estaba acostumbrado a convivir con mujeres; además, Hans "participaba con pasión en los acontecimientos políticos y era un ardiente patriota"[324]. Su padre había sido profesor en una escuela pública, resalta Edith: y "si entre los hijos de campesinos polacos, alumnos suyos" había algún "muchacho pobre con deseos de ser sacerdote, él le preparaba para los posteriores estudios desinteresadamente"[325]. Este tipo de aclaración parece destinada a un público lector mal predispuesto hacia los profesionales judíos. Edith también relata que la madre de Hans se había hecho cargo de los dos hijos del primer matrimonio de su marido, pero, aunque se llevaba muy bien con el varón, que había estudiado medicina y la ayudaba económicamente, no tenía la mejor de las relaciones con la hija. Edith deduce que "le debió hacer en verdad la vida difícil a la niña"[326]. Agrega que su madre había implementado un estilo de crianza "especial", por el que Hans se sentía el centro del mundo y tenía "la gran susceptibilidad del único hijo mimado"[327]. Como la señora Biberstein sufría del corazón, Hans aprendió a realizar trabajos manuales y hogareños para que no se fatigase. Para estar siempre cerca, por si sufría una crisis cardíaca, dormía en el mismo cuarto. Temeroso de que algo pudiera ocurrirle, además de tomar las vacaciones con su madre, Hans había decidido no casarse y cuidarla en la ancianidad. Este tipo de decisiones sorprende en nuestros días, pero entonces no eran pocos los hijos que quedaban solteros y asumían el cuidado de sus progenitores. Por eso, cuando Hans le expuso sus planes, Erna pareció comprenderlo perfectamente. El sentimiento de obligación de los hijos con relación a los padres se imponía, pero, según Edith, estas relaciones tan peculiares eran para Erna "una penosa carga anímica"[328].

Autodenominadas "trébol de cuatro hojas", Erna y Edith conformaban un grupo con Lilli Platau y Rose Guttman. Al sumarse Hans asumieron que a partir de allí serían "cinco las hojas del trébol"[329]. Las afinidades de la época de estudiantes los unían, aunque, según Edith, no todas aceptaban la idea de consentir a Hans:

> No estábamos dispuestas a plegarnos y someternos a él como su madre y Erna lo hacían, sino que nos defendíamos de lo que nos parecía abusivo[330].
>
> Por entonces todos nosotros estábamos cálidamente interesados por la cuestión femenina. Hans era un mirlo blanco entre los estudiantes, pues era tan radical en favor de la igualdad de derechos de la mujer como cualquiera de nosotras. Con frecuencia hablábamos sobre el problema de la doble vocación femenina. Erna y nuestras dos amigas tenían fuertes dudas sobre si no se debería sacrificar el trabajo profesional en favor del matrimonio. Solamente yo mantenía siempre que por nada del mundo renunciaría a la profesión. ¡Quién hubiera podido entonces vaticinar nuestro futuro! Las tres se casaron y, a pesar de ello, ejercieron su profesión. Únicamente yo no me casé, pero también soy la única que hice un compromiso por el cual quería sacrificar con toda alegría cualquier profesión[331].

Cuando Edith describe a sus amigas, tiende a ponderar sus puntos fuertes sin omitir los débiles. De Lilli Platau dice que era "muy fea"[332] pero que eso se olvidaba al conversar con ella debido a su frescura y amabilidad. A Rose Guttman la describe como una joven "delgada y bien proporcionada" que "sabía vestirse con exquisito gusto"[333] y con gran atractivo a pesar de la "dura mirada" de sus ojos castaños. Pero aunque aparentaba autonomía, era insegura y se amoldaba a las opiniones del ambiente, lo que hacía que, en diferentes círculos, formulara "pareceres totalmente contrarios"[334]. Según ella, Hans y Erna se desilusionaron por su falta de sinceridad, sus inseguridades y cambios de parecer, pero Edith terminó cobrando gran influencia y le manifestó que los reproches que le dirigían los demás integrantes del grupo eran justificados. En una conversación íntima, recuerda: "No le oculté los defectos que percibía en ella. En las faltas de las personas nunca vi motivo suficiente para retirar la amistad"[335].

Según Edith, Rose aceptó las críticas sin susceptibilidad y el vínculo entre ambas se hizo más fuerte.

Son muchos los conocidos y parientes que Edith Stein describe con mirada aguda, incisiva, y en ocasiones rígida e intransigente, pero nunca hipócrita. Dice, de sí misma, que, en esos años vivía en el "ingenuo autoengaño de que todo en mí era correcto"[336]. La formación universitaria y el nivel cultural de algunos de sus amigos era una barrera para los más próximos porque, cuando se enfrascaban en discusiones intelectuales, algunos se sentían fuera del círculo que formaban "los 'académicos'"[337]. Por otra parte, Lilli y otros estudiantes de medicina solicitaban a Edith y a sus amigos filósofos que contribuyeran a su formación intelectual "ante el peligro de un posible simplismo de los especialistas"[338].

Rose, Lilli y Hans vivían en un ambiente más liberal que las Stein y no practicaban ningún rito religioso. Cuando Paul Bey, amigo de Lilli, educado en "estricto judaísmo", intentó sumarse al grupo, aunque no manifestara abiertamente sus ideas religiosas, todos pensaron que el joven era "un tanto pesado". Ilustrando este tipo de situaciones, Edith dejó registro de las fisuras que se daban en la comunidad judía[a]:

> [Paul] No tenía el desagradable tono de los incultos judíos del este, que sacaba de quicio a los "judíos asimilados" alemanes, más aún que a los mismos "arios". Hablaba un puro y cuidado alemán. En el fondo no teníamos nada que reprocharle, aparte de que era excesivamente cortés y afectuoso y tenía un aire afeminado y dulce, que no encajaba con nuestro estilo estudiantil, espontáneo y algo atrevido. Su presencia me incitaba a asustarlo con expresiones desenvueltas, y Hans Biberstein se mostraba con él implacable con sus burlas mordaces[339].

Pese a las críticas, Paul terminó por ser aceptado en el grupo y, durante una excursión que hicieron a las montañas para prac-

---

a Sobre los prejuicios de los judíos alemanes asimilados, véase p. 64.

ticar deportes invernales, el trébol de cinco hojas constató "cómo agradecía el ser aceptado en un círculo tan exquisito"[340]. Al igual que en todo grupo autopercibido como *círculo selecto*[341], el trébol tenía ciertas reglas. Entre ellas, no hablar con acento silesio. Esto no impedía que las costumbres culinarias ancestrales siguieran teniendo éxito entre ellos, por lo que todos apreciaban "el recio pan de centeno" que Auguste cocinaba según las costumbres de la región[342].

Durante las vacaciones de 1911 y 1912, Edith y sus amigas excursionaron por las montañas. Recordó con nostalgia cuando se instalaron en una aldea en la que eran las únicas veraneantes: "Nos enseñoreamos de todo el pueblo. En las noches de luna recorríamos las calles cantando nuestras canciones estudiantiles a pleno pulmón y las gentes nos escuchaban desde sus casas". Una noche, "los honorables" del lugar les pidieron que fueran a la taberna donde solían reunirse y que les ofrecieran su repertorio. Edith rememora: "Nuestra ingenua alegría fue para aquella gente honrada, que habitaba aquel silencioso rincón del mundo, un acontecimiento extraordinario"[343]. A la luz de lo que sucedió apenas dos décadas después cabría preguntarse si, entre "aquella gente honrada", no habría quienes resintieran la presencia de esas chicas judías que se comportaban como si fueran *auténticas* alemanas. Y se diferenciaban de otros judíos. No parece que durante la etapa de estudiante Edith se percatara de este tipo de tensiones. Quizá porque a los paseos y reuniones se sumaban otros amigos, como la hija de un político protestante con la que tenían muy buena relación.

Descriptas idílicamente, las vacaciones de verano reunían a amigos y parientes, como su hermana Frieda, que se había separado recientemente y se encontraba deprimida. Cuenta Edith que "era una cuestión de dignidad el trepar una vez al día por las empinadas laderas"[344]. Había optado por llevar rodetes sobre las orejas, para estar más cómoda cuando se tendía a descansar o a leer. Habían llevado varios libros: Rose tenía el *Zarathustra* de Nietzsche y le hacía preguntas sobre lo que no entendía, llamándola "pollita", por ser la más joven de la hoja del trébol.

Edith había llevado consigo la *Ética*, de Spinoza. El filósofo del siglo XVII, que todavía en tiempos de Goethe "pasaba por ser un loco y peligroso ateo, un hereje malvado"[345], identifica a Dios con la naturaleza y sostiene que la revelación se produce en la naturaleza, no en los libros sagrados. "De acuerdo con Spinoza, Dios es la 'sustancia del mundo'. Nosotros mismos pertenecemos a esta 'sustancia', pero no queremos tenerlo por verdadero"[346]. La joven estudiante agnóstica y futura filósofa debía sentirse proyectada en el prototipo de pensador riguroso y ascético postulado por Spinoza: "El pensador, libre de la vanidad y el exhibicionismo, se disuelve en la cosa que ha de pensarse, para ser justo con ella. Hay que prescindir de sí mismo, a fin de ver rectamente las cosas, y solo entonces volvemos enriquecidos a nosotros mismos"[347].

En comunión con la naturaleza, los amigos trepaban empinadas laderas, cruzaban arroyos y practicaban senderismo. Puede que tras las descripciones de Edith Stein subyazca un motivo reivindicatorio ya que, en el momento en que ella redacta sus recuerdos, Martin Heidegger, a quien conocía lo suficiente y quien la había sucedido como asistente de Husserl en la Universidad de Friburgo, solía presentarse luciendo trajes campesinos, diferenciándose así del resto de los profesores. Recordemos que en *Naturaleza, Historia y Estado* Heidegger sostiene que, a diferencia de los alemanes, los semitas no tendían a apreciar el paisaje o apegarse al terruño alemán[a]. Contradiciendo este tipo de afirmaciones, Edith menciona que Hans Bilberstein preparó un programa de caminatas que incluía trayectos de 40 km dia-

a Dice Heidegger: "A partir del conocimiento específico que un pueblo tiene de la naturaleza de su espacio experimentamos primero cómo la naturaleza se revela en ese pueblo. A un pueblo eslavo, la naturaleza de nuestro espacio alemán se revela probablemente de un modo diferente al nuestro; quizá nunca llegue a revelarse a los semitas nómadas. Este modo de estar sumergido y fundado en el pueblo, esta participación originaria en el conocimiento del pueblo no puede ser enseñado; como mucho, puede ser despertado" (*Naturaleza, historia y Estado*, p. 87).

rios. Grande fue su desencanto cuando ella se torció un tobillo y, aunque se esforzó por continuar la marcha, no pudo menos que retrasar a los demás. El mal humor de Hans se hizo notable y Erna sufrió estar en el medio de la situación[348].

"CUANDO QUIERE, PUEDE"

"Ya se ve que cuando quiere, puede"[349], les decía Hans a las otras excursionistas ya que, pese al dolor, Edith, que sentía culpa por retrasar al grupo, intentaba caminar más aprisa. Y, aunque ella no se quejaba, conscientes de su esfuerzo, su hermana Rosa, que los acompañó un tramo de la excursión, y Lilli Platau terminaron por reprochar a Hans y a Erna, "médicos principiantes", el trato que le daban y que no se dieran cuenta de su padecer. Por su parte, Edith lamentaba haber resultado la "aguafiestas" de la excursión[350]. Finalmente, en un gesto pacificador compartieron "una tableta grande de chocolate Lindt": el trébol se había reunido de nuevo. Sin embargo, restablecida la paz, incluso con Hans, el incidente "[las] dejaba pensativas y preocupadas sobre la suerte que le aguardaba a Erna"[351].

Pese a algunos desencuentros como el anterior, entre 1911 y 1913, "el trébol" de cuatro hojas permaneció íntimamente unido. Además, hacían planes para el futuro, pensando seriamente en los "ideales a cuyo triunfo" querían colaborar "a través de [su] acción en el mundo"[352]. Para las mujeres, estos planes estaban asociados a la posibilidad de estudiar y ejercer profesiones, derecho adquirido recién en 1908, cuando pudieron finalmente anotarse en la universidad. Pero todavía gran parte de la sociedad consideraba que no era un terreno adecuado para las mujeres. No fue el caso de los Stein, y esto demuestra la amplitud de criterio de Auguste, una pionera que, como mujer de negocios, llevó adelante una empresa en un ramo dominado por hombres. Consciente de las capacidades que podían desarrollar sus hijas, y por experiencia propia, en 1909 facilitó a Erna comenzar los estudios de Medicina, en tanto que dos años más tarde le permitió a Edith inscribirse en la Universidad de Breslau para estudiar filosofía[a].

El 28 de abril de 1911 Edith Stein comenzó una etapa fundamental de su vida. Eran tantas las asignaturas que le interesaban que fue una suerte que la superposición de horarios le impidiera cursarlas todas; de otra manera, hubiera estado en clase cerca de cuarenta horas semanales. Limitada por el cronograma, comprobó que podía cursar, sin que se superpusieran las clases, indogermánico, germánico primitivo, gramática alemana moderna, historia del drama alemán, historia prusiana de la época de Federico el Grande, historia de la constitución inglesa y un curso de griego para principiantes, siendo Propedéutica filosófica y Psicología las materias que complementaban el primer año. Estudiar griego era una conquista fundamental para las mujeres, porque hasta entonces había sido una prerrogativa masculina. No obstante, Edith también buscó asignaturas novedosas, como una introducción a la psicología, cuyo profesor, William Stern, fue creador de un sistema de medición de inteligencia que se sigue utilizando. También asistió a las clases de Filosofía impartidas por el filósofo neokantiano Richard Hönigswald.

"El origen judío" de los dos profesores fue "un inconveniente para su carrera académica"[353]. Hönigswald era *Privatdozen*, así se designaba a los profesores que, después de los exámenes correspondientes y obtenido el doctorado que los habilitaban para enseñar en la universidad, no accedían a puestos remunerados institucionalmente. Al ser los cursos de Hönigswald y de Stern cargos no rentados, debían pagarlos los alumnos que decidieran estudiar con ellos. Aunque tuvieran excelentes calificaciones y fueran reconocidos académicamente, los profesores judíos eran discriminados. Recién en 1930 Hönigswald obtuvo una cátedra

---

a Erna Stein se inscribió para estudiar medicina el 30 de abril de 1909, apenas un año después de que se les permitiera a las mujeres ingresar a la universidad: los formularios estudiantiles, impresos con los pronombres masculinos debieron ser "corregidos a mano y con tinta para ser usados por las chicas" (SB,107).

en Múnich. Lamentablemente, no pudo disfrutar de su ansiado cargo mucho tiempo porque en 1933, escapando de un destino trágico, pudo emigrar a los Estados Unidos. Pero cuando en 1911 Edith comenzó sus estudios universitarios, ni siquiera en sus más espantosas pesadillas ella o su profesor podrían haber imaginado circunstancias semejantes.

Edith Stein no profundiza en las razones por las que se les negaba puestos académicos a sus profesores, así como refiere el debate que se daba en torno de la situación de los judíos en territorio prusiano. En ese sentido, nos da valiosa información Gershom Scholem, que emigró a Palestina en 1923 y, desde el territorio que luego fue Israel, se ocupó de dar cuenta, en *From Berlin to Jerusalem: Memoirs of My Youth*[a], de las tensiones entre su herencia judía y el proceso de asimilación. No parece probable que Edith Stein ignorara estas cuestiones. Estudiosa de la historia, sabía que, desde los tiempos de la Ilustración y la Revolución Francesa, las sociedades europeas se preguntaron por el estatuto de los judíos y que, al otorgárseles la ciudadanía, tuvieron que reevaluar su identidad y pensar un futuro más allá de los guetos en los que habían permanecido por centurias. De todas maneras, como parte de la tercera generación de judíos asimilados, puede que sintiera distante la "cuestión judía" y sostuviera la ilusión de formar parte de la primera generación de universitarias de Alemania, un logro inmenso que despertaba enormes esperanzas.

En ese contexto, estudiar psicología, disciplina novedosa, la proyectaba hacia el futuro. Un hecho que habla de la personalidad y del criterio propio de Edith es que, si bien durante los cuatro semestres que estudió en Breslau se dedicó al estudio de esta materia, terminó definiendo las clases como "una hora de agradable conversación"[354] y no colmaron sus expectativas. En

a Dice Scholem: "Grandes sectores de la comunidad judía alemana [...] querían creer en la asimilación e integración en un entorno que durante mucho tiempo había visto a los judíos, en el mejor de los casos, con indiferencia y, en el peor, con malevolencia" (SB, 44).

cuanto a las clases de filosofía, estuvo encantaba con la "taladrante agudeza" y el "riguroso razonamiento" del profesor Hönigswald. Y no tardó en descubrir que "había que hacerse con la estructura conceptual del kantismo para poderlo seguir"[355].

En el seminario de Höngiswald resultaba "seductor para los jóvenes ejercitarse en la lucha dialéctica con esas armas afiladas", pero Edith comprendió que, si alguno de ellos quería introducir algo "que no hubiera crecido en ese suelo", con convincente dialéctica e incisiva ironía, el profesor los reducía al silencio. Consideró que cursar con él era un "excelente entrenamiento en el pensar lógico", y eso fue suficiente para hacerla feliz, aunque escuchó a un compañero asegurar: "En el seminario de Hönigswald hay cosas que uno no osa pensar. Sin embargo, fuera yo no puedo cerrarme a ellas"[356]. Finalizada la clase, las dudas filosóficas persistían, y ni a ella ni a otros de sus compañeros el neokantismo del profesor les alcanzaba para resolverlas[a].

Fue en ese periodo que Edith se interesó en las clases del profesor Stern sobre psicología empírica o experimental, rama dedicada a indagar en la psiquis humana y explicar su conducta, y que pretendía descubrir las leyes recurriendo a métodos de las ciencias naturales, test y entrevistas. Como esta psicología de corte mecanicista no resolvía sus inquietudes y en las clases surgían una serie de preguntas sin respuesta, en búsqueda de nuevos caminos, se preguntaba cómo se pueden individualizar los pensamientos, "cómo se puede determinar el contenido de un pensamiento particular" y "en qué se diferencia y en qué se parece el pensamiento a otras formas de actividad mental"[357].

Durante algún tiempo, interesada en la temática, consideró doctorarse en psicología, y el profesor Stern le propuso un viaje a Berlín para conocer a uno de sus discípulos que trabajaba en un instituto de psicología aplicada. Lejos de las expectativas, la visita terminó por desilusionarla de la psicología experimental

a Para Moreno Sanz, al escribir sus recuerdos, Stein "infravalora" (MS, 256) la influencia que tuvo Höniswald en su etapa de estudiante.

y confirmó su impresión de que era una "ciencia [que estaba] todavía en pañales" y que "le faltaba el necesario fundamento de ideas básicas claras"[a358]. Su inclinación a buscar los fundamentos de la psiquis humana la llevaba lejos de la psicología experimental de Stern. Lo que buscaba provenía de lo que Edmund Husserl, fundador de la escuela fenomenológica, llamó, en el segundo tomo de *Investigaciones lógicas*, "psicología descriptiva"[359].

ENTRE EL COMPROMISO Y "LOS IDIOTAS"

Los planes de estudio de carreras como medicina eran fijos, pero en filosofía Edith podía elegir qué materias cursar, y si bien más tarde lamentó no contar con una "experta dirección"[360] en su plan de estudios, la posibilidad de elegir le otorgaba una gran sensación de libertad. Debía considerar que para ejercer la enseñanza superior debía pasar por el examen del Estado que los habilitaba. Aunque no sentía interés por dedicarse a la enseñanza, como concesión a su familia se preparó a consciencia para el mencionado examen e hizo equilibrios para no sacrificar lo que más le interesaba. La estimulaba una compañera de estudios, Kaethe Scholz, quien, decidida a incursionar en la enseñanza superior, supo animarla a no descuidar ese objetivo. La joven maestra, que provenía del campo y de una familia protestante, se pagaba los estudios dando clases a señoras de la alta sociedad, ocupación mejor remunerada que dar clases particulares a estudiantes y que le permitía preparar las clases según su interés, lo

a Según Joachim Boufflet, el tema de tesis "que le propone Stern —'La exploración del pensamiento de los niños a partir de cuestiones experimentales'— no hace más que confirmarla en esta convicción" (JB, 48). Por el contrario, Moreno Sanz cree que en su autobiografía Stein no es precisa en la semblanza intelectual que hace de Stern, "ni en la real importancia que tuvo para su pensamiento". Según este autor, Stern aparece "simplificado y minusvalorado", pero fue esencial para la "teoría de los tipos sociales" (MS, 254) desarrollada por Edith Stein.

que contribuía a organizar su propio plan de trabajo y repasar lo que había escuchado en sus cursos.

Además de estudiar griego, Kaethe y Edith hicieron juntas un curso de alemán antiguo. Dos décadas después, Edith recuerda: “La concordancia de los Evangelios de Taciano y, algo más tarde, la traducción de la *Biblia* de Ulfila fueron mi primer contacto con el Evangelio (aparte de los trozos que conocía por las funciones religiosas del colegio)”[361]. En ese primer contacto con la Biblia cristiana, bajo el texto gótico figuraba el texto griego. Interesada más que nada en los idiomas y en la lingüística, Edith no prestó demasiada atención al fenómeno religioso. Lo mismo le sucedía a Kaethe, para quien la Escritura no tenía un “significado sagrado”. En el reiterado intento de mostrar confluencias entre representantes de distintas confesiones religiosas, en sus memorias Edith asegura: “Ni la diferencia de confesión ni de origen fueron obstáculo para nuestra amistad, y hubiéramos hablado sobre cuestiones de religión tan abiertamente como sobre otras si hubiéramos tenido interés”[362].

Priorizando la sinceridad, al conversar sobre política, Kaethe y Edith admitían sus discrepancias. El hermano de su amiga comenzaba la carrera de oficial, lo que se reflejaba en sus opiniones, mientras que Edith estaba “muy influida por las tendencias liberales”[363]. Por eso, no se le escapaba que la población rural de Silesia soportaba la presión de los grandes propietarios, en su mayoría prusianoconservadores. Consciente de la realidad de su tiempo, identificaba cuáles eran los motivos que a su entender subyacían a su deseo de realizar un estudio sistemático de la historia: “Ese amor por la historia no era en mí un simple sumergirme romántico en el pasado, iba unido estrechamente a una participación apasionada en los sucesos políticos del presente, como historia que se está haciendo”[364].

De ello devino una “extraordinaria y fuerte conciencia de responsabilidad social, un sentimiento a favor de la solidaridad de todos los hombres, pero también de las comunidades pequeñas”[365]. Se trata de sentimientos que pueden leerse como un correlato de la historia de su familia y, en particular, del desempeño de su madre en la comunidad alemana. Más tarde, Edith desarrolló la temática en *Estructura óntica del Estado* e *Individuo y comunidad*, estudios que tratan las relaciones entre las personas, sus comunidades, la sociedad y el Estado, y que obedecen a su deseo de esclarecer cada categoría y aplicarlas en el plano político y educativo.

Por la vía autobiográfica, Edith no deja de marcar el sentimiento de pertenencia prusiana tanto de los judíos que conservaban sus tradiciones como de aquellos que, como fue su caso durante la etapa de estudiante universitaria, habían perdido la fe de sus mayores y no se preocupaban por cuestiones religiosas. Otra vez, la comparación con Gershom Scholem resulta ilustrativa. Él recuerda que, en ocasión de su *bar mitzvá* pidió que le obsequiaran los once tomos de la *Historia de los judíos* de Heinrich Graetz (uno de los primeros profesores del Seminario Judeoteológico de Breslau), y los cuatro tomos de *Historia de Roma* de Theodor Mommsen. Por lo que se ve, su interés por la historia lo conducía por otros derroteros. Edith Stein no parece expresamente atraída por la historia de la comunidad judía[a]. Es válido entonces dejar en suspenso, o en zonas reservadas a lo desconocido, el grado de profundidad de sus estudios y lecturas acerca de historia y teología judías. Lo que sabemos es que siendo estudiante universitaria se interesó por la historia, sobre todo en los primeros semestres, y se sintió inclinada a la militancia política y al feminismo. En cuanto a su posición política, escribe en sus memorias:

---

a De todas maneras, también en este caso debe considerarse el momento de producción de sus textos en pleno auge del nazismo. Sí dice en su autobiografía: "Leí afanosamente la historia romana de Mommsen" (OCI, 414). Theodor Mommsen dijo: "Se equivocan si creen que se puede lograr algo mediante la razón… Los antisemitas solo prestan oídos a su odio y a su envidia, a sus instintos más ruines… [El antisemitismo] es una epidemia terrible, como la del cólera: no es posible explicarla ni curarla. Hay que esperar pacientemente hasta que su veneno se consuma y pierda su virulencia". Adorno y Horkheimer, (p 117-125).

> Con la misma fuerza que rechazaba un nacionalismo darwinista, me adhería al sentido y necesidad, tanto natural como histórica, de Estados independientes y de pueblos y naciones diferentes. Por ello, las concepciones socialistas y otras aspiraciones internacionalistas no ejercieron nunca influencia sobre mí. También cada vez me liberaba más de las ideas liberales en las que había crecido, y llegué a una concepción del Estado positiva, cercana a la conservadora, aunque estuve siempre lejos de la nota característica del conservadurismo prusiano[366].

Edith remata ese párrafo diciendo que, a la par de esas convicciones teóricas, "nació, como personal motivo, un profundo agradecimiento para con el Estado que [le] había dado el derecho de ciudadanía académica, y con ello la libre entrada a las riquezas del espíritu de la humanidad"[367].

El sentido de pertenencia alemana es crucial y atraviesa la totalidad sus memorias[a]. Hechos como que la tarjeta de estudiante habilitara descuentos y acceso a obras de teatro y conciertos los apreciaba "como un cuidado amoroso del Estado para con sus hijos predilectos". Ese tipo de detalles despertaban en ella "el deseo de corresponder más tarde agradecidamente al pueblo y al Estado mediante el ejercicio de [su] profesión". Edith también se recuerda a sí misma indignada "por la indiferencia con la que la mayoría de mis compañeros reaccionaban ante las cuestiones comunitarias"[368].

Retrospectivamente, en esa indignación se percibe como el germen de preocupaciones teóricas. Edith consolidaba una épica propia, y se sentía en las antípodas de los estudiantes que, sin sentido de la responsabilidad, iban de diversión en diversión; también deploraba la actitud de los que solo se preocupaban por

---

a Su visión positiva del estado prusiano recuerda el idealizado y nostálgico relato del Imperio austrohúngaro que hace Stefan Zweig en *El mundo de ayer* (1942), una de las expresiones más acabadas del "sentimiento nacional de muchos de los judíos europeos que reconocían el acceso a la cultura propiciado por las autocracias liberales anteriores a 1914" (Traverso, 2013, 25).

asegurarse una posición personal. Al mismo tiempo, su sentimiento de responsabilidad social la puso "decididamente en favor del derecho del voto femenino"[369]. A principios de la primera década del siglo pasado, contemplaba "con enojado desprecio" a "los idiotas", como denominó a los estudiantes que vivían en estado de abulia, a quienes ni siquiera se dignaba a mirar[370]. No era la única que sostenía tan altos ideales y preocupaciones. Su caso fue uno más de los tantos judíos que ingresaban a las universidades alemanas con tanto entusiasmo y rigor intelectual que, como escribió Frederic Grunfeld, "parecía que llevasen más de mil años preparándose para los exámenes de ingreso"[371]. No se trataba solo de entrar en un mundo hasta entonces prohibido. En un gesto de apertura a la comunidad, Edith confraternizaba con el autodenominado "Grupo Pedagógico", integrado por estudiantes preocupados por complementar una buena preparación en temas educativos. Incorporarse a este "grupo de jóvenes", que en su mayoría asistían al seminario de Stern, fue "lo más valioso"[372] de su "etapa estudiantil en Breslau"[373].

ACTIVISMOS

En apoyo del "Grupo Pedagógico", además de facilitarles un lugar para reunirse, el profesor Stern asistía a algunos de sus encuentros. El grupo pertenecía, además, a la "Liga para la Reforma Escolar". Como testimonia una fotografía de la época, Edith visitó con ellos distintas instituciones pedagógicas especializadas en la enseñanza para mudos y ciegos, también hospicios y residencias para personas con problemas mentales y para niños abandonados. Al evocar luego de su conversión estas visitas, recuerda especialmente un hogar dirigido por un grupo de diaconisas, cuya directora, la madre Frieda, los guió en el recorrido de la institución, que funcionaba en un castillo que les habían donado y, al señalarles una máquina de coser les contó, con "sencillez y naturalidad", que la habían conseguido luego de rezar por ella. Asumida en el catolicismo, al mencionar el hecho Edith afirma que aun cuando "todos [los visitantes] [...] eran librepensadores", "ninguno se burló. Todos inclinamos la cabeza ante esta confianza tan infantil"[374].

Entre las personalidades del grupo pedagógico destacaba Hugo Hermsen, quien impactó mucho a Edith, que llegó a asegurar que, desde la infancia, "ninguna persona" había ejercido "tan fuerte influencia como él"[375]. Ella tampoco pasó desapercibida a sus ojos, ya que antes de dejar la Universidad de Breslau para asistir a unos cursos en la de Gotinga, él pronunció palabras que la sorprendieron y le causaron dolor. Con sagacidad, se despidió diciéndole: "Bien, le deseo que encuentre en Gotinga gente que le satisfaga. Aquí ha sido usted demasiado exigente y crítica".

> ... no estaba acostumbrada a ser reprendida. En casa apenas se atrevía nadie a hacerme observaciones; mis amigas estaban unidas a mí por cariño y admiración. Vivía en el ingenuo autoengaño de que todo en mí era correcto, como es frecuente en las personas incrédulas, que viven en un tenso idealismo ético. Y es que, cuando se está entusiasmado por el bien, cree uno que es bueno. Yo había considerado siempre como justo derecho mío el señalar despiadadamente con el dedo todo lo negativo de cuanto advertía; las debilidades, errores y faltas de otras personas; a menudo en tono irónico y despectivo. Había quienes me encontraban "encantadoramente maliciosa". Por eso estas serias palabras de despedida, dichas por un hombre al que valoraba mucho y quería, me dolieron de verdad. Aquello fue como una primera llamada que me hizo reflexionar[376].

Quienes hayan leído la autobiografía de Santa Teresa de Ávila encontrarán similitudes en la actitud retrospectiva de una y de otra de referirse a los defectos propios, rememorar los momentos en que se hacen conscientes de ellos y se proponen enmendarlos. Es posible ver en estas analogías de estilo un probable influjo de la escritura autobiográfica de la santa española en la aspirante a novicia. En cuanto a Hugo Hermsen, a pesar de su comentario, la relación entre ellos prosiguió en buenos términos. Poco después le envió un telegrama anunciando su visita. Pero el repentino inicio de la Primera Guerra Mundial impidió el encuentro y lamentablemente nunca más se vieron, ya que desapareció en el frente de batalla y no se supo más de él. Por eso, cuando en 1916, en Friburgo, Edith vio casualmente en el escaparate de un fotógrafo su retrato en uniforme, conmovida, hizo copias para enviar a sus viejos amigos[a].

Durante este periodo de intenso activismo universitario, Edith también estableció relación de amistad con otro integrante del grupo, Hermann Popp, quien seguía en influencia a Hermsen, y solía acompañarla a su casa después de las reuniones. Cuando al llegar al domicilio no consideraban terminada la conversación, seguían hablando en la puerta, cuestión que mereció una advertencia de Auguste, preocupada porque podrían dar que hablar a los vecinos. Años después, Edith concedió: "Naturalmente, la gente de la vecindad, que podía vernos en esos paseos nocturnos, no podía adivinar que estábamos enfrascados en problemas de psicología o teoría del conocimiento. Pero nosotros estábamos entonces muy ajenos a tales miramientos"[377]. Molesta por los reclamos maternos, Edith respondió de manera insolente, lo que posteriormente lamentó: "Esta fue una de las pocas contestaciones dura e inadecuada que mi madre tuvo de mí; más tarde me he arrepentido profundamente"[378].

Descubrir que disfrutaba conversar con estudiantes, en su mayoría mayores que ella y aventajados en los estudios, tenía a Edith en las nubes, más aún al sentirse valorada por ellos. Este sería el caso de Popp, quien al terminar los estudios la citó para hablar una vez más "en profundidad, antes de sumergirse en la vida burguesa"[379]. Sus compañeros le hablaban de sus proyectos

---

a La descripción física que hace de Hermsen lo asemeja a un líder con características mesiánicas: "De sus ojos grises y algo hundidos salía un fuego santo" (OCI, 305). Cabría pensar si Hermsen no se sintió atraído hacia ella. Le confiaron la educación del conde Rothschild, estudiante del primer semestre de derecho: "Vivían juntos y Hermsen lo llevaba consigo a todas partes" (OCI, 306).

de doctorado y esto, reflexionó Edith, "provocaba el espejismo de que estaba a su misma altura, engañándome a mí misma. Asistía a cursos y seminarios para los adelantados, omitiendo algunas cosas fundamentales que me hubieran sido necesarias"[380].

ASOCIACIONES LÍCITAS

Pero no todo era estudio. Edith menciona especialmente una fiesta de disfraces organizada por la Asociación Universitaria Femenina, de la que formaba parte. Un tanto pueril, uno de los principales objetivos de las organizadoras había sido ver disfrazados a los profesores y bailar con ellos. Y aunque a Edith seguía gustándole bailar, cada vez que volvían de una fiesta, ella y Erna solían decir: "Gracias a Dios que esto no es lo que llena nuestra vida"[381].

Mientras tanto, integraba también la Asociación Humboldt para la Educación del Pueblo, donde dio cursos de ortografía e inglés para sectores populares. Enterada, por casualidad, de que el director de la asociación y uno de los profesores aprovechaban los cursos para establecer vínculos afectivos o sentimentales con las alumnas, decidió intervenir y resolver este problema. No eran épocas que habilitaran denuncias de acoso, por lo que se comprende que las afectadas no quisieran hacer pública la situación. Para cortar por lo sano, propuso dividir el curso. Ella se haría cargo de las alumnas y el profesor en cuestión se dedicaría a los varones. Menos una, todas las estudiantes prefirieron tomar clases con ella. Desde el principio se ganó el afecto de estas jóvenes, la mayoría empleadas de comercio con inquietudes, que deseaban seguir formándose y que, al final del curso, le obsequiaron un ramo de rosas y un libro de historia del arte. Varias, como sucedió en adelante con muchas exalumnas, siguieron escribiéndole cuando partió a la Universidad de Gotinga.

Ayudar o dar clase a sectores menos favorecidos muestra que Edith tenía, con otras mujeres de su época, la consciencia de ser privilegiadas, y la decisión de compartir su saber con integrantes de la clase trabajadora. Pero asistir a la universidad también la colocó en una posición favorecida respecto de sus propias hermanas. Edith se sintió consustanciada con la universidad de su ciudad natal, resultado de la fusión de una universidad protestante de los tiempos de la Reforma luterana con el colegio de jesuitas de Breslau, el "Leopoldino", construido por el emperador Leopoldo en el siglo XVII. La universidad fundada en 1811 por Federico Guillermo III celebró su centenario el año en que ella ingresó. En la imponente edificación luce el "Aula Leopoldina", que, con sus frescos, adornos de estuco, mármoles, columnas y esculturas es una joya de la arquitectura barroca. Por su excelente acústica, además de las ceremonias solemnes, como los nombramientos de doctores *honoris causa*, se realizaban allí conciertos de música.

Considerándose parte de todo ello, en las horas libres, Edith disfrutaba sentada en el grueso antepecho de alguna ventana, en una sala vacía, donde se sentía como "una joven dama de castillo"[382]. Allí trabajaba en sus lecciones contemplando el río Oder y el puente de la universidad, siempre bullicioso. También se sentía como en su casa en el edificio vecino, donde funcionaba la residencia de estudiantes, y tenían lugar los seminarios de Psicología y Filosofía. Asimismo, disfrutaba de la biblioteca de la universidad, en la calle Sand, antigua sala capitular de los agustinos, ubicada al lado de una iglesia de estilo gótico primitivo. La deleitaba el camino de la isla hacia la catedral, en el que experimentaba, romantizando la historia, "un mundo de silencio y paz, como retraída a siglos pasados"[383].

La conmemoración por el centenario de la universidad debió contemplar un hecho inédito hasta entonces: la presencia de estudiantes mujeres. Uno de los temas que se trató en la asociación femenina fue que el año anterior, durante la celebración del centenario de la Universidad de Berlín, una situación similar resultó difícil de manejar. También en Breslau la organización se complicó por lo que, luego de una serie de discusiones, las estudiantes se negaron a asistir al banquete de fin de curso. Para resolver el conflicto el Rector sugirió que las esposas de los profesores se sentaran con ellas para protegerlas de "cualquier cosa desagradable". Las estudiantes rechazaron la idea, aunque tras arduas negociaciones aceptaron asistir. Al respecto, comenta Edith: "La mesa ocupada por las muchachas, todas vestidas de blanco, atrajo, como era natural, la atención de los señores respetables, que recorrían la gran tienda para saludar a sus antiguos conocidos. Una cosa así no había sucedido en sus 'tiempos'"[384]. Tampoco deja de recordar que durante la celebración se presentó una "encantadora pieza teatral" compuesta por los doctores Hamburger y Tarnowski, "ambos judíos"[385].

El historiador Enzo Traverso estudió cómo, en la primera década del siglo XX, la universidad y otras instituciones daban lugar para que los judíos se expresaran en la cultura, pero, al mismo tiempo que se conformaba una *Bildung* "cada vez más judaizada"[386], los puestos importantes o de poder quedaban reservados para los 'arios' a los que se les reconocían los atributos de moralidad, dignidad, respetabilidad y 'eticidad' (*Sittlichkeit*). Por eso mismo, casos como los de Edith presentaban un problema para visiones conservadoras. Pero como por el momento no pensaba dedicarse a la docencia, el problema de la inserción laboral quedaba descartado. Aun así, a diferencia de los estudiantes universitarios que enseñaban para obtener un ingreso de dinero, aceptó dar clases cuando se lo requirieron el director de su antiguo colegio y conocidos que reclamaban su ayuda. Una de ellas, una joven polaca de quince años, vivaz y apasionada por todo, le mostró, en espejo, una femineidad diferente, como dice en su autobiografía cuando afirma: "Me sentía al lado de aquella niña como una muchacha sin experiencia ante una mujer que lo sabía todo"[387].

Parece que Edith no tenía experiencias amorosas. Tampoco se sentía cómoda cuando sus amigos abrigaban expectativas sentimentales que no compartía. Algo así sucedió a finales de 1912, cuando luego de un día de campo Eduard Metis la acompañó de regreso a la ciudad. "En el camino —recordó Edith— mi acompañante dijo que lo más bonito de la fiesta había sido aquel paseo"[388]. Poco después, Metis le envió unas líneas proponiendo nuevos encuentros. Edith sabía que, hijo único y mimado, "hasta el momento [Metis] se había mantenido apartado temerosamente de toda relación femenina"[389]. Por eso, cuando le confesó que durante semanas se había quedado intranquilo, pensando en aquel paseo, se dio cuenta de que debía aclararle que ella "estaba acostumbrada a la camaradería entre compañeros y dispuesta a mantenerla con él, pero tenía que abandonar cualquier otro pensamiento"[390]. Veinte años después, Edith se felicitaba por su decisión: "La proposición fue aceptada y, asombrosamente, le vino muy bien al nuevo amigo para dominar la inclinación que apuntaba"[391].

BÚSQUEDAS VITALES

Aunque tuvo pretendientes, Edith no les dio falsas ilusiones ni los alentó sin estar comprometida afectivamente. Esmerada en la franqueza, discutió con su amigo Metis luego de leer una reseña de una novela en la que este utilizaba "un tono frívolo al comentar temas eróticos"[392]. La reconciliación se produjo cuando él admitió que le había sido penoso tratar el tema, y que por eso había adoptado "el tono superficial periodístico"[393]. No cabe dudas de que Metis se sentía atraído hacia ella. Se trataba de "un judío de fe firme y observante de la ley"[394] que esperaba tener otro tipo de diálogos con una mujer, porque al final exclamó, asombrado de lo directa que había sido Edith en sus planteos: "¡Si mi madre hubiera oído esta conversación!"[395].

Metis tenía una constitución débil y algo enfermiza, por lo que Edith, que durante toda la carrera universitaria conservó "salud y energía", se compadecía ante su "débil vitalidad"[396]. Finalmente, acordaron continuar estudiando juntos luego de un acuerdo tácito: ella no intentaría transmitirle su agnosticismo, así como tampoco Metis hablaría de religión. Pero como era observante, cuando iba a casa de los Stein, que no seguían las prescripciones reglamentarias en torno a las comidas, él optaba por alguna fruta, y ni siquiera aceptaba un trozo de pastel temiendo que no estuviera preparado según la normativa kosher. Ese tipo de actitud no ayudó a que su compañero de estudios le resultara interesante. Pero además, en sus memorias, Edith recuerda una anécdota que denota lo profundo de sus desacuerdos. Cierto día, mientras caminaban por la ciudad, se detuvieron porque ella tenía que entrar a una casa y, sin pensarlo dos veces, le entregó un paquete para que él lo sostuviera mientras la esperaba. Al regresar, se percató de que, siendo sábado, debido a las normas ortodoxas, no se podía cargar ningún peso, así que se excusó por el descuido. A esto Metis respondió con tranquilidad: "No he hecho nada prohibido. Solamente en la calle está prohibido llevar algo, pero en casa está permitido". Por eso, había evitado poner un pie en la calle, quedándose en el palier de entrada. Al escribir sus memorias, Edith señala: "Esta era una de las sutilezas talmúdicas que a mí me repelían. Pero no dije nada"[397]. Esta afirmación, además de ser una entre las tantas que seguramente hubiera revisado de haber sobrevivido a la Segunda Guerra Mundial, muestra un modo de ser y de pensar del judío alemán asimilado que quiere dejar atrás los rituales ancestrales que se le antojan sin sentido. Poco antes de relatar esta anécdota, en *Estructura de la persona humana*, cuando el antisemitismo no hacía más que crecer, Edith les decía a sus estudiantes que no se podía comprender a Jesús desvinculado del pueblo judío: "Ha nacido de y en un pueblo, ha vivido en ese pueblo y lo ha elegido como instrumento para la redención de toda la humanidad. El hecho del pueblo elegido y del surgimiento del Redentor de entre él apunta en mi opinión de modo natural a la innegable relevancia del pueblo para la humanidad"[398]. Su defensa del pueblo al que pertenecía no haría mella en la fuerza arrolladora de la historia[a].

Pese a sus diferencias, Edith sentía cariño hacia su amigo; una vez instalada en Gotinga, siguieron escribiéndose semanal-

---

a En tiempos en los que la institución católica insistía en la conversión más que en el diálogo entre religiones, Stein se adelantaba al escribir que "tendrían que mostrarse efectos salvíficos en el alma cuando un hombre que anhela la salvación recibe la Eucaristía sin creer en su efecto sacramental o sin saber de él" (OCIV, 112). Y más adelante agrega que "los sacramentos no serían imprescindibles para la redención. La gracia puede valerse de los sacramentos, pero no está atada a ellos" (OCIV, 116).

mente y, durante las vacaciones que Edith pasaba en Breslau, estudiaban juntos literatura alemana. Se trataba de un amigo sincero, que siempre la tuvo en alta estima y que sufrió mucho cuando debió repetir su examen de doctorado. Edith estuvo presente en el acto oficial en el que finalmente obtuvo el ansiado título y, más tarde, cuando ella alcanzó el *Summa cum laude*, Metis le escribió diciendo: "Sucedió lo que tenía que suceder"[399]. Años después, Metis falleció tempranamente por una infección pulmonar. Aunque fueron grandes sus sufrimientos, a Edith y muchos de sus amigos les habrá quedado el consuelo de que le fueron evitados los horrores del nazismo.

En 1912, mientras estudiaba en la Universidad de Breslau, Edith se distanciaba de Metis por diferentes motivos. Paralelamente, sin ser consciente de eso y sin desearlo expresamente, también se alejaba de su familia. Entre la vida estudiantil y sus compromisos en diversas asociaciones, apenas veía a su madre y hermanos. Además, a diferencia de Erna, no presentaba a sus amigos en su casa para no hacerles "perder su tiempo en una conversación de tipo general"[400]. Pero existía otra razón que reconoció "con gran vergüenza". Esas reuniones le resultaban desagradables: "Sí; era tan tonta que me avergonzaba del vestido de trabajo y de las manos de faena de mi querida madre, si el encuentro se producía al volver del almacén"[401]. Con parejo estilo de crítica que había utilizado para marcar defectos de su familia, Edith reconoce que se había apartado de la familia y esto les dolía. "Vivía completamente en mis estudios y aspiraciones, a las que me había entregado. En ello veía yo mi deber y no era consciente de ninguna injusticia"[402].

Por entonces, Auguste llegó a preocuparse por su "falta de apetito". La radical dedicación al estudio y actividades militantes ponía en "constante tensión" sus fuerzas, y despertaba en Edith "la grata sensación de ser una criatura rica y privilegiada"[403]. Podía aplicarse en lo que le viniera en gana, sin preocupaciones económicas y, además, le iba muy bien en sus estudios. De todas maneras, se sorprendió al comprobar "qué poco apegada estaba a la vida" un día que su hermana Frieda la despertó horrorizada al comprobar que se había apagado la llama de la lámpara de gas del dormitorio, mientras Edith y Erna estaban sumergidas en un sueño envenenado. Cuenta Edith: "Yo salí de un sueño dulce, de un reposo sin pesadilla, y cuando recobré el sentido de la realidad mi primera idea fue: 'Qué lástima! ¿Por qué no me habrán dejado para siempre en este descanso profundo?'"[404]. De este tipo de afirmaciones, en las que a un momento de exaltación le sigue el abatimiento, Moreno Sanz deduce la manifestación "del sentimiento de 'estado de reposo' que tan crucial importancia tendrá años después de su conversión"[405].

En sus memorias, Edith no solo describe a su familia como un paradigma de exitosa asimilación, sino que delinea su propio camino de predestinación a la vida religiosa. Tal vez por ello destaca los aspectos de la época estudiantil que le disgustaban. Dice que la falta de responsabilidad, "las desordenadas diversiones con sus insensatas borracheras y desviaciones morales correspondientes"[406] le producían "asco"[407]. Incluso la lectura de una novela costumbrista sobre una caótica vida estudiantil podía influir tanto en su ánimo que, luego de hojearla, le llevaba tiempo recuperarse de la penosa impresión. Para Moreno Sanz, el resultado de la constante tensión en que vivía era un oscilar entre sentirse una criatura rica y privilegiada y una "profunda depresión"[408] luego de la lectura de esa novela, de la que no se puede recuperar durante semanas. Además, algo había sucedido en su entorno: "Había perdido toda la confianza en las personas, entre las cuales discurría diariamente mi vida, y me sentía agobiada por una pesada carga"[409]. Esta actitud tan poco mundana llamaría la atención de algunos compañeros de estudios. En ese verano de 1912, le "parecía que el sol se apagaba"[410]. Afortunadamente, encontró consuelo en el homenaje a J. S. Bach, en Breslau, en el que destacaron los conciertos ejecutados en el órgano que la ciudad había hecho construir para el Salón del Centenario. Se trata de un magnífico instrumento con 16 000 tubos y más de doscientos registros, que es uno de los mayores del mundo. Como Bach era su músico preferido, Edith había reservado entrada para todas las funciones que incluyeron conciertos de órgano, música de cámara, y una velada de orquesta y coral. En su memoria quedó grabado el momento en que pudo trascender el disgusto que le había producido la lectura de la novela mencionada:

> ... se cantó el himno, de espíritu desafiante, de Lutero, "Un firme castillo..." [...]. Y cuando sonó con ganas de lucha la estrofa "y aunque el mundo estuviese lleno de demonios / y nos quisieran devorar, / no nos dominará el terror [...]. En ese momento desapareció toda mi melancolía. Ciertamente, el mundo podía ser malo, pero si nosotros poníamos en pie todas nuestras fuerzas, el pequeño grupo de amigos en el que se podía confiar, y yo con ellos, entonces venceríamos a todos los 'demonios'"[411a].

Edith estudió en la Universidad de Breslau durante cuatro semestres y participó de la vida de su "alma Mater" "como pocos estudiantes lo hacen"[412], pero al igual que en otras etapas de su vida, llegada la ocasión, pudo, como dice en sus memorias, "romper los lazos tan aparentemente fuertes con un simple movimiento, y volar libre como un pájaro que rompe su atadura"[413]. ¿No recuerdan esas palabras al lenguaje místico? En estas líneas se percibe nuevamente cuán mediada está su escritura autobiográfica por el momento de su redacción.

En 1912, Edith podría haber hecho realidad el deseo acariciado con Erna de estudiar en Heidelberg, "cuyo encanto pregonaban de modo fascinante las antiguas canciones estudiantiles"[414]. Pero cuando, a causa de su noviazgo, Erna decidió no alejarse de Breslau, para Edith fue tiempo de marcharse. No fueron las canciones de estudiante las que decidieron el cambio de universidad, sino una lectura que habría de definir el curso de su vida. En el cuarto semestre comprendió que Breslau ya no tenía que ofrecerle "y que necesitaba nuevos estímulos"[415]. Mientras pre-

---

a Se refiere a la Cantata de Bach BWV 80, "Ein feste burg". El sentimiento de Edith Stein en lo que respecta a la música de Bach es homologable, probablemente, al de Mozart. Véase cap. 11, p. 326.

paraba una ponencia para el seminario de Psicología, encontró citadas las *Investigaciones lógicas* de Edmund Husserl, un libro que desconocía, y que se había publicado entre 1900 y 1901. Al verla enfrascada en esos temas, un conocido suyo, el doctor Moskiewicz, que había cursado un seminario con Husserl en la Universidad de Gotinga y que añoraba volver allí, le alcanzó el grueso volumen del segundo tomo de las *Investigaciones* y le dijo: "Lea esto; los otros no han hecho otra cosa que tomar de aquí"[416]. Sin caer por lo pronto en la tentación, con todavía mucho trabajo antes de concluir el semestre, Edith se prometió leer a Husserl durante las vacaciones. Con pasión, Moskiewicz le aseguró: "En Gotinga no se hace otra cosa sino filosofar día y noche, en la comida y por la calle. En todas partes. Solo se habla de 'fenómenos'"[417]. Lo importante que fue esta conversación se deduce de lo que dice en su obra *Ser finito y ser eterno* para ilustrar la idea de providencia divina o, dicho en otras palabras, "el nexo que une 'todo'" en el Logos y afirma que tal vez es "el nexo de nuestra propia vida" el que mejor puede ilustrar esa idea. Edith explica:

> Yo me propongo hacer unos estudios y con ese fin selecciono una universidad que responde a mi especialidad [...]; el hecho de conocer "por casualidad" en esta ciudad a un hombre que hace allí igualmente sus estudios y establecer conversación con él un día, por casualidad, a propósito de cuestiones sobre la concepción del mundo, esto no me parece en el primer lugar como un nexo comprensible. Pero cuando yo repienso mi vida después de años, entonces yo comprendo que esta conversación fue de una importancia capital para mí, tal vez "más esencial" que todos mis estudios [...]. Lo que no estaba en *mi* plan, se encontraba en el plan de Dios"[418].

Lo cierto es que el entusiasmo de Mos fue contagioso. Además, Edith sabía que una brillante estudiante de Husserl, Hedwig Martius, había sido distinguida por la publicación de un trabajo filosófico. Los hilos del destino confluían, pero lo que finalmente decidió su traslado a Gotinga fue la intermediación de su primo, el matemático Richard Courant, quien, casado con una joven de Breslau conocida de la familia, se ocupó de escribirle a la madre de Edith preguntándole si no le gustaría enviar a estudiar allí a sus hijas menores. "Esto —recuerda Edith— era la última gota que me faltaba. Al día siguiente comuniqué a mi asombrada familia que el próximo semestre de verano me iba a Gotinga"[419].

La noticia sorprendió a todos menos a Auguste[a]. Es probable que sintiera la distancia desde hacía tiempo. "Se va porque no está a gusto con nosotros"[420] fue su triste comentario a una sobrina pequeña. Pero no hizo reclamos ni interpuso inconvenientes, y madre e hija convinieron en que se le facilitarían los medios para estudiar un semestre en Gotinga. Entusiasmada al contar con la autorización materna, Edith le escribió a su primo solicitando información sobre el programa de las clases de Husserl. Es posible imaginársela leyendo los folletos informativos. En esa época, más en serio que en broma, sus amigas le dedicaron una rima: "Muchas chicas sueñan con un besito (*Busserl*), / pero Edith solo con Husserl..."[421].

---

a Cuenta Edith la reacción de su familia: "La noticia cayó como un rayo en un cielo despejado. Mi madre dijo 'Si es útil para tus estudios, yo no voy a oponerme'. Pero ella estaba muy triste; más triste de lo que correspondía a la separación por un corto semestre de verano [...] Pero en lo profundo del corazón tenía yo —como seguramente también ella— el presentimiento secreto de que se trataba de una cortante separación trascendental" (OCI, 328).

SEGUNDA PARTE

6
EN SOCIEDAD FILOSÓFICA

¿POR QUÉ HUSSERL?

El 17 de abril de 1913, con veintiún años, Edith se trasladó a Gotinga[a]. Iba "al encuentro de la mayor decisión de [su] vida"[422], deslumbrada por las *Investigaciones lógicas* de Husserl, publicadas una década antes. En Gotinga se abría paso una nueva corriente, alejada del neokantismo imperante en la filosofía de las universidades alemanas de su época. Para decirlo en palabras de Stein, el neokantismo encarnaba una visión filosófica subjetiva, en la que el "Yo" (la consciencia) constituía la realidad, era su fundamento y su medida. Con esto la realidad perdía su carácter objetivo y no se podía pensar independientemente del sujeto cognoscente. En un principio, Husserl se manifestó en contra de esta tendencia de una manera que resultó revolucionaria, aunque implicaba un giro conservador, ya que, con su propuesta de "volver a las cosas mismas" ("Zuruck zu den Sachen selbst") se retornaba a las grandes tradiciones de la filosofía. En el artículo "¿Qué es la fenomenología?", publicado en 1924, Stein manifiesta que en *Investigaciones lógicas* Husserl elabora "en toda su pureza la *idea de la verdad absoluta* y el *conocimiento objetivo* correspondiente a ella" y, con eso, somete "a revisión profunda todos los relativismos de la filosofía moderna: el naturalismo, el psicologismo y el historicismo. El espíritu *encuentra* la verdad, no la *engendra*"[423].

A diferencia del "idealismo", en donde es la consciencia la que constituye el mundo, lo que interesó a los primeros seguidores de Husserl fue su concepción "realista", lo que se llamó

---

a Con nostalgia, recuerda: "¡Querida antigua ciudad de Gotinga! Creo que solamente quien haya estudiado allí entre los años 1905 y 1914, en el corto tiempo de esplendor de la escuela fenomenológica de Gotinga, puede comprender lo que nos hace vibrar este nombre" (OCI, 345).

"realismo ontológico". Además, Husserl quiso dejar en claro que la fenomenología es un "método", un "modo de ver", no una corriente o una escuela de pensamiento. Tampoco se trata de una ciencia deductiva que deriva sus proposiciones de acuerdo con las leyes de la lógica. Ni que se presenta como una ciencia inductiva o que utiliza el método de las ciencias naturales que, a partir de la experiencia sensible, alcanza verdades universales. A lo que apunta la fenomenología, explica Stein, es a "un conocer intuitivo de las verdades filosóficas"[424].

Ahora bien, ¿cómo se produce ese conocer intuitivo? Esto, aclara, sucede a través de un "acto intelectual peculiar que Husserl ha denominado como *visión de esencias* [en tanto unidades ideales de significación] o *intuición*"[425]. Con gran claridad expositiva, Stein revela una de las claves de la fenomenología, cuyo objetivo no sería elaborar un sistema de verdades sino dar fundamento a las otras ciencias:

> La física trabaja con conceptos como *materia*, *fuerza*, *espacio*, *tiempo*, pero no investiga cuál es propiamente el sentido de esos términos. La historia trata de *personas*, *pueblo*, *Estados*, *tratados*, etc., pero da por supuesto como algo conocido qué es una persona, un Estado, un pueblo, etc.[426].

El método fenomenológico le resultó atractivo por "investigar los conceptos fundamentales de todas las ciencias y los de la vida diaria"[427]. Ese *volver a las cosas mismas* implicaba, además de las grandes preguntas filosóficas, atrapar lo secreto e inaprensible del vivir cotidiano. Lo que cautivó a Stein y a los primeros discípulos de Husserl fue que el método fenomenológico prometía un acercamiento a lo real, se buscaba la "esencia de las cosas"[428].

Además, previo a toda creencia y a todo juicio, la fenomenología busca explorar lo que es *dado* a la conciencia. El método implica una serie de etapas. Por medio de la "reducción eidética" se ponen entre paréntesis todos los hechos, es decir, se "prescinde de la existencia factual y de todo lo accidental, para hacer que la esencia se haga visible"[429]. Luego se procede a la "reducción trascendental"[430] o *fenomenológica*, que pone entre paréntesis la existencia de la conciencia misma. Para ello, el filósofo se abstiene de la posición de realidad del sujeto que vive o experimenta con el fin de obtener el "yo" puro, que es, como indica Stein en "Introducción a la filosofía": "La vida original de la conciencia y las unidades de vivencias que la constituyen"[431].

Puede afirmarse que, al perseguir su sueño de estudiar en la Universidad de Gotinga, Edith expresaba la necesidad de alcanzar un conocimiento depurado sobre el que apoyar todo el edificio del pensar. Por entonces, al verla agotada de tanto trabajar para pagar sus estudios, se le ocurrió invitar a su amiga Rose para que la acompañara. Antes de hablarlo con su amiga, Edith le preguntó a Auguste su parecer. La señora Stein aceptó con gusto sufragar los gastos de ambas, lo que finalmente no fue necesario. Debía darle tranquilidad que una persona del círculo íntimo acompañara a Edith en su nueva aventura. También habría de parecerle auspicioso que Georg Moskiewicz, conocido en el círculo fenomenológico, podría presentarlas.

Antes de viajar, Edith aprovechó las vacaciones de Navidad para dedicarse a las *Investigaciones lógicas*. Como el libro no se conseguía, todos los días iba a leer el ejemplar de la biblioteca del seminario de filosofía. Allí se encontró con el profesor Hönigswald, quien, a partir de ese momento, cuando en sus clases se hablara de fenomenología recurriría a ella como "experta". Aunque con el tiempo se declaró rival de Husserl, para Edith estaba claro: "Yo no podía pensar que se atreviese a equipararse con Husserl. Yo estaba ya convencida de que Husserl era el filósofo de nuestro tiempo"[432].

UN SUEÑO HECHO REALIDAD

En Gotinga, casi todas las casas alquilaban cuartos para los estudiantes, pero no era fácil que las caseras admitieran estudiantes mujeres, unas por "prejuicio moral"[433] y otras porque temían que las jóvenes quisieran usar sus cocinas o cocinar en su habitación[a]. Edith explicó que "era muy penoso cuando una muchacha buscaba habitación y, a través de una rendija desconfiadamente abierta, un rostro gruñón murmuraba palabras de rechazo"[434]. Para ayudarla, Richard Courant se ocupó personalmente de encontrarle una vivienda, y también fue a buscarla a la estación la noche de su llegada.

La casa de pensión se encontraba en la calle Lange Geismar, a pasos de la iglesia de San Albano y no lejos de la confitería "Kron und Lanz"[b], fundada en 1876, y actualmente en actividad. Edith menciona que allí se hacían "las mejores tartas"; era el sitio de reunión para profesores y estudiantes cuando el bolsillo lo permitía[435]. No lejos estaba el elegante edificio donde se dictaban los seminarios, en la esquina del paseo Nikolausberg. Como los bombardeos de la Segunda Guerra Mundial no afectaron mucho Gotinga, y puesto que muchas de las calles conservan el mismo nombre, todavía hoy es posible seguir el recorrido y los pasos de Edith por la vieja ciudad. También pueden observarse los cambios de la región universitaria, que en ese entonces solo tenía unos treinta mil habitantes y que hoy cuenta con alrededor de cien mil. Lo que no ha cambiado es que, tanto en aquella época como ahora, la universidad y los estudiantes constituyen el "centro de la vida"[436] de Gotinga y le dan su particular dinamismo.

Una vez en la ciudad, en sus primeros paseos de reconocimiento, Edith observó que en las casas antiguas se indicaban las personalidades célebres que habían vivido allí, como Bismark, uno de sus políticos preferidos, que siendo estudiante vivió en una

---

a En el caso de la casera de Edith, la sorpresa fue mutua: "… me abrió la puerta una mujer joven de rostro bonito y amable. Posteriormente ella me confesó que también mi aspecto le había sorprendido agradablemente. No había tenido nunca muchachas estudiantes en su casa, y pensaba que habían de ser viejas y feas" (OCI, 345).

b La menciona en su autobiografía, lo mismo que a las dos grandes cafeterías "Rohn" y "Kehr" (OCI, 349).

"antigua chocita"[437] en el sur de la muralla. También se recordaban a dilectos habitantes como Heine[a] y los hermanos Grimm. Como cuando era pequeña y le decía a su hermana Erna, durante sus paseos por Breslau o Hamburgo, "hoy vamos a llegar a donde no hemos ido nunca"[438], Edith se aplicó a explorar la nueva ciudad. En sus memorias la retrata con la precisión gozosa de quien al escribir recupera el deleite que le causó la experiencia. Así, desfilan la plaza del mercado, el ayuntamiento gótico, la "deliciosa fuente de la Ansarina", "la más bella antigua casa de Gotinga, llamada 'Mütze', que era una taberna antigua", típicamente alemana, "con su hastial entramado y ventanas con cristales emplomados". También describe la calle principal, la Weender, la alta torre de la iglesia de Santiago, monumento típico de Gotinga, y la universidad. Recuerda especialmente la iglesia de San Albano, con su torre y campana, que repicaba "tres veces al día para el 'Angelus'", lo que "delataba su pasado católico". En aquel tiempo, comenta: "Yo oía su tañido, pero no conocía su significado"[439].

Realizados los primeros reconocimiento de la ciudad, Edith recibió a su amiga Rose. Tenían dos habitaciones, en una dormían y usaban la otra como cuarto de estar y de trabajo. Por las mañanas, muy temprano, la dueña de casa les llevaba leche caliente y pan fresco. Al mediodía, las amigas solían encontrarse para comer en un restaurante vegetariano muy concurrido, y frecuentado también por estudiantes ingleses y norteamericanos. Por la tarde, la que llegaba primero a la casa preparaba el té y la cena consistía en pan con manteca. La costumbre alemana

---

a Edith recuerda que, al oír hablar de Heine, pensó que tal vez él "se había sentado en aquellos bancos, y que imaginaba la muralla de Gotinga, cuando en sus versos describía 'las murallas de Salamanca'" (OCI, 348). Lo que no menciona es las ironías de Heine respecto de Gotinga, en *Cuadros de viaje*: "El número de los filisteos de Göttinga debe ser muy grande [...], verdaderamente, cuando yo les veía por la mañana con sus rostros sucios y sus blancos abonarés, plantados a la puerta del Consejo académico, apenas podía darme cuenta de cómo pudo crear Dios tamaña caterva de pícaros" (Heine, 13-14).

del *abvend brot* (el pan de la tarde) se mantiene y, para muchas familias, en esto consiste la última comida del día.

Rose Guttman, que se exilió y sobrevivió a su amiga, dejó testimonio de aquella época:

> Edith hacía la colada y cocinaba tan bien como yo. Era la mujer de más talento que he conocido en mi vida, ¡y he conocido a muchas mujeres extraordinarias! Ciertamente nos encontrábamos entre las primeras mujeres que tuvimos acceso a la universidad, y por esos formábamos una élite. Edith profesaba un profundo amor a la verdad; con su agudo entendimiento examinaba detenidamente cualquier problema hasta que lo desentrañaba[440].

En ese entonces, no había clases los miércoles ni los sábados por la tarde; eran los días elegidos por los estudiantes, los profesores y sus hijas para ir a bailar a María Sprung. Uno de los pocos que no seguían esa tradición era Husserl, que dictaba su seminario el miércoles. Edith tampoco asistiría a los bailes de los sábados. Prefería dedicar el día a su correspondencia y luego hacer largos paseos que podían extenderse hasta el día siguiente. Estratégicamente situada, Gotinga resultaba un buen enclave para conocer el paisaje de Alemania central, y ella no estaba dispuesta a perder la oportunidad de recorrer sus colinas, su "bosque de hayas que brilla[ban] en rojo y oro en el otoño, cuando se llegaba para el semestre de invierno"[441]. También contemplaba las ruinas de antiguos castillos:

> Me gustaban especialmente los "Gleichen", dos crestas muy próximas coronadas ambas por ruinas. En el desfiladero entre las dos crestas había un sencillo restaurante [...]. Cuando contemplábamos el valle desde arriba, me sentía de lleno en el corazón de Alemania: un paisaje amable —en las vertientes de campos cuidadosamente cultivados, bonitos pueblos, y alrededor, una corona de verdes bosques—. Era como si en cualquier instante pudiera salir de los linderos del bosque un cortejo nupcial como en un cuadro de Ludwig Richter[442].

La descripción recuerda escenas y pinturas del romanticismo alemán, como las obras de Caspar David Friedrich, o las de Ludwig Richter, el pintor que cita y que, además, se destacó como ilustrador de libros, entre ellos, de los cuentos de los Grimm. Lo mismo que aquellos artistas, Edith se sentiría consustanciada con el paisaje; y rememora largas excursiones que hizo con Rose a Kassel, la región de Wesser, Goslar y Harz.

Durante los días de Pentecostés, las amigas fueron a Turingia. Planeaban pasar por Ilmeneau, y especialmente por Wickersdorf, pero una fuerte lluvia y alguna imprevisión económica de Rose se los impidió, por lo que se dirigieron a Weimar, donde visitaron la casa de Goethe, el "encantador pabellón de Stern, y la casa de Schiller con la habitación conmovedoramente pobre donde murió"[443]. También pudieron visitar Jena. Cuando su primo Richard, que les había prestado unos "magníficos mapas de Estado Mayor"[444] quiso saber cómo había resultado la visita a Wickersford, Edith, que lamentaba que el viaje no resultara exactamente como había planeado (no pudieron llegar a Ilmenau ni a Gickehan, ni visitar la Asociación de la Escuela Libre de Wickersdorf), no pudo menos que advertir que el intuitivo matemático "tenía un don especial para preguntar siempre lo que los demás no querían decir"[445].

¿Qué es lo que Edith no quería contar? Nada demasiado importante, apenas el detalle de lo fallido de la excursión. Pero es probable que su autoexigencia no le permitiera admitir aquella imprevisión[a]. Al recordar aquellos paseos, Rose Guttman relató detalles de la convivencia y en qué consistían sus diversiones:

> No solo charlábamos hasta altas horas de la noche, sino que leíamos muchas cosas juntas, sobre todo el tema que más nos interesaba, la filosofía. A menudo hacíamos magníficas excursiones [...] Participábamos juntas en todos los seminarios de filosofía y

a Que recuerde cada situación hace pensar en la posibilidad de que haya llevado un diario personal.

> de pedagogía, trabajábamos en favor del partido demócrata (entonces la mujeres no teníamos todavía derecho al voto) y nos interesábamos mucho por todas las cuestiones relacionadas con la mujer en el ejercicio de una profesión[446].

Aunque no menciona cuestiones románticas o sentimentales, al pasar revista de los amigos de Breslau que residían en Gotinga, Edith señala que tanto Erich Danziger como Georg Moskiewicz sentían una especial inclinación por Rose[447]. Después, se refiere al motivo principal por el cual viajaron a la ciudad: "la fenomenología y los fenomenólogos"[448]. Fue Mos[a] (Georg Moskiewicz) quien le había advertido pocos meses antes: "Cuando se llega a Gotinga lo primero que se hace es ir a ver a Reinach; él se cuida de lo demás"[449]. Adolf Reinach, a quien llamaron el fenomenólogo por excelencia, era muy requerido por los estudiantes y muy apreciado por Husserl. Como Hans Theodor Conrad, Moritz Geiger y Alfred von Sybel, Reinach había sido discípulo de Theodor Lipps en Múnich. Cuando se publicaron las *Investigaciones Lógicas* de Husserl, los discípulos le propusieron que "comentara con ellos esta obra en un seminario"[450]. Más tarde, en 1905, instalado Husserl en Gotinga, los estudiantes de Lipps viajaron a la ciudad consolidando la llamada "Escuela de Gotinga".

La tesis doctoral de Reinach estuvo influida por su primer maestro, Theodor Lipps, quien, aunque estaba a cargo de una cátedra de filosofía, fundamentalmente se interesaba por la psicología (fundó el Instituto Psicológico de Múnich). El vuelco que dio Reinach después de leer las *Investigaciones lógicas* fue clave para su propio desarrollo y para el de muchos discípulos del fundador del método fenomenológico. En esa obra, Husserl se posicionó en contra del psicologismo, particularmente de la concepción de Theodor Lipps, que hacía depender a la lógica

---

a Doctor en Filosofía y en Medicina, Moskiewicz veía ante sí un futuro: "¿Cómo se iba a atrever a comprometerla (a Rose) dada la inseguridad de su porvenir?" (OCI, 352).

de la psicología, y propuso que los especialistas en lógica se dedicasen a descubrir las leyes naturales del pensamiento.

UN PRIMER SEMESTRE FELIZ EN GOTINGA

Inmediatamente después de su arribo a Gotinga, Edith recorrió el sendero que ascendía por el parque Kaiser Guillermo, pasando por la torre de Bismark, hasta el bosque de Gotingase, y se dirigió a la calle Steinsgraben 28, en el límite de la ciudad, donde vivían los Reinach en una casa desde la que se veía un "gran campo de trigo"[451]. Fue atendida por una joven que tomó su tarjeta de visita para anunciarla, y luego la condujo al cuarto de trabajo del filósofo. Edith se encontró ante el "cuarto de trabajo más cómodo y con más gusto que había visto"[452]. Como si quisiera fijar ese instante para siempre, escribió:

> Era un amplio y hermoso salón con dos grandes ventanas con alfombras oscuras y muebles oscuros de roble. Las dos paredes a la izquierda según se entra estaban cubiertas casi hasta el techo con estanterías de libros. [...] A la derecha de la mesa de trabajo y frente a la silla del profesor y delante de la mesa, había unos sillones para las visitas. En el ángulo formado por las dos estanterías se había hecho un rincón acogedor con una mesa, un sofá y varios asientos. Frente a la silla de la mesa de trabajo había colgada de la pared una gran reproducción de la *Creación del hombre* de Miguel Ángel[453].

La detallada descripción permite imaginar los numerosos y gratos momentos que pasó allí. Luego de esa primera visita, supo que Reinach se había casado pocos meses atrás y que "toda la amplia casa había sido planeada con gran amor por su esposa, que dirigió la instalación"[454]. El encuentro fue de una gran cordialidad, como era de esperarse de la mano derecha de Husserl, conocido por todos por facilitar "el enlace entre él y los alumnos, pues tenía un gran don de gentes, en contraste con Husserl, que en este punto, era casi una nulidad"[455]. Lo llamativo es que Reinach tenía la capacidad de explicarle Husserl al mismo Husserl, quien afirmaba con humor: "En realidad fue Reinach quien me introdujo en mis *Investigaciones lógicas*"[456].

La visita de Edith había sido anticipada por su amigo Mos, que frecuentaba a Reinach. En su primera entrevista Reinach quiso saber si conocía "algo de fenomenología"[457]. Al conversar con ella, sorprendido e informado, la admitió en un grupo de estudiantes adelantados. Cuenta Edith: "Quedé encantada de este primer encuentro y muy agradecida. Me parecía que no había encontrado nunca una persona con una bondad de corazón tan pura[458].

Está ampliamente difundido que Reinach, definido por Stein como una persona con una gran y pura "bondad de corazón", conformó el dilecto grupo de primeros discípulos de Husserl que compartían una "radical honestidad intelectual"[459]. Husserl lo consideraba "una de las pocas esperanzas seguras y grandes de la filosofía contemporánea"[460]. Edith asistía a sus seminarios en su gabinete de trabajo. Como dice Moreno Sanz, tal vez Edith entabla con él "la relación humana más exquisita y benéfica que se produjo en su vida"[461]. Proveniente de una familia judía acomodada, Reinach no habría recibido educación religiosa, al menos, nunca se refirió en su trabajo específicamente al judaísmo. En la universidad había estudiado jurisprudencia, filosofía y psicología. Para contentar a su familia terminó los estudios e hizo su tesis sobre derecho penal, pero nunca ejerció la abogacía. Tras abandonar el psicologismo de Theodor Lipps, desde 1905 a 1909 estudió con Husserl y se convirtió en el mejor maestro del método fenomenológico.

PRIMER ENCUENTRO CON HUSSERL

Poco después de conocer a Reinach, Edith llegó hasta Husserl. Al recordarlo dice que "no había nada llamativo o asombroso en su apariencia externa". Husserl le pareció el "típico profesor distinguido. De estatura mediana, aire digno", con una pronunciación que denunciaba su origen austríaco, "también su vivaz amabilidad tenía algo de la antigua Viena"[462a]. Después de las presentaciones generales, Husserl quiso conocer a los nuevos alumnos. Cuando le tocó el turno, Edith comentó que había leído el segundo tomo completo de las *Investigaciones lógicas*, por lo que el filósofo comentó sonriendo: "¿Incluso el segundo tomo? Entonces es usted una heroína"[463]. Admitida entre los estudiantes adelantados para asistir al seminario sobre "Naturaleza y Espíritu" y cursar el dedicado a "Ideas I", no tardó mucho en sumar nuevas lecturas, ya que antes de que comenzaran las clases apareció la nueva obra de Husserl: *Ideas para una fenomenología pura y una filosofía fenomenológica.*

Para que pudieran presentar sus dudas y dificultades, o comentar sus avances, Husserl pedía que los estudiantes asistieran a su casa una tarde a la semana. Luego de leer *Ideas*, Edith llegó antes que los demás a la primera "tarde abierta" de la temporada de seminarios, y comprobó enseguida que a muchos les había inquietado la reciente publicación:

> Las *Investigaciones lógicas* habían impresionado, sobre todo porque eran un abandono radical del idealismo crítico kantiano y del idealismo de cuño neokantiano. Se consideraba la obra como una "nueva escolástica", debido a que, apartándose la mirada filosófica del sujeto, se dirigía ahora al objeto: el conocimiento parecía ser de nuevo un recibir, que obtiene su norma de las cosas, y no —como en el criticismo— un determinar, que impone su norma a las cosas. Todos los jóvenes fenomenólogos eran decididos realistas[464].

a Descripción que presenta analogías con el tipo de judío-asimilado-culto, de exquisita sociabilidad, retratado en la nostálgica evocación que hace Stefan Zweig en *El mundo de ayer* al rememorar la Viena anterior a la Primera Guerra Mundial.

Sus recuerdos ofrecen un magnífico testimonio del amigable clima que se vivía en la universidad, del carácter y de la impronta de los primeros fenomenólogos. Tal vez por el momento en que los redacta, Stein no menciona que a ninguno de los filósofos de origen judío, entre ellos Husserl, Reinach, Geiger[a], que se sentían asimilados a la colectividad prusiana y les fue sencillo obtener cargos públicos. En su evocación del ambiente fenomenológico de Gotinga, menciona la casa de Husserl en la Hohen Weg, situada en la subida hacia el Rohn, haciendo notar que "el Rohn tenía un gran papel en sus diálogos filosóficos. Servía muchas veces de ejemplo cuando Husserl hablaba de la percepción de las cosas"[465]. La casa y el salón de trabajo del creador del método fenomenológico, como en el caso de Reinach, habían sido organizados por su esposa. El estudio se ubicaba en el piso superior y "tenía un pequeño balcón al que [Husserl] salía para 'meditar'"[466]. El mueble más importante era un viejo sofá de cuero —el mismo al que Edith recurre, años después, en un texto teatral de su autoría en el que hace dialogar a Santo Tomás de Aquino y a Edmund Husserl—.

Edith evoca con nostalgia: "Yo acostumbraba a sentarme en una esquina del sofá. Más tarde, en Friburgo, mantuvimos nuestra discusiones sobre el idealismo de una esquina a otra de este sofá"[467]. Tampoco olvida el relevante rol de la esposa de Husserl quien, además de tener un "poético nombre", era toda una personalidad. De peculiar carácter, Malwine se relacionaba con los discípulos de su marido, a quienes frecuentemente dejaba perplejos por decir cosas inesperadas, y a la gente "que no podía sufrir la trataba muy mal"[468]. Pero este no sería su caso. Las dos se entendieron muy bien desde un principio, por lo que muchas veces interrumpía sus conversaciones con Husserl para saludarla. Respecto al papel de interlocutora y compañera de su marido, Edith recuerda: "Malwine asistía

---

a En la década del treinta, los profesores de origen judío que pudieron escapar a la masacre de los campos de concentración, como Moritz Geiger, llevaron la fenomenología a otros países (en su caso, a Estados Unidos).

regularmente a las clases de Husserl, y me ha confesado más tarde, ocasionalmente, que solía entretenerse contando el número de oyentes (cosa que todos nosotros sabíamos hacía mucho tiempo)"[469].

Lo cierto es que Malwine no experimentaba "una relación íntima con la filosofía" y llegaba a considerarla "la desgracia de su vida", ya que Husserl debió esperar doce años hasta ser contratado en Halle, en tanto que en Gotinga no fue profesor ordinario, sino que detentaba un estatuto especial que el ministro de Educación había creado para él. Esto hacía que su situación en la facultad fuera "penosa"[470]. Si bien enseñaba allí desde 1901, y a instancias de Friedrich Althoff fue ascendido en 1906, parecía que solo el Ministerio de Cultura de Berlín era capaz de detectar su talento, en contraposición a otros filósofos de Gotinga que rechazaban su nombramiento.

Décadas antes, tanto Husserl como su mujer se habían pasado al protestantismo, religión en la que educaron a sus tres hijos. Su primer acercamiento a la Biblia había tenido lugar en la Universidad de Leipzig. Su conversión ocurrió en Viena, cuando conoció a su maestro Franz Brentano, que había sido sacerdote y aseguraba: "No solo Jesús, sino, antes que él, los mayores y más adelantados profetas, superaron decididamente la idea de un pueblo escogido". Atento a estos planteos, Brentano alentaba a sus discípulos a que se convirtieran. En ese sentido, sobre su religión le dijo a Samuel Hugo Bergman: "De modo que líbrese de ella, así como de todos esos viejos tópicos"[471].

Graduado en Matemáticas en la Universidad de Berlín, Husserl descubrió la filosofía en las clases de Brentano. Luego, como explica Angela Alles Bello, "atraído por Cristo en 1882 tras su lectura del Nuevo Testamento", entró a la "comunidad luterana de la Viena predominantemente católica"[472]. Según esta autora, que tuvo la posibilidad de inspeccionar "textos privados" de Husserl, lo que "probablemente" impresionó al joven filósofo fue "el universalismo del cristianismo en comparación con otras religiones"[473]. Al indagar los motivos que lo llevaron al luteranismo y no al catolicismo[a], Alles Bello recurre a la afirmación husserliana

> según la cual la vía que él ha recorrido en el ámbito filosófico es una vía a-tea, donde el término no se refiere al ateísmo en el sentido corriente de la palabra, sino más bien a una búsqueda de la verdad que prescinde de la dimensión de la fe.

Así, "Husserl llega a sostener conscientemente la paradoja según la cual 'si tal saber condujera a Dios, esta sería una vía atea'"[474].

SOCIEDAD FILOSÓFICA

En 1913, Husserl no tenía un cargo rentado por la universidad y Malwine hacía lo posible por crearles a sus estudiantes privados un muy buen ambiente. Por eso, aunque podía ser irónica, tenía mejor trato con ellos que su propio marido. Además de contar con la excelente disposición de Reinach y de Husserl, gracias a Moskiewicz, Edith y su amiga Rose tuvieron una vía de acceso regia al círculo fenomenológico. Mos las invitó a concurrir a la primera sesión del semestre de la "Sociedad Filosófica", constituida por un selecto grupo de los "verdaderos"[475] discípulos de Husserl. "Rose y yo —escribió Edith— no sospechábamos lo audaz que era por nuestra parte el encontrarnos tan pronto en medio de aquellos elegidos"[476]. Moreno Sanz dice que, desde su fundación, la Sociedad Filosófica de Gotinga se convirtió paulatinamente en "un círculo internacional, intersexual

a Uno de los aspectos señalados por esta autora es que "Husserl afirma que la Reforma protestante representa un auténtico movimiento de liberación en relación al dogmatismo medieval" (AABello, n. 11, p. 113). Para Husserl, durante la Edad Media, la relación razón-fe dio lugar a "una teología de tipo confesional [...] que no tiene nada que ver con la filosofía autónoma" (AABello, 2016, 113).

e interdisciplinario"[477]. Su inmediato ingreso al grupo que se reunía una noche a la semana se debió a la feliz casualidad de que ese semestre Mos era el presidente de la sociedad. Eran reuniones en las que, por lo general, los nuevos integrantes pasaban un tiempo "antes de atreverse a abrir la boca"[478]. Edith percibió que Mos no se sentía seguro en su posición, pero ella, lejos de sentirse cohibida, desde los primeros encuentros tuvo el atrevimiento de intervenir públicamente. Además, tomó apuntes sobre las reuniones organizadas entre el verano de 1913 y el verano de 1914, en un cuaderno que se encuentra en el Archivo de las Carmelitas Descalzas de Colonia[479]. Estas reuniones se realizaban en casa de Bruno von Heister, joven terrateniente al que le gustaba vivir en la ciudad universitaria, escuchar a los filósofos y relacionarse con ellos. Además de la generosidad con la que ofrecía su casa, no parecía molestarlo "que sus intervenciones en el diálogo se desechasen la mayoría de las veces como sin importancia"[480]. Edith cuenta que a los fenomenólogos les era "mucho más simpática que él su encantadora y rubia esposa", hija del pintor Andreas Achenbach. Que en su autobiografía Edith mencione al pintor es otro elemento que nos indica su cercanía con el romanticismo alemán.

Los antiguos discípulos que habían fundado la sociedad, como Reinach, Hildebrand, Hering, el matrimonio de Conrad y Hedwig Martius, y Koyré no participaban de las reuniones. "Pero un grupo en torno a Rudolph Clemens (lingüístico), Hans Lipps (médico), Friedrich Neuman y Günther Müller (germanistas), Fritz Kaufmann, Betty Heymann, Grete Ortman y Erika Gothe vivieron aquí uno de los períodos más fecundos de la fenomenología"[481]. Los asistentes eran cordialmente atendidos por un criado que les servía vino o café en el comedor feudal, mientras los más experimentados transmitían "la tradición a los nuevos"[482]. Entre los *nuevos*, un estudiante de veintitrés años, pero que parecía más joven, fue "el que mayor impresión"[483] causó en Edith Stein. Se trataba de Hans Lipps, quien además de ser atractivo, hacía gala de múltiples intereses e inclinaciones, ya que al mismo tiempo que cursaba medicina, preparaba su doctorado en filosofía. Asimismo, se dedicaba a la arquitectura, decoración y artes industriales, disciplinas que habían sido su primera vocación.

Edith menciona a Fritz Frankfurther[a], procedente de Breslau y que estudiaba matemáticas: "La clara alegría que nos era característica por el filosofar era en él especialmente atrayente"[484]. El grupo se dividía entre aquellos que consideraban que "la filosofía era el elemento esencial de la vida"[485] y los que la veían solo como un aporte a sus estudios principales. Entre estos últimos se encontraban las docentes Grete Ortman y Erika Gothe, bastante mayores que Edith y que ya pertenecían al grupo.

Al principio, amparada por sus amigos de Breslau, Edith no percibió que le resultaba muy antipática a Grete Ortman. Pero la tensión era tan evidente que Reinach le reprochó que no fuese amable con "la señorita Stein, que era tan correcta". A modo de respuesta, la aludida contestó: "Ella habla con sencillez y las cosas son, sin embargo, muy complicadas"[486]. Por la descripción de Edith, se deduce que la antipatía fue mutua. La describe como una "personilla pequeña e insignificante, pero que pisaba tan fuerte que la mayoría de las veces su abrigo iba salpicado hasta arriba con el típico barrillo de las calles de Gotinga…"[487].

En contraste, la personalidad de Erika Gothe le resultaba atrayente, y valoró "su actitud de silencio reverencial"[488]. Ese semestre se sumó a la sociedad Betty Heymann, una joven judía de Hamburgo, discípula de Georg Simmel, que estaba cursando un semestre con Husserl. También ingresó al grupo Fritz Kaufmann, quien se convertiría en uno de los mejores amigos de Stein y que desde el principio fue un caso especial ya que, a diferencia de los estudiantes que vivían con apenas lo justo, provenía de una acomodada familia judía de comerciantes de

---

a Siempre atenta al lenguaje de la mirada, Edith dice: "A sus oscuros ojos se asomaba una ingenuidad, franqueza y bondad infantil" (OCI, 359). El papel de director lo desempeñaba el lingüista Rudolf Clemens: "Su tono era amable, pero su amabilidad era tal que no inspiraba confianza completa" (OCI, 359).

Leipzig, cuyos hermanos menores se dedicaban al negocio familiar. Elegante, sin urgencias económicas, Kaufmann se expresaba en "un alemán purísimo", distinguiéndose del rústico acento de Hans Lipps quien, "para su desesperación, nada más abrir la boca se delataba como sajón"[489]. Las cuestiones lingüísticas jugaban un papel importante. Edith también señala que Lipps no deseaba reconocer su origen sajón y "por el contrario, afirmaba enérgicamente que era prusiano, ya que había heredado de su padre la nacionalidad prusiana"[490].

Ahora bien, Stein no oculta que Kaufmann podía resultar petulante y demasiado autosuficiente. Así le pareció en su primera visita al amable Reinach, quien contra su costumbre estuvo a punto de expulsarlo, negándose a admitirlo como alumno. Para Edith esta actitud le traía a Kaufmann muchos inconvenientes, pero era una persona de buenos sentimientos. Por eso, al conocerlo, se propuso tomarlo un poco en broma, y aunque al principio su trato lo desconcertaba, "se fue amansando poco a poco, y sus aires se hicieron sencillos y cordiales"[491].

Además de estas relaciones, por medio de su primo Richard Courant, Edith supo que otro de los nuevos discípulos de Husserl era Winthrop Bell, un canadiense considerado "el estudiante más simpático de Gotinga"[492], a quien identificó inmediatamente con solo verlo cuando divisó "a un estudiante con un traje sport y sin sombrero" que "parecía estar buscando a alguien con la mirada y tenía algo atractivamente libre e independiente en su porte"[493].

MAX SCHELER

Durante el semestre de verano de 1913 la Sociedad Filosófica se ocupó del libro de Max Scheler *Formalismo en la ética y ética material de los valores*, obra que Edith Stein consideró fundamental y que, según ella, llegó a influir más que las *Ideas* de Husserl en la vida intelectual de muchos de sus discípulos. El seminario de Scheler fue elegido como "tema de diálogo en la

Sociedad Filosófica". En el Archivo de las Carmelitas de Colonia se encuentra el cuaderno de apuntes de Stein sobre esas reuniones[494]. En el seminario de invierno se tomó como "objetivo la aclaración de la lógica pura. Y en el siguiente seminario, en el verano de 1914, se analizan la teoría del conocimiento, la teoría de la ciencia, etc..."[495]. A causa de un "escandaloso"[496] proceso de divorcio, Max Scheler no estaba habilitado para enseñar en su universidad. Invitado cada semestre por la Sociedad Filosófica de Gotinga, debido al escándalo, sus conferencias no podían anunciarse en los tableros universitarios. Por eso, se reunía con sus estudiantes en algún hotel o café[a]. Stein lo conoció personalmente durante las conferencias que dio entre el 21 de mayo y el 18 de junio "para tratar de aclarar lo que había que comprender bajo el concepto de 'finalidad'"[497]. Ya entonces ella se encargaba de redactar las actas de la Sociedad: "Sus anotaciones nos han conservado estos diálogos. Scheler mismo habló luego sobre su recentísima obra: "Acerca de la fenomenología y la teoría de los sentimientos de simpatía (1913) y se manifestó 'duramente contra el giro idealista' de la fenomenología de Husserl. Edith Stein procuró 'sacar de todo ello el mayor número posible de sugerencias objetivas'"[498]. Los biógrafos Müller y Neyer destacan que de Scheler también aprende "que no solo la voluntad y la representación se cuentan entre las fuentes de conocimiento de la conciencia, sino que también se cuenta el amor"[499].

En lo personal, sus sentimientos hacia Scheler eran encontrados. Tal vez ya entonces le molestó "el tono" que Scheler usaba cuando "hablaba de Husserl" y que se expresara abiertamente y "casi con altivez". Asimismo llegó a indignarle, y le parecía una señal de "falta de respeto" y "desagradecimiento", que en su compañía algunos de los jóvenes asistentes se permitieran usar un tono "irónico" para hablar de Husserl[500]. Buena parte del problema consistía en que, aunque se conocían desde hacía

---

a Scheler "no podía contar con ingresos fijos, viviendo de sus escritos; la mayor parte del tiempo en Berlín, con su segunda mujer (Märit Furtwängler) en una habitación de pensión modesta" (OCI, 364).

tiempo, Scheler nunca había asistido a las clases de Husserl, afirmaba que no era discípulo suyo y que "había encontrado independientemente el método fenomenológico"[501]. Al recordar ese período, probablemente por haber sufrido en carne propia diferencias con Scheler, Stein se posiciona del lado de su Maestro y explica:

> Lo fácil que le era a Scheler apropiarse de sugerencias de otros lo sabe todo aquel que lo haya conocido o, al menos, quien haya leído atentamente sus escritos. Le llegaban las ideas, y en él se desarrollaban progresivamente, sin que ni él mismo se diese cuenta de la influencia que había recibido. Así podía decir con buena conciencia que eran de su propiedad. Esta cuestión del prurito de prioridad constituyó para Husserl una seria preocupación con respecto a sus alumnos. Se esforzaba denodadamente por educarnos en las más estricta objetividad y solidez, en la "radical honestidad intelectual"[502].

De todas maneras, Stein admite que, contrariamente al circunspecto Husserl, la capacidad de Scheler de "divulgar geniales sugerencias, sin seguirlas sistemáticamente, tenía algo de deslumbrante y seductor"[503]. Su tendencia a tratar cuestiones "vitales e inmediatas" solía entusiasmar al auditorio más que los "temas sobrios y abstractos" a los que se dedicaba Husserl. En suma, la primera impresión que Scheler producía era fascinante[a]

a Así lo describe en su autobiografía: "Desde sus grandes ojos azules trasparecía el brillo de un mundo superior. Su rostro era de corte bello y noble, pero la vida había dejado en él huellas funestas. Betty Heymann decía que le recordaba el retrato de Dorian Gray: aquel misterioso cuadro en el que la vida desordenada del original trazaba sus líneas deformantes, mientras la persona conservaba su íntegra belleza [...]. En la vida práctica Scheler era menesteroso como un niño. Una vez le vi en el guardarropa de un café perplejo ante una fila de sombreros. No sabía cuál era el suyo [...]. Viéndolo así no se le podía tener mala voluntad, aun cuando él hacía cosas que en otras personas se condenarían. Incluso las víctimas de sus extravíos solían abogar por él" (OCI, 365).

y ella nunca más apreciaría en una persona el "fenómeno de la genialidad"[504]. Menciona especialmente las conferencias que él brindó ese año y que estaban conectadas con su último libro, *Fenomenología y teoría del sentimiento de la simpatía* (1913), cuestiones que a Edith le resultaban significativas ya que el problema de la "empatía" surgía en las clases de Husserl. Fue durante el primer semestre, en el curso "Naturaleza y espíritu", cuando este planteó la peculiar experiencia intersubjetiva que, siguiendo a Theodor Lipps, denomina "empatía" (*Einfühlung*), y sobre la que ella escribirá su tesis doctoral.

A todo esto, Scheler no solo influyó en el campo de la filosofía. Conocerlo personalmente condujo a Edith a reconsiderar el tema de la fe y la puso en el umbral de la segunda gran decisión de su vida:

> Yo no sé en qué año volvió a la Iglesia Católica. No debió ser mucho más tarde de por aquel entonces. En todo caso era la época en que se hallaba saturado de ideas católicas, haciendo propaganda de ellas con toda la brillantez de su espíritu y la fuerza de su palabra. Este fue mi primer contacto con este mundo hasta entonces para mí completamente desconocido. No me condujo todavía a la fe, pero me abrió a una esfera de "fenómenos" ante los cuales ya nunca más podía pasar ciega. No en vano nos habían inculcado que debíamos tener todas las cosas ante los ojos sin prejuicios y despojarnos de toda "anteojera". Las limitaciones de los prejuicios racionalistas en los que me había educado, sin saberlo, cayeron, y el mundo de la fe apareció súbitamente ante mí. Personas con las que trataba diariamente y a las que admiraba, vivían en él. Tenían que ser, por lo menos, dignos de ser considerados en serio. Por el momento no pasé a una dedicación sistemática sobre las cuestiones de la fe; estaba demasiado saturada de otras cosas para hacerlo. Me conformé con recoger sin resistencia las incitaciones de mi entorno y —casi sin notarlo—, fui transformada poco a poco[505].

Moreno Sanz deduce que, en su autobiografía, Edith Stein funde el primer y el segundo encuentro que tuvo con Max Scheler[a]; lo cierto es que en las notas que tomó en sus clases "se encuentran múltiples gérmenes de algunas de sus ideas posteriores acerca de una fenomenología de la religión y de los comportamientos religiosos"[506].

---

a Sobre el impacto de las conferencias sobre temas religiosos de Scheler asegura una amiga de E. S.: "No hablábamos nunca entre nosotras de la conversión y sin embargo, para mí y para ella, esto supuso desde luego un primer impulso hacia el camino de la conversión" (WHerbstrith, 56).

7
ENTRE LOGROS Y ESFUERZOS

VENCER PREJUICIOS

"Los prejuicios racionalistas en los que me había educado"[507]. Con esta frase, Edith Stein da cuenta de una nueva actitud que conecta con el volver "a las cosas mismas", la premisa husserliana que la atrajo a la fenomenología, método que propiciaba descartar prejuicios e ideas preconcebidas. Los fenomenólogos no eran los únicos en esta búsqueda. Otro filósofo creyente, Ludwig Wittgenstein, sostuvo que tanto el ateo como la persona que profesa una fe están inmersos en diferentes *juegos del lenguaje*; ambas personalidades se mueven en el ámbito de las creencias, dado que fe o razón (entendida como su opuesto) son posturas que remiten a opiniones personales. El ejemplo que da Wittgenstein es ilustrativo: ¿qué pasaría si a un ateo se le aparece la Virgen? Su respuesta es simple: va al psiquiatra, no se le ocurre cuestionar su creencia. Para Edith Stein el primer paso en el terreno de la fe consistió en desprenderse, dejar caer, permitirse soltar una serie de "prejuicios racionalistas" que sostenía desde los quince años.

En el mismo párrafo en el que relata su encuentro con Scheler, Stein expresa que en ese entonces estaba lejos de abordar la fe con "dedicación sistemática". Sin embargo, comenzaba "a tener respeto ante las preguntas de la fe y por las personas creyentes. Hasta iba ahora con mis amigas alguna vez a una iglesia protestante [...], pero todavía no había encontrado el camino hacia Dios"[508].

Durante los primeros meses en Gotinga, Edith descubría nuevos aspectos de sí misma, pero también se veía en la mirada de los otros y lejos de las presiones familiares. Estaba en excelente relación con Richard Courant y también apreciaba a Nelli[a], su esposa, una joven de considerable fortuna que "se alegraba al comprobar" que su prima política "era una de las personas que siguen el camino para el que [habían] nacido"[509]. Además de invitarla con frecuencia a su casa, Nelli puso a su disposición el cuarto de baño, seguramente más confortable que el que disponía en su pensión.

Además de anotarse en varias asignaturas, Edith quiso cursar materias con profesores que estaban en contra de la fenomenología. En sus memorias desfila, entre otros, el filósofo Leonard Nelson:

> Su ética culminaba con la deducción de un imperativo categórico algo cambiado. En general, la exposición no era otra cosa que una deducción sin quiebra alguna de tesis presupuestas. Era difícil evadirse de las conclusiones finales, pero precisamente por esto yo tenía la impresión de que el fallo estaba en las premisas[510].

Durante ese período también tomó clases de Psicología con Georg Elias Müller[511], un profesor "veterano del antiguo método estricto naturalístico"[512] y adversario declarado de Husserl. Edith también se ofreció como "objeto de las investigaciones" de un psicólogo danés que trabajaba con Müller. Para esta investigación debía ver "desfilar una serie de figuras diferentes de color verde que brillaban tan solo por unos momentos, y luego tenía que decir lo que había visto"[513]. A diferencia de los fenomenólogos que promovían el "libre intercambio de ideas"[514], Müller solía aleccionar a sus discípulos para que fueran muy reservados. Aunque muchos se reían de "todo ese secretismo"[515], y pese a hostilidad entre ellos, Husserl recomendaba a sus estudiantes que asistieran a las clases de su rival "porque consideraba valioso el que [conocieran] los métodos de las ciencias positivas"[516].

---

a Edith le dedica varias páginas. Se divorció de Courant en 1915. Murió en Minsk, probablemente en 1942. Edith también recuerda a su padre, el señor Neumann, de quien dice que no parecía "un judío de la provincia de Posnania" sino "más bien un aristócrata germano" (OCI, 366).

Aunque priorizaba la filosofía, Edith también cursó con Richard Weißenfels "Börne, Heine y la Nueva Alemania", que "era descanso más que trabajo"[517]. También disfrutó "al estricto y temido Edward Schröder", que, en principio, "era enemigo de que las mujeres estudiasen", pero las estudiantes testimoniarían "su conversión"[518]. También, participó de las lecciones de Max Lehmann, autor de una obra que había leído en Breslau, sobre el barón Von Stein, estadista prusiano que había sido proscrito por Napoleón y había fundado una sociedad para conservar material histórico alemán. Apreciaba a su profesor y le "gustaba su manera de pensar, de dimensiones europeas, heredada de su gran maestro Ranke"[519], fundador de la historiografía científica. Por eso, al asistir a los cursos de Lehmann sobre "Bismark" y "El Absolutismo y la Ilustración" se sintió "orgullosa de ser una discípula-nieta de Ranke gracias a él; aunque ciertamente no podía estar de acuerdo con todas sus ideas"[520]. No acordaba con el ideal del liberalismo inglés que defendía su profesor, y como estaba lejos de compartir su mentalidad "fuertemente antiprusiana", se esforzaba por encontrar matices a la cuestión. En ese intento, después de escuchar sus opiniones sobre Bismark, reconoció: "Fui aquí más consciente que en mi ambiente familiar de las notas positivas del prusianismo y mi simpatía por él aumentó"[521].

En la primera década del siglo XX, asistir al curso de Historia tuvo para Edith consecuencias inesperadas. Cuando se anotó en la materia desconocía que para aprobar el seminario había que presentar un extenso trabajo de investigación. Primero se sintió molesta porque eso le quitaba tiempo para su trabajo filosófico. Además, el tema que se le asignó, la comparación del programa de los partidos en el proyecto de la Constitución de 1849, exigía un esfuerzo considerable y solo tras largas pesquisas logró localizar, en la biblioteca de Heidelberg y junto con un compañero asignado a la tarea, el material requerido: un tomo de periódicos de 1848[a]. Pero lo que había comenzado siendo un

a En 1848 Gotinga adquirió renombre cuando siete profesores universi-

contratiempo no pudo terminar de mejor manera. Al leer su trabajo el profesor Lehmann dijo que "le había complacido tanto que lo quería aceptar como materia para el examen de estado"[522].

Este examen era obligatorio para dedicarse a la enseñanza. Enfrascada en la fenomenología, solo para complacer a su madre, Edith había pensado dar este examen en Breslau. Su intención inicial había sido dedicarse a la psicología y presentarlo bajo la dirección del profesor Stern. Comprendiendo que Lehmann le ofrecía una gran oportunidad, de inmediato escribió a Stern explicándole la situación.

Porque "un trabajo terminado para el examen de estado no se podía desperdiciar", su familia no puso objeciones[523] para que permaneciera en Gotinga. Encaminada en esa dirección, Edith quiso ver a Husserl para solicitarle un tema para su tesis doctoral. "¿Está usted ya tan adelantada?"[524], le preguntó extrañado su Maestro, ya que entre Breslau y Gotinga ella había cursado solamente cinco semestres de filosofía, y se requerían entre ocho y diez antes de pensar en doctorarse[525]. Además, por regla general, sus discípulos cursaban "durante años antes de atreverse a comenzar un trabajo personal"[526]. Husserl aclaró que sus exigencias eran muchas, le presentó con claridad las dificultades que enfrentaría y, sin por ello desanimarla, le explicó que calculaba que le tomaría tres años presentar su tesis. También le aconsejó pasar primero el examen de Estado:

> Era su firme criterio el que se hiciera algo importante en alguna especialidad científica. Que no servía para nada dedicarse solo a la filosofía, y que se necesitaban sólidos fundamentos y estar familiarizado con los métodos de otras ciencias[527].

Algo descorazonada por tener que rehacer sus planes, pero sin dejarse "intimidar"[528], Edith siguió con la idea de investigar

tarios defendieron los derechos del pueblo y "protestaron contra la supresión de la Constitución por el elector de Hanover" (MyN,62).

"qué era la 'empatía'"[529]. Pero Husserl, que imponía a sus discípulos confrontar la fenomenología con otras corrientes de la época, le dijo que antes debía "estudiar a fondo la larga serie de obras de Theodor Lipps", lo que supuso para ella tragar "otra amarga píldora"[530].

Faltaba otro obstáculo: debían cursarse seis semestres en la universidad antes de matricularse en el examen de Estado. Pero su decisión ya estaba tomada: el próximo invierno tendría listo el trabajo sobre la empatía y mientras tanto podría avanzar en la preparación de la revisión oral para presentarse, al final del semestre, al examen de Estado. Como habitualmente se hacía primero un examen de licenciatura con su tesis, y además para doctorarse con Husserl se requerían por lo general varios años, Müller y Neyer llaman la atención sobre la idea que "a Edith Stein se le metió en la cabeza", con lo que "parecían olvidadas las depresiones que, todavía en los últimos semestres, habían acompañado incesantemente a tales fases de esfuerzo excesivo"[531].

¿VACACIONES? EN FAMILIA

En agosto de 1913, con muchos planes en mente, Edith volvió a Breslau para pasar las vacaciones con su familia. Desconcertaba a sus parientes que no hubiera asistido a las celebraciones por el centenario de liberación de la ciudad. Se había perdido la obra de Gerhart Hauptmann, compuesta para la ocasión y que había sido representada en el "Auditorio del Centenario"[a] (*Jahrhunderthalle*). Después de leerla, le pareció "genial" porque

> los acontecimientos memorables —la grandeza de Prusia, caída y renacimiento, el deslumbrante triunfo de Napoleón y su derrum-

---

a En marzo de 1813 Federico Guillermo III de Prusia hizo un llamamiento en Breslau para resistir a Napoleón, derrotado ese año en la batalla de Leipzig. La inauguración del "Auditorio del Centenario" fue parte de las conmemoraciones de la batalla.

bamiento— eran tratados de forma atrevida, en cuanto estaban representados en forma guiñolesca[532].

La propuesta resultaba atrevida y "esta manera de concebir las cosas produjo escándalo en las altas esferas". Además, dado que por tradición en Berlín no podía llevarse a escena a ningún personaje que representara a un miembro de la dinastía reinante, "que ahora fuesen tratados como marionetas pareció como atentado de lesa majestad"[533]. En consecuencia, el príncipe heredero alemán quitó apoyo a las celebraciones.

Precisamente, Edith llegó a Breslau coincidentemente con el paso del emperador por una ciudad que no le traía buenos recuerdos: un par de años antes, una mujer había atentado contra su vida. Esta visita tampoco estuvo libre de incidentes, ya que dijo que, en lugar de invertir en el imponente Auditorio, hubiera sido mejor que se donara el dinero a la universidad. Al relatar estas anécdotas, Edith da cuenta de la incomprensión y descontento entre los príncipes prusianos y su pueblo. Irónicamente ella agrega que luego de esas palabras "el mortificado arquitecto se hizo socialdemócrata"[534]. También alude al comportamiento "increíblemente estúpido" del emperador, que se negó a asistir a un concierto donde diez mil niños de las escuelas de la zona entonaron canciones populares, y compara su comportamiento con la amabilidad para los pequeños artistas del rey de Sajonia: "Pensé que con un par de palabras se habría ganado el corazón de tanto niño para toda la vida y hecho de ellos súbditos fieles. Pero no se le había concedido el don de aprovechar ocasiones semejantes"[535].

Quien supo aprovechar su estadía en Breslau fue ella misma. Además de escuchar "un gran concierto de Bach"[536], recorrió la Exposición del Centenario y las nuevas edificaciones, las salas de exposición, los jardines históricos y otras bellas construcciones que "quedaron como adorno duradero de la ciudad"[537]. Durante sus vacaciones Edith comprobó que su familia aceptaba de buen grado que continuara los estudios en Gotinga y que el profesor Stern no se resentía, e incluso le pedía colaboración para preparar una jornada pedagógica[a]. Para ella, Stern sabía dar independencia a los estudiantes y representaba "un tipo específico del humanismo judío"[538]. De hecho, cuando en una fiesta de máscaras apareció vestido "con un traje oriental", se lo comparó con *Nathan el Sabio*.

AMOR Y DESESPERACIÓN, LA FENOMENOLOGÍA

Edith no prolongó demasiado sus vacaciones y en octubre, antes de que comenzaran las clases, regresó a Gotinga. Esta vez no contaba con su amiga Rose, por lo que tomó un alojamiento más sencillo y económico a una cuadra del domicilio de Richard Courant. Su habitación estaba en el subsuelo de la casa de pensión, tenía entrada propia y una ventana que él solía golpear si veía la luz encendida cuando regresaba de alguna salida nocturna. En su nuevo alojamiento, la dueña de casa llevaba el desayuno, la cena y, poco después, también el almuerzo, con lo que estaba "por muy poco dinero, muchísimo mejor atendida que en los restaurantes"[539].

Al principio, Edith no se animaba a pasar por la calle Lange Geismar porque extrañaba a Rose y sentía nostalgia. Afortunadamente "el fiel Danziger" la acompañaba en sus paseos dominicales, pero el "buen muchacho" le resultaba "algo aburrido" y su presencia no la consolaba[540]. Edith prefería a Mos, aunque sus grandes dudas y planteos filosóficos terminaran por agotarla. Mos le pidió que le reservara las tardes de los domingos, pero a veces enviaba a un muchacho en bicicleta deshaciendo sus compromisos, o anulando la cancelación realizada un rato an-

---

a Durante esta jornada, para Stern "el punto central consistía en una confrontación con Wyneken". Para Stein quedó claro de qué lado ponerse: "El tenebroso aspecto de Wyneken, su mirada fanática, me repelían tanto como sus teorías, y los alumnos de Wikkersdorf, que él había traído, no me parecieron en su ciega adhesión ningún resultado para inspirar confianza en el arte pedagógico de su director" (OCI, 376).

tes. En cada encuentro, compartía su desasosiego y la agobiaba con consultas y vacilaciones. Edith recordó, con pesar: "En la fenomenología no había superado las dificultades iniciales y no podía trabajar por su propia cuenta". Aunque creía que ella podría ayudarlo, en el fondo "temía estos diálogos, porque lo desalentaban de nuevo"[541].

La fenomenología era el "amor desgraciado"[542] de Mos. Resultaba imposible ayudarlo, e incluso Reinach, que generosamente aceptó verlo a solas una vez a la semana, terminó considerándolo "un caso perdido" y admitió que "aquellos diálogos eran para él una insoportable carga"[543]. Conociendo la naturaleza nerviosa de Mos y cuánto lo afectaba el tema, Edith le hizo prometer a Reinach que seguiría con las reuniones, y se ofreció para, con sumo cuidado y tacto, convencerlo de que abandonara la filosofía y prosiguiera sus investigaciones en psicología.

En cuanto a sus propios avances, cursaba las materias con velocidad de una flecha disparada en un aire propicio. Además de asistir a un curso de Husserl sobre Kant seguía regularmente las clases de Reinach[a], cuya claridad expositiva y el tono vivo, alegre y sencillo con el que se expresaba encantaba a sus alumnos, dándoles "la impresión" de que la clase no le "costaba ningún esfuerzo"[544]. Tiempo después, cuando tuvo a su alcance los manuscritos de sus clases, Edith vio con gran asombro "que todo, desde el principio al fin, estaba literalmente elaborado, y al fin de la última clase un semestre [él] acostumbraba a escribir: 'Terminado, ¡gracias a Dios!'". Lo que les parecía un don natural encarado con sencillez, "todos aquellos brillantes logros eran el resultado de indecibles esfuerzos y apreturas"[545].

Pero Reinach no exhibía el empeño ni se quejaba de las horas que sacrificaba para dar sus clases, y con natural amabilidad ofrecía reuniones de discusión en su casa, a las que Edith llega-

a Edith Stein cursó su Introducción a la filosofía y, en 1913, el seminario "Sobre el problema del movimiento". De diciembre de 1913 a febrero de 1914 la Sociedad Filosófica "discutía sobre la esencia de la *doxa* ('opinión'), un tema que pertenecía al campo de la lógica pura" (MyN, 72).

ba tras una caminata de veinte minutos inmediatamente después asistir a las clases de Husserl. En esos coloquios, Reinach comentaba sus investigaciones personales, conversaba con los estudiantes y les hacía preguntas. Eran momentos de disfrute, pero en simultáneo, Edith preparaba sus próximos exámenes. Debía afrontar una revisión oral y rendir Historia, Historia de la Filosofía y Literatura Alemana.

Además, para doctorarse en Filosofía, la Universidad de Gotinga exigía un certificado de bachillerato humanístico. Esto presentó un problema adicional. Para superarlo, ella se entrevistó con el decano de Filología, quien le sugirió que pidiera al profesor de Griego un certificado de nivel. Después de refrescar sus conocimientos de griego, Edith dio un examen, que consistió en traducir un fragmento de Tucíades. El resultado fue tan favorable que el profesor pensó que su éxito había sido mérito de los cursos para principiantes. No era ese el caso; lo que hacía la diferencia era cada estudiante en particular, y no el curso en sí mismo. Pero lejos estaba ella de desilusionar al profesor. Feliz con el certificado que acreditaba sus conocimientos, pudo dedicarse a preparar el examen complementario de griego. Esas preocupaciones y tareas eran nada en comparación con su trabajo de filosofía:

> Le dedicaba la mayor parte del día. Mis jornadas eran muy dilatadas; me levantaba a las seis y trabajaba hasta media noche casi sin interrupción. Como comía casi siempre sola, también podía seguir mis reflexiones durante la comida. Y cuando me iba a la cama, dejaba a mano, en la mesilla, papel y lápiz para anotar rápidamente las ideas que se me ocurrían durante la noche. Con frecuencia me incorporaba, porque en el sueño se me había ocurrido algo que creía importante. Pero al despertarme del todo, y querer comprenderlo, no quedaba nada inteligible. También en el camino de la universidad le iba dando vueltas en la cabeza a mi problema de la "empatía"[546].

A todo esto, repasaba las obras de Theodor Lipps disponibles en el seminario de filosofía, donde pasaba muchas horas, pero allí tampoco interrumpía la lectura para almorzar. "Ella lee y escribe, escribe y lee, revisa la obra de Lipps, pero también lee a Scheler, a Karl Jaspers, Volket, Klages, F. Vischer. Cada uno tiene su teoría acerca de cómo llegamos a la experiencia de la realidad exterior. Pero ¿cuál es la correcta? ¿Cuál de ellas está en lo cierto?"[547]. Edith realizaba extensos resúmenes, pero siente que "cuanto más material reunía tanto más remolino había en [su] cabeza"[548]. Una de las dificultades fue dilucidar que lo que Husserl y lo que Lipps entendían por 'empatía' no tenían relación entre sí. Mientras que Husserl había mencionado el término ocasionalmente, para Lipps se trataba de "la idea central de su filosofía, lo que tenía primacía en su estética, ética y filosofía social; pero también tenía importancia en su teoría del conocimiento, lógica y metafísica"[549]:

> Me parecía un ámbito tan multiforme y un concepto tan multicolor, que yo me atormentaba por alcanzar una noción unitaria y firme, para poder, desde ella, entender y desarrollar todas las variantes. Por vez primera encontré aquí lo que he experimentado siempre en mis posteriores trabajos: los libros no me sirven de nada hasta que yo no me he clarificado la cuestión en una elaboración personal[550].

¿Cómo impactaba eso en su ánimo? Esa "lucha por la claridad" conllevaba "grandes sufrimientos". No dejaba de pensar ni de día ni de noche. Comenzó a tener insomnio y trabajaba "en una constante desesperación"[551]. Como nunca antes, se enfrentaba con algo que no podía dominar con su propia voluntad. De nada valían las fórmulas de su madre, "querer es poder" o "lo que uno se propone, Dios lo ayuda". Se trató de un momento clave, una crisis de tal magnitud que por primera vez la hizo cuestionarse acerca de sus capacidades: "Frecuentemente me había vanagloriado de que mi cabeza era más dura que las más gruesas paredes, y ahora me sangraba la frente y el inflexible muro no quería ceder"[552]. No se trató solo de una crisis intelectual. Moreno Sans dice que en "el terrible invierno de 1913-1914" se ve "inmersa en su segunda gran depresión"[553]; en tanto que Müller y Neyer conectan la crisis con su imposibilidad de adecuarse al acto inicial fenomenológico, un recibir, "producto de una síntesis pasiva que requiere, sí, de suma atención y de mantener bien abiertos los ojos, pero en una actitud meditativa y contemplativa que se conviene muy mal con la suya de entonces: un permanente esforzarse, diversificado en múltiples direcciones"[554]. En palabras de Edith, ese trabajar en "constante desesperación"

> me llevó tan lejos, que la vida me parecía insoportable. Me decía frecuentemente a mí misma que esto era absurdo. Si no terminaba el trabajo de doctorado, sería más que suficiente para el examen de Estado; si no podía llegar a ser una gran filósofa, podía ser una buena profesora. Mas los argumentos racionales no ayudaban nada. Yo no podía ir por las calles sin desear que un coche me atropellara. Si hacía una excursión, tenía la esperanza de despeñarme y no volver con vida[555].

¿Estuvo, como sospechan Müller y Neyer, frente a una "experiencia límite, que amenaza destrozarla"[556]? Sea como fuere, en su entorno no notaban que tuviera mayores problemas. Dado que se "sentía feliz en la Sociedad Filosófica y en el seminario de Reinach", sus profesores o compañeros no sospechaban el infierno que atravesaba en soledad. A medida que la lucha consigo misma se renovaba, ni siquiera los encuentros regulares con Husserl[a] resultaron tranquilizadores dado que enseguida "él

---

a Participó de los ejercicios para estudiantes adelantados dictados por Reinach (OCI, 378). "No era un enseñar y aprender", explica Edith Stein, "sino una búsqueda común [...]; no me hubiera atrevido a abrir la boca sin ser preguntada. Una vez Reinach dejó caer una pregunta, y quiso saber cuál era mi opinión. [...] la expuse tímidamente en pocas palabras. Me miró con extraordinaria amabilidad y dijo 'Esto mismo pienso yo'. No me hubiera podido imaginar distinción más grande" (OCI, 378).

se sentía [...] animado a intervenir" y hablaba mucho tiempo, "hasta cansarse"[557]. Así, luego de cada entrevista Edith se despedía con la sensación de haber aprendido mucho, aunque poco de eso le sirviera para su trabajo.

Por entonces, intrigado por sus avances sobre la empatía, Hans Lipps la invitó a su casa. Tras subir una empinada escalera llegaron a su diminuto cuarto de trabajo: "Un estrechísimo rincón con muebles pobrísimos. Lipps tocaba casi con la cabeza en el techo y, cuando desde el centro de la habitación extendía sus brazos, casi alcanzaba las paredes"[558]. El cuarto de dormir era igualmente diminuto. Todo daba cuenta del ascetismo de Lipps, que sentado en su pequeño escritorio la escuchó con atención. Con su bata blanca de médico, mientras fumaba su pipa, se quedó mirándola "expectante con sus ojos grandes y redondos"[559]. Edith también respondió a sus preguntas.

Pero Lipps fue crítico, aunque se retractó cuando supo que Reinach estaba de acuerdo con ella. Edith se sintió desconsolada. En comparación con Lipps se sentía "una novata en la fenomenología", lo que acentuó su sensación de enfrentarse con algo superior a sus fuerzas[560]. Compararse con él no tenía sentido, su amigo era toda una personalidad. En ese semestre fue nombrado presidente de la Sociedad Filosófica, su dedicación al estudio parecía ser su único objetivo y había desarrollado la teoría de que debía dormir veintiún horas seguidas para poder trabajar con máxima concentración las horas restantes. Frente a él, Edith se sentía tan pronto a gusto como torturada por las dudas. Cuando supo que Lipps no pensaba volver el siguiente semestre a Gotinga, se sintió "más perdida": "Ya no me iba a encontrar por cualquier parte su alta figura y su chaqueta azul marino"[561].

En ese estado de cosas, compartir con el círculo de estudiantes, poco antes de Navidad, una comida en casa de los Reinach, fue una alegría inesperada. Anne Reinach los recibió espléndidamente, al disponer sobre mesitas ubicadas en el estudio pequeños árboles iluminados. Edith rememoró con nostalgia que "ninguna luz eléctrica perturbaba el cálido resplandor de las velitas"[562]. Como solo eran tres las mujeres presentes, cada una se sentó a una mesa, en tanto los varones eligieron libremente dónde ubicarse. Secretamente torturada por las exigencias académicas, a Edith esas ocasiones le brindaban gran alivio y placer: "Tales reuniones sociales eran para mí entonces como puntos de luz. Me alegraban mucho y vivía de aquello durante algún tiempo. Me daba además materia para mis semanales informes a casa, ya que no quería escribirles de mis preocupaciones y sufrimientos"[563].

Tampoco informó a su madre de su situación anímica cuando pasaron juntas las vacaciones de Navidad en casa de Else. Sabía que, de conocer su estado, Auguste insistiría para que regresara a su casa. Como había comprobado años atrás, el ambiente en Hamburgo era tenso; incluso su cuñado, siempre amable con los huéspedes, se mostraba irritado permanentemente, con lo que era imposible sentirse cómoda. Fue un viaje triste para todos.

Entre febrero y marzo de 1914, de regreso en Gotinga, Stein asistió a las conferencias de Scheler sobre "filosofía de la historia". Tomó apuntes y notas para las Actas de la Sociedad Filosófica[a] sobre sus lecciones del 23 y del 25 de febrero en donde él propone que a aquel que medita, ora, cree o piensa en Dios, "le viene dado más que nada el 'objeto' (Dios) y no primariamente su pensamiento, su fe, su meditación"[564]. Los encuentros con Scheler serían inspiradores, pero, en el invierno de 1913-1914, lo que fue determinante para seguir fue el importante consejo de su amigo Mos quien, aunque desconocía sus "sufrimientos anímicos"[565], sabía que estaba descontenta con su trabajo, y le insistió largamente que lo consultara con Reinach. Ese mismo viernes, después de los ejercicios, en lugar de despedirse ella le pidió hablar a solas. Cuando los demás se retiraron pudo decirle, en relación a su tesis: "¡Está aún todo tan confuso!". Reinach la consoló: "Bien, sobre la no claridad se puede hacer claridad",

a Un extracto se puede leer en Müller y Neyer, pp. 78-79.

y la citó para una entrevista en la que ella lo informó acerca "del plan que vagamente tenía para poner orden en aquel caos". Reinach opinó que había avanzado mucho y la instó a comenzar la redacción y volver a informarle en tres semanas, antes de la finalización del semestre. Entusiasmada, Edith se resolvió a comenzar enseguida:

> Esto fue una gran decisión, y empecé sin pérdida de tiempo a realizarla. Me costó un esfuerzo mental como nada de lo que había hecho hasta aquel momento. Creo que nadie que no haya hecho un trabajo filosófico creador puede hacerse idea de esto"[566].

Aunque con el tiempo experimentaría un "profundo placer" con su trabajo y entendería que solo después de "dolorosos esfuerzos se alcanza la superación", en aquel momento tuvo la sensación de marchar tanteando en la niebla. Lo expresó con las siguientes palabras: "No había logrado todavía ese grado de claridad en que el espíritu puede descansar en una comprensión conquistada, desde la que se abren nuevos caminos y se puede seguir avanzando con seguridad"[567]. Pese a todo, vio que sus pensamientos quedaban "precisos en el papel, de tal modo que el lector no encontraba ni rastro de los dolores de este alumbramiento intelectual"[568].

Luego de dedicar cada hora libre a la escritura, al cabo de las tres semanas previstas pudo llevarle a Reinach una treintena de folios para su consideración. ¿Notó él su desasosiego, que estaba en el límite de sus fuerzas? Sea como fuera, la quiso hacer esperar y le pidió que se sentara mientras los leía. Luego de avanzar con asombrosa rapidez por las páginas que tanto le había costado escribir, Reinach pronunció balsámicas palabras que actuaron como arte de magia sobre su ánimo: "Muy bien, señorita Stein"[569]. El experto fenomenólogo no tenía nada que objetar. Es más, le sugirió quedarse en Gotinga, en lugar de ir a su casa durante las vacaciones, para finalizar su trabajo más tranquila.

Por supuesto, ella siguió al pie de la letra el consejo, y en la prácticamente desierta ciudad universitaria, sin la obligación de asistir a clases ni otras interrupciones, terminó la redacción en una semana. Reinach había sido "el ángel bueno"[570] que había obrado el milagro: "Como si una palabra mágica hubiese transmutado los monstruosos engendros de [su] pobre cabeza en un claro orden conjuntado"[571]. En sus investigaciones filosóficas Edith Stein ejemplificó en numerosas oportunidades cómo de la vivencia de agotamiento extremo puede pasarse, casi de inmediato, a la sensación de vitalidad y energía. Así, en *Estructura de la persona humana* habla del "estado de cansancio" en el que se corre el peligro de llegar "al colapso" y donde la voluntad es ineficaz y "no puede crear fuerza alguna"[572]. Podría pensarse que Reinach ofició la suerte de milagro que describe cuando refiere "un estado de agotamiento anímico" en el que puede "suceder que algo fluya de otra persona y penetre en mí de modo enteramente espontáneo, sin que lo queramos ni él ni yo. Cuando la otra persona irradia una fuerza 'vivificante', un incremento de mi ser espiritual que me hace por mi parte capaz de una mayor actividad espiritual"[573].

Era tal su entusiasmo y ansiedad que la noche que terminó su trabajo se dirigió a la casa de Reinach para ver si había regresado de Maguncia, donde había ido a pasar unos días. Al ver que la luz de su cuarto de trabajo estaba encendida, Edith volvió tras sus pasos dispuesta a regresar, a la mañana siguiente, para entregarle el manuscrito. También en esta ocasión Reinach aprobó lo que había hecho, le aseguró que era suficiente para el examen de Estado y que Husserl iba a alegrarse porque no era frecuente recibir este tipo de trabajos. Edith se sintió "como renacida"; de pronto desaparecía "todo el hastío de vivir", el salvador, Reinach, le parecía "un ángel bueno" y, convencida de la "exactitud sincera de su juicio"[574], alcanzó la ansiada tranquilidad. De pronto, sus dos trabajos escritos, el histórico y el filosófico, estaban aprobados por sus profesores, solo restaba concentrarse en la preparación del examen oral.

MÁS EXÁMENES Y NUEVAS AMISTADES

Dar un examen o elegir un jurado de posgrado requiere no solo de conocimiento, sino de cierto ingenio y picardía. Edith supo que debía presentar el "plan de estudios y los trabajos especiales" para que "nadie más que los profesores que se deseaban tuvieran posibilidad de aceptar el formar parte del tribunal"[575]. Logró su objetivo, por lo que Husserl fue nombrado para examinarla en filosofía, Lehmann en historia y el profesor Weißenfels en germanística y literatura alemana. A ellos les correspondió proponer un tema especial para que desarrollara el día del examen. Diestro en el asunto, Lehmann eligió uno que coincidía exactamente con la temática que Edith había trabajado en su seminario. Pero Husserl, sin desearlo expresamente, le deparó "una desagradable sorpresa"[576] al elegir un tema que la obligó a considerar mucha más bibliografía de la que tenía en mente y que tuvo que incorporar a último momento.

Con tres meses para prepararse, Edith regresó a Breslau, donde la familia estaba expectante, dado que Erna se disponía a rendir el examen práctico de medicina. Aunque el trabajo que tenía por delante era enorme, mientras estaba en Gotinga, lejos de los parientes, libre de la maraña de sentimientos que ponían a todos en vilo, Edith había disfrutado de la soledad. Se sintió aliviada al pensar que su propio examen transcurriría con más calma, lejos de su casa.

Por lo pronto, mientras permaneció con los suyos, debió viajar a Hamburgo para acompañar a su hermana Else de regreso a Breslau, "con todas las emociones de su presencia y las tensiones que esto acarreó"[577]. De todas maneras, pese a algunos sinsabores, volver a la ciudad natal tuvo sus compensaciones. Una tarde, Rose Guttman invitó a Edith a su casa para que conociera a Toni Meyer, un mujer de unos 35 años que, sin estudios sistemáticos y no habiendo realizado el examen de bachillerato, logró el permiso de Husserl y de Reinach para asistir a sus clases. La madre de Toni, a la cabeza de un próspero negocio de uniformes militares, "tenía pasión por las conversaciones interesantes"[578] y apoyaba la idea de su hija de estudiar en Gotinga. Edith supo que Toni había "padecido dolencias mentales"[579]. Su madre exigió que Edith aceptara altos honorarios ya que la tranquilizaba que la guiara en esta etapa.

En Gotinga, Toni se alojó en un departamento elegante cerca de la pensión donde vivía Edith. Asombrada por sus largas jornadas de trabajo y por su indiferencia en lo relativo a su alimentación, en no pocas ocasiones insistía en llevar a Edith a comer con ella y, más adelante, la convenció para que realizaran juntas paseos por la tarde. Edith recuerda que Toni la rodeaba con "solicitud cariñosa y femenina"[580]; por ejemplo, había descubierto cerca de la casa una tienda de flores y llenaba con ellas su habitación. Si bien Toni era feliz con la amistad que iban forjando, desconocía que Edith estaba al tanto de sus problemas psiquiátricos y temía que al enterarse optara por romper la amistad. Cuando Edith le confesó que había sido advertid y que eso no impedía en absoluto la relación, Toni consideró "como un gran regalo el hecho de que una persona joven, sana y dotada quisiera tener con ella un trato de igual a igual"[581]. En nuestros días, la medicación psiquiátrica es moneda corriente, y ciertos trastornos nerviosos no impiden realizar estudios, tener una vida familiar y entablar amistades. Pero otros eran los criterios en las primeras décadas del siglo XX. Edith recuerda:

> [Toni] tenía por mí una gran inclinación personal y me valoraba mucho, cosa que le hacía mirarme con un gran respeto, aun siendo yo más joven. Mucho influía en esta actitud el que, debido a su situación mental, era un tanto exagerada en sus sentimientos. Este temple de ánimo le hacía en todo hipersensible ante las debilidades humanas y carente de inhibiciones en la manifestación de sus sentimientos. Aquel semestre de verano en Gotinga fue ciertamente el más feliz de su vida. Nunca antes, ni después, tuvo tanta capacidad de trabajo ni estuvo tan libre de depresiones…[582].

Personalidades como la de Toni o la de Mos, incluso la sensibilidad que había detectado en Metis, con quien durante esas vacaciones en Breslau estudió para el examen de Estado, debían darle a Edith una medida de su propia vitalidad y fuerza. Aunque por la distracción de Husserl se vio obligada a reelaborar su trabajo sobre filosofía, al ya haber concluido el de historia se sentía lo suficientemente tranquila como para concentrarse en el examen oral. Para ello, buscó compañeras con quienes prepararse y por fortuna encontró camaradas que tenían muy en claro la forma de rendir exámenes y cuáles eran las exigencias de cada profesor. Supo, por una de ellas, que Lehmann exigía conocer lo que había explicado en clase, y que también debía demostrar sus conocimientos de griego. En este período, Edith leyó mucho a Ranke, pero también, entre otros, a Rousseau, Montesquieu y Voltaire, apreciando así lo que llamó "un cuadro multicolor y un verdadero contacto con la vida histórica"[583].

EXÁMENES Y "UN SEMESTRE FELIZ EN GOTINGA"

Hasta entonces, hechos como asistir a la universidad o trasladarse a otra ciudad para estudiar eran inéditos para las mujeres; había profesores que se negaban a admitirlas en sus cursos. Evidentemente, Auguste había sido muy liberal al dejar que su hija viviera sola, pero ese no era el caso de Käthe Scharf, con quien Edith preparó el examen de Historia y que residía en Gotinga con su madre, quien prefirió dejar a su marido en casa "antes que tener lejos a su hija sola en una ciudad extraña". A Edith, la situación le parecía rara y siempre sintió "pena del padre. Pero seguramente ambos esposos estaban de acuerdo en querer proteger a la hija de los peligros de la vida estudiantil"[584]. Käthe conocía los requisitos prácticos del examen y juntas se ocuparon de la Revolución de 1848-49, recopilando gran cantidad de información que pedían en la biblioteca.

El examen de Historia de la filosofía y germanística lo preparó con Lotte Winkler. Aunque era muy divertida, Lotte se dedicaba al estudio con mucha seriedad y había tomado a Edith como confidente en cuestiones personales. De religión protestante, en contra de su padre, estaba comprometida con un abogado judío. Finalmente, los novios pudieron casarse, y ella y Edith sostuvieron correspondencia por bastante tiempo.

Uno de los hechos más significativos de esa época sucedió durante el verano, con la llegada a Gotinga de Pauline, la hermana de Adolph Reinach. Con el tiempo, Pauline, que solía asistir junto con su cuñada a los cursos de su hermano, se convirtió en una de sus más íntimas amigas. Al recordarla, Edith afirma que "en el trato social era muy apasionada, chistosa y hábil en la polémica. Pero, cuando se hablaba con ella a solas, se descubría un alma serena, callada y verdaderamente contemplativa"[585]. Esta descripción evoca, como un eco, la que de Edith hizo una amiga suya, en 1952, a diez años de su muerte, en un mensaje radial:

> Edith pasaba completamente desapercibida entre nosotros, a pesar de su reputación de extremada inteligencia... Nos parecía poco moderna... Siempre sentada entre las primeras filas del auditorio, apenas si se hacía notar su pequeña silueta, delgada, insignificante, y como absorbida por la intensidad de su reflexión. Llevaba sus oscuros cabellos recogidos sobre la nuca, en un pesado moño. Era de una palidez casi enfermiza, y sus grandes ojos negros se hacían severos, casi distantes, para sustraerse a las inoportunas curiosidades. Pero cuando se la abordaba directamente, una indescriptible dulzura iluminaba sus ojos, una sonrisa encantadora animaba su rostro, cuyos rasgos conservaban un poco del candor y de la timidez de la infancia. No se puede decir que fuese bella, ni bonita, ni que poseyera ese encanto femenino que seduce desde el primer momento a los hombres... Pero tenía un no sé qué de incomparable en su rostro de frente alta, de rasgos infantiles maravillosamente expresivos —algo así como una irradiación de paz— que no podía dejar de contemplarse...[586].

Edith y Pauline tenían, y tendrían en el futuro, muchas cosas en común: las dos se convirtieron al catolicismo y más adelante se hicieron religiosas. Pero Pauline, que fue confirmada en Múnich por el entonces nuncio apostólico Eugenio Pacelli (luego Pío XII), tuvo una larga vida y falleció en Bélgica en 1974.

Cuando se conocieron, la actitud y el estilo de Pauline impactaron a Edith, que también evocó su aspecto: "Su cabeza recordaba las tallas góticas de madera, y sus manos eran tan delicadas y llenas de vida, como las de los santos prerrafaelinos"[587]. Para ellas, ese semestre en Gotinga fue tan feliz como solo pueden serlo los tiempos que preceden a las grandes tempestades. En esta etapa se sumaron nuevos estudiantes: un profesor ruso, un general fuera de servicio y un "joven caballero, Von Baligaud", cuyos aires de suficiencia Reinach se encargó de limar y logró que fueran "al final del semestre [...] patentes los frutos de esta educación"[588].

Durante este semestre Edith también conoció al estudiante alsaciano Johanne Hering, quien, además de muy buen amigo suyo[a], fue uno de los introductores de la fenomenología en Francia. Como Alsacia pertenecía al imperio prusiano, Hering también debió rendir el examen de Estado. Entre los viejos conocidos, muy próximo a doctorarse, el simpático canadiense Winthtrop Bell había descubierto que era conveniente relatar los avances de su trabajo durante sus paseos con Husserl. Con humor, explicaba a sus condiscípulos que, de este modo, mientras ascendían el Rohn, "Husserl acusaba el esfuerzo, se ponía jadeante, y entonces se podía hablar"[589].

A todo esto, durante el verano, Edith cursó el seminario "Ética" de Husserl y se las arregló para que Erna y Hans Biberstein pudieran vacacionar una semana en Gotinga. Los dos habían aprobado el examen de Estado "y tenían bien ganado el

a Describe a Hering con gran estima: habla de su "bondad, profunda y delicada" y dice que "su sola presencia ponía en fuga a todos los malos espíritus de la melancolía, la discrepancia y falta de cariño" (OCI, 392).

descanso"[590]. Pero, como iba "en contra de la tradición" que los novios viajaran solos, su estrategia consistió en convencer a las madres de ambos, aclarándoles que Erna se alojaría con Edith en tanto que Hans permanecería en casa de unos conocidos de Breslau. Dado que Edith tenía mucho en que trabajar, "el bueno de Erich Danziger" y Toni Meyer la ayudaron para que la estancia de sus queridos huéspedes resultara muy agradable[591]. Ella les "había organizado un gran plan" y se ocupó de que conocieran las montañas Weser y Leine, "la ciudad de Kassel, con su galería de pintura", la "maravillosa y antigua ciudad de Hannöverisch-Münden y Hildesheim"[592]. Finalmente, al marcharse Hans unos días antes, Edith y Erna pudieron disfrutar, como antaño, de encuentros y conversaciones.

Entretanto, despejada la crisis del año anterior, Edith preparaba sus exámenes a consciencia y con tranquilidad. Nadie podía imaginar que de pronto todo cambiaría radicalmente. El peso de la Historia con mayúsculas se precipitó sobre las historias individuales trastornando la vida de todos después del 28 de junio de 1914, cuando en Sarajevo fueron asesinados el sucesor al trono de Austria-Hungría y su esposa. Lo mismo que otros escritores e intelectuales de su tiempo, Edith explicó: "Los que han crecido en la guerra o después de la guerra no pueden ni imaginarse aquella seguridad en la que creíamos vivir hasta 1914. La paz, la tranquila posesión de los bienes, la estabilidad de las relaciones cotidianas, constituían para nosotros como un inconmovible fundamento de la vida"[a][593].

La "pacífica vida estudiantil"[594] llegó a su fin. El mes de julio fue atravesado por la pregunta: "¿Habrá una guerra europea?"[595]. Como tantos otros, al salir de las clases de Reinach, Edith y Toni se dirigían a un local a esperar la edición del *Berliner Zeitung*. Ante la inminencia de la guerra, en la última reunión de curso, cuando le preguntaron a Reinach si tendría que ir al frente, él

---

a Stefan Zweig, Leonard Woolf y Maynard Keynes, entre otros, expresaron el mismo sentimiento.

respondió: "Yo no tengo, yo debo". La respuesta, aseguró Edith, la llenó de satisfacción, coincidía "perfectamente" con sus sentimientos[596]. En cuanto a ella, es de nuevo "el pasaje de un libro" el que la "ayuda para aceptar serenamente el destino"[597] y le brinda un *tipo* de comportamiento de mujer con el que proyectarse e identificarse:

> ... como en posteriores ocasiones de crisis, me mantenía serena y seguí haciendo tranquilamente mi trabajo, aunque interiormente preparada para interrumpirlo en cualquier momento. Me resistía a correr de un lado a otro y a aumentar con inútiles habladurías la general conmoción. Me había gustado mucho al leer en Homero el que Héctor encomienda a su mujer la casa y el trabajo, una vez que se ha despedido de ella y de su hijito para siempre[598].

8
UN ANTES Y UN DESPUÉS

28 DE JULIO DE 1914

Tanto la convicción de Reinach,: "yo debo", como la actitud de Edith Stein, "preparada" para el gran acontecimiento, se leen en un contexto histórico en el que "el tema de la guerra" era constitutivo de la *Bildung*. En ese sentido, Thomas Mann interpretaba que, en el proceso de formación, ante la proximidad de la muerte se produciría una "elevación religiosa, la profundización y el ennoblecimiento del alma y del espíritu". La decisión de alistarse de Reinach, así como la identificación de Stein con la mujer de Héctor, los acerca (aún sin ser matrimonio) a la pareja exaltadamente descripta por Thomas Mann: "La pobre mujer del guerrero que del mundo regresa a casa acogerá a un hombre diferente respecto de aquel del que se despidió". Quienes veían a las guerras como crisoles que templaban el espíritu de los sobrevivientes interpretaban que se produciría una "elevación, un acrecentamiento, un ennoblecimiento del humano"[599]. En su libro *El ocaso de los mandarines alemanes*, Fritz K. Ringer postula, entre 1890 y 1933, la existencia de una "elite social y cultural" que debía su estatus a los títulos académicos, en lugar de los derechos hereditarios o riqueza, y que incluía profesores universitarios y altos funcionarios a los que llama "los mandarines intelectuales". Varios de los profesores de Stein son estudiados por Ringer, quien muestra que muchos estaban a favor de la guerra como sinónimo de entrega a la causa alemana[a]. Además, su condición de judíos asimilados, partícipes del sentimiento prusiano, revestiría en Reinach, Stein y en otros como ellos el

a La bibliografía al respecto es extensa. Véanse los testimonios de Max Scheler y de sobrevivientes a la Segunda Guerra como Hannah Arendt, Norbert Elías, Martin Heidegger y Karl Löwith.

sentimiento enunciado por Stefan Zweig al recordar: "En aquel momento grandioso, todas las diferencias de clase, de lengua y de religión habían quedado sumergidas en la gran corriente de la fraternidad"[600].

El 30 de julio, mientras leía *El mundo como voluntad y representación* de Schopenhauer, Stein fue interrumpida por dos conocidas que le avisaron que, hasta nuevo aviso, quedaban suspendidas las clases. Agregaron que ambas regresaban esa misma noche a sus casas, porque se temía la interrupción del servicio regular de trenes. Enseguida apareció Nelli Courant para informar que Richard había recibido la orden de incorporarse al ejército, y que ella volvía a casa de su padre. Quería saber, además, si viajarían juntas a Breslau. Edith pensó que, a diferencia de Gotinga, situada en el centro de Alemania, por su proximidad con la frontera rusa y por ser considerada "el principal baluarte del este"[601], Breslau tenía mayores probabilidades de ser asediada por las tropas rusas. Así recordó ese día:

> Mi decisión estaba tomada. Cerré *El mundo como voluntad y representación*. Cosa extraña, no he vuelto a ocuparme nunca de él. En aquel momento serían las cinco. Nuestro tren salía a las ocho. Tenía que arreglar muchas cosas en ese tiempo. Así que les dije que, una vez que hubiese acabado todo, estaría a las siete y media en casa de los Courant, para ir a la estación con ellos. Así nos separamos. Creo que lo primero que hice fue ir a casa de Toni Meyer. No podía dejarla sola. Quizá no se decidiese tan rápidamente como yo[602].

Después de sacar dinero del banco y pagar la cuenta del mes en su restaurante, se dirigió a casa de Reinach para despedirse y pedirle el certificado de asistencia a sus cursos. Sentía en la mente un giro de ciento ochenta grados. Le comunicó a Reinach su intención de ingresar en la Cruz Roja. Él, aunque no había hecho el servicio militar, pensaba alistarse como voluntario y, en el caso de no ser admitido, confiaba en que su alumno, el general Von Gründel, de regreso en el servicio activo, lograría que lo aceptasen. En un gesto que Edith interpretó como "una cordial inclinación de amistad"[603], Reinach le pidió su dirección para tener noticias uno del otro.

Luego, ella regresó de prisa a la pensión con el tiempo justo para arreglar cuentas con la propietaria y hacer las maletas. Para cuando tuvo todo empacado para ir a casa de los Courant, Toni ya se encontraba en la puerta esperándola en un coche. La despedida fue difícil: Edith se sentía muy unida a sus primos y le parecía extraño que Nelli se fuese de la ciudad antes de que su marido partiera al frente. Para dilatar el obligado adiós, Richard las acompañó a la estación, que estaba repleta de viajeros y permaneció con ellas un trecho del camino. Era un consuelo estar acompañada, pero la confusión era tal que, durante el trasbordo, ni siquiera los empleados estuvieron en condiciones de informar si se hallaban en el tren correcto. En el largo trayecto del tren también se encontraron con "el fiel Danziger"[604]. Durante el viaje se hizo una parada para reparaciones, y finalmente los viajeros arribaron a Breslau sin mayores inconvenientes. Solo después de dejar a Nelli junto a su padre, Edith se dirigió a su casa. Al llegar, su madre, que la esperaba en la ventana, bajó rápidamente y le dijo: "Nunca te has portado tan bien"[605]. Auguste había enviado un telegrama con la orden de que volviese de inmediato, pero al salir tan deprisa de Gotinga, Edith no había alcanzado a recibirlo.

Cuando Edith comentó que no tenía miedo, pero que existía la posibilidad de que, en un par de días, los rusos cruzaran la frontera, su madre respondió categórica: "En ese caso con el mango de la escoba los echamos afuera"[606]. La exaltación patriótica conmovía a inmensas mayorías, su hogar no era la excepción. Pero también estaban quienes intentaban evadirse, pretendiendo que todo siguiera como hasta entonces, como la señora Bilberstein, la madre de Hans, quien no paraba de hablar de "sus menudencias cotidianas", algo que Edith no podía comprender, por lo que fue un alivio para ella cuando su madre "[la] envió a la cama para dormir tras una noche de viaje"[607]. Décadas después, probablemente recordando ese día, y las reacciones de unos y de otros, en *Ser finito y ser eterno*, refiriéndose a la conexión que se da entre un conocimiento que viene del exterior y el impacto que produce en la "interioridad del alma" y en el cuerpo, escribió:

> Es posible que dos hombres oigan juntos una noticia y que capten racionalmente con claridad el contenido: por ejemplo, el anuncio del asesinato servio del rey en el verano de 1914. Uno de ellos *no considera las consecuencias* de lo que acaba de saber, continúa tranquilamente su vida y, algunos minutos más tarde, se ocupa de nuevo en sus proyectos de vacaciones. El otro está profundamente trastornado; prevé una gran guerra europea en perspectiva, se ve él mismo obligado a abandonar su carrera, e involucrado en el gran acontecimiento, no puede ya desembarazarse de este pensamiento y vive en la espera tensa y febril de lo que va a suceder. La noticia ha penetrado profundamente en el interior de su ser. [...] Se trata de un pensamiento en que se encuentra comprometido el *hombre entero*. Se deja percibir fácilmente en su aspecto externo. Actúa en los órganos corporales: sobre los latidos del corazón y la respiración, sobre el sueño y sobre el apetito. La razón de esto es que *piensa con el corazón*"[608].

Y es ese pensar "con el corazón" el que hacía que algunos, como ella, Reinach, Karl Löwith, Hans Lipps o Ernest Jünger, dejaran la academia de lado y se pusieran al servicio de la maquinaria de guerra. En su autobiografía, muchos años después, Stein dice que había pensado: "Una cosa era segura: se trataba de una guerra distinta a las anteriores. Sería una destrucción tan horrorosa que no podría durar mucho tiempo. En unos meses todo habría pasado"[609]. Ernst Jünger recordaría que "reinaba en Alemania una euforia patriótica", cuando los soldados iban a la guerra "al son de marchas militares y siendo obsequiados con ramos de flores"[610]. Por su parte, Karl Löwith, que se alistó como voluntario con dieciocho años, dice en sus memorias que "el deseo de emanciparse de la estrechez burguesa de la escuela y del hogar, una discordia interior conmigo mismo" y "el atractivo de la 'vida peligrosa'" propuesta por Nietzsche[a] le había contagiado, como a otros jóvenes, el deseo de probarse a sí mismo. Eran motivaciones que lo "empujaron a celebrar la guerra como una oportunidad de la vida y de la muerte"[611]. Por supuesto que había tendencias opuestas, como la de la heroica Rosa de Luxemburgo, que en agosto de 1914 se había opuesto a su propio partido cuando "votó a favor de un aumento de los créditos de guerra y se alineó al káiser en la lucha contra Francia"[612].

FORMACIÓN EN LA CRUZ ROJA

El estallido de la Primera Guerra Mundial alteró el ritmo corriente de gran parte de la humanidad y los planes personales de todos los que la rodeaban. Edith llegó a Breslau el 31 de julio de 1914. Después de la invasión de Bélgica y Luxemburgo, países neutrales, el 1.º de agosto Alemania declaró la guerra a Rusia y el 3 de agosto a Francia. Inglaterra promulgó un ultimátum por la invasión a Bélgica el 4 de agosto. Entre junio de 1914 y julio de 1919 se proclamaron cincuenta y tres declaraciones de guerra en todo el mundo. Enterada de que se dictaría un curso de enfermería para estudiantes universitarias, Edith se inscribió y comenzó a asistir diariamente al hospital de Todos los Santos, donde recibía clases sobre cirugía, epidemias de guerra, y donde también aprendió a hacer vendajes y a poner inyecciones. Esto no le resultó suficiente, por lo que comenzó a estudiar anatomía y los manuales de medicina de su hermana. También iba con

---

a En 1923 Karl Löwith se licenció con un trabajo sobre Nietzsche, acerca del que siguió ocupándose en su etapa como docente. Aunque fue discípulo de Heidegger, veintisiete años después decía: "Nietzsche es y será siempre el compendio de la sinrazón alemana o del espíritu alemán. Le separa un abismo de sus promulgadores irracionales, pero aun así les preparó el camino que él mismo no siguió" (KL, 27). Löwith confiesa que escribió en su diario una frase que Goebbels pronunció en uno de sus discursos: "Ten el valor de vivir peligrosamente".

frecuencia a la clínica ginecológica donde trabajaba Erna para ejercitarse en vendar y en hacer curaciones.

Hasta entonces, los cargos hospitalarios estaban ocupados por hombres. Un día en que lo cruzó por la calle, el director del establecimiento le propuso a Erna que trabajara "como ayudante"[613]. Poco después, recordó Edith: "Estaba yo de visita a Erna y sus amigas en la clínica cuando llegó el jefe médico, de uniforme, a la sala de médicos para despedirse y dijo: 'Señoras: considérense en su casa. Ahora son ustedes los señores de la 'clínica'"[614].

Antes de la guerra, ni las excelentes calificaciones obtenidas por Erna[a] alcanzaban para acceder a cargos rentados. Recién cuando los médicos jóvenes se alistaron o fueron llamados a filas, ante la falta de personal, lograron trabajar en los lugares que quedaron disponibles. De otra manera, Erna hubiera tenido que conformarse con ser admitida como voluntaria y sin percibir sueldo. Como escribió Edith, hasta 1919 la constitución alemana consideraba a las mujeres como sujetos menores de edad. Entretanto, sin esperar a que lo llamaran, al igual que muchos otros médicos jóvenes, Hans Biberstein "se alistó inmediatamente en el ejército"[615] y fue destinado como médico de campaña. Para cubrir las exigencias de la guerra se necesitaban más profesionales de la salud, por lo que se les otorgó el título a todos los estudiantes de medicina que habían aprobado el examen final, sin que hubieran cumplimentado el año de práctica exigido normalmente.

Durante parte del conflicto bélico, Erna y su amiga Lilli vivieron en habitaciones contiguas a la clínica. También debían asistir a "casas humildes para partos difíciles"[616], una actividad médica no retribuida, "pues los pobres pacientes eran con los que los jóvenes médicos iban adquiriendo práctica"[617].

---

a Erna obtuvo la nota máxima en sus exámenes. Su prometido obtuvo una nota menor, con lo que quedó algo avergonzado. Pero luego los dos hicieron la prueba oral del doctorado. "Se habían dedicado a análisis serológicos bajo la dirección de [...] Félix Rosenthal, hijo de un rabino ortodoxo" (OCI, 332).

"En la sala de médicos reinaba la alegría y un espíritu de camaradería. Pero también se daba la oportunidad para las peores experiencias humanas", recuerda Edith. Por eso, Erna "siempre tenía muchas cosas que contar"[618]. Por su parte, Edith se ofreció para entrar en servicio "sin condiciones"[619], explicitando que estaba a completa disposición para trasladarse donde fuera necesario. Como recordó: "No deseaba otra cosa que salir cuanto antes y lo más lejos posible, prefiriendo, sobre todo, un hospital de campo en el frente"[620]. Se encontraba en un estado de "tensión febril, aunque contemplaba las cosas con gran claridad y decisión", y se decía a sí misma: "Ahora yo no tengo una vida propia [...]. Todas mis energías están al servicio del gran acontecimiento. Cuando termine la guerra, si es que vivo todavía, podré pensar de nuevo en mis asuntos personales"[621]. Pensamientos similares cursarían en Hans Lipps, que consideraba "el ser soldado como una manera de llegar a una excelsa medida de la grandeza humana"[622].

Como en el frente se contaba con una buena provisión de auxiliares con experiencia, luego de las cuatro semanas que duró el curso y después de rendir el examen correspondiente, Edith no recibió ningún llamado. Sin embargo, pudo realizar prácticas de enfermería en el hospital de Breslau, donde la mayoría de las enfermeras eran asistentes que se habían iniciado realizando trabajos domésticos y aprendían el oficio paulatinamente, por lo que las enfermeras diplomadas tenían mucho trabajo y requerían de más ayuda. Después de algunas semanas en el pabellón de tuberculosis, Edith pasó al pabellón de cirugía y finalmente ayudó en la policlínica quirúrgica. Enseguida percibió que gran parte de "los enfermos estaban poco acostumbrados a una atención esmerada y cariñosa", y que quien quisiera "ejercer el amor al prójimo"[623] podía realizar en ese sentido una importante colaboración voluntaria.

Mientras tanto, durante el tiempo que estuvo en su ciudad pudo retomar los estudios y corregir los trabajos para el examen de Estado que debía entregar en noviembre. Aunque en esas circunstancias el examen le "parecía algo ridículamente sin importancia en comparación con los acontecimientos"[624]. Pero, al no llegar un llamamiento de la Cruz Roja y después de sufrir una bronquitis por la que debió interrumpir su trabajo como enfermera voluntaria, decidió regresar a Gotinga. Entre tanto, la situación en Breslau se había complicado. Los primeros días de agosto, los rusos, que habían cruzado la frontera de la Alta Silesia, fueron rechazados, pero se desencadenó en la población una verdadera "psicosis de guerra". Se decía que los rusos en su retirada habían envenenado el agua, por lo que las autoridades cortaron el aprovisionamiento y los vecinos tuvieron que buscar agua en las fuentes igual que en tiempos pasados. Pero los inconvenientes que implicaba bañarse con menos frecuencia y no usar los acostumbrados vestidos y zapatos blancos veraniegos no afectaban el espíritu de aquellos que seguían el avance del ejército alemán en Francia, y señalaban su posición con alfileres de colores que pinchaban en sus mapas. Esperaban que se repitiera, como en 1870, una entrada triunfal en París. Pero en septiembre, desilusionados por la derrota de la batalla del Marne, hasta los más optimistas tuvieron que admitir que la guerra, que habían creído se resolvería pronto, se extendería mucho tiempo. En cuanto a sus sentimientos de aquellos momentos, Edith recordó que una de sus "primeras vivencias deprimentes de la guerra fue el espectáculo de una larga fila de caballos que habían sido requisados para el ejército y que atravesaban las calles". Esto le hizo "pensar en una enorme bomba aspirante, que extraía todas las fuerzas del país. Una angustia semejante me produjo el ver meses más tarde el aspecto del puerto de Hamburgo totalmente muerto, con su bosque de inmóviles chimeneas sin humo y mástiles sin velas"[625].

Aunque sus hermanos mayores fueron exceptuados del servicio activo, muchos de sus primos, amigos y todos sus compañeros de Gotinga estaban en el frente; quienes no habían sido convocados, se habían alistado voluntariamente. También se daban casos, como el de su amigo Moskiewicz, declarado no apto como soldado, que fue destinado como jefe médico en un manicomio. En agosto, a poco de comenzada la guerra, Edith recibió la noticia del primer amigo muerto en combate, Robert Staiger, profesor de arte y director de una orquesta estudiantil "que cultivaba con entusiasmo lo mejor de la música clásica"[626]. Ya nada sería igual, pero además de afrontar la tristeza por las víctimas y sus deudos, no tardó en comprobar que la guerra despertaba lo peor y lo mejor de las personas. Sucedió en el caso de Winthrop P. Bell[a]. En Breslau, leyendo un periódico conservador, Edith se había enterado de que Bell estaba preso. En la nota lo llamaban el "inglés antialemán"; también se acusaba a un par de "profesores apátridas" (Husserl entre ellos) por haberle tomado examen en su arresto domiciliario. Inmediatamente después de la infamante noticia, Edith escribió a Bell asegurando que no creía el "infundio"[627] y pidiéndole que le explicara lo sucedido. El pobre Bell había sido denunciado por una mujer que pasaba por delante de su casa y que lo acusó al escucharlo conversar con un conocido al que le dijo, utilizando la expresión "para nosotros", que la declaración de guerra del Japón (23 de agosto de 1914) era ventajosa para los aliados[628]. Bell fue puesto en vigilancia y los profesores nacionalistas armaron un gran revuelo: se anuló su examen y se declaró sin validez el trabajo que había presentado antes de la guerra.

Una de las cosas que Edith hizo al regresar a Gotinga fue visitar al canadiense. Supo que, a instancias del rector y reconocido matemático Karl Runge, habían alojado a Bell en la cárcel estudiantil, una habitación bastante confortable en la que podía tener libros y trabajar. "El profesor Runge —escribió Edith— era una persona bondadosa y humana, patriota, pero no nacionalista"[629]. Convencido de que si Alemania "se hundía" nadie necesitaría su fortuna privada[630], con una mezcla de clarividencia y desprendimiento, Runge puso su fortuna a

---

a Bell había tenido muy mala suerte. Tras cinco años en Alemania ansiaba retornar a Canadá para ver a su padre. Pero Husserl "le pidió que hiciese una serie de pequeñas correcciones" a su trabajo, por lo que decidió quedarse durante el verano (OCI, 393). Al desencadenarse la guerra no pudo volver a su país.

favor del empréstito de guerra. En cuanto a Bell, su situación se complicó cuando, al ser expulsado de la universidad, no se lo dejó permanecer en la cárcel estudiantil y fue enviado a la prisión de Hannover. No permaneció mucho tiempo allí. Karl Runge, que había perdido a su hijo de diecisiete años alistado voluntariamente en la guerra, encontró entre sus pertenencias una carta que Bell le había enviado. Esto, más el sentido de justicia que lo caracterizaba, hizo que pusiera en juego sus influencias para que le permitieran alojarlo en su casa tras pagar una fianza. El paréntesis no duró mucho, ya que, al decretarse la prisión de todos los ingleses de las colonias, Bell fue enviado "al gran campo de concentración de Ruhleben"[631].

INVIERNO EN GOTINGA

El 13 de septiembre de 1914, con el comienzo de la guerra de trincheras, los soldados se vieron obligados a permanecer ocultos en los pozos que cavaban bajo tierra y en los cráteres producto de las explosiones. En medio del barro y la lluvia, Reinach le escribía al filósofo Theodor Conrad: "¿Habríais reconocido en el tío cubierto de barro y con el rostro ennegrecido por la barba de varios días al pacífico profesor de Gotinga?"[632].

Por entonces, Edith se alojaba en la casa de su primo Richard, en la calle Schiller 42, que estaba al cuidado de la empleada de la limpieza. Además de asegurarse de que funcionara la calefacción, la mujer diariamente le preparaba el desayuno y se ocupaba de arreglar el cuarto de trabajo de Richard donde se instalaba para estudiar. Como contraprestación, Edith asistía a sus primos con los trámites de la casa y otros requerimientos legales. Lo hacía con tal eficiencia y compromiso que el padre de Nelli llegó a decir que mientras estuviera en Gotinga no necesitarían ningún procurador. Por su parte, Richard juzgó que Edith atendía los complicados pedidos que hacía desde el frente mucho más rápidamente que su esposa, así que cada vez que necesitaba algo se ponía en contacto con ella.

Comparada con las pensiones estudiantiles, en esa casa Edith se sentiría como una reina o, mejor dicho, como la profesora universitaria que, con suerte, podría llegar a ser. Allí tenía a su disposición una "imponente mesa-escritorio de roble"[633] cerca de la ventana, lo que le permitía apreciar un bello paisaje, y completaba el cuadro una biblioteca impresionante. Al recordar el lugar, no deja de mencionar la reproducción del *El hombre del yelmo dorado*, de Rembrandt, dispuesta sobre un diván, cerca de la mesa en la que acostumbraba a cenar. En principio, estas comodidades las degustaba en soledad debido a que, por entonces, "nadie del círculo íntimo de Husserl había regresado a Gotinga"[634]. Pero en sus caminatas por la ciudad no tardó en encontrarse con Erika Gothe, y juntas compartieron almuerzos con Pauline Reinach, alojada en una casa pensión. Gracias a esta amistad, "a pesar de las agobiantes preocupaciones de la guerra", Edith dijo que "aquel invierno fue el más feliz" de su estancia como estudiante en Gotinga. Sintió que se consolidaba una amistad "más profunda y encantadora" que otras amistades estudiantiles: "Por vez primera no estaba yo en primer plano, sino que percibía en ellas algo mejor y más valioso que en mí misma"[635]. Se alegraba sinceramente al toparse con personas que compartían su nivel de exigencia y sus grandes expectativas éticas e intelectuales. Durante esa temporada en Gotinga también se sumó al grupo Liane Weigelt, una joven que no tenía familiares directos, a quien Pauline le había tomado cariño.

Como el correo funcionaba regularmente, cada semana Edith recibía "un paquetito de casa" con un "pan trenzado ritual"[636] que su madre hacía los viernes por la mañana y enviaba a sus hijos y nietos residentes en Gotinga y en Hamburgo. También por correo, desde el frente, en Verdún, Reinach enviaría unas campanillas de las nieves que llegaron todavía frescas. Por su parte, Edith y sus amigas enviaban pequeños regalos por correo militar a los amigos que estaban en el frente. "No se hicieron esperar las cartas de respuesta de Hering, de Lipps, de Kaufmann"[637]. Según Müller y Neyer, se esbozaba en ella una particular inclinación ya que "sobre todo en el caso de

Hans Lipps, que le resultaba muy simpático y de quien ella se había enamorado, trataba de averiguar qué era lo que le vendría bien"[638]. Para las amigas era prioritario estar pendientes de las necesidades de sus conocidos y de las familias de los caídos en el frente. Por eso, incluso al repasar Historia para el examen de Estado, Edith tejía calcetines y otras prendas para los soldados. Lo cierto es que la situación empeoraba día a día: llegaban noticias de los compañeros caídos, como Fritz Frankfurther y Rudolf Clemens. Con los años, Edith siguió visitando a la familia del primero, que tenía intención de publicar sus trabajos póstumos, tarea con la que le hubiera gustado colaborar[639].

Eran miles los jóvenes alistados y el mismo escenario se repetía en todos los frentes europeos. Por eso, durante ese invierno, el seminario de Husserl estuvo prácticamente vacío. Edith estableció una muy buena relación con dos nuevos estudiantes: el polaco Roman Ingarden, que debido a una afección cardíaca fue dado de baja, y Helmut Pleßner, que destacaría como impulsor de la sociología y antropología filosófica alemanas, con quien solía encontrarse a comer en la casa de la presidente de una asociación femenina[a]. Según parece, al verlos conversar animadamente sobre cuestiones filosóficas, la anfitriona esperaba que "de las reuniones en su casa saliese una parejita"[640]. Edith explica que no se les pasaba por la cabeza a ninguno de los dos.

Por el momento, ella tenía otras urgencias: en noviembre debía presentar los trabajos escritos para el examen de licenciatura. Solo unas pocas amigas estaban informadas, ya que por no inquietar a su familia ni generar expectativas no avisó en su casa. Como los orales serían a mediados de enero, decidió permanecer en Gotinga y pasar allí las fiestas de fin de año. Unas semanas antes de Navidad, Edith y sus amigas prepararon regalos para enviar al frente[641]. Como Pauline, Erika y Liane pasarían las fiestas con familiares y amigos en otras

---

a Edith tuvo que aceptar dirigir el consultorio de orientación profesional femenina para estudiantes en reemplazo de su directora, que se había marchado de la ciudad.

ciudades, antes de partir le llevaron un arbolito de Navidad. Edith comentó: "Era el primer arbolito engalanado que recibía en mi vida. Con alegría y gratitud coloqué las velas. No fue para mí en absoluto doloroso el quedarme sola. Hasta ahora no estaba acostumbrada para nada a celebrar la Navidad; y no lo echaba en falta"[642].

El 14 y 15 de enero, con sus amigas de regreso, llegó el momento de rendir los tres exámenes orales. Como era de rigor, Edith cumplió antes con una protocolaria visita a sus examinadores. Su desenvolvimiento y la fama de buena estudiante que la precedía facilitó estos encuentros, y la entrevista con Max Lehmann resultó "magnífica"[643]. En el examen supo sortear situaciones complicadas, como cuando Lehmann, muy aislado entre los profesores por su postura anglófila y liberal, le hizo preguntas que podían derivar en una discusión política acerca del militarismo prusiano[a]. También logró, gracias a "acrobacias intelectuales" (que disfrutaba, pero le producían una enorme tensión), superar obstáculos cuando le preguntaron sobre temas que no había estudiado con la profundidad que hubiera deseado[644]. En esos días, asaltada por inseguridades, Edith no pudo evitar la ansiedad. Le confió sus preocupaciones a la mujer que hacía la limpieza, la señora Hartung, que por su trabajo conocía a casi toda la facultad. Cómodamente arrellenada en el sillón, y con la máxima seguridad, esta replicó: "Weißenfels no la sus-

---

a Cuenta Edith: "Sobre todo ello habló con libertad conmigo [...]. Su consuelo era su seminario"; entre otras cosas, "el horroroso saludo '¡Dios castigue a Inglaterra!' que se había puesto de moda en algunos círculos, le sacaba siempre de quicio" (OCI, 409). En cuanto a los exámenes, el 14 de enero en Literatura Alemana, se ocupó de la Edad Media, *Meier Helmbrecht*, Lessing y el romanticismo. Sus ejercicios sobre *Fausto* eran conocidos por el examinador. El 15 rindió Filosofía, y los temas fueron el Timeo de Platón, David Hume y las cuestiones lógicas a partir de Husserl. Por la tarde, en Historia mostró que sabía de memoria la Anábasis y repasó las guerras púnicas y persas, que conocía por sus lecturas de Tito Livio. Lo más dificultoso fue cuando Lehmann le preguntó "¿qué hay de la crítica del militarismo prusiano?" (OCI, 412).

pende a usted", y con el mismo aplomo y confianza concluyó: "Y con Husserl está del todo descartado el que le vaya mal"[645]. Evidentemente, a nadie más que a Edith le preocupaba el resultado de sus exámenes.

De todas maneras, era un gran acontecimiento. Cariñosamente, sus amigas se ocuparon, finalizado cada examen, de prepararle algo de comer y de acompañarla nuevamente a la universidad para rendir el siguiente. Al terminar con el último, Edith se permitió una pequeña celebración: Pauline Reinach la llevó a tomar un café con pasteles al "Kron y Lanz"[646]. Después de enviar un telegrama informando el feliz resultado a Breslau, ambas se dirigieron a la pequeña fiesta que Erika, Liane y la dueña de la pensión habían preparado. Así recuerda Edith la escena que contempló al llegar:

> Vi como lucían en mi sitio muchas velitas en una rueda de madera pintada, como se hace por el cumpleaños con la tarta. Alrededor había ramilletes de violetas. La señora Gronerwerg se había ocupado de la comida de fiesta. Erika estaba frente a mí y sus ojos resplandecían de cariño y alegría[647].

Al día siguiente, Edith viajó a Hamburgo, donde se encontraba su hermana Rosa. Por correo, recibió las felicitaciones de su madre, quien agregó que se alegraría mucho si pensara "en aquél al que debía ese éxito"[648]. A pesar de la sugerencia de su madre, Edith reconoció que, si bien había aprendido a respetar "las preguntas de la fe" y a "las personas creyentes", "todavía no había encontrado el camino hacia Dios". Por entonces, a veces acompañaba a sus amigas a la iglesia protestante, pero "la mezcla de religión y política que caracterizaba los sermones" no la podía "llevar al conocimiento de una fe pura, y [le] repelía frecuentemente"[649].

Después de un par de días en Hamburgo, para no perderse el seminario de Husserl, quien deseaba que los pocos estudiantes que aún cursaban asistieran a sus clases, Edith regresó a Gotinga. El "siempre amable" filósofo estaba de "notable mal humor"[650]. Le recriminaba no haberlo visitado una vez finalizado el examen[a]. Además, Husserl deslizó que con resultados "tan brillante(s) en historia y literatura", ella podía evaluar si no "preferiría" doctorarse en una de esas materias. Su respuesta fue contundente: "'Señor profesor' le dije con profundo enfado, 'no se me ha pasado por la cabeza el obtener el título con cualquier trabajo. Quiero hacer la prueba de si soy capaz de hacer algo personal en filosofía'"[651]. Esfumado el enojo y en "un tono totalmente distinto", Husserl, que la apreciaba sinceramente, le aconsejó: "Ahora tiene usted que descansar de verdad, señorita Stein. Tiene cara de agotada"[652].

Desde ese momento, sus relaciones fueron de los más cordiales. Al día siguiente, Husserl la esperó en la puerta del aula para comunicarle que Malwine le enviaba especiales felicitaciones y que la invitaba, junto a sus amigas "la señorita Gothe, la[s] señorita[s] Reinach y Weigelt"[653]. Aclarado el episodio con Husserl, Edith visitó a los profesores Lehmann y Weißenfels, que le expresaron "una vez más su satisfacción" por los resultados obtenidos. Este último le reveló que el presidente del examen "había puesto dificultades" para que se le otorgara la "matrícula de honor"[b][654]. Ese domingo, en su casa, Husserl le aseguró: "Lucharemos por ti". Con sus tres examinadores a favor, en su certificado del examen escrito y oral figura la anotación "Aprobado con matrícula de honor"[655]. Todo graduado universitario sabe lo que esto significa y sin dudas semejante calificación en quien tiempo después fue la primera mujer en doctorarse en Filosofía en Alemania es un logro que debe subrayarse.

---

a Explica Edith: "Me dijo que me hubiese querido decir muchas cosas sobre mi trabajo, pero que ahora no se acordaba, y que no era todavía suficiente trabajo de doctorado (Nunca había pensado yo que lo fuese)" (OCI, 413).

b El examen de Estado la habilitaba como profesora en Historia, Filosofía y Germanística.

SEÑORITA ENFERMERA

De regreso en Breslau, Edith intentó sumarse al Servicio Sanitario. Al no ser convocada, presentó la solicitud para el examen complementario de griego, pero el esperado llamado de la Cruz Roja cambió sus planes. Le comunicaban que en Austria se requerían enfermeras y también le preguntaban si estaría dispuesta a trasladarse al hospital de Mährisch-Weißkirchen. Por una joven de Breslau que conocía el lugar supo que antes de la guerra había sido una academia militar, contaba con cuatro mil camas y se especializaba en enfermedades contagiosas. Edith estaba dispuesta a ir lo antes posible. De nada valió que, angustiada, su madre opusiera resistencia. No hubo caso, ella estaba determinada a correr los riesgos que fueran. En un desesperado intento, como le horrorizaban los piojos, Auguste le dijo a Edith que no podría evitarlos, ya que infectaban la ropa de los soldados que regresaban del frente. El débil argumento no la convenció: si los soldados, en las trincheras, tenían que aguantar a los molestos insectos ¿por qué sería ella una privilegiada? Con el mismo pragmatismo que tendría en 1933, cuando con el resto de los judíos fue forzada a abandonar su trabajo, con la misma actitud con la que aceptaría el destino de los otros deportados a los campos de concentración, durante la Primera Guerra a Edith Stein no se le pasó por la mente evadir la suerte de sus compatriotas. Sin más argumentos, Auguste quiso hacer valer su autoridad diciéndole: "*No* irás con *mi* consentimiento". Cabría preguntarse si a estas alturas la sorprendió recibir, como respuesta: "Entonces tendré que hacerlo sin tu consentimiento"[656]. Edith tampoco cedió al ver que su madre contagiaba su depresión a toda la familia.

Sin dudas, este fue el anticipo de otras decisiones que Auguste no comprendería. Finalmente, de buen ánimo y abandonados los reproches, su madre se dispuso a ayudar en los preparativos del viaje. Cuando la noticia se hizo pública, uno de sus antiguos profesores, quien consideró oportuno advertirle sobre "la situación de los hospitales militares", quiso desalentar a

Edith. Su intención era hacer hincapié en los "peligros de moralidad y que las enfermeras tenían mala reputación"[657]. Además de su feminismo, orientado a que las mujeres ejercieran todo tipo de profesiones, estos argumentos no hicieron más que confirmar su idea de que era preciso sumar enfermeras matriculadas y con firmes convicciones. En cuanto a Erna, que la conocía demasiado bien para intentar disuadirla, optó por actuar con practicidad y le aplicó vacunas contra el tifus y el cólera[658].

Una vez en el hospital, Edith pudo apreciar el estado de cosas[a]. La enfermera jefe, que provenía de una comunidad rural de Silesia, tenía a su cargo a unas ciento cincuenta enfermeras y auxiliares, y debía lidiar con un director checo, situación complicada porque no recibía ninguna colaboración de la población, que "era en su mayoría checa y antialemana"[659]. Años después, Edith no disimulaba su acritud: "Mientras nosotras atendíamos a sus heridos, las muchachas de Weißkirchen, muy peripuestas, estaban sentadas en los paseos del balneario escuchando [algún] concierto"[660].

Como la regularidad de los tiempos de paz estaba totalmente alterada y las cartas se perdían o eran demoradas en el correo, era costumbre que las nuevas enfermeras llevaran cartas. Aunque "estaba rigurosamente prohibido eludir de esta forma la censura que había entre los países aliados [...] nadie se preocupaba de semejante prohibición"[661].

Edith fue enviada como auxiliar a la sección de enfermos de tifus que funcionaba en un edificio donde había una escuela de equitación. Había dos salas con sesenta pacientes graves cada una. Luego, las salas ocupadas por cincuenta y ocho enfermos

---

a Edith hace una descripción de la organización de las enfermeras: los hospitales de Bohemia y Moravia estaban en su mayoría en manos de enfermeras alemanas, y la Cruz Roja silesiana proporcionaba las auxiliares. Edith partió de Breslau junto con otras dos jóvenes. Poco después se sumaría una conocida que quiso inscribirse al conocer su decisión. Además de los consabidos retratos físicos y de carácter de quienes se encontró allí, da precisiones acerca de las tareas de todos y la suya propia.

en mejor estado. Habitualmente, una vez restablecidos, los convalecientes eran trasladados a unas barracas hasta su total recuperación. En cada sala de enfermos de tifus se disponía de un médico, dos enfermeras titulares, dos auxiliares, dos celadoras y un reservista de la milicia popular. Antes que nada, Edith fue informada de las medidas que se debían tomar para evitar el contagio. Además del uniforme, usaban una bata blanca que se quitaban al abandonar la sección de tifus. Además, entre paciente y paciente era necesario lavarse las manos en "una jofaina con agua sublimada"[662] y toda la ropa utilizada debía desinfectarse inmediatamente. El mayor orgullo de todos en la sección era el trabajo bien hecho, al punto que "se decía de la enfermera jefe que si se contagiaba no moriría de tifus sino de vergüenza"[663].

Más allá del curso de pocas semanas realizado meses antes, y de alguna que otra lectura de un manual para enfermeras, Edith "no había visto jamás un paciente de tifus"[664]. En la práctica diaria, su capacidad de observación, su deseo de hacer las cosas bien y su interés y conocimiento de psicología y filosofía, especialmente de su tema de tesis, la empatía, fueron determinantes en su desempeño y, desde un principio, Edith se caracterizó por su percepción de lo que les sucedía a los enfermos. El más grave era un joven comerciante de Trieste. Su boca estaba constantemente llena de una mezcla de saliva y sangre, por lo que le indicaron que, cada vez que pasara a su lado, le limpiara la boca con una gasa: "El enfermo agradecía siempre este amable servicio con una mirada"[665]. Edith captaba los gestos, las miradas de los pacientes. Observaba que "médicos y enfermeras hablaban junto a la cama como si él no entendiera nada. Pero yo percibí en sus grandes y brillantes ojos que su conocimiento era perfecto y que atendía a todo lo que se decía"[666].

La presencia de un caso muy grave, en peligro mortal y muy contagioso hizo que las enfermeras del sector no pudieran abandonar la sección de tifus y tuvieran poco contacto con colegas de otras áreas del hospital. Edith compartía el cuarto con tres enfermeras de su sector. Las conversaciones en torno a las "penas amorosas" de una de ellas, "naturalmente a causa del médico de la sección"[667] no le resultaban interesantes, y trataba de evadirse escribiendo cartas o leyendo. De estas anécdotas se deduce que la división social y cultural entre las enfermeras era notoria. Edith prefería el trato con personalidades afines, como una enfermera profesional, bastante mayor que las demás, de quien dijo: "Sus grandes ojos azules sonreían de la alegría de vivir. Se notaba enseguida que estaba en presencia de una persona inteligente y enérgica"[668].

Los ojos, la mirada fueron protagonistas también de un incidente que sucedió durante la fiesta de despedida de un médico que se trasladaba a otro hospital. Sin conocer al homenajeado, Edith no tenía intención de asistir, aunque aceptó por consejo de una superiora, que no deseaba que al ausentarse produjera una mala impresión en sus compañeras[a]. Al principio de la reunión, enterados de que había estudiado Filosofía, algunos de los asistentes le hicieron preguntas, pero a medida que los vasos de licor se vaciaban se abandonaron las conversaciones intelectuales y Edith, declarada abstemia, se sentó en silencio, observando lo que acontecía a su alrededor. Un médico tomó a una enfermera que no quería beber más y, sujetando su cabeza, le infiltró licor. "¿Qué podría venir aún?"[669]. Los únicos sobrios eran ella y el médico polaco que se despedía del hospital y que, viéndola incómoda, le preguntó: "Enfermera, ¿qué piensa usted de mí?"[670]. Aún con ánimo de dar siempre respuestas adecuadas y sinceras, Edith respondió: "No me formaré juicio alguno en una sola noche"[671]. De inmediato, percibió que también a él le resultaba penosa la circunstancia. Mientras tanto, con las advertencias de su profesor en mente, acerca de la "moralidad" de las enfermeras, ella se preguntaba: "¿Son consideradas por lo general las enfermeras como caza libre?"[672]. Al describir esta escena, más que una actitud moralista vacía, Edith refleja una preocupación feminista acorde a su época. Porque, si bien ella misma era bastante

---

a La fiesta anterior había sido cuando "se festejó el paciente de tifus número 1000". Dice Edith: "¡Festejar el paciente de tifus número 1000! Casi se me ponen los pelos de punta" (OCI, 422).

puritana, no critica a la enfermera en cuestión sino al sistema hospitalario y al sistema médico en su conjunto, habituado a prácticas patriarcales, que no veía a las mujeres en condición de paridad profesional. Tampoco debería olvidarse la conmoción que le había provocado la lectura de la novela *Helmut Haringa*, en la que se trataba el tema de la sífilis[a].

Edith fue escoltada por el doctor polaco hasta su dormitorio, que estaba ocupado por un médico, "casado y mayor", que se ocupaba de organizar con unas enfermeras "una juerga con magia"[673]. Estas situaciones y que la "coqueta villa en la que moraban los médicos" fuera denominada "casa de Fausto"[674] la sacaban de quicio[b]. Pero lo que más hastío e indignación le causó fue que todo esto sucediese "bajo el mismo techo donde había enfermos graves"[675]. Para Müller y Neyer, por este tipo de anécdotas, se recibe la impresión de que retrospectivamente Edith presenta su actividad "como ejemplo de un servicio irreprochable"[676] pese al entorno. En esa línea, retrata a algunas de las enfermeras. Dice que, aunque eficientes y activas, "daban la impresión de que estaban más marcadas por la ambición que por el amor al prójimo"[677]. Lo cierto es que la tensión y el trabajo excesivo al que estaba sometido el personal de salud podían llevar a "familiaridades y desenfrenos que sobrepasaban los límites de lo que antes era corriente"[678].

Pero Edith se regiría toda la vida por el precepto kantiano que dice que se debe actuar de tal manera que el propio accionar

a En ella se presenta a "una clase obrera socialmente empobrecida" y dada al alcohol, a "modestos empleados" como víctimas del sistema. Pero también son víctimas las mujeres. Está Lili, una joven educada para el matrimonio pretendida por un hombre que la busca por su dinero y "le tiene completamente sin cuidado infectar de sífilis a su futura esposa [...]. La familia de la novia hace oídos sordos a todas las advertencias. Mientras infectada Lili lucha con la muerte, el oficial está buscando ya otro buen partido para casarse" (MyN, n. 1, p. 95).

b Con este nombre se establece una relación con el *Fausto* de Goethe, específicamente su relación abusiva con la joven Margarita.

sirva como "máxima universal". Así, frente al dolor de los demás, no podía permitirse deslices, ni pensar en sí misma. Es el caso presentado en *Ser finito y ser eterno* en el que un médico es llamado a salir a ver un enfermo luego de una extensa y agotadora jornada de trabajo: "La exigencia no calla. Es una vida humana la que está en juego: 'tu puede porque debes'. Esta máxima que se ha leído alguna vez en la *Crítica de la razón práctica* de Kant, aquí se impone como expresión de la exigencia vivida"[679].

A poco de su ingreso, Edith era tan eficaz que el médico de la sala le comentó a un colega: "Lleva aquí solo dos semanas y ya se responsabiliza de sesenta enfermos de tifus"[680]. Ella supo entablar una buena relación con ese médico, que apreciaba su interés por la medicina, le daba explicaciones aclaratorias junto a la cama de los enfermos e intentaba conversar en latín con ella[a]. Pero lo que más le gustó fue descubrir y vivenciar "la relación con el paciente"[681], además de administrar diplomáticamente tensiones entre los grupos de enfermeras. En cuanto al tifus, el tratamiento médico no alcanzaba y "mucho dependía del diligente cuidado de la enfermera"[682]. Su "afición al trabajo en la sección de tifus"[683] fue notable. Dejó testimonio una de sus compañeras:

> Estábamos contentas de poder prestar socorro y mitigar sufrimientos en la medida de nuestras fuerzas. Edith Stein realizaba su labor con paz, silencio y prudencia. Las enfermeras diplomadas del Estado, bajo cuyas órdenes trabajábamos, no nos facilitaban el trabajo, tal vez para hacernos comprender que nuestra "formación superior" universitaria no valía gran cosa en comparación con su saber hacer y su pericia en el cuidado de los enfermos —y en esto, evidentemente: tenían razón—. Sin embargo, no nos dejábamos doblegar por ello[684].

---

a Edith aclara: "Claro es que era un latín bárbaro el que chapurreaban los médicos" (OCI, 426).

En el hospital se encontraban "representadas todas las naciones de la monarquía austro-húngara: alemanes, checos, eslovacos, eslovenos, polacos, rutenos, húngaros, rumanos, italianos"[685]. De vez en cuando también llegaba algún turco o ruso. El equipo médico contaba con un pequeño librito en nueve idiomas en donde figuraban las preguntas más frecuentes. Con varios idiomas en su haber, facilidad para aprenderlos y deseos de comunicarse, Edith pronto dominó su contenido. Para ella, con su tesis sobre la "empatía" pendiente, el encuentro con aquellos pacientes fue un aprendizaje que, entre otras cosas, le hizo "percibir las diferencias entre las naciones"[686]. Según su relato, las enfermeras coincidían en que "los húngaros", reconocidos por su valentía en el frente y por el comportamiento "caballeroso y amable", "eran los pacientes más ofendidos"[a]. En cuanto a "los checos, que debido a su 'traición' a la causa alemana eran tan odiados", Edith dijo que eran "los más sufridos pacientes y los más dispuestos y serviciales". "Nuestros compatriotas", indica:

> Eran muy exigentes y criticones, siendo capaces de revolucionar toda la sala cuando algo les disgustaba. Los "pueblos incultos" eran humildes y agradecidos. Me daban mucha pena los pobres eslovacos y rutenos, que habían sido arrancados de sus pacíficas aldeas y enviados al frente. ¿Qué sabían ellos del destino del "Reich alemán" y de la monarquía de Habsburgo? Ahora estaban postrados en la cama y sufrían sin saber por qué[687].

Durante su cautiverio como prisionero de guerra en Italia, Karl Löwith relata la convivencia desde el punto de vista del soldado judío alemán reunido con "los vieneses y los húngaros, con los checos —en su mayor parte desertores que combatían contra Austria—, con los croatas y con los polacos". Dice, como

---

a Si se quejaban cuando se les realizaba el penoso cambio del primer vendaje, en el quirófano les decían: "*¡Nem sabot, Magyar!*" ("No está permitido, magiar") (OCI, 427) Según el Diccionario de la RAE, magiar es un adjetivo que significa "húngaro", viene de la palabra en húngaro magyar..

Stein, que “los vieneses y los húngaros eran los que mejor sabían alegrarse la vida con evidente arte social”. Bebían, practicaban juegos y chistes, “además tenían el canto y la música”. A casi todos les interesaba la literatura: “Cada uno poseía un talento individual y una humanidad al estilo de la vieja Austria”. Cuando fue trasladado en 1917 a un campamento alemán, convivió con oficiales alemanes “eficaces, organizadores, pedantemente correctos” que “estaban constantemente protestando y dificultando la vida en cautiverio con pretensiones inaccesibles”[688].

Edith también registra la presencia de un sacerdote militar que en ocasiones recorría la sala y “parecía despertar poca confianza”[689]; ella no lo vio nunca conversar con nadie ni administrar los sacramentos, y agrega: “Por desgracia estaba yo entonces tan ignorante de esas cosas que no se me ocurría el preguntar ni preocuparme de ello”[690]. Lo que sí la preocupaba, y mucho, era el estado de sus pacientes. Fue en el hospital cuando por primera vez vio morir a una persona. También relata el caso de un paciente que llegó muy grave, sin conocimiento, y que falleció durante una de sus guardias nocturnas. Mientras ponía en orden sus escasas pertenencias, encontró “una tarjetita” que le había dado su esposa en la que se podía leer “una oración para que se le conservase la vida”. Edith aseguró: “Esto me partió el alma. Comprendí [...] lo que humanamente significaba aquella muerte”[691].

Su actividad hospitalaria ocupa el capítulo más extenso de su autobiografía. Destaca el momento en que un joven comerciante italiano en vías de recuperación la llamó dándole a entender que quería dictarle una carta:

> Tomé papel y pluma y me arrodillé junto a su cama. Él articulaba las palabras con los labios —no podía ni susurrar—, y yo le miraba con tensa atención a la boca, descifraba cada palabra, la escribía y le mostraba cada frase que había compuesto para comprobarla. Así compusimos una carta en italiano para sus hermanas[692].

Ya repuesto, lo llevaron a una barraca junto con un amigo, donde ayudaba en la sala enrollando las vendas y prestando pequeños servicios. Totalmente recuperado, "el romántico Mario se reveló finalmente como un consumado pícaro"[693].

DE JERARQUÍAS Y PREJUICIOS

En el hospital se reflejaban las diferencias y jerarquías del imperio prusiano. El oficial al mando de la secretaría militar podía ser atento, y de palabra recomendar que se obedeciese a las enfermeras como a él mismo, pero Edith consideró humillante que se obligase a los soldados reservistas de la milicia popular a "prestar los servicios más bajos y sucios"[694].En rebeldía, esos soldados, en su mayoría polacos y checos, pretendían no comprender las órdenes que les dirigían los alemanes. A las enfermeras correspondía el penoso deber de denunciar a los desobedientes, aunque, cuenta Edith, "los austríacos tenían unos castigos tan horribles, como maniatar o azotar, que nadie hacía tales denuncias"[695]. Para ojos atentos como los suyos el hospital asemejaba un observatorio humano en miniatura, y Edith distinguió a unos y otros. La observación se extendía en su tiempo libre y a lo que sucedía en la confitería del mercado:

> Se encontraban cosas excelentes, pues los austríacos son golosos. [...] se hallaban de costumbre un par de oficiales con sus elegantes y apuestos uniformes. Bebían de pie un par de vasos de licor mientras consumían unas tortas dulces —una escena extraña cuando se lleva consigo el concepto alemán de "heroísmo"—. También yo me acostumbré pronto al café fuerte y a los cigarrillos. Los nervios exigían algún estimulante cuando se regresaba de la sala de los enfermos[696].

En el microcosmos del hospital también los prejuicios de la sociedad se veían con nitidez. Por eso, Edith prefería el servicio nocturno, durante el cual trataba solo con los enfermos. Entre las personas que más le agradaban estaba Suse Mugdan, conocida de su primo Richard Courant, cuya "pureza de corazón", carácter sincero y "delicados y profundos sentimientos"[697] la conmovían. Al igual que ella, Suse había decidido trabajar en el hospital sin el apoyo de su familia, pero convencida de que tenía que cumplir con un deber para con la patria[698]. A Suse le angustiaba que su hermano gemelo estuviera en el frente. De origen judío, al morir su padre, argumentando que con ello les aseguraba un mejor futuro, su madre los había bautizado en el protestantismo. Edith interpretó que se trataba de "una persona buena y humanitaria que no pensaba para nada en ventajas materiales para sí misma"[699]; pero su hija no agradecía esa decisión, porque "su espíritu limpio y sincero rechazaba un cambio que no provenía de un convencimiento interior"[700]. Aunque Suse pensó en volver a la religión de sus ancestros, al hacerse mayor el judaísmo le resultaba extraño. Por otra parte, por su educación escolar en el protestantismo "había recibido un cierto sello cristiano, y en muchos aspectos le tenía afecto"[701].

Aun antes de la emergencia del nazismo, la preocupación por la identidad religiosa y las consecuencias de la asimilación afectaban a miles de judíos. Y es precisamente al contar el caso de su amiga Suse una de las pocas veces que Edith reconoce haber enfrentado prejuicios antisemitas:

> Naturalmente[a], tuvimos que oír con frecuencia en el hospital alguna manifestación de antisemitismo. Suse me tenía envidia dado que yo podía entonces enfrentarme sencillamente a la situación, puesto que era judía. (Por lo demás también se admiraba de que nadie me tuviera a mí por tal). Cuando ella se callaba ante una tal consideración, se consideraba a sí misma cobarde; cuando intentaba decir algo, se veía obligada a dar unas explicaciones circunstanciales que extrañaban y no eran entendidas[702].

---

a No era el caso de todos. Karl Löwith, que tuvo un desempeño heroico, dice: "Durante mi experiencia en el frente nunca percibí una discriminación de raza, ni por parte de los soldados rasos ni del cuerpo de oficiales" (K.L, 25).

Pese a la intimidad que habían alcanzado, Suse y Edith se trataban de 'usted', diferenciándose de lo que les parecía la "burda confianza con que se trataban mutuamente las otras enfermeras sin tener internamente nada en común"[703]. Esa necesidad de elevarse del común podría corresponderse con exigencias de la *Bildung*, pero "que nadie" la tomara por judía remite a una cuestión de fondo del antisemitismo, porque tanto la figura del "judío de excepción" como el *no parecer judío* engloban la no excepcionalidad de otros, o la supuesta existencia de una caracterología judía. Por otra parte, el deseo de integrarse no correspondía solo a los judíos asimilados; desde el inicio de la Primera Guerra se animaban sentimientos comunitarios, al punto de que el sociólogo Max Weber exclamaba: "*La existencia alemana es nuestro objetivo de guerra*"[704]. Su esposa, Marianne Weber, se hacía eco del sentimiento vivenciado por el grueso de la población mientras se conformaba lo que Losurdo llama "una experiencia extraordinaria que hace participar a la entera nación alemana y la fusiona por completo en una especie de cuerpo místico colectivo". Así expresó Marianne Weber ese *sentir*:

> [Es] la hora de la desindividualización (*Entselbstung*) [...] El amor ardiente por la comunidad (*Gemeinschaft*) quiebra los límites del yo. Cada uno se convierte en una sola sangre y un solo cuerpo con los otros, todos unidos en fraternidad, prontos a anular el propio yo en el servicio[705].

El mismo lenguaje con resonancias míticas se percibe en Max Scheler, quien en ese entonces decía: "Ya no somos lo que hemos sido por tanto tiempo: individuos solos"[706]. Y refiriéndose a la posibilidad de la muerte durante el conflicto bélico, en una carta Husserl afirmaba: "El sentimiento de que la muerte de cada uno significa un sacrificio ofrecido voluntariamente confiere una dignidad sublime y eleva el sufrimiento individual a una esfera que está por encima de toda individualidad"[707]. Podría decirse que la tragedia de Edith Stein y la de muchos judíos asimilados fue creer y sentir que formaban parte de una comunidad o de un concepto universal de humanidad que era socavado constantemente por los prejuicios antijudíos, y finalmente por el nazismo que, en el lugar de lo universalmente humano dio centralidad al "hombre alemán" entendido como sinónimo de "hombre ario".

En cuanto a los comentarios que ella y Suse tuvieron que "oír con frecuencia" en el hospital, se sabe que al principio de la Primera Guerra Mundial se aplicaban a los judíos estereotipos similares a los que "en el curso del conflicto"[708] bélico se utilizaron para referirse a los enemigos de Alemania[a]. En pocas palabras, la *Kriegsideologie* (ideología de la guerra) adquirió en Alemania características específicas, entre ellas, la exaltación de un tipo particular de comunidad, unida por lazos de sangre, herencia y destino, de la que se excluía a los judíos, acusados de carecer de sentido de historicidad y de no tener vínculos con el terruño.

En ese contexto, Edith cuidaba con el mismo esmero a suboficiales y oficiales alemanes que a un joven albañil con una grave pleuresía, imposibilitado de ingerir bocado y que había expresado el deseo de comer naranjas. Para animarlo, luego de recibir de regalo un chocolate "Lindt", se propuso alimentarlo en base a una dieta de naranjas y chocolate. Su deseo de aliviar los últimos días del paciente resulta tan conmovedor como el relato que hace de su muerte y lo afectados que quedaron ella y el experimentado médico de la sección.

Cuando en el frente se comenzó a vacunar contra el cólera, la viruela y el tifus, y en el hospital no se daba el alta sin vacunar a los pacientes, los casos comenzaron a disminuir. Luego de tres meses de dura labor se le ofreció a Edith una licencia que rechazó, porque no se sentía merecedora de descanso. En sus tiempos libres repasaba el único material de lectura que había llevado, la *Ilíada* y *Odisea* de Homero y las *Ideas* de Husserl.

---

a En 1911, Werner Sombart afirmaba: "Es sobre todo el judío el que encarna de modo plástico las características de esos 'mercaderes' (*Händler*) contra los cuales los 'héroes' alemanes se disponen a empeñarse en una lucha mortal" (Losurdo, 147-8).

En Pentecostés, cuando la visitó su hermano Arno, también voluntario en el área de salud, además de regalos y cartas para ella y para las demás enfermeras, le acercó su manuscrito sobre la empatía, todavía en etapa de redacción. Con más tiempo libre, sin tener que atender urgencias hospitalarias, al principio Edith pensó aprovechar el tiempo para estudiar, pero pudo más la conciencia de que no estaba allí para eso y pidió ser trasladada a otra zona del hospital que requiriera ayuda. Fue enviada al quirófano, donde con una compañera se encargaban de cuidar la asepsia y de deshacer los vendajes, "así los médicos no tocaban nada que no estuviera esterilizado"[709].

PACIENCIA Y PACIENTES

Frente al descuido o los diagnósticos errados, Edith se sublevaba: "¿No era intolerable que allí donde debían ser curadas las personas, fuese lugar de origen de nuevos sufrimientos?"[710]. Ciertamente, también ella sería motivo de observación por parte de sus compañeros de trabajo, a quienes resultaba una personalidad fuera de lo común. Que tuviera un grado universitario en filosofía o que la encontraran leyendo a Husserl no dejaba de sorprender a enfermeras y doctores[a]. Pero Edith se percató de que su profesión podía utilizarse como "defensa" contra las impertinencias de los médicos: cuando se la presentaba como "enfermera Edith, de civil filósofa" quedaba "a salvo"[711] de ellas.

Aunque un incendio y las reparaciones detuvieron el trabajo en su sección, siempre había algo que hacer, sobre todo cuando llegaron cerca "de mil heridos"[712]. Familiarizada con los métodos de la cirugía de guerra, Edith se hizo cargo de recibirlos y destacó que "la gran tarea duplicaba nuestras fuerzas". Se sentía tan

a Un médico joven la encontró leyendo a Husserl, se mostró "muy asombrado", y le dijo: "Oh, ¿es usted filósofa? ¡Yo creía que usted era médica!". Lo que no sabía, agrega Edith, "es que también la filósofa tenía ojos críticos para las manos de los médicos" (OCI, 437-8).

bien en esa "tensión" que esa jornada resultó el más bello día de su estancia en el hospital militar. Lo mejor fue cuando oyó a uno de los médicos preguntar quién era "la enfermera incansable que estaba en la mesa del instrumental"[713]. Para Moreno Sanz, "esa misma tensión y el permanente estado de alerta en el que vive su tan valerosa y eficiente confrontación con la enfermedad, el dolor y la muerte de otros seres humanos" tuvo indudable influencia para su reflexión sobre la empatía[714].

Además de pasar por las áreas más sensibles y delicadas del establecimiento, Edith también se ocupó de ayudar a la enfermera que se encargaba de bañar a los soldados. Durante los bombardeos, los integrantes de la infantería solo avanzaban metro a metro, arrastrándose por el suelo, y los soldados pasaban gran parte del tiempo en trincheras que cavaban en la tierra. Al llegar al hospital debían quitarse lo que llevaban puesto para que lo desinfectaran. Aquellos que podían caminar iban a las duchas, los heridos e incapacitados se los bañaba "como a niños pequeños"[715]. También procedía a higienizar en las camillas a los que estaban muy graves. Edith explicó: "Nadie se puede imaginar el alivio que era para ellos el baño, pues la mayoría no había tenido en meses y algunos quizá en todo el año ocasión de lavarse de verdad"[716]. Pero incluso el baño podía ser ocasión de intenso sufrimiento al retirarse los vendajes colocados en el frente.

En cierta ocasión, Edith puso en su lugar y denunció a uno de los doctores que fue "impertinente"[717] con ella[a]. Sintiéndose

---

a Fue un médico polaco "que nada sabía de [ella]" y le tomó la mano mientras ella sujetaba "en la sala de vendajes un brazo roto para que él lo entablillase". La sala estaba repleta de pacientes: "No podía soltar sin causar grandes dolores al herido, ni podía decir nada si quería que no se enterase la gente [...]. Únicamente pude defenderme con una mirada; que fue suficiente para librarme. Para disgusto mío, el impertinente aún me susurró después, en presencia de los pacientes: 'No se me enfade usted'" (OCI, 442). Edith decidió "presentar la queja oportuna al doctor al día siguiente en su oficina". Además de presentarse ante él, Edith le advirtió que debería dirigirse a ella tratándola de "enfermera", no llamándola "señorita" (OCI, 442).

de todas formas una privilegiada, si comparaba el sufrimiento de sus amigos y demás soldados, esbozó la idea de acompañarlos formando parte de un equipo quirúrgico. Le planteó esta posibilidad al doctor Scharf, el único médico alemán que trabajaba en el hospital, quien además le preguntó por qué había dejado en pausa su trabajo científico: "Le dije que todos mis compañeros de estudios estaban en el frente, y no veía por qué iba yo a estar mejor que ellos. Esto pareció impresionarle. Pero cuando le propuse que se alistase en un equipo quirúrgico del frente y que me llevase con él, no le sedujo la idea"[718]. Algo similar planeó otra filósofa judía, Simone Weil[a], durante la Segunda Guerra Mundial; fue De Gaulle en ese caso quien desestimó de plano la idea.

Entre abril y septiembre de 1915 Edith trabajó como enfermera. En julio recibió la visita de su hermana Erna, que tenía unos días de permiso. Edith quiso alquilarle una habitación y de nuevo se hicieron evidentes las tensiones entre austríacos y alemanes, ya que cuando se acercaba a las casas de pensión preguntando "en alemán" si había cuartos disponibles, no obtenía "ninguna respuesta"[719].

La enfermera jefe ofreció a las hermanas Stein un alojamiento en el hospital. La recepción que se le hizo a Erna demuestra que Edith era apreciada y que a nadie se le ocurría que una visita familiar le restaría eficiencia en su trabajo. Como recordaría, en semejantes tiempos, pequeños gestos resultaban sumamente gratificantes:

---

a En 1940, tomada París por los nazis, Weil huyó a Marsella y emigró con sus padres a Nueva York. Pese a los riesgos regresó a Europa, donde fue convocada por el Comité Nacional de la France Libre, en Londres. "Allí se agudizó su permanente voluntad de sacrificarse por los demás, en este caso por el pueblo francés [...], exigiendo que le encomendasen las más peligrosas misiones". Quería "crear un cuerpo de enfermeras en las zonas más peligrosas de la guerra, para así configurar una formación especial, enteramente moral y humanitaria, que se contrapusiese a las 'formaciones especiales' que eran las SS hitlerianas" (MS, 133).

> Trajeron las camas, una mesa y sillas. Un par de paños campesinos de colores, que había adquirido en el mercado de las arcadas por poco dinero, hicieron de mantel, y unas flores recogidas en el campo convirtieron el cuarto en un cuarto acogedor [...]. Habíamos comprado una jarra simpática con tetera de Karlsbad y dos tacitas. Mi huésped se pasaba la mañana leyendo o dando un paseo. A veces Suse o Alwine tenían tiempo para hacerle compañía[720].

Erna no se quedaba atrás en responsabilidad porque, además de no quitarle nada de su tiempo al servicio hospitalario, quiso colaborar "poniendo vendas"[721]. Había, sin embargo, tiranteces y celos por parte de la responsable del área. Nuevamente la enfermera jefe fue en rescate de Edith al darle un día completo de permiso y las hermanas pudieron pasar todo el tiempo juntas y hacer una excursión a pie hasta Elfenstein, en la que hablaron "sin estorbos. Erna tenía, como siempre, muchas cosas en su corazón..."[722].

Prejuicios religiosos y raciales, diferencias de estatus. El hospital era un microcosmos que no disminuyó en nada su optimismo. Tampoco su sentimiento patriótico resultó afectado tras su experiencia como enfermera. Sus memorias pueden completarse con el testimonio de Ludwig Wittgenstein, quien se enroló como voluntario al estallar la guerra y advirtió de inmediato el odio y la "vulgaridad" general de la tropa que había sido reclutada obligatoriamente, y que "no tenía simpatía alguna hacia los voluntarios, intelectuales y de extracción burguesa"[723].

Un suboficial alemán, extremadamente crítico y exigente, admitió, en referencia a Edith: "La enfermera tiene más trabajo con nosotros que una madre con nueve hijos"[724]. En reconocimiento, finalizada su etapa como enfermera, varios de sus pacientes siguieron en comunicación y escribiéndole. Lo cierto es que al concluir cada jornada por las noches apenas se mantenía en pie:

> Algunas veces me iba rápidamente a nuestro cuarto y Alwine u otra alma compasiva me llevaba la cena, y así me ahorraba un rato de estar a pie. Era un alivio deslizarme en la cama y dejar descansar los fatigados pies. Al menos los pies, pues no podía dormirme enseguida. Me sentaba medio dormida en la litera, mirando por la gran ventana al Beczwa y el dorso de la colina en cuyo final estaba Helfenstein. Era una vista deliciosa cuando salía la luna. Pero yo pensaba en mis enfermos, y me sentía feliz cuando llegaba la mañana y comprobaba que nos les faltaba nada[725].

El último tiempo en el hospital lo pasó en el área de vendajes, que fue "su ocupación preferida"[726]. Asimismo, debió dividirse entre la atención de una sala en la que solo había cuatro enfermos, pero que requerían cuidados especiales, y una sala más grande, donde los pacientes la solicitaban constantemente. Mención especial merece la habitación de oficiales[727]. Con el arribo de uno de ellos, un aristócrata exigente sobrino de un ministro, las autoridades dieron la orden de trasladar a sus "queridos cuatro pacientes"[728] a otra sala para tuviera la habitación para él solo. Además de lamentar este traslado que favorecía a una sola persona, Edith explica que el oficial en cuestión no permitía que nadie se le acercase, solo confiaba en un asistente que "se quedaba como un perro fiel, acurrucado a los pies de la cama, cumpliendo en el acto y sin protestar cada orden", aunque el aludido "no parecía sentir ninguna tristeza ante el desesperado estado de su señor. Cuando se le enviaba fuera para algún recado, charlaba jovialmente con las chicas"[729]. Si bien los médicos no le daban precisiones sobre el estado del paciente, a Edith la desesperaba verlo "perder fuerzas rápidamente", sin tener oportunidad de "hacer nada" por él[730]. Sin percatarse de que también ella estaba al límite de sus fuerzas, quedó conmocionada cuando al intentar alcanzarle una medicación, el enfermo apartó su mano de un golpe diciéndole: "Márchese, canalla"[731]. Aunque un hermano que acompañaba a este oficial le pidió disculpas, y ella sabía que en su estado no podía tomar a mal estas actitudes, ese día Edith sintió que no podía más, sus "sobreexcitados nervios"[732] habían llegado al límite. Mucho trabajo, apenas comer, acompañar los casos desesperados y demás tensiones la dejaron exhausta, pero solo después de "fuertes luchas interiores"[733] aceptó retirarse. Como en el hospital había menos casos y se contaba con ayuda suficiente, pensó "si no si no sería desacertado el interrumpir por tanto tiempo" su "trabajo científico"[734]. Aunque con escrúpulos de que "ese argumento fuera egoísta", y sufriendo porque Suse Mugdan estaba de permiso y no podía hablar del tema con ella, llegó "el momento de las despedidas"[735]. Edith obsequió a sus pacientes los cigarrillos que le habían enviado desde su casa. Con énfasis, "los húngaros y los eslavos" le "besaban agradecidos la mano"[736]. En cuanto a sus compañeras:

> También las muchachas se despidieron con besos en la mano y lagrimitas. La enfermera Margarete y Emmi me prometieron escribirme dándome noticias de nuestros enfermos. La doctora Scharf, prima del cirujano que trabajaba con nosotros desde hacía tiempo, me estrechó fuertemente la mano y me dijo: "Que le vaya bien, señora colega de otra facultad"[737].

Esta despedida con honores no evitó un penoso incidente con el que culminó su etapa como enfermera. El día de su partida, Edith y dos de sus compañeras recibieron un grueso paquete de cartas para llevar a Alemania. Por descuido, ella lo puso en su bolso de mano. En la aduana, un soldado alemán le preguntó si llevaba "algunas cartas de amor"[738]. Como se recordará, estaba prohibido pasar correspondencia debido a la censura. El paquete de cartas fue confiscado. Lo mismo les sucedió a las otras dos enfermeras. Semanas después, cuando se le notificó que estaba acusada ante un tribunal de guerra por "quebrantamiento de censura"[739], ella afirmó que prefería ir a la cárcel antes que mentir. Es probable que no fuera solo el deseo de decir la verdad lo que la rebelaba, sino lo ridículo de la norma y del castigo que se le podía imponer luego de haber brindado servicios que poco podían compararse con el tema de las cartas. Al final, gracias a la intervención de amigos con influencia y de la Cruz Roja de Breslau, que mediaron en su favor, el proceso fue anulado[a].

a De manera premonitoria en una carta, Reinach la llama "Querida sor Edith" (sor, en el sentido de hermana), donde le dice: "En el momento presente, henos aquí, como camaradas de guerra". Se le otorgó la Medalla al valor (*Tapferkeitsmedaille*) de la Cruz Roja, de la que nunca hablará, excepto a su priora, una vez que ingrese en el Carmelo (JB, 75).

9
PRIMERA DOCTORA EN FILOSOFÍA DE ALEMANIA

REGRESO AL ESTUDIO

Edith, que pensaba volver a sus funciones, aprovechó sus días de permiso en Breslau para acreditar su tiempo de práctica y rendir el examen como auxiliar de enfermería, "examen que solo podía hacerse tras seis meses de experiencia en un hospital"[740]. También prosiguió con sus estudios de griego, exigidos para acceder al título de doctora. Para ayudarla, Suse Mugdan le presentó a su hermana Bertha y a su cuñado, Julius Stenzel, especialista en lenguas clásicas. Cuando los conoció, el matrimonio leía en conjunto *La República* de Platón. Después de pedirle que tradujera unas líneas, la invitaron a formar parte de las lecturas que solían realizar juntos los domingos. Además, Edith se reunía con Bertha, que le daba clases mientras el menor de sus tres hijos dormía en su cochecito. Si se topaban con alguna dificultad mayor, llamaban al marido, que además la aconsejaba en los aspectos formales del examen. La actitud del doctor Julius Stenzel fue excepcional. Aunque no era judío, al llegar los nazis al poder lo despidieron porque mientras fue rector amonestó a un grupo de estudiantes pronazis. Tras su muerte, ocurrida en 1935, en recuerdo de su amistad, Richard Courant, que en un acto de valentía había regresado por un tiempo a Alemania, ayudó a una de sus hijas a emigrar a los Estados Unidos.

El examen de griego ilustra las exigencias universitarias de la época y el estilo de los profesores de fines del siglo XIX y comienzos del XX. Todo cambió al terminar la Primera Guerra Mundial, cuando no sería frecuente encontrar a ejemplares como el señor Landien, "un modelo de director de instituto de los antiguos tiempos; majestuoso y de gran bondad a la vez, [su] aspecto externo imponía respeto, con su figura gallarda y la larga barba blanca partida por la mitad"[741]. Este profesor le dictó un discurso de Lysisas para traducir; para alivio suyo, no encontraba en ese texto dificultades. Luego, en el examen oral se sumó otro docente. Además de traducir a Isócrates, Edith respondió preguntas sobre *Fedón* y sobre Homero, y así obtuvo el certificado que la habilitaba a presentarse al doctorado. Como en la Universidad de Breslau no se requería para doctorarse un examen complementario de griego, los profesores le preguntaron intrigados cuál era su objetivo. Explicó que estaba determinada a doctorarse con Husserl, a quien también le resultaba asombrosa la discípula, que, según él mismo comunicaba en tono de broma a quien quisiera oírlo, en su "descanso del trabajo de enfermera"[742] se había hecho tiempo para rendir su examen de griego.

En octubre, Edith supo que su hospital había sido cerrado y, aunque volvió a ponerse a disposición de la Cruz Roja, ni ella ni Suse volvieron a ser convocadas.

Instalada en Breslau, pudo escribir "completamente sola y sin ninguna influencia, sin interrupciones debidas a los informes que, contra [sus] deseos, debía dar al Maestro"[743]. Entretanto, su correspondencia con Husserl mostró que "las relaciones con él no se habían deteriorado con la lejanía, incluso se habían hecho más cálidas y cordiales". Husserl, cuyos dos hijos se habían enrolado voluntariamente, le escribía "con su hermosa, fina y esmerada letra"[744]. Relata Edith: "Cada carta del maestro era para mí una alegría. [...] Era tan atento que, si en algún tiempo no había recibido respuesta a sus cartas, se preocupaba de enterarse cómo me iba"[745].

En correspondencia con sus amigos, Edith sabía que a Fritz Kaufmann le resultaba penosa la vida militar y que afrontaba inseguridades respecto a su desempeño como filósofo. Para ayudarlo, le envió los apuntes del "gran curso de lógica de Husserl"[746], pasados en limpio y mecanografiados por su hermana Frieda, "siempre dispuesta para estos trabajos"[747]. Otro de sus corresponsales fue Adolph Reinach, quien luego de poco tiempo en el frente ascendió de la posición de artillero a la de alférez. Pero al que mejor le sentaba la vida militar era a Hans Lipps, al punto de que un día de permiso se preguntó: "¿Qué voy a hacer yo cuando estalle la paz?"[748]. Antes de la guerra, Lipps había demostrado que podía ejercer la medicina, la arquitectura y la decoración de interiores, o estudiar ciencias naturales sin que su progreso filosófico se viese afectado. Igualmente fue capaz de estudiar en los refugios "como lo había hecho en medio del ruido y de la música de los cafés y salas de baile de Gotinga o de Dresde"[749]. Según Edith, "su relación con la filosofía era tan visceral que ningún ambiente y ningún quehacer extraño lo perturbaban"[750]. Aunque Husserl decía que de las carta de Lipps no se obtenía mucha información, y según Edith "efectivamente, no se podía sacar nada en limpio sobre la guerra", para ella "eran muy elocuentes sus pocas palabras". Al menos, le "daban siempre una imagen fiel de su existencia"[751].

Estaba cautivada por la personalidad de Lipps, por su capacidad de concentración, su inteligencia y la posibilidad de recrear un mundo propio en medio de la guerra[a]. Por lo general, también ella se mostraba como una persona fuerte, capaz de encontrar elementos de disfrute en medio de las tribulaciones. Pero, además de tener cosas en común, Lipps le agradecía los pequeños regalos que recibía de su parte, algún grabado japonés, unos tratados de filosofía, o simplemente buenos bombones o golosinas. De manera halagadora le decía: "Tiene usted un singular acierto para enviarme las cosas que justamente necesito"[752].

Muchos biógrafos se han preguntado si Stein albergó la esperanza de que Lipps fuera más que un amigo para ella. Es un hecho que cuando lo conoció fue el estudiante de Husserl "que

---

a Edith recuerda: "Una vez nos habló de un grillo que vivía cerca de su trinchera y que compartía con él sus bombones; otra, de un mochuelo pequeño" que había encontrado en una iglesia; "lo llamaba 'Rebekka' y lo tuvo bastante tiempo consigo. Era el sustituto de la lechuza 'Caruso', que había dejado en casa de su madre en Dresde. La señora Lipps lo alimentaba con canarios como le había encargado" (OCI, 455).

mayor impresión"[753] le produjo. Así se refiere a sus cualidades humanas e intelectuales y a su aspecto:

> Era muy alto, esbelto, pero fuerte. Su hermoso y expresivo rostro era fresco como el de un niño y sus grandes ojos redondos eran —interrogadores como los de un niño— serios. Exponía ordinariamente su opinión en una frase breve, pero muy precisa. Si se le pedían más explicaciones, decía que no se podía añadir más porque la cosa era evidente por sí misma[754].

Además de admirarlo y de describirlo como un hombre atractivo, con quien tenía preferencias comunes, ambos eran circunspectos, con cierta tendencia a la parquedad, y tenían grandes ojos, serios e interrogantes. Según Joachim Bouflet, la decisión de Edith de alistarse como enfermera pudo haber tenido que ver con "un sufrimiento íntimo"[755] asociado a expectativas sentimentales dirigidas a Lipps.

La hipótesis de que Hans Lipps fuera el elegido es compartida por muchos. Y fue confirmada por su amiga Hedwig Conrad-Martius décadas después.

En lo que respecta al período que Edith pasó en Breslau en 1915, mientras preparaba su trabajo de doctorado, se sabe que también retomó contacto con su amigo Metis. También estaba en comunicación con Moskiewicz, que se quejaba de su poca capacidad para los trabajos filosóficos y psicológicos. Como si esto fuera poco, encontraba agotador el trato con los enfermos, y pasaba por un pésimo momento sentimental, ya que no se decidía a formalizar su relación con Rose Guttman.

Edith también supo que Toni Meyer había tenido una recaída en su enfermedad "maníaco-depresiva"[756]. Si bien la había visto deprimida, hasta ese momento no había sido testigo de sus "estados de perturbación"[757]. Toni había sufrido su primer ataque a los dieciséis años. A pesar de todo "cuando superaba la fase más aguda, podía describir con precisión su situación enfermiza; hacía entonces, con ayuda de las categorías psicológicas de Pfänder, un análisis de su depresión, que él consideró de mucho valor"[758]. Mientras estuvo en Breslau, Edith pudo acompañarla. Toni sufría de manías persecutorias, lo que dificultaba el trato con su propia familia y con las empleadas de su casa. Al conversar con ella, a Edith le costaba "diferenciar lo que había de verdad en sus narraciones y lo que era producto de la imaginación, aumentada por la enfermedad"[759]. Aun así, ni en los peores momentos la amiga enferma perdió confianza en ella, por lo que se convirtió en prácticamente la única persona de su entorno en la que confiaba. Para ayudarla, y bajo su supervisión, durante una etapa de mejoría[a] Toni, que solía leerle filosofía a un estudiante ciego, formó un círculo de trabajo fenomenológico.

Por entonces, Edith fue testigo de otro tipo de crisis. El matrimonio de Nelli y Richard Courant naufragaba. Cuando abiertamente Nelli le preguntó "si no sospechaba lo que en verdad le preocupaba"[760], Edith, que "no presentía nada", sintió que caía "de las nubes"[761]. Luego de exponer las desavenencias que arrastraban desde el noviazgo, Nelli contó la situación del momento, en la cual dejó muy mal parado a Richard. Entre otras cosas, dijo que él no estaba de acuerdo con invitar a Edith a sus reuniones sociales, porque deseaba visitas de gente "elegante y distinguida" y desde su punto de vista Edith "no era ni lo uno ni lo otro"[762]. En un intento de disculpar a su primo, ella adujo que había tenido una infancia y juventud difíciles, se había casado joven "y el exceso de trabajo había propiciado que el desarrollo humano no se acompañase con el científico"[763]. Pero nada de lo que pudiera decir sería suficiente. Poco después, el matrimonio se disolvió. Mientras duró el proceso de divorcio, Edith se reunió varias veces con Nelli y con su padre. La relación de amistad entre las familias sobrevivió y, a pesar de que los Stein estaban "algo prevenidos contra [Richard]", "la voz del corazón hablaba siempre a su favor"[764].

---

a Al morir su madre, cuando las crisis de Toni se hicieron más frecuentes y los ataques más fuertes, los hermanos decidieron internarla.

AMISTAD CON LOS REINACH Y RELACIONES EN PUGNA

Después de rendir el examen de griego, con más experiencia de vida que la que contaba en el "espantoso invierno de 1913-1914"[765] cuando preparó el examen de Estado, a fines de 1915 Edith dejó de lado "todo lo que procedía de libros" y comenzó desde el principio

> una investigación del problema de la empatía según el método fenomenológico. ¡Qué diferente era todo ahora de entonces! Bien es verdad que cada mañana me sentaba dubitativa ante mi mesa. Yo era como un punto diminuto en un espacio inmenso; ¿me vendría algo de esa gran extensión que yo pudiera captar? Me sentaba en mi silla, firmemente apoyada en el respaldo, y dirigía mi mente en dolorosa tensión hacia lo que para mí era exactamente la cuestión más acuciante. Al cabo de un rato parecía que una luz llegaba. Por lo pronto podía formular la pregunta y encontraba caminos para darle cuerpo. Y en cuanto una cosa se esclarecía, se planteaban nuevas preguntas desde distintos lados. (Husserl acostumbraba a llamar a esto "horizontes nuevos")[766].

Durante el proceso de reescritura de su tesis, entre octubre y diciembre de 1915, pudo sostener un ritmo particular en el que todo sería descubrimiento:

> … iba llenando página tras página; de tanto escribir me sentía enardecida, y un placer desconocido se apoderaba de mí. Cuando me llamaban para comer al mediodía, acudía como si viniera de otro mundo. Agotada, pero llena de alegría, bajaba al comedor. Estaba admirada de todo lo que ahora sabía; cosas que ni sospechaba unas horas antes. Y me regocijaba por los muchos hilos enredados que ahora podía entender[767].

Cada día era "como un nuevo regalo que continuaba" y pudo redactar buena parte de la tesis de un tirón[768]. Durante tres meses casi no sintió el esfuerzo de revisar el material, comparar notas y bibliografía. Y tuvo la sensación, respecto de la escritura, de que "algo se había desgajado de mí y parecía haber cobrado existencia propia"[769].

Para Navidad no tenía escrito ni la mitad, pero quería hablar con Husserl para "oír un juicio provisional" de su trabajo. Fue entonces cuando recibió una carta de Pauline Reinach comunicándole que su hermano pasaría las fiestas en Gotinga y que a todos les gustaría verla.

"¡Vacaciones!, yo no había contado con ello", escribió Edith, para quien ver nuevamente a los Reinach representaba "algo así como la paz. Era demasiado bonito para que fuese realidad"[770]. Inquieta por el costo del viaje, que no tenía más justificación que el deseo de ver a sus amigos, consultó con su madre. Como siempre, Auguste no la decepcionó y le "concedió con todo su corazón la alegría de volver a ver a los amigos queridos"[771]. En plena guerra, estos encuentros representaban la mayor de las alegrías. De todas maneras, la relación costo beneficio era tan personal que, luego de enviarle entusiasta la invitación, Pauline Reinach pensó que había sido "un atrevimiento" pedirle que fuera a verlos, ya que "ella misma no hubiera encontrado tanta comprensión por parte de su familia en Maguncia"[772]. Pero a Edith no había nada que le agradara más, y a un año de abandonar la ciudad a causa de la guerra, el 22 de diciembre de 1915 estuvo de regreso en Gotinga. Ni ella ni la ciudad eran las mismas. Advirtiendo los cambios que se espejaban en su rostro, la dueña de la pensión donde vivía Pauline dictaminó: "Se nota que la señorita Stein ha tocado la seriedad de la vida"[773].

Al día siguiente, "sintiendo por el camino una gozosa expectativa"[774], se dirigió a casa de Adolf Reinach para celebrar su cumpleaños. Cuando estaba a punto de entrar a la casa se topó frente a frente con su primo Richard, quien acababa de salir y quiso aprovechar la oportunidad para llevarla a conversar a solas. No era lo que ella deseaba, al menos no en ese momento. Por eso, buscó la mirada de Reinach solicitándole ayuda. Le resultaba enojoso que justo cuando llegaba a su meta pretendieran distraerla. Sin hacer caso a su deseo, dirigiéndose vehementemente al filósofo, Richard exigió: "Reinach, dígale que debe venirse conmigo". Fue entonces cuando Anne Reinach intervino con una solución salomónica: "Vengan hoy los dos a tomar café con nosotros. Vienen Husserl y Putti Klein [Staiger]. Después pueden ustedes retirarse a otra habitación y hablar sin ser molestados tanto tiempo como deseen"[775].

Al aceptar la propuesta, todos suspiraron aliviados. Edith, que hasta ese entonces se había sentido solo una más entre sus estudiantes, vio que pasaba a pertenecer al círculo íntimo de los Reinach. En un momento, bromeando, Reinach habló de los "dolientes más allegados" en el caso de que él muriera en el frente de batalla[776]. En sus cartas, él confiesa haber experimentado horas terribles, en las que llegó a pensar que su vida acababa. Esa tarde, durante la reunión, indistintamente, la guerra y la muerte, tomadas en serio o en tono menor, disputaron el protagonismo. Fue Richard Courant quien llevó "la voz cantante, contando chiste tras chiste". Pero cuando hizo una "referencia despectiva sobre la Cruz de Hierro", Reinach y Stein intercambiaron significativas miradas. Luego, en voz baja pero audible Reinach afirmó: "Eso significó mucho para mí"[777]. Compromiso y heroicidad eran materias sensibles para gran parte de los judíos asimilados, y pese a las bromas de ese día, Richard Courant, además de ser herido en el frente, tuvo un desempeño importante en las trincheras al implementar un procedimiento de comunicación mediante telegrafía sin cable (los hilos telegráficos eran destruidos con frecuencia). Con el grado de teniente, el plan que aplicó resultó muy eficaz, por lo que se le encomendó "llevar a cabo la conexión sin cable de Berlín con todos los frentes"[778].

Cuando Richard y Edith se retiraron juntos, él estaba impaciente por dar su propia versión, ya que creía que Edith estaba prevenida por Nelli, quien atribuía el fracaso matrimonial al interés de su marido por Luise Lange, una estudiante de matemáticas. Pero a Pauline Reinach, que conocía y estimaba a la joven, se le había presentado la situación "bajo una perspectiva totalmente diferente"[779]. En sus memorias, Edith se extiende en la explicación de este conflicto. Richard y Nelli no podían seguir casados. Pero la que parecía más convencida era Nelli, que no se adaptaba a la imagen de ama de casa de la época, también era matemática, no se acostumbraba a la idea de atender a su marido y estaba muy ocupada con su propio trabajo[a]. Por su parte, si bien parecía seguro de su decisión, aun después de recibir la sentencia de divorcio[b] Richard siguió buscando "claridad" en el asunto. Cuando a bocajarro le preguntó a Edith qué pensaba de su matrimonio, su opinión fue sincera y taxativa: según creía, ambos se habían dejado llevar. Pensaba que en la pareja "todo transcurría por consideraciones complicadas y racionales; y que mientras se examinaba lo bueno y lo mejor, se desaprovechaba el momento presente"[780]. Visto a la distancia, es evidente que algo se había quebrado entre ellos, y que aspiraban a estilos de vida diferentes.

Pero el divorcio no era algo que Edith aceptara a la ligera. Después de pensarlo mucho, le escribió a Richard asegurándole "que se había comportado en su matrimonio como un joven inmaduro..."[781]. Aunque en esa ocasión su carta no recibió respuesta, su primo debió apreciar su sinceridad, ya que con el tiempo sostuvieron "una relación de confianza que no volvería a quebrarse"[782]. Ciertamente Richard la apreciaba: "Mucho antes de la canonización de Edith, Courant ya se refería a ella, en broma, como 'mi prima, la santa'"[783].

---

a Después de su divorcio Nelli Neuman retomó su carrera. En los años treinta enseñó Matemáticas en Essen. Un vecino de allí aseguró que, al ser trasladada por los nazis, en 1942 le dijo que esperaba la muerte, ya que los nazis no necesitaban matemáticos y ella no sabía "de cosas prácticas" (OCI, 474).

b Edith explica: "El derecho matrimonial de entonces era mucho más riguroso, que el actual, y en rigor, no existía argumento alguno como razón válida de divorcio". Dado que en esa época solían exigirse razones para el divorcio, para proteger a Luise Lange, cuyo nombre surgió durante el proceso, "él mismo denunció algunas cosas graves contra sí mismo" (OCI, 464).

En Gotinga, Edith debió atender además otras sensibilidades. También lo hizo Anne Reinach al aceptar de buen grado que, durante el corto permiso, su marido pasara horas conversando con Edith sobre filosofía. Un día, mientras ella disfrutaba un paseo con Erika Gothe, se toparon con los matrimonios Reinach y Husserl. El Maestro deslizó maliciosamente: "La señorita Stein ha venido solo para ver al señor Reinach". Edith pensó que la broma escondía una "verdad"[784]. En apoyo a su marido, y como sabía que hasta el momento Erika Gothe no había visitado a Husserl, Malwine agregó: "La señorita Gothe también ha venido solo por el señor Reinach". Al aflorar situaciones de celos y rivalidad ninguno de los presentes pudo sentirse cómodo. Tal vez para suavizar las cosas, Husserl preguntó: "¿Qué dice de esto el señor Reinach?". Con su habitual sencillez, el dedicado discípulo que explicaba Husserl al mismo Husserl respondió: "Que me da mucha vergüenza". Pero lo más penoso de la conversación tendría lugar cuando inmediatamente después intervino la señora Husserl preguntando: "¿Qué dice la señora Reinach?". Esta banal conversación en medio de la calle había llegado a un punto de tensión, por lo que Edith y Erika se sintieron cohibidas. Malwine insinuaba que ellas preferían estar con Reinach o, cuanto menos, que Anne tendría motivos de celos: "Pero entonces sonó aquella voz [Anne Reinach] con su más bello acento suevo" que respondió que comprendía esas reuniones filosóficas: "Sí, yo soy quien puede entenderlo mejor"[785]. Luego de las "bromas inoportunas", bastante afectadas, Edith y Erika siguieron su camino, pero no alcanzaron a alejarse mucho cuando sintieron unos pasos apresurados detrás de ellas. Era la señora Reinach, quien, preocupada por los sentimientos de las dos discípulas, se dirigió a ellas diciéndoles: "¡Señorita Gothe, señorita Stein! [...] ¿Vendrán ustedes de todos modos esta noche a casa verdad?"[786].

Naturalmente, Edith no debía ni deseaba enemistarse con Husserl. Tampoco era la intención de él molestarla. Esto quedó demostrado cuando al llevarle el manuscrito de su tesis pidió que leyera en alta voz algunos pasajes. Cuando Edith le comentó el hecho a Reinach, este le aseguró que no era lo acostumbrado y, a partir de allí, no cesó de preguntarle: "¿Le va tan bien como siempre con Husserl?"[787]. Rasgos de carácter y rasgos de época pautaron estas relaciones. Por eso mismo, aunque la amistad con los Reinach se hizo cada vez más estrecha, Edith comprendió que desearan pasar Nochebuena en familia y a solas junto a Pauline. Por su parte, pasó la velada junto con Liane Weigelt y un amigo suyo[a]. Luego, en Navidad, los Husserl la invitaron, en compañía de los Reinach y otros amigos, a cenar en su casa. Fue una "gran amabilidad" de Malwine que Edith valoró especialmente, aunque la conversación sobre política y sobre la guerra y algunos detalles menores provocaran que ella y los Reinach salieran de la casa angustiados[b].

No mucho después, Reinach partió al frente y Stein regresó a Breslau. Allí recibió una noticia inesperada que cambió nuevamente sus planes. Convocado por la Universidad de Friburgo, Husserl había aceptado el nombramiento para suceder a Heinrich Rickert, que se trasladaba a la Universidad de Heidelberg. Pese a que sabía que no sería sencillo introducir la fenomenología entre los filósofos neokantianos, al fin se solucionaba la penosa situación "en la que estaba desde hacía muchos años [...] e iba a una de las cátedras de filosofía de más prestigio de Alemania"[788]. Ante esta perspectiva los Husserl experimentaron una merecida alegría, pero, mientras se preparaban para ir

---

a Edith cuenta que Liane propuso ir "a la misa católica de medianoche", a la que asistía cuando estaba en Múnich, y comenta: "Para mí era algo completamente extraño, pero accedí gustosamente". Pero regresaron "defraudados" porque la iglesia estaba "cerrada a cal y canto" (OCI, 466).

b Entre otras cosas, Malwine "pidió insistentemente" (OCI466) que dijeran qué dulces les habían gustado más, los que ella había hecho o los "típicos chocolates de Basilea" que llevó una de las invitadas. Fue Reinach quien cambió el humor del grupo, cuando en plena calle dijo, mientras sonreía "pícaramente": "Bueno, ahora sinceramente, ¿qué dulces eran mejores, las falsas golosinas de Basilea o las auténticas? Yo encontré las auténticas mucho mejores; pero me he guardado muy bien de decírselo así a la señora Husserl" (OCI, 467).

a Friburgo, les avisaron que su hijo más joven, alistado como voluntario con apenas diecisiete años, había caído en el frente.

Edith sintió mucho esta pérdida. En lo personal, que Husserl dejara Gotinga complicaba su situación, ya que si él era su evaluador en el oral "no necesitaría más que un pequeño repaso. Dado que para el *rigorosum* (examen de doctorado) se exigían "menos asignaturas secundarias" que para el examen de Estado[789]. Pero Husserl no quiso examinarla en Gotinga antes de partir, y le recomendó que primero terminara con calma su tesis doctoral. Luego podría pasar el examen en Friburgo.

SEÑORITA PROFESORA

A este inconveniente se sumaron otros. El director de la escuela Viktoria, su querido profesor Leugert, le pidió ayuda debido a que el profesor Olbrich estaba en Polonia, como capitán de reserva, y su reemplazante había caído enfermo. Aunque Edith no contaba con la habilitación para enseñar lenguas antiguas, esto sería dejado de lado a causa de la guerra. Recordando que era una "buena latinista", se había pensado en ella, que intentó excusarse para preparar el doctorado, pero el profesor Leugert le prometió acomodar las clases de modo que tuviera tiempo para su trabajo científico. Tampoco funcionó que dijera que nunca antes había tenido frente a frente una clase completa. Pragmático, con una "mano sobre el corazón", Leugert le contestó: "Distinguida señorita, usted ha sido siempre capaz de todo. También lo será de esto"[790]. Pero lo que terminó de convencerla fue el profesor enfermo; luego de ver "su mirada febril", no lo pensó más[791].

Casi cinco años después de haber finalizado el bachillerato, a principios de febrero de 1916, Edith comenzó a dar clases en su antigua escuela. El examen de Estado que había aprobado el año anterior la habilitaba para enseñar alemán, historia, filosofía y germanística. Atento a ello, mientras terminaba su tesis de doctorado, además de latín, dio clases de alemán, historia y geografía. Como ella misma confesó, "despreocupada por completo de [su] falta de preparación pedagógica" comenzó "sin gran miedo" su tarea[792]. Supuso que sería suficiente tener muy vivo en su memoria "el magnífico curso" dictado por el profesor Olbrich. Pero, además, pensaba implementar algunas innovaciones. Junto a ello, su "personal afición por los escritores antiguos" contribuyó a despertar el interés de sus alumnas[793]. Es probable que, en estas clases, ella descubriera que su vocación pedagógica era notable por confluir allí su pasión por el estudio, su gusto por los temas que trataba, y el deseo de incitar en sus alumnas la búsqueda de conocimiento. Pensando en esto, seleccionaba lecturas innovadoras. Su decisión fue celebrada:

> En el curso superior había chicas muy inteligentes. Agradecían de verdad todo lo que salía de la tradición escolar monótona; por eso fue acogida con gran entusiasmo una introducción a la filosofía griega que hice como preparación para los escritos filosóficos de Cicerón. El director Leugert me dejó libertad total[794].

Si bien era una profesora exigente[a], se llevaba muy bien con sus alumnas, quienes llegaron a solicitarle que las acompañara a una excursión campestre. Ella aceptó la propuesta y pasaron todo un día disfrutando de "una típica excursión de jóvenes aficionados a las marchas, con guitarras y batería de cocina"[795]. Quizá se sintiera más a gusto con ellas que sentada en la sala de profesores. Estando allí, se cumplía el deseo de los niños y de los adolescentes de escuchar a los que privadamente comentaban. Pero Edith comprobó una "cosa curiosa: allí no pasaba nada muy distinto de lo que nosotras nos imaginábamos en otros tiempos"[796].

A diferencia de las docentes, los profesores que no habían sido alistados y seguían dando clases preferían quedarse en una

---

a Por ejemplo, se negó cuando la mayoría de uno de sus cursos "flojo en latín" (OCI, 470), adujo una disposición ministerial: si las dos terceras partes de los alumnos no alcanzaban buena calificación, el trabajo propuesto dejaba de ser obligatorio.

habitación contigua, dando "como razón de este aislamiento el que así podían fumar tranquilamente"[797]. De manera encubierta, además de una crisis generacional, la "generación antigua" discriminaba a las profesoras mujeres. De forma directa y brutal, aceptada por la mayoría, se discriminaba a los judíos, y tanto Edith como otra de las profesoras nuevas, también judía, solo fueron convocadas porque en tiempos de guerra no había suficiente personal docente[798]. De hecho, en una conferencia, el mismo profesor que la llamó a dar clases había afirmado que la escuela Viktoria "siempre había sido protestante"[799].

Al presentarse ante el Consejo Escolar Provincial para regularizar su situación, un exprofesor suyo, que se desempeñaba como inspector escolar, le aconsejó a Edith comenzar su formación pedagógico-práctica. Parte de la formación consistía en las clases que dictaba él mismo. Debido a su aspecto, y a que les explicaba los dioses germánicos, lo habían apodado "Donner". Probablemente wagneriano[a], durante sus conferencias semanales vertía expresiones nacionalistas que Edith no podía compartir, aunque "era muy patriota"[800]. Durante estas clases, no dejó de reaccionar cuando el inspector hizo "ocasionales referencias, poco oportunas, al Antiguo Testamento". Entonces, ella movía la cabeza, de un lado a otro, mostrando su desaprobación y sin "miedo a manifestar libremente" su discrepancia. En ese curso, eran varias las estudiantes judías, entre ellas, Rose Gutmann y Nelli, la exesposa de Richard, decidida a "ejercer su profesión docente"[801].

A principios de 1916, Edith siguió trabajando en su tesis y en el instituto. Auguste no podía ocultar la alegría de tenerla de regreso en Breslau, y aunque apenas hablaba de esto, se "notaba lo contenta que estaba"[802]. Sentía que su hija menor había llegado a un "puerto seguro" y, aunque su trabajo en Viktoria era temporal, a sus ojos podría convertirse en el "deseado [puesto]

a Donar es en la mitología el dios del trueno. Aparece en *El anillo del nibelungo*, ciclo de cuatro óperas de Richard Wagner.

de 'profesora de instituto'"[803]. Edith tenía la sensación de que "la suerte [le] había llovido del cielo"[804]. Era "un trabajo que podía seguir fácilmente, [y] del que se podía hablar a la familia en la mesa". Por el contrario, sus estudios universitarios la "habían arrebatado a un mundo inaccesible. Ahora estaba de nuevo en el círculo de las antiguas amigas"[805]. También acompañaba a Erna "en la casa cuna y trabajaba en el balcón tan bonito de su consulta, donde había más ventilación que en la casa de la calle Michaelis"[806]. Asimismo, "para no oxidarnos"[807], por iniciativa de una de sus amigas formaron un grupo y practicaban "la gimnasia Mensendieck". En este período se relacionó con Grete Henschel, con quien se compara:

> Cuando se hablaba con ella se tenía la impresión de estar ante una inteligencia clarísima, siempre con ideas magnánimas, pero nunca lo realizaba. Éramos de mentalidad distinta. Ella era una judía típica, de cabello oscuro, demasiado robusta, ruidosa, llena de vida, arrolladoramente graciosa y tajante en sus respuestas. Mi forma de ser tranquila y seria le atraía profundamente[808].

Su aspecto delicado no pasó inadvertido al médico que expidió el certificado sanitario necesario para la enseñanza, aunque finalmente dictaminó que Edith estaba "llena de salud y apta para desempeñar el puesto"[809]. En esa sociedad sumamente jerarquizada y en la que los prejuicios estaban naturalizados, cada vez que Grete Henschel se presentaba en el Banco Comercial de Silesia, dirigido por su cuñado, se ocupaba de hacer llamar a Paul Stein "un simple empleado poco distinguido", para "charlar con él un poco, porque reconocía su valor profundo, bajo una apariencia modesta en exceso"[810]. Este gesto era interpretado como un rasgo de magnanimidad de carácter.

Un detalle indica el relativo conocimiento que tenía Edith de lo que sucedía en la comunidad intelectual religiosa judía, un aspecto poco investigado por sus biógrafos y por los estudiosos de su obra, la mayoría de ellos provenientes del mundo y de la filosofía católicos. El caso es que Grete era amiga del filósofo

Julius Guttmann, "el hijo mayor del rabino Jakob Guttmann, conocido sabio"[811]. Julius era profesor no numerario en la Universidad de Breslau. Sobre él, explica Edith: "Yo no estuve nunca en sus clases, pero una vez nos encontramos en casa de Moskiewicz y discutí con él largas horas sobre fenomenología, pues él, como kantiano, ponía reparos fundamentales"[812]. De contextura delicada y carácter discreto, Julius Guttmann fue pretendiente de Grete durante varios años. Ella y Edith llegaron a un grado de intimidad cuando Grete le dijo que la preocupaba su propia capacidad de realizar un trabajo metódico "y la cuestión de su indecisión ante un compromiso[a] de por vida"[813].

Con apenas veinticinco años, Edith era consultada por sus conocidos y había alcanzado celebridad en su ciudad natal. Su madre "sentía cierto orgullo" por el prestigio que había alcanzado "en los círculos intelectuales e incluso en el de las finanzas (en Breslau estos dos mundos estaban muy relacionados)"[814].

Lejos de dormirse en los laureles, en su casa Edith trabajaba en su tesis de doctorado. Recién a las diez de la noche preparaba las clases para el día siguiente, y aunque finalizaba cansada y con la sensación de apenas comprender lo indispensable, se hacía tiempo para leer un rato las obras de Shakespeare, lo que le infundía "tanto ánimo a [su] espíritu que podía continuar"[815].

Antes de irse a dormir, Auguste la visitaba en su cuarto, ofreciéndole el brazo para que fuese a descansar. Edith se "defendía" sonriendo y se quedaba trabajando. Siempre atenta, la madre se ocupaba de que le llegase algún refrigerio para acompañar su trabajo nocturno ("si la familia tomaba fruta, me llevaba un platito lleno y preparado ya para comerlo")[816]. También su hermana Rosa la consentía con galletitas de chocolate que guardaba secretamente y le dedicaba atenciones especiales, solo para ella. Estos detalles cariñosos no fueron suficientes, y el esfuerzo

a Edith explica: "Estaba respecto a la entera manera de ser de Grete Henschel en no menor contradicción que yo: externamente pequeño e insignificante de aspecto, modesto en su actuar, un refinado y tranquilo y sabio sobre todo una bellísima persona" (OCI, 475).

realizado se hizo notar. Recordó Edith: "En el verano de 1916 vino el primer período largo de total inapetencia[a], que luego se repetiría prácticamente todos los años. En poco tiempo adelgacé casi diez kilos"[817]. Como su inspiradora Teresa de Ávila y tantas otras religiosas, escritoras y artistas que la precedieron, a causa del estrés, Edith sufrió trastornos alimenticios. El caso es que entre febrero y septiembre de 1916, la preparación de la tesis, la docencia, la convivencia familiar y, probablemente, sus expectativas sentimentales, hicieron que las tensiones eclosionaran. En sus memorias, dijo:

> Vi con toda claridad que debía renunciar sin demora al magisterio (aunque lo hacía con mucho gusto), si es que quería hacer algo científico que mereciese la pena. Por eso el criterio de Husserl sobre la tesis doctoral significó para mí una decisión definitiva en el camino de mi vida[818].

UNA SEDA PESADA Y SUAVE, DE UN COLOR "ROJO CIRUELA MATE"

Durante las vacaciones de Pascua de 1916, Edith pudo dedicarse de pleno a su tesis. Cuando tenían tiempo, inclusive los domingos y los días de fiesta, sus primas Adelheid Burchard y Grete Pick, expertas en taquigrafía, iban a su casa para que les dictara la investigación que "había crecido desmesuradamente"[819]. Pasado a máquina en un papel de actas fuerte y blanco, el manuscrito era tan voluminoso que lo encuadernaron en tres partes. Más allá de cuestiones formales, Edith encontró una temática propia:

> En una primera parte había analizado, todavía apoyándome en sugerencias de las conferencias de Husserl, el acto de la "empatía",

a Dicen Müller y Neyer: "La inapetencia se unía al insomnio [...], y esto se repetía desde entonces durante casi todos los veranos [...] y, durante casi todos los otoños o inviernos, cogía un resfriado o una bronquitis" (MyN, 91).

> como un acto peculiar del conocimiento. Pero a partir de aquí yo había continuado hacia algo que llevaba muy dentro en el corazón, y que continuamente siguió ocupándome en mis posteriores trabajos: la estructura de la persona humana.[820]

Siguiendo las indicaciones de Husserl, en primer término, trabajó a fondo "la extensa bibliografía[a] sobre la empatía"[821]. Asimismo, dedicó capítulos a la temática desde el punto de vista social, ético y estético, pero esa parte de su investigación no se imprimió con la tesis y los manuscritos se han perdido. Con el resultado de su trabajo prolijamente presentado, después de las vacaciones de Pascua, le envió por correo su manuscrito a Husserl, le solicitaba que lo leyera durante el verano y anunciaba que durante las vacaciones de julio iría a Friburgo con el objetivo de presentarse al "Rigorosum" (el examen de doctorado). Pero, aunque Husserl aseguró que era una alegría recibir su tesis, estaba preparando el curso de introducción a la fenomenología con que inició su actividad en la nueva universidad, y le advirtió que tenía poco tiempo para leerlo[b].

Por su parte, Edith emprendió la preparación del examen oral. Pero también se ocupó de equiparse para el "gran viaje"[822]. Al ser profesora, viendo que su apariencia era observada por las estudiantes, no había querido llamar la atención "ni por desaliño ni por excesivo adorno"[823]. Ahora, incluso en tiempos de guerra, doctorarse significaba el fin de la etapa de estudiante y un cambio de estatus:

> Para el viaje tuve que procurarme algunas cosas nuevas. Mi madre me compró para el examen el primer vestido de seda (vestidos de seda se llevaban entonces solamente en ocasiones solemnes. Mis hermanas tuvieron sus primeros vestidos de seda para el ajuar de

---

a Especifica: "Fueron para mí de gran importancia los cursos y escritos de Max Scheler, así como las obras de Wihelm Dilthey" (OCI, 477).

b Edith aclara: "No me acobardé por estas advertencias" (OCI, 478).

> bodas. Solamente en los últimos años de la guerra, al escasear los géneros de lana, fue cuando la seda se convirtió en algo más corriente). Elegimos una tela de seda pesada y suave; el color era rojo ciruela mate[824].

Es posible imaginarla, junto con su madre, eligiendo, entre todas las alternativas, el color y la textura indicados. Luego, con mucha ilusión partió a Friburgo, aprovechando el viaje para conocer el sur de Alemania. Su paso temporal por la docencia le había hecho ver que "las vacaciones eran mucho, mucho más bonitas para los profesores que para los niños"[825]. Por indicaciones de su amiga Suse Mugdan, que había estudiado allí, una vez en Friburgo evitó el centro de la ciudad y decidió instalarse en las afueras para ser libre de gozar a pleno de la Selva Negra. Sus expectativas debieron ser considerables. En el trayecto se encontró con Hans Lipps, que usó los días de permiso para visitar a su madre en Dresde. Este encuentro fue "una primera gran alegría"[826]:

> También él se había fortalecido con la guerra y estaba muy elegante con su uniforme gris de campaña y sus polainas de piel marrón. [...] esperamos en un café cerca de la estación hasta la salida de nuestro tren. Intercambiamos noticias sobre nuestros amigos. En esto me preguntó: "¿Pertenece usted también a ese club que va todos los días en Múnich a misa?"[827].

Aunque distinguió "vivamente la falta de respeto" con la que se refería al grupo, Edith se rio ante "su pintoresca forma de expresarse". Luego respondió: "No, no pertenezco a ese club"; aunque desde su interior, "casi hubiera dicho 'Desgraciadamente, no'"[828]. El caso es que Lipps manifestaba, una vez más, ser agudo en sus observaciones. Su comentario apuntaba a dos fenomenólogos judíos, Dietrich von Hildebrand y Siegfried J. Hamburger, convertidos al catolicismo, algo que no terminaba de comprender, por lo que insistió: "¿De qué se trata en realidad, señorita Stein? No entiendo absolutamente nada de eso"[829]. En ese momento, Edith no pudo responder nada en concreto[a]. Tal vez podría haber dicho que, en el final de su tesis, ella misma había enunciado la necesidad de un abordaje de la experiencia religiosa al preguntar: "¿No está también dada ya con las imágenes ilusorias de tal experiencia la posibilidad esencial de experiencia auténtica en este terreno?"[830]. En la última línea de la tesis ella admite que no tiene una respuesta a un tema que ("*non liquet*") no está claro. Y que la respuesta se obtendría del análisis de la conciencia religiosa. Ni Stein ni Lipps podían conocer el contenido exacto de una carta que Reinach escribió en mayo de ese año (1916) en la que decía: "Quiero tomar como punto de partida la experiencia de Dios, la experiencia de la seguridad en Dios, y no hacer más que mostrar que, desde el punto de vista de la 'ciencia objetiva', no se puede objetar nada contra ella [...]. Creo que realizar este trabajo con toda humildad es hoy día lo más importante [...]. Pues, ¿para qué hacer todo eso, si no es para llevar a los hombres más cerca de Dios?"[831].

Aunque estos temas ya les concernían, había otros sobre los que Edith Stein y Hans Lipps debían tratar después de no verse por mucho tiempo, sentados uno frente a otro en un vagón de segunda clase. Puesto que Lipps había visto a Husserl en Friburgo, ella quiso saber si había leído el manuscrito de su tesis. Su respuesta fue desalentadora:

> ¡Oh, ni una línea! Me lo ha mostrado. De vez en cuando desata la carpeta, saca los cuadernos, los sopesa y dice muy satisfecho: "¡Mire usted qué gran trabajo me ha enviado la señorita Stein!". Después los vuelve a colocar en la carpeta y la cierra[832].

Conociendo a Husserl, la discípula afirmó riendo: "Pues sí que tengo buen panorama"[833]. Durante esta corta entrevista, los amigos también conversaron sobre las clases en la escuela

---

a También Husserl, asombrado por lo que sucedía en su entorno, llegó a bromear diciendo que un día sería canonizado por la cantidad de discípulos suyos convertidos al catolicismo. (OCI, 358, n. 234).

Viktoria. En un momento, Lipps interrumpió: "¡Ah, señorita Stein, no se puede imaginar lo inferior que me siento cuando estoy ante usted!". Sin creer lo que estaba escuchando, ella sacudió la cabeza, ya que le sucedía algo parecido: valoraba tanto la profundidad de pensamiento de Lipps que, en comparación con el suyo, todo su trabajo se le antojaba sin valor.[834] "Pero la impresión [de Lipps] allí estaba"[835]. Esa vez, como buenos amigos, se separaron en Leipzig.

En 1939, al recordar esta etapa, antes de describir su llegada a Friburgo, Edith relata un par de experiencias que "le impresionan profundamente"[836] y que se consideran como tres experiencias religiosas anteriores a su conversión[837]. Sucedieron durante un encuentro en Frankfurt con Pauline Reinach. Las dos conversaron largamente mientras recorrían la ciudad antigua, que le era familiar por su afición a Goethe. Lo que más la conmovió sucedió al visitar la catedral:

> ... mientras estábamos allí en respetuoso silencio, entró una señora con su cesto del mercado y se arrodilló en un banco, para hacer una breve oración. Esto fue para mí algo totalmente nuevo. En las sinagogas y en las iglesias protestantes, a las que había ido, se iba solamente para los oficios religiosos. Pero aquí llegaba cualquiera en medio de los trabajos diarios a la iglesia vacía como para un diálogo confidencial. Esto no lo he podido olvidar[838].

Aunque estaba enfocada en terminar con su doctorado, se abrían posibilidades que trascendían el ámbito académico y el triunfo en las cosas del mundo. No es casual, entonces, que Edith destacara que tanto a ella como a Pauline las impresionó menos la Atenea de Mirón, que vieron en el Instituto Liebig, que cuatro figuras del siglo XVI pertenecientes a una sepultura flamenca que representaban a la Virgen María, a Juan, a Magdalena y a Nicodemo; pero "el cuerpo de Cristo" ya no estaba[a]. Rememorando esta

---

a Este grupo escultórico se puede observar en el libro *Edith Stein. Su vida en documentos e imágenes*. María Amata Neyer, p. 26.

visión escribió: "Aquellas figuras tenían una expresión tan extraordinaria que no pudimos apartarnos de allí en un buen rato"[839]. La tercera experiencia transcurre en Heidelberg, cuando junto con su guía, Putti Staiger, visitó el Neckar, imponente castillo de la ciudad, y pudo ver los bellos manuscritos del Caballero Cantor en la biblioteca de la universidad. Pero lo que más la impresionó fue "algo distinto de esta maravilla del mundo: una iglesia compartida[a], que partida en la mitad por una pared" se utilizaba, en una parte, para el oficio protestante y, en la otra, para el católico[840].

LA PRIMERA DISCÍPULA DE HUSSERL EN DOCTORARSE EN FRIBURGO

En julio de 1916, Edith Stein llegó a la ciudad universitaria para encontrarse con Husserl, convencerlo de que leyera su tesis y disfrutar de unas merecidas, aunque cortas vacaciones. Se alojó en Günterstal, una aldea en el sur de la ciudad, en una casa de familia. Estaba encantada con su "simpática" habitación, a pasos del restaurante Kybfelsen[b], donde podía comer muy bien por poco dinero "y con tiempo bueno hasta en el jardín"[841]. La decisión era estratégica, ya que los Husserl se alojaban entre Günterstal y el centro de la ciudad, al pie del monte Loretto. El cambio de casa había significado una pérdida para su "querido Maestro", que debía trabajar en un cuarto comunicado con otros por una puerta de cristales, a diferencia de la habitación separada del resto de la casa en Gotinga, donde "podía trabajar apartado del mundo por completo"[842]. El día que la vio llegar, en son de broma, pero también advirtiendo que no había leído su tesis, Husserl exclamó: "¡Viene la ejecución!". Cuando dijo que no podía doctorarse ahora, fue interrumpido de forma categórica por Malwine Husserl quien, "del todo fuera de sí", increpó al marido: "La señorita Stein

a Se trata de las iglesias del Espíritu Santo, de Heidelberg.

b Restaurante que permanece en la zona.

ha hecho [...] el largo viaje desde Breslau a Friburgo, y ahora resulta que para nada"[843]. Habituado a los arranques de su esposa, Husserl insistió en su posición y replicó: "La señorita Stein está muy contenta de conocer Friburgo y ver cómo me organizo yo aquí. También aprovechará mucho de mi curso. El doctorado lo puede hacer la próxima vez"[844]. Pese a sus intentos de escapar, Husserl estaba acorralado entre dos mujeres de carácter. En esa ocasión Edith lo dejó hablar, pero interiormente pensaba que esa "no podía ser la última palabra sobre el asunto"[a]. Por lo pronto estuvo de acuerdo en asistir al curso que él daba cuatro veces a la semana. Acompañada de Malwine, que regularmente concurría a las clases, se encontraban con Husserl al salir de la sala de profesores para hacer juntos el camino hasta su casa. En una de sus caminatas, Husserl se dio por vencido:

> Señorita Stein, mi mujer no me deja en paz. Tengo que tomarme tiempo para leer su trabajo. Nunca he aceptado un trabajo sin conocerlo. Pero esta vez lo voy a hacer. Vaya al Decano y vea si le da un plazo, lo más tarde posible para el "Rigorosum" [...] para que pueda examinarlo para entonces[845].

Edith realizó "inmediatamente" las gestiones necesarias[846]. Se presentó ante el decano de la Facultad de Filosofía despreciando la "puerta falsa" que solían utilizar los doctorandos que, a cambio de una propina, conseguían que el bedel les asignara la comisión examinadora que deseaban. Prefirió conversar directamente con el decano, también capitán de reserva e instructor de los reclutas de Friburgo, que no tuvo inconveniente en acordar los miembros del jurado. Su trabajo filosófico solo podía ser evaluado por Husserl. En cuanto a las asignaturas complementarias, optó por rendir Historia y Literatura modernas. El decano le indicó dos

---

a En una carta a Fritz Kaufmann, Edith recuerda: "...estuve alrededor de quince días en Friburgo [de julio a agosto de 1916] y el Maestro aún se mostraba muy enojado, porque yo fui tan cruel que le presioné a que leyera mi trabajo" (OCI, 552).

profesores a los que consultar para preguntarles su disposición, a fin de realizar los exámenes el 3 de agosto, ya que luego Edith debía volver a dar clases en Breslau. Ella valoró que en Friburgo se le indicara conocer a los jurados. No era costumbre que el doctorando los conociera directamente el día del examen, y verlos aunque solo fuera un rato servía para enterarse "de qué espíritu eran hijos"[847]. Las entrevistas resultaron exitosas. Para reasegurarse, Edith asistió a un par de clases de cada profesor, informándose acerca de sus ideas y de su forma de pensar.

Después de un año agotador, también deseaba unas pequeñas vacaciones. No se trataba de ocio absoluto, ya que llevaba material para leer temprano por las mañanas, a los pies de un monte, en las cercanías de Günterstal. Estando allí, a instancias de los Reinach, recibió la visita de su amiga Erika Gothe, decidida a acompañarla durante los días del examen. Enseguida Edith le propuso hacer un par de excursiones. Evidentemente "no se podía faltar al curso de Husserl", pero para subir al monte Feldberg resultaba "suficiente el tiempo entre una clase y otra"[848]. Al día siguiente, de regreso a Friburgo, pudieron decir, orgullosas, que habían tomado el desayuno mirando a los Alpes.

Los días anteriores al examen las amigas se aventuraron al lago Constanza. Pensando que "al Maestro podía inquietarle" que se distrajera, partieron sin avisar a los Husserl. Para su sorpresa, mientras esperaban la salida del tren lo vieron en el andén con su familia. "Tenían tan pocas ganas de vernos como nosotras a ellos[a]"[849], recordó Edith, que partió con Erika a Reichenau, una isla del lago Constanza[b] en la que destacaba su abadía benedictina. Pero más que esta edificación, "lo que [le había] quedado como recuerdo de ese día fueron los viñedos bajo un cielo azul profundo con luz de sol cegadora, reflejándose en las olas verdes del lago"[850].

---

a Explica Edith: "Gerhart iba con ellos; estaba de permiso por pocos días, y nosotras comprendimos que querían estar a solas con su hijo" (OCI, 485).

b En sus memorias recuerda el Hegauer "como crestas de espuma", y que decidieron dormir en Singen y pasear por la ciudad antigua, donde pensó "en Eckehart y en los años juveniles de Schiller" (OCI, 485).

Quizás por el instinto de supervivencia, la sensación de estar viviendo tiempos nefastos apenas se menciona en sus memorias, que no se detienen en los aspectos trágicos de la guerra. Nunca asoman las lágrimas a sus ojos. Y precisamente por eso vale detenerse en el relato de una noche en la que, durante un ataque aéreo, los dueños de casa la despertaron para decirle que su amiga Erika estaba llorando en su cuarto. El estruendo de las granadas hizo que Erika pensara en su hermano, que estaba cerca de allí, en el frente de los Vosgos, en la proximidad de la línea de combate. Edith se arrodilló a los pies de su cama e intentó tranquilizarla. Mencionó que lo que ellas escuchaban era "la artillería antiaérea que hacía fuego de barrera", y que de los Vosgos apenas se podía oír "un estampido apagado"[851]. "Entonces las lágrimas cesaron enseguida"[852]. El consuelo había resultado efectivo, pero también es cierto que en momentos de gran sufrimiento colectivo dar muestras de debilidad resultaría indigno para la joven Erika, que se recompuso pronto, miró a su amiga y, refiriéndose al vestido que se había puesto a toda prisa para ir a su lado, dictaminó: "Usted ha encontrado su estilo"[853].

No era común que una mujer se doctorase en filosofía a mediados de la década de 1910. Cada aspecto debía ser cuidado al extremo. Además, Edith Stein fue la primera, entre todos los discípulos de Husserl, en doctorarse en Friburgo. Tal vez por eso, anticipándose a las murmuraciones, en la sala de profesores Husserl advirtió a sus colegas que se había "destacado también por sus méritos en la guerra como enfermera"[854]. A todo esto, el Maestro explicó a Edith que "el *cum laude* era ya una buena nota; *magna cum laude* se daba muy pocas veces, y *summa cum laude* era solo para los candidatos a la habilitación". Aunque era improbable acceder a un puesto de enseñanza universitaria, sin bajar un ápice sus exigencias consigo misma, Edith dijo, bromeando: "Entonces me apunto al *cum laude*". A lo que Husserl respondió: "Dese por contenta si es que pasa"[855]. Este diálogo no significa que Husserl desestimara su trabajo. Cuando hablaron de su tesis pareció impresionado y la tranquilizó cuando ella dio a entender que se trataba solamente de un trabajo escolar. Husserl, de por sí muy exigente, se avino a afirmar: "No, de ninguna manera [...], hasta yo lo encuentro muy personal"[856].

Los días previos a su examen, Edith Stein conoció a Martin Heidegger, que se había doctorado con Rickert y a quien Husserl había aceptado en su cátedra, pese a que en la lección inaugural del Maestro había presentado discrepancias con la fenomenología. La primera vez que Stein vio a Heidegger, en una reunión con numerosos invitados, en casa de los Husserl, tuvo una "muy buena impresión. Era callado y retraído cuando no se hablaba de filosofía, pero apenas salía la cuestión filosófica se llenaba de vitalidad"[857]. Es sabido que, durante los primeros tiempos, el joven doctor se esmeró por establecer una relación personal con el creador de la escuela fenomenológica. Un intento que culminó exitosamente en 1928 cuando a instancias de Husserl fue elegido para sucederlo en la Universidad de Friburgo. La relación se interrumpió con la adhesión de Heidegger al nacionalsocialismo, pero, desde un principio, había tenido sus matices. Recuerda Edith:

> La que más tarde sería su mujer, entonces aún señorita Petri, asistía al seminario de Husserl, siendo una objetora muy enérgica. Él mismo me había referido al respecto: "Cuando la imagen de una mujer aparece tan obstinada, detrás está escondida la imagen de un hombre"[858].

Lamentablemente, Husserl no tomó en cuenta su propia observación. Años después y luego de lograr su objetivo de sucederlo en la cátedra, supo que, durante la época en la que fue su asistente, el "zorro"[a] Heidegger se revestía con piel de cordero. Pero aquello sucedió por lo menos una década más tarde.

---

a Así lo llama Hannah Arendt en "Heidegger el zorro", de 1953: "Dice Heidegger, todo orgulloso: 'Las gentes dicen que este Heidegger es un zorro'. He aquí la verdadera historia del zorro Heidegger. Había una vez un zorro tan falto de astucia que no solo caía en trampas constantemente, sino que ni siquiera podía percibir la diferencia entre una trampa y una no-trampa.

Antes de defender su tesis, Edith se enteró de que Husserl estaba muy disgustado porque no avanzaba a buen ritmo con su propio trabajo filosófico. Aunque tenía en esbozo lo que sería el segundo tomo de *Ideas*, no lograba concentrarse. Estaba agotado no solo intelectual sino emocionalmente. Además de reeditar las *Investigaciones lógicas* y del traslado a la nueva universidad, experimentaba el duelo por la trágica muerte de su hijo menor. Por otra parte, Husserl tenía problemas con la vista, y ya entonces apenas podía descifrar las notas que había tomado en lápiz, con caligrafía diminuta. Necesitaba un asistente. Una noche, ella y Erika Gothe se desvelaron pensando en encontrar un candidato, pero todos los discípulos estaban en el frente. Como Erika Gothe debía trabajar para ganar su sustento, advirtiendo lo excepcional del caso y sin preocuparse por cuestiones de dinero, porque seguramente su madre la ayudaría, Edith decidió postularse. Estaba convencida de que Husserl era el filósofo más destacado de su tiempo, y no dudó en que le serviría su colaboración. Pero no hizo falta que esperara hasta doctorarse. Al día siguiente, cuando salían de la universidad, Husserl, a quien su trabajo le gustaba "cada vez más", dijo en tono de broma:

> "He de tener cuidado para que no me sea demasiado elevado" [...], continuó en el mismo tono: "Estoy muy adelantado en la lectura de su trabajo. Usted es una pequeña muchacha muy capaz" [...]; luego continuó algo más serio: "Solamente tengo dudas de si este trabajo podrá figurar junto a las *Ideas* en el Anuario. Tengo la impresión de que usted ha tomado algunas cosas del segundo tomo de las *Ideas*".[859]

Edith aprovechó al vuelo "la ocasión" que se le presentaba y replicó:

[...]. Tras haberse dejado toda su juventud de aquí para allá en las trampas de otros, y cuando ya no le quedaba, por así decir, ni un jirón de piel sana, el zorro resolvió retirarse por completo del mundo de los zorros y se aprestó a construirse una madriguera...". *Ensayos de comprensión* (435-436).

Si esto es así, señor profesor, tendría que hacerle algunas preguntas. La señorita Gothe me dijo que usted necesita un asistente. ¿Cree usted que yo podría ayudarle?

Husserl se detuvo "y exclamó, alegremente asombrado: '¿Quiere usted venirse conmigo? ¡Sí, me gustaría trabajar con usted!'"[860]. En ese instante, no era posible descubrir cuál de los dos se sentía más feliz. Recuerda Edith: "Éramos en aquel momento como una pareja cuando se promete"[861]. La escena de ese diálogo, en medio del puente Friedrich sobre el río Dreisam, constituye un hito para la historia de la filosofía. Por primera vez, una mujer fue la asistente oficial de un filósofo de la talla de Edmund Husserl. Más aún, es una escena de confraternidad femenina, que se completa con la de Malwine Husserl y Erika Gothe, que los esperaban allí cerca, en la calle Loretto, y confabuladas en el afecto que sentían por ambos recibieron la noticia con gran alegría. De ahí en más, en toda ocasión que se encontraran, Edith y Husserl haían "proyectos entusiastas para el futuro"[862]. Primero, Edith debía volver Breslau por cuestiones de trabajo, pero en octubre estaría lista para ocupar su puesto de asistente en Friburgo. Años después, los Husserl le contaron que se habían sorprendido de que abandonara su cargo en la enseñanza y sospecharon que sería muy rica para cambiar su sueldo por los cien marcos mensuales que el filósofo podía pagarle[a].

UN CAMPO DE BATALLA

La noche anterior a la defensa de su tesis y de rendir los exámenes complementarios, cuando Erika le preguntó si estaba nerviosa, Edith respondió, siempre pragmática: "Dentro de veinticuatro horas todo habrá pasado"[863]. Sorprendida por "semejante

a Es cierto que Auguste podía asignarle una mensualidad, pero, además, a Edith le molestaba tratar los temas de remuneración y buscaba sortearlos rápidamente.

fatalismo", su amiga la acompañó "al campo de batalla"[864]. El lenguaje bélico con el que recuerda ese momento da indicios de las dificultades que enfrentaban las mujeres, dificultades mayores que las de cualquier otro doctorando. Aun así, ese día de verano, en el que oficialmente habían comenzado el receso universitario, pese al "calor horroroso" y mientras hacían tiempo en la confitería Birlinger, Edith dio cuenta de un café helado y una buena porción de torta. Ella misma recordó que le hizo "tales honores" que Erika "casi temió que pudiese sentarme mal"[865]. Durante la redacción de su trabajo había pasado por un período de inapetencia. Pero, a instantes de enfrentar el gran momento, se imponían más que los nervios una voluntad y, según parece, un estómago blindados.

Un rato después, en presencia del decano que, "como si la cosa no fuera con él", se ubicó de espaldas a ellos, sentados ante la mesa de reuniones en "cómodos sillones de cuero", Edith y Husserl conversaron sobre el tema de tesis de manera que el examen casi "resultó un cambio de impresiones confidencial con el Maestro"[866]. Recordaría Edith:

> Para dar más efectividad al tema comenzó preguntando así: "Ciertamente se ha exigido con insistencia que en el examen se ha de pensar con independencia y personalmente, incluso con este calor[a], pero podría usted decirme...? Etc.". [...]. La hora prescrita se me pasó volando. Al final se levantó el Decano y dijo: "Ahora tenemos que darle a la señorita Stein un vaso de agua". Él en persona se fue por la casa para traerme algo, aunque yo no estaba cansada en absoluto ni necesitaba tomar ningún refresco[867].

A continuación, Edith concurrió a las dos reuniones de media hora que correspondían a los exámenes de literatura e historia. Todo aconteció sin sobresaltos; el mismo decano, viendo que

---

a Debía ser un día tórrido; el decano eligió como lugar de examen "la sala de reuniones de la Facultad de Ciencias Políticas, porque era la más fresca" (OCI, 490).

uno de los profesores se extendía más allá del límite previsto, intervino diciendo: "Querido colega, no vamos a mortificar a la señorita Stein más tiempo de lo necesario"[868]. Pero aún faltaba saber la calificación obtenida. Una vez en el vestíbulo, mientras esperaba la deliberación final, Edith se encontró con Erika y con uno de los nuevos discípulos de Husserl, Roman Ingarden[a]. Entonces apareció el bedel que la felicitó y le adelantó: "Por lo menos le darán *Summa*. Otra cosa no es posible después del juicio que Husserl ha puesto por escrito al final del trabajo"[869].

Ante un Husserl radiante de alegría, y por propuesta del decano, el 3 de agosto de 1916 Edith Stein recibió la calificación *summa cum laude*. Esto era maravilloso ya que "suponía, según los acostumbrados ritos del mandarinato, considerarla como candidata a la habilitación para una cátedra universitaria"[870]. De hecho, Müller y Neyer se preguntan si con ello Husserl le prometió que intentaría que la nombraran profesora de la facultad[871]. Lo cierto es que Edith Stein fue la única mujer doctorada ese año en Alemania[872]. Aunque había logrado sus máximas expectativas, las celebraciones debieron adecuarse al contexto de guerra. Al salir de la universidad con Erika y Roman Ingarden, Edith propuso ir a un restaurante cercano. Ingarden las acompañó durante el trayecto, pero una vez allí quiso despedirse por no tener dinero ("su mensualidad no había llegado aún, no quedándole nada del mes anterior"). "Pero es natural que hoy sea usted mi invitado", dijo Edith que, cuando terminaron de cenar, como no estaba bien visto que las mujeres se hicieran cargo de la consumición, le pasó "disimuladamente"[873] su monedero para que él pudiera pagar la cuenta.

---

a Era "un antiguo conocido", el único "del antiguo círculo de Gotinga" que había podido acompañar a Husserl a Friburgo. Se había alistado en la Legión Polaca, pero fue dado de baja por una afección cardíaca (OCI, 483). Entre los asistentes al seminario se encontraba un teólogo protestante, Rudolf Meyer, y una estudiante rusa muy interesada en la antropología de Rudolf Steiner. Ambos expresaron que "'ardían' en deseos" (OCI, 483) de conocerla.

Luego, el pequeño comité fue a casa de Husserl. La señora Husserl había trenzado una corona de hiedra y margaritas que colocaron en la cabeza de Edith "como corona de laurel". "Parece una reina", dijo uno de los asistentes. ¿Es posible asociar esta corona de flores con la que utilizaría, muchos años después, el día de la toma de votos en el Carmelo? Lo cierto es que, a la corona de flores, tejida por Malwine Husserl, y que simbolizaba la gloria terrestre, le seguiría la corona nupcial, utilizada por las carmelitas el día de la profesión y, al final de su vida, la corona de espinas, a las puertas de Auschwitz. Signo premonitorio de una vida de grandes logros y de grandísimas contrariedades, esa noche, al verla regresar con su corona de flores, la dueña de la casa donde se alojaba le sugirió: "Tiene usted que hacerse una fotografía así [...] mientras dura el esplendor de la felicidad..."[874].

EMPATÍA

Edith Stein elige el tema de su tesis, la "empatía", después de asistir, en 1913, al seminario de Husserl sobre *naturaleza y espíritu*:

> Husserl había hablado de que un mundo objetivo exterior solo puede ser experimentado intersubjetivamente, esto es, por una pluralidad de individuos cognoscentes, que estuviesen situados en intercambio cognoscitivo. Según esto, se presupone la experiencia de otros individuos. A esta particular experiencia, Husserl, siguiendo los trabajos de Theodor Lipps, la llamaba "empatía" [...]; sin embargo, no había precisado en qué consistía. Esto era una laguna que había que llenar: yo quería investigar qué era la empatía[875].

Husserl se refirió a la empatía como condición del conocimiento "de un mundo objetivo". Desde la publicación de *Crítica de la razón pura*, de Kant, se consideraba que no era posible conocer las cosas en sí mismas, el ser de las cosas, su "esencia", sino cómo las cosas, bajo ciertas condiciones, nos son dadas a la experiencia, siendo nuestra estructura subjetiva la que las capta como fenómenos y se acerca a ellas con el fin de obtener un conocimiento válido. Frente al "realismo trascendental" que propone el acceso directo a lo real, Kant contrapuso el "idealismo trascendental", advirtiendo que no se puede decir lo que las cosas son en sí mismas, ya que el acceso a las cosas está mediado por el punto de vista del sujeto que hace la experiencia de ellas. Con el denominado "giro subjetivo" de cuño kantiano, los filósofos alemanes limitaron el alcance respecto de aquello que era posible conocer, y de las condiciones y validez del conocimiento.

De ahí la originalidad de Husserl, que llamó la atención del campo filosófico al elaborar un método considerado casi una "nueva escolástica" porque volvía a dirigir la mirada "hacia el objeto: el conocimiento parecía ser de nuevo un recibir; que obtiene su norma de las cosas, y no —como en el criticismo— un determinar, que impone su norma a las cosas". Como señala Edith, en un principio, "todos los jóvenes fenomenólogos eran decididos realistas"[876]. Esto es clave y merece ser subrayado. Para los "realistas", era posible acceder a las "cosas" de un modo pasivo en el que el "yo", volcado al mundo, se atiene al fenómeno que se le "da", con lo que puede captar su "esencia". Recurriendo a lo que Edith Stein explica en un curso de introducción a la filo sofía, el "objeto" no es solo lo que se halla en tal o cual circunstancia (y que sería posible conocer de tal o cual manera), "sino que además posee una *esencia*, cualidades que le corresponden *necesariamente* y sin las cuales no podría existir"[877]. Recordemos que Stein comienza a estudiar con Husserl en el momento en que esos jóvenes realistas se separaban del Maestro a causa de su "giro trascendental" y, aunque con el tiempo ella quedó del lado de los "realistas", su tesis de doctorado *Sobre el problema de la empatía*, tiene, según algunos especialistas, "una notable influencia de parte de la nueva fundamentación idealista para la Fenomenología propuesta por Husserl a partir de 1913"[878].

Al proponerse clarificar el tema de la empatía, Edith Stein pensaba aportar elementos claves a la hora de decidirse entre el "realismo fenomenológico" del primer Husserl y el "idealismo trascendental" que caracterizaba su nueva etapa. Como señala Alasdair MacIntyre, en su tesis de doctorado Stein sugiere que todo el sistema de pensamiento husserliano podría depender del "tratamiento filosófico que se le diera a la empatía"[879].

En su tesis, Stein mantuvo que el "yo" que se da en la conciencia empática está encarnado en un "cuerpo vivo" sintiente que se pone en relación con otro "cuerpo vivo" sintiente. Se establece entonces una relación entre un sujeto que es consciente de sí mismo, y asimismo es objeto de conciencia de otros sujetos. Mientras que Husserl permanece en el ámbito de la conciencia trascendental, para ella es determinante considerar el "cuerpo vivo" en el análisis de la empatía. Sobre este tema, tiempo después y siendo ya asistente de Husserl, dijo en una carta a Ingarden: "He empezado a analizar más de cerca y con más detalle uno de los puntos en los que el Maestro y yo no estamos de acuerdo: la necesidad de un cuerpo para la empatía"[880].

Stein parte del "presupuesto" de que en la empatía "nos están dados sujetos ajenos y sus vivencias"[881]. La empatía es una experiencia, no se trata de un conocimiento que pueda inferirse por analogía[a]. Es más, "la inferencia por analogía se establece en lugar de la empatía quizá fallida y no produce experiencia, sino un conocimiento más o menos verosímil de la vivencia ajena"[882]. Desde el punto de vista biográfico, dado que esta tesis fue escrita en plena Primera Guerra Mundial, es relevante el ejemplo que Edith Stein elige para diferenciar la empatía de la "percepción interna" de Scheler y la "reflexión" de Husserl:

> Si yo, por ejemplo, creo obrar por puro patriotismo cuando entro en el ejército como voluntario de guerra y no advierto que con ello están en juego ganas de aventura, vanidad o descontento con mi situación presente, entonces, aquellos motivos secundarios se

---

a Con eso rechaza los argumentos de John Stuart Mill, para quien podemos conocer la vida anímica de los otros, a través de sus movimientos corporales, infiriéndolas por analogía.

> sustraen a mi mirada reflexiva [...]. Y yo estoy bajo un engaño de percepción interna y de valor si tomo aquella acción tal como se me presenta y la comprendo como manifestación de un carácter noble[883].

Por otra parte, Edith Stein confronta con Theodor Lipps para quien la empatía manifiesta una completa coincidencia entre el sujeto que empatiza y el sujeto empatizado, "ambos llegan a ser uno". Advierte que Lipps llega a esa conclusión errada al confundir lo que es una "vivencia originaria" y una "no originaria". Para aclarar el tema, ejemplifica: "Yo soy uno con el acróbata en cuyos movimientos participo interiormente al contemplarlo"[884]. Pero, si me detengo a reflexionar, es evidente que somos dos individuos diferentes, aunque, empatía mediante, me sienta conducida, guiada, *quasi* una con el acróbata. En suma, la empatía es un "vivenciar propio en el que se manifiesta otro vivenciar"[885]. En contraste con Lipps, para Edith Stein se accede al otro yo sin que haya confusión: cada yo permanece junto al otro, pero conserva su individualidad. Por lo tanto, concluye Stein, "empatía no es sentir a una" (*einsfühlen*) con los demás. Ahora bien, ¿qué sucede cuando me alegro, junto con otros, por el mismo motivo? En ese caso, dice Stein, "desde el 'yo' y 'tú' se erige el 'nosotros' como un sujeto de grado superior [...], ningún 'yo' sin un 'nosotros es el sujeto de sentir a una"[886]. Finalmente, nuestra filósofa sostiene que también se puede "empatizar empatías", es decir que "entre los actos de otro que aprehendo empáticamente puede haber también actos de empatía en los que el otro aprehende actos de otro"[887].

De hecho, en la empatía se produce un encuentro con el vivenciar ajeno, un "coejecutar"[888] que va más allá del "mero saber", ya que la vivencia intelectual que está implícita, por ejemplo, en el acto de lectura, si no alcanza la vivencia empática, se agota en sí misma en un mero conocer. Lo que Edith destaca es el componente emocional de la empatía insistiendo, una y otra vez, en que no se trata de representarse la vivencia, la emoción de otro, sino de "aprehender" la vivencia ajena.

A su vez, expone la diferencia entre la empatía y otro tipo de vivencias por "contagio de sentimientos", como puede suceder cuando me pongo triste porque los que viven conmigo están tristes. En ese caso, se despierta en mí un sentimiento de tristeza que, a diferencia de lo que ocurre en la empatía "no tiene ninguna función cognoscitiva"[889]. Es decir, no estoy inmersa en el vivenciar ajeno, no se me "da" la vivencia ajena, como en el caso de la empatía. En el "contagio" solo me hago cargo, por imitación, del sentimiento de los otros. Ahora bien, a la luz de los acontecimientos masivos que sucederán en los años siguientes a la defensa de su tesis, resulta de sumo interés la referencia de Stein a lo que sucede cuando se produce un "contagio de sentimientos". Lo explica así: supongamos que "yo he hecho míos el odio y desprecio de mi alrededor contra los pertenecientes a una determinada raza o partido, por ejemplo, si he crecido como vástago de una familia conservadora en contra de los judíos y socialdemócratas"[890]. En ese caso, advierte, el odio está basado no en una convicción sino en una valoración empatizada adquirida por contagio con el entorno. Y esto conduce al autoengaño, ya que pretendo "nutrir aquellos sentimientos sobre el fundamento de una convicción propia y tomo por 'capacidad de opinión' mi parcialidad en prejuicios transmitidos"[891]. ¿Hay alguna solución para este tipo de situaciones? Para Edith Stein, a través de la capacidad reflexiva, característica de la fenomenología, puedo lograr "claridad y con ello la posibilidad de desenmascarar el engaño"[892].

A todo esto, es llamativo que Edith Stein, en una etapa en la que todavía no se consideraba a sí misma una persona religiosa, advierte que en la empatía

> ... aparece la experiencia que un yo general tiene de otro yo general. Así aprehende el hombre la vida anímica de su prójimo, pero así aprehende también, como creyente, el amor, la cólera, el mandamiento de su Dios; y no de modo diferente puede Dios aprehender la vida del hombre. Dios, en cuanto poseedor de un conocimiento perfecto, no se engañará sobre las vivencias de los

hombres como los hombres se engañan entre sí sobre sus vivencias. Pero tampoco para Él llegan a ser propias las vivencias de los hombres ni adoptan el mismo modo de darse[893].

Como dice Alejandro Bertolini, "Stein hace fenomenología de la religión, dado que toma como objeto de consideración la fe religiosa, en cuanto manifestación de una dimensión profundamente antropológica"[894a]. Además, Bertolini dice que "contemplada a la luz de su evolución, la empatía steiniana parece particularmente abierta a la experiencia mística"[895b].

Alasdair MacIntyre aclara que en su tesis Edith Stein se presenta como realista fenomenológica, y que el "yo" que se da en la experiencia empática se caracteriza por ser sujeto y objeto, "como un sujeto consciente de sí mismo y como objeto de conciencia de otros sujetos"[896]. De este modo el conocimiento "intersubjetivo" característico de la empatía le evita a Stein caer en el solipsismo, es decir, en la idea de un sujeto trascendental que constituye al mundo sin considerar ni la existencia del mundo ni la existencia de los otros sujetos.

El caso es que, a través del análisis y la clarificación del concepto de la empatía y de la investigación del conocimiento empático, Edith Stein abordaría temas que le interesaban específicamente desde sus primeras lecturas y estudios en psicología: ¿cómo se constituyen en la conciencia de la persona humana su individualidad, su personalidad y sus semejantes?

Pero ¿qué es el alma, para Stein, en esta etapa de su pensamiento? El alma es lo que subyace a nuestra corriente de vivencias, lo "que se manifiesta y manifiesta en ellas sus propiedades constantes". Por ello, el "alma sustancial"[897] depende del contenido peculiar de la corriente de vivencias y, a su vez, el contenido

---

a Alejandro Bertolini se refiere a esta característica en *Empatía y Trinidad en Edith Stein* y señala que "el paso que está dando es significativo, pues supone un Dios no solo empatizable sino empatizante (AB, 57).

b Bertollini retoma la conexión que encuentra R. Kühn cuando dice: "En otras palabras, la vida mística es la praxis propia de la empatía" (AB,2013: 91).

de la corriente de vivencias depende de la estructura del alma. Y aquí Edith Stein da un paso fundamental, ya que reconoce que la separación entre alma y "cuerpo vivo" es artificial, pues el alma siempre es "necesariamente alma en un cuerpo vivo"[898]. En tanto individuo psicofísico, aclara Stein, estoy conformado por un "cuerpo vivo". Es decir, comprendo a mi "yo" como "un alma que está siempre y necesariamente en un cuerpo", tengo conciencia sensorial de mi "cuerpo vivo". Esa conciencia es mi "punto cero de orientación" a través del cual me percibo a mí misma y, a su vez, me permite ver a los demás como diferentes a mí[899]. El "cuerpo vivo" es un cuerpo que siente y en donde se dan las sensaciones. De manera significativa Edith inquiere acerca de la posibilidad de existencia de un "yo sin cuerpo vivo", esto es, del alma desligada del cuerpo[a]. Como suele suceder en las tesis, hay cierta morosidad en el análisis, pero, aunque para MacIntyre esta tesis "es simplemente un trabajo de aprendiz"[900], también destaca que Edith Stein llegó a decir cosas importantes no solo respecto de la empatía sino que, al considerar las conexiones que se establecen, empatía mediante, entre el "cuerpo vivo" del sujeto empatizante y del sujeto empatizado, logra progresar e intenta ir más allá que el propio Husserl.

Al sujeto, que tiene sensaciones y que es un cuerpo vivo, le corresponde un lugar en el mundo como cuerpo físico. Todo sujeto vivencia su cuerpo (como yo el mío) como "punto cero de orientación" del mundo espacial. De ahí que, al empatizar con el otro, se modifica mi imagen del mundo. A través de la empatía, dice Stein, se muestra "la posibilidad del enriquecimiento de la propia imagen del mundo a través de la de los otros"[901]. A la luz de su desarrollo personal cabe aquí un interrogante: ¿también la fe de los otros podría dársenos mediante la empatía con ellos? Es una cuestión que, por ahora, conviene dejar pendiente.

---

a No cabe la relación inversa: "Es absolutamente imposible un cuerpo vivo sin yo. Imaginar mi cuerpo abandonado por el yo ya no quiere decir imaginar mi cuerpo vivo, sino mi cuerpo físico que se le asemeja rasgo a rasgo, mi cadáver" (OCII, 128).

La empatía, y la posibilidad de corregirla o corroborarla, concluye Stein, se nos ofrece como correctivo de engaños:

> Es posible que otro me "juzgue mejor" que yo mismo y me proporcione mayor claridad sobre mí mismo [...]. Él nota que yo miro en torno a mí buscando aprobación cuando hago el bien, mientras que yo mismo creo obrar por pura misericordia. Así trabajan mano a mano empatía y percepción interna para darme yo a mí mismo[902].

Edith Stein propone, en el último capítulo de su tesis, "la empatía como comprensión de personas espirituales". Advierte primero que hasta allí se había dedicado al individuo psicofísico, pero, agrega, "se traslucía en varios lugares" que algo que iba "más allá de este marco"[903].

Lo que Edith Stein deja en claro es que ni las ciencias naturales ni la psicología pueden dar cuenta de las expresiones espirituales. Esto sería así porque el método de las ciencias naturales pretende una exactitud de causa y efecto que pierde de vista lo que es esencial a la vida del espíritu, y con la psicología experimental pasaría otro tanto. Para ella, la fenomenología, a través de su método, es la única que puede aportar claridad sobre las ciencias del espíritu y las ciencias de la naturaleza ya que proporciona una indagación reflexiva de la conciencia científica. Pero ¿cuál es el rol de la empatía? Su respuesta es taxativa: "Si empatía es la conciencia experimental en la que vienen a dársenos personas ajenas, entonces es al mismo tiempo la base ejemplar para la obtención" de los personajes históricos[904]. Según ella, lo que se empatizaría, en el caso de personajes históricos, o en el de las obras de arte entendidas como expresiones de la vida espiritual de los artistas, es el mundo de valores de unos y otros. A su vez, la personalidad propia se constituye en "las vivencias de sentimiento", mientras que los sentimientos "tienen como correlato valores personales"[905]. Pensemos, por ejemplo, en alguien que demuestra más tristeza por la pérdida de una joya que por la pérdida de una persona amada: el sentimiento tiene correlato con cuáles son los valores de esa persona y manifiesta sus cualidades personales.

La primera vez que en su tesis se refiere al amor, Edith menciona que no se ama a la otra persona por su valía personal, por su valores, sino porque "ella misma es valiosa" para nosotros: la amamos "por ella misma"[906]. También relaciona cómo influyen los estados de ánimo en los sentimientos. Dice que un "rencor relativamente leve" puede avanzar y llenar a la persona que lo vivencia, pero la existencia de una "alegría profunda" puede impedirle ese avance. Los sentimientos aparecen presentados como "diversas luminarias de cuya posición y fuerza lumínica depende la iluminación resultante"[907]. ¿Qué podría impedir que el rencor avance? Si la persona valora el hecho de no abrigar rencores, ese valor va a actuar como tendencia contrapuesta al rencor.

El mundo de los valores, concluye Stein, es fundamental en la constitución de la personalidad. De uno de los ejemplos que brinda se deducen, para nuestro interés biográfico, las características de su personalidad como filósofa. Presenta el caso de un sujeto que vive el conocimiento como un valor, y dice que cuando este sentimiento es profundo, digamos nuclear en la personalidad, estamos frente al tipo de personas que poseen "temple científico"[908]. También nos pide que pensemos en un individuo que nunca recibió una educación en valores. "Quien no siente él mismo los valores, sino que adquiere todos los sentimientos solo por contagio de otros", asegura Stein, no podría "vivenciar ni llegar a una personalidad, sino a lo sumo a una imagen fraudulenta de la misma"[909].

Stein asegura que, además de captar el mundo anímico del otro, a través de la empatía también captamos las propiedades personales del otro, su vida espiritual (léase bondad, espíritu de sacrificio, etc.). Al empatizar, entonces, se podrían vivenciar valores y también descubrir rasgos de mi personalidad que aún no he desplegado, de esata manera, aquel que nunca ha estado en una situación de peligro puede, sin embargo, "vivenciarse como valiente o cobarde en la presentificación empatizante de la situación de otro"[910]. Finalmente, puedo sentirme valiente al empatizar con el héroe de una novela de aventuras, pero también podría empatizar el fenómeno religioso:

> Yo mismo puedo ser increyente y entender, sin embargo, que otro sacrifique por su fe todo lo que posee en bienes terrenos. Veo que él obra así y empatizo una captación de valor, cuyo correlato, no me es accesible, como motivo de su obrar, y le adscribo a él un estrato personal que yo mismo no poseo. Así es como obtengo empáticamente el tipo "homo religiosus" que es extraño a mi naturaleza, y lo entiendo, si bien lo que allí me aparece como nuevo ha de quedar irrealizado. Si, por otra parte, otros aplican totalmente su vida a la adquisición de bienes materiales que yo estimo en poco y dejan posponer todo lo demás, entonces veo que para ellos están cerrados los dominios axiológicos superiores de los que yo tengo experiencia, y también les entiendo a ellos aunque pertenezcan a otro tipo[911].

En principio, Edith expresa que con la empatía logramos un mayor conocimiento de nosotros mismos porque al empatizar con personas de naturaleza semejante a la nuestra podemos despertar lo que "dormita" en nosotros. Por otra parte, el empatizar con personas que tienen otros valores o diferente formación "nos ilustra sobre lo quc no somos"[912]. Al compararnos con otros, además de autoconocimiento, también adquirimos autovaloración, es decir llegamos a ser conscientes de nuestros propios valores y carencias y, en consecuencia, "aprendemos a veces a apreciarnos a nosotros mismos de manera correcta, por lo que nos vivenciamos como más o menos valiosos en comparación con otros"[913].

Al final de su tesis la joven fenomenóloga deja en suspenso un inmenso camino por recorrer al inquirir: ¿será "una necesidad esencial que el espíritu solo pueda entrar en mutua relación con el espíritu por el medio de la corporalidad?"[914]. En principio, quedaría claro que, como "individuo psicofísico, no puedo tener noticias de la vida espiritual de otros individuos por ninguna otra vía" que no sea la vía sensible. Incluso las obras "espirituales" que han dejado los artistas que han fallecido, sus libros, sus cuadros, han sido realizadas por individuos psicofísicos y las percibimos "sensiblemente". Lo cierto es que, en los párrafos finales de su tesis, Stein considera la posibilidad de empatía con "personas espirituales puras". Y es justamente aquí cuando se da a entender que el fenómeno religioso sería el tema que intentaría dilucidar en los próximos años:

> Ha habido hombres que creyeron experimentar la acción de la gracia divina en un cambio repentino de su persona, otros que se sintieron guiados en el obrar por un espíritu protector [...]. ¿Quién va a decidir si aquí hay experiencia auténtica o aquella falta de claridad sobre los motivos propios [...]? ¿Mas no está también dada ya con las imágenes ilusorias de tal experiencia la posibilidad esencial de experiencia auténtica en este terreno? En cualquier caso, el estudio de la conciencia religiosa me parece el medio más adecuado para la respuesta a nuestra cuestión, como por otro lado es su respuesta del más alto interés para el terreno religioso. Mientras tanto, cedo a investigaciones ulteriores la respuesta de la pregunta planteada y me conformo aquí con un "*non liquet*"[a][915].

a "No está claro".

10
EN BÚSQUEDA DE SENTIDO

LA ENTUSIASTA ASISTENTE DE HUSSERL

Aunque Edith no hizo caso a la sugerencia de la encargada de la pensión en la que se alojaba de fotografiarse con la corona de flores que Malwine Husserl había entretejido para ella el día que obtuvo su doctorado *summa cum laude*, el resplandor de felicidad que su casera percibió en su rostro no se extinguió fácilmente. Tenía mucho que celebrar. De regreso en Friburgo debía transcribir los manuscritos de Husserl e introducir a la fenomenología a los nuevos alumnos. Pero, si al redactar su tesis aún no discernía en qué medida rechazaba el giro idealista[a] de Husserl, al trabajar como su asistente y acompañando la elaboración de los manuscritos de *Ideas II* tomó definitiva conciencia del distanciamiento con su Maestro.

Durante el transcurso de 1917, Edith quiso discutir y argumentar su posición, pero su intento fue infructuoso. No pudo conmover a Husserl. Todavía en 1941 señalaría que, en un primer momento, el idealismo se remitía a una cuestión de método, y que no había sido intención de Husserl proponer un sistema metafísico idealista, cosa que a su entender se dio bajo influencia de Eugen Fink, su último asistente. Así, en una carta escrita al final de su vida, Edith sostiene:

> Husserl ha valorado extraordinariamente —desde luego con razón— al doctor Fink: su talento y la seriedad con que se había familiarizado con la fenomenología. El doctor Fink tenía la fuerza incombustible y el radicalismo de un joven pensador. Y con toda

a Para Fernando Haya Segovia, la lectura de la tesis de empatía parece sugerir "una autora convencida del método de la fenomenología en su nueva modalidad trascendental" (en *Para comprender a Edith Stein*, pp. 188-9).

su fuerza se arrojó sobre la cuestión del idealismo, en la que los antiguos alumnos de Gotinga no querían acompañarle. Husserl vio en el doctor Fink al heredero de su obra[916].

Se ha dicho que en la tesis sobre empatía hay un eco de *Ideas*[a], y que en 1917 Stein comenzó a tener dificultades para "permanecer en las proposiciones de Husserl", entonces finalmente decidió "abandonar ella misma el idealismo"[917]. Ahora bien, al diferenciar entre un "idealismo metódico" y uno de implicancias metafísicas Stein pone en juego el complejo tema de la *constitución*. A través de la reducción trascendental, Husserl propone llegar a la conciencia pura, ámbito de análisis fenomenológico, con el fin de analizar los problemas de constitución. Lo que plantea Husserl a partir de la reducción trascendental, y en lo que recibe apoyo de Fink, en oposición con los primeros discípulos, Stein incluida, es la imposibilidad de dar cuenta de la existencia del mundo objetivo fuera de la conciencia. Tensada al extremo, la reducción trascendental llevaría a negar la existencia de un mundo fuera de la conciencia, es decir, del mundo objetivo que estaba implícito en su propuesta de volver a "las cosas mismas", con la que había atraído a sus primeros discípulos.

Todavía lejos de plantear semejantes objeciones, cuando en el verano de 1916 Edith comenzó a desempeñarse como asistente de Husserl se ocupó de estudiar el sistema de taquigrafía Gabelsberger que él utilizaba para escribir y pasar sus manuscritos "a escritura 'normal'"[918], tarea que hasta entonces había realizado su esposa. Y aunque Husserl le había advertido que

a Las similitudes entre la tesis de empatía e *Ideas* son reconocidas en una carta de Edith Stein a Fritz Kaufmann en la que cuenta que, luego de que el Maestro leyera su tesis, le ofreció a Husserl ser su asistente "cuando me comunicó que estaba muy satisfecho de mi trabajo y que buena parte del mismo coincide con puntos esenciales de la segunda parte de las *Ideas*" (OCI, 552).

no tenía "una noción precisa de cómo debía desarrollarse" el trabajo en común, por un tiempo los dos estuvieron de acuerdo en que "lo primero de todo" sería ocuparse de los manuscritos del segundo tomo[a] de *Ideas*[919]. La tarea principal de Stein fue preparar para la imprenta la lección "Naturaleza y Espíritu". Además, dio un curso a principiantes sobre el tema "¿Qué es la verdad?", del volumen VI de las *Investigaciones Lógicas*.

Con la mayoría de sus discípulos en el frente, Husserl designa una asistente mujer; si tuvo prejuicios al hacerlo, Edith nunca se refirió a ellos. Pero la relación se profundizó en un marco histórico concreto. Consciente de lo excepcional de la situación, a fines de 1916, sin recibir un nuevo llamado de la Cruz Roja, ella le trasmitía a Fritz Kaufmann su esperanza de que se firmara pronto un armisticio, y agregaba que de no ser así trabajaría en "una fábrica de munición o algo parecido"[920]. La Gran Guerra imponía una realidad abrumadora. Una vez rechazado el armisticio propuesto en diciembre por Alemania, Edith temió, no exenta de razón, que los "objetivos de los aliados" tuvieran que ver con "estrangular Centroeuropa antes de que nazca"[921]. De manera anticipatoria, intuía: "Pero con ello no se logrará nada"[922].

En diciembre de 1916, al visitar a Reinach, que tenía días de permiso durante Navidad, pudo comprobar que la vida en el frente lo había cambiado. Aunque su salud era excelente y mantenía un buen estado de ánimo, la sorprendió con decisiones que ella le transmitió a Kaufmann:

> Asegura haber descubierto en el campo de batalla que no está filosóficamente dotado y que nunca ha estado interesado seriamente por la filosofía. Esto se debe a que ahora está totalmente ocupado

a El primer tomo apareció en 1913. La "segunda parte de la obra, pergeñada por Husserl ya en 1912 y reelaborada en 1915, fue preparada para la imprenta por Edith Stein (publicada como *Ideen II* e *Ideen III* respectivamente) y apareció en alemán mucho más tarde, en 1952) (OCI, 355, n. 227).

> con cuestiones religiosas[a], lo que hace pensar que después de la guerra su trabajo se centrará fundamentalmente en esta área [...]. En los días que estuve con él, otra vez despertó su interés filosófico; volvimos incluso a sacar su manuscrito sobre el movimiento y desea saber qué es lo que se puede hacer con él fuera. Esto es maravilloso[923].

A principios de 1917, leal a Husserl y muy amiga de sus amigos, Stein sostenía una importante correspondencia. La mayoría de sus cartas no se conservan, por lo que para indagar sentidos y conexiones se recurre a las que dirigió a Roman Ingarden, a Fritz Kaufmann y a familiares o amigos que las conservaron y las facilitaron para su publicación. Gracias a ellos sabemos que estaba dispuesta a socorrer a muchos, porque no solo leía la tesis doctoral de Roman Ingarden, *Intuición e intelecto en Henri Bergson*, sino que también le planteaba correcciones y hacía sugerencias. En líneas generales, estimaba que "la argumentación contra Bergson" era "totalmente correcta"[924], pero sugería modificaciones que veía convenientes. La presentación de una tesis de doctorado debe ser cuidadosa no solo en su argumentación, sino en lo que atañe a cuestiones formales y a la presentación del marco teórico adecuado. Atenta a ello, Edith puntualiza una serie de observaciones que parecen, más que la de una amiga, observaciones propias de un director de tesis a sus doctorandos:

> Página 185. No se puede hablar de pasada acerca del "conocido" contrasentido del punto de vista kantiano. Si no se puede profundizar en el tema, es preferible no decir nada. Esto mismo vale para la observación acerca de la "cosa en sí" de la página 193[925].

---

a Reinach se había bautizado al protestantismo urgido por su mujer, que veía en esto un paso previo a la conversión al catolicismo. Antes escribió: "Tengo un miedo terrible a estar actuando mal al bautizarme de esta forma. Temo haber decidido bautizarme rápidamente con un ministro protestante, simplemente porque no estoy listo para entrar en la Iglesia católica" (Denamy, n. 10, p. 33).

Además de las correcciones, Edith le aconseja a Ingarden que "debe renunciar usted al loable dominio de sí realizado hasta ahora, y aportar algo positivo, ante todo sobre las categorías y la esencia. Tan correcto como es comenzar con la crítica inmanente, así de divertido es el juego dialéctico..."[926]. Su intención era estimularlo para aportar a ese plus que se espera de un trabajo de doctorado, y que consiste en ir más allá de una simple exposición del estado de la cuestión del tema propuesto.

DISCÍPULA COMPROMETIDA

Cuando habló con Husserl acerca "de la eventual preparación de un *Anuario*"[927], lo que pareció una conversación estimulante pronto presentó inconvenientes que compartió con Ingarden:

> He hecho una descripción espantosa del esfuerzo que supone la revisión del material de las *Ideas*, de modo que una vez más [Husserl] se mostró completamente de acuerdo en confiarme este placer. Al contarle las dificultades con que me he tropezado, de repente surgió la idea, no injustificada, de que se debería repensar toda la teoría sobre la constitución y, por tanto, volver a mirar la primera parte de las *Ideas*. Esto ha ocurrido dos días, después todo ha vuelto a ser tan aburrido como antes[928].

Es mucho lo que se implica en estas líneas. Primero, el esfuerzo que supone la revisión de los manuscritos de Husserl, quien acostumbraba a escribir sus notas en hojas sueltas, trozos de papel e incluso en sobres de cartas. Además, él escribía siguiendo el hilo de sus pensamientos, sin retomar sus notas ni elaborarlas, por lo que de pronto se encontraba con miles de cuartillas y hojas escritas en letra diminuta, en un sistema taquigráfico prácticamente en desuso, y que debió asimilar con esfuerzo para transcribir todo el material y organizarlo. Por eso, además de tipear el conjunto nuevamente y de la corrección formal, con la intención de que Husserl revisara el material le señaló los puntos que, a su modo de ver, no quedaban claros. Además, fundamentalmente, ella pensaba que "se debería repensar toda la teoría sobre la constitución"[929].

Por todo eso creía que debían conversar y trabajar en conjunto, pero solo esporádicamente lo conseguía, ya que, lejos de favorecer un intercambio de ideas, Husserl pretendía que Edith solo recopilara y transcribiera. Por eso, su trabajo era "tan aburrido"[930] y "trabajar con el querido Maestro" resultaba "complicadísimo": "lo grave del caso [era] que de ninguna manera" quería "trabajar en común"[931].

Por lo visto, Edith no se conformaba con ser una secretaria eficiente y confiaba que "independientemente de las cambiantes ocurrencias del querido Maestro", mientras se lo permitieran sus otras ocupaciones, podría "dar una nueva forma al material", de modo de hacerlo accesible a otros lectores. En cuanto a la reacción de Husserl, especulaba: "Cuando lo tenga hecho, y él siguiera sin decidirse a tomar en sus manos de forma sistemática el trabajo, entonces, por mi propia cuenta, trataría de aclarar los puntos oscuros". ¿No era mucho lo que se proponía? Aquí se revela un rasgo de su personalidad porque, aun reconociendo que semejante objetivo podía sonar a "megalomanía", no consideró la tarea superior a sus "modestas fuerzas"[932].

Claramente, Edith no fue una colaboradora temerosa o pusilánime. Veía en su trabajo inmensas posibilidades, no quería volver a la docencia en la enseñanza media y pensaba continuar con el trabajo científico aunque estuviera mal remunerado:

> Una vez que he asumido este planteamiento, he comunicado a mi madre que tendría trabajo para siempre y que para ello solo me faltaría una renta vitalicia. La respuesta que obtuve de inmediato dice que no debo preocuparme sobre este punto. Así pues, el horroroso fantasma de la vuelta a la escuela ha desaparecido, y esto significa un gran alivio.[933]

Hay algo de arrollador en la voluntad de Stein, pero Husserl no era fácil de convencer. Una y otra vez surgían trabas. Inmersa en el trabajo, también se hacía lugar para continuar con sus lecturas. Lecturas que compartía con Ingarden:

> A punto estoy de acabar la lectura de los campesinos polacos, y he de decir que, en conjunto, me ha impresionado mucho. Para mí tiene un encanto especial el hecho de que toda la aldea sea concebida y presentada como una unidad orgánica. Por ello los lugares donde se dice algo del "alma del pueblo" son los que más alegría me han proporcionado: las fiestas, visita a la iglesia, las gestiones contra la finca, la acción caritativa de las aldeas vecinas, etc. También, por supuesto, las personas que, como Rochus y Jacek, se ocupan conscientemente de esta alma del pueblo. Por lo que se refiere propiamente a la novela, admiro la seguridad y realismo, con el que son caracterizadas las personas, alegres en muchos momentos, pero la materia y la exposición me han parecido demasiado rudos ("brutales" diría usted) como para poder encontrar en ello un verdadero placer. Como usted sabe, eso lo obtengo en la vida con la cultura y en el arte con la belleza, y en ambos busco algo así como "armonía".[934].

Podría decirse, de acuerdo con Moreno Sanz, que este tipo de lecturas y sus preocupaciones políticas de la época marcan el contexto en el que germinan sus ideas acerca de la comunidad, la nación y el pueblo, tal como las desarrollará especialmente en *Individuo y comunidad* y *Una investigación sobre el Estado.* Mientras tanto, en enero de 1917, luego de una de sus conversaciones con Husserl, comenta a Ingarden animadamente:

> He aquí la ultimísima prognosis del Maestro por lo que a las *Ideas* se refiere: por lo pronto debo permanecer con él hasta que me case; en cuyo caso debería pensar solo en un hombre que esté dispuesto a ser también su asistente y lo mismo los niños. ¡Infausto a más no poder! Aparte del factor tiempo, faltan las condiciones necesarias. Pues si, a fin de cuentas, no está fuera de lo posible

> que encuentre a alguien que no recele de unirse conmigo (*et vice versa*), considero imposible que un hombre pueda ser su asistente. Ahora está ocupado en el estudio de la constitución de la naturaleza (por supuesto, sin prestar atención a la revisión); entretanto, yo he seguido adelante con el trabajo de revisión, para el que me he concedido autorización a mí misma, sin toparme con oposición alguna, hasta llegar al tema de la persona. La consecuencia lógica es que apenas si hablamos entre nosotros. Para mí esto es muy doloroso, ya que las cosas son muy complicadas y el material que tengo delante es muy incompleto[935].

UNA AMISTAD QUE SE CONSOLIDA NO EXENTA DE TENSIONES

Al final de una carta que Stein dirige a Ingarden el 12 de enero de 1917 se advierte un giro significativo; dice esperar la siguiente carta de él para conocer su dirección, y agrega: "Ya que no fui capaz de retenerla aquella tarde horrible: tan agotada estaba que no fui capaz de asimilar nada"[936]. El orden de los manuscritos era en parte responsable de su estado de ánimo, la había dejado "medio alelada"[937] y es posible que se refiriera a una tarde de principios de enero de 1917, cuando se despidieron antes de que Ingarden regresara a Cracovia. Si se considera que, al año siguiente, la situación de despedida también produjo situaciones asociadas a lo "horrible", se intuye lo inquietante que puede haber sido esa época para ellos.

En simultáneo, mientras trabajaba en una filosofía de la persona, era muy "grande el círculo de personas"[938] con las que Stein se relacionaba por correspondencia. Iluminaría esta etapa de su vida la que sostuvo con Hans Lipps. Pero Edith también esperó mucho de Roman Ingarden. Mientras él estuvo en Friburgo, durante la primavera y el verano de 1916, solían caminar junto a Husserl desde la universidad hasta su casa, donde se quedaban conversando hasta altas horas de la noche, cuando Malwine los interrumpía para despedirlos. En otoño del mismo año los tres formaron lo que Ingarden llamó "a small colony of Göttingeners in Freiburg"[a].

Cuando a principios de 1917 Ingarden regresó a Cracovia, Edith y él iniciaron un activo intercambio epistolar en el que, además de temas fenomenológicos, trataban cuestiones personales y de alta política. A Ingarden le preocupaba especialmente lo que sucedía en Polonia, declarada en noviembre de 1916 reino independiente, luego de un manifiesto firmado en conjunto por el emperador del Reich alemán, Guillermo II, y el representante de la monarquía austrohúngara, Francisco José I. Por su parte, Edith afirmaba tener "fundadas esperanzas para el futuro". No quería pensar en una derrota alemana, imaginaba que finalizada la guerra se haría realidad el derecho a voto generalizado y que su "querida Prusia" llegaría a ser "alemana y con ello, a la vez, centroeuropea"[939]. El historiador Enzo Traverso explica que la idea de una patria centroeuropea fue elaborada desde la emancipación hasta el advenimiento del nazismo, y suscribieron a ella muchos judíos emancipados que consideraban que la

> verdadera "patria" del judaísmo de lengua alemana fue la *Mitteleuropa*, la Europa Central definida no en términos políticos [...], sino en términos esencialmente lingüísticos y culturales, un vasto espacio cuyos contornos no coincidían en absoluto con las fronteras estatales[940].

Es posible que, en consonancia con ello, Edith Stein sintiera que el alemán era la *lingua franca* desde Berlín a Viena, desde Riga a Tchernowicz, y desde Praga a Budapest. Traverso indica que, en ese contexto temporal, "poco preocupados por las fronteras estatales, los judíos daban forma a la unidad cultural de Europa Central de lengua alemana"[941]. Con ello se dio un

---

a Extracto de Ingarden en *Roman Ingarden's Ontology and Aesthetics*: "In the conversation with me and with Miss Stein Husserl could turn to problems that interested him personally and could express himself freely. Our meetings continued in this manner for the entire year of 1916" (p. 15).

proceso de asimilación que el filósofo Hermann Cohen celebró como "simbiosis judeo-alemana"[942]. Aun cuando los judíos no eran ciudadanos de pleno derecho, el optimismo de Stein la inducía a pensar que los derechos se adquirirían paso a paso. Para ella, como para otros habitantes del imperio, lo prusiano estaba identificado con la idea de civilización, de universalidad. Pero, en tanto ella confiaba en la organización prusiana, como polaco, Ingarden tenía otra visión de las cosas y comprendía los sentimientos de aquellos polacos que se sentían utilizados y manipulados según fueran los objetivos de la política de quienes ocupaban el territorio.

Durante la guerra, con Polonia partida en una zona rusa y una zona alemana, los polacos sufrieron, desde el principio, el avance constante de los rusos y la toma de prisioneros que eran llevados a campos de trabajo en un frente en el que hubo diez millones de muertos. A todo esto, como comunidad, sentían que las políticas de germanización o de rusificación ahogaban a Polonia bajo el dominio de uno u otro bando. El 5 de noviembre de 1916, Polonia se proclamó un reino independiente. Luego, ante la victorias de la Entente (alianza entre Francia, Gran Bretaña y Rusia), y la imposición de un bloqueo marítimo, el 31 de enero de 1917 Alemania declaró la guerra ilimitada y permitió a sus submarinos desplazarse en áreas en las que lo hacían buques comerciales, lo que implicó una violación del derecho internacional. Pese a todo, "colmada de alegría"[943], con la firme esperanza de que la guerra terminara ese verano, Müller y Neyer dicen que Edith "se adhirió a esta esperanza"[944] sin anteponer razones humanitarias.

Entre tanto, la Marina alemana dirigiría sus armas contra los barcos que surcaban aguas enemigas con la intención de que Inglaterra comenzara las negociaciones de paz. Por entonces, ella instaba a Ingarden a que su corazón aprendiera a obedecer diciéndole además: "Si al final del semestre de verano viajamos a Suiza para celebrar la firma de la paz (!), desde luego no deseamos vernos incomodados por los antojos de un músculo rebelde"[945]. En sus cartas Stein muestra fe en el futuro, también toma en broma los pronósticos de Husserl, que temía perderla.

En ese tiempo, ni ella ni sus allegados descartaban la posibilidad de que contrajera matrimonio. Y llama la atención que, luego de trasmitir a Ingarden los comentarios de Husserl, ella agregue que Lipps, quien había expresado la intención de visitarla, al verse frustrado el encuentro le había enviado desde Dresde, "unas preciosas orquídeas". Las flores despertaron el interés de su casera, que supuso que "procederían" del buen amigo, "que ahora no estaría aquí"[946]. Por su parte, Edith menciona, con humor, que las orquídeas "no pudieron" consolarla del todo: "Con ellas es imposible filosofar bajo ningún concepto"[947].

En un tono coloquial, en enero también le dice a Ingarden que participa de un grupo de lectura que, si bien "ni de lejos" podría considerarse una sociedad filosófica, funciona como una "escuela filosófica para principiantes"[948]. Además, le informa que uno de sus miembros se ha marchado a Múnich animadísimo tras encontrar en "la alocada pensión" en la que vivía a su "compañera de vida". Y agrega que así acompañado el aludido "debería acordarse, compasivo, de [Ingarden], pobre desgraciado, que siempre suspiró aquí en vano por algo parecido"[949]. El tono de la carta es amistoso, incluye alguna que otra broma y doble sentido, y en ella estimula a Ingarden a continuar la comunicación: "¿Así que espera 'muchas cartas' mías? ¡Vaya! En ese caso, anímese a escribir, y esté seguro de que yo no dejaré de contestar"[950]. Pese a que la guerra se extendía más allá de lo previsto, da la impresión de que Edith estaba entusiasmada. Con su tesis sobre la empatía en proceso de impresión[a], aunque Husserl "ocupado en el estudio de la constitución de la naturaleza" no prestaba atención a

a El 30 de enero de 1917 solicitó a la Facultad de Friburgo autorización para imprimir parte de su tesis "ya que todo el trabajo sería demasiado y los gastos de impresión hoy en día son inusitadamente elevados" (OCI, 563). En la solicitud, escrita a mano, puede leerse la recomendación de Husserl de realizar la publicación por tratarse de "una disertación magnífica, más que suficiente y, por lo que se refiere al contenido, valiosa" (OCI, n. 3, pie de p. 563).

la revisión que ella había realizado de la primera parte de *Ideas* 2, concienzudamente seguía inmersa en su línea de trabajo[951]. Además, al aclarar a Ingarden su tarea con los manuscritos de *Ideas*, especificaba:

> de momento, partiendo de los materiales, solo intento establecer, en una elaboración homogénea, el hilo conductor de pensamiento (bastante claro a los ojos, pero que no está fijado ni verificado en lugar alguno). Esto debe ser la base para el trabajo del Maestro, y es lo que con gusto quisiera acabar, ya que creo que él mismo no sería capaz de desenvolverse a través de los materiales y siempre quedaría atascado en los detalles. Únicamente en el peor de los casos (que de ninguna manera fuera capaz de seguir adelante en la reelaboración), tenía previsto hacerlo yo misma. En ese caso estoy dispuesta para un trabajo de años[952]

"TAMBIÉN EDITH STEIN ME ACOMPAÑÓ ÚNICAMENTE HASTA 1917"

Aunque un "paseo filosófico" con Husserl hasta Haslach, barrio situado al sudoeste de la ciudad antigua, podía llenarla de confianza en el futuro, Stein reconocía que se había producido un cambio, a raíz del cual ahora creía saber "poco más o menos qué es constitución, pero en ruptura con el idealismo"[953a]. Al recordar aquella época y a sus discípulos de entonces, Husserl le comentaría a Adelgundis Jaegerschmid: "Nadie me acompaña desde el gran cambio profundo en mi filosofía, desde mi

a Respecto a lo cual escribiría: "Para que pueda constituirse una naturaleza expresiva, me parece indispensable contar, por una parte, con la existencia de una naturaleza física y, por otra, con una subjetividad de determinada estructura. Todavía no me he decidido a comunicar al Maestro esta herejía" (OCI, 567). Müller y Neyer observan que Stein quiso elaborar un escrito para presentar a Husserl, y que surge así un manuscrito que revisará toda su vida y que en 1991 se publica como "Introducción a la Filosofía" (MyN, 103).

giro interior... También Edith Stein me acompañó únicamente hasta 1917”[954].

Entretanto, Edith se posicionaba en el campo de la fenomenología. Tendía redes, los filósofos de paso por Friburgo y los estudiantes interesados en iniciarse en este campo recurrían a ella. También le sugería lecturas a Ingarden, a quien le contaba, refiriéndose al grupo filosófico de principiantes que instruía: “Mis ‘lactantes’ me hacen mucha gracia”. Y, ante la necesidad de una conversación con otro vuelo, se ilusionaba: “Si viniera usted en verano y todavía estuviera yo aquí, quizás podríamos atrevernos a crear una verdadera sociedad filosófica”[955]. Además, Edith estaba convencida de que con Ingarden podría discutir en paridad la avanzada de los filósofos que se acercaban a Husserl[a].

Mientras tanto, en su relación con Ingarden había líneas de conflicto ya que en tanto que él se confesaba “enamorado del alma polaca”, ella alegaba diferencias de “posición con relación al Estado y al pueblo”: “Mire usted, yo no puedo enamorarme de Alemania como no puedo enamorarme de mí misma, puesto que formo parte de ella”[956]. Recordemos que, para Hannah Arendt, el amor por la patria devino, después del nazismo, en amor a la lengua en la que fue educada, su lengua materna[b]. La

a En plena revisión del volumen VI de *Investigaciones lógicas*, Stein le recomendaba a Ingarden un trabajo de Jean Hering: “En Gotinga volví a oír que quiere estudiar teología de forma regular. Por lo tanto, habría que plantearle el dilema: lo hace él o usted”. Lo que expresa a continuación da idea de sus diálogos con Ingarden: “No puede ser que estas cosas queden eternamente a medias, debido a que él las ha comenzado. Por lo demás, aún quisiera entenderme con usted sobre algunas cosas que he deducido o no del trabajo. Las μορφαί (ποῖον y τὶ) de Hering son esencias en concreción (yo no diría ‘esencias reales’, ya que los objetos no se limitan a lo real), que atribuyen al objeto lo que es. Las correspondientes esencias puras serían εἶδος y objeto ideal...” (OCI, 567-8).

b En “¿Qué queda? Queda la lengua materna”, Hannah Arendt responde la pregunta de Günther Gaus: “Si añora la Europa del período prehitleriano [...] cuando usted viaja por Europa, ¿qué tiene la impresión de que queda y qué se ha perdido?”, y sigue diciendo: “¿La Europa del período

frase citada, escrita por Edith Stein durante la Primera Guerra Mundial, mucho antes del predominio nazi, hallaría un correlato con la respuesta de Hannah Arendt a Karl Jaspers, cuando en enero de 1933 este le envió su libro sobre Max Weber, en el que se destacaba la "germanidad" del sociólogo:

> Para mí, Alemania es la lengua materna, la filosofía y la creación literaria. Todo eso, puedo garantizarlo, y lo debo. Pero yo me debo a mí misma guardar distancia; yo no puedo estar a favor ni en contra cuando leo la magnífica frase de Max Weber que dice que, para el enderezamiento de Alemania él se asociaría al mismísimo diablo[957].

Si bien es cierto que al proponer esa asociación Max Weber estaba muy lejos de pensar que un día gran parte de los alemanes se asociarían a Hitler para enderezar a Alemania, en su carta a Jaspers, Hannah Arendt comprende lo potencialmente dañino de esas afirmaciones. Por el contrario, Jaspers, que había sido su director de su tesis, todavía en el conflictivo 1933 seguía reprochándole que se diferenciara, como judía, "de lo alemán". Solo después de la Segunda Guerra él hubo de reconocer su error. ¿Cómo no comprender entonces que, en 1917, con el mismo espíritu germanista de Jaspers, Edith Stein se sintiera implicada positivamente en el "destino histórico y político" de Alemania?[958].

Las relaciones entre individuo y comunidad le interesaban especialmente y le decía a Ingarden:

> Me alegro mucho de que progrese en el conocimiento de la germanidad [...]. Los pueblos son "personas" que tienen su vida, su devenir, que crecen y pasan. Es una vida que trasciende a la nuestra, si bien es verdad que la engloba. Por esta razón no tiene

---

prehitleriano? Le aseguro que no la añoro. ¿Qué queda? Queda la lengua (...) Hay una diferencia abismal entre tu lengua materna y todas las demás". En *Ensayos de comprensión* (17-40).

> mucho sentido preguntar, si han de ser grandes o pequeños, o sea, si nosotros hemos de contribuir a ello, ya que es algo que muy poco depende de nosotros, como no es una decisión de las células que el organismo, que ellas componen, deba crecer o disminuir. Ahora bien, nosotros no nos consumimos como simples células, sino que *podemos* tomar conciencia de nuestra relación con el todo, al que pertenecemos (incluso creo que las tendencias eficaces del desarrollo son experimentables) y someternos libremente[959].

Lo que hay detrás de esa frase es una concepción del Estado que remite a la filosofía hegeliana de la historia:

> Cuanto más viva y poderosa es esta conciencia en un pueblo, tanto más se configura en Estado, y esta configuración es una organización. Estado es un pueblo consciente de sí mismo, que disciplina sus funciones. Dado que, a mi parecer, el fortalecimiento de la conciencia de sí está unido con una ascendente tendencia de desarrollo, por eso contemplo la organización como una señal de fuerza interior y el pueblo (en lo tocante a su formación, no, naturalmente, en lo referente a sus "disposiciones de carácter") como lo más perfecto, lo que generalmente es el Estado. Y en una consideración totalmente objetiva, creo poder decir que desde Esparta y Roma nunca se ha dado una conciencia tan poderosa de Estado como en Prusia y en el nuevo *Reich* alemán[960].

Como al inicio de la guerra, seguía convencida de que "la Alemania Imperial requería una lealtad incondicional"[961]. Asimismo, consideraba que Norteamérica se encontraba "en el límite cero de desarrollo estatal". Retrospectivamente, este tipo de afirmaciones son estremecedoras. En 1962, al editarse las cartas que Stein le dirigió, Ingarden releyó el comentario que hizo su amiga al iniciarse la guerra:

> Hoy ha terminado mi vida individual y todo lo que soy pertenece al Estado; si sobrevivo a la guerra, otra vez deseo tomar mi vida como un nuevo regalo. Esto no fue el producto de un estado de

> excitación nerviosa, sino que hasta el día de hoy sigue vivo en mí, y me causa un dolor continuo porque no he encontrado el lugar adecuado donde actuar en ese sentido. Y este es el espíritu, que está vivo entre nosotros, aunque la mayoría pueda pensar de otra forma y se digan muchas tonterías.

Conmocionado, Ingarden escribió: "Cito este pasaje de la carta porque pienso en el destino de Edith Stein y en su cremación en el campo de concentración"[962].

LA VIDA COMO UN REGALO

Durante la guerra Edith Stein sufrió "un dolor continuo", porque sentía que no hallaba la manera de ayudar a su patria[963]. Ser soldado no contaba entre sus posibilidades, tampoco era víctima de la propaganda armamentista. No cabía en ella ni "rastro de odio contra el 'mercantilismo inglés', ni de programa cultural contra la 'barbarie del este'"[964]. Y todavía sentía confianza en el gobierno alemán y esperanzas respecto del futuro. Cuando Ingarden hizo ciertas observaciones sobre la literatura polaca y la alemana que Edith no pudo compartir, afirmó que no se creía "capacitada" para comparar ambas literaturas, pero agregó: "Tampoco creo que aún lo esté usted"[965]. Vale preguntarse si semejante franqueza crítica no descorazonaría a Ingarden. Sea como fuera, Edith siempre fue honesta en sus opiniones, que muchas veces coincidían con sus intereses filosóficos.

Por lo pronto quería "aprender polaco", lo que muestra su genuino interés por su literatura, pero también su cercanía con Ingarden. A tal efecto, consiguió un libro de gramática polaca e imaginaba que ejercitarse en traducción "sería una hermosa ocupación recreativa en tiempos de paz"[966]. Respecto de la literatura en lengua alemana, dejaba de lado a Bernhard Kellermann y Thomas Mann, autores que Ingarden había traído a colación, y opinaba:

> Creo que nuestra grandeza no está en el campo de la novela, por mucho que también en el terreno genuinamente artístico podamos tener un puesto de prestigio. Nuestra grandeza está más bien en el carácter ético de nuestro pueblo, cuya adecuada expresión solo puede hallarse en la sublime tragedia[967].

Thomas Mann había publicado su novela *Los Buddenbrook*, en 1901, y *Muerte en Venecia*, en 1912. En cuanto a Bernhard Kellermann, en 1913 se editó su obra *Der Tunnel*, un gran éxito que vendió más de un millón de ejemplares y fue traducida a cerca de veinticinco idiomas. Por lo visto, estos autores no la conmovían especialmente, además, le decía a Ingarden que para emitir juicio sobre la literatura alemana debería conocer mejor a Goethe, y relacionarse con él. A todo esto, es factible que Edith proyectara su propio "carácter ético" en el "pueblo" alemán al escribir aquella frase durante la Primera Guerra Mundial y antes de la revolución rusa, pero luego de marzo de 1917, conmovida por los fenómenos de masas, se decidió tratar estas cuestiones desde una perspectiva filosófica.

Poco antes, le escribía con cariño a Ingarden, deslizando una palabra polaca que muestra la intimidad que habían alcanzado: "El *dziura* [nido] de Friburgo se siente muy halagado de que usted siga suspirando por él, y le hace saber que desea tomarse grandes molestias, con tal de hacerle la vida agradable aquí"[968]. Por su parte, preocupado porque ella se presentó en los "Servicios auxiliares patrióticos" como voluntaria para ayudar en actividades escolares, que fueran compatibles con su trabajo universitario, Edith le aseguraba: "Por lo que respecta a mi prestación de servicio, de momento puede estar completamente tranquilo". Había recibido carta del gobierno con información de que su solicitud sería tomada en cuenta, pero por lo pronto no la llamarían[969].

A punto de terminar el semestre de invierno, Edith había reducido las exposiciones acerca de naturaleza y espíritu a la mitad, y pensaba que podrían publicarse si Husserl las revisaba. También presentó "solemnemente al Maestro"[970] sus reparos contra el idealismo. "No fue, en absoluto, una 'situación embarazosa', como usted temía"[971], le escribió a Ingarden detallando la escena:

> Me acomodé en una esquina del viejo sofá de cuero, y durante dos horas discutimos acaloradamente, desde luego sin convencer el uno al otro [...]. De todos modos, se ha dado cuenta de que debe pensar una vez más [...]. Creo, sin embargo, que lo que he preparado por mi cuenta podría publicarse si lo hubiera revisado el Maestro. Al releerlo he puesto una señal sobre los "puntos oscuros" [...]. El Maestro ha tenido la buena idea de decir que esto es lo que yo debería hacer (cuando a lo largo de cinco meses no he hecho otra cosa) [...]; se ha ofrecido a entregarme, para regocijo mío, los borradores de la investigación sexta, para una nueva revisión[972].

Incansable optimista, Edith trabaja con la "enorme masa de documentos". Como informa Joachim Bouflet, "de esta manera estructura y ordena cincuenta y siete manuscritos y da forma, a partir de nueve mil quinientas páginas de archivos, al segundo tomo de las *Ideas*"[973]. Todavía ilusionada con lo que podía aportar como asistente, le contaba a Ingarden: "Debo ser aquí —así de ingenuamente se ha dicho—, lo que Reinach era en Gotinga. Únicamente, no debo presentarme a cátedra (Elli piensa que sí) puesto que 'por principio' se está en contra"[974].

Elisabeth (Elli), la hija de Husserl, estaba a favor de que Edith intentara conseguir un nombramiento en la Universidad de Friburgo, a diferencia de su propio padre y de quienes intentaban disuadirla. Era incuestionable que, siendo mujer y judía, "por principio" Edith tenía una abierta oposición. En 1907 Husserl mismo, en respuesta a una encuesta del Ministerio de Educación, se había expresado en contra de admitir el ingreso de mujeres en la carrera académica. Solamente Max Lehmann, el matemático David Hilbert y Carl Runge votaron a favor. En cuanto a Husserl:

En una conversación con Gerda Walther (1897-1977) "dice —un poco apurado— que él opina que la tarea de la mujer se halla fundamentalmente en el hogar y en el matrimonio, y que, por tanto, él no permitirá tampoco que Edith Stein obtenga junto a él el cargo de profesora universitaria"[975].

Aunque Husserl se había convertido al protestantismo, debía prever que tanto para él como para la fenomenología convendría tener en la cátedra a personas, preferentemente hombres, que no tuvieran que enfrentar el hándicap negativo que estas dos situaciones, ser judía y mujer, representaban. En definitiva, Edith Stein tenía demasiado en su contra. Según Müller y Neyer "las consecuencias prácticas de esta postura ideológica de Husserl" las experimentó ella "dolorosamente"; así como el "trato desigual que recibe en comparación con el trato que se da a sus colegas masculinos"[976].

TOPARSE CON "PROBLEMAS RELIGIOSOS"

Pero a Edith también le urgían otras cuestiones. En febrero de 1917, escribe a Ingarden con alegría de que él "se haya topado con problemas religiosos"[977]. Era una temática que debía abordarse:

> Veo que se va de una parte a otra (ignorando totalmente la experiencia religiosa), pero es imposible diseñar una teoría de la persona sin afrontar la cuestión de Dios, como es imposible saber qué es historia. Evidentemente esto aún no lo tengo claro[978].

"Estas son *las* cuestiones que me interesan", le confesaba a Ingarden, y agregaba: "¿Sería posible que leyéramos juntos a Agustín, cuando usted vuelva?"[979]. Edith pensaba que podría organizarse una sociedad filosófica en Friburgo en la que ambos podrían trabajar juntos el tema de la "intuición" y agregaba: "Aunque casi es impensable un trabajo en colaboración con otro, con usted resultaría"[980].

Rodeada de principiantes, aun echando en falta a sus antiguos condiscípulos, disfrutaba los cursos introductorios que brindaba al grupo conformado a su alrededor. Según MacIntyre "el talento de Stein como profesora y, sobre todo, su claridad mental, debió de ser muy agradable[a] también para los estudiantes"[981]. En cuanto al contenido de las clases, es probable que se basaran en los textos "Einführung in die Philosophie" ("Introducción a la filosofía") publicados en el volumen II de sus *Obras completas* bajo el título "Escritos filosóficos".

A principios de marzo de 1917 Edith se trasladó a Breslau para dejarse "mimar un par de semanas"[982]. Las cartas a Ingarden son imprescindibles para hacerse una idea de esta etapa de su vida. Lo reconviene por escribir cartas que, para un "censor no avezado fenomenológicamente" serían demasiado enigmáticas y serían interceptadas[983]. Pero entre contarle que Husserl consideraba "una suerte especial" su permanencia en Friburgo y expresarse humildemente acerca de su deseo de contribuir al campo filosófico, intercalaba sentimientos de culpa: "Como tengo la mala costumbre de ver en todo conflictos éticos sabe usted muy bien que durante mucho tiempo me ha atormentado el hecho de que actualmente no hago nada 'por la patria'"[984].

La relación de los amigos atravesaba un momento delicado. Preocupado por su futuro como filósofo, con algunos problemas de salud e inquieto por lo que sucedía en Polonia, Ingarden actuaba con precaución, era muy discreto y cauteloso. Pero también exhibía una depresión que Edith trataba de contrarrestar a fuerza de su característico *optimismo de la voluntad*. En abril de 1917 intentaba disuadirlo de su "pesimismo", le decía que en Friburgo vería las cosas de otra manera y que, aunque ella también había

a Una de sus estudiantes contaría: "Fue en ese 'jardín de infancia' [...] donde descubrí a Edith. Tenía el don de enseñar y nos formaba con infinita paciencia, con bondad atenta y silenciosa. Siempre amable sin sombra de ironía o de crítica, acogía nuestras pobres preguntas con tal calma, con tal ecuanimidad, con tal entrega, que nos inducía a no dejarla un momento" (Salvarani, e-book) (Miribel, 60).

sido "muy propensa a ver solo el lado oscuro de las cosas", trataba de descubrir lo positivo que había detrás: "Así uno puede reconocer claramente todas las contrariedades de la existencia y sufrir por ello como corresponde —en ese caso pierden fuerza y ya no pueden vencer a uno"[985]. Lo que quería evitar era que su amigo se dejara llevar por la tristeza. En ese sentido, le escribía:

> Veo [que está] en un estado de ánimo tan desconsolado, sin poderle ayudar. Desde luego, frente a su incredulidad puedo colocar mi fe; pero parece que existen determinados hechos, causantes de su actual situación, y contra los que nada puedo decir, en tanto que no los conozca[986].

Detectando un área de reserva, Edith creía que, con un encuentro en persona, "a través de un diálogo abierto y de un recíproco deseo de comprensión se podría llegar a un entendimiento"[987]. Pero era poco probable que ella confiara abiertamente sus sentimientos a otras personas. ¿No estaba pidiéndole a Ingarden un tipo de diálogo que tampoco era frecuente en ella?

Durante los primeros meses del año apenas lograba ordenar los folios de la sexta investigación, en el estado en que estaba el manuscrito, parecía "como si un día el querido Maestro se hubiera hartado de ellos, y, tal como estaban, los hubiera metido en un cajón..."[988]. Entre tanto, Ingarden también hacía sus reclamos[a]. Por su parte, Edith sentía que en Breslau se respiraba "un aire centroeuropeo" y apasionada con la música y con el teatro, la entusiasmaba la idea de asistir al estreno de la ópera *Eros y Psique*, compuesta por el compositor polaco Ludomir Rozycki.

---

a Ingarden expresaría las preocupaciones típicas de un amigo cercano, y Edith le aseguraba: "Siento mucho que no haya recibido noticias mías y que se preocupe innecesariamente de mí. Puedo asegurarle: 1° que no estoy enferma; 2° que no estoy enfadada con usted, y 3° que sigo pensando mucho y lealmente en usted, aun cuando aquí casi a diario tengo de dos a tres entrevistas, razón por la cual no tengo tantas ganas como en Friburgo de charlar con usted. ¿Contento ahora?" (OCI, 578).

Además, tenía intención de escuchar una sinfonía que probablemente ella e Ingarden escucharon alguna vez juntos (podría ser la séptima de Beethoven), dirigida por Felix von Weingartner, director y compositor austríaco que dio fama mundial a la Orquesta Filarmónica de Viena. En su ciudad natal, reclamada por la familia y por amistades, Edith lamentaba no avanzar con su trabajo filosófico. Pensaba que durante las vacaciones no había hecho "nada serio" y que tenía "la sensación de estar atontada"[989].

De pronto, el clima político trajo novedades ineludibles: la Revolución de febrero llevó al zar a abdicar el 15 de marzo, y la situación en Rusia, que contabilizó al final de la guerra dos millones de muertos y cinco millones de heridos, hizo prever el fin de su participación en el conflicto bélico. Representantes del Kaiser negociaron con Lenin, que estaba en el exilio, y facilitaron su regreso a San Petersburgo. Meses después, se desencadenó la Revolución de octubre y los bolcheviques tomaron el poder. Lejos de conocer esas maniobras, respecto de la Revolución de febrero, Edith reflexionaba:

> Decir algo sobre la revolución rusa me parece muy difícil, dada la escasez y contradicción de las noticias. De momento lo considero como una jugada perfecta de la política inglesa, tramada para mantener más firmemente las riendas en la mano y, además, para reavivar nuevamente las simpatías europeas, un poco enfriadas, mediante esta hazaña, altamente "liberal". (Espero que no se sienta inducido a ver en ello inoportunas analogías). El resultado aún no se alcanza a ver. A Rusia solo puede llegar la salvación a través de una revolución rusa, y no a través de una revolución importada de Europa Occidental, sea liberal o socialista[990].

Seguramente, cuando pensaba en el pueblo ruso, Edith Stein encontraba inspiración en *Los hermanos Karamazov* de Dostoyevski, que se convierte en uno de sus libros favoritos[991].

Cuando tras el hundimiento de barcos norteamericanos los Estados Unidos entraron en guerra, la balanza se inclinó en detrimento de la posición alemana. En 1917 Robert Musil, oficial del ejército austrohúngaro, y quien sería el autor de la incomparable obra *El hombre sin atributos*, escribió un artículo "de forma insólita para lo que era un periódico militar en plena contienda", y que da cuenta de la situación:

> ...la guerra ha alcanzado un aspecto que ninguno podía prever y otro tanto ha sucedido con nuestra relación con otros pueblos. Las potencias centrales son hoy una isla en medio de un océano de odio, de desprecio, de amenazas. Si nuestra fuerza militar no derrota la de los adversarios, quedaremos nosotros como los Unos, los infanticidas, los estupradores, los ladrones, los piratas, los enemigos de la civilización. De hecho, en el supuesto de que el mundo esté lleno de locos y un solo hombre sea moral y espiritualmente sabio, es evidente que los locos serán los sabios y el sabio será el loco. La entrada de América apoyando a nuestros enemigos nos ha puesto definitivamente a todos la camisa de fuerza[992].

En Alemania, la población "se inquieta"[993] y el káiser promete reformas políticas, entre ellas el sufragio universal.

RENUNCIAS

Mientras todo se desbarataba, en Breslau Edith fue madurando difíciles decisiones. En su relación con Husserl, admitió:

> No me produce placer alguno hacer montañas de papel, que él no mira. Además, estaría también más libre para comenzar de nuevo algo por cuenta propia. En los últimos dos días he comenzado —solo para ver si puedo— a ocuparme un poco más de cerca de uno de los puntos de diferencia entre el Maestro y yo (necesidad de un cuerpo para la empatía)[994].

Esto sería fundamental en su trabajo. Pero, además, la necesidad de un cuerpo para la empatía inaugura una problemática crucial en la filosofía moderna. A fines de marzo de 1917, antes de regresar a Friburgo, Edith visitó a su hermana Erna en Berlín, donde había conseguido un empleo en el imponente Hospital Rudolf Virchow. Era la primera vez que Erna "salía de casa por una temporada larga"[995] y la experimentada Edith la había acompañado a asumir su cargo. La solidaridad entre mujeres fue un rasgo que compartiría con muchas de sus hermanas y amigas, que se mantenían unidas, deseosas de avanzar en sus profesiones, con poco o nulo aporte de los hombres que ostentaban los cargos y poder en sus respectivos ámbitos. En esa época, las hermanas seguían siendo muy unidas. Pero, explicaría Edith, ahora Erna "tenía muchas cosas guardadas dentro que necesitaban salir en una confidencia", y dudaba que su hermana menor pudiera comprenderla porque la consideraba "sin sensibilidad para estas cosas"[996]. En su autobiografía Edith señala que "esta impresión que, por otro lado, era compartida por el resto de la familia, no era correcta"[997]. Al igual que de pequeña la habían comparado con un álbum de siete sellos, de joven su discreción se incrementó a la par que fortalecía la intimidad con nuevas amistades con las que compartía intereses filosóficos. En consecuencia, sus parientes percibían que no confiaba en ellos sus emociones, y la falta de comunicación se profundizaba. Como se ha anticipado, Edith mantenía para sí misma un mundo de ilusiones que no confiaba ni siquiera a su hermana:

> En medio y junto a toda la entrega al trabajo yo mantenía la esperanza en lo íntimo del corazón de un gran amor y un matrimonio feliz [...]. Tenía la sensación de que, entre los jóvenes con los que trataba, había uno que me atraía y que me lo imaginaba como mi futuro compañero de vida. Pero de esto apenas nadie se pudo dar cuenta, y así yo debía parecer a las personas fría e inaccesible[998].

Parecer "fría e inaccesible"[999] tenía sus consecuencias, por lo que se sintió dolida cuando se enteró que Erna había confiado sus preocupaciones sentimentales a sus amigas, así que le preguntó "sin rodeos" acerca de su relación con Hans Biberstein, y si pensaban casarse. Casi llorando, Erna hizo un resumen de la situación. La guerra iba por su tercer año y no había indicios de que terminara, además, al volver del frente, él no podría instalarse como médico sin antes terminar su formación científica. Sin dudarlo, Edith le dio un consejo que muestra que consideraba a la mujer en un pie de igualdad con el hombre y no aspiraba a modelos convencionales de matrimonio: "Lo que tú tienes que hacer —le dijo a Erna— es prepararte para establecerte como médico lo antes posible. Así podréis los dos, al principio, vivir de tu trabajo"[1000].

Cuando Erna dudó que su prometido aceptara "esta solución", Edith insistió: "No le queda otro remedio. ¿Hasta cuándo [seguirán] esperando?"[1001]. Es posible que ella misma no descartara sostener económicamente a un marido en la primera etapa de un hipotético matrimonio. Este sería el caso si estuviera pensando en Ingarden, que no contaba con medios suficientes.

Por otra parte, Edith seguía en contacto con Hans Lipps. Y pese a no tener acceso a la correspondencia con él, hay rastros de su relación en las cartas a Ingarden, Kaufman y otras personas. Se sabe que Edith había esperado "vivamente"[1002] que Lipps pasase sus vacaciones en Friburgo, pero tuvo que conformarse con recibir las orquídeas que le envió desde Dresde. Entre la guerra, sus expectativas amorosas y la poca comunicación con Husserl debió de ser una etapa difícil, pero Edith se aferraba a todo lo que podía brindarle alegría y, en abril de 1917, estuvo feliz de compartir unos días con Erika Gothe. Juntas leyeron su trabajo de revisión de la segunda parte de *Ideas*. Poder hablar con "alguien" sobre este empeño confirmó a Edith en su impresión:

> Las dos primeras partes (constitución de la naturaleza material y animal) presentan un conjunto armónico y podrían imprimirse sin cambios sustanciales. La tercera parte (sobre espíritu), complemento imprescindible de las otras, tiene que ser rehecha...[1003].

Edith pensaba que esas dos primeras partes podrían aparecer en el próximo *Anuario*, pero Husserl creía conveniente publicar allí su lección inaugural en la Universidad de Friburgo, pronunciada el 3 de mayo de 1917, con el título: "La nueva fenomenología, su campo de investigación y su método", texto en el que ella debió trabajar, así como revisar su "Introducción a la filosofía" para la publicación. En ese contexto, con Erika Gothe como aliada, intentó convencerlo, aduciendo que se esperaban "de él nuevas y concretas explicaciones" como las que las *Ideas* ofrecían "en abundancia"[1004]. Pero Husserl, que le promete que después de Pentecostés se ocupará de *Ideas II*, había cumplido los 59 años y no estaba bien de salud. Sufría de cataratas, "se quedó casi medio ciego y que no tenía ningunas ganas de leer"[1005].

Una buena noticia fue saber que Ingarden, que había leído su tesis sobre la empatía, publicada a su coste a principios de 1917, le envió lo que sería la primera crítica a su trabajo publicado. Edith le aseguró que estaba en todo de acuerdo con sus indicaciones, lamentando que "nadie [le] dijera nada antes de la impresión"[1006].También reconocía que solo había escrito "con amore" la cuarta parte de la tesis, y que el "concepto de psíquico" quedaría aclarado solo "cuando el concepto de espíritu" estuviera "perfectamente elaborado"[1007]. De todas maneras, defendía con valentía su crítica a Max Scheler[a] quien, enterado de la publicación de su tesis, mostró interés en leerla. A todo esto, Edith meditaba sobre los puntos débiles señalados por Ingarden, hacía una suerte de autocrítica y pensaba en su futuro intelectual:

> Que debo aprender a profundizar más, esto es algo que también tengo claro desde hace tiempo. Creo, sinceramente, que aquí está el punto débil de mi talento. En el fondo trabajo más con el

a Dice Edith Stein: "Si lo psíquico no está claro en mí, no está más claro en Scheler; y juzgo que lo que he dicho contra él tiene consistencia. Quizás, sin tardar mucho, dé él su opinión al respecto" (OCI, 585).

> pobre intelecto que con la estimación intuitiva, quizá por eso soy la asistente ideal del Maestro. Pero naturalmente que había contemplado el todo como un esquema, que deseaba concluir en el curso de mi vida[1008].

Al poner su capacidad intelectual al servicio de Husserl se ofrecía en sacrificio, ya que estaba "segura de que el Maestro *solo* no volvería a publicar nada". Temerosa de esto, durante un buen tiempo se convenció a sí misma de que era mucho más importante "que sus cosas [las de Husserl] salgan a la luz" en lugar de "cualquier producto que eventualmente" ella pudiera publicar[1009]. Pero su colaboración no estuvo exenta de condiciones. Edith logró que Husserl prometiera retomar *Ideas*; también había insistido en que leyera la tesis de Ingarden que, como había sucedido con la suya, no se daba tiempo para abordar.

Pero era imposible pensar solo en el trabajo: cuestiones de la alta política interferían en la política universitaria y en los vínculos entre las personas. Así, en vista de los acontecimientos, Ingarden expresó sus dudas acerca de doctorarse en Friburgo. Aunque el *Reich* alemán y sus aliados habían proclamado la independencia de Polonia, las cosas no se daban con la celeridad reclamada por los polacos, y él expresaba su malestar al respecto. En pocas líneas, con la concisa y aguda expresión que la caracterizaba, Edith asentó una opinión que quizá él no compartía. Había que ser

> comprensivos con la situación de un Estado beligerante, aun cuando los propios deseos se subleven por completo. La larga duración de la guerra puede ser un tormento para la comprensible impaciencia de los polacos, ¿pero acaso no sufrimos todos con ello?[1010]

Edith confiaba en que, cualquiera fuera el resultado, su relación con Ingarden seguiría igual y le escribía: "Que nunca sea tan alto el muro que nos impida estrecharnos las manos"[1011].

Es válido interrogarse acerca de si a Ingarden lo conformaba refugiarse en buenas intenciones. Sumado a esto, la correspondencia debía pasar el filtro de la censura, lo que complicaba aún más la comunicación, por eso Edith hubiera querido conversar personalmente, así podrían hablar "de todo". Al mismo tiempo agregaba: "En las circunstancias actuales lo mejor es no hablar en absoluto de alta política"[1012].

En cuanto a la decisión de Ingarden de no presentar la tesis en Friburgo, logró tranquilizarlo: "Todo esto es indiferente por lo que respecta a sus relaciones con la fenomenología; nosotros seguiremos considerándolo siempre (al igual que usted se considera a sí mismo) uno de los nuestros"[1013]. Según el estado de cosas, lo que había parecido una distancia circunstancial se planteaba como una despedida definitiva[a]. Poco después, algo que habría escrito Ingarden la alegraría por "descubrir en su última carta algunos destellos de esperanza para el futuro"[1014].

Más adelante, y esto sucedía a principios de julio de 1917, en un tono francamente amistoso, le comunica a Ingarden que no irá a Breslau durante las vacaciones de verano porque espera la visita de su hermana y de amigas: "Después de mucho tiempo, otra vez volveremos a estar todas juntas, bien es verdad que, con sentimientos algo revueltos, pues ya no queda mucho de lo de entonces, al menos la desbordante alegría juvenil se ha ido a paseo"[b1015]. Evidentemente, no era el paso del tiempo lo que las afectaba, sino las tensiones y dolores que imprimía la guerra. De hecho, Edith confiesa:

---

a Edith terminaba su carta del 22 de junio de 1917 diciendo: "Hacia dondequiera que se orienten sus caminos, quiero que le acompañen mis cordiales deseos. Siempre suya, Edith" (OCI, 590).

b A pesar de todo, les fue muy bien en la Selva Negra, durante las vacaciones: "En las solitarias alturas de Herzogenhorn vivíamos tan libres, independientes y tan armónicas como en otros tiempos en las montañas de Silesia" (OCI, 336).

> Hace poco vi en mi estantería toda una serie de disertaciones de mis compañeros de estudios de Breslau, muertos todos ellos. Entonces una tiene la sensación de pertenecer a una generación hace tiempo desaparecida y, extrañada, se pregunta cómo es que aún vive[1016].

Quien escribe aquello tenía por entonces solo veintiséis años. Y, tal vez, "no se atreve aún a mirar al fondo del abismo, al vacío que va a quedar cuando se derrumbe el imperio creado por Bismarck"[1017].

BÚSQUEDA DE SENTIDO

Sin saber cuánto sufrimiento le quedaría por experimentar, en agosto de 1917 Edith tuvo la sensación de que "solamente dos cosas" mantenían en pie su energía: "El deseo de ver qué va a ser de Europa y la esperanza de hacer algo para la filosofía"[1018]. Y aunque cuando coincidía con Ingarden en que los problemas que requerían solución sobrepasaban las fuerzas humanas, agregaba:

> No puedo desechar la idea de que la historia del mundo tiene un sentido; sentido que se instaura aun cuando no haya hombre alguno capaz de señalarle el camino. Qué margen queda aquí abierto a la intervención de cada uno, ésta es una cuestión sobre la que desde hace tiempo me rompo la cabeza[1019].

¿La historia del mundo tiene un sentido? ¿Cuál es el papel personal en el destino del mundo? ¿Qué pasaría si hubiera un hombre que tuviera autoridad en Europa, como a su entender la había tenido Bismark? ¿Son estas inquietudes el inicio de una búsqueda teleológica? Por lo pronto, se trata de temas que adquirirían estatuto filosófico en escritos como *Individuo y comunidad* y *Estructura óntica del Estado*. En cuanto a su trabajo, tropezarse con los manuscritos de la *Conciencia del tiempo*[a] de Husserl renovó sus ánimos precisamente cuando pensaba plantear su renuncia. Aunque el "aspecto externo [era] bastante lamentable, esos papeles con noticias a partir de 1903"[1020] podrían ser organizados para su publicación[b]. Sobre este particular le escribía a Ingarden: "Usted sabe mejor que nadie lo importante que son las cosas: para la teoría sobre la constitución y para la discusión con Bergson y, según me parece, también con Natorp, entre otros"[1021].

Hay que subrayarlo: el ingente trabajo de Edith Stein con los borradores y manuscritos de la sexta investigación y lo que finalmente serían *Ideas II* ("mi otro hijo de dolores"[1022]) no fue reconocido porque, al publicarse, no se desempeñaba como asistente de Husserl. Y es justamente en la explicación del concepto de "constitución" donde, asegura Marianne Sawicki, la contribución de Stein es fundamental para el desarrollo del pensamiento husserliano. Una contribución por la que se llevaría el mérito Martin Heidegger, el siguiente asistente de Husserl y futuro sucesor en su cátedra[c]. Pero eso fue unos años más adelante. Lo importan-

---

a Dice Hanna-Barbara Gerl: "Seguramente se deben a Stein los libros II y III de *Ideas* [...]. Preparó, además, para la imprenta *Lecciones sobre la conciencia del tiempo*, y permanece aún sin publicarse en el Archivo Husserl de Lovaina la transcripción de *Constitución sistemática del espacio*, en base a los manuscritos husserlianos anteriores a 1916 ya seleccionados [...]. En esos mismos años, Edith Stein redactó ella misma varios ensayos, totalmente en la óptica de Husserl y en parte por comisión suya". Publicados más tarde en Husserliana 25: "Se trata de tres trabajos de 1917: un ensayo sobre un libro de Heinrich Gustav Steinmann [...], otro que es la reelaboración de la crítica de Husserl a Eisenhans/Messer, y un tercero aparecido bajo el nombre de Husserl, pero preparado por Stein: *Fenomenología y psicología*" (Salvarani, e-book pp. 373-4).

b Martin Heidegger publicó el texto que Edith Stein había elaborado limitándose a señalar en una nota: "La división de capítulos y parágrafos fue hecha por la señorita Doctora Stein al hilo de la transcripción del borrador estenográfico, teniendo en cuenta en parte las indicaciones del autor al margen" (OCI, 592, n. 13).

c MacIntyre dice, siguiendo a Sawicki: "Stein fue responsable de parte es subrayar que, como dice MacIntyre, se debe a Marianne Sawicki "que nos sintamos en deuda con Stein al mostrarnos que su contribución fue mucho mayor, y que fue a través del debate con ella, mientras era su asistente, como muchos puntos importantes del pensamiento de Husserl tomaron forma"[1023].

Volvamos al verano de 1917, a las vacaciones en la Selva Negra transcurridas sin sobresaltos, y en las que Edith logró trabajar y también divertirse. Junto con su hermana Erna y sus amigas Rose Guttmann y Lilli Platau se alojan cerca Bernau y de Husserl, que se encontraba elaborando los "Manuscritos de Bernau sobre el tiempo" y con quien lee "en común"[1024] textos de Reinach sobre filosofía de la religión. Para entonces, luego de ocuparse "intensivamente" de Kant, Edith leía *Sobre el alma*, de Hedwig Conrad-Martius, una obra que le pareció "realmente encantadora"[1025] y que también entusiasmó a Hering. A su vez, Husserl se sumerge este años en la obra de Rudolf Otto, *Lo santo*, que fue un impulso para una fenomenología de lo religioso.

Durante los días que pasaron juntas, Edith le aconsejó a Erna que regresara a Breslau para terminar su formación como ginecóloga. Su hermana tenía "que tomar una decisión"[1026]. Auguste deseaba tenerla cerca y había propuesto ceder dos habitaciones de la casa para ubicar su consultorio, pero otras personas aconsejaban a Erna instalarlo en "la parte sur de la ciudad, dado que allí vivían las familias judías ricas"[1027]. Por su parte, Erna no sabía si se entendería con las ricas y acomodadas señoras del sur, y aseguraba: "No quiero enriquecerme; me basta ganar lo necesario para que podamos vivir"[1028].

Edith compartía su opinión. Para ninguna de las dos el objetivo era enriquecerse. Entre tanto, procuraba alentar a Ingarden para que participara en el próximo seminario de Husserl, en

tes esenciales del parágrafo 18 [...], y de los parágrafos 43-47 [...]. De una manera parecida Stein realizó un borrador revisado y coherente de los manuscritos de Husserl acerca de la constitución del tiempo, un borrador que Heidegger publicó con posterioridad identificándose como editor y sin mencionar siquiera a Stein" (MacIntyre 181).

octubre. Con buen estado de ánimo, luego de la partida de sus compañeras, y ya de regreso en Friburgo, Edith hacía planes para ir a Baden-Baden, donde se representaría el *Fígaro* de Mozart, y le escribía en agosto de 1917 a su amigo polaco:

> Dentro de mi cabeza ahora sueño melodías, y tan solo necesito un objeto seductor que viaje conmigo hasta allí. ¿Por qué no está usted aquí? Procure estar aquí, al menos 8 días antes del comienzo del semestre, a fin de poder hablar tranquilamente sobre miles de asuntos científicos y no científicos[1029].

Edith no escribe en el mismo tono a Ingarden que a otros amigos, como Kaufmann, al menos no en las cartas que se conservan. También se ocupa de encontrarle alojamiento, y ella misma debe mudarse[a]. En cuanto a los temas "científicos" que deseaba tratar con él, Ingarden "expuso objeciones al idealismo de Husserl en una carta que le escribió en julio de 1918".[1030] Sobre los temas "no científicos" poco podemos inferir. Es probable que dialogaran extensamente a fines de septiembre, cuando él viajaba a Friburgo para presentar su tesis y dar su examen de doctorado, lo que sucede el 18 de enero del año siguiente[b].

Durante un mes y medio Ingarden disfrutó las ventajas de permanecer próximo a Husserl, en la ciudad universitaria. Para Moreno Sanz, "durante esos meses debió cristalizar el amor

---

a En la calle Goethe 63 hay en la actualidad una placa conmemorativa que dice que entre 1916 y 1917 vivió allí "la filósofa Edith Stein, asesinada en Auschwitz en el año 1942 (OCI, n. 3, p. 595).

b Esos días la correspondencia entre él y Edith se interrumpió ya que, como había sucedido "cada día" entre 1916 y 1917, según él mismo dijo: "Hardly a day passed during that period in which we did not meet and talk together" ("En ese período apenas pasaba día en el que no nos encontráramos y conversáramos"). Véase Roman Ingarden "Edith Stein on Her Activity as an Assistant of Edmund Husserl. Extracts from the letters of Edith Stein with a Commentary and Introductory Remarks", 1962, *Philosophy and Phenomenological Research* (155-172).

de Edith por él"[1031]. Pero en noviembre, todo se trastocó. El *Frankfurter Zeitung* informó que el día 16, luego de recibir un disparo en la cabeza, "durante una patrulla de reconocimiento en el frente" de Flandes, falleció Adolf Reinach[1032]. El 6 de diciembre apareció una nota necrológica, escrita por Husserl. Ingarden constató: "¡Vi la reacción de Edith después de la muerte de Reinach! ¡Qué horrible impresión le causó su muerte! Pienso que aquello fue el comienzo de ciertas transformaciones que luego se consumaron en ella"[1033]. Según Müller y Neyer, ella "busca ahora apoyo en Ingarden", pero él, "desgarrado por dudas acerca de sí mismo", no es capaz de consolarla. En tanto que Husserl habría sugerido que "apoye a Ingarden, que llegue incluso a casarse tal vez con él, porque de esta manera ambos podrían trabajar a su lado"[1034].

El cadáver de Reinach fue trasladado a Gotinga para ser sepultado a fin de año. El 24 de diciembre, Edith le escribió a Ingarden una carta que ha desvelado a estudiosos y biógrafos, ya que es la única en la que lo tutea y que encabeza con un "Mi querido" ("Mein Liebling!"). Disculpándose, intenta explicar su comportamiento: "Ya que últimamente influida por los difíciles días que tengo ante mí y detrás de mí, fui incapaz de tener un momento de alegría"[1035]. La carta, termina con un impreciso "¡Adiós para siempre! Tuya, Edith"[1036]. También dice:

> Entre las cosas que actualmente me oprimen está, en primer lugar, el hecho de que no tuve fuerza para ocultarte mi sufrimiento, con lo cual he añadido sombra a tu vida en vez de llevar un poco de luz.
>
> Lo que ahora busco es tranquilidad y el restablecimiento de mi autoconciencia, completamente deshecha. Tan pronto como tenga la sensación de ser alguien y de poder dar algo a los demás, quiero volver a verte. Entonces también tú habrás avanzado un poco más. Sabes que espero muchísimo de ti, científicamente hablando. Y, lo que todavía es más importante, creo firmemente en tu capacidad de poner otra vez a pleno rendimiento la vida. Te deseo una vida en plenitud y colmada de riquezas, ésa que el mundo ofrece.

Desearía tener las fuerzas mágicas que ayer el Maestro reclamaba de mí, para poder procurártelo[1037].

En un intento de esclarecer lo que sucedió después de esta comunicación, Susanne M. Batzdorff explica que "a esta breve carta le siguió un inhabitual vacío de más de un mes de silencio, o, lo más probable, fue la única de una serie de cartas que se ha conservado". En la siguiente, enviada el 29 de enero, "se retoma el tono más impersonal y académico de las discusiones. Es posible que la clave de este enfriamiento epistolar se contenga en alguna de las cartas perdidas"[1038].

Lo que sucedido entre el 25 de diciembre y fines de enero, cuando Ingarden regresó a Polonia, no ha sido revelado hasta ahora. Fue sin duda algo importante. Por su parte, Stein viajó a Gotinga para asistir al entierro de Reinach, donde conoce personalmente a Dietrich von Hildebrand. El día 29 de enero ella recurre nuevamente a la distancia y recupera la vieja fórmula: "Querido señor Ingarden". Asimismo le escribe: "Después de la horrenda carta con la que usted se despidió de Friburgo, no me quedaron ganas de escribirle"[1039]. También delata un enfriamiento de las relaciones el retorno a la despedida cordial, y como corolario desliza: "Por encima de todo, mucha suerte para la nueva etapa de su vida, que es de esperar que resulte de otra manera a como usted se la figuró, llevado de su malhumor gris ('espiritual' quiero decir, naturalmente)"[1040]. Solo los implicados en esta comunicación podrían responder nuestras preguntas sobre lo sucedido.

No se sabe si hay cartas faltantes, si fueron extraviadas o destruidas por algún motivo. Lo cierto es que Ingarden regresó a Cracovia y aunque continuaron escribiéndose, a partir de allí solo en contadísimas ocasiones Edith se mostró expansiva en temas personales. La distancia entre ellos se percibe en algunas cartas de 1918. Luego, a través de los años, sería una relación que adquiriría nuevos matices.

Edith Stein no escribió sobre el entierro de Reinach ocurrido el 31 de diciembre, Día de San Silvestre. Por Dietrich von Hildebrand se sabe que sus discípulos decidieron examinar sus últimos escritos. En enero de 1918, exhausta, Edith regresó a Breslau. Su trabajo como asistente de Husserl había resultado frustrante, y las perspectivas de su relación con Ingarden, fueran cuales fueran, igualmente decepcionantes. Sin embargo, no se dejaba abatir. En su ciudad natal personas que habían cursado seminarios de filosofía con su antiguo profesor, Richard Hönigswald y con Julius Guttmann, pidieron que les diera clases sobre fenomenología. Al retomar la correspondencia con Ingarden, además de nombrarle a varios filósofos polacos, le dice que "lea pronto *Causas del odio alemán* de Scheler" y le cuenta: "En torno a mí se ha puesto en marcha otra vez una Kindergarten"[1041].

11
"UN RENACIMIENTO"

TURNING POINT

La Primera Guerra Mundial causó un gran impacto en Edith Stein, que a medida que la guerra se dilataba, y sobre todo después de 1917, comprendió que la fuerza de voluntad y la inteligencia no eran suficientes para concretar sus deseos. La Historia con mayúsculas se interpuso afectando su entorno y su historia personal. Al final de la contienda, mientras Ingarden respaldaba posiciones políticas antagónicas[a] y se daba la trágica muerte de Reinach en el frente, al empeorar la economía alemana el negocio familiar entró en una etapa de declive por lo que Edith, a quien hasta entonces no la inquietaban esas cuestiones, lamentó que sus títulos la habilitaran solo para trabajar en "profesiones poco lucrativas". Comparemos la siguiente reflexión con la determinación que tuvo cuando su tío le aconsejó que no estudiase filosofía:

> Me veo solo en profesiones poco lucrativas. En cuyo caso me aprovecho de la bondad de mi madre en mi favor a costa de mis hermanos. Si hubiera pensado en ello antes, cuánto puedo depender de cosas tan estúpidas, quizá hubiera sido más cauta a la hora de elegir mi profesión[1042].

---

a Le escribe en febrero de 1918: "Desde que entre usted y yo otra vez se interponen las fronteras del imperio, lo que se ha hecho bien notorio en la última semana, me siento muy a disgusto. En cierta medida me siento corresponsable de lo que ocurre [...], afectada también por la indignación que, sin duda alguna, se ha apoderado de usted [...]. No me considero capaz de emitir un juicio [...]. Desde el punto de vista del sentimiento, me encuentro en un dilema insoluble" (OCI, 603).

"Cosas estúpidas" que seguramente no eran mucho más que lo elemental para sobrevivir, porque durante la etapa final de la guerra, a causa del bloqueo marítimo, escaseaban los alimentos y el pueblo recurría a sustitutos; sin harina, el pan se hacía con féculas, pero eso era lo de menos. Parte de la población sufría hambre, los negocios quebraban, y el de los Stein sufrió pérdidas considerables por los empréstitos de guerra. Por todo ello, en febrero de 1918, Edith experimentó frustraciones que hasta entonces desconocía. En respuesta a Ingarden, ella menciona, tres veces consecutivas y en pocas líneas la sensación de "impotencia" que la embargaba:

> ... junto con el sentimiento de impotencia de no poder ayudarle en algo: esto ya fue un poco demasiado para mi equilibrio psíquico, todavía algo lábil. Este sentimiento de absoluta impotencia es algo a lo que difícilmente puedo acostumbrarme. Quizás porque comparada a otros he sido capaz de hacer algo con menores esfuerzos. Pero uno debe considerar muy en firme la propia impotencia, a fin de curarse de la ilimitada confianza en su querer y poder, que en otro tiempo yo misma poseía[1043].

La joven que un año y medio antes decía: "Creo poder decir que desde Esparta y Roma nunca se ha dado una conciencia tan poderosa de Estado como en Prusia y en el nuevo *Reich* alemán", y que pensaba que era "imposible" que fueran "a sucumbir"[1044], albergaba ahora grandes dudas:

> Una y otra vez me esfuerzo, en vano, por comprender el papel que jugamos los humanos en la historia del mundo. Hace algún tiempo me llamó la atención un pasaje del evangelio de Lucas: "El hijo del hombre se va, como está decidido. Pero ¡ay! De aquel que lo habrá de entregar". ¿Acaso no tiene esto una aplicación universal? Somos nosotros quienes originamos los acontecimientos y quienes cargamos con la responsabilidad. Y, sin embargo, en el fondo no sabemos lo que hacemos, y no podemos detener la historia del mundo, aun cuando fracasemos en ella[1045].

En apretadas líneas Edith expresa la angustia de no poder librarse de la presión de los acontecimientos y del embate de sus propias reflexiones. Pero, si "no sabemos lo que hacemos", y tampoco "podemos detener la historia del mundo", ¿qué salida nos queda? Al final de su vida, cuando se asesinaron millones de judíos, al pensar en las consecuencias que aquello tendría, en sus propias palabras retomaría las de Lucas: "El hijo del hombre se va, como está decidido. Pero ¡ay! de aquel que lo habrá de entregar".

Por lo que se ve, no es seguro que en los primeros meses de 1918 Edith Stein siguiera considerándose agnóstica. Es probable que en esos meses o durante el verano siguiente hiciera los Ejercicios Espirituales de San Ignacio de Loyola (lo que "había proyectado originalmente como un experimento psicológico acerca de sí misma, pero que luego modifica en sentido religioso"[1046]).

EL SENTIDO DE LA HISTORIA

Cuando Stein fue al entierro de Reinach, pensó encontrar a su viuda desesperada y que sería imposible ofrecerle algún consuelo. Pero tanto Anne como Pauline Reinach, próximas al catolicismo, la sorprendieron al transitar su tristeza y dolor con serena resignación y con fe. Poco después, Anne la invitó a colaborar en la organización de la publicación de los trabajos inéditos de su marido sobre filosofía y religión[a]. Por entonces, casi imperceptiblemente se producía un cambio en Edith:

---

a Escribió Stein: "La señora Reinach [...] me envió una copia de los apuntes de Reinach, pertenecientes a los dos últimos años; alrededor de dos o tres páginas de texto relacionado entre sí sobre nociones (sobre ello ya me habló en las Navidades de 1916) y nueve páginas sobre filosofía de la religión, el resto noticias sueltas. Esto me ha ocasionado una gran alegría" (OCI, 601).

> ... a mi modo de ver, religión e historia se aproximan cada vez más, y me parece que los cronistas medievales, que fijaron la historia del mundo entre el pecado original y el juicio final, eran más sagaces que los modernos especialistas, para quienes, a partir de hechos científicamente comprobados, se ha perdido el sentido de la historia[1047].

En esta coyuntura, proseguía trabajando en "el análisis de la persona"[1048], cuyo título será *Causalidad psíquica*. Finalmente, en febrero de 1918, le expuso a Husserl una suerte de ultimátum:

> Cuando hace poco el Maestro con una retahíla de indicaciones me deseó lo mejor para el tratamiento de sus manuscritos (muy amigablemente, pero esto es algo que no puedo soportar), le expuse (también muy amigablemente) que el ordenamiento: 1° es básicamente imposible, 2° al menos en cuanto que solo por él y para él podría ser elaborado, 3° que yo no sería la persona indicada para ello, y que solo podría ocuparme de ello caso de que también pudiera realizar algo por cuenta propia. Tengo curiosidad por saber qué dirá. Le he ofrecido continuar en Friburgo y ayudarle en la redacción del *Anuario* y cosas parecidas, pero no como asistente para trabajos, cuyo sentido no alcanzo a ver[1049].

Concretamente, Edith ofreció permanecer como su asistente, no como secretaria especializada. Pero Husserl "no fue receptivo a las constructivas sugerencias filosóficas de su discípula, a la que relegó a tareas meramente administrativas"[1050]. Y esto, ella no lo podía aceptar, como le comentó a Ingarden:

> En el fondo está la idea de ponerse a disposición de alguien, cosa que no puedo soportar. Puedo ponerme al servicio de un *asunto*, y puedo hacer cualquier cosa por amor a una persona, pero estar al servicio de una persona, dicho brevemente: obedecer, esto no puedo. Y si Husserl no se acostumbra a ello otra vez, considerarme como colaboradora —tal y como yo he contemplado siempre nuestra relación y también él en la *teoría*— tendremos, pues, que

separarnos. Lo sentiría, porque creo que entonces habría poca esperanza de un acuerdo entre él y la "juventud"[1051].

Al afirmar que no toleraría estar al servicio de otra persona, obedecerle, también deja entrever el tipo de pareja a la que aspiraba. En ese sentido, un par de meses después, refiriéndose a lo difícil que le resultaba coincidir políticamente con Ingarden, le advierte: "Veo que entre nosotros hay mucho más de lo que yo quería conceder, al menos un amplio espacio vacío de aire, que debe permanecer vacío, ya que el medio para un entendimiento no puede ser fabricado a expensas de *una* parte"[1052].

En cuanto a su posición en el campo de la fenomenología friburguesa, no albergaba demasiadas ilusiones. Su renuncia en febrero de 1918 y la franqueza con que había expuesto su posición a Husserl le hacía suponer que ella también podría caer "en desgracia como [Theodor] Conrad". Sin embargo, todavía confiaba: "Creo que mi imperturbable protectora, la señora Malwine, se encargará de que tal cosa no suceda"[1053]. Tanto filósofos e historiadores de la filosofía como estudiosos católicos han destacado la búsqueda apasionada de la verdad como rasgo particular de Edith Stein. Ella también destacó por su franqueza, que contrasta con la actitud de Martin Heidegger, quien por un año había solicitado "sin éxito"[1054] una conversación personal con Husserl y que, como señala su biógrafo Rüdiger Safranski, siguió "llamándose públicamente discípulo de Husserl"[1055] cuando ya no lo sentía así, aunque aprovechaba su influencia para conseguir una cátedra[a].

---

a Afirma Safranski que Heidegger "se aprovecha de que [Husserl] intercede a su favor, en el fuero interno se ha distanciado ya tanto de él" y que, en una carta a Jaspers, entre ironías y mofa señala: "Vive de la misión de ser el 'fundador de la fenomenología', cosa que nadie sabe qué es; quien pasa un semestre aquí sabe lo que sucede; él comienza a darse cuenta de que la gente ya no le sigue..." (Safranski, *Un maestro en Alemania. Martin Heideger y su tiempo*, 161). La broma privada no hirió a Husserl.

El caso es que las diferencias con su maestro no conducían a Stein a burlarse de Husserl, por lo que antes que buscar provecho personal prefirió abandonar un trabajo que no era ni reconocido ni estimulante.

Sus predicciones acerca de las relaciones de Husserl con la juventud también se cumplieron. Basta pensar en lo que dijo en 1928 el filósofo francés Emmanuel Levinas, que asistió al seminario que dio aquel antes de retirarse y constató que mientras Heidegger ascendía[a] en el firmamento filosófico, y las multitudes estaban fascinadas por su éxito, la estrella de Husserl se desvanecía.

En 1918, antes de que la fenomenología se convirtiera en moda, antes de que Heidegger jugara un rol tan importante, Stein deseaba avanzar en investigaciones propias, organizar una publicación en homenaje a Reinach y trabajar sobre sus manuscritos. Pero también experimentó, por primera vez en la vida, que "el placer de publicar cosas puede realmente desaparecer". Se había enterado de que Scheler opinaba que en su tesis ella "habría utilizado sus lecciones de filosofía, sin citarlas"[1056]. Dispuesta a escuchar la verdad, aunque fuera dolorosa, quiso saber si Ingarden había notado "algo al respecto"[1057]. Como debía comunicarse con Scheler para solicitarle colaboración para el homenaje a Reinach, oportunamente le advirtió que era consciente de que su tesis debía "mucho a su inspiración" pero que rechazaba haber sustraído "conclusiones"[b] [1058]. Paulatinamente, se producía

a Levinas escribió que la fenomenología, "more than a new theory: it is a new ideal of life, a new page in the history, almost a new religión". En 1928 había dejado de ser una novedad para pocos y selectos seguidores de Husserl. Convertida en moda académica. "If the best minds are attracted by the doctrine —escribió Levinas— the crowds are fascinated by its success" (Moyn, 2).

b El 4 de abril de 1918 Edith Stein le escribe a Max Scheler: "Últimamente ha llegado a mis oídos que usted me reprocha haber hecho públicas conclusiones de sus clases, sin haberlo citado. Soy plenamente consciente de que debo mucho a su inspiración. Y allí donde he tenido conciencia de tal inspiración, le he nombrado. Por lo demás no puede hablarse de sustracción de conclusiones, sino solo de un influjo sobre el método..." (OCI, 609).

un *turning point* a partir del cual inauguraba una nueva etapa en su vida. Luego del *summa cum laude* y publicada su tesis a su costa, irrumpía de lleno en los debates del campo fenomenológico, mientras que Husserl no respondía al requerimiento de trabajar en conjunto, Scheler se ofendía y reclamaba, Ingarden solicitaba sus opiniones, Kaufmann y Lipps la consideraban un referente y la viuda de Reinach le encargaba la edición póstuma de los trabajos de su marido.

POR EL BIEN DE HUSSERL Y DE LA FENOMENOLOGÍA

Después de pasar un tiempo en Breslau, donde permanece hasta el 24 de marzo, Edith se instala en Gotinga y profundiza el vínculo con la esposa y la hermana de Reinach. Además de permanecer cerca de un mes con ellas, asiste a la conversión de Pauline[a]. A principios de mayo, decide regresar a Friburgo porque, aunque con mucho gusto las Reinach la "hubieran retenido" todo el verano, supieron aconsejarle que, por el bien de Husserl y "por la fenomenología", no debía dejar "completamente solo al Maestro"[1059].

Además, Stein estaba dispuesta a ayudar a Ingarden en cuanto al "ropaje lingüístico de su trabajo sobre Bergson"[1060]. Ayudar a los amigos conspiraba contra su trabajo personal, y no extraña que tuviera la sensación de no avanzar en la medida de sus deseos y de que su análisis de la persona acusara su "falta

a Edith se alojó en su casa, en el 28 de Steingraben. El 29 de marzo de 1918 Pauline Reinach fue bautizada en la iglesia protestante en Gotinga, sus madrinas fueron Anne Reinach y Erika Gothe. Es muy factible que Edith haya asistido al bautismo de su amiga. Cuatro años más tarde, en Munich, Pauline optó por el catolicismo (fue confirmada por Eugenio Pacelli (futuro Pío XII). En 1924 ingresó a la abadía benedictina belga Ermeton. Hizo sus votos en 1926. Falleció allí en 1974. También el hermano de Adolf Reinach, su cuñada e hijos se convirtieron al catolicismo (uno de ellos escogió "la vida monástica" [Denamy, n. 10, p. 33]).

de siempre: querer abarcar todo sin solucionar nada"[1061]. Por su parte, reconcentrado en sí mismo y en sus propias urgencias, Ingarden no hacía una buena lectura de la situación y pensaba que Edith se había ofendido cuando en realidad lo que a ella le parecía "insoportable" era escribirle cartas que no recibieran una "respuesta adecuada". El caso es que nunca le llegaba la "noticia 'detallada'" que él se comprometía a enviar[1062]. Edith abiertamente reclamaba: "No sé absolutamente nada de su vida, salvo la velada insinuación acerca de su traslado a Varsovia"[1063]. De todas formas, sin perder el humor, aludía a la intervención del censor, a quien implícitamente le dirige unas líneas cuando le dice a Ingarden: "No quiero contarle más. De lo contrario se acaba la paciencia del censor, y la carta termina en la papelera, como quizás la última"[1064].

Oscilando entre parecer una mujer segura de sí misma y decidida y manifestar que no pretendía sobresalir, ante la inicial negativa de Pfänder para dirigir un anuario en homenaje a Husserl, le informaba a Ingarden: "Sigo empeñándome en afirmar tenazmente que eso [la dirección de la edición] debería hacerlo Pfänder. Pero si él se resistiera enérgicamente, recaerá sobre mí"[1065]. Asimismo, al tiempo que deja clara su influencia en el campo fenomenológico, sabe halagar a su amigo polaco: "Dado que en este momento es considerado usted como el alumno más prometedor, no debería faltar [una colaboración suya]"[1066]. Edith también le informa:

> Lipps, herido levemente, ha estado poco tiempo en casa. El viaje de vuelta lo hizo por Gotinga, con la esperanza de encontrarme. Llegó justo la noche anterior a mi partida, pero estuvo durmiendo hasta el mediodía siguiente, y cuando apareció en casa de los Reinach, hacía tan solo unas horas que me había marchado yo[1067].

En pocas líneas desentraña Stein cada uno de los temas que quiere tratar con Ingarden, a quien advierte:

> Ahora soy tratada con suma delicadeza por los Husserl, como algo que a uno se le desliza fácilmente de las manos y puede perderse. El Maestro ha llegado incluso a decirme abiertamente cuánto le agradaría que volviera otra vez a mi puesto. [...] Le he asegurado, como ya lo hice por escrito, que en todo momento estoy dispuesta a echarle ocasionalmente una mano; pero sin comprometerme otra vez como antes[1068].

Es posible que durante su estadía en Gotinga ella conversara con Erika Gothe y con Anne y Pauline Reinach acerca de su posición con Husserl. El caso es que, luego de estar con ellas, se condujo de manera segura y firme con los Husserl. También se animó a preguntarle a Ingarden por qué no le enviaba noticias de su vida, al tiempo que agregaba: "En todo caso, encuentro anormal no hablar con usted, dondequiera que se encuentre, y al menos *yo* es lo que hago"[1069]. Mucho tiempo después, en 1925, Edith confesó que no recordaba esa época con alegría[1070].

Sentía que las cartas de Ingarden "denotaban ausencia de verdadero interés, como cuando uno escribe no por necesidad sino por 'obligación'"[1071]. Algo sumamente penoso porque sus cartas del año anterior la habían hecho sentir "partícipe de su vida"[1072]. Finalmente, para esclarecer la situación, admite: "Comprendería perfectamente que usted hubiera perdido su naturalidad frente a mí, de lo cual solo yo sería culpable"[1073]. Es probable que Ingarden le reprochara la interrupción en la regularidad de su correspondencia (casi semanalmente recibía cartas suyas). Lejos de amilanarse, ella le aseguraba:

> El distanciamiento era tan doloroso para mí —por mi parte hube de contenerme con fuerza, para no escribir con la carga de mi entera personalidad— y así me propuse seguir esperando por ver si finalmente llegaba una carta de "verdad" [...]. Por su parte, pronto se sucedieron las totalmente equivocadas suposiciones sobre la razón de mi silencio. Nunca fue mi intención cortar por completo la correspondencia. Solo he pensado algunas veces que

acaso lo mejor sería limitarme a dar información sobre el estado de la fenomenología[1074].

Más allá de Ingarden, otras realidades y amistades ejercían su influjo, y retomar el contacto con Anne y Pauline Reinach dio cauce a nuevas posibilidades. Recordemos que en 1916 el matrimonio Reinach se había pasado del judaísmo a la iglesia evangélica[a]. Según el profesor J. Hirschmann, que conoció a Edith Stein personalmente, en su caso hay que diferenciar entre "el motivo de su conversión al cristianismo del motivo de su entrada en la Iglesia Católica". Explica Hirschmann: "El motivo decisivo de su conversión al cristianismo fue, como ella misma me contó, el ver cómo la señora Reinach[b] fue capaz de asumir, por medio de la fuerza del misterio de la cruz, la muerte de su marido"[1075].

En realidad, la aproximación de Edith Stein al catolicismo se produjo de manera paulatina, y durante bastante tiempo cotejó la idea de hacerse protestante, hasta que recién en 1921 decidió bautizarse en la iglesia católica. Mientras se producía esta evolución, en la carta de mayo de 1918 en la que pretende clarificar malentendidos con Ingarden, le confiesa: "He encontrado además un punto de apoyo, que hasta cierto grado me hace ajena a todos los condicionamientos externos"[1076]. Estas palabras se hacen eco de las escritas por Adolf Reinach en una de sus últimas cartas, cuando quedaba atrás "el tiempo de la gran ofensiva" y, pese a todo, sentía: "Me inunda la dicha y una gratitud infinita por haber vivido ese tiempo y por haber sobrevivido a él. Ahora vivo en un mundo enteramente distinto"[1077].

---

a Más adelante, en 1923, Anne Reinach también se hizo católica. Fue oblata de la abadía de Beuron. Logró huir a España bajo el dominio nazi y luego regresó a Alemania. Falleció en Múnich el 29 de diciembre de 1953.

b Amigos y lecturas son cuestiones a tener en cuenta en el caso de Edith Stein, porque como dice Feliciana Merino Escalera, "su conversión no es una experiencia solitaria, no es una abstracción mental". Véase "Edith Stein, testigo de la fe" (p. 131) en *Revista de Espiritualidad* 73 (2014), pp. 123-137.

A todo esto, como se dijo, no se conocen las cartas que Ingarden le envió a Stein debido a que, a pedido suyo, ella se las devolvió en 1924. Pero es factible que siguieran discutiendo asuntos personales[a] ya que, llegada la ocasión, Edith se propone "por enésima vez" en su relación con él aplicarse "en adelante a la pura objetividad"[1078].

LA IRRUPCIÓN DEL "PEQUEÑO HEIDEGGER"

Sumida en cavilaciones personales, entre el 22 y el 24 de mayo de 1918, durante las fiestas de Pentecostés, Edith Stein y Jean Hering visitaron a Husserl, que estaba de vacaciones en Bernau. Juntos, leyeron los escritos de Reinach sobre filosofía y religión. Además de editar "El problema del movimiento" ella se ocupó personalmente de enviar los trabajos de Reinach a Scheler y a Heidegger. Como es sabido, en las primeras décadas del siglo XX fueron muchos los filósofos que, con perspectiva fenomenológica, abordaron la temática religiosa. Entre los más destacados, además de Edmund Husserl y Edith Stein, se cuenta con los aportes de Rudolf Otto, Adolf Reinach, Max Scheler, Hedwig Conrad-Martius, Kurt Stavenhagen, Jean Hering, Martin Heidegger y Gerda Walther[b].

---

a Luego de recibir una postal de Ingarden, Edith asume: "Esto significa que externamente la comunicación habría quedado restablecida" (OCI, 615). Pero los malentendidos continuaban y Edith trataba de explicar: "Lo que usted podría estimar como expresión de una 'furia contenida', es para mí sumamente enigmático, pues desde luego nada parecido había en mí entonces, ni contra el mundo en general ni contra usted en particular, ni siquiera contra mi propia persona, que es lo que siempre tengo más cerca" (OCI, 616).

b A Jean Hering, Alexander Koyré y Emmanuel Levinas se les debe el giro fenomenológico de la filosofía francesa. En cuanto a fenomenología de la religión, según Alasdair MacIntyre, hasta 1930, destacan: Jean Hering, *Fenomenología y filosofía de la religión* (1926), Max Scheler, *Lo eterno en el hombre* (1921); Martin Heidegger, *Introducción a una fenomenología de la religión* (1920); Rudolf Otto, *La idea de lo sagrado* (1917) y Gerda Walther,

Desde Friburgo, Edith siguió en contacto con el círculo de Múnich para proyectar con ellos el *Anuario* por los sesenta años de Husserl. Al mismo tiempo, avanzaba con la organización del libro en homenaje a Reinach, que no llegaría a imprimirse por varias razones, presupuestarias incluidas. Al final de la guerra, el costo de impresión era prácticamente prohibitivo, e incluso el *Anuario* en homenaje a Husserl recién pudo editarse en 1922. Además, Edith retomó su curso de filosofía para principiantes, sobre el tema "Expresión mímica y lingüística"[1079]. Por si esto fuera poco, colaboraba con Ingarden y lo socorría en la corrección de su obra. Advertida por experiencia propia de que Ingarden y Husserl podrían convertir esta edición en un martirio, expuso sus condiciones ante el primero:

> Desconfío mucho de sus propias "mejoras". Pues sus cartas no dan precisamente la impresión de que entretanto se hubiera familiarizado mucho más con la lengua alemana. Todavía no he preguntado a Husserl si piensa leer el trabajo. Creo que no hay peligro. Si aún he de examinar el trabajo en la edición corregida, en ese caso no tengo nada que objetar. Únicamente pondría como condición que el trabajo pasara de mí a la imprenta, sin que cayera otra vez en sus manos. De lo contrario sucederá algo parecido a lo que ha ocurrido con los trabajos para el Maestro[1080].

Resulta clarísimo que Ingarden recibió una importante ayuda[a] de Edith en ese período: corregía su alemán y también mediaba con Husserl, que exigía revisar él mismo el trabajo de

---

Fenomenología de la mística (MacIntyre, 246). En relación con los escritos de Husserl sobre fenomenología y religión, véanse *Edmund Husserl. Pensar en Dios, creer en Dios*, de Angela Ales Bello y "A Précis o an Husserlian Philosophical Theology", de James Hart, entre otros.

a Gertrud Kuznitzky dice que Stein sabía hacer comprensible su especialidad, y que tenía una gran "disponibilidad para examinar 'los manuscritos que los amigos le confiaban habitualmente para que los leyera, con el propósito de no publicar estos estudios sin su parecer'" (Salvarani, e-book).

Ingarden antes de ser publicado, o de lo contrario que lo haga el doctor Pfänder. Para auxiliarlo, Edith intentó captar la atención de Husserl. Pero el 8 de junio de 1918 otro hecho impidió que lo lograra, y así se lo hizo saber a Ingarden:

> Hoy no tuvo usted suerte. Por la tarde estuve en casa de Husserl para charlar sobre su trabajo, pero en el dintel me topé con el pequeño Heidegger, y los tres juntos nos dimos un paseo —por cierto, maravilloso, hablando de cuestiones religioso-filosóficas, que se prolongó hasta ahora mismo, las doce menos cuarto[1081].

Lamentablemente, ninguno de los tres dejó testimonio de los temas tratados durante esa conversación. Solo se sabe, por la carta de Stein, que hablaron de "cuestiones religioso-filosóficas". En ese entonces Heidegger, que originariamente había pensado ser sacerdote, se había alejado del catolicismo (su padre era sacristán en Messkirch), y se sabe que, en carta a Rudolf Otto, en esa época Husserl dijo que lo consideraba "un protestante no dogmático"[1082]. Llegó a esa conclusión después de ser informado de ciertos avatares personales que preocupaban al joven Heidegger[a], quien, salvo unos meses al principio de la guerra, por padecer de una dolencia cardíaca, no estuvo en el frente, formó parte de la reserva y se desempeñó, entre agosto y noviembre de 1918, como técnico en una estación meteorológica[b].

---

a En una carta a Karl Löwith, el 21 de octubre de 1920 Heidegger afirmaba a que "era todavía un teólogo" (MyN, 121).

b Wolfram Eilenberger informa al respecto: "Durante la batalla de Marne-Champagne [Heidegger] tuvo que colaborar con sus pronósticos climáticos en el uso del gas tóxico por la Wehrmacht desde un puesto de observación ligeramente elevado" (*Tiempo de magos*, 56). Heidegger "no participó de forma activa en los combates. A lo sumo, veía a través de los prismáticos cómo miles y miles de soldados alemanes salían raudos de las trincheras hacia una muerte segura" (*Tiempo de magos*, 56).

Si nos atenemos a lo que dice Wolfram Eilenberger "en sus notas y cartas personales", Heidegger "no menciona las atrocidades de la guerra"[1083]. En cuanto a su situación académica y personal:

> Desde el invierno de 1917, el auténtico frente no estaba para él en las Ardenas, sino entre sus cuatro paredes. No era un frente nacional o geopolítico, sino confesional. Era muy difícil "vivir" como filósofo católico amparado por la Iglesia (es decir, hacer una carrera institucional) si, como Martin Heidegger, uno contraía matrimonio con una protestante, aunque fuera en secreto, y sobre todo si esa mujer, contra unas manifestaciones previas, no se convertía a la fe católica ni tenía intención de bautizar en dicha fe al hijo que llevaba en su vientre[1084].

Él sucedería a Edith Stein como asistente de Husserl. A riesgo de ucronía, es válido interrogarse qué habría sucedido si ella hubiera permanecido firme en su puesto. El caso es que, según Eilenberger, desde 1916 Heidegger "era considerado en los medios eclesiásticos un joven inmaduro y nada fiar", y aunque contaba con el apoyo del decano, perdió la esperanza de conseguir un puesto en la Facultad de Teología[1085]. Fue entonces cuando Heidegger "puso las esperanzas académicas" en su relación con Husserl. Pero a este, "un filósofo de declarada orientación puramente científica, los pensadores vinculados a una confesión le resulta[ban] de los más sospechosos"[1086]. Por eso mismo, infiere Eilenberger, "en los años 1916 y 1917, el viejo maestro no hizo el menor caso al joven aprendiz de brujo", y recién en el invierno de 1917-1918 "fue conociéndolo mejor y le ofreció apoyo directo"[1087]. De manera sugestiva, este apoyo se dio en momentos en los que Edith Stein abandonaba su puesto de asistente.

Al tiempo que Heidegger se despedía de la ortodoxia católica y se acercaba a Husserl, Edith Stein cursaba el camino que la llevó a la conversión. Que sus itinerarios eran contrapuestos se deduce de la frase de Heidegger, cuando en *Introducción a la metafísica* dice que, en la tarea del pensar, la "filosofía cristiana" se convierte en un hierro de madera[a]. Esto no impidió que todos ellos, de alguna u otra manera, llegaran al fenómeno religioso. Durante el encuentro entre Husserl, Heidegger y Stein, se especula que hayan sacado "a colación los respectivos libros sobre *Lo santo* de R. Otto y de W. Windelband, que tanto habían influido en Husserl, en Scheler y en Heidegger". Otros autores que Husserl y Heidegger compartían, y que llegado el momento impactarían a Stein, fueron "Eckhart, Santa Teresa, San Juan de la Cruz y San Bernardo de Claraval"[1088]. Como Reinach, Heidegger se había dedicado a estudiar la filosofía de la religión, de Schleiermacher. Meses después del paseo en el que hablaron de "cuestiones religioso-filosóficas" hasta la medianoche, Edith Stein hizo que le regalaran para su cumpleaños la obra completa de este último.

INGARDEN RECIBE AYUDA

Para alentar a Ingarden, con generosa disposición Edith le decía:

> No se preocupe del porvenir, ni tampoco de los límites que usted, en plena sintonía conmigo, coloca a la significación de la existencia individual. Se encontrará algo para usted. Y si hubiera dificultades, piense, por favor, que no puede estar en apuros, en tanto yo tenga medios suficientes para vivir. (¿Es verdad que usted es lo bastante inmune al espíritu capitalista, como para aceptar este seguro de forma tan natural como yo se lo doy?)[1089].

---

a En cuanto a las razones de Heidegger para abandonar "el sistema del catolicismo", más allá de lo expresado en estas líneas, según Eilenberger, "si se analiza con frialdad" el contenido de la carta en la que expresa este alejamiento a su amigo eclesiástico Engelbert Krebs, "se advierte que es una maniobra de confesión ejecutada con precisión por un filósofo de carrera que, tras un detenido examen del nuevo clima general, ha llegado a la conclusión de que la abjuración explícita del catolicismo le proporcionará su última oportunidad académica" (*Tiempo de magos*, 58).

Moreno Sanz ve en estas actitudes la "disolución de su amor en pura e incondicional generosidad"[1090]. Y si bien en caso de necesidad seguramente habría ofrecido ayuda a otro amigo en problemas, sigue siendo un dato significativo su predisposición en favor de Ingarden. Respecto a la lectura de su trabajo, Edith[a] aclaraba: "Esto es algo que yo haría por cualquier fenomenólogo, si bien eventualmente por obligación y no por simple simpatía. Finalmente me resulta un poco ridículo, que de manera tan formal me asegure que no quiere pedir para sí mi tiempo y mis fuerzas"[1091].

Puede verse que 1918 fue un año de gran intensidad, una etapa que tanto en el plano personal como filosófico fue decisiva para Husserl, Ingarden y Stein. Conforme a ello, en junio ella le avisa a Ingarden:

> El idealismo vuelve a estar a la orden del día [...]. Husserl [...] ha encontrado mi petición anotada en un lugar: que debería volver a pensar una vez más sus argumentaciones y admitir, allí, sin reservas, *in puncto* el idealismo. Esto es lo que ahora quisiera hacer con gusto. Rebusca todo lo que tiene sobre esta cuestión, y en los últimos días habló conmigo sobre el particular. He aplazado todos los trabajos, estoy leyendo *Ideas* y subrayo todo lo que me parece cuestionable.
> N.B. Yo misma me he convertido al idealismo, y creo que hasta tal punto es comprensible, que incluso metafísicamente satisface[1092].

La última frase no debe hacer pensar, apresuradamente, en una recaída de Stein en el idealismo. En realidad, advierte que Husserl debería abordar nuevamente algunas cuestiones, por ejemplo, establecer una "mejor determinación de la noción de conciencia, que resulta de la consideración de la conciencia constituyente"[1093]. Si el mundo existe, sin la conciencia que lo

a También le decía: "El trabajo no me resulta tan aburrido como a usted, a quien —en buen alemán— poco a poco le está ahogando" (OCI, 625).

constituye, habría que aclarar la noción misma de conciencia[a]; pero hablar del tema con Husserl era tiempo perdido:

> El Maestro está cansado, y llegar a un entendimiento con él acarrea indecibles dificultades. Yo siempre le hablo y pienso muy deprisa. Y cuando, armada de paciencia, trato de hacerme comprender paso a paso en lo que a mí me atañe, entonces empalma a cada frase una interminable deliberación —muy preciosa y valiosa en sí misma, desde luego— sin llegar a una síntesis. Ahora lo intento por escrito. Es un fastidio no tener a alguien con quien poder hablar adecuadamente[1094].

La falta de interlocutores no podía compensarse con los estudiantes que seguían su curso. En referencia a ellos, Edith señala que Ludwig Clauss y Gerda Walther[b] llegarían a ser "hábiles fenomenólogos", pero que de momento no estaban en condiciones de establecer una discusión filosófica, y era Ingarden "la única persona con quien podría" entenderse "fácil y rápidamente"[1095]. Estaba convencida de que "idealismo, constitución, ideas y esencia" eran "problemas inseparablemente

---

a Explica MacIntyre: "Gradualmente se mueve hacia una concepción del 'yo' como trascendental, autosuficiente y autoconstitutivo, cuya relación con los objetos que se presentan a la conciencia puede definirse sin ninguna referencia a la multiplicidad de egos que pertenecen al mundo real" (MacIntyre, 177). Por su parte, para Stein "la conciencia que tenemos de nosotros mismo" se constituye en parte a través de la conciencia empática". Para ella, "únicamente a través de una explicación fenomenológica de la conciencia empática y del papel tan importante que los cuerpos juegan en tal conciencia podemos comprender cómo se constituyen los objetos de percepción como objetos de conciencia" (178). Tanto a los lectores especializados como al "lector común formado" (MacIntyre,10) sugiero la lectura de *Edith Stein. Un prólogo filosófico (1913-1922)* de Alasdair MacIntyre.

b En tanto Clauss llegó a ser profesor en Frankfurt y alcanzó "fama internacional como psicólogo de las etnias" (OCI, 590, n. 3), Gerda Walther se especializó en mística y parapsicología. En su autobiografía *Zum anderen Ufer* (1960) se refiere a Edith Stein.

conexos"[1096], y que Husserl se definiera en estos aspectos le resultaba acuciante[a].

Pero la filosofía no era lo único que Edith compartía con Ingarden. Había cien mil "cosas sobre las que quisiera hablar" con él y se atrevía a confesar: "A diario me rebelo contra el destino que ahora y por tiempo indefinido le mantiene en una distancia —de momento incluso desconocida por completo— inalcanzable para mí"[1097].

UN PUNTO CRÍTICO EN EL DESARROLLO DEL ESPÍRITU HUMANO

Íntimamente convencida de que era su obligación salvar a su Maestro de sí mismo, aportar algo novedoso en filosofía y, al mismo tiempo, acompañar y atender los requerimientos de muchos de sus colegas, Stein redactó un trabajo para el libro en homenaje a Husserl[b]. Al igual que otros filósofos y pensadores que atravesaron la Primera Guerra Mundial, para ella fue fundamental profundizar en la noción de *intersubjetividad*, acuñada por Husserl en 1913. Un primer paso en esa dirección fue sin dudas su tesis sobre la empatía; luego, en 1918, Edith se preocupó especialmente por las relaciones que se establecen entre el individuo y la comunidad. Las obras literarias ofrecían un panorama de la cuestión, y seguramente estimulada por Ingarden,

a Así, en julio de 1918, ella insistía: "La investigación sexta me está ocasionando muchos quebraderos de cabeza". Por la manera tan distinta en que Husserl veía los problemas en ese momento era deseable que escribiera "una nueva obra sobre el tema". Pero era muy improbable que emprendiera una obra así, y aún en ese caso, "debería ser editada nuevamente la antigua investigación sexta" (OCI, 635).

b No pudo publicarse así por un tema de costos, por lo que Stein lo presentó para concurso a cátedra. Se trata de *Causalidad psíquica*, que apareció junto a *Individuo y comunidad* en 1922 con el título *Contribuciones para una fundamentación filosófica de la psicología y de las ciencias del espíritu* en el *Anuario* mencionado.

abrevaba en la literatura polaca. Buscaba acceder así a "una mirada verdaderamente viva en el corazón de la nación polaca, esto es, en los círculos que son portadores de la vida política"[1098]. Al tiempo que leía profusamente traducciones al alemán, la afligía que gran parte de esas obras estuvieran disponibles solo en su idioma original, y se le ocurría que traducirlas sería una manera de que Ingarden ganara dinero, en tanto que ella con alegría y "con sumo gusto revisaría su traducción, no solo para ayudarle", sino porque hacerlo le produciría "alegría"[1099].

Por ese entonces, su libro "preferido" era *Los hermanos Karamazoff*, una novela de la que derivaba que era imposible que Rusia no tuviera ante sí "un gran futuro". Refiriéndose "al enorme caos" que atravesaba la región, "o precisamente por eso", vislumbraba allí inmensas posibilidades: "Pues en ese caos se esconden imponderables fuerzas, no solo físicas, sino sobre todo *anímicas*, que luchan por la configuración y que, de seguro, no pasarán antes de que hayan encontrado su forma y de que hayan sido fecundas para los hombres"[1100].

Probablemente Edith quisiera contrarrestar de este modo las preocupaciones y quejas de Ingarden, acrecentadas al final de una guerra cuyas víctimas en los campos de batalla, y fuera de ellos, se contaban por millones. A mediados de 1918 Edith se enteró de que Georg Moskiewicz fue hallado muerto en su casa. En principio se pensó que había sufrido un paro cardíaco, pero sus amigos terminaron por creer que se había suicidado. En extremo conmovida, y proyectando su temor en Ingarden, que llegó a considerar la posibilidad de quitarse la vida, Edith le escribió sobre lo sucedido:

> Qué parte de culpa me corresponde, es algo que no puedo medir. Pero es muy cierto que pertenezco al grupo de personas que poco a poco le han ido llevando a esta situación. Naturalmente jamás se quiso una cosa tan horrenda. Pero precisamente esto es lo terrible: que completamente distraído y sin pesar —así son los influjos—, uno puede conducir a un hombre a la muerte. Quisiera exponerle, querido amigo, un ruego que acaso le parezca muy in-

> fantil. También usted ha pensado ocasionalmente poner fin a su vida. Nunca lo he tomado muy en serio. Pero la sola posibilidad me aterra. Prométame, por favor, que no lo hará nunca. La vida puede dejar de ser totalmente insoportable, si uno sabe que hay una persona para quien dicha vida es mucho más preciosa que la suya propia.[1101]

Declaración de amor o de profundo cariño, al tiempo que revelaba su impotencia ante la presunta decisión de Moskiewicz, en ese estado de conmoción, Edith no pudo evitar caer en el sentimentalismo; y en la *cuasi* confesión del tenor de sus sentimientos hacia Ingarden:

> A veces pienso que le debo parecer como una persona sobreexcitada y tornadiza. Y no sin razón. Para mitigar la impresión solo puedo argüir que usted es la única víctima de toda sinrazón que anida en mí, y que, por el contrario, con relación a todo el mundo me comporto de manera terriblemente razonable. Tan razonable que presumiblemente considerarían mis cartas como una falsificación, si alguna vez se le ocurriera publicarlas. Así pues, cuídese de hacerlo.
> De todo corazón, suya. Edith Stein[1102]

Es factible que hasta el final de la guerra ella haya persistido en su tendencia de ver las dificultades como oportunidad y desafío para nuevos logros. Pensando, para decirlo en términos actuales, que cada crisis implica una nueva posibilidad, tras la muerte de Moskiewicz, instaba a Erna a ver "qué lección" podría "sacar de ello" y se apenaba por encontrar en ella y en Rose Guttman expresiones "pesimistas"[1103]. Para alentarlas, Edith reconocía: "Después de cada nuevo golpe, me da nueva energía. Solo puedo decir que, después de cuanto he aguantado en el último año, doy un sí a la vida con más decisión que nunca"[1104]. No se trataba, sin embargo, de un optimismo ingenuo:

> Ciertamente, a veces creo que hay que hacerse a la idea de que una no va a ver el fin de la guerra. Aun entonces no hay que desesperarse. Lo que hay que hacer es no limitarse únicamente al trocito de vida que abarca nuestra vista, y mucho menos a aquello que clarísimamente está en la superficie. Pues es muy seguro que nos encontramos en un punto crítico dentro del desarrollo del espíritu humano, y no hay que quejarse si la crisis dura más de lo que cada uno en particular desearía. Todo lo que ahora es tan horrible, y que yo, desde luego, no quiero disimular, es el espíritu que debe ser superado. Pero el nuevo espíritu está ya ahí y, sin lugar a dudas, terminará por imponerse. Lo tenemos muy patente en la filosofía y en los inicios del nuevo arte: el expresionismo[1105].

Para Moreno Sanz, esta carta da indicio de la trágica visión de la marcha del mundo de quién la escribe: "Visión trágica que se ve muy paliada por el resultado de sus lecturas hegelianas sobre el desarrollo del espíritu del mundo, con las que toma aliento para encontrar lo bueno en lo malo, lo positivo en lo negativo; inexorable dialéctica" con las que enfrenta el pesimismo de su hermana, en tanto que ella misma tampoco ve otra salida que la de "dejarse caer en la confianza del propio desarrollo del mundo"[1106]. Además, esta actitud podría interpretarse como un intento de "diluir su propio yo en un nosotros guiado por el Espíritu"[1107] que puede asociarse con un renacer anímico y con el camino de su conversión.

Sin perder por ello su capacidad de tener los pies en la tierra para explicar su posición ante los tiempos por venir, Edith le envió a su hermana un artículo de Walther Rathenau[a], hijo

a Walter Rathenau expresó sus críticas al imperio en la revista *Die Zukunft*, de Maximilian Harden. Durante la guerra colaboró con el gobierno por motivos nacionalistas. Después del armisticio de 1918 se sumó al recientemente creado Partido Democrático Alemán (DDP) cuyo objetivo era la creación de una república democrática. Edith Stein se afilió al mismo partido. Después de la guerra, durante la República de Weimar, fue nombrado ministro de Reconstrucción (1921) y luego ministro de Asuntos

de un industrial y millonario, fundador de una de las mayores compañías eléctricas alemanas. Además de ser uno de los principales industriales del imperio, Walther Rathenau fue escritor y político. Tempranamente descubrió que "en la juventud de todo judío alemán llega un momento doloroso que le marcará para el resto de sus días: cuando, por primera vez, se da cuenta de que ha venido al mundo como ciudadano de segunda clase y que ni su capacidad ni sus méritos le podrán liberar de esta condición"[1108]. A pesar de esa certeza, este judío asimilado con fuertes sentimientos nacionalistas, pero declarado pacifista y crítico del imperio, jugó un importante rol durante la contienda mundial. En agosto de 1914, propuso y fue encargado de llevar adelante un plan de reconversión de la producción industrial hacia la guerra y además se ocupó de centralizar el control de todas las materias primas para su utilización en el esfuerzo bélico alemán. Al igual que él, Edith tenía sus críticas al imperio, pero también, en tanto alemana profundamente consustanciada con su cultura, se sentía responsable del futuro de Centroeuropa. Creía que la vida personal quedaba supeditada al destino colectivo, por lo que cabría aferrarse a una esperanza mirando más allá de la realidad inmediata.

"BUSCÁBAMOS UNA NUEVA ORIENTACIÓN EN UN MUNDO DESORIENTADO"

Hans-Georg Gadamer, que en 1918 comenzaba sus estudios universitarios en Breslau, también se refirió a esa época de crisis al afirmar: "Los jóvenes buscábamos una nueva orientación en un mundo desorientado". También recordó que "el expresionis-

Exteriores (1922). Fue asesinado en 1922 cuando la búsqueda de un "chivo expiatorio" a la derrota alemana de la Primera Guerra Mundial dio cauce "al antisemitismo de la derecha, hasta entonces latente": "El antisemitismo y la hostilidad a la República de Weimar llegaron a estar íntimamente relacionados" (MacIntyre, 166).

mo en la vida y en el arte pasó a ser la corriente dominante"[1109]. Pese a las coincidencias que pudiera tener con otros pensadores de su época, ser mujer y ser judía ponían a Edith Stein en un lugar más inestable e incómodo. En 1923, cuando Gadamer estuvo en Friburgo ella ya no se encontraba allí, y estaba definitivamente alejada del centro de decisiones del campo fenomenológico. Aunque estudiaron en las mismas ciudades, no llegó a conocer a Gadamer personalmente. Discípulo de Heidegger, Gadamer no tuvo cargos en la universidad durante el nazismo por ser crítico del régimen y recién finalizada la guerra obtuvo una cátedra en la Universidad de Leipzig[a].

Recordemos que, desde muy joven, Edith Stein albergaba preocupaciones políticas y culturales. Estaba convencida de que "las luchas políticas y sociales [eran] impulsadas por motivos completamente distintos a los manidos tópicos que la gente utiliza al hablar de estos temas"[1110]. Por eso, yendo más allá del sentido común y acrítico del pensar cotidiano, analizó en profundidad algunas categorías políticas. En ese sentido, le escribía a su hermana:

> Lo bueno y lo malo, el conocimiento y el error están mezclados en *todas* partes, y cada uno ve en sí mismo solo lo positivo y en los demás solo lo negativo, trátese de pueblos como de partidos. Esto desencadena una gran confusión, y quién sabe cuándo aparecerá otra vez algo de calma y claridad. En todo caso, la vida es demasiado complicada como para poder arremeter contra ella con un plan de mejoras del mundo, por bien pensado que esté, y como para poder imponer dicho plan como camino a seguir, de forma definitiva e inequívoca. [...]. Solo quisiera inculcarte la confianza de que el desarrollo, cuyo curso nosotros presentimos

a Al final de su vida, con motivo de la aparición de su biografía, en una entrevista Hans Gadamer contó que no conoció a Edith Stein: "Mi mujer la conocía bien y estuvieron en la misma escuela" (Diario *El Cultural*, España, 11/04/2001).

solo muy limitadamente, y mucho más limitadamente podríamos determinar, a fin de cuentas, que es algo bueno[1111].

¿Hay aquí una alusión a la Providencia divina como dadora de sentido? Lo cierto es que su confianza en el desarrollo recuerda al *Fausto* de Goethe; precisamente al momento en el que Fausto pregunta "¿Quién eres tú?" y Mefistófeles contesta con la enigmática frase "Una parte de aquel poder que siempre quiere el mal y siempre obra el bien"[1112]. Stein expresaría una similar confianza en el desarrollo a la expresada por Goethe cuando dice que "lo Evolutivo que perpetuamente obra y vive" llevaría "a fin de cuentas" a "algo bueno"[1113].

Edith Stein, que al momento de publicar su tesis se definió a sí misma como prusiana de origen judío, era una lectora apasionada de Goethe y de Schiller; enamorada, como Hölderin o Heidegger del paisaje, activa caminante y excursionista, instalada nuevamente en Friburgo, durante el verano de 1918 renovó su peregrinar por las montañas de la Selva Negra. Pudo visitar el balneario Todtnau sin descuidar a Ingarden, a quien enviaba libros (incluso una voluminosa gramática alemana). También estaba al tanto de "sus observaciones sobre el idealismo"[1114]. Ingarden le habló de ello en una carta considerada por los estudiosos de su obra como el inicio de su crítica al giro trascendental.

La primera generación de fenomenólogos, que se habían acercado a Husserl en la Universidad de Gotinga, intentaba conservar el espíritu de camaradería de los primeros tiempos. A tales efectos Edith seguía comunicada con sus compañeros y amigos, tanto con los que estaban en el frente como los que partieron al extranjero (como Ingarden, residente en Cracovia, o Koyré, a quien no veían desde hacía cuatro años, porque había regresado a Odessa). A todos les enviaba libros, regalos, los mantenía informados de lo que sucedía en el campo fenomenológico y, por supuesto, los ayudaba con sus trabajos. Como recordó Fritz Kaufmann, difícilmente se podría imaginar el aliento y apoyo que Edith Stein significó en esa época para sus amigos en el frente.

"TODOS VOSOTROS ME SOBREVALORÁIS EN EXCESO"

Pero Edith también representaba mucho para su familia; sus consejos se atendían especialmente, y es probable que fuera tratada como un caso de excepción, por lo que decía:

> A veces tengo la sensación de que todos vosotros me sobrevaloráis en exceso, lo que hace que me sienta avergonzada. No soy una santa y tengo mis horas bajas como cualquiera otro. Por otra parte, creo que no es indispensable para un santo renunciar a todos los deseos y esperanzas y a todas las alegrías del mundo. Todo lo contrario: estamos en el mundo para vivir, y todo lo bello que hay en él hay que tomarlo con agradecimiento. Únicamente que no hay que desesperarse si las cosas salen de manera distinta a como uno había pensado. En ese caso hay que pensar en aquello que aún le queda a uno, y también que aquí estamos solo de visita[1115].

Moreno Sanz llama la atención sobre esta carta, que le parece "fiel testimonio de una de sus primeras muestras de sincera humildad"[1116] y de un camino de renacer espiritual en el que incluso alude a la santidad. Son líneas que parecen escritas por una persona de fe. ¿Se daría cuenta Erna de la transformación que atravesaba su hermana? Por lo pronto, tenía sus propios problemas. Vacilante, Hans Biberstein no se decidía al matrimonio. Edith impuso el criterio de realidad. La situación económica podría o no remediarse, no era algo que dependiera de ellos, pero al casarse los novios se verían libres de las convenciones sociales y familiares. Edith animaba a Erna a decidirse: "La única diferencia que veo es que durante sus vacaciones podríais vivir juntos libremente y sin ser molestados". Y añadía:

> Naturalmente, son apreciaciones bohemias, y desde el punto de vista de las relaciones burguesas, perfectamente organizadas, horribles. Para mí la cuestión del dinero nunca sería un obstáculo para casarse, pero comprendo perfectamente que se pueda pensar de otra manera[1117].

¿Había pensado en su caso, ya que los ingresos de Ingarden se limitaban a su trabajo dando clases en un instituto y ser preceptor en casa de la condesa Tarnowska? En todo caso, Edith sostenía: "Solo tengo un reparo: me parece que no debes en absoluto presionar a Hans, de modo que él no debe hacer nada para agradarte que no pueda hacer por propio convencimiento"[1118]. Que considerara "bohemias" sus opiniones puede parecer exagerado, pero es cierto que desde hacía tiempo no seguía las costumbres burguesas. De naturaleza nómada, su vida de trashumante la llevaba de Breslau a Gotinga, de Gotinga a Friburgo; esto, sumado a los cambios de domicilio, y a residir en cuartos rentados en casas de familia.

De nuevo en Gotinga, en julio de 1918 Edith buscó un alojamiento, ya que debía permanecer allí mientras revisaba los trabajos de Reinach para su publicación. A todo esto, Husserl la había "interpelado varias veces y de forma acuciante por ver si deseaba retomar el puesto de asistente". Pero se había mantenido firme; resuelta a "no volver a tomar nunca jamás una obligación", le comunicaba a Ingarden: "Me he mostrado dispuesta a hacer ocasionalmente algo para él, si tengo tiempo y si el tema me es conocido. Y con ello, bien o mal, se ha quedado contento"[1119]. En cuanto a sí misma, además de las lecturas de Bergson para ayudar a Ingarden, se sumerge en lecturas sobre filosofía y arte que la apasionan, y así se topa con un artículo sobre expresionismo publicado en una revista católica por el jesuita Josef Kreitmayer, que cita en una de sus cartas a Ingarden porque le parece interesante, sin duda, la idea de que la fusión de la "adivinación espiritual" con entendimiento "sería, tal vez, la fuerza cognitiva del futuro"[1120].

Paralelamente, enterada de sus últimos movimientos, y quizás preocupada por la incierta situación laboral de su hija, Auguste insistía en que Edith regresara a Breslau. Antes, Edith disfrutó de unas semanas muy fructíferas en Gotinga, donde organizó un curso sobre fenomenología para Pauline Reinach y un grupo de amigos. Luego de las clases, sus estudiantes se reunían para comentar aquello que no les había quedado claro. Seguidamente, comenzaba la diversión:

Para "reponerse", varias veces hubo orgías musicales en casa de Runge hasta altas horas de la noche. Nina tenía allí una amiga procedente de Berlín, una joven artista que interpreta a Bach de manera incomparable y que ha descubierto a Mozart por medio de Bach. Algo magnífico[1121].

La vida cultural del grupo de Gotinga incluía este tipo de descubrimientos. Llegar a Mozart por medio de Bach, es decir, realizar una conexión genealógica que hubiera apreciado el propio Mozart, quien un par de siglos antes, de visita en Santo Tomás de Lepzig y luego de escuchar un motete de Bach a doble coro exclamó: "Ya *hay* algo de lo que se puede aprender"[1122]. Pero además de disfrutar del encuentro con sus amigos y de las reuniones musicales, Edith seguía firme en sus propósitos filosóficos. Con Jean Hering como oyente, leyó de un tirón los trabajos sobre el movimiento de Reinach[a]. Luego, a mediados de agosto, de regreso en Friburgo, Stein y Hering esperaron la visita de Hans Lipps, quien luego de haber atravesado situaciones penosas en el frente de Marne deseaba reencontrarse con sus compañeros de estudio. Reunidos, los discípulos de Reinach, con Edith Stein como punta de lanza, pensaban convencer a Husserl de reunir sus trabajos en una edición especial del *Anuario*, lo que resultó "una empresa imposible"[1123].

Mientras tanto, en Breslau se conformaba un grupo que esperaba recibir clases de fenomenología. Además de un teólogo protestante, catedrático de filosofía de la religión, entre los aspirantes destacaba el matemático Hermann Weyl. Pero, para Edith, "de los futuros filósofos solo [entraba] en cuen-

---

a "El problema del movimiento" fue el último seminario de Reinach. "En esa actividad académica se habían estudiado los fundamentos de las matemáticas, sobre todo del cálculo integral y del cálculo diferencial, que constituyen a su vez los presupuestos de la física moderna: ¿Cómo es posible aproximarse al punto matemático, a través del proceso infinito de dividir una extensión? Expresado en términos filosóficos: ¿Por qué el hombre es capaz de fijar en general una unidad pura?" (MyN, 118).

ta el catedrático no titular [Julius] Guttmann"[1124]. Francesco Salvarani resalta que, como sucedía en Friburgo, la fama de Edith como experta en fenomenología y excelente pedagoga se difundió rápidamente por lo que "alrededor de ella se arracimaban" muchos interesados en estudiar filosofía. A fines de 1918, aconsejada por Julius Guttmann, se sumó una joven, Gertrud Kuznitsky, a quien este le había dicho: "Si tienes la suerte de que acepte trabajar contigo, no podrás desear mejor guía para introducirte en el método de investigación fenomenológico"[1125]. Congregados en torno a Stein, los aspirantes a fenomenólogos se entregaban al pensamiento. En cuanto a ella, le escribía a Ingarden, en tono de broma: "Disculpe que la carta esté compuesta a base de ideas sueltas; últimamente he leído mucho a Scheler"[1126].

"LA SITUACIÓN ES TAN GRAVE COMO NO LO HA SIDO NUNCA"

En octubre de 1918 la quiebra de Alemania parecía inminente. En ese clima de desazón, Stein le recordaba a Ingarden que se cumplían dos años de su propia llegada a Friburgo, y un año desde la llegada de él a la ciudad universitaria. Por eso, a manera de escenas, que en su mente se sucedían a intervalos, recreaba "imágenes-souvenirs"[1127] de aquellos momentos. Había tomado esta expresión de Bergson, a quien por entonces leía "encantada". Por otro lado, ansiaba "*hablar*" con Ingarden, "sobre todo": "Para ver cómo son vistas las cosas desde fuera, pero especialmente para entenderme con usted sobre muchas cosas que me atormentan"[1128]. La pregunta implícita en el comentario era si Ingarden, como polaco, tomaría partido contra Alemania. ¿Finalizada la guerra, debería considerar a su amigo como un "extranjero"[1129]? De pronto Edith abría los ojos a la realidad y se espantaba de lo que veía:

> No crea, sin embargo, que me encuentro en un desesperado estado de ánimo[a] (desde luego no a causa de la situación externa); solamente que ahora tengo muy claro que la situación es tan grave como no lo ha sido nunca; y con relación a muchas cosas que contemplo a mi alrededor, tengo un gran enojo. Tengo verdadero pánico al debate político, que inevitablemente se producirá al hacer mi primera visita a la calle Loretto[1130].

En casa de los Husserl, las polémicas eran algo cotidiano, y seguramente también Ingarden las habría presenciado, por lo que ella añadía: "Tales debates son más conmovedores que antes, ya que entretanto la señora Malwine ha entrado a formar parte de los 'independientes', y, por regla general, la discusión acaba en discordia conyugal"[1131] (se refiere al Partido Independiente Socialdemócrata de Alemania). Presenciar peleas matrimoniales era más de lo que por el momento ella podía soportar. De hecho, los últimos días de julio, cuando tuvo lugar "la última escena de este tipo" experimentó "una resaca moral que duró 24 horas"[1132]. A todo esto, como la situación política y económica era de extrema gravedad, fueron pocos los estudiantes inscriptos en el seminario de Husserl sobre Kant. La propia Edith reconocía:

> Me obligo a trabajar solo porque no sé que de momento haya algo mejor que hacer. El medio más sencillo de adaptarse a este miserable mundo sería despedirse de él. Pero tengo el convencimiento de que no debe hacerse tan a la ligera[1133].

Semejante frase debió de inquietar a Ingarden, aun cuando ella también afirmara que "cuando ciertas posibilidades de

---

a Parece una alusión al "inconsolable estado de ánimo, entonces denunciado por [las] cartas" de Ingarden. Para animarlo, Edith le había enviado un libro que no llegó a destino: "Era la encantadora edición Tempel, y no hay que extrañarse de si de camino ha encontrado un amante. Ahora correos tendrá que indemnizar al librero, y a usted lo indemnizaré yo cuando venga a Alemania" (OCI, 649).

futuro" le resultaban insoportables pero se inspiraba en "la vida de los patriotas polacos", dispuestos a "mantener la fe viva en su pueblo en medio de todos los cambios"[1134]. En perspectiva, juzgaba esta actitud mucho más positiva que "el orgullo romano, incapaz de superar la humillación"[1135]. Ante la inminente derrota de Alemania, a Edith le resultaba extraño ocuparse del "futuro"[1136] totalmente incierto. Además, la velocidad con la que se daban los acontecimientos implicaba un "tener que adaptarse a las circunstancias"[1137] demasiado repentino.

Preocupado por su estado de ánimo, en el mes de octubre, cuando ella le envió cerca de siete cartas, al tiempo que la felicitaba por su cumpleaños, Ingarden exteriorizó sus inquietudes. Al menos, eso se deduce de la respuesta tranquilizadora de Edith: "desde [hacía] meses" decía que le iba "muy bien anímicamente". De todas maneras, daba a conocer una importante transformación:

> No sé si de mis comunicaciones anteriores ha deducido ya que tras larga reflexión más y más me he decidido por un cristianismo positivo. Esto me ha librado de la vida, que me había tirado por tierra, y, al mismo tiempo, me ha dado fuerza para retomar otra vez, agradecida, la vida. Por tanto, puedo hablar, en el sentido más profundo, de un "renacimiento"[1138].

Estas palabras marcan un antes y un después en la vida de Edith Stein. Esta "nueva vida", indudablemente "íntimamente ligada con los acontecimientos del último año" conllevaba un giro de tal magnitud que le explicaba a Ingarden: "Jamás vuelva a desearme la felicidad, *según usted la concibe*"[1139]. La frase inaugura una nueva dimensión en su vida. Pero, además, al declarar que juzgaba "los acontecimientos del último año"[1140] como su "patrimonio más valioso"[1141], se disponía a atesorar las desilusiones y los dolores experimentados como origen de una renovada manera de ser en el mundo. En cuanto a su relación con Ingarden, explicaba:

> También debe usted estar contento con ello; no deben sellarse [los acontecimientos del último año] como un episodio, ya que para mí significan mucho más [...]; guárdeme su amistad y no vea esto como un ataque a su libertad, si yo considero sus asuntos como míos propios, y déjeme creer que nada que tiene importancia para mí es indiferente para usted[1142].

Aunque al ser católico cabría suponerse que Ingarden no pondría reparos a las novedades, pero anticipándose a cualquier protesta, Edith incorporó en su carta el material de lectura que tenía ante sí. A saber: cuatro volúmenes de los sermones de Friedrich Schleiermacher, una colección de poesías religiosas alemanas, *Los hermanos Karamazoff* y *Las leyendas de Cristo*, libro de la premio nobel sueca Selma Lagerlöf.

En la misma carta, que escribió en dos partes el día de su cumpleaños, añade:

> A pesar de todas las muestras de amor, que agradezco de todo corazón, para mí el día de hoy queda muy lejos de las formas habituales de "celebrar el cumpleaños". En este momento una está interiormente absorbida por la gran decisión que deberá tomarse próximamente. Al principio me pareció claro e inequívoco lo que debería desearse. Pero ahora nuevamente tengo la sensación de que nosotros no podemos saber qué es en verdad lo saludable, y que, en consecuencia, todo nuestro esperar y desear es necedad. Uno debe aceptar lo que pueda suceder, y luego ver la manera de hacer lo mejor[1143].

Si bien "la gran decisión" alude al armisticio que se estaba negociando desde el 5 de octubre, estas tres palabras invitan a reflexionar sobre las inquietudes personales de Edith Stein, y sobre su determinación de suspender el juicio del "yo" supeditándolo a instancias que estarían más allá de la voluntad individual. Este deslizamiento trasciende una primera interpretación relacionada con el deseo de que la guerra terminara de una vez por todas. En cuanto al final del conflicto bélico, en plenas negociaciones de paz, ante la intervención del presidente norteamericano Thomas W. Wilson, ella se preguntaba si ese hombre "en cuyas manos" estaba el destino del mundo sentía "el inmenso peso de responsabilidad" que descansaba sobre él[1144].

ENFERMERA DE HUSSERL

Por entonces, Edith pudo demostrar su solidaridad y cariño a los Husserl. Habiendo perdido a su hijo menor, a poco de finalizada la guerra, su hijo mayor, Gerhart, lesionado con anterioridad, recibió una herida en la cabeza que le impidió escribir a su familia. Como correspondía al grado de amistad y cariño que la unía a Husserl, su Maestro, y a los suyos, Edith dio ánimos a Elli, su hija mujer, pero las cosas empeoraron cuando Husserl cayó en cama a causa de una fuerte gripe. Fue ahí que Malwine y Elli se repartieron las tareas, pero Elli tuvo que ir a Jena para estar junto a Gerhart en el hospital. Sin dudarlo demasiado, Edith se ofreció para ayudar al matrimonio y terminó instalándose en el hogar de la calle Loretto.

Después de doce días de fiebre muy alta, Husserl quedó debilitado. Por su parte, realizados a conciencia los quehaceres de "ama de casa y enfermera", Edith concluyó que "trabajo de hogar y filosofía no se compaginan"[1145]. En efecto, no había tenido ni un minuto para dedicarse en profundidad a la lectura o a la escritura. Sin embargo, algo debía compensarla que Malwine, muy agradecida, no dejara de apreciar su asistencia. Por eso, con humor, Edith comentaba: "La señora Husserl ha constatado ciertamente que soy una utilísima muchacha de servicio y que debería renunciar a la filosofía". En cuanto a su experiencia al cuidado del enfermo y de la casa, bromeaba con Ingarden: "Por naturaleza pertenezco decididamente al género de los grillos, y prefiero que se ocupen de mí un par de hormigas, en lugar de dedicarme yo misma a la fastidiosa praxis"[1146].

Recién cuando Elli volvió con sus padres Edith regresó a Breslau. La oportunidad de convivir con el matrimonio Husserl le hizo descubrir nuevos aspectos de la pareja. Reconocía que Malwine había "cuidado abnegadamente" a su marido (probablemente se suspendieron las discusiones políticas). Pero observaba:

> ¡Qué clase de aire pequeñoburgués sopla en la casa! "Sopla" es, por lo demás una mala imagen, pues falta todo movimiento. Y ¡qué clase de ser tan maravilloso es el Maestro! Ahora lo conozco tan bien, que no debería sorprenderme más, y, no obstante, siempre estoy impresionada de nuevo[1147].

La renovada cercanía afectiva no admitió ningún tipo de beneplácito con las ideas de Husserl que, según Edith, en esos momentos emitía "juicios despiadados sobre personas e instituciones, que antes había alabado más de lo que merecían". La desesperación del final de la guerra y la actitud de los responsables políticos que conducían el destino de Alemania lo sacaba de quicio. Cuando su Maestro actuaba así, ella "apenas" podía escucharlo porque se sentía "muy unida a lo que ahora se ha desplomado, a pesar de haber crecido en oposición 'al sistema' y nunca jamás me he situado acríticamente frente a él como es su caso"[1148].

Es probable que durante la enfermedad de Husserl ambos tocaran cuestiones religiosas. Según expresó Adelgundis Jaegerschmid, entre 1936 y 1938, al mostrarle varias ediciones del Nuevo Testamento que tenía en su escritorio, Husserl le contó: "Cuando hace muchos años estuve enfermo, la hermana Benedicta (Edith Stein) se sentaba junto a mi cama y me lo leía"[1149]. Si bien en sus textos filosóficos Husserl es parco respecto al fenómeno religioso, y de manera específica nunca aborda "la cuestión de Dios"[1150], como precisa Ales Bello, relacionó su conversión al cristianismo y su camino filosófico en su correspondencia. Muchos de sus discípulos realizaran un recorrido similar, se convirtieran o se interesaran en la temática religiosa[a].

---

a En una carta a Arnold Metzger de 1919, Husserl revela la relación entre su propia conversión al cristianismo y el desarrollo de su fenomenología. Escribe: "La influencia decisiva que me llevó de las matemáticas a la

Entretanto, lo que había sido un magnífico imperio se desmoronaba y comenzaba una etapa de profundos y dramáticos cambios. La conciencia de "Krisis" se instalaba en el lapso de la firma del armisticio. Bajo la amenaza de que las comunicaciones con Polonia se cortaran en cualquier momento, Stein le escribía a Ingarden:

> No me agrada en absoluto la idea de tener que estar totalmente separada de usted por tiempo ilimitado. Pero si a menudo ha sido y seguirá siendo doloroso para mí que muchas cosas tuvieran que silenciarse y quedaran sin aclarar, con todo tengo la firme confianza de que nada puede separarnos interiormente[1151].

Por temor a que sus cartas fueran detenidas por la censura, Edith no expresaba explícitamente sus opiniones políticas, y aun manifestando su afecto, este vínculo está permeado por la reserva de ambas partes: aquello que las cartas silencian y que ellos mismos, por algún motivo, acallaron.

A fines de 1918, sin embargo, lo más acuciante estaba relacionado con la finalización de la guerra. El 9 de noviembre se produjo la abdicación del emperador Guillermo III y del príncipe heredero y se proclamó la República. El 11 de noviembre se firman las condiciones del armisticio. Ante la preocupación de su madre, y con Husserl recuperado, Edith adelantó su regreso a Breslau y, no mucho después, se arrojó "de cabeza en la política"[1152]. Su adhesión al Partido Democrático Alemán (DDP) fundado por Friedrich Nauman, que estaba a favor de la democracia parlamentaria y de reformas sociales, fue intensa. En un principio, hasta creyó factible resultar elegida miembro

---

fenomenología como mi vocación podría residir en experiencias religiosas abrumadoras y transformaciones completas. De hecho, el poderoso efecto del Nuevo Testamento en un joven de 23 años dio lugar a un impulso para descubrir el camino hacia Dios y hacia una vida verdadera a través de una investigación filosófica rigurosa". Terence C. Wright, "Edith Stein: Prayer and interiority", pp. 134-141. La traducción me pertenece.

del comité ejecutivo del partido en Breslau. De todas formas, aclaraba su posición: "De momento no puedo alegrarme de las 'conquistas de la revolución'; no pertenezco a aquellos que, muy a la ligera, abominan de todo su pasado"[1153].

Ante la caída del viejo sistema, sentía que "quien ama a su pueblo desea naturalmente colaborar, procurándole una nueva forma de vida y no se opondrá a lo que es un desarrollo necesario". Aparte de participar en la fundación del partido, su trabajo fue convencer a las mujeres para que acudieran a las elecciones, ya que por primera vez tendrían derecho a voto. Pese a su compromiso y a que está finalizando su trabajo *Causalidad psíquica*, se nota un abandono del acostumbrado y viejo optimismo. Edith era consciente de que la frenética actividad la protegía de pensamientos aciagos y de acuciantes tribulaciones. En relación a ello admitía: "Si descanso, entonces una y otra vez me asaltan las dudas de si para nosotros —tan exangües como ahora estamos— puede haber un futuro"[1154].

No ayudaba que los soldados que regresaban del frente relataran un sinnúmero de humillaciones. Se esparcían "horribles rumores sobre el tratamiento" que recibían los alemanes que regresaban de Polonia, quienes relataban que "en su vuelta a casa [habían] sido totalmente saqueados, afrentados y maltratados"[1155]. Probablemente, una vez en sus hogares, los sobrevivientes vivieron otro tipo de desprecios[a].

La Alta Silesia, donde había nacido Auguste, era una zona de conflicto. Debido a sus sentimientos filoalemanes, los familiares que aún residían allí decidieron emigrar en caso de que la zona pasara a formar parte de Polonia. Después del Tratado de

a Al menos esa fue la experiencia de Karl Löwith cuando a causa de sus heridas y después de tres años de cautiverio, gracias a un intercambio de prisioneros, volvió a Alemania. Al ser recibido por el comandante de la estación ferroviaria, él y su compañero, gravemente herido, sintieron que ante ese hombre "parecía como si el mero hecho de salir con vida del cautiverio, en vez de haber caído heroicamente" (K.L. 30) lo había predispuesto en contra de ellos.

Versalles, firmado el 28 de junio de 1919, al efectuarse un plebiscito entre la población (hasta entonces vivían allí alemanes y polacos), la región de Lublinitz[a] pasó a ser polaca. El tío Alfred Courant, propietario de la casa paterna y del negocio familiar, vendió sus propiedades y se trasladó a Oppeln, en tanto que otros optaron por vivir en Breslau o en Berlín.

A todo esto, que los alemanes abandonaran el territorio no fue suficiente y el resentimiento de los polacos estalló de diversas maneras. Por ejemplo, hubo una masacre de judíos en Lemberg, ciudad disputada tras la caída de la monarquía austriaca por Polonia y por Ucrania. Estos sucesos conmocionaron a la comunidad judía proalemana, por lo que no es raro que, en ese contexto, Edith insista ante Ingarden acerca de su posición ante tales atrocidades. Esta vez no valía que él adujera falta de tiempo para explayarse en una respuesta. En noviembre de 1918 Edith pedía una definición: "Siempre falta a uno tiempo para aquello que no es demasiado importante"[1156]. No conocemos cuál fue la respuesta de Ingarden, pero logró apaciguarla y siguieron escribiéndose, si bien las cartas que intercambiaron en este período se refieren fundamentalmente a la edición en homenaje a Husserl, y a la posibilidad de trabajar juntos la investigación sexta (*Investigaciones lógicas*). Preocupada por lo que pudiera pasar en caso de que Ingarden quisiera viajar a Alemania esa Navidad, Edith intentaba disuadirlo: "En interés suyo, renuncio a verlo tan pronto. Aun cuando en mi casa estuviera a salvo de cualquier agravio, en general será mejor para usted venir aquí cuando las circunstancias se hayan aclarado un poco"[1157].

Aunque Edith se había trasladado a Breslau para tranquilizar a su madre, su distancia de Husserl y su círculo inquietaba a Ingarden, quien en pleno proceso de revisión de la sexta inves-

---

a Una inscripción "S. Courant" se ve en la fachada de la casa que perteneció al abuelo materno de Edith, Salomon Courant. En la actualidad, funciona allí la sociedad Edith Stein de Lublinitz, con biblioteca y sede de una exposición permanente en homenaje a Edith Stein y sus antepasados.

tigación lógica la necesitaba como aliada. A sus inquietudes ella respondía: "Lo que dice sobre el Maestro es muy exacto. Hace tiempo que yo también sé que es así, y le aprecio tal como es, y en absoluto le reprocho que no sea capaz de orientarse en el mundo real"[1158]. En cuanto a sí misma, delineaba un autorretrato:

> También lo que usted dice sobre mí es en general acertado. Ciertamente amo la realidad, pero no sin más ni más, sino una muy determinada: el alma humana, la del individuo y la de los pueblos. Lo que usted denomina idealizar, quizás está más relacionado con el hecho de que todo lo material me es tan indiferente que siempre corro el peligro de infravalorarlo. Los ideales los amo por sí mismos —pues también estoy muy predispuesta a lo teórico— y, además, como los únicos guías seguros de nuestra vida, sin los cuales indefectiblemente nos extraviamos, como claramente se ha puesto de manifiesto en los últimos decenios. En este sentido soy una "idealista" incorregible, y toda mi actividad política se dirigirá a proporcionar validez en la praxis a los ideales puntos de vista[1159].

Por un tiempo, la puesta en práctica de su militancia consistió en participar de reuniones y discusiones partidarias, pero Edith también escribía "octavillas y bromas parecidas" para los mítines de la juventud democrática. Además, supo aliarse con un joven profesor que tenía, según su opinión, "energía y temperamento suficientes para arrastrar consigo a la masa"[1160]. Pero su entusiasmo se apaciguó y, a fines de diciembre, solo el sentido del deber y de la responsabilidad la obligaron a continuar militando hasta las elecciones.

Podría decirse que a fines de 1918 Edith conoció un nuevo aspecto de sí misma. Que "cada cosa tiene sus dos caras o más bien infinitas"[1161] se hizo evidente durante su actividad política, cuyas facetas más desagradables no pudo asimilar. La misma mujer que se había definido como una "'idealista' incorregible", decía, apenas quince días después: "Tampoco a mí me va bien. Estoy tan harta de la política que estoy asqueada. Me falta por completo el instrumental habitual para ello: una conciencia robusta y una piel espesa"[1162]. "Desarraigada y sin patria", con dificultades en el ámbito familiar y profesional, en esa época Edith intentaba aferrarse a un atisbo de esperanza y escribía: "Quisiera preparar un trabajo de oposición a cátedra. En la 'nueva Alemania' —caso de que exista— el concurso a cátedra ya no entrañará dificultad básica alguna"[1163]. Otra vez se mostraba demasiado optimista. La obtención del voto femenino no fue suficiente, faltaría mucho para que el cambio de mentalidades impactara en la academia y las mujeres pudieran presentarse a cátedra sin oposición de las jerarquías[a]. Por mucho tiempo dependerían de aquellos "viejos señores" que, como ella lo había dicho en referencia a los políticos, seguían "en la cúpula" y querían "lógicamente permanecer en su acostumbrada gloria"[1164].

---

a En julio de 1919 la Constitución de la República, votada por la Asamblea Nacional, habilitó a las mujeres a los cargos universitarios, pero como los comités de admisión estaban integrados por hombres, solo contando con la buena voluntad de ellos las mujeres lograron, poco a poco, incorporarse a la vida académica.

12
TOMAS DE POSICIÓN

FIN DE UNA ERA

"Quien ame a su pueblo" podría ayudarlo a crear "una nueva forma de vida"[1165]. Con esta convicción, Edith Stein militó políticamente. Durante esa etapa, viajó menudo a Berlín, donde frecuentó a Hans Biberstein, que finalizaba su formación médica. La liberalidad con la que se movía contrasta con la actitud de Erna, que durante todo 1919 no visitó a su novio dado que la familia "se hubiera opuesto" de no mediar "un motivo especial"[1166]. Pese a ser médica, profesión que otorgaba cierto grado de libertad y mayor independencia económica, Erna[a] prefirió no agitar las aguas de los rumores familiares, pero Edith sintió que "Hans registraba muy sensiblemente esta influencia de la familia y así comenzó una actitud hostil que siempre fue en aumento"[1167].

Más amable fue su encuentro con Winthrop Bell, el filósofo canadiense, que sin resentimientos intentaba "de manera abnegada"[1168] conseguir mejores condiciones de vida para sus amigos fenomenólogos. Una "familia"[1169] (así llamaba Edith a los primeros discípulos de Husserl), con muchas vicisitudes. Es probable que durante sus estadías en Berlín Edith se relacionara con "la comisión de las asociaciones femeninas de Alemania para preparar la asamblea nacional"[1170]. Allí vivió "de cerca las luchas en las barricadas, entabladas por el 'Partido Comunista de Alemania'"[1171]. Y probablemente supo del asesinato de Rosa

---

a El 1 de febrero de 1919 se anunció la apertura de su consultorio en los periódicos de la ciudad. La noche del 31 de enero, recordó Edith: "Me despertó por primera vez el timbre. [...] abajo estaba un hombre" (OCI, 338) que requería que atendiera a su mujer. Pocas horas después regresó de una intervención feliz.

de Luxemburgo, aunque nada de ello figura en sus cartas y escritos autobiográficos, quizás a causa de la censura al momento de escribirlos[a].

Tampoco hay noticias de la Revolución de 1919 que terminó imponiendo la República de Weimar. Solo un sobreviviente de la Segunda Guerra Mundial como fue Karl Löwith podría contar lo que significó para los judíos intelectuales y universitarios la convivencia con "alumnos izquierdistas radicales" que se arriesgaron en la revolución de noviembre de 1919 "perdiéndose la mayoría de ellos", mientras que los más afortunados lograron exiliarse. Desaparecida la monarquía de la noche a la mañana, parecía que se renovaban los aires en Baviera: "Kurt Eisner fue primer ministro, el literato Eric Mühsam —ambos eran judíos—, su ministro de cultura". Pero, poco después, Eisner fue asesinado a tiros y, en Múnich, "aquellos que habían sido los influyentes en la revolución y que no habían huido, fueron ejecutados, o bien, como Gustav Landauer[b], de noble personalidad, linchados de manera bestial"[1172].

Finalizada la Gran Guerra, el nacionalismo dominaba la cultura europea. En *Revolución, una historia intelectual*, Enzo Traverso muestra que en Alemania se presentaba en primer plano una "variopinta constelación de la 'revolución conser-

---

a La esposa de Ernst Cassirer recordó: "Había muchos tiros en las calles de Berlín, y Ernst a menudo tenía que circular en medio del fuego de las ametralladoras [...] camino de la universidad para dar sus clases. Una vez, en una de estas luchas callejeras, los disparos alcanzaron los cables eléctricos del edificio de la universidad mientras Ernst daba su clase. Después del suceso, siempre contaba que preguntó a sus alumnos si debía concluir o continuar con la clase, y ellos respondieron unánimes que 'continuar con la clase' [...]. Terminó aquella clase con el aula completamente a oscuras mientras fuera sonaban sin interrupción las ametralladoras" (Eilenberger, *Tiempo de magos*, 65).

b Al asesinato de Eisner por "nacionalistas antisemitas de extrema derecha" siguió "un auténtico gobierno bohemio encabezado por el dramaturgo expresionista Ernst Tollerm rodeado de escritores anarquistas como Gustav Landauer y Erich Müsham". En mayo de 1919 el ejército oficial aplastó, venció y dio por terminada la revolución bávara.

vadora'"; pululaba "una avalancha de ensayos reaccionarios y antisemitas", mientras el mundo académico seguía siendo el de los "mandarines alemanes". Asimismo, "al lado de esa tendencia conservadora estaban los 'republicanos de razón'", como Max Weber y Karl Jaspers, "nacionalistas que se habían resignado a apoyar la República de Weimar pero en cuyo corazón seguía latiendo la nostalgia por el Imperio prusiano". Otros, como Albert Einstein, adherían a la socialdemocracia, pero "eran abiertamente anticomunistas"[1173]. En "La política como vocación", que surge de sus conferencias de 1919, Max Weber diferenció al intelectual revolucionario de otras figuras sociales, como el académico, al que ve como hombre de ciencia que aboga por el conocimiento objetivo, hace gala de una distancia crítica, pero reconoce el interés superior de su país. En contraposición, presenta al "intelectual"[a] con tendencia bolchevique, entre los que incluía a Rosa de Luxemburgo. Esta aclaración contextualiza el anticomunismo de Albert Einstein y el de Edith Stein en tiempos en los que, como señala Enzo Traverso, "los académicos universitarios marxistas eran, más que 'bichos raros', virtualmente inexistentes"[1174]. De allí también la figura del intelectual bohemio, desclasado, "de café"[1175] atacado por los periódicos de derecha y por los ideólogos nacionalistas.

Años después, el 2 de diciembre de 1930, en plena etapa católica, Edith brinda una conferencia sobre "El intelecto y los intelectuales" en la que además de diferenciar entre varios *tipos* de intelectuales indica cuál y de qué manera actúan en la sociedad. También define al "auténtico político" como aquellos de

---

a Explica Enzo Traverso: "Después de la Revolución Rusa, el arquetipo de intelectual revolucionario pasó del terrorista anarquista al bolchevique, el nuevo espectro que recorría Europa" (*Revolución*…,415). En ese sentido se entiende que Stein analice el fenómeno en *Individuo y comunidad*: "Si hoy día suele designarse el bolcheviquismo como una enfermedad psíquica contagiosa, lo que se quiere dar a entender con ello (por lo menos en general) es que las 'ideas' del bolcheviquismo se transmiten de un individuo a otro como un agente patógeno, y se imponen 'por sugestión'…" (OCII, 453).

"voluntad y acción que son llamados al liderazgo"[1176] y concede que "el pueblo" se inclina "a tener por guías a los que han surgido de su medio" y no han perdido el "sentimiento" que lo une a él[1177]. Pero luego de las elecciones para la Asamblea Nacional, de enero de 1919, Edith abandonaría la tarea política que había abrazado con su habitual diligencia. Como continuación de su tesis sobre la empatía, escribió *Causalidad psíquica*, presentado junto con *Individuo y comunidad* con el título *Contribuciones para la fundamentación filosófica de la psicología de las ciencias del espíritu*. *Individuo y comunidad* fue, según advirtió, "resultado"[1178] de su experiencia en política.

Por su vocación de comprender y de modificar la realidad, por su búsqueda trascendente, se ha definido a Edith Stein como una "buscadora de la verdad". También fue, en las diferentes etapas de su vida, una buscadora de sentido. Entre 1917 y 1921 esto resulta evidente toda vez que trata de asignarle un sentido a lo político, proporcionarle un sentido a la Historia con mayúsculas y encontrar un sentido a su historia personal. Durante esos años, sin embargo, en cada una de estas indagaciones, se enfrentó con nuevas frustraciones. Pese a todo, prosiguió con sus investigaciones filosóficas. En eso estaba cuando, por consejo de la viuda de Reinach, procuró obtener un puesto en la Universidad de Gotinga y, con el mismo objetivo, realizó gestiones en las de Friburgo, Hamburgo y Kiel. Mientras las esperanzas acerca de las bondades de la democracia se desvanecían por no modificar el sistema político la situación general, habrá sido durísimo para Edith que su querida Universidad de Gotinga la rechazara, contrariando las normas por el solo hecho de ser mujer.

Sucedió así. El 6 de febrero de 1919 Husserl firmó el certificado de idoneidad como catedrática, en el que decía que sus capacidades para la investigación científica y para la docencia estaban fuera de toda duda; había obtenido el *summa cum laude*; su trabajo sobre la empatía había suscitado "el interés de los especialistas"; y se había desempeñado como profesora adjunta durante un año y medio. Luego, agregaba: "Si la carrera académica estuviera abierta para las damas, ella sería, desde luego, la persona recomendada en primer lugar y más calurosamente para las oposiciones a cátedra"[1179]. Entre mayo y junio, también en la Universidad de Gotinga, otra mujer, Emmy Nöther, a quien Einstein calificó de genio matemático, luchaba por su habilitación. Ante la oposición de otros catedráticos, Hilbert dijo algo así como: "No veo por qué el sexo de los candidatos sea un argumento contra su admisión. Somos una universidad, no un sauna". Y al menos consiguió que ella pudiera dar clases como ayudante.

Lamentablemente, Edith no contó con apoyo suficiente. Llegado el momento, según su definición, en Gotinga se desarrolló una suerte de "comedia"[1180]. Una "*precomisión*"[1181] totalmente inédita fue la encargada de no permitirle concursar. Con fecha del 29 de octubre de 1919 recibió una carta donde el doctor en filosofía Eduard Hermann le informaba: "Por consejo de la comisión preparatoria, no estoy en condiciones de presentar su trabajo al encargado de dictaminar. La admisión de una dama a las oposiciones a cátedra sigue encontrando dificultades"[1182]. Además, en referencia al caso de Emmy Nöther, agregaba: "El único caso precedente se hallaba en circunstancias muy diferentes de las suyas, pues los expertos lo vieron como un caso excepcional, tanto por los extraordinarios rendimientos que precedieron como por la necesidad que había en materia de enseñanza. Por eso, le suplico que pase a recoger sus escritos en mis próximas horas de despacho"[1183].

En respuesta a esa injusticia, reclamando por la igualdad de derechos de las mujeres en el mundo académico, Stein intentó una "campaña contra la Facultad"[1184] y envió una carta al Ministerio de Educación y Ciencia. Meses después, en febrero de 1920, el ministro expresó que compartía su opinión de que "la pertenencia al sexo femenino" no podía verse como un impedimento para concursar, y anunció que había "puesto al corriente a todas las administraciones afectadas"[1185]. Aunque es probable que su carta favoreciera a futuras universitarias, su caso no fue revisado.

Tampoco la Universidad de Kiel estuvo a la altura de sus aspiraciones[a], en tanto que en Hamburgo Stein no tenía demasiadas esperanzas porque "la filosofía esta[ba] representada por dos catedráticos judíos", William Stern[b] y Ernst Cassirer. Como le informaba a Ingarden, "a causa del atroz antisemitismo que ahora domina por doquier"[1186], no quería pedirle a Stern que intercediera. Como dice MacIntyre, ella "intuía que la presencia de otro judío sería imposible y que Stern, que ya había sufrido los efectos del antisemitismo en su carrera profesional, si hubiera visto alguna posibilidad ya se la habría ofrecido"[1187].

Tampoco podía contar con Husserl, que no había ido más allá de la expresión de buenas intenciones. En ese estado de cosas, en septiembre ella le comenta a Ingarden: "Si saldrá algo del concurso a cátedra, la verdad es que todavía resulta muy cuestionable. Husserl ha rechazado *a limine* realizarlo en Friburgo"[1188]. MacIntyre subraya que pese a las circunstancias "no hay rastro de amargura en sus cartas, ninguna sombra de que el trabajo que tuvo que llevar a cabo para conseguir la *Habilitation* no hubiese merecido la pena por el hecho de no lograrla"[1189]. Pero es posible que, aunque se sintiese abandonada y decepcionada, ante millones de personas en peor situación no se permitiera quejas ni desfallecimiento. Debieron ser tiempos difíciles en su relación con su Maestro, al punto de que en noviembre y con dignidad le dice a Ingarden que prefería "renunciar a presentar[se] a cátedra antes que volver otra vez a hablar con Husserl" del tema[1190]. Habría que preguntarse por las razones que llevaron a Husserl

a En Kiel contaba con el apoyo de Heinrich Scholz, que había formado parte de la Facultad de Teología Protestante de Breslau. Edith explica que Scholz "desearía proceder muy críticamente, puesto que preferiría tenerme a mí. Pero, obviamente, solo puede rechazarlos si los trabajos no sirven para nada" (OCI, 684-5).

b Por eso mismo no quería pedirle ayuda a Stern, su antiguo profesor, a quien, como se dijo conocía "muy bien" (OCI, 686), consideraba un "viejo amigo" (OCI, 685) y quien la valoraba especialmente.

a no comprometerse. Escribió su recomendación antes de la constitución de Weimar, cuando esas palabras no eran más que una expresión de deseo sin consecuencias prácticas. Pero luego, cuando fue factible que Edith tuviera un puesto en Friburgo, pudo haber pensado que una mujer judía, por más brillante que fuera, no representaba la mejor opción en momentos en que recrudecía lo que Stein llamó "atroz antisemitismo que ahora domina por doquier"[1191]. Rodeado de presiones de todo tipo, y asediado por los interesados en hacerse un lugar junto a él, Husserl sabía que eran muchos los competidores de su antigua asistente que desplegaban sus estrategias con el deseo de sucederlo[a].

CAUSALIDAD PSÍQUICA. INDIVIDUO Y COMUNIDAD: REFLEXIONES DE LOS TIEMPOS QUE CORREN

Causalidad psíquica e *Individuo y comunidad* vieron sus orígenes en enero de 1917 con la primera referencia de Stein del "tema de la persona"[1192] en una de sus cartas; y los culminó con un repaso, en septiembre de 1919, para su presentación a cátedra. Su objetivo, como dice en el prefacio, fue "penetrar, desde sus diversas facetas, en la esencia de la realidad psíquica y del espíritu"[1193]. En principio, establece una diferencia entre "lo psíquico" y "la conciencia"[1194], y entre la causalidad psíquica y la causalidad física. Tanto desde el punto de vista biográfico como filosófico, es clave destacar que cuando Stein analiza las vivencias, los "sentimientos vitales" y la "energía vital"[1195] recurre constantemente a ejemplos de cansancio y agotamiento que conectan con su propia experiencia de los últimos años.

---

a En Gotinga, Georg E. Müller, adversario de Husserl y de la fenomenología, se opuso a que Edith Stein fuera admitida. Por su parte, Georg Misch, sucesor de Husserl en Gotinga, tampoco habría ayudado. Es a él a quien Edith apunta cuando le atribuye haber sido el "*spiritus rector* de todo": "A toda costa ha querido escapar al dilema de ponerse a mal con Müller o Husserl a causa de su dictamen" (OCI, 684).

Siguiendo el proyecto de deslindar objetivamente la psicología de las ciencias del espíritu, en *Causalidad psíquica* se intenta esclarecer las leyes de la causalidad y de las motivaciones. En el segundo de los tratados, valorando los resultados obtenidos en el plano individual, se estudian las realidades "supraindividuales", con el objetivo, además, de "penetrar ulteriormente en la estructura del cosmos espiritual"[1196].

No se le escapa a Stein que su objeto de investigación abarca cuestiones psicológicas, gnoseológicas y científicas. A partir de esta confluencia, en su indagación filosófica la pregunta rectora será si la vida psíquica del hombre se halla integrada y, de ser así, en qué medida se establecería el tipo de conexión causal que rige en la naturaleza. Cuánto y cómo esta legalidad esté presente determinará la tensión entre "libertad" y "necesidad", así como las relaciones de dependencia de la voluntad humana con la razón teórica, la voluntad divina y la "legalidad causal". Según ella, este juego de tensiones debería iluminarse a partir del esclarecimiento de los conceptos "psíquico" y "causalidad". Conceptos que pretende dilucidar desde un punto de vista fenomenológico y no psicológico, conceptos que a la vez la llevan a distinguir entre "lo psíquico" y la "conciencia". El punto de partida es que, en un mundo de objetos inanimados y de seres vivos (animales y hombres), a las características distintivas de los seres vivos se las llama "lo psíquico". A la vez, "a cada objeto y a cada género de objetos les corresponden conexiones de conciencia formadas de manera determinada"[1197]. Stein advierte que esa correlatividad entre una conciencia que constituye de una determinada manera el objeto y los objetos constituidos responde a una "legalidad ideal que las reglamenta":

> A ese yo real, a sus cualidades y estados, los designaremos como lo *psíquico,* y veremos que la conciencia y lo psíquico son sustancialmente diferentes lo uno de lo otro: la conciencia es el ámbito del vivenciar puro y "consciente"; y lo psíquico es el ámbito de la realidad transcendente que se manifiesta en las vivencias y en los contenidos de las vivencias[1198].

La descripción del mecanismo psíquico le permite a la autora verificar la ley causal general: "Todo acontecer psíquico está condicionado de modo causal"[1199]. Tengamos en cuenta que Stein dice que el acontecer psíquico está condicionado y no causado con ello postula su negación al determinismo y enuncia la aparición de la segunda ley de lo psíquico irreductible a la causalidad: la motivación[a]. Causalidad y motivación se diferencian en que la primera tiene su análogo en la causalidad física. Lo que comprueba Stein es que los estados psíquicos no pueden derivarse *"en cuanto a todo su contenido"* de circunstancias causales[1200]. En lo psíquico se intercalan causalidad psíquica y motivación, pero, y esto es determinante en su trabajo, llega a la conclusión que la motivación es propia de la vida del espíritu.

Según Stein, en el plano de la motivación, el motivo no *fuerza* a efectuar los correspondientes actos, aunque se podría afirmar que "la motivación somete a la psique al reino de la razón"[1201]. Posibilitada por la anterior clarificación diferenciadora, aparece en esta primera investigación la vida de la *psije* como resultado de la acción combinada de dos energías vitales. Por una parte, la energía vital sensible propia de la *physis* que permite identificar aspectos de la experiencia que pueden concebirse en términos de causalidad. Y, por otra parte, las energías procedentes de los contenidos captados en la vida espiritual, particularmente: la fuerza de voluntad, el espíritu objetivo (obras de la cultura), el espíritu subjetivo (otros individuos) y el espíritu divino. Destaca lo que Edith Stein llama "fuerza de voluntad", puesto que el yo la toma de sí mismo, y es la inmanencia de esta fuente lo que permite el pasaje al ámbito de la libertad. Finalmente, la cuestión de la fuente nominada "espíritu divino" es la que abre el camino a Stein a la filosofía de la religión.

Pero además, todo el andamiaje conceptual obtenido en *Causalidad psíquica* servirá de soporte a la segunda investigación en

---

a A partir de la actividad del yo como actividad intencional comienza la constitución de sentido. A la vinculación de los actos intencionales la llamamos "motivación".

la cual se aborda el modo de darse de las vivencias, ya no individuales sino comunitarias. Vivencias que no brotan de un "sujeto comunitario" sino que tienen su origen en los "yos individuales que pertenecen a la comunidad"[1202]. Por ello, y esto es de vital importancia si se piensa en las manifestaciones sociales del período de escritura de estos textos y, más aún, en lo acaecido durante el nazismo, para Stein la responsabilidad frente a los actos cometidos nunca será de la comunidad sino de cada individuo.

La conversión de Edith Stein tuvo lugar luego de escribir estos textos y puede versen como un correlato de su búsqueda de sentido y de sus conclusiones acerca de la vida del espíritu. En el apartado "Vida espiritual y motivación" comienza la investigación de los actos del yo, explicitando que cuando este "se dirige" a un objeto comienza lo que denomina "la vida espiritual". Más adelante muestra que, a su vez, los actos libres están conectados entre sí por la "motivación", y puntualiza que "con los actos y sus motivaciones" comienza "el reino del 'sentido' y de la 'razón'"[1203]. Como sostiene MacIntyre, desde su análisis de la psiquis individual, existe en ella la "presuposición de que el 'yo', el sujeto, habita en un mundo natural y social que le afecta de múltiples modos todavía sin especificar"[1204]. Pero la forma en que Stein construye su texto no facilita la lectura y, como dice MacIntyre, se puede tener la sensación de que ella está elaborando sus pensamientos mientras escribe y hasta "en algunos pasajes parece que solo sepa lo que quiere decir cuando lo escribe"[1205]. Pero eso mismo puede guiar al lector no especializado, que con voluntad se disponga a seguirla en su camino, pese a que el estilo académico y de análisis de Stein puede ocultarle "el interés y la originalidad de lo que está diciendo"[1206]. De todas maneras, para comprender lo intrincada que está su obra filosófica con su vida, hay hitos, como cuando habla de "las tomas de posición" ante ciertas vivencias y da como ejemplo "el caso de un ateo convencido que, en una vivencia religiosa, siente íntimamente la existencia de Dios. No es capaz de sustraerse a la fe, pero no se sitúa en el terreno de la misma. No deja que esa fe llegue a ser eficaz en él"[1207].

Indagando en los "actos libres", Stein concluye que presuponen una motivación, pero necesitan, además un "impulso"[1208]. Esta vez, se ocupa de deslindar el "impulso" de la "tendencia", las "tomas de posición" y el "querer". Más adelante, diferencia entre "energía vital sensible" y "energía espiritual"[1209], conectando a su vez la energía espiritual con el reino de los valores[a]. Si pensamos en su camino de conversión, y cómo se ha relacionado con sus crisis vitales, resulta relevante que diga, en este texto, que existe una "afluencia" de energía, "un estado de reposo en Dios [...] cuando una vivencia que sobrepasaba mis energías ha consumido por completo mi energía vital espiritual y me ha arrebatado toda actividad. El descansar en Dios, frente al fracaso de la actividad por carencia de energía vital, es algo completamente nuevo y singularísimo"[1210]. El único presupuesto para que esto suceda, admite Stein, es "cierta capacidad receptiva". Y es así como "cuando yo me entrego a ese sentimiento, comienza a llenarme poco a poco nueva vida..."[1211].

Aquí, como en otros textos filosóficos, resultan ilustrativos los ejemplos que pueden interpretarse como correlatos de sus experiencias vitales. Como cuando en *Causalidad psíquica* se refiere a la "toma de posición de la voluntad"[1212] en el acto de perdonar, o hace al "yo" "responsable de sus acciones y de sus omisiones"[1213]. Ya en este texto dirá que "el estado psíquico de una persona" no solo depende de la historia de su vida y de las circunstancias actuales, sino que "toda su vida está determinada por el '*núcleo de la personalidad*'"[1214]. Este núcleo será motivo de posteriores investigaciones también en su etapa católica.

---

a "En un estado de frescor, en el que me siento capacitado para una actividad espiritual más intensa y que incluso soy capaz de rendir al máximo, por ejemplo, en el terreno científico, en el descubrimiento de conexiones teóricas, siguen estando para mí completamente inaccesibles otros ámbitos de objetos, por ejemplo, los valores estéticos. Puedo emplear toda mi energía en abrirme un acceso, pero todo esfuerzo será inútil" (OCII, 296). Esta incapacidad demostraría, para Stein, "que la energía espiritual es una energía impulsiva *específica* del acontecer espiritual" (OCII,297).

De este primer ensayo, MacIntyre deduce que Stein ha llegado a los límites de la investigación puramente fenomenológica y que, para trascenderla, "necesita completar sus descubrimientos fenomenológicos trasladándose a un punto filosófico que le permita preguntar cómo puede una conciencia encarnada ser comprendida desde un punto de vista en tercera persona más que en primera persona"[1215]. Según este autor, Stein no estaba preparada para reconocer el límite de la investigación fenomenológica pero, además, tampoco tuvo en cuenta "objeciones clave" que se habrían expuesto "contra el punto de vista del que ella parte"[1216]. De todas maneras, es mucho lo que aporta en su análisis de la conciencia, de lo psíquico y de los actos libres mientras, paso a paso, va confrontando o retomando a Hume, a Kant, al Husserl de la segunda parte inédita de *Ideas II*, y estableciendo recorridos críticos de enunciados de Brentano, Münstenberg, Natorp, Bergson, Pfänder y Von Hildebrand, entre otros. Finalmente, Stein se va abriendo camino a la relación entre individuo y comunidad. Por supuesto, también dialoga con Reinach, con Conrad-Martius y con Dilthey.

En la segunda parte de su estudio, parte de Tönnies y Scheler para trabajar la oposición entre "comunidad" (*Gemeinschaft*) y "sociedad" (*Gesellschaft*). Su idea de que es imposible pensar en un "yo" aislado la ha conducido, desde su tesis sobre la empatía y pasando por *Causalidad psíquica*, a esta nueva investigación que conecta con sus preocupaciones y experiencias. En la introducción al segundo ensayo, Stein diferencia entre "comunidad", donde se da una vinculación natural y orgánica, en la que las personas se relacionan entre ellas en tanto sujetos; y la "sociedad", en la que se daría una vinculación "racional y mecánica"[1217], y las relaciones interpersonales se objetivizan al responder a ciertos objetivos. Aquí Stein va a diferenciar al "hombre del pueblo" y al "demagogo". Mientras que en el primero prima la solidaridad, se pone al servicio del pueblo y se siente parte de la comunidad, el "demagogo" es para ella "el ejemplo más puro de 'hombre social'" que observa a la comunidad como "el torero observa al toro tratando de descubrir sus puntos flacos", ya que su conducta está determinada para obtener "sus propios fines personales"[1218]. En ese ensayo también trabajará sobre las nociones de "masa", "multitud", "vivencias individuales", "vivencias comunitarias", fenómenos de "contagio", "sugestión", y nuevamente aflora lo autobiográfico al analizar el "duelo" en tanto vivencia individual —el "duelo sentido por empatía"[1219]—, y cuando siguiendo sus inclinaciones literarias e históricas ejemplifica con motivos literarios sus análisis fenomenológicos.

Así como se tiene la impresión de que en el primer ensayo se anticipa lo que quiere tratarse en el segundo, la primera parte de este es una introducción para lo que sigue y da "valor y utilidad al conjunto"[1220]. Si el lector se preguntó a qué conducía lo que Stein iba exponiendo parsimoniosamente, comprende aquí a lo que quiso llegar. Esto es, a las relaciones entre el carácter de las personas y el de las comunidades a las que pertenecen, y en qué medida la vida de la sociedad interviene en la de sus miembros[1221]. Para el análisis de los individuos Stein retoma categorías del primer ensayo, como psiquis individual, fuerza vital y reino de los valores, que, como vimos, determinarían emocionalmente a la acción libre. A fines biográficos resulta iluminador pensar que ya en esta etapa elabora ideas que anticipan acontecimientos futuros. Así, dice que "cuando falla una comunidad, cuando su energía se paraliza, la salvación podrá llegarle únicamente de un individuo" o grupo de individuos, desde los que pueda "nacer una nueva fuente de energía"[1222]. Podemos pensar en las esperanzas que ella misma puso en Walther Rathenau, en quien vería al "hombre del pueblo" (*Volksman*) del que hablamos más arriba. Pero también en su visión contrapuesta, la de los jerarcas nazis. Sobre lo que piensa de la responsabilidad política está expresado en su afirmación de que "la suprema responsabilidad de sus acciones la tienen los individuos que actúan en nombre de la comunidad. Y aunque ellos realicen al servicio de ella algo que no harían por motivos personales, sin embargo, recae sobre ellos todo el peso de las responsabilidad y no tienen la posibilidad de descargarla sobre la comunidad"[1223].

En este ensayo Stein se pregunta si pueden trasladarse cuestiones del análisis del individuo al de la comunidad. De esta manera aborda cómo influye la "energía vital" de los individuos en la comunidad, qué sucede con las actitudes afectivas y con los "valores". Recordemos que Stein comentó, en sus recuerdos de su etapa de enfermera, la problemática entre comunidades del imperio prusiano que se despreciaban unas a otras y, en 1919, reconoció en una carta a Ingarden que se había desencadenado el odio y aumentado el antisemitismo. Por esto adquieren particular significado las páginas que dedica a las relaciones de "odio" y "amor" que pueden darse en las comunidades. Desde su perspectiva, la comunidad puede existir incluso cuando se da una "lucha entre partes hostiles, donde el uno toma sin más al otro como sujeto y se halla abierto a todas las influencias que dimanen de él. Y de esta manera constituye una unidad de vida, a pesar del abismo que hay entre ellos"[1224].

De manera singular, Stein también analizará las vivencias de amor, odio, confianza y desconfianza entre personas como "factores causales"[1225] que despliegan una eficacia específica en la persona que los experimenta. No podemos menos que relacionar estas cuestiones con sus propias experiencias en las comunidades familiares, estudiantiles y científicas en las que se desarrolló. Sin desfallecer, apunta: "El amor que yo encuentro me fortalece y me anima y me confiere la energía para realizaciones insospechadas. La desconfianza con la que tropiezo paraliza mi energía creativa"[1226]. Cuando se refiere al amor, "las tomas de posición", afirma Stein, requieren un "dispendio de energía":

> Aquel que me ama no pierde parte de su energía en la medida en que me vivifica; y aquel que me odia, no adquiere las energías que él destruye en mí. Todo lo contrario, el amor actúa en el amante como poder vivificador, que eventualmente despliega en él más energías de las que le cuesta su vivenciar[1227].

Toda "toma de posición" es toma de posición de algo, se dirige a algo o a alguien. Para Stein, cuando tomo posición ante una persona, esa persona "se halla ante mis ojos como un valor positivo o negativo"[1228]. Los valores, a su vez, son vivificantes en cuanto "desencadenan" en nosotros actitudes que pueden verificarse en las relaciones interpersonales y en las que se establecen entre el individuo y la comunidad. Como no podía ser de otra manera, Stein dedica parte de su exposición a los valores éticos, estéticos, al patrimonio cultural y a su receptividad por parte de la comunidad, de la sociedad y de la "masa". Así, respecto del arte dirá, probablemente teniendo en mente el expresionismo: "La casi totalidad de la orientación moderna de nuestras artes permanece incomprendida entre la gran masa de nuestra comunidad nacional, y no influye para nada en sus vidas"[1229]. Otro punto de interés, porque conecta con la etapa de transformación que está viviendo mientras escribe estos textos, tiene que ver con cuestiones que asocia a la "receptividad para los valores éticos" y "la apertura a los valores"[1230]: "Lo que la persona es, eso lo vemos [...] por el mundo de valores en que ella vive"[1231].

Antes de finalizar su trabajo, Stein le dedica cerca de diez páginas a "ese misterioso algo: el alma"[1232]. Se basa en "Conversación sobre el alma" de la filósofa Hedwig Conrad-Martius, a quien todavía no conoce y que se convertirá en una gran amiga. Stein quiere deslindar "al espíritu y al alma: con el espíritu nos volvemos sencillamente hacia el mundo, pero el alma acoge al mundo en sí misma y 'se une' con él"[1233]. El abrirse a la captación de los valores es un hacer espiritual del alma que Stein relaciona a su vez con el carácter de la persona. Y he aquí otro indicio de su conversión cuando escribe:

> Las cualidades del alma no pueden apropiarse ni eliminarse por medio de la educación. Si en esa esfera se produce un cambio, entonces éste no debe considerarse como el resultado de una "evolución", sino como una transformación efectuada por un poder "del más allá", es decir, por un poder que queda fuera de la persona y de todas las conexiones naturales en que la persona se halla envuelta[1234].

Como sucede en otros de sus trabajos, las últimas páginas de *Individuo y comunidad* son reveladoras desde el punto de vista biográfico. No podemos no pensar en sus relaciones familiares y con la comunidad filosófica, en su pertenencia y distanciamiento cuando habla de los "representantes más o menos típicos de la comunidad" y de los "individuos" que pueden resultar "extraños en su propia familia o en su propio pueblo. Stein afirma "que la persona sea la expresión más pura del tipo comunitario, el ser de dicha persona no se agota en esa modalidad". Es el "núcleo individual", es el alma, la que confiere un sello individual: "A aquel que en su manera de ser fuera 'típicamente alemán', y nada más, le faltaría una personalidad genuina"[1235].

Ahora bien, para concluir con estas notas sobre la compleja investigación que Stein quiso presentar para su *habilitation*, cabe que mencionemos que entre sus interlocutores, además de los autores mencionados, se encuentran Rickert, Simmel, H. Conrad-Martius y Th. Lipps. Como dice MacIntyre, en esta investigación Stein toma posición en un debate "cada vez más actual acerca de la naturaleza de las ciencias humanas y sociales". Para ella, "la *psyche*, el espíritu y el cuerpo son elementos que juegan un papel esencial en el desarrollo de la individualidad"[1236]. Por otra parte, la personalidad se expresa en las obras de la cultura, "en el reino del *Geist*"[1237] que solo puede ser comprendido por las denominadas "Ciencias del espíritu".

REGRESO A BRESLAU

Varias universidades alemanas dejaron pasar el honor de permitir, por primera vez en el siglo XX, el acceso a cátedra a una mujer con todas las atribuciones requeridas para ello. Las alternativas de Edith Stein se fueron estrechando, pero, inmersa en la corriente de la vida, joven y entusiasta, siguió luchando por hacerse un lugar en el mundo de los filósofos. Así, de regreso en Breslau, dio clases de filosofía y además del grupo inicial, fue profesora en la universidad popular de la ciudad, donde reunió en torno suyo a unos trescientos oyentes. Entre los estudiantes figuraba Norbert Elías, que sería autor de *El proceso de la civilización*.

Los editores de sus obras completas creen que Stein redactó parte de los textos reunidos bajo el título *Introducción a la filosofía* en estos años. Fue un trabajo en etapas, que tiene numerosas correcciones según fue cambiando su pensamiento y que muestra su extraordinaria capacidad pedagógica. Tal vez influida por Reinach, se nota que debe explicar la fenomenología de Husserl de modo comprensible, cosa que en efecto logra a la vez que explica a Kant y diferencia entre "idealismo y realismo", regresa al tema de la empatía y de la estructura de la persona humana para, entre otras cosas[a], llegar a cuestiones que son claves en su etapa religiosa. Las páginas que le dedica a la vivencia religiosa asociada con la empatía tienen relación con su camino hacia el cristianismo.

A todo esto, Edith socorría personalmente a sus amigos en la tarea de conseguir las cátedras que a sí misma se le negaban. Entre los afortunados se encontraba Ingarden, pero también aconsejaba a Fritz Kaufmann, se escribía con Jean Hering y se desvelaba especialmente por la suerte de Hans Lipps. Para MacIntyre, "no caben dudas sobre los sentimientos de Stein hacia Lipps". Lo cierto es que años más tarde ella habló de este período de su vida como un tiempo en el que consideró el matrimonio "con alguien cuyo nombre no develó. Bien pudo ser tanto Ingarden como Lipps"[1238]. Si es así, en *Individuo y comunidad* hallamos pistas sobre cómo encauzó su relación con ambos y sobre lo que pensaba de una relación matrimonial auténtica. Allí dice que cuando existe "el afán de unión" con una persona, cuando "uno se sienta atraído hacia

---

a Por ejemplo, se amplían referencias "realizadas en *Individuo y comunidad* acerca de las ciencias del espíritu apriorísticas y empíricas, y también la captación de la individualidad, planteando nuevamente el problema de la expresión". Así, hay reflexiones acerca del método histórico, el objeto de la historia, el objeto y método de las ciencias de la cultura hasta llegar al último epígrafe: "Necesidad de complementación del procedimiento de las ciencias del espíritu" (MS, 328).

una persona, cuyo interior está cerrado (al menos en parte) [...], el afán de unión será entonces 'parcial', se relacionará únicamente con la parte de la vida personal en la que exista posibilidad de acceso". Pero puede suceder "que el afán de unión se refiera a la persona entera" y, en tales casos,

> el juego del desplegarse y del afirmarse y del transformarse, que hasta ahora habíamos supuesto que era un juego libre y sin coacciones, se convierte en objeto de lucha. Uno tratará de abrir violentamente las puertas del interior de esa otra persona, que quiere cerrarse automáticamente, o se esforzará convulsamente por penetrar en el interior ajeno, para lo cual le faltan las llaves, sin que se pueda lograr la meta apetecida, porque una unión no es posible sino sobre la base de una comunión interior originaria. Cuando falta ésta, entonces no se puede lograr ninguna comunidad de vida, ni siquiera con el más vivo afán de unión[1239].

Para Stein, en casos así, solo son posibles "pseudoformaciones", y las comunidades que nacen sobre ese fundamento "son tan poco 'auténticas' como lo son las personalidades que esas comunidades unen"[1240]. Dispuesta a la autenticidad y predispuesta a la honestidad total, ante el cierre de las puertas que deseaba abrir, sea cual haya sido su objetivo amoroso, cuando vio que la unión no era factible, optó por relacionarse, como citamos antes, "únicamente con la parte de la vida personal en la que exista posibilidad de acceso".

Pero mientras este proceso maduraba en su interior, el regreso al hogar materno supuso la renovada y en ocasiones penosa convivencia familiar. Edith y su madre coincidían en que Martha, la mujer de Arno, era preferible como amiga antes que como pariente. Según parece, siendo una positivista a ultranza, Martha estaba preparada para tener hijos altos, fuertes, lindos y sanos, pero no sabía qué hacer cuando enfermaban, y aunque tres de ellos cumplieron las expectativas maternas, nunca supo entender a Eva, su segunda hija, que padeció algún tipo de retraso mental. En sus memorias Edith aventura que "la niña, por la poca sensatez de sus padres, no fue convenientemente tratada y tampoco educaron a los demás hijos en la adecuada consideración para con la niña". A causa de ello, Eva "se convirtió [...] en una constante preocupación"[1241] para Auguste, que la llevaba a su casa para enseñarle a hablar, para cuidarla y para alimentarla correctamente. También Erika, hija de Frieda, se encariñó con su prima y solía protegerla. Nada fue suficiente. A pesar del cariño de sus parientes, Eva fue la única sobrina de Edith Stein que no sobrevivió a la hecatombe nazi. Su prima Susanne siempre la recordó con cariño:

> Un psiquiatra que la examinó en los años treinta diagnosticó que tenía una edad mental de ocho años y afirmó que no pasaría de eso. Eva era una niña amable e inocente que deseaba enormemente ser como los demás. Fue a una escuela primaria regular y trabajó duro para seguir. En sus años de adolescencia, aprendió a cocinar y cocer al horno y estaba orgullosa de sus habilidades para cocer *hallah*, el pan trenzado que las familias judías comen en el *Sabat*. Era una buena atleta y podía hacer el "círculo en el balancín" con destreza, por lo cual yo la admiraba mucho, ya que nunca fui capaz de igualar aquella hazaña[1242].

Según Susanne, sus padres también fueron críticos con Arno y con Martha Stein "por no dejar claro a sus otros hijos que tendrían que asumir la responsabilidad de apoyar a Eva en su vida posterior"[1243].

UNA PUERTA A LA FILOSOFÍA DE LA RELIGIÓN Y OTRAS PERSPECTIVAS

Distanciada intelectualmente de Husserl, el cúmulo de circunstancias externas, sumadas a cuestiones sentimentales y a frustraciones profesionales, precipitaron la crisis de sentido que impulsó a Edith Stein hacia un radical cambio de vida. ¿Cuál habría sido su suerte si, en lugar de atravesar desengaño tras desengaño, algunas de sus aspiraciones se hubieran cumplido? ¿Si hubiera obtenido una cátedra o si hubiera consolidado una relación amorosa? Por relatos de amigos suyos, existe una base sólida para suponer que consideró casarse con Hans Lipps. ¿Qué hubiera pasado en ese caso? No vale la pena caer en especulaciones. Al final de la guerra Edith sufría una crisis interior considerable cuyos indicios concretos se encuentran en sus cartas, donde expresó una singular apertura al fenómeno religioso. En una de ellas, luego de aclarar una duda de Fritz Kaufmann sobre aspectos de *Causalidad psíquica*, agrega, en septiembre de 1919: "…he abierto la puerta a la filosofía de la religión, en cuyo ámbito ha de proseguir la posterior investigación"[1244]. No se trataba solamente de un interés intelectual: ya en octubre de 1918 había admitido que decidirse "por un cristianismo positivo" le había "dado fuerza para retomar otra vez, agradecida, la vida"[1245]. Pese a la crisis, es evidente que Edith prosiguió mostrándose fuerte y segura. Por eso, ante el estupor o la cólera de Kaufmann, enojado por la discriminación de la que ella era objeto, y ante las reiteradas preguntas de Ingarden, parecía casi despreocupada. Cuando se enteró de que Husserl preguntaba por ella le dijo a Kaufmann a su paso por Friburgo: "Salude al buen Maestro de mi parte", agregando perspicaz: "Si tanto se interesa por mí será porque tiene grandes remordimientos de conciencia"[1246]. Asimismo, relatando las maniobras en Gotinga para impedir su presentación a cátedra, le pedía: "Esto debe contárselo usted a Husserl, y añadir que no estoy *hecha pedazos*"[1247]. Por entonces, Stein reconocía que eran pocas "las impresiones agradables" que podía comunicar e intentaba mantener su buen humor en un "detallado informe" en el que declara su "estado": "Corporalmente, como siempre, excelente; intelectualmente, debido a la necesidad de bastante energía, muy pasable; anímicamente, muy vacilante, aun cuando nunca mal del todo; psíquicamente (lo que según mi terminología puede traducir usted en la habitual forma de hablar con 'nervios'), prolongadamente miserable"[1248].

Pero Edith sabía que no era la única con problemas que resolver. Al regresar del frente a la vida civil, su querido Kaufmann se planteó la posibilidad de retirarse del "trabajo puramente filosófico"[1249]. Edith aducía que "no sería correcto colocar en el centro de la vida, a la fuerza, algo que no puede colmar a uno plenamente"[1250], pero que pensaba que podría padecer "una depresión" momentánea, aseguraba conocer ese tipo de dudas, y le aconsejaba esperar pacientemente a que retornase el placer por el trabajo[1251]. En cuanto a sus problemas, le decía a Kaufman:

> Acabo de recibir su amable carta [...] y he de sentarme inmediatamente para apaciguar un tanto su cólera contra este malvado mundo, caso de que entretanto no se haya disipado. Haberse apasionado tanto por mi causa, es muy gentil de su parte, pero debo decirle que a mí me ha ido estupendamente aquí estas semanas, y que en absoluto estoy enfadada o triste, antes bien encuentro todo el asunto muy curioso, desde luego, no doy tanta importancia a la vida de forma que me pudiera importar mucho si asumiera ahora este o aquel puesto. Y desearía que usted hiciese suya esta actitud [1252].

Según parece, lejos de resentirse[a] o de tomarlo como un asunto personal, Edith dedujo que la situación epocal y ciertas debilidades humanas la habían dejado fuera de juego. Por otro lado, todavía quedaría la alternativa de trabajar en filosofía en ¿el mejor de los casos? codo a codo con un compañero de vida. Si fuera así, ¿pensaría en Hans Lipps?

Aunque las perspectivas de un vínculo con Ingarden habían quedado descartadas hacía tiempo, para ella fue un golpe inesperado enterarse, en septiembre de 1919, de que él se había casado, ya que desconocía siquiera que tuviera novia. A Edith

---

a "Con relación al Maestro" reconocía: "El que más ha sufrido a causa de ello ha sido él, que ha entregado por entero su vida a la ciencia. Esto es algo tan asombroso, y lo que se le tiene que agradecer tan inestimable, que no puede surgir ningún sentimiento de ofensa personal. Para mí sigue siendo el maestro, cuya imagen ninguna flaqueza humana puede empañar" (OCI, 689).

la noticia la "sorprendió por completo"[1253], pero le escribió una carta de felicitación que indica que el vínculo entre ellos había ido más allá de la camaradería filosófica:

> Naturalmente mi amistad con usted sigue invariable. Lo que se refiere a lo otro, que todavía dura, preferiría que pudiera enterrarlo dentro de sí y que quemara también las cartas mías que todavía obran en su poder. Esto lo expreso solo como *deseo*. Si usted cree que una tal discreción no es compatible con las exigencias de un matrimonio ideal, en ese caso no tiene que sentirse atado[1254].

¿Qué era aquello que todavía duraba? ¿Conservaba Ingarden sentimientos hacia ella? ¿Destruyó Ingarden alguna de las cartas que recibió?[a]. Al recopilarse la correspondencia que sostuvo con ella, incluyó la carta que le envió el 24 de diciembre de 1917, a modo de despedida de Friburgo cuando, tras la muerte de Reinach, el campo de la fenomenología cambiaría radicalmente. Conservar las cartas de Edith Stein fue un tributo a la amiga a la que debía mucho y cuyo trágico destino lo conmovió. Y si bien se desconoce el tenor de las cartas que Ingarden le envió a Stein, algunos biógrafos pretenden que la relación se estableció en términos unilaterales. Pero esta hipótesis parece infundada, debido a que en 1924 él le reclamó las cartas que le había escrito en ese período.

---

a Hasta el momento de la publicación del tomo I de las *Obras completas* de Edith Stein, en la que figuran sus escritos autobiográficos y cartas, las que le había enviado a Ingarden estaban en posesión de su nieto Krzysztof Ingarden, en Cracovia. Se trata de 162 cartas bien conservadas y numeradas. Curiosamente, falta la primera carta, la última, la número 156 y una del medio: la número 94. Los editores de la correspondencia tuvieron oportunidad de observar la colección y concluyeron: "Pero de toda esta colección anteriormente se habían sacado fotocopias que se hallan en el archivo de las carmelitas de Colonia. Lo cual nos hace pensar que las dichas tres cartas han desaparecido 'provisionalmente', esto es, han sido tomadas por algún motivo, o se han cedido provisionalmente, o simplemente están traspapeladas en otras carpetas del señor Krzysztof" (OCI, 546).

Ahora bien, en 1919, después de casi dos años sin verse personalmente, de haber existido algo entre ellos, era asunto concluido[a]. Por otro lado, la correspondencia deja traslucir su interés por la suerte de Hans Lipps, lo que aventuraría a pensar que en él estuviese puesta una nueva esperanza. Se sabe que pasaron juntos varias semanas en Gotinga, durante el verano de 1919. Luego, en noviembre, Lipps viajó a Friburgo, donde tenía intención de presentarse a cátedra. Preocupándole que él no tuviera "la fuerza psíquica suficiente para soportar los golpes en la calle Loreto", Edith aseguraba: "[Lipps] sufre lo indecible bajo cualquier *injusto estado de cosas*, y allí a cada paso se tropieza con algo parecido"[1255]. Próxima a sus sentimientos, comentaba en noviembre de 1919: "Una ve clarísimamente lo que necesita y, al mismo tiempo, que no hay posibilidad alguna de ayudarle. Y, sin embargo, es algo que desearía hacer con muchísimo gusto"[1256].

Tal y como Edith había previsto, Lipps no pudo permanecer en Friburgo. Primero tomó distancia momentánea enrolándose como médico de embarcaciones en un viaje a Inglaterra que partía en búsqueda de prisioneros de guerra. Pero Edith tendría nuevos motivos de preocupación, ya que en ese período un escándalo complicó la vida de Lipps, y fue la comidilla de la universidad. La esposa de Ludwig F. Clauss, otro discípulo de Husserl, dijo haber sostenido un romance con Lipps y le atribuyó la paternidad de su nuevo hijo. Envuelto en una demanda legal en calidad de sospechoso, Lipps debió enfrentar un penoso proceso, alejarse de Husserl y desistir de concursar a cátedra en Friburgo. Frente a este episodio, Edith, que no mucho antes disculpaba a su Maestro y decía "comprender la debilidad humana como parte de su destino"[1257], sentía que "para la relación puramente humana se abre aquí un muro infranqueable [...].

---

a En enero de 1919, al no haber recibido cartas suyas, ella le pedía "*urgentemente*" a Ingarden "una señal de vida". Y agregaba escuetamente: "Si supiera cuántos malos espíritus pellizcan al presente mis nervios, seguro que no me sometería a tal prueba de paciencia" (OCI, 672).

A decir verdad, todavía hoy no puedo imaginarme cómo debo presentarme ante él [Husserl] personalmente"[1258].

Del intercambio epistolar que Edith mantuvo con Kaufmann en febrero de 1920 se infiere que, aunque trató el asunto de Lipps con discreción, no pudo evitar ciertos malentendidos, e incluso sabemos que ella le escribió a Clauss "solo a instancias [de Kaufmann] y de la señora Reinach"[1259]. Esta última opinaba que todo se resolvería y que Lipps "olvidaría la catástrofe"[1260] en la que había estado inmerso. En lo que le concernía, decidida a ayudarlo, Edith se embarcó en una nueva gesta. El escándalo había alborotado los ánimos en Friburgo por lo que quedaba descartado que Lipps obtuviese ayuda de Husserl o de su entorno. En ese estado de cosas, se le ocurrió pedir auxilio a su primo, el matemático Richard Courant, recientemente nombrado en Gotinga. A fines de ilustrar la situación, de manera elíptica informa en septiembre de 1920 en una carta a Ingarden:

> He cursado una oposición a cátedra, pero no mía, sino de Lipps. Esta vez la estrategia a seguir está por entero en mis manos, y el plan es el siguiente: que la gente repelente, que tan mal me ha tratado a mí, quede fuera en lo posible. Será un trabajo sobre los fundamentos de las matemáticas... [1261]

Con eso, Edith demostraba una *expertise* notable en el medio académico. Había aprendido la lección. Gracias a su iniciativa y a la ayuda de su primo, Hans Lipps no dependería del voto de los filósofos, sino de los matemáticos. Además, "ganado para el plan"[1262], Richard se ilusionó con la posibilidad de que "quizás más tarde, poder meterme [en la universidad] también a mí, y esto sería una situación ideal"[1263]. Satisfecha con su estrategia, Edith reconocía que, "de momento", su "deseo más vehemente"[1264] pasaba por que se concretara el proyecto de Lipps y añadía, a principios de octubre de 1920: "Ya nos hemos imaginado cómo queremos trabajar unidos de la mano"[1265].

Desde tiempos inmemoriales en la *universitas* hay ocasiones en las que para lograr lo justo se precisa valerse de habilidades, ejecutar estrategias o tácticas y contar con aliados. Operando en conjunto cada una de las variantes, Edith consiguió para Lipps lo que ella no pudo obtener por prejuicios sexistas y racistas. Pero haría mucho más por él.

PREOCUPACIONES FAMILIARES, CUANDO LA SALUD ES LO PRIMERO

No todo eran preocupaciones académicas. La vida en familia tenía sus complicaciones. Luego de un año de mucha exigencia, una fría noche de invierno, después de visitar a una prima enferma, Erna tuvo que regresar a su casa en "un trineo descubierto"[1266]. Luego, a causa de un catarro bronquial que se negaba a desparecer, tuvo "un aspecto enfermizo y adelgazó notablemente"[1267]. En ese período, Edith fue requerida en Hamburgo, donde además de visitar a Else es posible que indagara la posibilidad de presentarse en la universidad.

Luego de completar su formación en Berlín, Hans Biberstein pudo instalarse en Breslau. Según insinúa Edith en sus memorias, esperaba ser recibido como el hijo pródigo, pero al encontrarse con que tanto su madre como su novia estaban enfermas, vivió la contrariedad "como un agravio personal"[1268]. Nuevamente, ella fue la mediadora entre su cuñado y la familia. También se ocupó de atender a una de sus tías, que sufría una enfermedad de la vista. Paralelamente, las tensiones entre Hans, su madre, Auguste y otros Stein no disminuían. En ese contexto, Edith percibió:

> ... mi actitud ante las personas y ante mí misma había cambiado totalmente. No pensaba ya en tener siempre la razón y "someter" al adversario a toda costa. Y aun cuando continuaba teniendo juicio duro para las debilidades de las personas, ya no lo usaba para tocar su punto más débil, sino para ser indulgente. Tampoco se resintió de esta mirada la actitud de educadora que siempre me correspondió. Había aprendido que raras veces las personas se me-

joran cuando se les "dice la verdad"; esto puede ayudar solamente cuando ellos mismos tienen la seria exigencia de ser mejores y si conceden el derecho a la crítica[1269].

En febrero de 1920, cuando los hijos de Arno y Martha cayeron con gripe, todos a la vez, Edith acompañó a su sobrino Helmut, que estuvo muy enfermo durante tres meses, y cuidó de él, y así se estableció un fuerte lazo de cariño entre ellos, a tal punto que cuando el chico se quedaba solo gritaba: "Tía Edith, ven. Tú puedes hacer tus deberes de la escuela aquí"[1270]. Los deberes "de la escuela" eran sus trabajos de filosofía. Edith iba a su cuarto, pero una vez logrado su objetivo Helmut la interrumpía, no la dejaba escribir ni leer y, si ella lo reprendía por no dejarla trabajar, él contestaba: "Pero si tú no necesitas trabajar". ¿Estaba repitiendo lo que escuchaba? Sea como fuere, lo decía de una manera tan convincente que Edith abandonaba todo para jugar con él.

El caso es que, pese a que Erna era médica, dada su poca experiencia en esos casos, Edith fue elegida para cuidar a Helmut porque su hermana, al no ser pediatra, no conseguía mantener la calma, se desesperanzaba y lloraba. Por el contrario, ella seguía la evolución del pequeño de manera "tranquila y optimista". Según Edith, su esperanza se fundaba en la experiencia adquirida en el hospital: "Durante la guerra había visto en mis pacientes de tifus algunos casos de pulmonía y frecuentemente fui testigo de cómo tras un breve colapso, que parece una agonía con la muerte, se recuperaban"[1271]. Lo que Edith no alcanzaría a comprender fue la actitud de su cuñada Martha, que al entrar al cuarto y ver a su hijo muy delicado "dijo entre sollozos airados: '¿Es que se nos puede ir un niño tan precioso?'"[1272]. Esa actitud, explicó en sus memorias, dejaba a las hermanas Stein "horrorizadas"[1273]. Por boca de Helmut, estaban al tanto de que Martha dejaba solos a los niños cuando enfermaban. No podía aceptar que su método de crianza fracasara, estaba convencida de que si comían en abundancia y permanecían mucho tiempo al aire libre sus hijos no tendrían problemas de salud, y se enorgullecía de que, con ese sistema, los niños estaban "corporalmente espléndidos". Ante alguna dolencia se indignaba, "no solo se entristecía y preocupaba, sino que se encolerizaba como si hubiese sucedido una injusticia"[1274]. En esas ocasiones, manifestaba su incapacidad para cuidar enfermos y recibía con alegría la ayuda de la familia de su marido.

Detenerse en los detalles de la enfermedad de Helmut dice mucho acerca del carácter de su tía filósofa. En un momento crítico, el pediatra, acompañado por un especialista de pulmón, indicó sumergir al niño en agua caliente. Cuenta Edith: "Estaba inmóvil. Al poco rato comenzó a patalear alegremente y a salpicar a ambos médicos". Luego llevaron a Helmut a la cama y le dieron una taza de café cargado "para reanimar el corazón". Al recibir la bebida, su sobrinito exclamó asombrado: "¡Esto no es café de niños, es café de personas!"[1275]. Después, solicitó que lo dejaran solo aduciendo, para alivio de todos: "Cuando los niños deben dormir, los mayores tienen que marcharse"[1276].

A partir de ahí, cada vez que alguno de sus niños enfermaba Martha transmitía a Edith un mensaje de su hijo: "Me encarga que te salude y que te diga que está enfermo"[1277]. Helmut se llevaba tan bien con su tía que, a los siete años, durante otra neumonía, si su madre aparecía por el cuarto le decía "Puedes marcharte, no necesito dos personas"[1278].

El caso es que una vez recuperado y en su propia casa, Helmut la extrañaba tanto que una tarde, acercándose a ella, le susurró si quería ser su novia. Divertida, Edith simuló considerar la propuesta. Subiéndolo a sus rodillas, le alcanzó un pedazo de torta y aceptó la proposición no sin advertirle que, una vez comprometidos, la novia y el novio debían compartirlo todo. A partir de ese día, su sobrino le llevaba todos los dibujos que hacía en el jardín de infantes y, cada vez que la visitaba, se ocupaba de corroborar que todavía los tuviese y los guardara muy bien.

Además, Edith le contaba cuentos, historias que él le hacía repetir una y otra vez. Es probable que el pequeño idealizara a la joven tía que lo cuidaba mejor que su mamá, que era tan inteligente, que estudiaba tanto. Una vez, luego de sorprender a su noviecito contando sus libros de filosofía, siguiendo con la farsa del supuesto compromiso, ella le dijo: "Con el tiempo tú tendrás que leerlos, para que podamos comentarlos". Con absoluta resolución, Helmut respondió: "Sí, cuando sea mayor los leeré todos". En su autobiografía, ella cuenta:

> Mantuvo durante mucho tiempo esta promesa. De vez en cuando tenía el presentimiento vago de que algo no iba bien del todo. Y una vez me preguntó: "Tía Edith, cuando yo sea mayor, ¿serás tú, entonces, todavía más mayor?". Finalmente, las bromas de los mayores le llevaron a la conclusión de que sus proyectos matrimoniales no tenían posibilidad. Pero esto solo era en mi ausencia, pues cuando yo volvía de visita, le confiaba a su padre que mantendría gustoso el compromiso de matrimonio[1279].

ATADURAS FAMILIARES

Ahora bien, reunidos alrededor de la figura de Auguste como tótem rector, en casa de los Stein la incorporación de nuevos miembros acarreaba conflictos. Martha siempre había comentado lo bella, inteligente y ocurrente que era su madre. Según Edith, esto había generado expectativas por lo que, al conocerla, Else "se quedó de una pieza, porque, ciertamente, mirando de cerca a la señora Kaminsky, se podían percibir todavía huellas de una pasajera belleza y rasgos finos de la cara, pero debido a una enfermedad de los ojos y una erupción cutánea, estaba muy arruinada"[1280]. La señora "llamaba además la atención desde lejos por sus vestidos, por los colores chillones, los sombreros colosales que usaba y sus enormes zapatos"[1281]. En contraposición, aunque Auguste había alcanzado una buena posición económica, seguía siendo muy austera, tenía una actitud piadosa y observante. El encuentro con su consuegra, decididamente encauzada en el *american style of life*, debió haber sido memorable. Recuerda Edith:

> Con los huéspedes americanos llegaron a casa grandes baúles y cestas, de las que salió un abigarrado contenido: vestidos, sombreros, zapatos de todos los colores, formas y tamaños; amén de golosinas, juguetes, revistas y libros. De todo aquello, una parte era para uso propio y otra, traída para otras personas. Pero era hasta difícil encontrar quien pudiera servirse de los objetos. Era imposible disponer, para toda aquella feria de muestras, de suficientes armarios y cajones[1282].

Pero, además, "en América se disponía de servicio" doméstico[1283], por lo que cuando la madre de Martha vio que su hija tenía que hacer mucho del trabajo de la casa surgieron problemas con su yerno y, tal vez, con su consuegra. Edith no deja de destacar, sin embargo, que se trataba de una mujer bondadosa, que quería a sus hijos y nietos, y que era amable, mentalmente ágil, tenía muy buen humor, se mostraba interesada por todo y era muy comunicativa. El mayor problema parecía ser Martha. A Auguste le molestaba que no supiera manejar la economía doméstica, que no cuidara a sus hijos según sus estándares, pero además tuvo la impresión de que influía para que Arno reclame su participación en el negocio familiar. Hasta entonces, Auguste había sido la única propietaria, mientras que Arno y Frieda eran empleados del negocio. Al incorporarse a la familia Stein, Martha invirtió dinero propio en el negocio y, aunque según explicó Edith, en comparación "con el capital de base y las valiosas instalaciones"[1284] el monto no significaba mucho, con el tiempo y con la llegada de sus hijos, su cuñada aspiró a ser copropietaria de la firma. Esto preocupó a Auguste, que no quería desproteger a sus otros hijos, aunque ni a Edith ni a sus demás hermanos se les ocurría "exigir una regulación de la situación económica"[1285]. Tampoco querían pensar que habría un tiempo en que la madre les faltara. Además, Edith agrega en sus memorias:

> Para la sensibilidad judía es una falta de piedad el pensar en frío, el hablar y tomar medidas en previsión con respecto al hecho de la muerte de un ser querido, que inevitablemente ha de ocurrir un

día. Esto se deja al "Gojim" [palabra hebrea que designa a los no judíos], que se considera sin delicadeza de sentimientos ni finura de corazón[1286].

El anecdotario y la sinceridad con la que Edith se refiere a las "preocupaciones"[1287] y desavenencias familiares hace que sus memorias estén muy lejos de las de otra carmelita de fama mundial, la francesa Teresa de Lisieux, que bien podrían definirse como una *hagiografía* familiar. En contrapartida, parecen inspirados en el *Libro de la vida*, la autobiografía de Santa Teresa de Ávila, que se sabe que la impactó profundamente. Cuenta Edith que cuando su madre "se cercioró de su temor, de que su nuera era interesadamente egoísta y buscaba su provecho, se sintió en el deber de proteger a sus hijas ante futuros abusos"[1288]. Temiendo las explosiones de cólera de Arno, estratégicamente Auguste decidió encomendarle a ella que expusiera la cuestión en consejo familiar. En la reunión, algo molesto por ser interpelado por la menor de la familia, Arno permaneció sereno, respondió escuetamente cuando le hacían preguntas y finalmente pidió que un hermano de su madre oficiara como intermediario. Todos estuvieron de acuerdo en proponer al tío Eugen Courant, residente en Berlín, como mediador. Gracias a su intervención se llegó a un acuerdo por el cual Auguste siguió siendo la propietaria del negocio, mientras que Arno se convertía en socio con participación en las ganancias.

Estos debates y tensiones se daban en un período desastroso en el que Alemania sufría las consecuencias económicas del armisticio. Desde el verano de 1919, a causa de la inflación, el precio de los alimentos subía por las nubes, y en vastos sectores del otrora imperio más de un 90 % de los niños sufría desnutrición. Fortunas o negocios hasta ese punto prósperos tambaleaban. Fue la experiencia del filósofo Ernst Cassirer[a] cuya familia,

a En mayo de 1919 Ernst Cassirer recibió un ofrecimiento firmado por William Stern, antiguo profesor de Stein, director de la comisión de nombramientos de la recién creada Universidad de Hamburgo, que respondió

originaria de Breslau, poseía una fábrica de celulosa. Cuando el territorio pasó a manos polacas, su situación cambió radicalmente. Lo que les sucedía a los Stein se repetía a lo largo y a lo ancho del país. Otro intelectual de familia con fortuna, Walter Benjamin[a], e incluso Martin Heidegger, casado con una mujer cuya familia había estado muy bien económicamente[b], por no contar con ingresos regulares, debieron evaluar en qué medida su trabajo filosófico quedaba condicionado por la situación económica.

Ser intelectual, o académico sin cargo rentado, complicaba la situación de muchos pensadores de la época, que dependían de las rentas de sus respectivas familias. En el caso de los Stein, al cumplir setenta años, sus hermanos e hijos le sugirieron a Auguste que dejara de trabajar. En desacuerdo con la idea, Edith la apoyó "en su resistencia, porque veía con toda claridad que su actividad en el negocio era inseparable de su misma vida"[1289]. Con el tiempo todos llegaron a la misma conclusión y nadie le pidió que se retirara alcanzados los ochenta años. Esta anécdota muestra, además de la cohesión entre madre e hija, el valor que le daban al trabajo de las mujeres en una época en que las clases medias y altas no las incorporaban al mercado del trabajo. En sus últimos años Auguste aceptó algunas modificaciones, dejó como propietario a Arno, asegurándose para sí y para su hija

---

haciendo alusión a la gran crisis económica: "No voy a negar que, ante la inseguridad del inmediato futuro, sería para mí muy deseable, especialmente ahora, la perspectiva de un puesto académico fijo..." (*Tiempo de magos*, 70).

a Walter Benjamin se doctoró en 1919, en la Universidad de Berna. Su tesis "El concepto de la crítica de arte en el romanticismo alemán" obtuvo el *summa cum laude*. Tampoco conseguiría un cargo universitario.

b El padre de Thea Elfride Petri, la esposa de Martin Heidegger, oficial superior prusiano, mantuvo al matrimonio al principio de la guerra. Pero, como todos los alemanes que invirtieron su capital en bonos de guerra, finalizado el conflicto enfrentó grandes pérdidas económicas. En noviembre de 1918, para Martin Heidegger, que "necesitaba desesperadamente unos ingresos estables" (*Tiempo de magos*, 57), el patrocinio de Husserl fue fundamental ya que el padre de su esposa no pudo seguir asistiéndolos.

Frieda, que también trabajaba en el negocio, una participación en las ganancias.

Preocupación y previsión fueron vanas al triunfar el nacionalsocialismo. Como si algo en ella intuyera la fragilidad de la situación, Edith afirma que Auguste no hacía planes a largo plazo, advertía acerca del riesgo de alegrarse prematuramente y, cuando hablaba del futuro, siempre agregaba expresiones como "'con la ayuda de Dios' o 'si Dios quiere'"[1290].

MÁS SOBRE LIPPS. UNA BODA QUE NO ES LA SUYA

Solo con mirar la terminología logicomatemática que Edith Stein emplea cuando analiza la tesis de Hans Lipps[a] no quedan dudas acerca de su mente extraordinaria. También queda claro su vínculo con él. En abril de 1920, en la época de la enfermedad de su sobrino Helmut, en la que tan eficazmente hizo de enfermera, ella le comenta a Ingarden que tenía cerca de treinta alumnos y "harta de los intentos de concurso a cátedra", se había otorgado "la propia *venia legendi*"[1291] y enseñaba en su casa. Además, como de costumbre, seguía auxiliándolo, y le solicitaba a Ingarden, que había tenido su primer hijo, que "aparte de la ciencia" le contara sobre su vida personal[1292]. Edith también se disponía a dar cursos "sobre cuestiones fundamentales de ética"[1293] en una "escuela superior popular"[1294]. En esta época pensaba publicar *Contribuciones para una fundamentación filosófica de la psicología y las ciencias del espíritu*[b]. A principios de octubre, inicia *Una investigación sobre el Estado,* redactado

a Véase la carta a Roman Ingarden del 27 de abril de 1921 (OCI, 715).

b Pensaba que podría publicarse en el *Anuario* de Husserl, pero recibió una respuesta negativa a fines de 1920. Al pasar meses sin recibir noticias de Friburgo, expresaba sus temores: "Es claro que nuestro señor y Maestro me considera un caso sin remedio como antes a la señora Conrad" (OCI, 699). Poco después Kaufmann la tranquilizaba diciéndole que Husserl no tenía "nada especial" (OCI, 703) contra ella.

entre octubre y diciembre de 1920, es decir, meses después del intento de golpe liderado desde la ultraderecha nacionalista por Wolgang Kapp.

Finalmente, acusando "una sobredosis de tensión"[1295] y reconociendo afectada su salud, durante Pentecostés Edith pasó un tiempo en las montañas. Además del exceso de trabajo, es probable que pesara sobre ella el asunto de Lipps por lo que, en una carta a Kaufmann, que se encontraba en Friburgo, solicitaba que lo más discretamente posible le enviara noticias:

> No tengo la menor idea de cómo va la historia del proceso; hace mucho que Lipps nada me ha escrito al respecto. ¿Se encuentra ya bien el señor Clauss [...]? ¿Y qué ha sido de la señora Clauss? Hago estas preguntas simplemente por interés personal, pero solo a usted[1296].

Durante el verano de 1920, Edith pasó seis semanas en Gotinga, gran parte de ellas "en una tranquila casa de reposo"[1297]. Además, se reencontró con Lipps y así recibió información de primera mano acerca de su situación legal. También pasó tiempo con su amiga Erika Gothe. Tal vez, lo más significativo para su futuro fue conocer "finalmente"[1298] a Hedwig Conrad-Martius, con quien se entendió "maravillosamente"[1299]. Mientras tanto, y con regularidad, Lipps le enviaba su tesis y tenía en cuenta sus correcciones y sugerencias. Edith estaba convencida de que él tenía "un talento extraordinario"[1300].

A lo largo de todo ese año, pese a la situación económica, la familia Stein preparó a consciencia la boda de Erna. El ajuar de los novios se confeccionó en "el convento del Buen Pastor"[1301] y Auguste, que había reservado madera de excelente calidad para los muebles, hizo que fueran realizados por uno de sus clientes. Edith puntualizó: "Hans lo quería todo lo más elegante y moderno" y no resultó fácil contentarlo[1302]. Pero lo más difícil fue encontrar residencia para el futuro matrimonio. Durante la guerra, en toda Alemania se habían suspendido la construcción de nuevas viviendas y, en el caso específico de Breslau, la escasez habitacional se vio incrementada al trasladarse allí quienes abandonaron Posen y Alta Silesia cuando pasaron a manos polacas. Las medidas implementadas por el gobierno para resolver la crisis habitacional fueron insuficientes. En principio, se daban números a los miles de interesados. Al enterarse de que Hans y Erna estaban en el listado después de 23.000 solicitudes, Auguste decidió arreglar para ellos la buhardilla de su casa. Comenzaron las obras luego de desalojar "a un ama de llaves muy desagradable, que no quería irse por las buenas"[1303]. Este tipo de decisiones aumentaba la tensión entre la población. Por su parte, en esa época, Edith sentía que:

> ... el suelo me quemaba los pies. Atravesaba una crisis interior, desconocida para mis familiares y que no podía resolver en casa. Sin embargo, no hubiera querido marcharme antes de que se decidiese el destino de Erna. Su noviazgo fue un largo martirio[1304].

Hasta último momento, las discusiones entre el novio y su futura suegra desesperaban a Erna, y Edith, siempre dispuesta, le aconsejaba que cediera "a todo lo que no fuera injusto"[1305]. Pero, además, Hans y su madre se enfrentaban con Auguste, que según Edith fue tratada con "tan poca consideración como quizá nunca tuvo que sufrir[a]"[1306]. Cuando Hans Biberstein leyó las memorias familiares de su cuñada se sintió afectado y escribió, para sus hijos e íntimos, su versión de los acontecimientos. Comentó que desde que le pidió la mano de Erna, "la abuela Stein siguió una política sistemática de trastocar sus esfuerzos por encontrar un apartamento en la parte sur de Breslau" donde Erna tenía perspectivas de ejercer "su profesión de manera lucrativa como primera ginecóloga judía de la ciudad"[1307]. Con dificultades para conseguir vivienda, Hans pensaba que podría

---

a Las discusiones debían ser importantes, de hecho, cuenta Edith Stein que Auguste "pensaba en la disolución del compromiso, a pesar de que como auténtica madre judía nada deseaba tanto para su hija como verla casada" (OCI, 343).

ofrecer el apartamento que ocupaba su madre y conseguir uno más grande para trasladarse con ella y con Erna, pero Auguste ganó la batalla[a].

Superados los obstáculos, la boda se celebraría a principios de diciembre. Al recordar esa etapa Edith advierte que su salud "no iba muy bien a causa del combate espiritual que sufría en total secreto y sin ninguna ayuda humana"[1308]. Y si bien no revela las causas de su padecimiento, podemos imaginar dos de ellas. Una estaría relacionada con la ilusión de llegar a un entendimiento con Hans Lipps y, por otra parte, su acercamiento al cristianismo, que si bien fue paulatino, no era un asunto que pudiera hablar con su familia fácilmente. Además, no querría opacar con más problemas los preparativos de la boda de su hermana. ¿Sospechaban sus parientes su estado interior? Es muy probable, ya que el día del matrimonio civil, viéndola tirada en un sillón y aquejada de fuertes dolores, Erna le dio "una leve dosis de morfina"[1309].

Cuántas crisis confluían en la de Edith. Cuánto dolor, más allá del físico, requería ser calmado, aplacado. ¿Qué tenía que ver Hans Lipps con ello? Probablemente más de lo que estaba dispuesta a confesar a sus allegados. Hans Lipps no era judío y como ninguno de sus hermanos se había casado con personas de otra religión, el tema no sería sencillo de tratar. Además, con el juicio de paternidad en marcha las cosas se complicaban. En *Individuo y comunidad*, cuando habla de la situación de "'*verse tocado*' por la índole personal de otro individuo", específicamente en situaciones de simpatía y antipatía y, en su grado más alto, en el amor y el odio, Stein aclara: "No son sentimientos que yo experimente hacia una persona en virtud de un acto o de una cualidad cualquiera, sino que son una atracción o una repulsión, que suscita en mí cualquier sencilla cualidad de esa persona, su manera personal de ser"[1310]. La manera de Lipps ejercía una

---

a Sobre el papel de Edith, Hans Biberstein reconoció "su papel como pacificadora y mediadora de las disputas entre él y su suegra, y solo expresa su desconcierto por la diferencia entre su papel de entonces y la manera de presentar la historia" (SB, 111).

atracción que, por lo visto, no opacaban sus actos. Y cabía aun la posibilidad de que se produjera lo que definía como una de las posibilidades del amor, el tender "hacia una completa unificación, hacia una comunidad de vida y hacia una comunidad de estado existencial" de dos personas que conservaran, asimismo, sus peculiaridades individuales[1311].

Como explicó su sobrina Susanne, "Edith tendió toda su vida a mantener en privado sus pensamientos privados. En líneas generales, lo que sus cartas comunicaban era solamente una pequeña fracción de lo que la movía interiormente"[1312]. Por lo que se deduce de los testimonios de su familia, amigos y conocidos, tampoco hablaba con ellos sobre estas cuestiones. Por suerte para todos, la noche de la boda de su hermana Edith se encontró "totalmente restablecida" [1313] y pudo encargarse, junto con Arno, de preparar la sala en la que se haría la recepción. Al escribir sus recuerdos, ella explica:

> En las bodas judías la novia se sienta primero en un lugar separado, mientras el novio, con el rabino y algunos hombres —por lo menos han de ser diez— reza en otra habitación. Luego el rabino pronuncia una bendición sobre ella, antes de que el novio la recoja en solemne procesión, bajo el palio, para el acto estricto de la boda. Colocamos el sillón para Erna en una jamba entre dos ventanas, donde normalmente estaba mi escritorio. Encima estaba colgado un cuadro de San Francisco de Cimabue. "Esto lo debemos quitar", dijo Arno, pensando que el santo no era un testigo muy adecuado para una boda judía. "Déjalo estar —respondí yo— nadie se va a fijar". Y se quedó en su lugar. Erna de novia estaba extraordinariamente guapa. En el sillón, litúrgicamente adornado, estaba sentada entre unas bonitas plantas; como una princesa oriental. Vi a San Francisco sobre su cabeza, y fue para mí un gran consuelo el que estuviese allí[1314].

Wolf, uno de los sobrinos de Edith, da un detalle que ella no brinda en sus recuerdos. Relata que, junto con dos primos, Gerhard y Erika, participaron de una obra suya, regalo de boda.

Gerhard representaba a una cigüeña que intentaba convencer a dos bebés, un niño y una niña, para que fueran los hijos de los recién casados[1315]. Edith recrea el encuentro entre los bebés y la cigüeña, que les dice "Uno de los dos tiene que salir a la vida"[1316]. A imitación de los gremios y consejos de trabajadores de la República de Weimar, los bebés reclaman saber cómo serán sus padres, Hans y Erna. Curiosamente, el segundo bebé duda: "Parece que ese hombre es un misógino"[1317]. Pero la cigüeña le hace ver que está en un error. De todas maneras, se pregunta: "¿Qué piensa él de la emancipación de la mujer?"[1318]. Finalmente, los dos bebés expresan el deseo de ser hijos de la pareja y cierran la obra diciendo: "Os deseamos con gozoso ánimo / toda la felicidad para vuestro futuro / y os pedimos en vuestra casa / el más hermoso rincón para nosotros"[1319].

Esa noche, durante la fiesta, pese a ser una excelsa bailarina, Edith no participó del baile hasta que escuchó un "tornero", danza alemana que había estado de moda cuando eran estudiantes y que su cuñado le había enseñado. Fue entonces cuando viéndola más animada y dispuesta, él la invitó a bailar asegurando que no lo había hecho antes porque temía que no se sintiera bien. Edith comenta que bailaron "la pieza entera un tanto desenfrenada"[1320]. Luego tocaron un vals. "Tenemos que demostrar que también sabemos bailar cosas serias", le dijo Hans. Edith finaliza el relato de la boda de su hermana diciendo: "Esta fue la última vez que bailé de verdad"[a][1321]. Es probable que ese año, hasta último momento esperara noticias de Hans Lipps, con quien esperaba pasar las navidades en Dresde, en casa de su madre. No se tiene registro de que se hayan encontrado allí. A fines de diciembre, ella debió conformarse con saber que Erna disfrutaba de su luna de miel. Luego, se sintió "tranquila y libre para cargar con [sus] preocupaciones"[1322].

---

a Y agrega Edith que, recordemos, era muy buena bailarina: "Luego, tras algunos años, volví a bailar solamente un par de veces con mis alumnas, cuando me insistían mucho en las fiestas de carnaval" (OCI, 344).

13
LA GRAN DECISIÓN

NUEVOS COMIENZOS

1921 fue un año decisivo para Edith Stein. En marzo y abril, nuevamente en Gotinga, colaboró con Richard Courant y su nueva esposa en la puesta a punto de su casa. Meses antes, había dicho que se sentía "atada" en Breslau y "con una terrible añoranza de Gotinga"; también hablaba de "un sueño demasiado precioso para que pueda hacerse realidad": trabajar "unidos de la mano"[1323] con Hans Lipps. Esos sueños parecían concretarse. Estaba en Gotinga y no estaba sola: Hans Lipps, "especialista en decoración de interiores", ayudaba a poner las cortinas "mientras que Edith, durante un mes", pasó gran parte de su tiempo "'jugando con el pequeño de la familia Courant'"[1324]. Según Müller y Neyer, no hay duda de que "Edith Stein amaba a Hans Lipps"[1325]. Además, estaba "enfrascada"[1326] en su tesis *Investigaciones sobre la filosofía de las matemáticas*[a]. El testimonio más cercano sobre su amor lo brindó la filósofa Hedwig Conrad-Martius. Hasta conocerla, Anne Reinach había sido su persona de "mayor confianza"[1327], pero es gracias a esta nueva amiga que sabemos que Edith "se hubiera casado con él si él lo hubiera querido. Pero él no lo quiso"[1328].

El testimonio de Hedwig Conrad-Martius es fundamental, ambas tenían mucho en común y confraternizaron rápidamente. Por eso, Edith pasó un buen tiempo en Bergzabern, "un idílico balneario y lugar de recreo en el Palatinado bávaro situado al

a Además, leía a Hering, el volumen IV del *Anuario* y seguía ayudando a Ingarden con sus dudas: "Que usted no pueda realizar nada razonable en filosofía, esto lo ha dicho en una arrebato depresivo [...] de cuando estaba en Breslau; sé lo horrible que resulta no recibir estímulo filosófico alguno" (OCI, 714).

sur de Landau, junto a la frontera francesa, en medio de viñedos y huertas de árboles frutales" [1329] donde Hedwig y su marido, el también filósofo Theodor Conrad, cultivaban una plantación de la que obtenían los medios para su subsistencia. Edith, que "atravesaba una crisis interior [...] que no podía resolver en casa"[1330], estuvo con ellos entre finales de mayo y principios de agosto de 1921. Solo regresó a Breslau para asistir al nacimiento de la primera hija de Erna, luego se hizo presente nuevamente en Bergzabern para cooperar en la plantación.

Lo cierto es que Hedwig estaba agotada, apenas tenía ayuda doméstica y la recolección de la fruta y otras tareas no compatibilizaban con su trabajo filosófico. Por ello, comentó Edith: "Si cada una de nosotras hace la mitad, a ambas nos queda tiempo suficiente para el trabajo científico. Pero lo más importante es que nos entendemos mutuamente, como apenas hubiéramos sospechado que uno podría entenderse con otra persona"[1331]. Juntas analizan las *Conversaciones metafísicas* y *Realeontologie*, libros de Hedwig Conrad-Martius, y seguramente comentan *Una investigación sobre el Estado*, que al publicar Stein dedicará al marido de su nueva amiga. Al recordar este período, Hedwig Conrad-Martius relató:

> Las dos nos encontrábamos en una crisis religiosa. Las dos estábamos pasando, muy juntas, por una cresta estrecha, aguardando ambas en cada instante el llamamiento divino. Ese llamamiento llegó, pero nos condujo confesionalmente por direcciones diferentes. Aquí se trataba de decisiones en las cuales la suprema libertad del hombre, por la cual éste en la creación fue ennoblecido como persona, se entrelaza —íntima e inconfundiblemente para los ojos humanos— con la vocación de Dios, a la que uno ha de obedecer. Pero no había manera de eludir tal llamamiento[1332].

Se tiende a pensar que las amistades íntimas se inician en la adolescencia o en la primera juventud, pero aquí dos mujeres adultas, en extremo reflexivas y ajenas a la sensiblería, establecen un vínculo profundo y duradero. Además, de esa gran amistad, nacida cuando las dos atravesaban una profunda crisis, surgiría una extraordinaria decisión. En verdad, no eran las únicas en enfrentar un período de definiciones. El final de la Gran Guerra europea fue catastrófico, desencadenándose una ola de suicidios y múltiples depresiones. El caso de Ludwig Wittgenstein es ilustrativo debido a su acercamiento al fenómeno religioso. Como Adolph Reinach, "había descubierto la fe cristiana"[1333] en las trincheras, pero, a diferencia de Reinach y de Stein, que pertenecían a familias judías más o menos acaudaladas, Wittgenstein era "hijo de la mejor sociedad vienesa, vástago de una de las más influyentes familias de industriales europeos", había estudiado en Cambridge y ya entonces era "reconocido como el talento filosófico del siglo..."[1334]. Durante la guerra Wittgenstein escribió el *Tractatus logico-philosophicus*, "una obra con la que estaba convencido no solo de haber dado el siguiente gran paso en la filosofía, sino incluso de que ese paso era el último y definitivo"[1335], y en la que creía demostrar que ningún argumento, conclusión lógica o teoría del sentido podían "siquiera rozar los interrogantes de la vida"[1336].

A partir de allí Wittgenstein tomó decisiones fundamentales. En 1919, cuando una inmensa mayoría de alemanes y sus aliados padecían la crisis económica, gracias a la fortuna familiar no tuvo que afrontar dificultades y, de regreso a Viena, luego de estar prisionero en Italia, decidió donar su fortuna a sus hermanos. En un último intento de disuadirlo el notario al que recurrió exclamó: "Entonces está usted firmemente decidido a cometer un suicidio económico"[1337]. Algo debió intuir con esta afirmación, ya que entre 1919 y 1921 los pensamientos suicidas no fueron ajenos a Wittgenstein. En este período, al igual que Edith Stein, él decidió cambiar radicalmente su vida. Pero en tanto que ella insistió por un tiempo en conseguir un puesto universitario, Wittgenstein, para quien el camino académico hubiera sido más llano, no solo renunció a su fortuna, sino que abandonó su carrera como filósofo y, en busca del sentido de su vida, ya en la pobreza, se formó como maestro de escuela primaria para enseñar en una remota aldea.

Para estos pensadores el cambio de vida se dio en paralelo a la adquisición de una particular conciencia religiosa. En consonancia con ello, conectaron las preguntas acerca de los alcances del saber con otros interrogantes: cómo debían vivir, cómo establecer la conexión con los otros y cómo traducir su pensamiento en la vida cotidiana[a]. Según Eilenberger, el vienés es uno entre los filósofos que vieron que filosofar abría "la ventana a la libertad de una existencia activa, directamente bañada de sentido, con los demás seres humanos"[1338]. A ese tipo de existencia Wittgenstein la llama, en el *Tractatus*, "felicidad"[1339]. Podría decirse que Stein avanzaba en temáticas conectadas en sus trabajos sobre empatía, causalidad psíquica, individuo y comunidad y *Una investigación sobre el Estado.*

UNA INVESTIGACIÓN SOBRE EL ESTADO

Entre octubre y diciembre de 1920 Edith Stein redactó *Una investigación sobre el Estado*, texto vinculado con su época y con el hecho puntual, ese año, del intento de golpe del derechista Wolfgang Kapp. Como muchos de sus trabajos, lo había escrito a mano, alguien lo había mecanografiado y esa versión, corregida por ella, habría sido discutida en la casa de los Conrad-Martius, a quienes les dejó el texto en junio de 1921. Aunque puede leerse independientemente, este ensayo conecta con los anteriores, en especial con *Individuo y comunidad.* Con este nuevo aporte Stein se inscribe en una línea de pensadores que, al igual que ella, luego de la Revolución rusa y de la Primera Guerra

a Más joven que ellos, en esa época también Hannah Arendt buscaba un sentido a lo que sucedía y a su propia vida: "Solo puedo decir que la filosofía era segura, desde mis catorce años [...]. Bueno, había leído a Kant [...]; para mí la cuestión era más bien: puedo estudiar filosofía o puedo tirarme a un río. No es que no amase yo la vida, no, no era eso. [...] Era el tener que comprender". Véase la entrevista con Gaus en *Ensayos de comprensión*, ob. cit., p. 25.

Mundial, trabajaron los conceptos individuo, comunidad, sociedad y masa desde diferentes perspectivas.

Mientras tanto, los movimientos sociales y políticos de la época, como la constitución del Partido Nacionalista de los Trabajadores Alemanes, en Múnich, en febrero de 1920, que terminó comandando Adolf Hitler, daban cuenta del resentimiento acumulado tras el Tratado de Versalles y durante la República de Weimar.

Pese a la coyuntura, en "este texto filosófico, no comprometido con cuestiones políticas del momento", parte del interés reside en que se "pone de manifiesto lo lejos que se encontraba Stein de las posiciones que había mantenido en 1917"[1340]. Mientras antes había hablado "del estado como la forma que toma el *Volk* (pueblo) cuando organiza su vida", ahora hace una distinción entre *Volk* y estado. El *Volk*, y su ejemplo es el pueblo polaco, puede sobrevivir sin necesidad de estado. Y un estado puede estar constituido por varios pueblos ligados por vínculos políticos y propósitos comunes "que se requieren para la vida de un estado"[1341]. En segundo término, Stein mantiene las diferencias entre Estado, comunidad (*Gemeinschaft*) y sociedad (*Gesellschaft*), especificando que lo que define al estado es la soberanía: "La existencial Estado tiene como condición el que un poder estatal se constituya por sí mismo, y el que sea reconocido, es decir, el que posea medios para imponer su reconocimiento y de penalizar las transgresiones de su derecho"[1342]. Como de costumbre, Stein establece un diálogo con otros autores, como su contemporáneo y autor de *La teoría general del derecho*, Jellinek, sosteniendo a diferencia suya que no pueden existir Estados no soberanos. También se enfrenta con la teoría contractualista o la idea liberal de un estado neutral, al mismo tiempo que "rechaza el papel histórico que le han asignado al estado filósofos como Fichte y Hegel"[1343].

Desde el punto de vista biográfico nos resulta interesante que admita a varios pueblos conformando un Estado, en el que se da la convivencia de varias comunidades. Además, rechaza posturas nacionalistas que, como el nazismo, asocian la idea del

Estado a la de un único pueblo. Paulatinamente, se posiciona frente a otros autores, como Spengler, Kjeellén y Scheler, e incluso se remonta al imperio romano para pensar la idea de un Estado con varias nacionalidades. También le interesa lo que sucede en la conformación de la cultura y su relación con el Estado. Y trata la relación entre "individuo y pueblo" e "individuo y Estado" hasta llegar al análisis de los distintos tipos de gobierno, y concluye que es la democracia la forma de gobierno que posee teóricamente los "fundamentos más seguros", pero también advierte del "peligro de degeneración"[1344].

También en este aporte constatamos la inmensidad de lecturas y el diálogo con otros autores. Además de remitirse a las clásicas formas de gobierno de Platón y Aristóteles, recorre un camino que pasa por los trabajos sobre Derecho y Estado de Adolf Reinach, los autores ya citados, y además dialoga con Berbert, Bernatzik, Albrecht, Mauerbrecher, Kern, Grocio, Stahl, Schleiermacher, Humboldt, Ritter y Von Hildebrand. También se interesa en cuestiones que atañen a "Derecho y Estado en la Edad Media", y en la relación entre Estados, todo con el objetivo de llegar a la "estructura óntica del Estado".

A la elaboración teórica le corresponden inquietudes que Stein pudo haber tenido en esta conflictiva etapa de la República de Weimar. Para ella, "el poder estatal ilimitado no existe en su esencia sino en cuanto es reconocido, y puede verse herido mortalmente en cualquier instante"[1345]; "una sana vida estatal"[1346] descansa en que los individuos la apoyen libremente. En cuanto a la relación entre Estado y "valores", es precisa: "El reino de Satanás puede ser tan perfectamente un Estado como el reino de Dios"[1347].

Entre otras cuestiones, aborda las relaciones entre Estado y país, y se detiene en "el lugar de la *economía* en la estructura del Estado"[1348], lo que la lleva a pensar en un tema muy actual, sobre todo para los países en vías de desarrollo y tercermundistas: "La dependencia (económica) difícilmente compatible con la independencia del Estado"[1349]. Luego, Stein va a presentar el caso del Estado que incluye a varios pueblos, iniciando una reflexión sobre el concepto de "raza"[1350] en la que no profundiza, y que tratará nuevamente, en la década del treinta, en *Estructura de la persona humana*. En otro de los apartados, se ocupa de analizar los estamentos del Estado, como las fuerzas armadas, los funcionarios, deteniéndose brevemente en temas como "la división del trabajo"[1351]. Cuando Stein pasa a reflexionar sobre lo que sucede cuando se da la disputa entre teorías o partidos políticos opositores, ve una amenaza al Estado, algo que estaba sucediendo con la República de Weimar:

> Si, por ejemplo, en un Estado parlamentario, con la alternancia de partidos, diferentes teorías del Estado llegan a marcar su rumbo, entonces es posible que, por vía legal (al menos aparentemente) y sin quebrantamiento del derecho, se esté trabajando sistemáticamente por el hundimiento del Estado[1352].

Sin profundizar en ello, afirma que hay un "correctivo", el poder de la *ratio*, pero también concede que de transgredirse el orden jurídico se produce "una perturbación del orden estatal" que puede producir su desmoronamiento. Y casi proféticamente concluye: "Lo que queda es el botín para un conquistador que quiera apoderarse de ello. Y es la materia prima para que otro Estado, en el que el anterior pueda integrarse"[1353].

Desde un punto de vista filosófico, no empírico, la última parte del ensayo presenta el tema "El Estado desde el punto de vista de los valores", en donde las preguntas rectoras son si al estado "le corresponde un valor" y si es "portador de valores, o debería serlo"[1354]. Stein ya había anticipado que "nada obliga al Estado, según su sentido propio, a ponerse al servicio de la ley moral, a ser un 'reino ético'"[1355]. Otro punto de relevancia desde lo biográfico es el dedicado a la relación entre Estado y religión. Aquí entra en un tema filosófico complejo, que remite a cuestiones medievales y en el que abiertamente se sitúa en una posición cristiana adhiriendo a una primacía de la esfera religiosa, una obediencia a "los mandamientos de Dios" que, para el creyente, tiene que estar por encima de la obediencia que exige el Estado.

Como ejemplo, cita los evangelios: "¡Dad al César lo que es del César!"[1356]. El ensayo plantea una solución de "avenencia" al conflicto de poder entre el estado y la esfera religiosa y, sin nombrarlo, es probable que piense en la historia bíblica del pueblo judío cuando analiza el estado de tipo teocrático, en el que un "pueblo elegido" por Dios debe obedecer su voluntad. Una voluntad que no sería diferente de la de Dios de modo que "los creyentes consideran el orden estatal como institución divina", dejándose guiar por ella porque entienden que "esa voluntad le es transmitida por boca de sus sacerdotes"[1357].

El análisis de Stein, como en otros trabajos, se limita al ámbito judeocristiano, a la civilización occidental. Y nuevamente es anticipatoria cuando deduce que "una ley estatal que limitara el culto divino [...] sería condenable [...], y el Estado que la promulgara se desacreditaría a sí mismo"[1358]. Finalizando este recorrido parcial en el que subrayamos cuestiones biográficas, merece atención la siguiente cita que ilustra lo que sucedería en un Estado totalitario:

> ... un Estado en el que exista tal abismo entre los gobernantes y los gobernados, que estos últimos consideren como excesivo para el dictado de su conciencia moral todo lo que se les exija en interés del Estado, sería un Estado que habría perdido ya el fundamento de su existencia, siendo imposibles restaurar tal fundamento mediante la aplicación de medidas de coacción[1359].

Podemos pensar que algo así sucedería con los alemanes opositores al nazismo, o ante un golpe de Estado en el que el gobierno establece medidas que van en contra de los motivos que impulsan al individuo a ""*reconocer*' al Estado"[1360]. Por otra parte, al final de esta investigación en el que se nota su impronta cristiana, Stein deduce que "el Estado no puede ser portador de valores religiosos", porque estos pertenecen a "una esfera personal". Las palabras finales del trabajo dejan en evidencia las cuestiones que la preocupaban en esta etapa de su vida y que será urgente evaluar después de 1933: "El individuo que vive en el Estado puede ser santo o no serlo, y lo mismo sucede con la comunidad cuya vida el Estado reglamenta, pero no sucede esto con el Estado mismo"[1361]. Para Stein, dado que el Estado *no tiene alma*, son las personas las responsables de la vida comunitaria, y en especial las que están en el gobierno.

UN ENCUENTRO DECISIVO: SANTA TERESA DE ÁVILA

En paralelo a la realización de sus investigaciones filosóficas, Edith Stein apuntó a experimentar el sentimiento de comunidad. Lo que durante la niñez le otorgó la pertenencia a su familia, con el paso de los años lo encontró en Gotinga, en la denominada "familia" fenomenológica, luego en el vínculo con sus amigos y, finalmente, en las últimas décadas de su vida, en el mundo católico. Además de escribir sobre la temática, vivió en comunidad con los Conrad-Martius, hasta llegó a expresar que ella y Hedwig querían "vivir juntas", y que también se llevaba "estupendamente" con su marido"[1362]. Al recordar a su amiga, Roman Ingarden señaló que "pertenecer a una comunidad era más bien una necesidad personal, algo que afectaba vitalmente a su identidad"[1363].

En una carta dirigida a Elisabeth de Miribel, una de las primeras biógrafas de Edith Stein, la propia Hedwig contó que la vida en Bergzabern se correspondía con la práctica de "vivir pobremente conforme a un ideal religioso hondamente arraigado"[1364]. Según parece, un día en que los Conrad-Martius no se hallaban en la casa, Edith tomó un libro para leer, y lo que podría interpretarse como un gesto habitual en una gran lectora como ella marcó un antes y un después en su vida. Refiriéndose a esa ocasión, expresó en pocas y contundentes palabras: "En el verano de 1921 cayó en mis manos la "Vida", de nuestra Santa Madre Teresa, y puso fin a mi larga búsqueda de la verdadera fe"[1365]. Traducido como *Leben der hl. Teresa von Avila, von ihr selbst erzhält*, el *Libro de la vida*, la autobiografía de la fundadora del Carmelo descalzo, fue reimpresa en traducción alemana en 1919. Según algunas versiones, el ejemplar pertenecía a los Conrad-Martius, pero en el proceso de canonización de Stein, Paulina Reinach afirmó: "Mi cuñada y yo la invitamos a llevarse un libro de nuestra biblioteca. Su elección recayó en una biografía de Santa Teresa de Ávila, escrita por ella misma. Estoy absolutamente segura[a] de este detalle"[1366].

Se presume que Edith leyó el libro entre el 27 de mayo y el 3 de agosto de 1921. La lectura pudo haber transcurrido en algún momento robado por la tarde, o por la noche, ya que durante el día las amigas se sumergían en un trabajo agotador. Hedwig Conrad-Martius evoca alguno de estos momentos:

> Una vez pasamos el día transportando carbón, y el profesor Koyré, que había venido a visitarnos, parecía fuera de sí: no soportaba ver a dos mujeres enfrascadas en trabajos tan pesados. Por la tarde, demasiado cansadas para hablar de filosofía, salvo en los raros momentos en que venían amigos a vernos, dedicábamos el tiempo a remendar ropa o a dormir[1367].

Su primera biógrafa afirmó que, luego de una noche dedicada a la lectura del *Libro de la vida,* Edith Stein se convirtió al catolicismo, pero si pensamos en los rigores del trabajo de cada día, en lo agotada que estaría al anochecer y en la extensión del texto, es poco probable que pudiera terminarlo en una sola noche. Además, conforme al testimonio de una de sus conocidas que fue alumna suya en Breslau, y según Pauline Reinach, desde tiempo atrás se habría interesado en la obra de Teresa de Ávila.

---

a Además, Hedwig Conrad-Martius no recordaba haber tenido este libro (Miribel, p. 63). Es probable que después de leerlo Stein lo dejara en su casa porque, de su puño y letra, Hedwig Conrad-Martius escribió: "Bergzabern, verano de 1921". El ejemplar se encuentra en la parroquia San Martín de esa ciudad. (MyN, n. 12, p. 146). En una de sus visitas al Carmelo de Colonia Hedwig pudo darle el libro a Edith Stein, ya que dicho ejemplar ostenta el sello del convento. Luego de pasar a manos de una misionera de Breslau en África, fue reintegrado a su ciudad y cedido a la mencionada parroquia.

Si esto es así, lo que sucedió ese verano fue la culminación de un proceso de años que comprendía, además, muchas otras lecturas. No fue un paso dado a la ligera, por lo que antes de convertirse al catolicismo, Edith Stein no solamente se dedicó leer a autores "clásicos de la espiritualidad como Agustín e Ignacio de Loyola, sino también de filósofos y teólogos como Kierkegaard, Scheeben, Johany Adam Möhler"[1368]. De este último, teólogo protestante, junto a Scheeben, le recomendaría su lectura a Ingarden años después[a].

En ese contexto, Moreno Sanz entiende que el libro de Santa Teresa "incidió por completo en el encuentro de Edith Stein con la posibilidad de dar cohesión y sentido a su propia experiencia, comenzando por la aceptación de todos sus fracasos amorosos, académicos y políticos, e integrando perfectamente en ella su propia vida filosófica y los resultados mismos de sus cinco ensayos fenomenológicos"[1369]. Por su parte, al analizar los "cuatro rasgos de la vida de Santa Teresa" que destacan por su relación con la decisión de Stein, MacIntyre se ocupa de la importancia que le da a la oración como "camino de aprendizaje"; el identificar los obstáculos y "dificultades que surgen en las diferentes etapas"; los apegos que "nos impiden reconocer la presencia de Dios"; la "falsa espiritualidad" y la prevención sobre "la posibilidad del error y de la ilusión". En definitiva, dice MacIntyre:

> Lo que Teresa nos pide es lo mismo que Stein hubiese considerado como una interpretación de la exigencia de atención fenomenológica hacia lo que nos es dado en la experiencia, de forma que podamos distinguirla de lo que nosotros ponemos en ella procedente de prejuicios naturales y mundanos[1370].

Una vez decidida por el catolicismo, Edith compró un catecismo y un misal para estudiarlos. Poco después, se presentó ante el

---

a En 1927 Edith Stein le pasa una lista de lecturas a Ingarden diciendo: "Pueden ayudarle a comprender mejor mi camino" (OCI, 799).

párroco de Bergzabern, el deán Eugen Breitling, a quien le comunicó que quería recibir el bautismo y a quien respondió una serie de preguntas. Es posible que, "por pura cautela eclesiástica"[1371], este lo haya pospuesto para principios del año siguiente.

Repasemos los antecedentes de esta decisión. En la adolescencia, Edith había perdido la fe y no habría vuelto a interesarse en los fenómenos religiosos hasta que escuchó las clases de Max Scheler. Recordemos que, en la Universidad de Gotinga, pero también en Friburgo, conoció a varios fenomenólogos que, según comentó con desdén Hans Lipps, iban todos los días a misa. Pero tal vez lo más significativo desde el punto de vista emocional sucedió luego de la muerte de Adolph Reinach cuando, en lugar de encontrar a su viuda totalmente sin consuelo, al presentarle sus condolencias Edith se sorprendió al verla serena, llena de fe y dispuesta a consolar a los demás deudos. Décadas después revelaría a un sacerdote:

> Fue este mi primer contacto con la Cruz y con la virtud divina que comunica a los que la llevan. Por primera vez vi palpablemente ante mí a la Iglesia nacida de la pasión redentora de Cristo en su victoria sobre el aguijón de la muerte. Fue el momento en que se quebró mi incredulidad, palideció el judaísmo y apareció Cristo: Cristo en el misterio de la Cruz[1372].

Para MacIntyre, se trata "de una descripción retrospectiva, con influencia teológica"[1373], porque no tenemos registro de cómo la afectó la experiencia en ese momento. Al dar testimonio de "la reacción de Edith después de la muerte de Reinach", Roman Ingarden recordó: "¡Qué horrible impresión le causó su muerte! Pienso que aquello fue el comienzo de ciertas transformaciones que luego se consumaron en ella"[1374]. Con el paso del tiempo, así como la conmovió la conversión de Anne Reinach, la de Edith Stein también impactaría a muchos de sus familiares y allegados. Al ser Anne y Edith mujeres de gran cultura y, en el caso de la filósofa, una mente brillante especializada en el análisis fenomenológico, sus vivencias tuvieron un correlato intelectual. Fundamental en el camino de conversión de Stein fue editar las notas sobre filosofía de la religión de Reinach, que aparecieron en 1921 con un prólogo de Hedwig Conrad-Martius. Como destaca Caballero Bono, cuando Edith Stein relata su "experiencia religiosa", "se sirve, para expresarla, de conceptos usados por Reinach, como los de cobijo (*Geborgenheit*) y sentimiento de estar cobijado (*das Gefühldes Geborgenseins*)"[1375].

En cuanto al sustrato en que se daban estas conversiones, como Beckmann-Zöller es relevante subrayar que "la confianza y la esperanza" que los primeros fenomenólogos "pusieron en este movimiento asumieron caracteres casi religiosos, de tal modo que, de hecho, había que convertirse para poder acceder a esta corriente". Sin que Husserl lo pretendiera concretamente, se ha podido reconocer el "efecto recíproco entre fenomenología y conversión".[1376] En palabras de Hedwig Conrad-Martius:

> Lo que nos unía no era sino el tener la mirada despejada para el contacto espiritual con el ser en todas sus configuraciones posibles. [...] Era el ethos de la pureza y limpidez objetiva. [...] Naturalmente, tenía que impregnar la disposición de ánimo, el carácter y el modo de vida"[1377].

Pero habría otras maneras de relacionarse con la filosofía de Husserl. El caso de Heidegger, educado como católico y destinado al sacerdocio, ilustra el camino inverso, porque pese a que siguió interesado en la temática religiosa, más o menos en la misma época que Edith Stein se convirtió, él abandonó toda práctica regular. En 1919 le había escrito a Engelbert Krebs, con quien había sido seminarista y era ya sacerdote y profesor de teología en Friburgo, admitiendo que el catolicismo le resultaba ahora "problemático e inaceptable, aunque no así el cristianismo ni la metafísica"[1378]. Cuando Krebs lo había casado con Elfride Petri, que era protestante, habían prometido educar a sus hijos como católicos, pero, por el contenido de esa carta se deduce que no cumplirían la promesa.

Como dice MacIntyre, la trayectoria de Heidegger y Stein eran opuestas, sin embargo "en este período ninguno de los dos pudo predecir su evolución futura"[1379]. Ya adelantamos que no eran los únicos en definir sus orientaciones en el plano religioso y filosófico y, en capítulos anteriores, mencionamos a pensadores que se pasaron del judaísmo al cristianismo o al catolicismo. Para ampliar el panorama son ilustrativos los casos de otros filósofos, como Hermann Cohen, que desde su jubilación en 1912 como catedrático en Marburgo se había dedicado a dar clases en el Instituto para el Estudio de la Ciencia del Judaísmo. A una de estas clases asistió Franz Rosenzweig, que había pensado en pasar del judaísmo al cristianismo. De alguna manera su caso conecta con el de Edith Stein, dado que fue justamente un día de Yom Kipur (recordemos que ella celebraba su cumpleaños ese día) cuando Rosenzweig, que había decidido vivir unos meses como observante judío, "entró en la sinagoga como un supuesto cristiano y salió de ella como un reconvertido al judaísmo"[1380].

LA EMPATÍA Y EL INTERÉS POR EL FENÓMENO RELIGIOSO

Una de las ideas centrales que Edith Stein expone en su tesis sobre la empatía es que mediante el encuentro intersubjetivo con los otros alcanzamos a conocernos a nosotros mismos. Pero, además, la empatía permitiría captar las propiedades personales de los otros, su vida espiritual. Incluso, a través de la empatía se podrían vivenciar valores y descubrir rasgos de nuestra personalidad que aún no hemos desplegado. En varias oportunidades Stein reconoce que la lectura podría participar de este proceso, y es así como habrán impactado en ella los manuscritos de Adolf Reinach y, finalmente, la autobiografía de Teresa de Ávila. En cuanto a su propia vivencia religiosa, aunque no brinda demasiados datos, en sus trabajos aparecen indicios sobre sus experiencias.

Pensemos en la vivencia religiosa como "una impresión inmediata que queda y que convierte en vivencia un segmento, corte o hito de la vida; se trata de lo significado por un 'suceso'"[1381]. Beckmann-Zöller advierte que "al ocuparse con la vivencia religiosa, tanto en su vida como también en su pensamiento", Stein siguió a Reinach como "modelo y maestro"[1382]. En sus apuntes, él había anotado: "¡Ante todo, dejar a las vivencias religiosas en su sentido!, aunque lleven a enigmas. Estos enigmas son justo del más alto valor para el conocimiento"[1383]. Además de preguntarse con qué derecho "se acredita la vivencia de Dios como una esfera afectiva más allá del conocimiento", en una carta a su esposa Reinach escribió: "Querría partir de la vivencia de Dios [...], y no hacer sino mostrar que nada se puede objetar desde el punto de vista de la 'ciencia objetiva'"[1384].

Ahora bien, en *Causalidad psíquica* Stein admite que "para el renacimiento espiritual" el único presupuesto "parece ser cierta capacidad receptiva"[1385]. En "Caminos del conocimiento de Dios", escrito de 1941, dirá que para lo religioso habría una "disposición natural" y que el influjo del entorno humano juega un papel, de modo que si a alguien le falta "'sentido religioso'; si no viene 'ayudado por una buena educación, es muy posible [...] que permanezca ciego ante los reclamos que llevan al mundo de Dios"[1386]. Allí está uno de los meollos del problema si, como quería Reinach, se pretende tratar la vivencia religiosa desde la "ciencia objetiva". Pero desde el punto de vista biográfico y específicamente respecto de la vivencia religiosa, lo que nos interesa es que Stein haya dicho que "no podemos conocer ningún vivenciar que nosotros no hayamos experimentado"[1387]. Tanto Reinach como Stein llegan a la vivencia religiosa tras una gran crisis[a] que la precede. Para ambos, es una experiencia en

a Afirmó Reinach: "Las primeras semanas fueron terribles; entonces la paz de Dios también me alcanzó a mí y ahora todo está bien". Se sabe que habiendo experimentado ese tipo de vivencias el filósofo expresó el deseo de escribir sobre esos temas: "Me gustaría empezar desde la experiencia interior de Dios, la experiencia de estar amparado en Él [...]. Me gustaría explicar el pleno significado de esta experiencia, mostrar hasta qué punto puede reclamar objetividad, para demostrar por qué se trata de una percepción genuina, aunque de tipo peculiar...".

la que se da de modo inmediato la vivencia de estar cobijado. Como fenomenóloga, autosugestión, posibilidad de engaño y sugestión son cuestiones que Stein había trabajado en textos como *Introducción a la filosofía* o *Individuo y comunidad*. Por su parte, Reinach había advertido que "las vivencias religiosas pueden encontrarse con objetos, por ejemplo, el Estado, el pueblo y otros, a los que convierten en divinidades, es decir, los elevan a la esfera religiosa"[1388]. Mucho antes de que el nazismo llegara al poder, tanto Scheler como Reinach y Stein habían anticipado lo que podría ocurrir en ese caso.

En *Causalidad psíquica,* una de las primeras veces que Stein describe la vivencia religiosa habla de "un estado de reposo en Dios", un descansar en Dios, en el que ya no se hacen planes de ninguna clase, se deja todo en manos de la voluntad divina y "uno 'se abandona' por completo 'al destino'"[1389]. Siguiendo a Marianne Sawicki, MacIntyre destaca que este abandonarse al destino se corresponde con una concepción estoica de lo divino, que no conlleva necesariamente a "una postura religiosa desde un punto de vista judío o cristiano"[1390]. De ahí la indecisión de Stein de 1919, cuando todavía se preguntaba qué posición teológica seguir. En 1921, fue Santa Teresa de Ávila la que terminó por inclinarla al catolicismo.

Mientras que Hedwig Conrad-Martius optó por el protestantismo, Edith Stein aseguró que la lectura de *Libro de la vida* de Teresa de Ávila fue decisiva para ella. Este magnífico libro autobiográfico, uno de los primeros redactados por una mujer, y publicado a poco de su muerte[a] tiene mucho que aportarnos para iluminar el caso de Edith Stein. Al retratar su infancia y primera juventud, Teresa se define como una jovencita lectora, encantada con la vida mundana, muy poco preocupada por lo religioso, y en ese aspecto Edith pudo haber visto reflejada su propia adolescencia. Pero, además, la fundadora del Carmelo describe su

a Secuestrada por la Inquisición, la autobiografía fue publicada seis años después de la muerte de Teresa de Ávila por Fray Luis de León, en 1558.

asunción de fe y otras vivencias que encontraron singular eco en la filósofa alemana. También los significativos silencios sobre su ascendencia judía, ascendencia que se desconocía en la época de Edith Stein, pudieron alcanzar a manifestarse, aun desde el ocultamiento, toda vez que Teresa otorga importancia a la ética y valores por sobre los orígenes, la herencia y la cuna.

Casi quince años después de leer la autobiografía que la resolvió a abrazar el catolicismo, ya siendo monja carmelita, Edith Stein escribió algunos artículos sobre Teresa de Ávila. En ellos, concluye que "las almas santas son vasijas de la gracia y santifican y forman mediante el simple contacto"[1391]. Más adelante, inspirada tal vez en su propia experiencia, agrega que el influjo de Santa Teresa

> llega más allá de las fronteras de su pueblo y de su Orden; tampoco permanece limitado a la Iglesia, sino que influye también en los que están afuera. La fuerza de su lenguaje, la veracidad y naturalidad de su estilo abren los corazones y los introducen en la vida divina. El número de aquellos que le deben el camino hacia la luz se conocerá solo en el día final[1392].

Parecería que Edith pensó en sí misma al escribir esas líneas. Pero ¿cuál fue en su caso el "simple contacto" del que habla? ¿Puede inducirnos la lectura de un libro al conocimiento "empático" de la vivencia religiosa?

¿No detallan Adolf Reinach, Edith Stein y Teresa de Ávila, cada uno a su manera, en distintas épocas, y desde sus respectivas ópticas, un tipo de vivencia personalísima, ligada a una percepción genuina del fenómeno religioso? Según Edith Stein aclaró, hubo algo definitivo en la lectura de la vida de Teresa de Ávila que la condujo al catolicismo. Por eso, retomar pasajes en los que ambos describen la vivencia religiosa nos acerca al punto en que, para decirlo con un término estimado por la filósofa alemana, sus vivencias empatizan. A mediados de la década del treinta, al comentar la cuarta morada de *El castillo interior*, de Teresa de Ávila, escribe:

> Hay otra fuente (el alma en la oración de quietud) a la que "viene el agua de su mismo nacimiento, que es Dios, y así "cuando Su Majestad quiere hacer al alma alguna merced sobrenatural, produce con grandísima paz y quietud y suavidad de lo muy interior de nosotros mismos, yo no sé hacia dónde ni cómo [...] vase revirtiendo esta agua por todas las moradas y potencias hasta llegar al cuerpo; que por eso dije que comienza de Dios y acaba en nosotros; que cierto, como verá quien lo hubiere probado, todo el hombre exterior goza de este gusto y suavidad"[1393].

Stein dice que, en *Castillo interior*, Teresa de Ávila quiso "hacer comprensible lo que ella misma ha experimentado"[1394]. Y es justamente la experiencia de una gran paz interior la que comparten Reinach y Stein, y que para MacIntyre podría ser una de las razones por las cuales ella no siguió a Kierkegaard, con "su énfasis casi exclusivo en el sufrimiento que implica la vida cristiana"[1395].

Stein también se pregunta qué sucede con *Las moradas* "a la luz de la filosofía moderna"[1396]. En prieta síntesis, su conclusión es que mientras que la puerta de la oración condujo a Teresa al conocimiento del alma, cinco siglos después habría otras puertas, "el trato con otros", el "descubrimiento del mundo interior" y la "investigación científica" que permitirían al alma conocerse a sí misma, "aprehender todas las cosas creadas conociéndolas y amándolas y así comprender la propia vocación y obrar en consecuencia"[1397]. Desde el punto de vista de Edith Stein, quien busca la verdad busca a Dios de manera consciente o inconsciente. Esta conclusión puede relacionarse con lo que ella misma experimentó luego del desmoronamiento psíquico sufrido cuando su voluntad e inteligencia se tensaron al límite. Por experiencia sabía que al alcanzar "su nivel máximo" el entendimiento "toma conciencia de sus límites"[1398]. Estas vivencias conducirían a dos posibilidades:

> O caer en la desesperación o inclinarse para venerar la impenetrable verdad, acogiendo en la humildad de la fe lo que la actividad

natural del entendimiento no puede conquistar. Entonces, bajo la luz de la verdad eterna, el entendimiento recibe el justo punto de vista sobre su propio entendimiento[1399].

Claro que en ese punto no intervendría solo la voluntad. Edith Stein explica que en el proceso de "tender hacia Dios" "no podemos creer sin la gracia" divina[1400]. Y es probablemente ese misterio (el de la gracia[a]) el que no pudo o no quiso comunicar ni siquiera a Hedwig Conrad-Martius cuando esta le preguntó acerca de su conversión. La elusiva respuesta de Edith fue "*Secretum meum mihi*" [1401]. Al informar acerca de su conversión le escribe a Ingarden: "Sobre lo que me ha llevado a ello, nada le he escrito. Y la verdad es que esto es difícil de decir e imposible de escribir. En todo caso, en los últimos años he vivido mucho más que he filosofado. Mis trabajos son solo pocos de aquello que me ha ocupado en la vida, pues ahora estoy construida de tal modo, que debo reflexionar"[1402].

Finalmente, unas palabras más sobre la importancia de Teresa de Ávila y la experiencia empática de un llamado que Stein pudo haber tenido y del que habla en *Ser finito y ser eterno*: "Es esto lo que han hecho siempre los conocedores de la *vida interior*: han sido atraídos hacia su interioridad más profunda por algo que tiraba más fuerte que todo el mundo exterior: allí han experimentado la irrupción de una vida nueva, pujante, superior, sobrenatural, divina"[1403].

---

a En *Ciencia de la Cruz* la define: "Gracia es cuando llega a nosotros el mensaje de la fe, la verdad revelada por Dios. Gracia es lo que nos regala la fuerza para aceptar el mensaje de la fe —también cuando tenemos que realizarlo con una libre decisión—, y así nos transforma en 'creyentes'. Sin el auxilio de la gracia no es posible ninguna oración o meditación, Y, sin embargo, todo ello es también objeto de nuestra libertad y se realiza con nuestras propias fuerzas" (OCV, 302-303).

UN ENSAYO RELIGIOSO-FILOSÓFICO

Desde el principio Edith tuvo la intención de entrar en el Carmelo: "Cuando recibí el bautismo el día de Año Nuevo de 1922, pensé que aquello era solo una preparación para la entrada en la Orden" [1404]. No pudo ser así porque tal decisión, que ciertamente alegró a algunos, resultó incomprensible para otros, pero de ninguna manera dejó a su entorno indiferente. En el plano filosófico, Stein haría realidad el deseo de Adolf Reinach, quien, de sobrevivir a la guerra, pensaba ocuparse filosóficamente solo de temas religiosos. En ese sentido, el 30 de agosto de 1921 ella le hace saber a Ingarden: "En casa he dado comienzo a un ensayo religioso-filosófico. Lo que resulte de ello, aún no lo sé. Pero, previsiblemente, en el futuro trabajaré solo en esta área"[1405]. En la actualidad se cree que el ensayo es "Naturaleza, libertad y gracia", que hasta no hace mucho se consideraba escrito a principios de la década del treinta y ello ocasionó, según Moreno Sanz, "graves errores interpretativos de todo el pensamiento de Edith Stein". Finalmente, en 2007, con la edición del tomo III de sus *Obras completas* se "subsana ese error"[1406] de datación y se precisa que fue escrito entre agosto de 1920 y la primera mitad de 1922. Lo que muestra este ensayo es que Stein ya tenía un importante recorrido teórico desde su inclinación al cristianismo y que había profundizado sus conocimientos del catolicismo y se había acerca a su teología. Según Moreno Sanz, aunque no es posible "desde una mínima fenomenología de la mística [...] privilegiar como exclusivamente 'verdadera' la de la propia cultura, sea ésta la cristiana, la islámica, la hindú, la budista o la sioux" se ve aquí "la penetración racional de Stein, su honestidad intelectual, y su inmersión en la religiosidad carmelitana"[1407].

Dado que al principio de esta nueva etapa ella opta por dejar algo de lado las publicaciones filosóficas, MacIntyre piensa que su decisión pudo tener que ver con que, habiendo ido "todo lo lejos que permite la investigación puramente fenomenológica", le resultase evidente que cualquier análisis ulterior "necesitaba ser completado y quizás corregido desde un punto de vista filosófico alternativo"[1408]. También es probable que el ejercicio de la humildad, en que se entrenó a conciencia, la obligara a pasar a un segundo plano su deseo de publicar nuevos trabajos, aunque "Naturaleza, libertad y gracia" demuestra que seguía escribiendo. Dividido en cinco partes, este ensayo puede leerse en diálogo crítico con "Naturaleza y Espíritu", la conferencia que dio Husserl en 1919 en Friburgo. Pero Stein también dialoga con sus obras anteriores, como cuando analiza el fenómeno místico partiendo de los estratos de la persona: cuerpo vivo, psique, alma y espíritu, y retoma el concepto de "fuerza vital" de Dilthey. Como auténtica seguidora del espíritu carmelita, plantea que oración y ascesis son requisitos para ir a lo interior, que es a la vez lo más alto, en un camino que tiende al abandono de sí, característico de la mística. En cuanto al reino de la "gracia", lo define como "la esfera espiritual que fluye de Dios"[1409]. Y, si consideramos su relación con la obra de Santa Teresa de Ávila, resulta iluminador que diga: "Es posible ser llamado con el espíritu de lo alto, es decir, encontrar la forma de unirse al reino de la gracia, siguiendo a un santo sin haberse sometido a Dios directa o indirectamente"[1410].

Pero Stein también aborda cuestiones del mundo. Con el ejemplo de Fausto, de Goethe, y de Próspero, de Shakespeare, estudia el caso de los hombres que "parecen forzar para que se pongan a su servicio a espíritus capaces de dominar la naturaleza"[1411]. El que busca dominio, concluye Stein, "cae en una servidumbre" profunda[1412]. Como correlato de sus propias experiencias este texto es sin duda revelador. Y nuevamente recurre a la terminología de Reinach cuando dice que, cuando la gracia "inunda el alma", lo que la asedie desde afuera "no podrá inundarla sin obstáculos. Es acogido. Sí, pero se le responde desde la plenitud del alma"[1413].

En el apartado "La Iglesia externa", Stein inaugura una temática que continuará hasta sus últimos escritos, planteando que no es "una necesidad de principio" que determina que la Iglesia tenga que existir como "institución objetiva". Además, como dice Moreno Sanz, da inicio a "la importantísima Cristología que va a desarrollar en sus últimas obras"[1414]. En este texto también subraya, de manera universal, que la gracia divina puede concederse "también a quienes están fuera de la Iglesia"[1415]. En este trabajo, considerado germen que contiene su obra futura, la parte final está dedicada a "la fe", y aquí distingue entre fe religiosa, certidumbre, opinión y doxa, a la vez que pone en relación fe y conocimiento. Finalmente, en "Fe, libertad y gracia" Stein establece el diálogo entre catolicismo y la concepción de gracia de Lutero.

En diálogo con "Naturaleza, libertad y gracias", se define a la intuición como "todo acto en el que el espíritu capta actualmente un objeto y lo tiene ante sí"[1416]. Se trata de un texto fragmentario correlativo al tiempo de su conversión en el que también dice: "La 'verdad' que se hace patente en mí no es un acto espiritual ni una esfera espiritual. Entra en mi esfera y se pone ante mí, no es ella misma mi espíritu, sino algo que puede ser captado por el espíritu"[1417]. Ese estado, como en Reinach, llevaría a la "quietud"[1418].

GIRO EXISTENCIAL. FOTOS QUE ELIMINAR Y OTRAS TORMENTAS

"Para mi madre la conversión al catolicismo es la peor cosa que puedo hacerle"[1419], le confesó Stein a Ingarden en una carta de octubre de 1921. Había regresado a su casa para asistir al nacimiento de su sobrina, que nació el 29 de septiembre, un mes antes de lo previsto. Durante el tiempo de espera, Edith le pidió a Erna "que preparara a su madre ante su próxima conversión". Décadas después Erna recordaría que esa fue una de las tareas más difíciles que "había tenido que enfrentar"[1420]. Los testimonios de amigas cercanas dan cuenta del clima de tensión que se había establecido en la casa familiar[a].

---

a Käthe Kleemann ilustra al respecto: "No había perdido el interés por mi amiga de la infancia. Oí hablar de su paso al catolicismo. Fue para mí una notable experiencia. Sabía que la señora Stein era todo, menos tolerante. Yo sabía además cuán apasionadamente quería Edith a su madre, no menos que ésta a ella. Sabía asimismo cuán indiferente se había mostrado Edith frente a las cuestiones religiosas. "Yo luchaba entonces también por la luz y la fe.

No se sabe exactamente cómo transcurrió el diálogo entre madre e hijas[a]. Pero para Auguste la decisión fue totalmente inadmisible; y fue una prueba para Edith, que dijo: "Para mí es terrible ver cómo se tortura con ello sin que yo pueda aliviarla lo más mínimo"[1421].

Aunque todavía se entusiasmaba con los proyectos de Lipps, a poco de obtener su cátedra en Gotinga él decidió alejarse por un tiempo. En agosto Edith comunica su deseo de vivir en casa de los Conrad[1422]. ¿Cuál habrá sido la reacción de Lipps luego de su conversión? Estamos al tanto de lo que pensaba de los fenomenólogos que iban a misa todos los días, pero no mucho más. Así como Stein habría sido demasiado "alemana" para Ingarden, podría haber resultado demasiado "católica" para Lipps, quien, a poco de su determinación o paralelamente, optó por tomar distancia. Además, como había gastado mucho dinero a causa del proceso de paternidad promovido por la esposa de Clauss, en calidad de médico decidió formar parte de una tripulación que, noviembre de 1921, lo llevó en un viaje marítimo a África e India.

En ese tiempo, al constatar que su amiga aún conservaba una foto de Lipps, Hedwig Conrad-Martius le hizo un comentario que la hizo reflexionar: "No estaba bien querer entregarse por completo a Dios y a la vez tener sobre la mesa la fotografía de un hombre (quizás le hablé también de llevar esa imagen en el corazón...)"[1423]. Inmediatamente la foto desapareció del escritorio y un par de años después, cuando en 1923 Lipps con-

---

Se lo dije. Ella inmediatamente se ofreció a salir conmigo. [...] Con infinita paciencia discutía conmigo; discutía y me consolaba. Sobre cosas personales, sobre problemas de fe, sobre filosofía, sobre todo lo que nos preocupaba. Estábamos muy cerca. Ella fue mi madrina y nos hemos separado en el más auténtico e íntimo amor" (Posselt, 143).

a La primera biógrafa de Edith Stein, su maestra de novicias en el Carmelo de Colonia plantea una escena alejada de la realidad: "Arrodillándose ante la madre —sumergiendo sus ojos en lo más hondo de los suyos—, dulce, pero firmemente, dijo con sus labios: 'Madre, soy católica" (Posselt, 100-101).

trajo matrimonio, Stein no tuvo inconveniente en continuar la amistad[a]. Finalmente, pasada una década y habiendo enviudado, en 1932 Lipps le propuso casamiento, pero ella rechazó su propuesta: era demasiado tarde.

Otro de los amigos que no comprendió su conversión fue Fritz Kaufmann. Por un tiempo interrumpieron su correspondencia, aunque la retomaron en 1925.

La decisión de Stein, que provocaba un tembladeral entre sus íntimos, tampoco dejó tranquilo a Ingarden. Desde Breslau, pocos días después de su resolución, además de decir que estaba trabajando en un ensayo religioso-filosófico[1424], Edith agrega que consideraba sus trabajos surgidos entre 1918 y 1919 como lo que "puede ser para una serpiente su abandonada vieja piel. Lo mejor es no volver a mirarlos"[1425]. Sin embargo, mucho de lo que había desarrollado en ellos adquirió nueva forma en los años siguientes. Por otra parte, en el volumen V del *Anuario* de Husserl, salido de la imprenta a fines de 1921, se publicó "Contribuciones a la fundamentación filosófica de la psicología y de las ciencias del espíritu". En el mismo volumen apareció un trabajo de Hildebrand que mereció su aprobación.

Por entonces, Ingarden se permitió reprobar duramente un libro de Hedwig Conrad-Martius. "Sorprendida por la violenta reacción"[1426], Edith defendió el libro. Pero además trató de limitar las críticas de Ingarden y así, defendiendo a su amiga, parece justificar su giro existencial y de pensamiento:

> No sé si su angustia sobre la fenomenología está justificada. Naturalmente esto no *es* por regla general fenomenología, lo cual también tiene muy claro la señora Conrad. Ahora bien, una me-

---

a En una carta que él envió de Gotinga en 1923, año de su casamiento, se aprecia la buena relación: "Usted tiene que participar en la revista *Kant-Studien*. Pero no me atrevo a incluirla en ella sin su consentimiento; primeramente porque eso no tendría sentido y, en segundo lugar, porque la cosa así no marcharía. ¿Se enfadará usted mucho conmigo, si le pido que lo haga? No sé realmente cómo voy a salir del paso" (OCI, 1422).

> tafísica que solo se apoya sobre análisis rigurosos, es imposible por completo. Por otra parte, cuando alguien es atrapado por los problemas metafísicos —alguien que escribe bajo una irresistible fuerza interior—, ¿acaso se le puede prohibir que lo afronte?[1427].

En todo caso, Stein concluye:

> Tan cierto como que cada filósofo en el fondo de su corazón es un metafísico, así de cierto también que cada cual especula explícita o implícitamente. En un caso la metafísica está a la vista, en otro entre líneas. Todo *gran* filósofo tiene la suya propia, lo que no quiere decir que sea sin más accesible a todos. Está en relación muy estrecha —y de manera legítima— con la *fe*[1428].

Una nueva distancia se establece entre los amigos, en términos de fe. Insertos en ese dilema, durante casi dos décadas siguieron debatiendo. A un año de su conversión, Edith decía que tendrían que verse personalmente. Porque Friburgo pertenecía "a un tiempo lejano", que se ha "sumergido tras de ella y que "todo aquello que es esencial no se puede decir por carta"[1429].

Aunque coincidían en el "déficit del método fenomenológico"[1430], cada uno apuntaba a resolverlo desde perspectivas diferentes. No eran los únicos. MacIntyre subraya que también Conrad-Martius se vio obligada "a plantearse algunos interrogantes que le llevaron más allá de la fenomenología", pero "fue Ingarden quien puso de manifiesto dichos interrogantes de la forma más sistemática posible y con la mayor profundidad [...]. La aspiración más importante de su extensa carrera filosófica fue la de desarrollar una ontología —distinta de la de Husserl— que fuese anterior e independiente de la fenomenología"[1431]. En esa línea, Edith, que había comenzado a leer Santo Tomás de Aquino en Breslau, en 1921, y a relacionarse con personas formadas en la escolástica, explicaba:

> Allí existe un aparato conceptual preciso y bien desarrollado, que nos falta a nosotros. Por contra, en la mayoría de los casos,

> falta el contacto directo con las cosas, que para nosotros es aire vital; el aparato conceptual aísla a uno fácilmente contra la acogida de lo nuevo[1432].

Durante bastante tiempo quiso que Ingarden comprendiera su elección y camino intelectual. Pero sin lugar a dudas, la mayor tormenta fue la desatada en casa de su madre. Por un tiempo Edith continuó impartiendo clases de filosofía en Breslau. Gertrud Koebner, una joven filósofa judía dijo que, pese a todo, la madre de Edith "comprendía a su hija predilecta más de lo que daba a entender"[1433]. Las unía un amor muy grande, las dos se esforzaban por superar el desencuentro y las dos sufrían. Recordando esa etapa, Edith escribió:

> ... después de mi bautismo, al encontrarme frente a mi madre, vi muy claro que no podría encajar por el momento el segundo golpe [que entrara al carmelo]. No hubiese muerto, pero hubiese sido como llenarla de una amargura que yo no podría tomar sobre mí. Debía esperar con paciencia[1434].

El sufrimiento de Auguste y el desconcierto familiar se daba en una época concreta, cuando en Alemania el antijudaísmo y la discriminación iban en aumento. Además, contribuía a los equívocos la escasa relación que se daba entre judíos y cristianos, quienes no solían interactuar socialmente. Por lo general, además, cada grupo desconocía la religión del otro. Una de las hermanas de Edith explicó:

> [El catolicismo] lo conocíamos únicamente por lo que veíamos en la clase de personas más bajas que vivían en nuestra patria de Silesia oriental, y creíamos que la religión católica consistía en arrodillarse y besar los pies de los curas. Así que sencillamente no podíamos comprender cómo el espíritu de nuestra inteligentísima hermana pudo rebajarse hasta abrazar esa secta supersticiosa[1435].

Asimismo, para su familia fue muy difícil sentir que Edith se alejaba en plena crisis de la economía, cuando militantes de extrema derecha resueltos a terminar con lo que llamaban *Judenrepublik* (república de judíos) cometían asesinatos y atentados contra su comunidad y contra políticos judíos como Rathenau y Erzberger. La agitación fue tal que, según alguno de sus biógrafos, no pudo volver a casa durante un año; no fue tan así, pasado un tiempo, desde mediados de 1922 y con regularidad en 1923, las relaciones se restablecieron.

En septiembre de ese año, en una carta, su hermana Rosa mencionaba lo "tremendamente duro"[1436] que era hacerse cargo del negocio y las tareas de la casa, quedando todos "completamente agotados"[1437]. Las quejas de Rosa serían muchas: no tenían asistencia doméstica, la ropa para remendar se acumulaba y le resultaba imposible controlar a los sobrinos que vivían en la casa (los hijos de Arno) porque, según decía, no estaban acostumbrados "a obedecer" ni a hacer "sus tareas escolares"[1438]. Edith recibía noticias poco alentadoras de su casa, también se le hacían reclamos. Después de no tener nuevas suyas por cerca de quince días, Rosa afirmaba que con eso aumentaba las preocupaciones de la familia:

> Nuestra madre se siente muy mal. Todo está muy abarullado. Y. por si es poco, las cosas de la casa. Si estás lejos y no se sabe nada de ti, ella se pone en un estado horrible, llena de angustia y excitación. La oímos llorar durante horas enteras en la cama. Yo me siento fatal. Mi cuerpo y mi alma están destrozados. A menudo me encuentro muy irritada e insoportable, por las muchas cosas que pesan sobre mí. Y querría que nada de eso sucediera. Ni siquiera los domingos hay un poco de tiempo para descansar y para reunirse[1439].

FENOMENÓLOGOS EN APRIETOS

Mientras tomaba una de las mayores decisiones de su vida Edith no perdía de vista a sus amigos fenomenólogos. De regreso en Canadá, Winthrop Bell le giraba dinero para crear "un fondo"[1440] que ella administraba para adquirir bibliografía, enviarla por correo o para asistir casos particulares. En ese sentido, le informaba a Ingarden: "Adquiero libros para una biblioteca común en Bergzabern. Pues ahí tienen los fenomenólogos la casa común"[1441]. Claramente no se trataba de todos los fenomenólogos: Husserl estaba alejado de sus primeros discípulos y a su alrededor gravitaban nuevas figuras. Notificando a Ingarden, siempre ávido de noticias, ella también relata que después de la guerra "poco a poco" se había restablecido por sí misma "la relación entre los fenomenólogos", pero el caso de la universidad en la que los dos se habían doctorado era muy especial. "Únicamente Friburgo es un punto negro"[1442], agregaba en septiembre. En los primeros tiempos de su conversión Stein pudo apreciar los que estaba sucediendo allí y el papel que jugaba Heidegger en ese entramado:

> ... pese a que las fuentes son muy distintas, coinciden básicamente. Heidegger goza de la absoluta confianza de Husserl y la utiliza para dirigir el estudiantado, sobre el que tiene más influjo que Husserl mismo, en una dirección que está bastante lejos de Husserl. Salvo el buen Maestro, esto lo sabe todo el mundo. Nosotros hemos discutido mucho para ver qué se podría hacer en contra. Koyré (quien hace poco estuvo en Friburgo) propuso que nosotros "los veteranos", al ser posible, deberíamos ir allí todos juntos un par de semanas al semestre, para suscitar una discusión con "la nueva dirección"[1443].

Debido a las dificultades económicas, a las urgencias y a las distancias geográficas que los separaba de Friburgo, los 'veteranos' discípulos no llevaron a cabo el proyecto. De manera elegante, Stein le da a entender a Ingarden que, como suele suceder en la historia con mayúsculas, la de Friburgo la escribían los vencedores, que en este caso resultaban ser Heidegger y los que ahora rodeaban al Maestro. Los fenomenólogos *realistas* habían sido vencidos[a]. Y con una especie de secreto dolor agregaba: "El Maestro cuenta que antes de Friburgo nunca ha tenido verdaderos discípulos"[1444].

---

a Instalada en Bergzabern, en noviembre de 1921 Edith Stein llegó a imaginar un reencuentro con Husserl; lo invitaron a visitarlo allí, y escribió: "Repentinamente me vino la idea, lo delicioso que sería tenerlo aquí fuera de la atmósfera de Friburgo y lo bien que él se sentiría" (OCI, 723).

TERCERA PARTE

14
MÁS ALLÁ DE LOS LÍMITES

EL BAUTISMO

El 1.° de enero de 1922, día en que se celebraba la *Circumcisio Domini nostri Iesu Christi* (día de la circuncisión de Cristo) Edith Stein fue bautizada en Bergzabern por el párroco Eugen Breitling. Recibió el nombre Edith Theresia Hedwig, este último, tomado de Hedwig Conrad-Martius, quien, por ser protestante, obtuvo una dispensa especial para ser su madrina. Se sabe que Edith se presentó en la iglesia con el vestido que aquella había lucido al casarse. Al recordar esa jornada mucho tiempo después Hedwig enfatizó: "Lo más hermoso era su alegría radiante, una alegría de niña"[1445].

Al día siguiente Edith recibió la primera comunión, y la confirmación[a] el 2 de febrero, día que se conmemoraba la presentación de Cristo en el templo de Jerusalén. Luego, la primera parte del año estuvo con los Conrad, ocupada en los trabajos de la plantación. Por entonces leyó el nuevo libro de Max Scheler, apreciando especialmente un capítulo que consideraba novedoso y "no una mera repetición"[1446]. Es probable que fuera *De lo eterno en el hombre*, primera publicación de Scheler después de la Primera Guerra Mundial, y escrito "muy en sintonía con su 'período católico'"[1447]. El filósofo publicó allí el capítulo "Problemas de la religión". Ese mismo Scheler contrajo matrimonio católico con Marit Furtwängler. Dejando atrás los desacuerdos surgidos a propósito de su tesis sobre la empatía, Scheler, que

a Confirmada por el obispo doctor Ludwig Sebastian, su madrina fue la profesora de piano de Espira, Ernestina Mühe. Ese día se celebraba con una procesión de la Virgen, que en esa época cerraba el ciclo santoral del tiempo después de Epifanía: la Purificación de Nuestra Señora.

ahora daba clases en la Universidad de Colonia, mencionaba su trabajo elogiosamente y recomendaba su estudio.

Por su parte, durante los primeros meses de 1922, comprometidas con su nueva vida, Edith Stein y Hedwig Conrad-Martius tradujeron juntas *Descartes y la escolástica*, de su amigo común Alexandre Koyré, trabajo considerado como "el primer acercamiento de Stein a una confrontación de la filosofía moderna con la escolástica"[1448]. Además de disfrutar el trabajo de traductora, con el círculo de filósofos reunidos en Bergzabern, Edith "reflexionaba sobre cuestiones de una futura filosofía de la religión y sobre teología filosófica, así como sobre las relaciones entre la teología y la filosofía"[1449]. Ya entonces la llaman la "Autotatos" (la sumamente consciente de sí misma) y encuentra absolutamente perfectas las exposiciones sobre la realidad y la luz vertidas por Hedwig Conrad-Martius en su *Realontologie* (Ontología real, 1919). Según lo explican Müller y Neyer, en esta obra se plantea que "la luminosidad de la luz era una manera de describir lo que es el ser del hombre: el hombre no llega a ser lo que él puede ser, sino cuando, con sus acciones, sale de sí y se consume". También se dice que mediante la libertad consciente el hombre puede iluminar "de sentido" otras existencias, de modo que "la vida de todos con todos se convierta en una vida cada vez más luminosa, más significativa y más clara"[1450]. ¿No era este tipo de cuestiones las que le interesaban a Edith desde su tesis sobre la empatía? En cuanto a Koyré, se proponía, en su crítica a Descartes, mostrar que distorsiona a autores como Agustín, Buenaventua o Duns Escoto, lo que lleva a Conrad-Martius a preguntarse: "¿No habrá que hablar de una 'mística existencial' que no consiste en un ascender, sino en un descender hasta la suprema y verdadera 'nada' de la existencia de la criatura?"[1451]. Ese camino en el que para llegar a lo más alto se debe ir a lo más interior también irá haciendo su trayecto en el pensamiento y en la escritura de Stein, quien finalmente esbozará "una teoría existencial de la mística"[1452] que alcanza su expresión filosófica en *Potencia y acto*, *Estructura de la persona humana* y *Ser finito y ser eterno,* obra que lleva como subtítulo *Ensayo de una ascensión al sentido del ser*. Por todo ello, en tanto que Moreno Sanz interpreta que Bergzabern se estaba convirtiendo "en una nueva Gotinga"[1453], Müller y Neyer dicen que las traducciones de la obra de Koyré realizadas por Stein y Conrad-Martius nos permiten penetrar con la mirada en el "taller de pensamiento" constituido en torno a los Conrad-Martius.

Mientras el campo filosófico le deparaba nuevos descubrimientos, la situación general no mejoraba. En junio de ese 1922, Walther Rathneau, político en el que Stein había depositado alguna esperanza, fue asesinado por un grupo de derecha mientras se trasladaba desde su casa al Ministerio de Asuntos Exteriores. Exactamente un año antes habían matado a Matthias Erzberger, ministro de Finanzas entre 1919 y 1920. Alejada de la política, pero no de las consecuencias de la crisis e inestabilidad que caracterizó esa época, Edith profundizaba su búsqueda filosófica. De este período es la carta en la que dice a Ingarden estar bastante de acuerdo con él sobre el "déficit del método fenomenológico", y menciona que relacionándose con personas formadas en la escolástica[1454] comprueba que allí "existe un aparato conceptual preciso y bien desarrollado"[1455]. En cuanto al ámbito familiar, en agosto de 1922 le contaba a Ingarden: "Mi madre creyó que no volvería nunca más a su casa desde mi conversión. Ahora le he demostrado que no es así, y con toda el alma desea tenerme nuevamente y por mucho tiempo junto a sí"[1456].

Continuar escribiendo a su familia había rendido sus frutos. Aquietados los ánimos, Edith regresó a Breslau, donde permaneció cerca de seis semanas. Es probable que no más allá de lo que pensaran familiares, amigos y conocidos, fuera a su madre a quien no quería herir porque, como explicó Gertrud Koebner, "su madre significaba un punto vital en su vida"[1457]. Según esta testigo, al acercarse el tiempo de su conversión[a], paradójicamente se había hecho "más profunda la unión" entre ellas[1458].

---

a Dice Koebner, testigo de esos momentos: "Para la madre era horrible ver a su adorada Edith hacerse católica". Por su parte, "el único deseo que siempre tuvo Edith Stein fue el de hacer bien a su madre, mientras que por otra parte

Por tratarse de una intelectual respetada, de una persona que siempre había decidido su camino con autonomía, pocos se habrían atrevido a discutir con Edith Stein sobre su pasaje al catolicismo. Además, su decisión no pretendía ser proselitista. Así lo recuerda Koebner, quien se convirtió en paño de lágrimas de Auguste[a]: "Edith sabía que yo no iba a dejar nunca mi fe judía, y a lo largo de toda la vida, con una delicadeza exquisita, nunca trató de apartarme de mi fe. Solo sobre esta base podía mantenerse nuestra amistad"[1459].

Instalada en Breslau, nuestra filósofa amplió el registro de sus conocidos y áreas de influencia. Todas las mañanas concurría a misa, en la Iglesia de San Miguel y también se relacionó con Günther Schulemann, vicario de la catedral, capellán universitario y licenciado en filosofía que fue el primero en aconsejarle estudiar a Tomás de Aquino. Respecto de esos primeros encuentros, Schulemann explicó:

> Ya entonces poseía un carácter tranquilo y sencillo, como el de una religiosa. Mi antigua patrona, que por lo demás no solía pasar por alto los defectos de las personas, repetía: "¡Esa sí que es una persona modesta! ¡Con ella hay que portarse bien!"[1460].

Si una casera alemana lo afirma, imposible dudar de que la transformación era notoria a simple vista. El cambio puede constatarse asimismo al comparar fotografías. Así, el bello retrato de Edith en su época de estudiante universitaria, en el que luce el cabello ondulado y una mirada seductora, inteligente e inquisitiva, contrasta con los retratos de mediados de la década

---

tenía que seguir su camino, al que se sentía llamada" (W. Herbstrith, 82).

a La doctora Koebner dice que, antes de su conversión, Edith le comentó que asistía regularmente a la primera misa para estar de vuelta antes de que se despertaran en la casa y pudieran notarlo. Y agrega: "Más tarde me dijo su madre, llorando amargamente, que siempre había oído abrir la puerta de la casa, a pesar de lo silenciosa que era Edith, y que sabía que solo podía ser ella, y que solo podía haber estado en la iglesia" (W. Herbstrith 85).

del veinte, cuando adopta el peinado tirante, con raya al medio, que la caracterizaría hasta la entrada en el Carmelo. Lo que no puede verse en las fotografías es la emoción que iluminaba sus rasgos y que según testigos experimentaba en ocasiones, como cuando hablaba de los temas que la apasionaban, cuando cuidaba a los hijos de Erna o el día de su bautismo. Gertrud Koebner recordó cómo su rostro se transformaba mientras leía en voz alta, traduciendo del latín, un breviario que "custodiaba como su más preciado tesoro"[1461]. En esos momentos, era notable "con qué devoción, qué reverencia y qué gozo tan hondo leía las oraciones del papa Gregorio y se dejaba empapar por su espíritu"[1462]. La misma testigo asegura que "la sonrisa con que cuidaba a los bebés que nacieron en casa durante sus primeros años en Breslau, procedía de otro mundo"[1463]. Y comenta: "Ella me enseñó lo que eran las fiestas de cumpleaños o de familia"[1464]. La importancia que Edith brindaba a estos acontecimientos hizo que siguiera celebrando, junto a su madre, la fiesta que había coincidido con el día de su nacimiento, el Yom Kipur[a].

NUEVAS DISTANCIAS, VIEJAS RELACIONES

En septiembre de 1922, Edith Stein disfrutaba del franco contacto con el grupo de fenomenólogos en torno a los Conrad. Además de cooperar en la plantación, seguía comunicada con Ingarden, aislado en Polonia, para quien todo lo que ella pudiera contarle resultaba esencial, y por su intermedio se enteraba:

> Allí [en Friburgo] debe haber muchísimo movimiento, mucha gente interesante. Pero todos ortodoxos "fenomenólogos trascendentales"; quien no está en el campo del idealismo es tildado

---

a Al menos en 1922 y 1923, durante los inviernos que pasó en Breslau. En cuanto a las Navidades, fue invitada por la familia del médico Ernst Francfort. Luego fue a visitar Pauline Reinach, también convertida al catolicismo en 1922.

> como "fenomenólogo-Reinach" (discípulos de Reinach son según la historia de Friburgo también Pfänder, Daubert, etc.) y nunca más admitido[1465].

Al no conservarse la mayoría de las cartas que Stein escribió y recibió en 1923, no es mucho lo que se puede saber sobre ese año; afortunadamente, Ingarden atesoró la correspondencia que ella le envió desde 1924 en adelante. Y también hay informaciones de interés a partir de 1925, cuando reanuda su amistad y diálogo epistolar con Fritz Kaufmann[a]. De todas maneras, ocupada en sus nuevas lecturas, rodeada de amigos nuevos, ella tomó distancia del mundillo filosófico de Friburgo. Además, le resultaba evidente que habiendo "emprendido su propio camino" Heidegger aglutinaba en torno suyo a profesores y estudiantes para quienes, en el mejor de los casos, Husserl era un referente del pasado. En cuanto a Ingarden, daba clases para vivir y no acertaba con la manera de volver a Alemania. Cuando lo felicita por su cumpleaños, Edith alude a la siempre prometida y nunca realizada visita, y también aclara que ya no vive en casa de su madre. En la Pascua de 1923 comienza un nuevo ciclo en su vida en el prestigioso centro de estudios católicos de Santa Magdalena, en Espira, donde además de un convento de dominicas, confluían seis centros educativos, la Academia Católica de Profesoras para el Palatinado, un colegio de bachillerato para muchachos, una escuela de labores, una de comercio, un seminario femenino y un internado para chicas. Alojada en la portería, Edith explica:

> … doy clases de alemán en cuatro cursos, además historia en un curso. Como pequeña ocupación complementaria, pronto se organizó un curso de filosofía para las hermanas del Colegio; también, desde hace cierto tiempo, clases de latín para dos her-

---

a Un día, "ordenando viejas cartas" en Breslau, Edith decidió contarle que en ese momento lo sentía "como si, rescatado de una lejanía más o menos nebulosa, otra vez volviera a estar muy cerca" (OCI, 744).

> manas jóvenes que deben hacer el bachillerato. En su mayoría, las alumnas están en internado, y allí vivo yo también. Mi habitación es muy pequeña, pero en ningún sitio me he sentido tan a gusto. En verano estuve en casa; en las cortas vacaciones también estuve un par de días en Bergzabern, que no está lejos de aquí. Y siempre que vuelvo y de lejos veo las torres de la catedral de Espira y seguidamente la punta de la pequeña torrecilla de la iglesia de nuestro convento, me pongo indeciblemente contenta[1466].

De pronto, la filosofía pasaba a ser una "pequeña ocupación complementaria" y confesaba: "Sobre fenomenología y fenomenólogos no es mucho lo que puedo contarle, porque yo misma sé bien poco"[1467]. Aunque su investigación sobre el Estado estaba lista para ser publicada en el volumen VII del *Anuario*, la preparación de clases la ocupaba tanto que apenas tenía tiempo libre para realizar "un trabajo propio"[1468]. De todas maneras, con falta de tiempo, explicitaba las razones por las que le suponía una "una gran empresa" responder las cartas de Ingarden, con sus reclamos:

> … me pregunté: ¿cómo es posible que una persona con ejercitación científica, que reivindica objetividad rigurosa y que sin cuidadosa investigación no emitiría un juicio sobre la más pequeña cuestión filosófica, que él despache los problemas más importantes con una frase que recuerda el estilo de un periodicucho? Me refiero al "inventado aparato dogmático para dominio de las masas[a]". No lo interprete como reproche personal. Su compor-

a Sobre la reserva de Ingarden, y lo que "seguramente muchos otros compañeros de viaje pensaban de la conversión de Edith Stein", Müller y Neyer se muestran comprensivos: "La Iglesia Católica les parece una institución retrógrada, cuyo Magisterio eclesiástico lucha contra la modernidad". Al elevarse en 1879 la filosofía de Tomás de Aquino "a la categoría de escuela oficial del pensamiento de teología católica, muchos teólogos que aspiraban a una reconciliación con la Modernidad, especialmente con la Ilustración de Kant, fueron desposeídos de sus cargos docentes durante el pontificado de Pío X (1903-1914). Además, los nuevos sacerdotes y teólogos debían hacer

tamiento es el típico de los intelectuales, en la medida en que no han sido educados eclesiásticamente, y hasta hace pocos años yo misma no he hecho otra cosa[1469].

Agrega que "Agustín, Anselmo de Canterbury, Buenaventura, Tomás", cuya obra era ignorada por los intelectuales aludidos, son ahora sus guías, lo mismo que los millares de desconocidos que han visto "en el desdeñado dogma lo más a lo que el espíritu humano puede acceder, y lo único por lo que vale la pena ofrecer la vida"[1470]. Sus reflexiones alcanzan a Ingarden, también a futuros lectores y al mundo contemporáneo:

> ¿Con qué derecho puede usted calificar a los grandes maestros y grandes santos de la Iglesia como chorlitos o como astutos embusteros? Por supuesto, una sospecha tan monstruosa, como la que contienen aquellas palabras, uno solo debe manifestarla después de un análisis muy detallado de todo cuánto está en juego[1471].

Además de pedirle un imparcial replanteo, y que se responda aquella pregunta a sí mismo, Edith termina su carta con una pequeña anécdota:

> Aquí fui interrumpida por una muchachita del internado, que me trajo helados y galletas del "mercadillo" que se organiza cada año. Tal mercadillo tiene lugar hoy en el jardín del convento. Esto solo como una pequeña instantánea, para que no se imagine que estoy metida en un oscuro calabozo. Ciertamente nadie es menos digno de lástima que yo. No hay persona en el mundo, con la que yo quisiera cambiarme. Y he aprendido a amar la vida desde que sé para qué vivo[1472].

---

un "juramento antimodernista" (1910-1967). En ese contexto, Müller y Neyer comprenden que "para intelectuales como Ingarden la doctrina dogmática de la Iglesia Católica no era más que 'un aparato de dogmas concebido para el dominio de las masas'" (MyN, 152-153).

Amar la vida. Después de la crisis era un gran alivio. Pero no había manera de convencer a Ingarden, ninguno de los dos cedía. Las frecuentes discusiones epistolares se espaciaban hasta que él se quejaba por falta de noticias. En este período, Stein pudo hacer suya la convicción de Teresa de Ávila: "Créanme que vale más un poco de estudio de humildad y un acto de ella, que toda la ciencia del mundo"[1473].

En sus cartas a Ingarden insiste en que por falta de tiempo y de material "interesante" no le había vuelto a escribir, y que ya no se ocupa "en absoluto del trabajo científico"[1474]. Y aunque por mucho tiempo se pensó que, en efecto, Stein se había llamado a silencio filosófico, la realidad es que siguió escribiendo. Por una parte, en 1924, en una revista dirigida por Fink se publicó su artículo "¿Qué es la fenomenología?"[1475]. Este texto tiene una fuerte impronta pedagógica e indica la gran vocación docente de su autora. Pero también la muestra polemista: "El idealismo, según mi concepción, es una convicción fundamental de carácter personal y metafísico; no es el resultado indiscutible de una investigación fenomenológica"[1476]. Como dice Moreno Sanz, "la importancia de este artículo es extraordinaria, a pesar de su brevedad", es "una de las primeras claras exposiciones del origen, método y significado de la fenomenología en el conjunto de la filosofía, así como de sus problemas nucleares, tales son su cercanía de la mística y sus derivas idealistas y realistas en el propio Husserl y en las distintas acepciones que de la fenomenología se han venido haciendo desde 1901 a 1924". Además, "nos encontramos con un texto 'germinal'"[1477] en el sentido que establece un lineamiento con su obra posterior.

Por lo dicho, al insistir en que no está trabajando en filosofía, en este período Stein "no es muy justa" consigo misma, "y con ello ha sembrado pistas falsas para calibrar la evolución de su obra"[1478], mientras contribuye "a distorsionar un tanto la perspectiva sobre su dedicación filosófica durante estos dos primeros años en Espira"[1479]. El caso es que entre Breslau y Bergzabern fue trabajando en un ensayo que puede verse como continuación de "Naturaleza, libertad y gracia" y que se ha titulado "Verdad-Espíritu-Palabra". Hallado entre otros manuscritos de Stein, fue publicado por primera vez en el volumen tercero de la edición de sus obras completas. Este ensayo, que dialoga con la *Realontologie* de Conrad-Martius, trabaja la teoría del lenguaje de Humboldt y a la vez "es ya una incitación a una fenomenología de la mística y de su significación expresiva, más allá de las ontologías formal y apofántica"[1480].

Como se anticipó, en 1924 Ingarden pidió que devuelva sus cartas. La reacción de Edith fue en extremo mesurada. Le aseguró que su correspondencia estaba en Breslau y que haría las gestiones necesarias. También agregaba: "Siempre supuse que las reclamaría alguna vez"[1481]. Dado que el correo no permitía un solo paquete, resolvió conservarlas hasta dárselas personalmente. Lamentablemente se desconocen los motivos por los que Ingarden no entregó las suyas a los archivos carmelitanos de Stein. Leer la correspondencia entre ellos nos hace testigos de un duelo de titanes. Una y otra vez ella asegura que "al presente no tiene sentido alguno hablar sobre lo que (la) ocupa interiormente"[1482]. En cuanto a la filosofía, explica: "Si tuviera tiempo para el trabajo científico, me ocuparía a fondo de las obras clásicas de la escolástica y trataría de exponerlas"[1483]. Pero, en diciembre de 1924, con el tiempo "completamente lleno con las clases y toda suerte de compromisos humanos, que a través de viejas y nuevas relaciones"[1484] iban surgiendo, cualquier acometida filosófica era todavía incierta[a].

---

a Pero seguía preocupada por sus amigos. Le escribe a Kaufmann si iría a Bergzabern: "Lo digo abiertamente, en interés de las finanzas de los Conrad. Además, habría ocasión de hacer una escapada a Espira, y un par de horas de encuentro personal valen más que muchas cartas" (OCI, 749). Revisa un trabajo filosófico de Ingarden para la publicación alemana. Y sigue preocupada por Lipps, Hering y otros fenomenólogos.

NUEVAS RELACIONES Y PROYECTOS

Las novedades provenían del mundo católico. Aunque Breitling era un "clérigo muy activo pastoralmente" se sentía "desbordado por la personalidad de Edith Stein", por lo que le recomendó a un amigo suyo con mayor formación filosófica para que fuera su director espiritual. Se trataba de Joseph Schwind, canónigo de la catedral desde 1909 y que entre otros cargos había sido director del seminario diocesano. Fue él quien le aconsejó que "no prosiguiera su búsqueda religiosa en un convento, sino que con sus excelentes cualidades participara activamente en la tarea de transformar el mundo católico en la nueva Alemania"[1485].

Muchos católicos deseaban aprovechar el momento porque, desde tiempos de Bismark, durante casi todo el siglo XIX el catolicismo se había visto marginado especialmente por el *Kulturkampf* (conflicto legislativo entre el Estado y la Iglesia católica, que entre otras cuestiones tuvo como consecuencia la expulsión de los jesuitas, la suspensión de subvenciones a la Iglesia, la legislación del matrimonio civil y la prohibición a los sacerdotes de tratar temas políticos desde el púlpito). Luego, a partir de la relevancia del Partido del Centro las condiciones mejoraron, y finalmente en la República de Weimar se produjo una coyuntura favorable, lo que resultó en "la época dorada del catolicismo alemán, y el germen de una cultura católica nueva que se universalizará a partir del Concilio Vaticano II"[1486]. Se ha afirmado que, durante el período de entreguerras (1918-1939), despuntó "en Alemania la 'aristocracia' de la intelectualidad católica moderna"[1487]. Casi desconocida para el público general, pero también en el campo filosófico no especializado, Edith Stein acompañó este proceso, obtuvo reconocimiento y participó activamente del grupo de escritores e intelectuales que convocó a pensadores como Romano Guardini, Erich Przywara, Peter Wust, Dietrich von Hildebrand, Erik Peterson, Odo Casel, Aloys Mager y a la escritora Gertrud von Le Fort.

"Con la mayoría" de ellos, Edith tuvo "relaciones muy estrechas"[1488]. Además, como se subraya en la introducción al tomo I de sus *Obras completas*, en esos años surge y se difunde con gran fuerza el movimiento laical, el feminismo católico, el movimiento litúrgico y "el diálogo de la fe con la cultura moderna"[1489]. Dicho esto, debería descartarse de plano la idea de que con su conversión Edith Stein abandonó el accionar cultural, intelectual y político. Nada de eso sucedió y fue grande su actividad en la década que va de 1922 hasta 1933, año en que los nazis prohibieron a los judíos ejercer cargos públicos.

No hay que perder de vista que al ingresar al mundo católico Stein detentaba una fama que la precedía: era la primera mujer doctorada en filosofía en Alemania y había sido asistente de Husserl[1490]. Por esto, no fueron pocos los que consideraron su conversión como una ganancia para el campo intelectual católico, eminentemente masculino. Asimismo, la educación de las mujeres era un hecho relativamente reciente del que ocuparse y en ese sentido sus aportes fueron de considerable magnitud. Por todo ello, Joseph Schwind no se equivocó al proponerla como profesora de las dominicas de Espira[a]. La madre superiora General, Ambrosia Hessler, había tomado contacto con la fenomenología en Múnich, bajo la dirección de Pfänder. Es a ella a quien Stein le dedica lo que Moreno Sanz considera "su primer poema de madurez", "Ostermorgen" (Mañana de Pascua): una oración, o una visión espiritual, como serán los "27 restantes poemas que escriba hasta el fin de su vida"[1491]. Este poema, además, refleja lo que será "su esencial tema filosófico-teológico de la naturaleza caída y levantada por el Resucitado"[1492].

Aunque en Espira Edith enseñaría lengua y literatura por un sueldo modesto que no condecía con su formación, "una vez que [su] madre hubo superado en cierto modo su animadversión"[1493], aceptó gustosa la oportunidad. Fue la única profesora con dedi-

---

a Edith Stein llegó a Espira en Pascua de 1923. En ese entonces la ciudad contaba 23.300 habitantes y estaba ocupada por las tropas francesas "como garantía de pago, con el pretexto de que Alemania se hallaba retrasada en el pago de sus indemnizaciones en concepto de reparación por daños de guerra" (MyN, 159).

cación plena que no era monja. Pero esto, que como le explicó a Ingarden, para Auguste Stein era "una seria dificultad", para ella constituía el "principal atractivo" de su nuevo trabajo, ya que se alojaría en un antiguo monasterio de dominicas vinculado con "una gran cantidad de centros docentes"[1494]. Dando comienzo a ocho años de exhaustiva[a] labor docente, sus ocupaciones eran muchas. A poco de ingresar

> daba clases principalmente de alemán a las estudiantes de magisterio (de primera enseñanza) y a las que tenían el título de bachiller (durante 1923/1924: en una escuela de magisterio con seis cursos y doce horas de clase; y en un centro de bachillerato superior para muchachas, enseñaba alemán en el último curso; durante 1924/1925: daba catorce horas de clase de alemán, y dos horas de clase de historia y de alemán en el centro de bachillerato superior para muchachas; desde 1925/1926 hasta 1930/1931: doce horas de clases de alemán)[1495].

Asimismo, con su habitual voluntarismo resolvió acompañar el ritmo diario de las monjas dominicas, y en una de sus cartas informaba:

> Vivo, muy a gusto, detrás de unos protectores muros conventuales —esto es algo que puedo decir sin temeridad— como una auténtica monja, aunque no llevo velo alguno ni estoy atada por votos y clausura, y de momento tampoco debo pensar en contraer este compromiso[1496].

---

a Durante 1928 corrigió unos 320 trabajos, se conservan "286 temas de trabajo" del tiempo que trabajó allí, que abarcan los temas más diversos: "¿Qué tareas tienen que realizar la mujer en nuestro tiempo?", ¿Por qué cultivamos la música?", "El maquinismo nos ha enriquecido y empobrecido a la vez", "El ser humano no tiene solo cualidades innatas, sino también cualidades adquiridas" (MyN, 161).

La vida religiosa comprendía una gran cantidad de horas dedicadas a rezar y, dado que la liturgia era todavía en latín y no todas las monjas lo comprendían, en tanto que "compartía los anhelos del movimiento litúrgico por una renovación de la liturgia y por una liturgia celebrada en la lengua nacional"[1497], Edith Stein fue traduciendo muchos de los himnos propios de la Orden. La inmersión en el nuevo mundo al que la catapultó su conversión fue total, y se entregó a las nuevas relaciones con la pasión y prodigalidad que la caracterizaban. Ya no se trataba de Husserl ni de sus amigos fenomenólogos, sino de un mundo que aun con restricciones y sometido a las reglas de la vida religiosa la abrazó y le dio un lugar de privilegio. En cuanto a su carácter, pese a su mentada humildad, nadie en su sano juicio podía considerarla una persona común, una profesora o una conversa más. Establecida claramente su excepcionalidad, poco a poco varias autoridades de la iglesia alemana se relacionaron con ella. Era común que, luego de asistir los domingos a la misa que Schwind daba en la catedral, Stein lo visitara por las tardes para conversar con él. En su casa, mientras tomaban café, el diálogo podía incluir a otros sacerdotes, y también se encuentra con personalidades como Ernst Bloch.

Asimismo, dentro de los límites impuestos por la jerarquía eclesial, Edith gozó de cierta libertad. Prosiguiendo la costumbre itinerante iniciada casi una década atrás cuando se trasladó a estudiar en Gotinga, una vez en Espira continuó viajando constantemente. En ocasiones viaja a Heidelberg para visitar a un sacerdote amigo residente en el monasterio de Neuburg. También, en la medida de sus posibilidades, se encuentra con Koyré, Hering, Lipps y los Conrad-Martius en Bergzabern, y realiza visitas a su familia. Entre tanto, es probable que su trabajo como profesora fuera la manera en que las autoridades religiosas midieron sus convicciones y su pertenencia en el mundo católico.

En cuanto a los temas que impartía, en sus obras completas figuran sus esquemas de clases, entre 1923 y 1931, en los que no han faltado autores clásicos, pero también temas como "El vestido moderno de la mujer. Un problema pedagógico"[1498], afirmaciones, "El mundo pertenece al valiente"[1499], o preguntas del estilo "¿Puede convertirse el extranjero en patria?"[1500]. La erudición de Stein surge de estos esquemas y al ver cómo pautaba sus clases lamentamos que no las haya dejado por escrito. Lecciones de literatura, filosofía e historia conviven y se retroalimentan. Además de los estrictamente literarios, "El que, en un tiempo vacilante, está vacilante, aumenta el mal y lo extiende más y más", "Heroísmo alemán y griego", "La máquina nos ha hecho ricos y pobres", "El niño que ha sufrido quemaduras teme el fuego" son algunos de los temas que no han caducado desde ese momento hasta la actualidad.

SUPERADA LA PRUEBA

Habiendo superado la prueba docente con creces, sus superiores requirieron la participación de Edith Stein en tareas intelectuales. Junto con Schwind, lee la biografía de Lutero escrita por el jesuita Hartmann Grisar, y retoma así aspectos del protestantismo que había tratado en "Naturaleza, libertad y gracia". Es probable que en algunos aspectos su formación fuera más profunda que la de Schwind, pero como el horario de actividades no le dejaba tiempo libre, a veces ella solo disponía de "una hora escasa"[1501] para escribir sobre filosofía. Ese "astillamiento del tiempo" hacía impensable que pudiera realizar un trabajo propio. Aun así, en 1923, por encargo de la editorial de teatinos de Múnich (*Theatinerverlag*) se ocupó de la traducción de *The idea of a University* del cardenal Newman. A raíz de este trabajo comienza a cartearse con el jesuita Erich Przywara, quien sabía de Stein a través de Dietrich von Hidebrand, ocupado desde su conversión al catolicismo de relacionar religión y fenomenología. Al año siguiente la editorial le pidió un segundo volumen. Traducir le proporcionaba una "verdadera alegría"[1502]. En este caso en particular, sentía que era "muy hermoso"[1503] experimentar la cercanía "de un espíritu como Newman, como la traducción trae consigo. Su vida entera ha sido solo una búsqueda de la verdad religiosa y le ha conducido inevitablemente a la Iglesia católica"[a1504].

Al unirse a la iglesia católica alemana en un momento caracterizado por cierto progresismo, Stein reconocía que, aunque "naturalmente" existían "dificultades" en Espira, estas no iban más allá de "las propias de la educación y del internado"[1505]. En contraste con ese clima de relativa placidez, fuera del convento y de las instituciones en las que se desempeñaba, en esa misma época, Adolf Hitler arengaba a las huestes anticatólicas y antisemitas, y comenzaba a reclutar partidarios. En noviembre de 1923 hubo un intento de golpe de Estado en el que participaron entre otros Hermann Göering, Alfred Rosenberg, Rudolf Hess y Heinrich Himmler. Aunque habían sido asesinados cinco policías, el 1.° de abril de 1924 Hitler fue condenado a cinco años de prisión. Pero solo permaneció en la cárcel unos nueve meses en los que, mientras sumaba adeptos y recibía visitas, escribió *Mein Kampf* (*Mi lucha*), panfleto que fue utilizado como propaganda y que se convirtió con su ascenso al poder en una especie de biblia del nazismo.

"SEÑORITA DOCTORA" Y SUS ESTUDIANTES

En una especie de mundo paralelo, en Espira, las jóvenes estudiantes llamaban a Edith Stein "señorita doctora" y, según testimonios, en los recreos, estaba "rodeada de alumnas" que la admiraban[1506]. Entre ellas, había jóvenes convertidas, "principalmente del judaísmo, para quienes era una consejera y una amiga"[1507]. Pero, "en las juntas de profesores del colegio algunos pensaban que la dedicación especial que [Stein] prestaba a las 'más flojas' era 'estropearlas mimándolas'"[1508]. Sin tener formación pedagógica, sus clases eran rigurosas, e impresiona-

a Erich Przywara recordó: "Me carteaba yo con ella cuando tuve la idea, junto con Von Hildebrand, de confiarle la delicada tarea de traducir una selección de la obra de Newman" (Salvarani).

ba favorablemente a sus estudiantes, tanto a las que cursaban el liceo femenino como a las que se formaban para maestras o las jóvenes dominicas "que se preparaban para la docencia y las postulantes"[1509]. Edith estaba convencida de la necesidad de un acercamiento entre docentes y estudiantes y afirmaba: "La joven generación actual ha atravesado tantas crisis, que ya no puede entendernos. Pero nosotros tenemos que intentar entenderles"[1510].

En cuanto a sus alumnas, los testimonios de sus primeras biógrafas y los recuerdos que figuran en la Positio concuerdan: "se ganaba los corazones"[1511]; "guiaba con su 'forma de ser'"[1512]; era "una persona callada y silenciosa"[1513] a quien se le podía exponer, "sin miramientos", opiniones personales y sentimientos íntimos[1514]. El filósofo de la religión Erich Przywara llegó a decir que Edith Stein fue "la mejor educadora" en Espira y, como si esto fuera poco, la consideraba "la verdadera maestra de novicias"[1515]. También logró mayor libertad para sus alumnas, al lograr que pudieran asistir "a actos culturales". Además, "promovió los viajes de cursos, las salidas". Con delicadeza, por ejemplo, supo imponerse al "parecer de importantes teólogos que estaban en contra" de que las estudiantes asistieran a una representación teatral de la obra *Natán el Sabio*, de Lessing[1516]. Stein también acompañó a las estudiantes "en viajes a Mannheim y Heidelberg para asistir al teatro"[1517]. Como profesora, quiso contagiar su amor por la literatura: Homero, Goethe, Schiller, Grillparzer, Keller, Petrarca y Shakespeare fueron algunos de los autores que las invitó a conocer[a]. Veía en la literatura una vía para analizar las identidades femeninas "basándose en personajes literarios: desde la Antígona de Sófocles hasta Crimilda en el Cantar de los Nibelungos", pasando por el Cantar de Waltar, María Estuardo, la Ifigenia de

a En el tomo IV de las *Obras completas* de Edith Stein se han publicados sus "esquemas de las clases de literatura impartidas en Espira (1923-1931). La temática es variada, extensa, incluye filosofía, autores europeos, entre ellos Petrarca, y no descuida la temática religiosa y musical.

Goethe, la Doncella de Orléans, el Fausto, Nora de Ibsen, Inguna de Sigrid Undset, entre otros muchos ejemplos.

Su influencia sobre las jóvenes era considerable, y muchas elegían reunirse en su habitación para hablar de diversos temas, incluso de política. También formaba en filosofía a un grupo de religiosas, y daba clases de latín a quienes se preparaban para entrar en la Orden. Tanto en Espira como más adelante en Münster, sugirió (con algunos reparos) a las docentes el sistema pedagógico de María Montessori, que había propuesto "cultivar las potencialidades existentes en el niño para que pueda desarrollarlas y expandirlas según su personalidad". Finalmente, reconociendo que el cúmulo de sus actividades resultaba abrumador, la dirección del centro de estudio estableció prioridades, por lo que entre 1925 y 1926 se redujeron sus horas semanales de clases. Edith estaba preparada para dar una nueva vuelta de tuerca a su vida y lo que las autoridades indicaron marcaría nuevos rumbos a su trayectoria.

Que a principios de 1925 haya sufrido "una pequeña gripe" que afectó sus ojos y la obligó a limitar "el escribir y el leer a lo más necesario"[1518] pudo ser síntoma de agotamiento. Lo cierto es que ese verano se alojó en una abadía cisterciense cerca de Breslau, lo que le permitió descansar y estar cerca de su madre, a quien visitaba diariamente.

En 1925 Edith conoció personalmente al padre Przywara, con quien había mantenido correspondencia a causa de la traducción de obras del cardenal Newman. Además, el jesuita era responsable de la sección de filosofía de la revista *Stimmen der Zeit* y, según Edith, un "buen conocedor de la filosofía moderna"[1519]. Sobre esto último le aseguró a Ingarden: "Consideramos el mismo desiderátum como urgente tarea actual: a saber, una confrontación entre la filosofía tradicional católica y la filosofía moderna (con lo cual también para él la fenomenología es la más importante)"[1520]. Compartir el mismo deseo potencia cualquier acción conjunta y, en el plano intelectual, activa los motores de la acción. Mucho después, en 1952, Przywara escribió sobre la impresión que le causó Stein:

> Era comparable con una Uta de la catedral de Naumburgo. El propio estilo, verdaderamente grandioso, de Edith Stein, su rigor filosófico...; su profunda sensibilidad artística... su amplísima receptividad femenina y su profunda identificación con los demás, y a la vez su objetividad estrictamente viril (que podía llegar hasta el hecho de defenderse batiéndose tenazmente...)[1521].

¿No describe Przywara a una especie de Juana de Arco ilustrada? Que le atribuya una objetividad viril es una concesión de época, cuando aún eran pocas las mujeres formadas intelectualmente que pudieran debatir de igual a igual con los hombres. Para más datos, el jesuita destaca su amor por "los himnos espirituales de Reger", por la imagen de un Cristo poco conocido de Simone Martini y los dibujos de Rembrandt, "uno de los cuales Edith llevaba siempre consigo"[1522]. A instancias de Przywara, nuestra filósofa redujo el número de clases, tradujo el diario y las cartas del cardenal Newman y volvió a sus investigaciones filosóficas. Sus obras de madurez se relacionan con esta etapa, así lo atestiguan principalmente sus últimos libros: *Ser finito y ser eterno* y *Ciencia de la Cruz*, que fueron resultado de un plan de trabajo que se ha dicho que Stein elaboró en 1925[a].

Además, y pese a que su trabajo era inmenso, también se comprometió a ayudar a Ingarden y hacer "la revisión de sus publicaciones alemanas"[1523]. Para ello, Stein lee críticamente su conferencia de concurso a cátedra "Acerca de la representación de la teoría del conocimiento en el sistema de la filosofía", co-

a El resultado de este "ambicioso programa" fue la traducción en dos volúmenes (con un volumen de índices) con el título "Investigación de Santo Tomas de Aquino sobre la verdad" (publicada en 1932), así como la obra *La fenomenología de Husserl y la filosofía de Santo Tomás de Aquino. Ensayo de una confrontación* (1929). Además, concebida como una nueva tesis para la obtención de cátedra, la obra "Potencia y acto" (iniciada en enero de 1931, publicada en 1998) y "La importancia de la fenomenología para la concepción del mundo" [...]. Finalmente, su obra principal, nacida de una refundición de "Potencia y acto" y que llevaba por título "El ser finito y el ser eterno" (1935/6, publicada en 1950 y reeditada varias veces) (MyN, 172-3).

rrige su alemán y plantea sus reparos. Entre ellos, un punto en disputa va "al núcleo de la tesis mantenida por Ingarden respecto de una disciplina filosófica absoluta y libre de todo dogmatismo"[1524], a lo que ella contrasta: "A mi modo de ver, la teoría del conocimiento es —¿se le ponen los pelos de punta?—, a la vez, metafísica y ontología del conocimiento"[1525]. Pero las diferencias de criterio en el terreno filosófico y existencial no desmerecían una amistad que era sólida y en la que él tenía mucho para ganar. Tendría motivos más que suficientes para agradecerle a Edith Stein, una lectora sagaz y de consulta cuyo influjo se siente en *La obra de arte literaria*[a], libro que le dio fama y reconocimiento a Ingarden y que fue publicado en 1931.

DERIVAS DE UNA AMISTAD COMPROMETIDA

Hay detalles de la relación de Ingarden con Stein que pueden decirnos mucho acerca de la personalidad de ella, por lo cual es válido detenerse algo más en las derivaciones de esa amistad. Se podría pensar que, no habiéndose visto personalmente desde 1917 y dado que después del casamiento de Ingarden su correspondencia se limitó a cuestiones profesionales, los malentendidos personales quedaban definitivamente en el pasado. Pero, todavía en noviembre de 1925, después de realizar correcciones científicas y lingüísticas a los trabajos de Ingarden, ella se siente obligada a retomar el tono de la intimidad. Y refiriéndose a lo que hubo entre ellos en 1917 le escribe:

> Desde hace tiempo tengo claro que usted tiene derecho a recibir explicación sobre el punto cuestionable. Por qué no se la he dado hasta ahora, ni yo misma lo sé. Tal vez he supuesto que vendría alguna vez y que entonces se resolvería. Tal vez la horrible ob

a En su libro *Roman Ingarden. Teoría literaria entre Husserl y Gerigk*, Gerardo Argüelles Fernández sostiene que Ingarden supo "atender verdaderamente el consejo de Stein" (p. 134).

> jetividad de sus cartas me ha retraído de ello: tocar lo personal. En todo caso, nunca se me ocurrió —como ya le escribí recientemente— que usted pudiera incomodarse. Sería tan poco oportuno como posible. Debo decirle en primer lugar que los recuerdos de Friburgo, precisamente cuando recibí la noticia de su boda, se quedaron ineficaces debido a recientes impresiones, una historia que en buena parte exhibió una atroz analogía con la que usted conoce. Dispénseme de los detalles. Las experiencias fueron cuanto menos muy dolorosas, pero mis fuerzas de resistencia interiores habían crecido, de modo que crucé por medio más fácilmente y, como creo, con ello he conseguido la libertad interior. Ahora estoy convencida de que estoy donde debo estar, y estoy agradecida de haber sido conducida a este camino que recorro con la más jovial entrega, sin rastro de "resignación". Naturalmente no puedo recordar Friburgo con alegría[1526].

En su carta reconoce que en los reclamos de Ingarden habría una cuota de verdad, y que parte de la responsabilidad recaía en ella:

> ¿Se acuerda usted de que entonces me dijo que yo era "demasiado católica"? Entonces no lo entendí. Hoy sí lo entiendo y sé cuánta razón tenía. De hecho, me sentía católica. Ahora bien, dado que el dogma católico con sus consecuencias prácticas me resultaba extraño, no podía justificar lo que sentía, de modo que se unían la cabeza y los sentidos para reprimir el corazón. Lo que de ello resultó, lo sabe usted[1527].

Sin embargo, respecto del pasado y lo que pudiera quedar en el presente, es clara: "También sabe usted que entonces busqué solo en mí la culpa, y hoy por hoy no se me pasa por la cabeza enjuiciar a nadie. Desde entonces no hay nada entre nosotros"[1528]. Para Moreno Sanz, este "es el momento de la reconciliación y del intento de unidad de los contrarios en su vida y en su pensar"; en este punto, Stein estaría "abriendo cauces y mediaciones entre el corazón y el intelecto, entre la fe y la razón. Todos sus gestos de ahora denotan que muchos de sus 'nudos psíquicos'"[1529] se han ido disolviendo. Además, pacificado su ser, habría "redimido [...] su más obstinado prurito, el de enjuiciar a los demás"[1530].

¿Entonces, por qué se hacía necesario volver al pasado? Fue a causa de Ingarden, quien demandaba novedades científicas y opinión acerca de sus trabajos, aunque él mismo se mostraba reacio a hablar de temas personales, al punto que Edith debió solicitarle que le comunicara el nombre de sus hijos. Sin percatarse de cuánto trabajo recaía sobre sus hombros, es probable que Ingarden creyera que ella albergaba algún tipo de resentimiento. Una idea que Edith disipó al decirle:

> Si ahora me resulta difícil escribirle —esto ocurre, y siempre que lo intento debo hacer un gran esfuerzo— se debe a otras razones. Sin lugar a dudas radica en que a usted el mundo en que yo vivo ahora y del que depende por completo mi corazón, según todos los indicios le es totalmente extraño [...]. Naturalmente de ninguna manera quiero por ello interrumpir la relación con usted. Pero si no existe necesidad alguna de escribir y si estoy cansada del trabajo diario y tengo que elegir entre muchas cosas, aún por hacer, entonces automáticamente echo mano de algo que me resulta menos costoso. Esta es la razón de las largas pausas. Ahora comprenderá su porqué, sin que por ello se enfade conmigo, como tampoco yo lo estoy con usted [1531].

Hay algo conmovedor en esos malentendidos porque, además de las cuestiones personales, ambos estaban reeditando el sempiterno desencuentro entre aquellos para los que la fe se refleja en la vida y en la obra y aquellos que, o no la tienen, o insisten en reservarla al ámbito de lo secreto, lo íntimo, lo privado. Edith invita a Ingarden a no enojarse y aceptar sus decisiones. También lo tranquiliza sobre la lectura de sus trabajos, de la que se ocupará aunque tenga otros intereses y "la mayor parte del tiempo libre" lo utilice para el estudio de Santo Tomás[1532].

Cabría preguntarse por qué Stein seguía colaborando con Ingarden más allá de su vieja amistad. Es probable que no pudiera desprenderse de las relaciones que tanto le habían importado y que tampoco fuera sencillo abandonar todo contacto con la fenomenología. Aun así, el trabajo de Ingarden podría resultarle menos interesante que la *Phénoménologie et Philosophie religieuse* de Jean Hering, quien visitaba regularmente Bergzarben, el cual fue un libro decisivo para hacer conocer en Francia, y en los ambientes teológicos, la fenomenología. En cuanto a los dos años que se mantuvo alejada del trabajo filosófico, Stein pensaba que ese tiempo había sido positivo "también desde el punto de vista puramente científico"[1533]. Finalmente, en agosto de 1925 afirmó haber conseguido "la distancia necesaria para considerar también el método fenomenológico con ojos críticos"[1534]. Por ese entonces, Przywara la instaba a comenzar con el estudio "de la principal obra filosófica de Tomás de Aquino[a], *Quaestiones disputatae*"[1535]. El objetivo del jesuita era que hiciera la traducción o escribiera "un ensayo sobre la teoría tomista del conocimiento y metodología, contemplado en sí mismo o en comparación con la fenomenología o algo por el estilo"[1536].

Estaba rodeada de personas que apreciaban su trabajo y trayectoria, por lo cual querían publicarla y promocionarla, y eso era más de lo que había conseguido en la Universidad de Friburgo y otras casas de estudio. Ahora bien, aunque luego de las aclaraciones su relación con Ingarden mejoró, tiempo después ella insistiría en que no estaba dispuesta a ceder:

> No es tanto la diferente manera "de ver las cosas" lo que me molestaba, sino una cierta animosidad que me pareció percibir en aquellas cartas. Cuanto menos el catolicismo es un "religión del

a A tales efectos, en febrero de 1926 envía una carta al obispo de Espira solicitando "tener en [su] poder" libros que estaban en el "índice de libros prohibidos". Y especificaba obras de Henri Bergson, David Hume, Immanuel Kant, John Locke y Baruch Spinoza (OCI, 765). Estaba vigente el canon de 1402 que establecía que "solo en casos urgentes" (n. 7, p. 766) se permitía el acceso a libros prohibidos.

> sentimiento", tanto más se trata aquí de la pregunta sobre la verdad, tanto más es un asunto de vida y del corazón. Y si Cristo es el centro de mi vida y la Iglesia de Cristo mi patria, ¿cómo no me ha de resultar difícil escribir cartas en las que he de procurar cuidadosamente que nada de lo que está lleno mi corazón trascienda, para no despertar sentimientos hostiles contra aquello que para mí es querido y santo? Cartas así tengo que escribir constantemente a casa y así tengo que vivir cuando estoy en casa, y esta es la presión más dura que pesa sobre mí[1537].

Pese a las dificultades, Edith pasaba las vacaciones con su familia y no quería herirlos. Con respecto a Ingarden, que había mencionado específicamente los tiempos de Friburgo, cuando se habían separado, ella dejaba por concluido el tema: "Respecto a la cuestión de la responsabilidad, no quisiera hablar más; ni tampoco sobre todo el asunto. Solo quería que conociera la respuesta y que no se preocupara lo más mínimo"[1538].

Además de su familia, condiscípulos y amigos le reprocharon a Edith Stein su giro existencial y religioso. Es notorio que, a más de cinco años de su conversión, el tema seguía siendo difícil de asimilar para Ingarden. Por eso mismo, porque opinaba que solo un encuentro personal terminaría de aclarar las cosas y además podrían discutir mejor un trabajo que él estaba preparando, como la situación económica de Ingarden no facilitaba un viaje a Friburgo, a Edith se le ocurre ayudarlo. Luego de explicarle que recibe "un salario (además de habitación y alimentación, etc.)", con los que cubre "sobradamente" sus necesidades, de insistirle en que no lo entendiera como un "regalo", sino producto de una concienzuda reflexión, se ofrece a cubrir los costos del viaje y de la estadía, y agrega:

> Lo que entrego a otros, en absoluto lo considero como regalo, pues según mi concepción de la vida, lo que llega a mis manos no puedo considerarlo como propiedad mía, sino solo como algo que tengo que administrar honestamente[1539].

Esta idea del don como algo gratuito, algo que no nos pertenece y por eso no requiere agradecimiento ni recompensa la conduce a aclarar que ninguno de los dos hablaría del tema con nadie, y a solicitar: "Solo una cosa, por favor: no se moleste en darme las gracias ni en justificar el rechazo. Todo eso puedo decírmelo yo a mí misma"[1540]. Este donativo era significativo y se daba en una situación económica desastrosa. Al final de la Primera Guerra Mundial, el marco alemán había perdido más del 40 % de su valor. En noviembre de 1922 el dólar se cotizaba a 9000 marcos; cuando Edith comienza a trabajar como profesora, en 1923, pasa a cotizarse en 22.000 marcos, y a fines de ese año se dispara brutalmente.

El escenario que Edouard Helsey describe para Berlín se replica en todo el eximperio prusiano: "Aunque uno pasee durante varias horas por Berlín, podrá contar con los dedos de las manos las personas a quienes se ve sonreír. Las caras están cubiertas por una capa de tristeza y recelo [...]. Solo se encuentran expresiones acosadas, rostros arruinados, miradas insolventes, todas las muecas de la bancarrota"[1541].

"PUNTOS DECISIVOS"

En el plano personal, después de otro año de trabajo en Espira, entre el 27 de septiembre y el 1.° de octubre de 1926, Stein volvió a Friburgo y pudo ver a Husserl. Vio la soledad de su Maestro y percibió que, apartándose de él "en puntos decisivos"[1542], Fritz Kaufmann y Oskar Becker se acercaban a Martin Heidegger[1543]. Maestro y discípula tuvieron una buena conversación en la que ella percibió que su pensamiento se había sintetizado "en una maravillosa unidad". De todas maneras, estaba convencida acerca de:

> lo verdaderamente trágico del asunto; esta totalidad vive solo en él, y de ello puede hablar en los buenos momentos, pero dudo de que sea capaz de ponerlo por escrito, y menos todavía de llevarlo

a la imprenta; y no dispone en absoluto de ningún alumno que siga sus pautas[1544].

Cuando hablaron de las diferencias que hacían que sus caminos se separaran, Husserl "se impresionó vivamente"[1545] pero, así y todo, en mayo de 1927 ella aún aventuraba que hubiera aceptado "con sumo gusto" que volviera a trabajar con él[1546]. En esos momentos, Husserl se dedicaba "con ahínco y esperanza en su fundamentación de la fenomenología trascendental"[1547], pero también, y "bajo la inspección de Heidegger"[1548], se disponía a publicar manuscritos, entre ellos los que ella había preparado antes de dejar su lugar como asistente.

Una cuestión que resulta de fundamental importancia para comprender el giro religioso de Edith Stein y sus consecuentes derivaciones filosóficas aparece en una carta a Ingarden a fines de 1926, donde aclara su postura respecto de la metafísica. Para ella, la metafísica solo podía construirse sobre una filosofía tan crítica como sea posible, crítica también contra sus propias posibilidades, y "apoyada en la revelación"[1549]. A su entender, un alejamiento de la Iglesia, como el que últimamente estaba atravesando Max Scheler, lo conducía a adoptar "una actitud quijotesca" que finalmente lo encauzaría a idolatrarse a sí mismo[a][1550].

Pensaba que a la metafísica debería precederla una delimitación de las áreas de incumbencia de la filosofía y de la teología, es decir, "una crítica delimitación desde ambos lados"[1551]. Pero eso, claro, dependía de la posición que se tomara al respecto, por lo que concedía, ante Ingarden: "Quien no tiene bajo sus pies el suelo de la fe, es consecuente —desde el punto de vista de la conciencia científica— si renuncia a la metafísica y

---

a Respecto de Scheler, agregaba: "Creo también que su estrella está desapareciendo, pues me parece que no solo ha perdido el apoyo moral, sino también la base para una actividad escolar, aun cuando se ha quedado en Colonia. Quizás, precisamente así se pone de manifiesto la convulsivamente elevada autoconciencia" (OCI, 773).

con ello a una cosmovisión acabada"[1552]. Quizá con demasiado optimismo, para defender su punto de vista, afirmaba: "Pero esto solo lo sostiene un racionalista fanático y un intelectualista hasta el fin de su vida. Y esos tales se están extinguiendo"[1553]. Lo que creía o al menos expresaba como deseo no terminaba de convencer a Ingarden, con quien seguiría argumentando a principios del año siguiente, y a quien con "la melancólica constatación" de que no eran capaces de entenderse, invitaba a deponer enojos; le comentaba sobre la foto de sus hijos, y firmaba, como recordando los viejos tiempos: "Su siempre muy maliciosa E.S"[1554].

Ahora bien, Edith decía experimentar en sí misma que ante la fe "todo escepticismo" se hacía trizas [1555]. ¿Qué responderían a esto sus amigos racionalistas o agnósticos? En 1927, de paso por Friburgo, habría conversado "abiertamente"[1556] con Fritz Kaufmann[a]. Exponiendo la imposibilidad de ayudarlo con "argumentos", lo llamaba a recurrir a la "sabiduría" que "esconde en sí misma todos los secretos":

> Ya le he dado mi consejo: ser como un niño y poner la vida *con* toda la investigación y cavilación en las manos del Padre. Si todavía uno no logra esto: pedir al Dios puesto en duda y desconocido que sea él quien le ayude.[1557]

No sabemos si Kaufmann respondió a esa carta ni qué le pareció el consejo de su querida amiga. Durante la Primera Guerra Mundial "ella hizo todo lo posible por mantener vivo mi espíritu y por tenerme al corriente de los acontecimientos intelectuales que se producían dentro de nuestro movimiento y al exterior"[1558]. Edith Stein, continúa diciendo Kaufmann,

---

a Al retomar el diálogo con Kaufmann reconoce: "Si humanamente hablando yo le decepcioné —cuánto, lo he comprendido solo después, pero doloroso y oprimente lo he sentido ya en el verano de 1919 en Gotinga— en parte se debió a que entonces a mí me iba muy mal, apenas poco mejor que a usted" (OCI, 748).

"era aquella clase de genio de todo nuestro círculo que se preocupaba de todo y que atendía a todos con verdadero amor de hermana (y que cuidó también de Husserl, cuando estuvo gravemente enfermo en 1918). Fue como un ángel de la guarda para Lipps durante los años de su aflicción"[1559].

Edith era una amiga dedicada. Por eso mismo, ni Lipps, ni Ingarden, ni Kaufmann estaría dispuesto a perderla como interlocutora. Sin embargo, todos ellos experimentaron algún grado de resistencia a su giro existencial y filosófico. Hay algo fascinante en las amistades verdaderas, particularmente en las relaciones íntimas y constantes que son propicias al descubrimiento del otro y al propio descubrimiento. Sobre ello había tratado en su tesis al analizar el fenómeno empático. La amistad de Ingarden y Stein está repleta de hallazgos, de pequeños guiños y gestos elocuentes reflejados en su correspondencia. Así, a casi diez años de no verse, cumpliendo el "último deseo" expresado por él en una de sus cartas, Edith le envía una fotografía que tomada a instancias de una alumna suya. Con sencillez, ella reconoce: "Mis allegados la encuentran bien, yo, en cambio, me encuentro algo extraña ahí"[1560].

No sabemos cuál fue la impresión de Ingarden, no hay más referencias a esa fotografía de 1926, pero la habrá encontrado cambiada. Contrasta con su retrato de 1915 en la que se la ve vivaz y rodeada de amigos. Ahora, con casi treinta y cinco años, al parecer contempla el futuro con serenidad y cierto optimismo, pero su mirada es algo melancólica, aunque abierta y despejada, y sus rasgos apenas se han modificado.

Mientras tanto, asentada en sí misma, anclada en su eje, en 1926, "en el marco del programa de perfeccionamiento de la formación de profesores y profesoras bávaros"[1561], Edith Stein da comienzo a su exitosa actividad como conferenciante. El 12 de septiembre, en Kaiserslauten, expone sobre el tema "Verdad y claridad en la enseñanza y en la educación", presentación que luego es publicada en una revista católica. Además de partir de los conceptos enunciados en el título, se refiere a los objetivos de la educación con impronta católica, y "se ponen las bases del programa pedagógico teórico"[1562] que va a desarrollar hasta 1933. Allí sostiene que

> quien pone su vida en las manos de Dios, puede estar seguro, y solo él puede estar seguro de que llegará a ser totalmente él mismo, es decir que llegará a ser lo que Dios ha previsto muy personalmente para él. No hay nada más estúpido que la preocupación por la salvaguardia de la individualidad y la investigación angustiosa de la individualidad, tal como predomina en la pedagogía[a] moderna[1563].

Esto no quiere decir que Stein no respete la individualidad del alumno ni su vocación, pero apunta contra una exacerbación del yo autosuficiente que, a su modo de ver, aun consiguiendo sus metas queda preso de la angustia, sentimiento al que le dedica también algunas reflexiones.

1927: EL REENCUENTRO

Cuando en 1927 Ingarden viaja finalmente a Alemania, comprueba que la situación económica afectaba a todos en general y a la familia Stein en particular. Hasta entonces, había intentado que Edith lo visitara, pero ella había sido muy clara: las vacaciones de verano pertenecían a su madre y solo les podía sustraer lo que Auguste estuviera "dispuesta a regalar"[1564]. Las relaciones habían mejorado considerablemente, Auguste estaba por cumplir 78 años y sufría por tener lejos a su hija menor. Por eso, explicaba

---

a Para una comprensión de la pedagogía de Edith Stein sugerimos la conferencia Perspectivas sobre la filosofía de la educación de Edith Stein. Influencias y originalidad, de la profesora doctora Beate Beckmann-Zöller, presidenta de la Edith Stein Gesellschaft (Deutschland), de la Universidad Católica de Ciencias Aplicadas, Múnich, Alemania (disponible en https://delaruecaalapluma.com/2023/10/08/videos-del-congreso-pensar-la-educacion-edith-stein/).

Edith: "Independientemente de las cuestiones religiosas, que uno no debe tocar", "nos entendemos en todo estupendamente, y le hace bien que al menos una vez al año podamos estar juntas más tiempo"[1565]. Pero no mostrarse abiertamente en su nueva realidad tendría su costo, y quizá por eso interrumpió sus vacaciones en la casa materna, como sucedió en agosto de 1927, "para respirar un poco de aire del bosque y de la montaña"[1566] en una casa de ejercicios de los jesuitas, en Zobten.

A principios de septiembre, gracias a una beca de estudios Ingarden retomó el contacto directo con los fenomenólogos. No vio a Edith enseguida, primero se dirigió a Friburgo donde, en tanto esperaba el regreso de Husserl, de viaje en Suiza, se encontró con Kaufmann y pudo conocer personalmente a Heidegger. Aunque Stein pensó ir a Friburgo, cambió de opinión aduciendo que no contaba con días hábiles. Tampoco quería recibir a Ingarden en Espira. Entre tanto, él le confiaba sus impresiones acerca de lo que sucedía en Friburgo y ella respondía

> que Heidegger es una eminencia y que puede meternos a todos nosotros en el bolso, también yo lo creo, apoyándome en su libro. [*Ser y tiempo*]. Antes yo no lo sabía, solamente veía los efectos, o sea, su gran influjo en la generación joven. Leí el libro en su mayor parte en vacaciones, pero no pude terminarlo; comparado con las cosas que desde entonces me oprimían, su terminación carecía de interés. No sé cómo se siente Husserl con las grandes diferencias. Él debe tenerlo claro. También yo he notado que es menos accesible que nunca para ideas diferentes, a pesar de que *personalmente* es mucho más suave y abierto[1567].

Este texto dice mucho acerca de las personalidades que están implícita o explícitamente citadas. Cada uno de ellos, Husserl, Heidegger, Ingarden y Stein profundizaban en su propio camino, por tanto, antes que leer los trabajos de los demás priorizaban los temas que (utilizando una palabra de la cita anterior) personalmente los "oprimían". Por eso mismo, cuando ella se refiere a cuestiones estrictamente filosóficas, una vez más le aclara a Ingarden:

> En absoluto debe esperar mucho de mí, y no debe concebir esta visita como una parte de su viaje de estudios, de lo contrario la decepción será grande. Ayer escribí algunas cosas a Husserl sobre mi trabajo de Santo Tomás, que quizás él pueda referirle. En agosto me he traído de Breslau sus cartas, para entregárselas a usted[1568].

Finalmente Ingarden recibiría la correspondencia que tanto deseaba recuperar. Por su parte, aunque la entusiasmaba el reencuentro, precavidamente ella adelantaba: "Cuando han transcurrido 10 años sin verse, es normal que a uno le falten las bases necesarias para hacer una interpretación correcta"[1569] de la vida del otro. De todas maneras, confiando en que al verse los malentendidos se disiparían, le aconsejaba a Ingarden: "Así pues, abandone todo mal humor y convénzase de que no tengo *absolutamente* nada contra usted, ni viejo ni nuevo[a], y que lo espero con el corazón completamente libre"[1570]. Recapacitando, pocos días después le pide que la visite en Bergzabern: "No puedo desprenderme de una cierta preocupación: que mi entorno conventual podría desconcertarle, con lo cual nuestro encuentro podría salir perjudicado. Y yo quisiera que usted se sienta totalmente a gusto"[1571]. Las dilaciones de uno y otro lado culminaron al decretarse un punto de reunión favorable para ambos, por lo que el 29 de octubre de 1927 convergieron en la casa de los Conrad-Martius, donde pasaron dos días. También se esperaba la visita de Hering y de Koyré.

¿Habrán quedado conformes con lo que pudieron observar uno del otro? Por lo que sabemos, *a posteriori* de su entrevista ella tuvo la impresión de haberse expresado en un estilo "muy fragmentario y descolorido en comparación de la realidad..."[1572].

---

a Stein debió aclarar, en octubre de 1927, antes de volver a verlo: "Cuando se adentre un poco en mi estilo de vida, no volverá a leer tan fácilmente cosas malas entre líneas" (OCI, 795).

También Ingarden quiso saber la impresión que le había producido, pero lo tranquilizó al decirle que "después de 10 años de separación y llevando cada uno una vida tan distinta, poder hablar entre sí libre y abiertamente, ya [era] bastante"[1573].

Es más, luego de ese encuentro, Edith afirmó: "Nos hemos entendido mejor que antaño en Friburgo. Pues me parece como si entonces cada cual estuviera demasiado ocupado consigo mismo, como para ser capaz de prestar atención al otro"[1574]. Incluso aquello por lo que los dos habían permanecido en guardia y a la expectativa no había generado demasiada tensión, por lo que agregaba "que desde el punto de vista religioso existieran más puntos de contacto de los que permitían suponer sus cartas, desde luego que me ha alegrado mucho"[1575]. Y dice, como corolario, que sería imposible que desapareciera por completo la tradición y educación católica de Ingarden, por lo que "no me ha sorprendido en absoluto que mi crecimiento dentro del mundo católico signifique un acercamiento para usted"[1576].

En la intimidad, al igual que Kaufmann, Ingarden demostró interés por su camino religioso y le pidió Stein que le recomendara lecturas. En respuesta ella expresó: "No sé si los libros pueden ayudarle a comprender mejor mi camino"[1577]. Algo del orden de lo inexplicable nunca podría ser dicho, solo vivenciado, experimentado. Aun así, accediendo a su pedido, le sugirió a Ingarden: "Entre las obras dogmáticas que han influido en mí, antes de mi conversión está la *Simbólica*, de Möhler. Más tarde conocí *Los misterios del cristianismo* de Scheeben, que amo y valoro mucho"[1578]. Al mismo tiempo, indicaba un camino que bien pudo haber sido el suyo: "Me parece como si primero debiera servirse de las vías intelectuales hasta los límites de la razón y con ello situarse a las puertas del misterio"[1579]. De todas maneras, agregaba:

> Estoy profundamente convencida de que hay tantos caminos que llevan a Roma como cabezas y corazones humanos. Quizás en la exposición de mi camino he dejado que lo intelectual saliera tan mal parado. Mas en el largo tiempo de preparación ha contribui-

> do de forma decisiva. No obstante, decisivo de forma consciente fue lo acontecido en mí (por favor, entienda bien: hecho real no "sentimiento"): topar con la imagen concreta de auténtica vida cristiana en testigos elocuentes (Agustín, Francisco, Teresa). Pero ¿cómo describirle en un par de palabras la imagen de aquel "hecho real"? Es un mundo infinito, que se abre como algo absolutamente nuevo, si uno comienza, en lugar de vivir hacia afuera, hacia adentro[1580].

Esta es, para Moreno Sanz, "una de las cartas más clarificadoras" de Stein, ya que le da a entender a Ingarden "aspectos claves de su 'secreto'"[1581]. Lo que había encontrado en la religión le resultaba intransferible y es probable que por entonces haya vivido alguna experiencia mística, ya que inmediatamente agrega, acerca de su forma de vida:

> Todas las realidades, con las que uno tenía que habérselas antes, se hacen transparentes, y propiamente se llega a sentir las fuerzas que sustentan y mueven todo. ¡Qué insignificantes aparecen los conflictos con los que antes uno tenía que luchar! ¡Y qué abundancia de vida con sufrimiento y alegrías, como no conoce el mundo ni puede conocer, contiene un solo día, casi insignificante desde fuera, de una existencia humana nada vistosa! Y qué raro se encuentra uno cuando, teniendo todo esto en sí y alrededor de sí, se halla con personas que solo ven la superficie, y vive como uno de ellos, sin que lo barrunten ni noten. ¿No queda sorprendido a causa de estas cosas misteriosas? No se enfade conmigo; si lo desea, gustosamente vuelvo al terreno de la *ratio*, donde usted se encuentra más en casa. No he olvidado del todo su utilización, incluso —dentro de sus límites— la valoro mucho más que antes[1582].

Estas líneas recuerdan el estilo convencido y entusiasta de Teresa de Ávila. Pero lo que Edith Stein propone como ejemplo de "auténtica vida cristiana"[1583] es de gran exigencia; y es justamente sobre esa "experiencia" que sigue conversando:

> Creo que se puede y se debe hablar de *experiencias religiosas*; pero con ello no se trata de una "contemplación directa" de Dios. Una cosa así solo se da en casos muy excepcionales (en éxtasis y similares), con lo cual nunca es posible una demostración rigurosa de que se trata de *auténtica* revelación. El camino normal discurre sobre efectos que uno nota en sí, en otros y en los acontecimientos, etc., en la naturaleza y en la vida de los hombres, de los cuales ninguno —tomado en sí mismo— remite tan claramente a la autoridad divina, de modo que ya no fuera pensable otra explicación: sin embargo todos ellos contienen en sí una tal indicación, algunos tan fuerte en su aislamiento, que es imposible rehuirla, en todo caso su impacto es tal que metodológicamente uno puede dudar, pero no realmente[1584].

En un lenguaje que conjuga la experiencia vital con la argumentación filosófica, Edith lo conmina a decidirse:

> Como *filósofo* admita que le faltan motivos constrictivos para decidirse entre idealismo y realismo. Pero en la vida práctica usted no esperará a tomar esa decisión, sino que —como hacen todos los idealistas, si tienen bien sus cinco sentidos— se relaciona con el mundo como con una realidad. A quien actúa de otra manera, usted le llamará loco [...]. No es necesario que al final de nuestra vida lleguemos a una prueba convincente de la experiencia religiosa. Pero sí es necesario que tomemos una decisión a favor o contra Dios. Esto es lo que se nos exige: decidirnos sin una prueba de garantía. Ese es el gran desafío de la fe. El camino va de la fe a la visión, no al revés. [...] Donde falta la propia experiencia, uno debe apoyarse en testimonios de *homines religiosi*. De esto no hay escasez. Según mi modo de entender, los más impresionantes son los místicos españoles Teresa de Jesús y Juan de la Cruz[1585].

Edith es clara: en "el gran desafío de la fe", el camino "va de la fe a la visión, no al revés"[1586]. Se sabe que le obsequió a Ingarden el libro, de reciente aparición, *Cielo en la tierra*, del crítico

Hermann Bahr, cuya idea sobre el expresionismo fue reflejo de la desesperación de la época y el antídoto necesario frente a la complacencia del orden burgués que ella compartía. Además, le habla de la traducción de Romano Guardini del diario espiritual de Lucie Christini, seudónimo de la mística Mathilde Boutlé (1844-1908).

En todo caso, después de las conversaciones que sostuvieron esos días, la insistencia de Ingarden por solicitar pruebas y argumentos terminaron por agotarla y le pidió que dejaran el tema, ya que así no llegarían a nada. Poniéndose de ejemplo a sí misma, declaraba:

> Recuerdo muy bien cómo me fue a mí antes de que me quitaran la venda de los ojos. Entonces yo hubiera podido decir casi las mismas cosas y tampoco hubiera sido adoctrinada mediante discusión teórica alguna. Pero si alguna vez se produce el cambio en usted, entonces todo lo que yo ahora podría decirle, podrá decírselo usted a sí mismo probablemente mucho mejor[1587].

Por lo que se deduce de esta carta, algo habría dejado ver o habría dicho Ingarden sobre su deseo de acercarse a la fe. Pero, por otro lado, debió relacionar la experiencia religiosa con alguna "disposición enfermiza", por lo que Edith cortó por lo sano:

> Si realmente se toma usted en serio la búsqueda de la verdad en las cosas religiosas, es decir, la búsqueda de Dios, no de la prueba de la experiencia religiosa, entonces encontrará usted, sin lugar a dudas, un camino. Solo puedo aconsejarle lo que ya le escribí una vez: apoyarse en los escritos de los grandes santos y místicos, ahí tiene usted la mejor documentación: La vida de Santa Teresa, escrita por ella misma [...], los escritos de San Juan de la Cruz...[1588].

Aunque a principios de 1928 los amigos seguían debatiendo sobre la vivencia de la fe, poco a poco su correspondencia volvió a los cauces habituales después de que ella advirtiera que el "modo"[1589] con el que Ingarden encaraba el tema terminaría por alejarlos. Su advertencia sería válida para quien quisiera, en el presente o en el futuro, oponer a su camino lo que llamó prejuicios racionalistas:

> Estoy convencida —no solo desde el punto de vista religioso, sino también filosófico— de que hay cosas que están más allá de los límites de las posibilidades naturales del conocimiento. La filosofía, entendida como ciencia del conocimiento puramente natural, como sin duda usted la concibe, justamente por ello puede reconocer estos límites. En consecuencia, respetar los límites, es filosóficamente consecuente, y querer averiguar algo que está más allá de esos límites con medios puramente filosóficos es contradictorio[1590].

En su monumental libro *¿Existe Dios?* Hans Küng se pregunta si la ciencia moderna puede prescindir de Dios de manera similar cuando afirma que, si esta "quisiera proceder irreprochablemente desde el punto de vista metodológico, tendría que prescindir del problema de Dios, ya que este no puede ser constatado y analizado empíricamente como los demás objetos". Pero, advierte el teólogo: "Hay que distinguir entre el fenómeno perceptible por la ciencia natural y la realidad en sí"[1591]. Al año siguiente, en su trabajo "Un intento de confrontación entre la fenomenología de Husserl y la filosofía de Santo Tomás de Aquino", publicado con motivo del homenaje por los setenta años de Husserl, Stein afirma que también en materia filosófica la fe otorga una clase de conocimiento, así, al tiempo que sienta posición respecto de su Maestro también lo hace respecto de Ingarden. Él, por su parte, aun sabiendo que estaba abocada a la traducción de Tomás de Aquino, le solicitaba la revisión de su trabajo "sobre la obra literaria"[1592]. Y ambos seguían discutiendo, fenomenológicamente. Así, en una de las pocas cartas de Ingarden a Stein que se conocen, él explicaba:

> Con toda intención, en mi trabajo no definí positivamente la "realidad". Pues mi definición resolvería una parte de los pro-

> blemas ontológicos existenciales [...]. En efecto, sentí que aquí había aún diversas dificultades que yo no he podido superar hasta ahora [...]. Si profundizo en el sentido de la realidad, entonces encuentro un algo todavía indescriptible, que me parece ser muy esencial, pero que no logro captar y comprender en sí...[1593].

Resulta interesante en términos biográficos la respuesta de Edith Stein:

> Me alegro mucho de que en la realidad haya topado usted con algo que "de momento" no puede resolver. Si usted sigue trabajando de forma tan esmerada y concienzuda, como en este pequeño ensayo, creo que en adelante encontrará más de lo que busca[1594].

Allí estaba lo que justamente Ingarden veía peligroso, "que diversas imaginaciones subjetivas se mezclen con la revelación, en el caso de que se admita que existe algo así"[1595].

15
NUEVOS PROTAGONISMOS

SENTIMIENTO DE PÉRDIDA, NUEVAS AMISTADES

Poco antes de reunirse con Ingarden, Stein supo del repentino fallecimiento de Joseph Schwind. Fue una gran pérdida que la dejó "interiormente muy afectada"[1596]. Además de escribir una nota necrológica[a], se vio en la necesidad de buscar un nuevo director espiritual y pidió al encargado de examinar su legado que se destruyeran las cartas que le había enviado. Esas cartas, cuyo contenido se desconoce, darían cuenta del recorrido de los primeros años de su conversión, sobre la que ella prefirió no dejar constancia por escrito.

Paralelamente, al iniciar un período de gran exposición pública, Edith sintió que había estado en un error:

> En el tiempo inmediatamente anterior a mi conversión y después, durante un cierto período, llegué a pensar que llevar una vida religiosa significaría dejar de lado todo lo terreno y vivir teniendo el pensamiento única y exclusivamente en cosas divinas. Pero, poco a poco, he comprendido que en este mundo se nos exige otra cosa, y que incluso en la vida más contemplativa no debe cortarse la relación con el mundo; creo, incluso, que cuanto más profundamente alguien está metido en Dios, tanto más debe, en ese sentido, "salir de sí mismo", es decir, adentrarse en el mundo para comunicarle la vida divina[1597].

¿No son primero sus conferencias y actividad pedagógica y luego sus últimos escritos, especialmente *Ser finito y ser eterno* y

a "Lo compara con el cardenal Newman en el cumplimiento de la unión o armonía de virtudes opuestas" como severidad y bondad, seriedad y alegría ingenua (MS, 377).

Ciencia de la Cruz, un legado en ese sentido? Cuando faltaba un gran recorrido para la gestación de esos libros, Stein colaboró exhaustiva y generosamente con Ingarden[a]. Pero cuando él quiso que pasara sus honorarios se negó, asegurándole respecto de su ayuda económica: "No he echado de menos el dinero. Conforme a convenio, había guardado para usted una suma mucho mayor [...]; a usted se debe que últimamente también tuviera más sobrante para otros fines"[1598].

El 9 de abril de 1928, por consejo de Przywara, Stein inicia una estadía de Semana Santa y Pascua en Beuron, donde hizo privadamente ejercicios espirituales "bajo la dirección del inteligente y sumamente culto abad primado doctor Raphael Walser (1888-1966)"[1599]. Beuron comprendía varios monasterios, entre ellos el de Maria Laach. Hasta 1933, fecha de su ingreso en el Carmelo, Edith estuvo allí unas quince veces, sobre todo en Pascua o en Navidad. Bajo la dirección del abad, "Beuron era entonces un centro espiritual, cuyos impulsos irradiaban más allá del ámbito la lengua alemana, llegando hasta Bélgica, el Japón y los Estados Unidos"[1600]. Durante la década del veinte del siglo pasado, acudirían relevantes personalidades, entre ellas Max Scheler, Martin Heidegger y Romano Guardini. Al contar con facultades de teología y de filosofía, era un enclave de avanzada, que incluía un centro de investigación de la Biblia latina y sus versiones, y un centro de arte, "especialmente famoso por su contribución a la renovación de la liturgia"[b], renovación que terminó de cristalizar el Concilio Vaticano II[1601].

---

a En el prólogo de *La obra literaria de arte*, publicada en 1931, se lee: "La señorita doctora Edith Stein tuvo la bondad de hacerse cargo de la corrección lingüística del texto, y con ello me ha dado muestras de un precioso servicio de amistad" (OCI, 807).

b Las misas se daban en latín. Ansel Schott editó un misal en alemán así los asistentes podían seguir las celebraciones en su idioma. "Por iniciativa de Edith Stein" en Espira se introdujo el misal de Schott (MyN, 181).

En poco tiempo Edith se hizo conocer en la comunidad. No es que quisiera llamar la atención y, tal vez, por eso mismo resultaba más destacable su presencia. Entre los monjes había "hermanos legos que no podían participar en la oración del coro"[1602], y esto "le parecía inconcebible". Sentía que era una pena "vivir en una abadía benedictina sin poder participar de la gran riqueza de la liturgia con el canto gregoriano"[1603]. En consecuencia, aconsejó al abad que se brindaran clases a los hermanos legos, quienes por no saber latín no podían participar del coro. También creía importante que recibieran lecciones de canto.

En el proceso de santificación, el abad Walzer afirmó: "Raras veces he encontrado un alma que reuniera tantas cualidades"[1604]. Dueña de una sencilla naturalidad, llena de ternura, con sentimientos maternales, sin tener por ello la pretensión de tutelar a nadie, así describió el abad a Edith Stein, y agregó:

> Tenía gracias místicas, en el sentido literal de la palabra, pero jamás dio muestra alguna de sentirse superior o de ir por caminos especiales[a]. Era sencilla con las personas sencillas, docta con las personas doctas, sin ninguna arrogancia, y con las personas que la buscaban, ella se mostraba también como quien estaba a la búsqueda; casi me atrevería a decir que con los pecadores era como una pecadora más[1605].

Por Walzer sabemos concluyentemente que Edith Stein tuvo vivencias místicas. Algo, como el camino de su conversión, sobre lo que no quiso hablar o escribir directamente.

---

a Walzer dice que Edith "dedicaba la mayor parte del tiempo a la oración, absorbida en Dios, pero experimentaba raramente la necesidad de volver sobre las gracias recibidas, ni de hablar de ellas, ni aun a su director [espiritual]" (Miribel, 102).

SENCILLA CON LAS PERSONAS SENCILLAS, DOCTA CON LAS DOCTAS

Comencemos por la Edith Stein "docta con las personas doctas", según la descripción de Walzer, descripción que concuerda con esta evocación de la sobrina del cardenal Schwind, su anterior director espiritual: "Un día el tío entró desesperado en la cocina, se dejó caer en una silla y exclamó: '¡Oh, esta filósofa! ¡Es capaz de hacer más preguntas de las que diez doctos teólogos podrían contestar!'"[1606].

Según testimonios, Edith sentía especial devoción por la Virgen de la Piedad, representada en una imagen en madera de tilo. Pero lo fundamental para ella fue "el encuentro con el espíritu litúrgico benedictino de Beuron"[1607]. Cuando Walzer destaca que Stein era "sencilla con las personas sencillas" coincide con el portero de Beuron, a quien le sorprendía que siendo "una señorita muy importante"[1608] siempre esperara pacientemente su turno para ver al abad. Al portero lo desconcertaba que, habiendo muchas personas antes que ella, Edith no hiciera valer ninguna prerrogativa y esperara su turno. Además de recordarla como alguien que sabía agradecer sinceramente cualquier "recado o servicio"[1609], también le llamó la atención que una "prestigiosa intelectual" optara por presentarse como una "peregrina pobre, mendicante, necesitada de ayuda"[1610]. El portero contó que "algunas personas se escandalizaban" cuando Edith se sentaba "en la iglesia en los bancos de delante"[1611]. Los hermanos legos opinaban que no lo hacía "para que la vieran o la tuvieran por algo"[1612] sino todo lo contrario, para no distraerse con el continuo ir y venir de otras personas, sobre todo de las que llegaban a último momento.

Lo cierto es que una vez que se supo en Beuron que Edith asistía por las mañanas a la primera oración del coro, comenzaron a llamarla "la matutina"[1613]. Pero si, como señaló Walzer, había recibido "gracias místicas"[1614], no lo exteriorizó salvo con sus confesores y directores espirituales. Durante sus estadías con los benedictinos, Edith solía alojarse en la casa de la familia Mayer, detrás de un puente de madera tendido sobre el río Danubio. Se sentía tan bien allí que luego de descubrir Beuron recomendaría el lugar a sus conocidos que quisieran participar de actividades religiosas y de la liturgia.

Pocos días después de su estadía en Beuron, en ocasión de la 15.ª asamblea general de las Asociación de Profesoras Católicas de Baviera, que se realizó en abril en Ludwigshafen, Edith pronuncia "su primera conferencia sobre el tema de la mujer"[1615]. El tema del congreso era la formación de la mujer y sus tareas actuales, y su conferencia llevó por título "El valor específico de la mujer en su significado para la vida del pueblo"[1616]. Recordemos que en esa época generalmente se hablaba de la *vocación natural* de la mujer y se daba prioridad a la maternidad y al trabajo doméstico. Así, tanto "el balsámico *Blatt der Hausfran* [...] como la revista comunista *Die Kämpferior* 'presentaban' decoración de viviendas, recetas de cocina rápida y modelos de corte y confección"[1617]. En este contexto, aunque Stein señala que la mujer se ve impulsada por la misión particular de ser "compañera y madre"[1618], también subraya que "quien domina una cosa en profundidad" está más cerca de una "humanidad plena"[1619]. Según ella "*el trabajo profesional concienzudo* [...] de la clase que sea —doméstico, artesanal, industrial, o de cualquier otra clase"— acercaría a esa meta. En cuanto a la problemática de la unilateralidad en el desarrollo individual, concluye: "No hay suelo más propicio para la degeneración de la especificidad femenina y para su hipertrofia enfermiza (la histeria) que la vida de las 'hijas de buena familia' del viejo estilo y la de la mujer desocupada de los círculos bienestantes"[1620]. En un estilo que recuerda la propuesta de Virginia Woolf en *Un cuarto propio*, libro que se publica en esos años y en el que también se desarrolla la idea de una androginia compensadora, Stein asegura: "Un poco más de masculinidad es el antídoto contra lo 'demasiado femenino'"[1621]. Asimismo, cree que no alcanza con la "igualación con el tipo masculino" a la que se aspiraba "en los comienzos del movimiento feminista"[1622]. La especificidad femenina entendida como tendencia al cuidado de los otros, el "velar por lo humano concreto" haría, en todas las profesiones, un "contrapeso frente a la degeneración de la 'objetividad masculina'"[1623]. Para ella, no solo los religiosos sino todos los cristianos deben aspirar a seguir el modelo de Cristo "en el que, en su perfección, se unen los rasgos de la naturaleza femenina y masculina", de modo que "sus seguidores llegarán a estar cada vez más elevados por encima de los límites de la naturaleza humana"[1624]. Como señala Moreno Sanz, esto es lo que Stein "observa en los santos, dotados los varones de una bondad y ternura femeninas y un cuidado de las almas verdaderamente materno; y las mujeres, llenas de una audacia, prontitud y decisión masculina"[1625]. En consonancia con teorías de su época, Stein insiste en que hay una 'especificidad' masculina y femenina diferenciadas, y no considera, como hoy en día, el tema de la construcción cultural de los géneros.

En el terreno personal, según consta en la cronología de sus obras completas, ese mismo año Edith recibe "una gracia especial y hace sus votos privados"[1626]. A todo esto, con el fin de preparar y dar conferencias, y para finalizar la traducción de Tomás de Aquino[a], disminuye sus horas cátedras en Espira. Que en esos momentos Stein era toda una figura se ve confirmado cuando el 6 de octubre, con motivo de la celebración del séptimo centenario de la fundación del convento de Santa Magdalena de Espira, visita el lugar el nuncio Eugenio Pacelli (más tarde Pío XII). Ella fue la encargada de recibirlo y de darle el saludo de bienvenida en nombre de toda la comunidad. Moreno Sanz lamenta que no conociera este dato Rolf Hochut, autor de la obra teatral *El Vicario* (1963), en el que cuestiona "a Pío XII y al papel de la Iglesia durante las persecuciones nazis a los judíos, y que ocasionó el artículo de Hannah Arendt en el que relataba 'la historia extrañamente conmovedora de esta monja judía alemana, Edith Stein'"[1627].

---

a Según una religiosa que visitaba durante los fines de semana a Edith Stein en Espira, "en ratitos de media hora que sustraía al trabajo diario" realizó la gran obra de traducción de *Quaestiones disputatae* (W. Herbstrit,105).

VOTOS PRIVADOS Y PUBLICACIONES FILOSÓFICAS

En 1928 Edith Stein hizo sus votos privados. No tenemos referencias sobre sus motivos, pero es posible que el compromiso la compensara, al menos en parte, de no poder ingresar al Carmelo, deseo que habría expresado ante Schwind y Walzer, quienes priorizaban las posibilidades laborales y académicas, además de las consideraciones familiares respecto de su madre. Por entonces, Przywara la contacta con Martin Grabmann, gran conocedor de la escolástica y de Tomás de Aquino, que haría una introducción a su trabajo cuando estuviera finalizado. En el otoño de 1928 pronuncia su conferencia "Los tipos de psicología y su significado para la pedagogía", de la que solo se conserva un artículo en el que no hay mención a Sigmund Freud. Para valorar la cantidad de trabajo de Stein en esta etapa vale mencionar que entre el 12 y 30 de octubre de 1931 pronunció "15 conferencias en 15 lugares distintos de la región industrial de Renania-Westfalia"[1628]. Además, siguió con sus investigaciones y traducciones, entre las que se destaca el escrito en el que, como veremos, relaciona la fenomenología de Husserl y la escolástica.

Las cartas a Ingarden reafirman que el suyo no fue un camino sin obstáculos. Todavía en 1928 le escribía: "No estoy enfadada con usted lo más mínimo; nunca se me ocurrió pensar que usted pretendía hacerme vacilar en mi fe: una empresa tan absurda que no es digna de usted"[1629]. Un diálogo entre la razón, los prejuicios racionales y la defensa de la fe le parecía sinsentido. Aunque durante los años que fue profesora en Espira no hizo públicos sus votos religiosos, no dudaba de la dirección que había tomado. Por eso, cuando en 1929 Ingarden le pidió que dejaran de dirigirse de "usted", ella rechazó el ofrecimiento explicándole que el "coloquio confidencial" "unido al calor de la familia" no se ajustaba a su nueva forma de vida. Al respecto, aclaraba:

> Usted tiene que pensar siempre que a mi alrededor hay paredes invisibles. El amor, que no es de este mundo, atraviesa éstas como

todas las paredes materiales, no conoce límite de tiempo y espacio, pero debido a ello todo lo demás quedará fuera[1630].

Stein insistía en que tanto desde el punto de vista religioso como filosófico "querer averiguar algo que está más allá" de los límites de las posibilidades naturales del conocimiento "con métodos puramente filosóficos es contradictorio"[1631]. "Como salida práctica" al dilema, sugería que Ingarden escribiera sobre estas cosas cada vez que tuviera necesidad de hacerlo, pero solo se comprometía a responder si ella misma lo estimaba "preciso"[1632]. La postura de su amigo polaco contrastaba con lo que sucedía en su alrededor inmediato. Cada vez eran más las estudiantes, las religiosas y las personas que requerían su asistencia, su ayuda, su consuelo. Su correspondencia muestra el estilo de vida de alguien que realmente "experimenta" la religión como "raíz y fundamento de toda la vida"[1633]. Pero esta correspondencia y algunos textos espirituales o conferencias sobre temas religiosos resultan de una gran densidad para el lector no avezado en ese estilo. Incluso presentan barreras que hay que despejar si se quiere conocer a esta filósofa que, a decir del abad Walzer, fue "una de las mujeres más grandes de nuestro tiempo"[1634].

Profundamente enraizada en su fe, Stein afirmaba que su vida comenzaba "cada mañana de nuevo", terminaba cada noche y que, más allá de esto no tenía "ningún plan ni propósito"[1635]. Por esto es probable que, alejada de Friburgo y de la carrera académica, en 1928 no haya sufrido demasiado al recibir con una cariñosa pero escueta dedicatoria de su maestro[a] por la publicación de *Edmund Husserls Vorlesungen zur Phänomenologie des inneren Zeitbewusstseins*, un trabajo en el que ella participó mucho más que como una mera recensionista, pero que fue editado por Martin Heidegger, quien "pasa por alto"[b] que Stein

---

a La dedicatoria dice: "A la señorita doctora Edith Stein eficaz colaboradora 1916-1917, con saludos muy cordiales, E. Husserl" (OCI, n. 4, p. 813).

b Dice Heidegger, en la nota del editor: "La división de capítulos y parágrafos fue hecha por la señorita doctora Edith Stein al hilo de la transcrip-

"no solo hizo 'distribuciones', sino que se había hecho cargo de la revisión de las notas husserlianas"[1636]. Heidegger, que no es ningún ingenuo en el manejo del lenguaje, deja en suspenso, en lo no dicho, toda la carga y el peso de una labor que ella no se ocupó de reivindicar. "Dividir" un texto y trabajar sobre borradores es una labor interpretativa que hace que quien la realice sea prácticamente un coautor. Heidegger lo señala subrepticiamente. De la misma manera, la caracterización de *notas husserlianas* resulta interesante. Una cita de Edith Stein clarifica este punto:

> Lo que de Husserl ha aparecido publicado ha sido siempre el precipitado de investigaciones de muchos años, la expresión concisamente resumida de investigaciones pluriformes en la que quedaba inexpreso mucho que se recogía en bosquejos no publicados o que se comunicaba en un intercambio de ideas oral. Esto hace difícil a quien se encuentra algo alejado de ella adentrarse en el contexto de esta obra de toda una vida[1637].

Sea como fuere, por entonces Stein estaría más interesada en la suerte de su traducción de las cartas y diarios de Newman, publicadas ese mismo año en Múnich. Además, durante sus vacaciones en Breslau, "pegada" a su mesa de trabajo y prestando a la vida familiar "menos tiempo que nunca"[1638], se había ocupado de la "revisión de las *Qaestiones de veritate*"[1639].

MAESTROS: EL QUE ESTÁ SOLO, EL QUE SABE ACOMPAÑAR

En plena revisión de la *Quaestio* 29 de Tomás de Aquino, en octubre de 1928 Stein estuvo en Bergzabern, donde conversó con Hering y con Koyré. Además de contarle las últimas novedades

---

ción del borrador estenográfico, teniendo en cuenta en parte las indicaciones al margen del autor" (OCI, 813).

de Friburgo, este último comentó que había sido recibido "de manera sumamente cordial" por Husserl, quien para entonces "se habría dado cuenta" de lo "aislado" que se encontraba y "por eso se alegró mucho con la visita de antiguos alumnos"[1640]. Pero como la colaboración de Koyré no había llegado a tiempo para el *Anuario* por sus setenta años, le parecía "como si apenas alguno de los viejos de Gotinga estuviera dispuesto a participar"[1641]. Sin embargo, buena parte de los fenomenólogos de la primera hora sentían un fuerte vínculo humano entre sí. Con interés académico, Koyré se comprometió a enviar un trabajo. Se trató de "un capítulo de su gran libro, *La philosophie de Jacob Böhme*"[1642], que inmediatamente se puso a traducir Hedwig Conrad-Martius. Por su parte, Edith Stein le dio "una forma aceptable al pequeño ensayo" que había escrito durante las vacaciones y que no le había parecido, en principio, "tan presentable"[1643].

Este trabajo, en el que confronta la fenomenología de Husserl y la filosofía y teología de Santo Tomás de Aquino, estaba pensado, como explica Przywara, como "una importante, también artística conversación entre E. Husserl y Tomás de Aquino". Luego, "por deseo de Martin Heidegger hubo de transformar[lo] en un artículo neutral..."[1644]. Por fortuna el diálogo originalmente escrito como pieza teatral no se ha perdido. En esta idea de presentar un diálogo "no es descartable la incidencia que pudo tener la 'Conversación en el otoño de 1919', de Friedrich Meinecke"[1645].

En su diálogo "es la propia Stein la que se ampara en Santo Tomás para expresar dónde se separan sus caminos de los de Husserl"; también convierte a Tomás en "'vidente' de los problemas filosóficos del futuro"[1646]. Se trata de una confrontación que comienza con un "juego dialéctico en el que, en verdad, el que más habla y expone es el Aquinate, es decir, Edith Stein"[1647]. Al compararse ambas versiones se percibe como la "neutralidad" de la reescritura le sustrae al primer texto lo creativo del planteo, y la conversación dramática pasa a convertirse en un ensayo sobre una disputa filosófica en la que se esbozan las continuidades y discontinuidades del pensamiento de los dos autores. Si aún le quedaba alguna duda, al leerlo, Husserl no pudo menos que confirmar que sus caminos se separaban. Aun así, en abril de 1929 se encontraron en Friburgo cuando, para acompañar las celebraciones por los setenta años de Husserl, se presentó el libro de homenaje en el que participaron, además de Edith Stein, Hedwig Conrad-Martius, Alexandre Koyré, Roman Ingarden, Hermann Ammann, Oscar Becker, L.F. Clauss, Martin Heidegger, Gerhart Husserl, Fritz Kaufmann, Hans Lipps y Friedrich Neumann.

Según Moreno Sanz, a Husserl el intento de síntesis entre su pensamiento y el de Tomás de Aquino pergeñado por Stein "no le convenció en absoluto", aunque respetaría su trabajo como "el más interesante" que se hacía desde la neoescolástica.[1648] Meses después de su encuentro, cuando Husserl le envió su última publicación, *Lógica formal y trascendental. Intento de una crítica de la razón lógica,* ella debió confesar que, atiborrada de trabajo, del libro en su homenaje solamente había leído "de principio a fin la colaboración de Ingarden"[1649] porque este se lo había pedido "encarecidamente"[1650].

Al analizar una correspondencia con fines biográficos muchas veces resulta más sugerente lo que se deduce de las omisiones y silencios que lo que expresa el contenido manifiesto. En su carta a Husserl, Stein sugiere que Ingarden valora sus lecturas al punto de rogar por ellas. Pero, además, informa a su Maestro que su traducción de Santo Tomás le está llevando más tiempo del previsto, y agrega que "desde las partes más diversas" le preguntan por el libro, y deduce que existiría "un fuerte anhelo por Santo Tomás"[1651]. ¿Sería esta la manera de sugerir que era valorada en su nuevo entorno? No permitirse ninguna presunción fue una de las características del período religioso de Edith Stein que, más o menos por la misma época, le aseguraba a una de sus amigas, antigua discípula suya y de Husserl, que acababa de tomar los hábitos: "Sobre mi propio filosofar pienso de manera muy escéptica [...], me dedico a ello 'hasta nueva orden' y en cualquier momento estaría dispuesta a dejarlo si se me abriera otra puerta"[1652]. Asumía que de ser esa la "voluntad de Dios", debería conformarse, "llena de alegría a la paradoja de [su] existencia actual"[1653].

Pese al anclaje en su nueva vida, de la mencionada carta a Husserl se deduce algún apego a su vida anterior. O tal vez un anhelo por conformar el campo fenomenológico que, sin rechazarla del todo, no le había dado el lugar esperado y merecido:

> Cuando me encuentro en compañía de filósofos, como en Friburgo y ocasionalmente en Breslau, entonces pienso y hablo como si aún perteneciera al grupo. Sin embargo, a lo largo de todo el año estoy tan metida en otras cosas, que no puedo tomar a mal si alguien ya no me cuenta entre los miembros del gremio[1654].

No cabe duda de que Edith fue herida por los filósofos de su época, poco propensos a aceptar a una mujer en las universidades y en términos de paridad con ellos. Hasta entonces, le habían permitido formar parte de su grupo como si fuera una rareza, la habían visto escalar con un esfuerzo superior al de todos ellos, peldaño a peldaño, la carrera académica. También le habían permitido desarrollarse, felices de contar con su ayuda, con sus consejos, sus sugerencias y lecturas. Pero solo hasta cierto punto. Llegado el momento de la obtención de cargos efectivos, de prestigio real y personal, excusándose en que era mujer la dejaron del otro lado de las puertas del parnaso universitario. Soportar semejante desilusión luego de ser una estudiante destacadísima habrá sido un gran golpe. El mundo católico alemán se presentaba, paradójicamente, más abierto y permeable que el de los filósofos que planteaban la *epoche*, la liberación de prejuicios, como exigencia para ir "a las cosas mismas".

Mientras tanto, los directores espirituales de Edith fueron personas de avanzada dentro del catolicismo, y estaban abriendo el camino de lo que décadas después fue el Concilio Vaticano II. El abad Walzer creó una escuela teológica y una importante biblioteca en Beuron, estaba a favor de reformar la liturgia, editaba revistas benedictinas y tomó parte de fundaciones de la Orden en Grüssau, Neresheim, Weingarten y Neuburg. Además, Walzer poseía una clara idea del papel relevante[a] que, fuera de la convencional *Kirche, Kuchen, Kinder*, podrían tener las mujeres católicas. Por eso mismo, supo ver en Edith a una personalidad modelo y, al comprobar su gran poder oratorio y el éxito de sus conferencias, se comportó como Husserl no había podido hacerlo. Reconoció sus valores, la trató en razón de sus merecimientos y fomentó su presentación a cátedra.

En 1930, luego de asistir a una de las conferencias de la reunión de la Asociación Académica Católica en Salzburgo, el profesor Vierneisel señala que "la impresión más honda e indeleble" fue escuchar una conferencia de Edith Stein. Luego de leer "sus profundos trabajos filosóficos", él se persuade "de que esta mujer va a hacer algo realmente importante por la Alemania católica"[1655]. En esa línea, el jesuita Erich Przywara la alentaba en su investigación filosófica, le presentaba especialistas, como Franz Pelster, con quien ella consultaba "pasajes dudosos"[1656] y errores tipográficos en ediciones de Tomás de Aquino.

La formación fenomenológica pautó su manera de acercarse al aquinatense. Así, en la traducción de *Qaestiones de veritate* encontró la punta del hilo para diferenciar entre la concepción fenomenológica de la verdad y la concepción tomista. Podría decirse que en la primera se trata de un "proceso infinito", asintótico, en el que nunca se llega a la meta, ya que esta consistiría en la coincidencia entre el conocimiento y su objeto. A este proceso infinito, siguiendo al aquinatense, Stein le opone una "plenitud infinita", pues el fundamento está puesto no en el sujeto que conoce, sino en Dios: "Tan solo Dios mismo *es* el conocimiento, en el cual coinciden, por tanto, plenamente conocimiento y objeto del mismo"[1657]. Como se observa en la siguiente cita, "conocer

a Como conferencista, como docente, Edith participaba del desarrollo de esas fundaciones. Viajó a Grüssau, donde preparó una de sus conferencias: "El santuario de San Benito en Silesia ya no me ha soltado desde que estuve allí. Al igual que Beuron y Neuburg, ahora está escrito imborrablemente en el corazón, y desde lejos procuro trabajar completamente en silencio en su construcción, tanto como puedo" (OCI, 837).

el verdadero tomismo", desde su perspectiva fenomenológica era ir más allá del neotomismo y de los intérpretes de Santo Tomás, volver al aquinatense con el fin de construir *de hecho* su filosofía y su teología.

> Para mí lo más necesario ahora es conocer el verdadero tomismo, que exige haber construido primero, construido de hecho, el propio sistema de Santo Tomás [...]. Esto solamente lo llevaré a cabo muy despacio[1658].

LA RUTA DE LAS MUJERES

En el seno del catolicismo, junto con otras mujeres, Stein pudo construir una ruta común. Desde su entrada en Espira y como conferencista, se comunica y relaciona con estudiantes, religiosas, compañeras de trabajo, reformistas y escritoras católicas. Entre estas últimas destaca la por entonces muy famosa Gertrud von Le Fort. Son mujeres que desean debatir con ella la problemática de sus respectivas órdenes religiosas, temas filosóficos, pedagógicos, cuestiones vinculadas a sus derechos, e incluso definir lo que entendía como feminismo. También oficiaba "como guía", como sucedió en "un viaje de estudios en las abadías cistercienses de Silesia"[1659].

De 1929 se conservan las cartas que Stein dirigió a Calista Brenzing, reverenda de la abadía cisterciense de Seligenthal, a quien conoció en Múnich en una residencia de estudiantes. A ella le habla de Beuron y le comenta que una estancia de varios días es "un tesoro que perdura largo tiempo, y que ayuda a digerir todo lo que viene de fuera"[1660]. Ciertamente, mucho de lo que "venía" de afuera, del mundo exterior, era casi imposible de digerir. La República de Weimar se desmoronaba. La inflación era descomunal. La pobreza y la degradación social no tenían precedentes.

Al igual que Husserl, para ella lo espiritual es el ámbito de la apertura. La forma de llegar a lo espiritual la explicita Edith

Stein en la confrontación Husserl/Tomás de Aquino. Allí habla de un aspecto del camino interior, que se hace en soledad, pero guiado por los maestros adecuados. Le hace decir a Tomás:

> Pero cuando se convive conmigo, durante un tiempo algo prolongado, habitando en mi mundo espiritual, la persona irá viendo cada vez con más frecuencia que, en difíciles situaciones teóricas o prácticas, ante las cuales uno se sentía anteriormente desamparado, va encontrando ahora con rapidez y seguridad la decisión correcta[1661].

A todo esto, Stein no descuidaba a sus estudiantes. Por eso le agradecía a Katharina Schreider, profesora de instituto en Múnich, "su amable desvelo y atención" durante la visita que había realizado con "seis alegres muchachas del Palatinado"[1662]. Otra de las mujeres con las que se relacionó y que fue una constante corresponsal suya fue Adelgundis Jaegerschmid, discípula de Husserl a quien frecuentó en Friburgo, y que en 1929 entró en un convento benedictino. En esa ocasión, además de felicitarla, Edith supo brindarle su parecer respecto del camino elegido al ingresar a Santa Lioba. Le advierte a la nueva benedictina que en ese monasterio habría mucho por construir, y piensa que "el elemento litúrgico en Santa Lioba debía tener" en Adelgundis "un firme apoyo"[1663]. Esto dice mucho acerca de la posibilidad de acción que tenían las jóvenes universitarias que ingresaban como monjas, y Edith es sumamente clara al respecto. Según ella, a partir del espíritu de la liturgia y de la regla benedictina[a] cabría introducir modificaciones sin forzarlas. Pero primero era preciso que su amiga siguiera las tareas asignadas porque, como

---

a Muchos se han preguntado las razones por las cuales Edith Stein ingresa finalmente en el Carmelo habiendo tenido tanta relación con el mundo benedictino, en Santa Lioba, en Espira y en Beuron. Ella pensaba que "no sería el camino conveniente si se intentara introducir una vida puramente contemplativa en una congregación que tiene objetivos prácticos" (OCI, 823.).

explica en otra carta, "en un convento nunca puede ser asunto del sujeto particular asegurarse personalmente un orden —en sí perfecto— distinto al que tiene la casa"[1664].

"Perdone si le digo cosas que le son mucho más familiares a usted que a mí en un tono que quizás puede sonar demasiado categórico y magisterial. Ese es mi estilo cuando quiero exponer algo breve y claramente", explica Edith a la nueva religiosa[1665].

Sobre su estilo era un experto Ingarden, quien, desde Polonia, sintiéndose excluido[a] del centro de acción de Friburgo la necesitaba especialmente. Ella pensaba que el tratamiento de la cuestión "*Idealismus-Realismus*" realizado por él y publicado en el *Anuario*, era "un buen servicio"; sin embargo, no deja de señalar sus objeciones, sus "dudas sobre la posibilidad de una pura teoría del conocimiento, que no contenga ninguna *petitio principii*"[1666]. Para Stein, había cuestiones que no se decidirían "desde el campo filosófico", sino que están ya decididas "cuando uno comienza a filosofar"[1667]. Por eso afirmaba, respecto del primer capítulo de *Ideas*:

> En la página 3 se dice que el sujeto de la teoría pura del conocimiento está libre de condicionamientos empíricos. Esto, dicho así, no se lo cree nadie (a excepción de algunos fenomenólogos, seguidores estrictos de Husserl, y neokantianos, acostumbrados a pensar trascendentalmente)[1668].

Para ella es imposible librarse de "los condicionamientos de la naturaleza humana", algo que le resultaba tan evidente

---

a La situación es, sin embargo, ambivalente. Afirmada en su nuevo mundo, refiriéndose al contacto con los fenomenólogos de Friburgo, Edith le dice a Ingarden: "Vivo tan alejada del mundo como usted o incluso más" (OCI, 830). El 11 de julio de 1929 ni siquiera sabía si había aparecido el nuevo trabajo de Heidegger. A fines de diciembre, informaba que no sabía nada de Husserl desde su cumpleaños, en abril, y que apenas estaba en comunicación con Koyré y con Hering. Y agregaba: "Aún no he leído el libro de Heidegger sobre Kant [publicado esos meses], la *Lógica* de Husserl solo por fuera" (OCI, 839).

como que el ser humano "no puede escapar de su sombra"[1669]. Teniendo esto en claro, según su opinión:

> El filósofo que se sitúe sobre el terreno de la fe *posee* de antemano la certeza absoluta que uno necesita para construir un edificio sólido. Los demás filósofos tienen que buscar primeramente tal punto de partida, y por eso resulta totalmente obvio que en la filosofía moderna la crítica del conocimiento tuviera que convertirse en la disciplina fundamental [...][1670].

A veces, intentar escapar a la propia sombra es tan infructuoso como intentar huir de los acontecimientos mundanos. No eran pocos los que durante la República de Weimar se especializaron en huir hacia adelante en una carrera loca y desesperada. Porque sea cual fuera su accionar, compromiso político, cultural, religioso o intelectual, la época los desafiaba todos. De pronto, las personas debían elegir qué posición tomar. En su caso, reclamada constantemente como conferencista, Stein quiso, hasta último momento, hacer un llamado a la responsabilidad social y política de los católicos.

Pero además, con conciencia social, destinaba gran parte de sus ingresos a los más pobres y necesitados. En septiembre de 1929, luego de varias conferencias, al recibir por correo "de forma inesperada" un alto honorario por un artículo que una revista le había pedido insistentemente, quiso compartir ese dinero con Ilse Gordon, la hija de su hermana Else. Al tanto del declive de la consulta médica de su cuñado y de las dificultades económicas y de convivencia de sus parientes, Edith le sugirió a Ilse emplear el dinero para visitar a Auguste en su cumpleaños, y "si esto no fuera posible", de cualquier "otra manera que [le] ocasione alegría"[1671]. Hasta el final de su vida Edith mantendría contacto regular con su familia. Algunos la visitaban en Espira, como Nina Courant, la segunda esposa de su primo Richard, que supo "entusiasmar a todos con su violín y por su magnífica originalidad y naturalidad"[1672]. Aunque en Navidad y otras celebraciones católicas Edith pasaba el tiempo con sus nuevas relaciones[a], por amor y fidelidad a los suyos, cada tanto regresaba a Breslau. Cuando estaba allí, para no herir susceptibilidades, se esmeraba en sostener la armonía en base a nuevos silencios.

UNA INVESTIGACIÓN SOBRE EL ESTADO Y EL ESTADO DE LA REALIDAD

En 1925 se había publicado *Una investigación sobre el Estado*. Habiendo estudiado el tema en profundidad, se sabe que en sus clases de historia Edith explicaba a sus estudiantes la Constitución de agosto de 1919, y específicamente hablaba del artículo 135 que sancionaba la "plena libertad de credo y de consciencia"[1673]. Era un tema de suma vigencia dado que los socialistas querían la separación del Estado y de la Iglesia, principio con el "que no estaban de acuerdo los protestantes y tampoco agradaba a los católicos, que en ese momento representaban el 32 % de la población"[1674]. Al mismo tiempo que se presentaban estas disyuntivas se constataba que luego de finalizada la Primera Guerra Mundial se habían incrementado "notablemente"[1675] las vocaciones religiosas, haciéndose fuertes y más numerosas las asociaciones católicas. Entre ellas, *Caritas-Verband*, cuya labor asistencial en posguerra fue considerable.

Pero en paralelo a los sectores que buscaban refugio en el terreno religioso, muchos se inclinaban por alternativas seculares. Estaban los que optaban por el desenfreno de la modernidad y aquellos que se lanzaban a la política. Según algunos biógrafos, en ese entonces "no hay por qué excluir que *Mein Kampf*"[1676] haya pasado por las manos de Edith Stein. ¿Qué vínculo podría tener con el campo filosófico Hitler, que en las elecciones de mayo de 1928 apenas logró el 2,59 % de los votos? No hay que dejarse engañar por los números, tampoco por las grandes es-

a Por ejemplo, en 1929 decide pasar la Navidad en Würzburg, con dos dominicas de Espira (OCI, 838). En 1928 pasó esta celebración en Beuron.

peranzas que tuvieron los socialistas luego de que las fuerzas de izquierda salieran reforzadas de los comicios. Ni por el éxito que el teatro proletario de Brecht obtuvo con el estreno de *La ópera de los tres centavos*, ni por las esperanzas de sectores católicos progresistas, ni por el ascenso de filósofos como Ernst Cassirer, disputado por las universidades de Hamburgo y de Frankfurt. Nada de ello pudo contra la avanzada de sectores nacionalistas y de derecha que terminaron por lograr hegemonía.

En ese contexto, desde sectores nacionalistas se asociaba a los intelectuales judíos, para quienes estaba vedada la carrera de funcionario público, con ideas contestatarias. Este fenómeno ha sido ampliamente estudiado[a]. También se han puesto de relieve las conexiones entre mesianismo y utopía:

> No es casual que los escritos donde la afinidad es más intensa, más profunda, y donde también el mesianismo de la utopía libertaria se expresa más radical y más explosivo, date de los años de auge de la oleada revolucionaria: 1917-1923. Es durante estos años que son publicadas, por ejemplo, *El camino sagrado* (*Der Heilige Weg*) de Buber; el prefacio a la reedición de la *Incitación al socialismo* de Landauer; la *Crítica de la violencia* de Benjamín; *El espíritu de la utopía* de Bloch, *El bolchevismo como problema moral* de Lukács, y las dos grandes piezas teatrales de Toller: *La transfiguración* (Die Wandlung) y *El hombre-masa* (Massenmensch)[1677].

---

a Dice Michael Löwry: "El rol cada vez más activo de los intelectuales judíos (a partir de mediados del siglo XIX) en la producción de ideas radicalmente contestatarias, ha estimulado la tentativa de buscar raíces religiosas judías en las utopías socialistas. Max Weber ha sido probablemente uno de los primeros en formular la hipótesis del carácter potencialmente revolucionario de la tradición religiosa del judaísmo antiguo [...]. En *Ideologie und Utopie* (1929) Karl Manheim propone al escritor anarquista judío Gustav Landauer, uno de los dirigentes de la Comuna de Múnich de 1919, como el exponente radical de esta 'actitud espiritual' del milenarismo cristiano y mesianismo judío" (En *Redención y utopía*, pp. 19-20).

Otro de los grandes temas de la época era la cuestión identitaria. Así se había definido Walther Rathenau:

> Yo no tengo ni conozco ninguna otra sangre que no sea la alemana, ninguna otra raza, ningún otro pueblo más que el alemán. Si se me expulsara de mi tierra alemana, continuaría siendo alemán y nada cambiaría... Mis ancestros y yo mismo nos nutrimos de la tierra alemana y del espíritu alemán... y jamás tuvimos un pensamiento que no fuera para Alemania y de Alemania[1678].

Pero al tiempo que el nacionalismo antisemita cuestionaba la identidad judeoalemana, también lo hacía parte de la comunidad judía, especialmente la vertiente sionista, que no tenía excesivo éxito: de los apenas dos mil judíos que emigraron a Palestina en los años veinte, la mitad regresó[1679]. Los sentimientos encontrados favorecían los enfrentamientos, y las relaciones familiares no escapaban a estos conflictos. Por ejemplo, su biógrafa cuenta que el abuelo de Hannah Arendt "era uno entre los de la vieja generación de judíos asimilados" que respondían a los argumentos de los grupos sionistas "con la máxima nacionalista corriente en la época 'A quien ataca mi germanidad, le considero un asesino'"[1680]. En las antípodas de esta reacción se reforzaba el sionismo[a], y no faltaron aquellos, como Gershom Scholem, que al abandonar Alemania eligieron partir hacia Palestina. En paralelo, desde diferentes perspectivas, en las sociedades centroeuropeas en crisis se constataba un "nuevo impulso del romanticismo", pero este término no designaba solo un estilo artístico o literario,

---

a Explica Lowry: "La *intelligentsia* sentía de manera más directa la condición paria del judío en Europa central, el clima de antisemitismo, las discriminaciones profesionales y sociales, que la burguesía o los hombres de negocios. Como escribe Hannah Arendt, esta nueva capa de intelectuales, obligada a ganar su pan de cada día y su autoestima por fuera de la sociedad judía, está particularmente expuesta ("sin protección ni defensa") a la nueva ola de odio antisemita de fin de siglo, y es en su seno que se desarrolla la 'conciencia paria' rebelde" (En *Redención y utopía*, ob. cit., p. 42).

sino un fenómeno mucho más vasto y más profundo: la corriente caracterizada por la nostalgia de las culturas precapitalistas y la crítica cultural de la sociedad industrial-burguesa, corriente que se manifiesta tanto en el dominio del arte y la literatura como en el del pensamiento económico, sociológico y político[1681].

LA REPÚBLICA EN DEBATE

En ese contexto, al acercarse "a la cima de su reconocimiento institucional", en 1928 Ernst Cassirer fue llamado por la recientemente fundada Universidad de Frankfurt para "renovar todo el departamento de filosofía"[1682]. Para que se quedara en Hamburgo, en etapa de negociaciones, la universidad de esta ciudad lo convocó a pronunciar ante el claustro un discurso por los diez años de la Constitución de la República de Weimar. Hasta ese momento, aunque habían asumido "nada menos que diez cancilleres, [...] en los últimos dos o tres años era indudable el avance económico"[1683]. Lo que no era indudable para el conjunto de los alemanes era "la forma de gobierno de la república democrática", considerándose el de república "un concepto importado, arraigado en las naciones vencedoras"[1684]. Por todo esto, siendo un republicano convencido, al finalizar su conferencia Cassirer expresó:

> Lo que mis reflexiones intentaron sugerirles fue el hecho de que la idea de la Constitución republicana no es en modo alguna extraña a la historia del pensamiento alemán, y menos aún algo importado del exterior, sino que ha crecido en su propio suelo y se ha nutrido de sus energías más auténticas, las energías de la filosofía idealista[1685].

Después de evocar figuras clave del pensamiento alemán, Goethe, Kant y Leibniz, al abandonar la tribuna Cassirer recibió "un aplauso atronador"[1686]. Su esposa Toni Cassirer recordó que "se reservó el derecho al escepticismo" diciéndose a sí misma:

"Para despertar a Alemania hacen falta otros medios que los que Ernst está acostumbrado y dispuesto a utilizar"[1687].

Desde posiciones antagónicas otros candidatos disputaban iluminar el camino de ese despertar. Entre ellos, "el carismático innato Heidegger", quien "a diferencia de Ernst Cassirer, el patriota constitucional", ese verano de 1928 poseía "como profeta del salto liberador, todo lo que necesitaba 'para desperezar a Alemania'"[1688]. Pocos meses después del discurso de Cassirer, los dos se enfrentaron en un encuentro que marcó la historia de la filosofía del siglo XX. Fue en marzo de 1929, en Suiza, durante la conferencia de Davos. Por entonces, Husserl se había jubilado y, tras un corto paso por Marburgo, Heidegger se había hecho cargo de su cátedra en Friburgo. Mientras tanto, en mayo de 1928, al fallecer repentinamente Max Scheler, se extinguía la influencia de otro de los representantes de la primera ola de la fenomenología.

No estamos en condiciones de saber si Edith Stein supo lo sucedido un mes antes al encuentro en Davos, el 13 de febrero de 1929 en el auditorio de la Universidad de Múnich, cuando durante un acto organizado por la Liga de la Defensa de la Juventud Alemana, el sociólogo vienés Othmar Spann dio la conferencia "La crisis cultural del presente", donde hizo público su pesar porque "unos extranjeros tuvieran que recordarle al pueblo alemán su filosofía kantiana". Desde su punto de vista, la interpretación de la filosofía kantiana propuesta por Cohen, Cassirer y otros estudiosos judíos era "muy defectuosa"[1689].

En agosto de 1929, también en Múnich, pero con un ánimo totalmente opuesto al de Spann, Edith Stein brindó su conferencia "La colaboración de centros conventuales en la formación religiosa de la juventud" que, como varios de sus trabajos, debe insertarse en la cosmovisión de la época y en la que, sin ser revolucionaria, mantiene "tesis bastante liberales"[1690], como no forzar a los estudiantes en el camino religioso, insistiendo en el que el mejor estímulo es el ejemplo[a]. No sabemos si por

a Dice: "Lo esencial" es que se presente a los jóvenes la vida católica "en

entonces pudo leer la publicación *Frankfurter Zeitun* que informaba que la presentación de Spann había sido en esencia una polémica contra la democracia. Pero además, vulnerando las normas universitarias que prohibían incluir temática política en los debates, antes de que el orador subiera a la tribuna "Adolf Hitler había entrado en la sala recibiendo una 'ruidosa ovación' de sus numerosos 'seguidores con la cruz gamada', y concluida la conferencia, Hitler y Spann intercambiaron 'apretones de manos y solemnes reverencias'"[1691].

Se daba un vínculo entre universidades y política; era un tiempo de afinidades electivas peligrosas, que respondía a la tendencia nacionalista de gran raigambre en Centroeuropa, y por la cual especialistas en Kant de esa tendencia distinguían "entre una línea tradicional genuinamente alemana y otra judía[1692]. Esto no era nuevo[a], pero a fines de la década del veinte estas energías se encauzaban peligrosamente y "se percibía una carga nacionalista-populista cada vez más provocadora"[1693].

Atendiendo estas circunstancias, el encuentro entre Heidegger y Cassirer en Davos se ha interpretado más allá de sus implicancias filosóficas. En sus memorias relatadas en el exilio norteamericano, Toni Cassirer aseguró que eran evidentes las "antipatías filosóficas y personales" de Heidegger hacia su marido. Durante las comidas en Davos, cuando le

---

modo vivencial". Consciente de que "la mentalidad del momento" conspira contra su ideal, ejemplifica: los niños que crecen en el convento "tendrían que saber qué es una vida religiosa auténtica. Yo casi creo que entonces los lamentos sobre la falta de vocación cesarían…". Para Edith "una formación religiosa auténtica conlleva el espíritu del apóstol". Pero en muchos conventos femeninos "todo se realiza, según [su] opinión, demasiado 'a puerta cerrada'". Y he aquí unas líneas que nos estarían indicando su propia vocación: "No hay ruptura alguna entre la propia santificación y el apostolado. Quien, según la voluntad de Dios, va en busca de la perfección, no la busca solo para sí, sino para todos" (OCIV, 120-125).

a Ya durante la Primera Guerra Mundial Bruno Bauer había dirigido sus ataques "contra Cohen y el neokantismo de Marburgo" (*Tierra de magos*, 307).

asignaron a Heidegger un asiento a su lado, ella quiso influir en el "astuto zorro"[a]:

> Le conté sin que me preguntara cuál era la relación de Ernst con Cohen; le hablé del vergonzoso trato que este eminente profesor había recibido por ser judío; le dije que ningún miembro de la facultad de Berlín había asistido a su entierro. Le conté, esta vez segura de su aquiescencia, todo tipo de detalles importantes de la vida de Ernst, y tuve la satisfacción de ver a aquel duro mendrugo ablandarse como un panecillo en leche caliente[1694].

Más allá de lo que ella pudiera contarle, Heidegger debía estar muy al tanto del trato que recibían los profesores judíos en las universidades. Al menos los casos de Husserl, Stein y las experiencias de Hannah Arendt debía conocerlas bien.

1929: HUSSERL, HEIDEGGER, ARENDT Y STEIN

El mismo año de la conferencia de Davos, el mismo año en que Martin Heidegger publicó *Kant y el problema de la metafísica*, Edmund Husserl su *Lógica formal y trascendental* y Edith Stein dio a conocer *La fenomenología de Husserl y la filosofía de Santo Tomás de Aquino…*, y pese al encarecimiento de los insumos por la hiperinflación, la joven Hannah Arendt, recientemente doctorada, logró publicar su tesis *Der Liebesbegriff bei Agustin* (*El concepto de amor en San Agustín*).

Fue un año bisagra para Arendt, quien finalizada su relación amorosa con Martin Heidegger, desde febrero de 1929 vivía con el filósofo Günther Stern, hijo del antiguo profesor de psicología de Edith Stein. En el inicio de su relación con Heidegger, Arendt se habrá enterado de que la edición de la obra de Husserl que él estaba preparando se debía al trabajo de

a Curiosamente Hannah Arendt utiliza la denominación "zorro" para referirse a Martin Heidegger.

su antigua discípula y asistente. A primera vista podría pensarse que estas dos mujeres tenían mucho en común. Pero en tan solo una década se había profundizado el antisemitismo, una mayor cantidad de mujeres había ingresado en la universidad, por lo que la distancia generacional entre Edith Stein y Hannah Arendt, lo mismo que la disparidad de sus hogares de origen, marcan grandes diferencias entre ellas.

Porque no fue lo mismo nacer en 1891, como Edith Stein, que llegar al mundo en 1906, fecha del nacimiento de Hannah Arendt. Tampoco fue lo mismo ser la última hija de una comerciante viuda, que la única hija de un matrimonio de la burguesía ilustrada. Y aunque pese algún que otro abandono o tropiezo y ambas se destacaron como estudiantes, el entorno de Arendt fue más liberal en sus costumbres. Por ejemplo, cuando a los veinte años tuvo un novio cinco años mayor que ella, lejos de preocuparse, su madre "se dio cuenta de que su precoz hija se beneficiaba de la compañía de amigos mayores y de la libertad de ir y venir según sus deseos"[1695].

De todas maneras, en el orden de las similitudes hay ciertos rasgos de carácter comunes. Porque, así como Edith Stein sentía que debía estudiar con Husserl y logró el permiso de su madre para viajar a Gotinga, alrededor de una década después Hannah Arendt obtuvo el permiso de la suya para ir a estudiar con Heidegger. El caso es que Arendt fue una de las jóvenes "atraídas" por su fama. Como ella misma describió, se dirigió a Marburgo siguiendo el "rumor" que afirmaba que allí

> había alguien que estaba realmente llegando a "las cosas" que Husserl había proclamado, alguien que sabía que estas cosas no eran cuestiones académicas, sino preocupaciones de hombres pensantes...[1696].

A punto de cumplir dieciocho años, Hannah Arendt conoció a Heidegger, diecisiete años mayor que ella, quien estaba casado y era padre de dos hijos. En 1925, convencida de que su relación amorosa no prosperaría, Arendt se trasladó a Friburgo con el fin de estudiar un semestre con Husserl. Siguiendo con el orden de las afinidades, en varias oportunidades se ha relacionado el interés de Hannah Arendt y de Edith Stein por San Agustín. Moreno Sanz las pone en relación cuando dice que, en su tesis, Hannah Arendt

> distingue tres modos del amor: el *appetitus*, o amor ardiente y voraz; el amor a Dios; y el más importante para ella, el amor al prójimo, que unifica los otros dos modos en un amor en tiempo presente que abarca los otros dos modos de la temporalidad a través de la esperanza y de la memoria; de nuevo manifestando Arendt singulares concomitancias con los análisis que de la esperanza y la memoria hará Edith Stein, también apoyándose en San Agustín, en, sobre todo *Ser finito y ser eterno*[1697].

Lo cierto es que casi al mismo tiempo que Hannah Arendt publicaba su tesis sobre San Agustín, Edith Stein hacía lo propio con el ensayo que contraponía a Husserl y a Tomás de Aquino. En tanto la filósofa más joven se ocuparía del amor, de la esperanza y de la memoria, también pensando en una filosofía de la vida, abrevando en el aquinatense, Edith Stein escribía:

> Esta es seguramente la razón de que hoy día se recurra de nuevo a sus escritos. Es una época que no se da ya por contenta con reflexiones metodológicas. Los hombres sienten que les falta base y buscan una base en que apoyarse. Quieren verdades palpables, llenas de contenido, que se acrediten en la vida; quieren una "filosofía de la vida"[1698].

Son muchos los motivos por los que regularmente se las ha vinculado. Si bien el edificio teórico construido por Arendt se basaba en Heidegger, también incluía a quien Moreno Sanz denomina "uno de sus esenciales guías, [uno] de sus padres adoptivos", su director de tesis, Karl Jaspers. Su otro guía fue "el teórico del sionismo postasimilatorio, Kurt Blumenfeld, al que conoce en Heidelberg, y que se sumaría a Rahel Varnhagen[a] para despertar en ella su sentimiento de judía"[1699].

Podría decirse que "pocos fueron los judíos que compartieron la opinión" de Arendt y Stein cuando señalaron que "el camino de Hitler estaba siendo allanado de muchos modos, en especial por el apoyo de las grandes finanzas"[1700]. Formada intelectualmente después de la Primera Guerra Mundial, Arendt se relacionó con Marianne Weber, Wilhelm Furtwängler, los nombrados Jaspers y Blumenfeld. Además, ingresa en ámbitos intelectuales como el "del más renombrado profesor de literatura de Alemania, Friedrich Gundolf"[1701]. En las antípodas del mundo social e intelectual frecuentado por Arendt, con quien compartía el interés por algunos autores, en el período 1929-1931 Stein acrecentaba su fama como conferencista católica.

PATRIMONIOS CULTURALES

Durante el verano de 1929, pese a su deseo, Edith no puede finalizar aún su traducción de Tomás de Aquino. En esta época, alojada en la casa materna, lee *Lord Jim*, de Joseph Conrad. Es cuando se entera de la aparición de "Kant y el problema de la metafísica, que con el tiempo leerá a fondo, y del que hará una crítica que figurará en el anexo a *Ser finito y ser eterno* sobre la *Filosofía existencial de Martin Heidegger*"[1702]. Otros de los hitos como conferencista constituye la titulada "Sobre la lucha por el maestro católico", a través de la que Stein interviene en una polémica entre el capuchino Ingbert Naab y

---

a En su lecho de muerte, Rahel Varnhagen piensa "con sublime gozo" en su origen y en su condición de judía, de lo que había huido gran parte de su vida. Cien años después, en 1933, habiendo escrito sobre ella, Hannah Arendt está "cada vez más alerta y sensible a las circunstancias específicas, y a los peligros y también a las ocasiones de los parias, después de su larga y poco tematizada condición de judía" (Eilenberger, "Polifonía", en *El fuego de la libertad*).

Joseph Adelmann acerca de la colaboración entre profesores evangélicos y católicos. La pregunta de cómo "unir catolicismo y espíritu alemán"[1703] es una preocupación de Stein que señala: "El romanticismo acentúa el derecho de la peculiaridad tanto individual como nacional, es patrimonio intelectual católico lo que ahí se está contraponiendo al espíritu de la Ilustración"[1704]. La defensa de la identidad nacional, clave del romanticismo, es uno de los parámetros que la inclinan, siempre, en la defensa de este movimiento y en una postura crítica con el espíritu de una Ilustración que no ha cumplido sus promesas universalistas. También habla del fenómeno religioso masivo mencionando que las "devociones populares" que han surgido en diferentes países han ido "creciendo libremente desde abajo y posteriormente aprobadas por la iglesia[1705].

Finalmente, en 1930, luego de terminar la traducción de *Investigaciones de santo Tomás de Aquino sobre la verdad* (*Quaestiones disputatae de veritate*), Stein encontró tiempo para intercalar entre sus múltiples compromisos "la revisión"[1706] del gran libro de Ingarden, *Das literarische Kuntserk* (*La obra literaria de arte*). Aunque no podía "controlar todos los detalles", realiza a mano, sobre el original, "pequeñas correcciones lingüísticas"[1707]. En principio, y desde el punto de vista terminológico, intentó, sin éxito, que Ingarden cambiara el título de su trabajo, "la obra de arte literario" por "obra literaria". Fundamentaba el reclamo en que

> "obra de arte sin valor", según la comprensión alemana del idioma es una *contradictio in adjecto*. Por otra parte, *obra de arte literario* en verdad enuncia demasiado, ya que *obra literaria*[a] engloba a la *obra de arte literario* y porque incluso ahí puede verse una reivindicación de valor literario. El título *Obra de arte literario* despierta la esperanza de que se trata especialmente de la elaboración de una

a El 29 de marzo de 1930 Edith Stein dice que "el título que a mí más me gustaría es: Sobre la construcción de la obra literaria. Esto sería a la vez claro y lingüísticamente inobjetable" (OCI, 853).

obra estética, esto es, de aquello que distingue a la obra *de arte* de otras obras literarias[1708].

Si bien no siguió su consejo, Ingarden tuvo en cuenta otras modificaciones. Stein también invitó a su amigo polaco a no buscar "segundas intenciones"[1709] donde no las había, y a aceptar el ofrecimiento del Husserl de publicar en dos partes la obra en el *Anuario*. Generosamente, hasta octubre de 1930 ella dedicó buena parte de su tiempo a la obra de Ingarden, a quien dejaba en claro que estaba exhausta: "Hoy he escrito tanto que mi mano ya no es capaz de escribir más"[1710]. Más adelante le explica: "Tras de mí tengo un trimestre, en el que a menudo hube de tomar parte de la noche, ya que el día no era suficiente"[1711].

En tanto que el manuscrito iba y venía, pasaba la aduana, y mientras se confirmaba cómo se publicaría, Edith tuvo tiempo de tranquilizar a su autor asegurándole: "El idioma es más claro y mejor que el de algunos filósofos alemanes; la mayoría de ellos escribe un alemán deplorable"[1712a]. Estos halagos no descartaban alguna que otra ironía, como la "pequeña malicia"[1713] de no pasar por alto que Ingarden no había leído su trabajo *Contribuciones para una fundamentación filosófica de la psicología y de las ciencias del espíritu*, publicado en el volumen V del *Anuario*: "Un autor que lo hubiese leído, sin duda, lo hubiera citado. Pero usted no debe ser condenado a recuperar lo desatendido"[1714].

Sin ninguna ingenuidad acerca de cómo funciona el sistema de citas en el mundo académico, Edith concedía: "Citarlo tiene poco valor práctico, porque (como todas mis obras) no se puede

---

a Sin embargo, un par de meses después especificaba: "Por lo que se refiere al aspecto lingüístico en general, por término medio usted escribe demasiado prolijo y complicado. Quizás en un próximo trabajo podría usted intentar expresarse de manera mucho más sencilla, en frases cortas y claras. Esto no he podido cambiarlo. Lo he intentado en algunos lugares [...]; hubiera sido necesaria una revisión en común y, además mucho más tiempo [...]. Esto me preocupa un poco" (OCI, 867-8).

adquirir en las librerías"[1715]. En lo que respecta a los honorarios por la exhaustiva revisión, actuaría con el mismo desprendimiento del que hizo gala cuando ayudó a su amigo a realizar su viaje a Friburgo. "Padres con 3 hijos necesitan un subsidio", dice a fines de 1930, y agrega que "una *virgo superadulta*, que vive en el convento"[1716] no necesitaba dinero. La gran capacidad de colaboración de Stein con sus amigos fenomenólogos puede explicarse en términos de afinidad. Pero también se corresponde con su idea del rol de la mujer y el hombre como seres complementarios. En esa misma época redactaba sus conferencias sobre la "especificidad"[1717] y vocación en el hombre y en la mujer. En una de ellas, recurre a Adán cuando en el Génesis se dice que "no encontró ayuda adecuada para sí". Explica Edith:

> La expresión hebrea al respecto apenas es traducible: *Eser kenegdo*, al pie de la letra "una ayuda correspondiente a él". Se puede pues pensar en una imagen especular en que el hombre pudiera divisar su propia naturaleza [...]. Pero también se puede pensar en un complemento, en un *pendant*, de manera que ambas partes se correspondan, si bien todavía no completamente, sino complementándose recíprocamente como una mano respecto de la otra[1718].

Ella, que había deseado trabajar juntos de la mano con Hans Lipps, sabría a qué se refería en términos de complementariedad. También sabía que nadie se vería en la obligación de citar a una filósofa judía que había abandonado el campo de juego. Entre tanto, Heidegger abría un nuevo camino para la filosofía por lo que Adolf Grimme, que había estudiado con Husserl y entre 1930 y 1932 fue ministro de Ciencia, Arte y Educación, le cursó una invitación tentadora. Quería que Heidegger fuera a la Universidad de Berlín. Sugestivamente, Edith le comunicaba a Ingarden: "No sé si Heidegger acepta. Creo que sí (y que quizás entonces Husserl esté muy contento)"[1719]. El alejamiento hubiera resultado un alivio para Husserl cuando, convertido en una celebridad, Heidegger acaparaba la atención en la Universidad de Friburgo.

Luego de meditarlo, Heidegger decidió permanecer en Friburgo, donde finalmente sucedió a Husserl en su cátedra. Mientras se dirimía este juego de ofertas y rechazos, Edith Stein veía cómo su luz brillaba en otras esferas. Los pensadores del mundo católico la buscaban y sus contactos con especialistas en teología se hacían más estrechos[a]. No eran los únicos que requerían su cercanía: había estudiantes y jóvenes egresados, como Hans Reiner (que en 1957 obtendría la cátedra de Ética en Friburgo), que le enviaban ensayos para que los leyera y comentara.

CARTAS A MUJERES: LO QUE PUEDE EL EJEMPLO

A todo esto, la opinión de Edith Stein sobre diversas cuestiones era muy apreciada por una nueva cohorte de religiosas con formación universitaria. Algunas de ellas, como Adelgundis Jaegerschmid, seguían sus conferencias y hacían observaciones que en parte Edith suscribía, al tiempo que invitaba a su corresponsal a trabajar aspectos de "historia eclesiástica"[1720] que, a falta de oportunidad, no había tratado. Edith comunicaba un deseo que, expresado en enero de 1930, hace evidente que conservaba la determinación de entrar en el Carmelo: "Quedo unida a usted con entrañables deseos e *in desiderio vitae monasticae*" ("En el anhelo de la vida monástica").

Para Edith Stein, su camino era claro, incluso en ciertas coincidencias verá la confirmación de que no se había equivocado. En febrero de 1930, con la *Lógica formal y trascendental* de Husserl entre manos, un libro que leyó atentamente en el "contexto"[1721] de su propio trabajo filosófico, Edith le escribe a una exestudiante y amiga: "La coincidencia de los aconteci-

---

a Por ejemplo, en abril de 1930 se entrevistó, en Friburgo, con el teólogo católico Engelbert Krebs, profesor de dogmática en la Facultad de Teología de esta ciudad. Es probable que ella lo visitara "para comentarle su propósito de concursar a la cátedra de Filosofía de Friburgo" (OCI, n. 6, p. 850).

mientos, también de las cartas sobre mi mesa de trabajo, casi sería motivo suficiente para una demostración teleológica de Dios"[1722].

Para Edith Stein, tanto Tomás de Aquino como Husserl concordarían en la preocupación por plasmar una filosofía entendida como "ciencia rigurosa". Pero, claramente, cada uno de ellos tenía una definición de ciencia diferente. Mientras que Tomás de Aquino, en quien teología y filosofía eran una, atribuía a Dios las causas finales, Husserl indica que el propósito de la filosofía es alcanzar validez científica, diferenciándose de la teología y sus presupuestos. De todas maneras, aunque en el campo fenomenológico Husserl adhiriera a un concepto cientificista de la filosofía, en encuentros privados con personas de su íntima confianza, la conversación podía girar sobre cuestiones religiosas. Así lo manifiesta Edith al recordar la reunión sostenida en 1926 luego de ocho años sin ver a su Maestro:

> Su mujer estaba presente, y siempre, si ella decía algo carente de sentido por completo, respondía él con tanto aplomo y elegancia, que apenas si necesitaba yo añadir algo más. Pude hablar abiertamente sin ninguna clase de miramientos.
> Creo, sin embargo, que no hay que hacerse ilusiones. Ciertamente es estupendo poder hablar con él sin cortapisas acerca de las últimas cosas. Mas ello agrava su responsabilidad y también *nuestra* responsabilidad para con él. Oración y sacrificio son seguramente mucho más importantes que todo lo que podamos decirle, además —y de ello no tengo la menor duda— son muy necesarios.

Del consejo en estas últimas líneas, dirigido a Adelgundis Jaegerschmid, se desprende que, tal vez, Husserl deseara dar un paso hacia la fe o que aquella pretendiera que lo haga. Pero sobre la posibilidad de convertir a otra persona, Edith Stein era categórica:

> Entre ser un instrumento escogido y vivir en estado de gracia existe una gran diferencia. Nosotros no tenemos que juzgar, sino

> confiar en la insondable misericordia de Dios. Pero no debemos sustraernos a la gravedad de las últimas cosas. Después de cada encuentro, en el que percibo la impotencia del influjo directo, se hace más patente en mí la urgencia del propio *holocaustum*, que se concreta más y más en lo siguiente: *Hic Rhodus, hic salta*[1723].

La palabra *holocaustum*, un término corriente en el Antiguo Testamento, indica el sacrificio ritual en el cual se quema una víctima para complacer a la Divinidad, pero Edith no estaba en condiciones de imaginar las implicancias que la palabra tendría después de los campos de concentración y cámaras de gas nazis, en lo que se asesinaron a millones de personas. En cuanto a, proviene de una fábula de Esopo y fue utilizada también por Karl Marx. En la fábula, cuando un fanfarrón se jacta de haber destacado como atleta en la ciudad de Rhodas, especialmente en salto, un incrédulo oyente lo desafía diciéndole: "Aquí está Rhodas, salta aquí"[a]. Al retomar esta frase Stein apunta a que no es con discursos, sino con actos y es a través de la práctica concreta que se puede influir en las personas. En cuanto a la fe, siguiendo a Kierkegaard, hay un salto que se debe dar sin garantías.

A cada paso, Edith Stein se regía por el ideal cristiano. A una de sus estudiantes, que le ha enviado un regalo, le aclara: "A mí al menos siempre me resulta un poco doloroso el que una obra de caridad sea pagada con un don material. El cristiano dice: que Dios se lo pague. Y si lo dice de corazón, esto vale más que cualquier otro agradecimiento"[1724].

Fue un período de intensos viajes, y si bien en el intercambio epistolar con amigos y parientes Edith hace alguna que otra referencia a aspectos de su vida religiosa, es con las personas inmersas en el mundo católico con quienes se explaya en lo relacionado con la fe. Por ejemplo, dice a una de ellas que considera

a En otra carta Edith Stein afirma, en ocasión del "problemático futuro" de una de sus estudiantes: "Mi divisa 'hic Rhodus, hic salta' ha sido dada definitivamente por buena" (OCI, 854).

"San Pedro *ad vincula*" una "fiesta especial, no como memoria, sino en el sentido de la liberación de las cadenas por mano del ángel"[1725]. Un gesto que revelaría su vocación religiosa es la exclamación "¡Cuántas cadenas han sido ya rotas, y qué felicidad tan grande cuando caigan las últimas!"[1726]. Significativamente doce años más tarde, el último día completo en el convento, antes de que los nazis la llevaran junto con su hermana al campo de concentración, fue el de la celebración de San Pedro Encadenado.

Volviendo a los años treinta, cuando era todavía una profesora y conferenciante exitosa, Edith solía experimentar la sensación de tener siempre más trabajo "entre manos"[a1727] del que podía llevar a cabo. Por eso, cada vez que le era posible pasaba unos días en en Beuron, lugar que le parecía "el cielo en la tierra"[1728]. Eugen Breitling, el párroco que la había bautizado, compartía ese entusiasmo por la música, por lo que en la época de su conversión todos los escolares que iban a su iglesia podían "entonar gregoriano", y estaban muy familiarizados con este tipo de celebración[1729]. Para Edith "la palabra litúrgica tiene tonos que le pertenecen, y son los tonos del *canto gregoriano*. Todo lo demás que es cantado y tocado en la Iglesia, bien puede ser expresión de una devoción personal y de una profunda conmoción religiosa, y corresponder también al alma del cantante o del escuchante..."[1730]. Lo siguiente explica su asistencia regular a Beuron: "La forma ideal de celebración de la misa [...], la más eficaz para formar a los participantes como miembros de la Iglesia, es el Oficio litúrgico, en el cual participan los fieles en oración y, donde es posible, en el canto"[1731].

---

a Varias cartas ilustran este aspecto. Edith Stein no deja de recalcar "se dan cita muchas más cosas de las que yo puedo llevar a cabo" (OCI, 881); "ya sabe que ando muy mal de tiempo" (OCI, 882) "Así pues, lo de Heidelberg habría que meterlo en diciembre. Estos agradables compromisos extraordinarios no puedo aproximarlos mucho entre sí, ya que entre medias llega el baile de 100 composiciones" (OCI, 877).

En esa época y gracias a que para brindar conferencias dentro y fuera de Alemania debía cumplir ciertos requisitos administrativos, se conserva el documento donde Edith Stein solicita el pasaporte para trasladarse a Salzburgo. En el formulario, además de adjuntar una foto, envía datos personales de puño y letra en los que se define de talla "mediana", con cabello "moreno" y ojos de color "azul"[1732]. Este último dato se contradice con otros datos y testimonios.

Generalmente halagada por su desempeño como conferencista, el trato respetuoso de las cartas de la época brinda otro detalle que habla de su personalidad. A Emil Vierneisel, un profesor que la había invitado a dar una conferencia en Heidelberg, le aclara:

> Un pequeño ruego: desde hace más de siete años tanto en Santa Magdalena como en todo el Palatinado mi nombre propio es "señorita doctor"; solo cuando la gente ha caído en la cuenta de que soy "alguien" en los periódicos ha aparecido "*señora* doctora", pareciéndome siempre que no soy yo a quien se refiere[1733].

Lejos de conformar hábitos de una época pasada, aún en la actualidad en las universidades alemanas los estudiantes se dirigen de usted a los profesores, y recíprocamente estos usan el mismo tratamiento para dirigirse a sus estudiantes. En cuanto a su capacidad de trabajo, que asombraba a muchos, Edith explicó:

> No utilizo medios especiales para prolongar el tiempo de trabajo. Hago lo que puedo. El poder se acrecienta, obviamente, con la cantidad de cosas que es *necesario* hacer. Si no hay nada urgente, tal poder acaba mucho antes. [...] Que en la práctica no vayan las cosas conforme a la razón, obedece a que no somos espíritus puros. No tiene ningún sentido rebelarse contra ello[1734].

16
FILÓSOFA ITINERANTE

LIDERAZGOS

Asediada por personas que la requerían, como Teresa de Ávila en su época, Edith Stein llegó a ver que su fama se esparcía entre sus contemporáneos. Desde la baronesa Uta von Bodman, profesora de arte en Espira, que pedía acompañarla en una de sus conferencias, pasando por religiosos y filósofos, hasta sus estudiantes, todos la apreciaban y la veían como ejemplo. Buena lectora de Teresa de Ávila, conociendo bien los peligros del culto a la personalidad, Edith advierte a una de ellas:

> Una y otra vez tenía la impresión de que aún falta algo en este importantísimo punto: que hay un rígido amor propio, un violento agarrarse a los deseos una vez concebidos. Y si acaso le parezco dura e inflexible, porque no me plegué a sus deseos, créame que esto no se debió a frialdad o falta de amor, sino a la firme convicción de que la perjudicaría si actuara de otra manera. Yo solo soy instrumento del Señor. Al que se acerca a mí, quisiera conducirle a Él. Y cuando me percato de que las cosas no discurren así, sino que de por medio anda el interés por mi persona, entonces no puedo servir como instrumento…[1735].

A otra corresponsal expresó "abiertamente el juicio" que le merecían "sus cualidades":

> Desde luego usted no está magníficamente dotada, como están sus hermanas. Naturalmente es deprimente tener siempre junto a sí a alguien así. Pero usted tiene un hábil entendimiento, al que en principio nada está cerrado. Solo que usted trabaja despacio y le cuesta expresarse, por eso nunca alcanzará resultados brillantes, desde luego que no en los exámenes. […] Nosotros no

> necesitamos observarnos ni medirnos. Y créame: esas personas que usted "ha tenido ocasión de conocer", y que le parecen estar tan cercanas al modelo de un cristiano, vistas desde dentro son tan miserables y se sienten tan inseguras de sí mismas como usted...[1736].

Su firme voluntad debía ser valorada en su nuevo entorno. Gracias a Elly Dursy, seminarista en Santa Magdalena, contamos con una gran cantidad de cartas. Y si bien en 1938, al ingresar al Carmelo de Kordel, destruyó una gran parte, antes hizo copia de pasajes que quiso conservar porque le serían de utilidad en su vida. En 1930 Edith le escribió:

> Cuando estés con otras personas, piensa en esto: que existe algo común que es más fuerte que lo que separa e intenta estar ligado a ello. No hay que forzar la conversación sobre la religión; pero no dejar de aprovechar las ocasiones en las que puede decirse lo esencial, adaptándose a la forma sencilla, accesible a los demás[1737].

En otra oportunidad, le advierte: "Tu entendimiento se mueve entre líneas muy enredadas [...]. De este compañero inquieto provienen también frecuentes desasosiegos"[1738]. Aceptando el papel de guía, le aconseja a Elly Dursy poner "a dieta" a su intelecto: "Rezar más y leer menos, así como discutir lo menos posible con otras personas"[1739].

Mientras tanto, superado los contratiempos con la editorial Herder, que por lo voluminoso había roto el contrato para la publicación de *Quaestiones*, desde fines de junio de 1930 la editorial de Otto Borgmeyer, en Breslau, se hacía cargo de la impresión. Mientras tanto, Edith seguía con sus conferencias: el 24 de abril, en la XVI Asamblea General de la Unión de Maestras Católicas de Baviera, en Núremberg, habló de los "Fundamentos teóricos de la labor social de formación", haciendo "una crítica de los tiempos modernos, tanto en sus aspectos individualistas como socialistas que, según ella, conducen al hombre a masificarse al servicio de fines igualitarios"[1740].

Entre sus disertaciones, muchas de las cuales resultaban pronto publicadas, son de especial interés las brindadas en 1930, como la que dio en Salzburgo al realizarse la asamblea de la Asociación Universitaria Católica, cuando habló sobre "El 'ethos' de las profesiones femeninas"[1741]. Según uno de los presentes, "Edith Stein pasó una hora de meditación antes de su conferencia. Muchas revistas informaron sobre este Congreso [...], también periódicos alemanes y austríacos...". Entre sus críticos, Walter Dirks "echó en falta [...] la confrontación con la 'posible problemática, tragedia y crisis de la profesión' y con 'la esclavización de la mujer, que hoy es una realidad de mil formas"[1742]. Como puede verse, al igual que lo sucedido con los fundadores del Carmelo, a Edith Stein las controversias no le fueron ajenas. Por ejemplo, durante su conferencia "Fundamentos de la formación de la mujer" algunos resintieron que el tema se tratara "demasiado devotamente", y se le objetaba una "radical orientación hacia lo sobrenatural"[1743].

Al celebrarse los 900 años de la catedral de Espira, Edith participa entre el 12 y el 14 de julio de un congreso en el que se dedica al tema "Educación eucarística". Pocos días después, luego de terminar su corrección del libro de Ingarden ella misma lo envía a la imprenta. Seguidamente, viaja a Salzburgo, a un gran congreso realizado entre el 30 de agosto y el 3 de septiembre, en el que es la única mujer conferenciante "entre prestigiosos varones, y muy representativos del renacer católico"[1744]. El 18 de octubre, nuevamente en Espira, frente a maestras y maestros católicos del Palatinado habla "Sobre el concepto de formación" ("Zur Idee der Bildung"), dándole a la *Bildung* un giro católico que se aprecia también cuando el 8 de noviembre, en Bendorf, pronuncia la conferencia "Fundamentos de la Formación de la Mujer" donde arremete contra el "erróneo" concepto de formación, "retoño de la época de la Ilustración" en el que prevalece la idea de "un saber enciclopédico" y del alma como "*tabula rasa* en la que se debe escribir lo que se pueda mediante la comprensión intelectual y el troquelado mnemónico"[1745].

El 2 de diciembre, en la Universidad de Heidelberg, imparte la conferencia "El intelecto y los intelectuales", disertación publicada más tarde en la revista *Das heilige Feuer*. Aunque allí sostiene que "un hombre sencillo con una luz de origen superior puede aventajar al mayor sabio"[1746] y reconoce que el "tipo intelectual" tiene una actitud que lo separa de "la gran masa", también señala que el intelectual tiene que encontrar el camino para colaborar en la vida política[1747]. "No nos engañemos" dice Stein, hay un "abismo" entre los intelectuales y el pueblo, inclinado a "tener por guías a los que han surgido de su medio"[1748]. A todo esto, a fines de 1930, con "una montaña de trabajo"[1749] por delante, la inquietaba la situación familiar de su hermana Rosa, que secretamente se había convertido al catolicismo. Edith comentó por carta con una religiosa:

> Desde hace meses mi hermana sufre mucho a causa de la orientación judía, cada vez más acentuada, de Erika [sobrina de ambas]; esto sumado al influjo que ésta última ejerce en casa, será para Rosa casi insoportable. Hasta la fecha ha evitado toda discusión, por consideración a mi madre. Ahora, ella misma ha confiado a Erika su secreto, sin que todavía se sepa qué consecuencias traerá consigo[1750].

La capacidad de liderazgo, la inteligencia, el carácter y la disposición religiosa de Edith Stein hacen de ella una figura de la talla de la de los fundadores del Carmelo descalzo. No obstante, en la tercera década del siglo XX eran otras las expectativas de la mayoría de las personas. De pronto, el florecimiento del catolicismo en Alemania que había representado, después de la Primera Guerra, un anhelo por regresar a un mundo de valores que brindara seguridad y esperanza, se vería avasallado por las huestes que desde mucho tiempo atrás venían preparando su camino hacia el poder.

Según testigos, Edith Stein estuvo presente la noche del 30 de junio de 1930 cuando las tropas francesas que se encontraban en Espira desde el final de la guerra abandonaron la ciudad.

Junto con la baronesa Uta von Bodmann y algunas estudiantes, desde la plaza de la Catedral, viendo los desplazamientos de los soldados alemanes que cruzaron el puente sobre el Rhin "aclamados por la multitud y con tañido de campanas", le dijo a la baronesa: "Ya verá usted, ahora viene una persecución a los judíos, después una persecución a la Iglesia"[1751]. Es probable que Waltraud Herbstrith, una de las biógrafas de Edith Stein, haya escuchado esta anécdota de su madre[a], discípula de la baronesa.

Durante la Navidad, en Beuron, Edith Stein redacta su conferencia "El Misterio de la Navidad". Como dice Moreno Sanz, es este un "texto clave" por marcar "su camino místico hacia la cruz y hacia cierto ecumenismo de la 'Iglesia invisible'". Aquí, Stein resalta que "el propio pesebre es expresión de la noche oscura del abandono al 'hágase tu voluntad' divino. El camino iniciado en Belén conduce al Gólgota, y muestra que 'todavía el cielo y la tierra no se han unido. La estrella de Belén es, todavía hoy, una estrella en la noche oscura'"[1752].

RENOVADA ESPERANZA: OBTENER UNA CÁTEDRA

A principios de 1931 Edith Stein transitaba el delicado equilibrio entre las exigencias del mundo católico y fenomenológico. La nueva posibilidad de obtener una cátedra dio cauce a un trabajo en el que se propuso replantearse "otra vez todas las preguntas básicas entre Tomás y Husserl"[1753]. Cumpliendo con compromisos anteriores, el 13 de enero, en Ludwigshafen, brindó la conferencia "El misterio de la Navidad. Encarnación y Humanidad"[1754], que apareció luego publicada[b]. Asimismo, se

a Lía Herbstrith es además la autora de un retrato al óleo de Edith Stein que se encuentra en la Iglesia Santa María de la Paz, próxima al Carmelo de Colonia.

b Una misma conferencia podía publicarse en distintos medios. En Ludwigshafen, Stein se alojó en casa de Helen Hirschler, doctora en medicina y que también procedía de Breslau. Allí tuvo "una larga y seria conversa-

ocupaba de sus clases en Espira y proseguía la correspondencia de modo que, como dicen Müller y Neyer, al "relacionarse a lo largo de muchos años con las personas realizaba un esfuerzo de atención adicional".

Por todo esto, resultan conmovedores sus renovados intentos por obtener una cátedra en la Universidad de Friburgo, para lo cual se puso en contacto con posibles aliados. Uno de ellos, el decano Heinrich Finke, había sido profesor en la universidad hasta 1928 y era presidente de la Görres-Gesellschaft, sociedad que se ocupaba de la promoción de investigadores católicos. "Usted me habló muy en serio para que no entierre mi talento", le escribió Stein, para agregar, punto seguido, que de alguna manera eso había sucedido "desde entonces"[1755]. Además de informar que luego de Pascua reduciría a la mitad sus clases en Espira, aseguraba que abandonaría su puesto al año siguiente. Pero también existía la posibilidad de que fuera llamada por la Academia Pedagógica de Prusia[a]. Si esto sucedía, debería enseñar allí psicología y "ya no estaría libre"[1756] para lo que parecía ser su tarea, realizar una "confrontación entre la filosofía escolástica y la moderna"[1757]. Su conclusión era clara: "Si fuera posible la carrera universitaria, entonces, yo, desde luego, la preferiría, y si hubiera alguna esperanza en Friburgo, por distintas razones para mí sería lo mejor"[1758]. Aunque en su carta no explicita sus

---

ción" con el filósofo marxista Ernst Bloch, que en los años veinte ejerció el periodismo en París y Berlín, y mantuvo contacto, entre otros, con Walter Benjamin, Bertolt Brecht, Kurt Weill y Theodor Adorno. Luego de la Segunda Guerra, junto con integrantes del denominado "humanismo filosófico marxista" (entre ellos Erich Fromm, Rodolfo Mondolfo y Herbert Marcuse), Bloch quiso recuperar el ideal humanista que, según ellos, era inherente a la esencia del marxismo.

a Se trataba, como explicó a Fritz Kaufmann, de "institutos para la formación de maestros de primera enseñanza" (OCI, 928). "Se había pensado en ella para la cátedra de psicología" de la Academia de Spandau, en las proximidades de Berlín (OCI, n. 4, p. 901). "Pero la Academia de Spandau cayó víctima de las radicales medidas de ahorro económico adoptadas por el gobierno…" (MyN, 200).

razones, le explica a Finke que desea una entrevista para expresar sus motivos.

Allí también se encontraría con Husserl, que se había jubilado pero permanecía en Friburgo, y con Adelgundis Jaegerschmind. Días después de la carta citada, todavía sin respuesta de Finke, Stein le pide a esta última que se acerque a su casa para hablarle: "No en mi nombre; la conversación sobre el tema saldría espontáneamente y usted se enteraría si él quiere recibirme"[1759]. Sobre sus sentimientos, le explicaba a su amiga: "Si el asunto no ofrece esperanza alguna [...] para él, es preferible no decírmelo personalmente. Usted podría hacerle comprender que el asunto no me afecta interiormente y que no me sentiré decepcionada ni entristecida, si todo queda en nada"[1760].

La gestión habrá sido exitosa, ya que ese mismo fin de semana, entre el 24 y el 25 de enero, Edith viajó a Friburgo a entrevistarse con quienes tenían su futuro académico en las manos. Así se lo hizo saber a Finke:

> Tan rápido como es posible aquí tiene el informe de mi visita a los filósofos: Heidegger en absoluto se mostró demoníaco, sino amable y complaciente. Dijo que ni personal ni objetivamente tiene nada que objetar. Solo que, antes de prometer nada, quisiera ponerse en contacto con el Gobierno para ver si todavía hay una beca para un catedrático no titular. De lo contrario no se haría cargo de ningún concurso a cátedra. En ello me percaté que pensaba que quería concursar a cátedra con él. Pero antes de que yo hubiera concluido de reflexionar cómo debía aclararle esto, dijo él mismo: Si de cara al futuro yo pensaba en una profesión católica, sería mejor *no* hacerlo con él mismo, sino con Honecker[a]; incluso para ahora mismo es más ventajoso, ya que para un docente católico el Gobierno, por razón de paridad, no podría denegar ninguna beca[1761].

a Explica Edith Stein en otra carta: "Por razones de paridad, el Gobierno podría no denegárselo a Honecker, puesto que hasta ahora no había tenido ningún asistente" (OCI, 910).

¿Le habrían advertido que Heidegger podía mostrarse "demoníaco"? Sea como fuere, los implicados en este acto se desenvolvían elusivamente y con diplomacia[a]. Unos y otros manifestaban amabilidad, pero ponían reparos, se pasaban la posta y no se comprometían totalmente. Acostumbrada a este tipo de proceder académico, en un mundo eminentemente masculino, Stein habló con Martín Honecker quien, aunque tenía sus propios candidatos, prometió que enjuiciaría su trabajo "de manera objetiva"[1762]. Con esa esperanza, emprendió un nuevo escrito para presentar a concurso. A fines de concentrarse en su trabajo, debía dar menos clases, lo que afectaba su muy acotada economía. Por eso, a sugerencia de Finke, se presentó para obtener una beca[b] de la asociación religiosa que él presidía y que apoyaba a los candidatos católicos a obtener cátedras. A tales efectos, "recibió tres ayudas económicas por valor de 500, 600 y 400 marcos imperiales, respectivamente"[1763].

En cuanto a su reunión con Heidegger, merece atención el tono coloquial con el que Stein relata la visita en una carta dirigida a dos religiosas amigas. Un tono que difiere sustancialmente del utilizado con Finke.

> Hasta la llegada a Rötebuckweg 47 habrá informado bien Sor Adelgundis. Al tocar el timbre, tal y como había esperado, alguien de dentro se dirigió hacia la puerta, bajando las escaleras a saltos. Era el hijo mayor, que tenía órdenes de recibirme, lo que realizó

---

a También Edith Stein sabía moverse de esta manera. Por ejemplo, a su amigo Kaufmann, que estaba en buenas relaciones con Heidegger, le decía que tanto en él como en Honecker había encontrado "una buena acogida" (OCI, 926).

b A partir de Pascua de 1931, "como consecuencia de la reducida actividad escolar" (OCI, 909), Edith informó a Finke que necesitaría "algunos ingresos adicionales" (OCI, 909). También le agradecía por haberle ofrecido "una ayuda financiera", pero agregaba: "No se me ocurrió pedirle tal cosa. A nadie, excepto a mi madre al principio, he tenido que reclamar nunca nada. Y desde que estoy en Espira he podido preocuparme de otros, y no al revés" (OCI, 909).

admirablemente. Fue un buen comienzo. Heidegger no estaba en absoluto extrañado sobre mi pregunta; decía que ni personal ni objetivamente tenía nada en contra. Bien es verdad que una garantía solo podría darla después de haber hecho las pertinentes pesquisas en el Gobierno, a fin de ver si podía obtener una beca para mí[1764].

Nuevamente, comenta que Heidegger habría supuesto que deseaba trabajar con él. Aunque visto con posterioridad es factible que no hubiera estado realmente interesado en ayudarla, cuando Stein comunicó su intento y el resultado de sus entrevistas a los Husserl, "hubo una gran sorpresa y alegría a causa del resultado"[1765]. Probablemente, lo que más alegró a los Husserl fue su visita. La apreciaban y el afecto era mutuo. Por eso, luego de encontrarse con ellos, Edith no pudo tomar enseguida un tren de regreso: "En ese caso hubiera tenido que salir disparada, inmediatamente después de la comida, y esto es algo que no deb[ía] exigirse a los antiguos patronos"[1766]. Siguiendo las costumbres de la casa debió respetar también la hora de la siesta, e incluso se vio obligada a acostarse en "un sofá"[1767]. Después de despedirse, Edith pasó esa noche en Günterstal, y pudo escuchar, en Santa Lioba, el *Alma redemptoris mater*, lo que le vino "muy bien", ya que "de lo contrario, hubiera sido muy difícil soportar el otro mundo"[1768].

Esta última afirmación es señal de lo dificultoso que podría resultarle el tránsito entre la vida cuasi monástica pero exitosa que llevaba como profesora y conferenciante, y el esquivo ambiente secular de la universidad y de los fenomenólogos. Todavía con la expectativa de ingresar por la puerta académica, en marzo de 1931 Edith se despidió de Espira[a] aduciendo: "Santo Tomás ya no se contenta con las horas libres"[1769].

---

a De todos modos, siguió comunicada con sus estudiantes. Como explicó en una carta, la noticia de su alejamiento fue sorpresiva: "Se quedaron muy consternados, cuando el último día de clase, de repente, me despedí" (OCI, 917-918).

Hasta allí el esfuerzo realizado había sido considerable. Dar clases, conferencias y traducir en sus tiempos libres *Las investigaciones sobre la verdad* fue una tarea inmensa. Ahora, todo el horizonte profesional debía ser replanteado. Para darnos una idea de las presiones a las que estuvo sometida recordemos que, en 1925, cuando retomó la correspondencia con Kaufmann, además de hablar de su actividad docente en Espira había confesado que vivía "como una auténtica monja, aunque no llevo velo alguno ni estoy atada por votos y clausura, y de momento tampoco debo pensar en contraer este compromiso"[1770]. Durante varios años, su actividad siguió cierto patrón. Desarrollaba una agotadora tarea pedagógica, sin abandonar sus trabajos de traducción y filosóficos, y a esto se habían sumado las actividades relacionadas con el ambiente intelectual católico.

MISIÓN

Esto último generaba nuevos compromisos, por eso en abril de 1931 Edith Stein se dirigió a Múnich donde dio la conferencia "La misión de la mujer"[a], inaugurando el Congreso de Pascua de la Unión de Maestras Católicas de Baviera. Como dicen Müller y Neyer, en esta conferencia se opuso "a la opinión, frecuentemente sostenida en las asociaciones de profesoras católicas, de que 'la decisión de abrazar la profesión de la enseñanza significaba ya la renuncia al matrimonio'", y que debía considerarse como una especie de deserción que las profesoras dejaran su profesión y se casaran[1771]. Esto, que hoy nos parece extraño, sucedía con otras profesiones consideradas como una suerte de apostolado imposible de compatibilizar con la vida familiar.

---

a Se lee en la nota introductoria de "La misión de la mujer": "Aquí se descubre una de las grandes preocupaciones antropológicas de la autora, interesada por poner un fundamento teológico y científico al ser y a la misión de la mujer" (OCIV, 245). Publicada en la revista *Zeit und Schule,* en mayo de 1931.

Desde mediados de abril Edith estuvo en Breslau "para continuar tranquilamente"[1772] el trabajo para concursar a cátedra, que llevaría el título *Acto y potencia*[a]. Pocos días después, debía viajar a Viena para dar conferencias. A esas alturas, con casi cuarenta años, y mucho por hacer, reconocía: "No quisiera continuar siempre la vida de peregrina y de conferenciante"[1773]. Por entonces se refería a sí misma con el término "giróvaga", palabra utilizada por la Regla de San Benito para definir a un 'vagabundo' sin regla y sin abad, que recurre a la hospitalidad monástica[1774]. Pero lo cierto es que las conferencias, junto a la beca que recibió ese año y "que comenzó a disfrutar en septiembre"[1775], formaron parte de los honorarios con los que pudo contar cuando se redujo su labor docente.

Al marcharse de Espira, Edith supo que le sería "muy difícil vivir fuera del convento"[1776]. Se imponía una actitud que, cada vez con más fuerza, la caracterizaría. Convencida de que no todo estaba en sus manos, y tal vez temiendo nuevas desilusiones, en la correspondencia de este período abundan frases como "Dios sabe qué planes tiene sobre mí. Por eso yo no necesito preocuparme"[1777]. Un par de años antes había declarado que se dedicaría al trabajo científico "hasta nueva orden" y "en cualquier momento estaría dispuesta a dejarlo, si se (le) abriera otra puerta"[1778]. Esa "otra puerta", entrar a la vida religiosa, colisionaba con la actividad pública. De todas formas, sabiendo que en caso de ser llamada por la Academia Pedagógica de Spandau debería suspender el último trabajo filosófico que había comenzado, tuvo que admitir que su investigación "era mucho más importante que cualesquiera otros objetivos, a los que eventualmente pudiera atender"[1779].

Durante un tiempo, Edith regresó a casa de su madre. Estando allí, su cuñado Hans le contó que, en una reunión docente, el teólogo católico Joseph Koch "preguntó reitera-

---

a Se publicó en ediciones alemanas como "Potenz und Akt", pero los editores de sus obras completas aclaran que "el título correcto era *Acto y potencia*" (OCIII, 229).

damente" por ella, especialmente luego de una de sus conferencias[1780]. Además, Koch comentó que en Roma había escuchado "juicios muy laudatorios"[1781] sobre su traducción de Tomás de Aquino. Poco después, Edith se reunió con él en casa de Hans y Erna. El profesor Koch describió este primer encuentro:

> Me senté primero con el doctor Biberstein, su cuñada, su señora y su madre. Al poco rato se abrió la puerta y apareció Edith. Aún me acuerdo muy vivamente de su elegante vestido azul celeste, impresionándome su sencillez. Ella tenía ya entonces un nombre, pero le repugnaba todo alarde. De sus ojos, que miraban serenamente, salía un encanto especial que me cautivó. Imborrablemente se grabó en mí una palabra suya.
> Breve y certeramente caracterizó la filosofía de Heidegger como la "filosofía de la mala conciencia". Cuánto conocimiento del hombre revelan estas palabras y qué bien atestiguan la transparencia de su alma abierta a la verdad[1782].

Si el recuerdo de Koch se ajusta a lo pronunciado por Stein en esa oportunidad, resulta sugerente el cambio en su percepción sobre Heidegger desde su primer encuentro, en Friburgo, cuando él se había mostrado tímido y luego encantador. En la velada, Koch quiso saber si a ella le agradaría presentar un concurso a cátedra en Breslau. Previamente, Edith le había preguntado a su madre si le importaría que desempeñara allí "abiertamente una actividad católica"[1783]. Para su sorpresa, Auguste aceptaría la situación sin problemas. Cuenta Edith: "He visto que desea aguantarlo todo con tal de que yo permanezca aquí"[1784]. Con la anuencia de Auguste, Koch, que estaba "sumamente interesado" en que ella enseñara en Breslau "[su] versión" de la fenomenología, comenzó a "preparar el terreno" en la universidad[1785].

Por lo que parece, Edith estimaba "indiferente" dónde presentar su nuevo trabajo. Deseaba continuar con su investigación hasta el otoño con las menores interrupciones posibles. Lo que no podría evitar eran las conferencias[a], por las que recibía honorarios que debido a la deplorable situación económica eran muy bienvenidos[b].

Mientras estuvo con su familia, un período que excepto por algunas estancias en Beuron y viajes ocasionales se extendió desde abril a diciembre de 1931, Edith comprendió las dificultades de convivencia de su hermana Rosa, ya convertida al catolicismo. Para ella también era un "problema"[1786] pasar las celebraciones religiosas en la casa materna. Pero la manera en que se percibía al judaísmo y cómo se relacionaban entre sí los judíos y los católicos también fueron temas que la afectaron el resto de su vida. Desde su conversión, habían surgido equívocos con su madre y con personas cercanas. También en el mundo católico se producían malentendidos. En ese sentido, en 1932 Edith le escribió al obispo Sigismund Waitz, autor de una obra sobre San Pablo, diciendo que le habían causado "algo de dolor ocasionales observaciones sobre el judaísmo"[1787]. Y punto seguido le explicaba:

> Cuando uno ha nacido y crecido en el judaísmo conoce sus grandes valores humanos y morales, ocultos ordinariamente para el que está afuera; y uno siente los juicios, que solo tienen como apoyo destacadas falsificaciones que aparecen hacia afuera, como duros e injustificados[1788].

---

a Aunque "no ha sido posible" reconstruir totalmente el itinerario de las conferencias de 1931, se supone que Edith habló en Aquisgrán, Bonn, Essen, Gerleve, Colonia, Müllheim/Ruhr, Münster, Ludwigshafen, Espira y Waltrop/ Westf (OCI, n. 15, p. 933).

b En junio de 1931 le comentó a Kaufmann que "la catástrofe financiera" no había afectado al convento de Santa Magdalena, "sino a otro convento de Espira" (OCI, 925). Durante 1931, en su correspondencia son numerosas las oportunidades en las que ella se refiere a la "crisis económica" (OCI, 952).

MUJERES Y FEMINISMO CATÓLICO EN LOS AÑOS TREINTA DEL SIGLO PASADO

En su juventud, autodefiniéndose "feminista radical"[1789], Edith Stein había militado a favor de los derechos de las mujeres y del voto femenino en una asociación prusiana, "integrada en su mayoría por socialistas, debido a que postulaba la total igualdad política de derechos para la mujer"[1790]. Aunque en su etapa católica siguió siendo feminista, redefinió su postura en coincidencia con sectores progresistas católicos. Pero frente a ciertas exageraciones o tendencias unilaterales, advertía:

> El movimiento católico tiene los vicios de los comienzos; vicios que fuera se han padecido 20 o 30 años antes. Desde un punto de vista *genuinamente católico*, o sea, libre y amplio, esto tiene mucha más posibilidad de lo que generalmente se piensa[1791].

En la semana de Pascua de 1931 conoció a Hilde Vérène Borsinger, jurista, abogada, fundadora y directora de obras sociales para "jóvenes difíciles y en libertad provisional"[1792]; una mujer que con el tiempo jugaría un papel muy importante en su vida. Ante ella, Edith tuvo ocasión de exponer su punto de vista. Directora de una revista de la Alianza Católica Femenina de Suiza y doctora en derecho en la Universidad de Zúrich, a Borsinger le concernían especialmente los derechos de las mujeres. Refiriéndose a una disertación suya, Edith opinó que le "parecía sumamente valiosa" pero "que sería más eficaz si dejara hablar a los hechos por sí mismos y renunciara al inadecuado tono agresivo"[1793]. Volveremos a hablar de esta mujer que en 1942 intentó en vano salvar a Edith y Rosa Stein de los nazis. Mucho antes de que esto pasara Edith defendía su criterio y estaba dispuesta a profundizar en algunas cuestiones:

> Que la diferenciación sexual "está determinada solo por el cuerpo" es una afirmación a la que se pueden poner muchos reparos. 1.° Si el alma es "forma corporis", la diferencia corporal es

> indicio de la diferencia anímica. 2.° La presencia de la materia es debido a la forma, no al revés. Esto sugiere, incluso, que la diferencia anímica es la primaria[1794].

Esta cita encuadra en una visión de los géneros común en la época. Como señala Beckman: "La antropología sexual de Stein no nivela los límites entre los sexos, ni en la esfera natural (matrimonio solo entre hombre y mujer), ni en la sobrenatural (sacerdocio solo para hombres[a]), en contraposición a muchos planteamientos posmodernos"[1795]. Otro tema a considerar respecto de este período es cuánto afectaba a Edith la exposición pública y cuál fue el valor que en esta etapa dio a lo intelectual. Recordemos que, en la escuela, para evitar que la halagaran públicamente ocultaba a su familia los logros obtenidos. Luego, en la época universitaria sus amigos fenomenólogos la habían apodado "Anonyma" y todavía en 1931 Alexander Koyré encabeza una carta llamándola "Carissima (queridísima) Anonyma"[1796]. Cuando se piensa en el valor que Stein daba a las personalidades brillantes y a lo intelectual, hay que decir que, aunque desde su conversión siguió apreciando la inteligencia y las dotes artísticas, en este período las considera un don que excede cualquier mérito propio. Por eso mismo valoraba a las personas sencillas, de buen corazón y que sufrían por no alcanzar logros académicos. En este sentido son particularmente amorosas las cartas que le dirige a una de sus estudiantes, a quien sus padres, rechazando su opinión como profesora, habían hecho repetir el quinto curso en Espira:

> ¿Tienes entre tus libros de infancia los cuentos de Andersen? Vuelve a leer de nuevo la historia del patito feo. Creo en tu futuro

a De todas formas, como destaca Sancho Fermín, cuando Edith en su análisis bíblico descubre un Pablo antifeminista "no tiene problemas en contradecirle afirmando que, cuando así habla, está influenciado por la mentalidad de la época". En "Acercamiento de Edith Stein a San Juan de la Cruz", *Teresianum* 44 (1993/1), pp. 169-198.

de cisne. No tomes a mal a los otros, si por ahora no son capaces de descubrir nada, y no te amargues la vida por ello[1797].

Por supuesto que la impronta católica subyace a este tipo de cartas en las que Edith le pide a su discípula que confíe en la Providencia. Pero lo que vale destacar aquí es su disposición a consolar, a comprender y a valorar a las personas más allá del intelecto. Recomendar lecturas fue también una característica propia, pero que recomiende a sus corresponsales los salmos, que si bien era utilizados en la liturgia no formaba parte de las ediciones de la Biblia católica, es un hecho singular. También solía aconsejar las novelas de Sigrid Undset, escritora noruega convertida al catolicismo que en 1928 había obtenido el premio Nobel. Además de nombrarla en varias conferencias[a], le advierte a una exestudiante que manifestaba dudas acerca de seguir su vocación religiosa: "Sigrid Undset te quitará, sin consideración, todo tipo de venda de los ojos"[1798].

¿CONFERENCISTA TODO TERRENO?

En el ámbito público no todo eran éxitos, algunas de sus conferencias suscitaban críticas; como sucedió con la que había pronunciado el 8 de noviembre de 1930, en Bendorf, centrada en los "fundamentos de la formación de la mujer"[1799], sobre la que siguió debatiendo por un tiempo a instancias de Gerta Krabbel, miembro de la comisión de formación de la Liga de Mujeres

---

a En una larga conferencia dada en cuatro días, "Vida cristiana de la mujer", donde analiza personajes femeninos de Sigrid Undset. También se ocupa de Ifigenia, de Goethe, y Nora, de Ibsen. Stein se pregunta: "¿Se deja reducir a unidad toda la enorme variedad de mujeres que encontramos en la vida?" (OCIV, 314). En cuanto a los personajes analizados, concluye: "Yo encuentro en las tres [Ingunn, Ifigenia y Nora] un rasgo esencial común: un deseo de dar amor y de recibir amor, y en ello un anhelo de ser elevadas desde la estrechez de su presente existencia real hasta un ser y obrar superiores" (OCIV, 318).

Alemanas Católicas. Según Krabbel "la conferencia tuvo gran congruencia, expuso ideas profundas, pero mostró también un carácter intensamente unilateral"[1800]. Se le reprochaba que, si bien había expuesto la concepción tomista de la formación católica, completada por "una visión fenomenológica del alma de la mujer"[1801], se echaba en falta "una confrontación profunda, sobre base filosófica, con las corrientes intelectuales y sobre todo con las corrientes pedagógicas de la actualidad"[1802]. Pero, además, se recalcaba que, como conferenciante, tenía "una imagen de la escuela actual" que no concordaba "en absoluto, con la escuela en la que desarrollaban su actividad la mayoría de las personas presentes"[1803]. Por su parte, con sentido de la autocrítica, Edith reconoció que ella tenía que resultar "muy extraña" a esas personas que se movían "en medio de la vida"[1804].

En verdad, no le pasaba inadvertido que parte del público que acudía a las conferencias (incluso a las de Husserl) podía estar interesado "en la sensación y no en el asunto"[a][1805]. A veces, "la gente" le proponía "temas ingeniosos" que le eran ajenos[1806]. A Adelgundis Jaegerschmid, que también expresaba abiertamente sus críticas le explicaba:

> ¿Hubiera deseado usted que no incluyera lo sobrenatural? Ahora bien, si yo no debiera hablar de ello, desde luego no subiría a ninguna tribuna. En el fondo es una verdad pequeña y sencilla, la que siempre tengo que decir: *cómo se puede comenzar a vivir en las manos del Señor*. Si, pues, la gente me pide otras cosas y me propone temas ingeniosos, que me son ajenos, en ese caso solo los tomo como introducción para llegar finalmente a mi *ceterum censeo*. Tal vez éste es un método muy impugnable. Toda mi oratoria me ha

---

a Dice esto en ocasión de unas exitosas conferencias de Husserl en Berlín. En esa época, no resultaba extraño que periódicos de amplia circulación informaran sobre estos acontecimientos. Así, el *Berliner Tageblatt* y *Vossische Zeitung* mencionan la conferencia "Phänomenologie und Anthropologie que tuvo lugar en el marco de una reunión de la Asociación Kantiana de Berlín", el 10 de junio de 1933.

invadido de tal forma, que aún no he reflexionado a fondo sobre ello. Probablemente tendré que hacerlo alguna vez[1807].

El tiempo para reflexionar competía con otros requerimientos, como los de sus corresponsales. Edith tenía palabras de aliento y consuelo para todos, desde los que confesaban dificultades para el estudio[a], pasando por las que alegaban tener vocación religiosa, hasta las que dudaban del camino elegido[b]. Tampoco era infrecuente que se comunicaran con ella conocidas de Breslau que habían decidido pasarse al catolicismo[c].

Luego de su conversión, Edith Stein se relacionó con un nuevo mundo, con personas como la princesa Fanny Starhemberg, presidenta de la organización católica de mujeres del Reich, quien la invitó a dar una conferencia durante el tercer Congreso Femenino Católico, realizado en Viena en mayo de

---

a En ese sentido le escribe a una de sus alumnas, con dificultades, que no sería provechoso para ella repetir un curso, sino, tal vez, estudiar "economía doméstica, materias de comercio, enfermería, guardería", lo que para ella sería "dar un paso hacia la meta" (OCI, 935).

b A una estudiante que luego de plantear su vocación religiosa experimentó atracción por un profesor, le escribía que era "muy normal" sentir "una alegría especial" frente a "una persona del otro sexo" y que debería "haberlo confesado tranquilamente —nada malo hay en ello". Y agregaba: "Si uno pretende hacer creer que toda su vida no es sino sacrificio, el peligro de fariseísmo es grande". Finalmente le aconsejaba: "Si una tiene clara vocación religiosa y desea seguirla, es muy aconsejable no mantener una relación formal con un hombre ni alimentar una inclinación recíproca, que no puede hallar su cumplimiento natural. En la mayoría de los casos será un peligro para la vocación religiosa. Y, frecuentemente, me vino la idea de que tú a la tuya has exigido varias cosas, que no le convenían" (OCI, 929). Otra de sus corresponsales la informaba acerca de su decisión de romper su compromiso matrimonial (OCI, 1446).

c Una de ellas, comentó: "Con infinita paciencia discutía conmigo; discutía y me consolaba. Sobre cosas personales, sobre problemas de fe, sobre filosofía, sobre todo lo que nos preocupaba. Estábamos muy cerca" (J. Bouflet, 142). Tanto en Espira como en Friburgo y en Münster, Edith Stein acompañó a muchas mujeres en su proceso de conversión al catolicismo.

1931, y que tuvo lugar en la imponente Wiener Landhaus, sede del parlamento de la baja Austria, el sábado 30 de mayo a las 19.30, y fue publicada ese mismo año. A este encuentro, muy publicitado, asistieron miembros de asociaciones femeninas de Austria, de países limítrofes, así como personalidades públicas, de la aristocracia, religiosos influyentes, artistas y científicos. Su conferencia, que tuvo éxito y que se repitió en Colonia en octubre de ese año, fue "Isabel de Hungría[a]. Natural y sobrenatural en la formación de una figura de santa", y fue una de las doce presentaciones que brindó en 1931. Se conmemoraban los setecientos años de la muerte de Isabel de Turingia, y en muchas poblaciones alemanas, explican Müller y Neyer, se la reverenciaba "como auxiliadora de los necesitados y ejemplo de madre católica"[1808]. Pero al hablar de ella, cuando los sentimientos antisemitas y nacionalistas iban en aumento, Edith elige poner de relieve la condición de extranjería de su heroína y comienza enraizándose en la tradición romántica alemana al decir:

> En el corazón de Alemania, en un auténtico paisaje germánico, se encuentran las ciudades que para el pueblo alemán traen el recuerdo de Santa Isabel hasta hoy: Wartburg, Eisenach y Marburgo. Cuando se camina hasta las alturas de los bosques de Turingia por los estrechos senderos entre abetos altísimos, o cuando se contempla desde una cima libre las colinas encantadoras y el verdor de los bastos bosques, entonces se despierta todo el romanticismo de las fábulas alemanas[1809].

También evoca la pintura de Ludwig Richter, *Cortejo nupcial en un día de primavera*; castillos y murallas medievales; colinas

---

a Santa Isabel de Turingia (1207-1231), también conocida como Isabel de Hungría. En la época medieval su culto tuvo gran difusión. Se le ha dedicado la llamada "capilla más pequeña del mundo", de apenas un metro noventa y seis cm cuadrados ubicada en Málaga, España. Es la patrona de la ciudad de Bogotá. En España, su celebración se realiza el 17 de noviembre, Día de las enfermeras.

por las que desciende Isabel, "como uno se imagina a una noble mujer alemana de la Edad Media: mansa, rubia y de ojos azules, delicada y modesta. Abre su manto y aparece ante el despiadado esposo el milagro de las rosas"[1810]. Edith nos invita a adentrarnos en "el interior del castillo" de Warburg[a]. Y, al observar "la sala donde tuvo lugar la disputa lírica", nos hace pensar en Richard Wagner. En ese castillo, continúa diciendo, la principal atracción es "la estancia de Lutero"[1811]. Dicho esto, da un giro, advirtiendo que "la objetiva investigación histórica de nuestros días ha destruido el romanticismo de las fábulas y de los relatos de caballería"[1812]. Su deseo es presentar a Isabel como una extranjera: "Una niña de cabello negro, ojos oscuros y rostro moreno que [...] en la carroza real fue llevada desde el castillo real húngaro hasta la lejana tierra de Turingia"[1813]. El énfasis está puesto en que Isabel "no respondía al ideal de belleza ensalzada por los trovadores alemanes"[1814]. Quizá proyectándose en esta figura histórica y sintiéndose ella misma una "extranjera en el mundo"[1815], Edith señala: "Ella, que vivió todo el tiempo como extraña e incomprendida en tierra extranjera, nos exhorta que todos somos forasteros en este mundo y que nuestro verdadero hogar es el Reino del Padre celestial..."[1816].

Sus palabras podían brindar esperanza a los necesitados de consuelo y guía en una Europa central que se precipitaba al abismo. Tal vez por eso, el Congreso de Mujeres realizado en Viena tuvo mucha repercusión en los periódicos, destacándose especialmente a Edith Stein, "cuyas excelentes ponencias"[1817]

---

a Se refiere a la disputa lírica de la ópera *Tanhäusser*. Con respecto a Lutero: "El viajero [...] se asombra ante la mancha de tinta de la pared que recuerda la lucha entre el reformador y el Maligno. Atraviesa Wartburg una fisura que desde hace cuatro siglos mantiene dividido al pueblo alemán" (OCV, 257). Cuando estaba en el castillo traduciendo la Biblia al alemán (1521-1522) lo que entre otras cosas provocaría el cisma con la Iglesia Católica, Lutero tuvo la impresión de que se le presentaba el Maligno, tiró contra él un tintero que se estrelló en la pared. Actualmente se dice que la dicha mancha de tinta ha sido renovada y repintada a través de los siglos.

produjeron admiración en los círculos católicos de Salzburgo. Luego, por gestiones realizadas por Przywara, entre el 12 y el 30 de octubre de 1931 continuó una gira de quince conferencias en quince localidades diferentes de la región Renania-Westfalia Además de repetir varias veces la conferencia sobre Isabel de Hungría, el 30 de octubre, en Aquisgrán, se ocupó del tema "Vocación del hombre y de la mujer según el orden de la naturaleza y de la gracia"[1818]. Allí destaca que en el relato de la creación no se establece un dominio del varón sobre la mujer, sino que son seres complementarios, algo que, desde su punto de vista, se trastocaría luego de la caída.

Podría decirse que 1931 fue un año en el que Edith estuvo "haciendo siempre las maletas"[1819]. Además de escribir su presentación a cátedra, sentía "una grave responsabilidad": debía "hablar ante un público muy variado, y ante un catolicismo con las más diversas tendencias, que comprendían desde la postura liberal hasta la más rigurosamente conservadora"[1820].

ACEPTACIONES Y RECHAZOS

Ya en ese entonces, Edith intentaba congeniar la exposición pública y su necesidad de vida interior y retirada. Ante esta dualidad, le explicaba a uno de sus amigos fenomenólogos: "El círculo de personas que considero próximas a mí ha aumentado tanto en el correr de los años que es prácticamente imposible mantener relación en las formas habituales. Pero tengo otros medios y caminos que mantienen viva la unión"[1821].

Entre tanto, a mediados de 1931 su nuevo trabajo filosófico se había "convertido en un monstruo y no [daba] señales de haber llegado al final"[1822]. La escritura, la preparación de las conferencias, su envío para la publicación eran tareas de las que se ocupaba a conciencia cuando, en abril de 1931, se publicó finalmente el primer tomo de su traducción de las *Quaestiones disputatae de veritate*. No había sido fácil "encontrar una editorial para obra tan grande"[1823], de hecho, hasta ese momento, ni tampoco en la actualidad, se intentó traducir esta obra de Tomás de Aquino al alemán. Sobre este trabajo dijo el especialista Franz Pelster:

> Las traducciones son hoy en día absolutamente necesarias. Y la suya me gusta, cosa que no se puede decir precisamente de las traducciones de esta clase. Yo casi llegaría a pensar incluso que usted se ha equivocado de profesión. Sus correcciones textuales y sus conjeturas sobre el texto original, y la manera de trasladar las ideas delatan un marcado talento filosófico. [...] A los científicos, por afán de pura precisión y por escrúpulos de conciencia, les falta el valor para despojarse de ese lastre. Es magnífico que llegue una vez una mujer y diga: Dejen ustedes a un lado la paja sin valor. Yo celebraría mucho el que usted, siguiendo el mismo método, tradujera también otras obras de Tomás de Aquino, y no solo de Tomás —es un error fundamental el querer esperar de Tomás de Aquino todo lo bueno que hay en la filosofía escolástica y desatender por completo a otros como, por ejemplo, Enrique de Gante y Escoto[1824].

Por su parte, Erich Przwara sostuvo que "por primera vez" esta obra tomaba "el camino únicamente recto"[1825]. Según él era

> algo maravilloso encontrar una traducción que traslade, sin alterarla, la sobria claridad del latín de Tomás de Aquino a la lengua alemana... Además, el arte de la traductora es tal, sus notas marginales están tan llenas de sentido y ricas de sugerencias, que puede abordarse la obra tan fácilmente como si hubiera sido compuesta por nuestras inteligencias modernas. Aquí está Santo Tomás, hasta en su lenguaje, que nunca se ve interceptado por el vocabulario de la fenomenología, en la que su autora era una consumada maestra. Y, sin embargo, parece como si Husserl, Scheler y Heidegger estuviesen aquí presentes, llamados a confrontar sus doctrinas con la de Santo Tomás de Aquino venido a la arena de la filosofía contemporánea. Dos mundos entre los que sus puertas se abren sin esfuerzo[1826].

En el ámbito católico[a] Edith Stein estaba adquiriendo gran influencia: la traducción de *Quaestiones disputatae de veritate* fue un trabajo que asombró a muchos, y que fuera "una mujer" la que había hecho semejante contribución, sorprendía especialmente. Edith comentó que había "recibido de los entendidos juicios muy elogiosos"[1827]. Sigismund Waitz le escribió: "Observo con admiración lo familiarizada que se halla usted con esta materia. No he encontrado hasta ahora ninguna mujer que se haya entregado a tales estudios"[1828]. También elogió el segundo tomo: "Fui profesor de teología moral [...] y me lamentaba entonces de no disponer de algunas ayudas como las que me proporciona la obra de usted"[1829]. Otro elogio provino del benedictino y profesor de filosofía Petrus Wintrath:

> Ha emprendido usted una obra grandiosa, que bien merece ser conocida en traducción alemana. Y admiro su valentía y su perseverancia. En efecto, solo el iniciado sabe el enorme trabajo que se encierra en su obra. Y ha conseguido usted a cabo llevar la tarea emprendida [...]. La envidio, porque ha presentado usted a los alemanes esta maravillosa *Quaestio* de Santo Tomás. Habría sido una tarea para uno de nosotros, que, después de treinta años de aprendizaje y de enseñanza, nos hemos ocupado exclusivamente de la filosofía de Santo Tomás o de la filosofía aristotélico-tomista[1830].

Detenerse en estos comentarios y en los elogios da cuenta de los que podría haber recibido si sus obras del período hubieran sido publicadas en vida.

En 1931, Stein le pidió a Kaufmann que escribiera una "breve noticia" sobre su traducción en la revista de filosofía *Logos*: "Si quisiera hacerlo detalladamente lo tomaría como un generoso obsequio de su parte"[1831]. Lamentablemente, no se ha encontra-

---

a Przywara dijo: "Edith Stein esbozó ya un programa en su trabajo comparativo entre Tomás y Husserl. Sería una bendición para la filosofía católica en Alemania si se prestara a tiempo un atento oído a esto" (Posselt, 135).

do reseña alguna en la mencionada revista. Con igual intención recurrió a Ingarden, a quien le dijo que "una pequeña noticia" le bastaría para compensar al editor, cuya inversión había sido considerable. Y, aunque agregaba que "no quisiera cargar a nadie con el peso de una recensión larga", dejaba traslucir su deseo: "Si usted considera útil referirse a la obra en una recensión más amplia y desea hacerlo gustosamente, lo aceptaré naturalmente agradecida"[1832].

Hacía tiempo que Edith sentía "que sea posible cultivar la ciencia como culto divino, es algo que me ha quedado bien claro después de haber entrado en contacto con Santo Tomás"[1833]. Pero, como aclara MacIntyre, "algunos tomistas respondieron que leer a Santo Tomás fenomenológicamente ya no es leer a Santo Tomás". Entre sus críticos estuvo Laurentius Siemer, un dominico de Colonia al que ella había consultado en la traducción y "que la acusó de tener un conocimiento bastante insuficiente de Santo Tomás"[1834]. Pero si a Siemer lo había "ofendido" la interpretación fenomenológica del aquinatense, para MacIntyre, llegado este momento, "lo que el tomismo le aclaró de modo singular" a Stein fue "el estado necesariamente incompleto y unilateral del proyecto fenomenológico"[1835]. Esto trajo aparejado una distancia con Husserl y un camino en común con Hedwig Conrad-Martius e Ingarden, con quienes se planteaba interrogantes que iban más allá de la fenomenología. Por otra parte, MacIntyre interpreta que "la misión de Stein" fue "admitir que los recursos tan diferentes de las tradiciones fenomenológica y tomista se referían al mismo tipo de problemas"[1836a]. Esto podía incomodar a algunos de sus viejos amigos. Y tener consecuencias penosas. De hecho, cuando décadas después, en 1968, Ingarden escribió "Über die philosophische Forschungen Edith Steins", según MacIntyre, fue "la actitud profundamente lamentable de Ingarden, en la

a MacIntyre divide estos problemas en cuatro grupos. Véase *Edith Stein. Un prólogo filosófico*, pp. 299-312

medida en que Stein partía de premisas que derivaban de la fe católica, lo que hizo de ella una pensadora católica dejando de ser considerada filósofa"[1837].

ACTO Y POTENCIA

Acto y potencia, trabajo para presentar a cátedra, es considerado como su tercer hito de la confrontación entre fenomenología y escolástica. El primero fue el diálogo convertido luego en artículo protagonizado por Husserl y Santo Tomás de Aquino, y el segundo la mencionada traducción de las *Quaestiones*. Pero, además, *Acto y potencia* entronca con el "renacimiento tomista"[1838] del siglo XX, en el que destacan para el pensamiento francés la Escuela de Lovaina, representada, entre otros, por Jacques Maritain, con quien Edith Stein se relacionará en 1932. En cuanto a Alemania, desde 1924 Romano Guardini hace conexiones entre "Santo Tomás y Goethe que no eran ajenas a la propia Stein"[1839]. Y también debe recordarse a Przywara y a Martin Grabmann, historiador tomista que además de hacer el prólogo a su traducción situó la obra de Stein "en relación con diversas corrientes tomistas modernas"[1840]. Como siempre sucede con su pensamiento, cada obra conecta con las demás, de modo que en *Acto y potencia* se encuentra el germen de *La estructura de la persona humana* y *Ser finito y ser eterno*. En prieta síntesis vale destacar que *Acto y potencia* es una obra considerable, cuyo texto dactilografiado ocupa más de 437 folios. Contiene un prólogo y seis grandes capítulos y una conclusión. En el prólogo, la autora reconoce "la fuerte impresión" que tuvo al leer, inmediatamente después de su aparición, *Ser y tiempo*, de Heidegger[1841]. Como suele suceder en sus trabajos filosóficos, además de cuantiosas lecturas y gran erudición destaca la implicancia personal en el abordaje de la temática. Así, Edith Stein explica lo que, para ella, es "comprender filosóficamente":

> El filósofo no solo debe ver y poder señalar *que* de todas maneras hay alguno que lo ha precedido [...]; debe descender a las causas mismas y comprenderlas, y esto quiere decir ser impactado y dominado por ellas para tomar una decisión por ellas y para el acompañamiento *interior* desde ellas a las consecuencias y eventualmente todavía más allá, como ha ido el predecesor; o dominarlas, es decir, luchar por librarse de ellas y decidirse por otro camino[1842].

Consecuentemente dice que, para la autora de este trabajo, "es ahora una necesidad interior poder presentar los diversos modos de filosofar que representan" [1843].

Además del aparato teórico crítico, Stein toma ejemplos de la vida cotidiana para ilustrar conceptos. Así, alude a que "el presente canciller del Reich ha usado toda una serie de 'nuevas ideas' para la dirección de los asuntos políticos, por ejemplo, la idea de bajar los salarios y los precios"[1844]. "Intelecto y voluntad", "el hacer creativo", "el ánimo", "la voluntad", el "hábito", la "autoconfiguración" y formación del carácter son algunas cuestiones sobre las que ha trabajado en conferencias y estudios antropológicos y que retoma en el apartado octavo de la parte V, "Tentativa de una determinación de lo espiritual", con el fin de determinar lo que para ella ha sido central: el núcleo de la persona humana que, para Moreno Sanz "es quizá el aspecto mejor perfilado de todo este escrito"[1845]. No puede menos que pensarse en las decepciones que sufrió estos años cuando Stein alude a los sentimientos e inclinaciones, como la ira y el rencor[1846], y cómo lidiar con ellos. Y a una perspectiva existencialista cuando dice:

> En el miedo ante las decisiones, que es propio de la mayor parte de los hombres y que en muchos se aumenta patológicamente, se encierra ciertamente un oscuro saber en el sentido de que con ello se "forja su destino"; con todo, allí se desconoce que uno de ninguna manera puede escapar, ya que también determina su ser con la omisión y con el escaparse ante la decisión[1847].

CUESTIONES QUE SE ACLARAN

Volviendo a los finales de 1931, es probable que tanto Edith Stein como sus amigos más cercanos conservasen la ilusión de que obtuviera un puesto universitario[a]. Otros, como Heinrich Finke, ganados por el sentido común, le suplicaba que no dejara "completamente de lado el otro asunto"[1848]: la posibilidad de dar clases en una academia de pedagogía. Sin plena conciencia de que no habría muchas más oportunidades de moverse libremente, a su paso por Friburgo, Edith Stein retomó el contacto con los fenomenólogos que estaban allí, como su amigo Fritz Kaufmann. También seguía escribiéndose con Koyré y con Hering, e incluso los veía de vez en cuando. Atento a la posibilidad de que retomara el trabajo filosófico, el propio Edmund Husserl le había escrito en julio de 1931, asegurándole que si bien no creía que ella fuera a superar "el gran impedimento" del denominado "Idealismo trascendental", su trabajo podría enriquecer a la fenomenología:

> Las cosas son tan asombrosas, que incluso el que no hace distinción entre fenomenología trascendental y psicología fenomenológica y recorre los caminos de una ontología universal (el universo de las ciencias apriorísticas, concebidas como una totalidad), el que recorre, digo, esos caminos (encuadrando en esa totalidad a una psicología eidética), es capaz de prestar excelentes servicios, que yo podré integrar en mi fenomenología trascendental. Sobre todo, sigo unido firmemente a mis antiguos amigos y tengo vivísimo interés por sus actividades y por su historia[1849].

Ese mismo año, Husserl le hizo llegar a Edith Stein un ejemplar de la reciente traducción francesa de sus *Meditaciones cartesianas* con una dedicatoria en la que expresaba "saludos

---

a Hans Lipps, que residía en Gotinga, lo había dado por hecho y así se lo dijo a Erich Przywara, quien incluso le envió una carta a Edith felicitándola "por la juventud de fénix de su reciente cátedra" (OCI, 1443).

cordiales y sentimientos de fidelidad de parte de E. Husserl"[1850]. Nada de esto sería suficiente.

Finalmente, en noviembre de 1931, desde Friburgo, donde viaja "para aclarar la cuestión de la presentación a cátedra"[1851], Stein tuvo que informar a Ingarden que, "a causa de la general situación económica"[1852] la habían disuadido de hacer "un intento oficial, porque no se conseguiría ni en la Facultad ni en el Ministerio"[1853]. Luego de recibir carta de Ingarden, quien seguramente sospechaba una conspiración en su contra, Edith se dispuso a "defender decididamente a los filósofos de Friburgo". Por un lado, destacó que, aunque Honecker no la "conocía nada", se había "tomado muy a pecho" el tema y había intentado conseguirle "una beca de catedrático no titular"[1854] en el ministerio. Especificó además que, en conjunto con Husserl[a], los tres habían deliberado "durante horas"[1855]. Pero dado que la facultad había decidido no admitir "a personas mayores"[1856] carentes de sustento, se le aconsejó que desistiera, y así ahorrarse una recusación. Edith también defendió a Heidegger diciendo que había sido "muy amable", aunque "presentó la cosa como carente de esperanza"[1857]. Según este último le informó, "un año antes no hubiera habido dificultades"[1858]. Finalmente terminó por conquistar su buena voluntad al conversar con ella más de dos horas "en un tono muy agradable y provechoso" sobre su trabajo *Acto y potencia* por lo que Edith quedó "muy agradecida"[1859].

Lamentablemente, nuestra filósofa no tuvo mejor suerte en su ciudad natal. El antisemitismo avanzaba a la par que la situación económica se hacía desesperante para millones de alemanes. El profesor Schulemann, que solía reunirse con ella y con Rosa, comentó lo doloroso que habría sido no conseguir una cátedra:

---

a La relación con Husserl pasaba por un buen momento. El año anterior, Edith había pasado por Friburgo cuando él estaba de viaje en Italia, y su Maestro lo lamentaba: "¡Como si hubiéramos tratado de no encontrarnos, nosotros que somos viejos amigos!" (OCI, 1435).

Edith Stein y yo apenas hablamos del concurso a cátedra; no obstante, creo que debo admitir que, durante cierto tiempo, ella verdaderamente contempló esta posibilidad como un ideal de vida que podía realizarse en su ciudad natal. En una existencia como la de Edith Stein, que tenía cimientos científicos tan sólidos, conducida con una aplicación tan fiel, el hecho de no conducir a un resultado que se daba por sentado como cosa natural, con lo que suponía de completa realización para ella, pudo ser sentido como un duro golpe, un sacrificio muy grande. Esto no tiene nada que ver con la ambición, ni tampoco con el orgullo: es indiscutible que ella tenía la cualificación científica requerida[1860].

17
UN NUEVO CICLO

EL REFUGIO EN MÜNSTER

Sin ninguna duda, Stein "tenía la cualificación científica requerida"; no era por falta de méritos que se le negaba lo que de pleno derecho le correspondía. Esto saltaría a la vista de sus antiguas y nuevas amistades que dieron testimonio de la época en la que, entre el otoño de 1931 y el invierno de 1932, se alojó en Santa Lioba, en las cercanías de Friburgo. El recuerdo de la condesa Tes von Bissingen ilustra cómo la veían en su nuevo mundo: "yo tenía la impresión de que vivía antes de su conversión tan rigurosa y estrecha ascética como después. Y aun creo que el paso únicamente sirvió para mitigarla, ya que estaba muy inclinada a ser muy rigurosa consigo misma"[1861]. Por su parte, María Schäffer, destacó que discutían, entre otras, las obras de Von Le Fort, y resaltó: "Su gran ciencia y capacidad las ocultaba bajo formas sencillas. Me cautivaba su sencillez. Parecía que ella escogía el vestido modesto, las prendas remendadas de la antigua moda en el espíritu de pobreza"[1862].

De esa época podría ser el testimonio de Adelgundis Jaegerschmid, que sostiene que "la fuente" de la ciencia de Stein "ya no era más que el crucifijo, suspendido sobre su mesa de trabajo". Retrospectivamente, la misma testigo diría: "Imposible olvidar la mirada cargada de gravedad, indescriptiblemente dolorosa, que posaba sobre el Crucificado —el Rey de los judíos—, cuando leía [...] el anuncio de una persecución racial cada vez más violenta. Un día la oí murmurar: '¡Oh, cuánto deberá sufrir mi pueblo antes de que se convierta!'". Retrospectivamente, interpreta: "Un pensamiento me atravesó, rápido como un rayo: Edith se ofrece a Dios por la conversión de Israel"[1863]. Esta afirmación preconciliar de su amiga se contrapone con los escritos antropológicos y filosóficos de

Stein, de carácter ecuménicos y en los que no hace proselitismo religioso.

Pese a las dificultades, Edith Stein comenzó 1932 con expectativas positivas. En Santa Lioba se ocupó de las correcciones del segundo tomo de las *Quaestiones* y de dar los últimos lineamientos a las conferencias previstas para los próximos meses. Viajó a Zúrich, donde entre el 18 y el 28 de enero pronunció, dos veces, una serie de cuatro disertaciones en el marco de un encuentro organizado por la asociación católica de mujeres de esa ciudad: "Vida cristiana de la mujer" (dividida en los apartados "El alma femenina", "Educación de la mujer", "Actividad femenina" y "Vida de la mujer a la luz de la eternidad"). Tanto estas intervenciones como la conferencia "Configuración de la vida en el espíritu de Santa Isabel", que brindó en la imponente sala de conciertos de Zúrich, fueron comentadas en el *Neue Zürcher Nachrichten,* periódico fundado en 1780 y que existe en la actualidad. Que una conferenciante católica fuera reseñada por los periódicos más leídos era habitual en la época. Pero, aunque las actividades estuvieron acompañadas de "buenos programas musicales"[1864], las organizadoras reconocieron que las "extraordinarias conferencias llenas de sabiduría y profundidad, por desgracia fueron incapaces de interesar al grueso de nuestras mujcrcs c hijas"[1865].

Que el costo de la entrada fuera asequible (variaba entre los cincuenta centavos y un franco) no bastó para lograr la convocatoria deseada. En cuanto a Stein, según Müller y Neyer, había "estimado equivocadamente el nivel cultural y el mundo laboral de la mayoría de las mujeres a las que habló"[1866]. Para estos autores, que haya ilustrado sus ponencias en base a modelos literarios, y que se haya valido de categorías académicas fue algo nuevo y extraño para la mayoría de las mujeres de la audiencia:

> ... en su tercera conferencia, concede más espacio a la mujer en el arte y en la ciencia que a la mujer en la fábrica, en la oficina y en el gobierno de la casa, entonces se equivocó en cuanto a la elección

de los temas que interesaban e impresionaban a la mayoría de sus oyentes[1867].

Como dice Moreno Sanz, en la cuarta de estas conferencias se proyecta "el tan crucial momento que está viviendo Edith Stein";[1868] aunque previene sobre los peligros del autoengaño y sobre dejarse llevar por las propias inclinaciones, parece estar describiendo "su propia opción"[1869] de vida cuando dice: "Convertir en elección propia y libre y realizar alegremente aquello que no ha elegido uno mismo, eso solo lo podrá realizar alguien que ve la voluntad divina en la presión de las circunstancias, y que no busca nada que no sea poner la propia voluntad en consonancia con la divina"[1870].

El 24 de enero, Edith Stein volvió a hablar de Santa Isabel de Hungría. Se ha interpretado que trasluce "su propia experiencia y anhelo de configurar su vida más allá de sus contradicciones naturales, como hizo Santa Isabel, de temperamento ardiente y voluntad firme y tenaz (como ella misma), que logró sacar a relucir su forma escondida en el interior…". Allí aparece el *amor intellectualis Dei*[1871]. En esta altura no es peligroso seguir las inclinaciones del corazón, pues el corazón propio ha penetrado en el corazón divino y late con su misma cadencia y ritmo. Aquí la intrépida afirmación de San Agustín puede servir como pauta de conducta en la configuración de la vida: "Ama y haz lo que quieras"[1872].

UN SISTEMA FILOSÓFICO PROPIO

Desde finales de 1931 a principios de 1932, Edith Stein redactó los artículos "Maestras de formación universitaria y de magisterio" (en base a "cuatro conferencias, dadas a la organización católica de mujeres en Zúrich en enero de 1932"), "La significación de la fenomenología para la visión del mundo" y "Conocimiento, verdad y ser". En el segundo, "describe qué es la fenomenología a través de los pensamientos de Husserl,

Scheler y Heidegger"[1873] y sostiene que "cada uno de los tres ha contribuido de forma decisiva a la imagen del mundo de su época"[1874]. El conocimiento en profundidad de estos temas y la forma clara en la que los transmitía debió ser bien recibido por todos aquellos que quisieran comprender por dónde iba el pensamiento alemán. Pero, además, Stein realiza una "contraposición de Husserl y de Heidegger": presenta "la imagen del mundo de los tres filósofos" y, luego de trazar la "influencia sobre la imagen de mundo de la época", se ocupa de cómo en ellos la visión del mundo adquiere "significación formal". Respecto de Heidegger, reconoce que no se atreve "a emitir un juicio" sobre cómo actúa formalmente sobre la visión del mundo de la época, pero subraya "que desde hace una serie de años ejerce un influjo fascinador sobre la juventud" y sobre muchas personas, lo que "tienen que repercutir en la actitud de la época en lo que respecta a su visión del mundo". De todas maneras, concluye Stein en las últimas líneas del artículo, mientras da un salto al pensamiento católico:

> De qué tipo es esa repercusión, no puedo indicarlo *realmente*. Puede llevar a una *seriedad vital* más profunda, porque ha puesto en el centro de interés las cuestiones vitales decisivas. Pero también me puedo imaginar que a causa del modo en que esto ha sucedido hasta ahora, a causa del énfasis exclusivo en la caducidad de la existencia, en la oscuridad que tiene delante y detrás, en la preocupación, se fomente una concepción pesimista, es más nihilista, y se mine la orientación por el ser absoluto que es tan necesaria para nuestra fe católica como el aire para respirar[1875].

Mientras tanto, en plena crisis económica y social, desde algunos sectores del mundo católico se proponía conmover la inercia de las viejas instituciones, cautivar a los jóvenes y las mujeres, y promover alternativas para que se acercaran a la religión. En ese intento, el doctor Steffes, profesor titular de la Facultad de Teología en Münster y presidente del Deutsche Institut für Wissenschaftliche Pädagogik (Instituto Alemán de Pedagogía

Científica), y María Schmitz, pedadoga y primera presidenta de la Unión de Maestras Católicas de Alemania, quisieron que Edith Stein formara parte del Instituto Pedagógico de Münster, fundado diez años antes y "considerado como centro de las academias católicas para toda Alemania"[1876]. Dicho instituto debía su existencia a personas como María Schmitz y a la Unión de Maestras, la misma asociación que décadas después iniciaría el pedido de beatificación de Edith Stein. Para las integrantes de estas asociaciones, su incorporación al Instituto de Münster era un gran logro, y muchos se sintieron "orgullosos de que el profesor Steffes y María Schmitz hubieran conseguido [a Stein como profesora]"[1877].

A finales de febrero de 1932, Edith se instaló en Münster, más adelante, vivió en el Collegium Marianum, en el número 3 de la Frauenstrasse donde, en la actualidad, reconstruido, funciona un albergue estudiantil. Nuevamente, residió entre estudiantes y religiosas de distintas congregaciones. Su nombre había corrido "como reguero de pólvora por Münster y encendió un entusiasmo singular"[1878] y otra vez causó curiosidad, la observaban, sabían que se levantaba entre las primeras y que seguía trabajando hasta muy tarde. Las religiosas, que le cedieron "un cuarto amplio y hermoso", se asombraron por las "pocas exigencias"[1879] de una profesora con tan altas calificaciones. Asimismo, las desconcertó que Edith eligiera realizar las comidas con las alumnas y no sola, en su cuarto. Los testimonios de sus discípulas y de las personas que la conocieron en esta etapa hablan de "una actitud en la que se combinaban humildad y dignidad a la vez"[1880]. Hay una pequeña anécdota que brinda una idea de sus hábitos:

> Por las mañanas era la primera en estar en la Capilla, como nos contaron las religiosas. Salía de casa muy rara vez y apenas se la veía por el jardín. Su vida consistía únicamente en oración y trabajo. De sus obras pensaba muy modestamente. Un día que Juan [empleado del lugar] había colocado en el patio unos tiestos con bellas flores, exclamó ella: "¡Qué pronto ha creado él una cosa tan linda y qué poco alcanzamos nosotras con nuestro trabajo!"[1881].

La tarea del jardinero de favorecer el desarrollo de aquellas flores, o disponerlas en un bello arreglo floral, era sencilla si se la comparaba con la formación (*Bildung)* de la juventud, tarea que en sus escritos había asociado a la "del jardinero" y "el alfarero" al mismo tiempo[1882]. Pero la "distancia" [1883] entre el ideal que proponía en sus conferencias y lo que aspiraba para sus estudiantes podía parecer demasiado "grande e inabarcable" si se pensaba en el "material humano" que los docentes recibían; y ella misma reconocía la "contraposición pavorosa" entre una vida de fe y "muchachas jóvenes, ligeras, superficiales, sensuales, llenas de pensamientos relativos a bonitos vestidos, bailes, amoríos"[1884]. El contexto social, económico y político era desesperanzador, por eso mismo insistía en que la formación ("en nombre de la Iglesia") de la juventud era "quizá la más elevada tarea" que debía realizarse "actualmente en Alemania"[1885].

Al igual que en Espira, su comportamiento era el de una religiosa. "No obstante su débil constitución", Edith ayunaba cuando estaba prescripto y "su ascesis era la del estilo claustral"[1886]. A esos signos exteriores de comportamiento se unía una actitud interior e intelectual. Vistos desde una perspectiva biográfica, las mil páginas del tomo IV de sus *Obras completas* que reúne sus escritos antropológicos y pedagógicos (1926-1933), así como *Acto y potencia*, deben leerse en paralelo a su situación vivencial y asunción religiosa. Es evidente en ellos que leyó en profundidad el Antiguo y el Nuevo Testamento. También la dogmática y encíclicas papales, por lo que unió a la vivencia religiosa una formación filosófica-teológica descomunal. Las biografías confesionales han puesto el acento en el aspecto religioso de las conferencias y estudios antropológicos. Aquí se quiere resaltar el aspecto político que subyace a ellos toda vez que Stein apunta a un catolicismo militante y apostólico que plantee una alternativa al nazismo en avance.

En cuanto a sus hábitos, se sabe que, por entonces, era vegetariana, y aunque a sus estudiantes les "intrigaba saber"[1887] los motivos, no llegaron a conocerlos. Es probable que se guiara por el ideal carmelita que explica en su texto sobre Santa Teresa: "La santa pobreza debía ser observada rigurosamente. También el modo de vivir debía ser austero: comer carne, exceptuando los casos de necesidad, estaba totalmente prohibido"[1888]. Más allá de la ascesis religiosa, es válido interpretar una actitud empática hacia los animales, como cuando había captado de muy joven el sufrimiento de un pequeño cordero atado en un poste.

Por entonces, la crisis era tal que Edith bien podía sentirse empática con los otros y no sobredimensionar el sufrimiento individual de saber que, como decía en sus cartas, "debido a la general crisis económica", sus expectativas de lograr una cátedra habían quedado reducidas "a nada"[1889]. Tal vez, lo que más la apenaba era que por la crisis no pudo llevar consigo a su hermana Rosa, cuyo estado de ánimo era conocido por algunas religiosas y amistades comunes que solían ayudarla a sobrellevar sus dificultades de convivencia en la casa familiar. Todavía con ilusión de que pudieran reunirse, Edith comentaba: "Algo está todavía en el aire, y yo también debo tener paciencia"[1890]. Al menos, habiendo encontrado "un refugio" en Münster, deseaba dejar "pronto la vida de giróvaga" y alcanzar "*stabilitas*"[1891]. En cuanto a lo conseguido durante los años de estudio, no creía que el acopio intelectual realizado pudiera perderse. Al menos así se lo hace saber a Calista Kopf, una exestudiante que tenía ese temor al iniciar su vida laboral fuera de Espira: "Dentro de nosotros tenemos mucho más de lo que sabemos. Así está muy sabiamente dispuesto. Cuando se necesita, se convierte en actual"[1892].

Por su parte, ocupada en su trabajo (estaba por publicarse el segundo tomo de *Quaestiones disputatae*), Edith veía con claridad que sus intereses filosóficos confluían en un punto crucial de su carrera. Así se lo hacía saber a Ingarden:

> [El] trabajo sistemático sobre *Acto y potencia*, que solo desarrolla la problemática partiendo de Santo Tomás y que luego se constituye en mi "sistema de filosofía", [...] ciertamente es una confrontación *entre* Santo Tomás y Husserl[1893].

Como vemos, habla ya de un "sistema de filosofía" que le es propio. Esta confrontación filosófica con Husserl no se trasladaba al plano de la amistad, por lo que durante los meses que Edith pasó en Friburgo conversaron largamente. En esa oportunidad, ella le preguntó acerca de "su opinión sobre la muerte"[1894], cuestión que también intrigaba a Ingarden y que conectaba con los planteos filosóficos de Heidegger que oportunamente ella discutiría. Comentó Edith sobre su diálogo con Husserl:

> He intentado forzarle a hablar sobre ello, conduciéndolo, sin piedad, después de todas las divagaciones, una y otra vez al tema, pero en vano. Él perseguía la corriente siempre hacia atrás (por lo demás, sin aclarar suficientemente la pregunta del nacimiento) y no fue posible llevarlo hacia adelante. Todavía es mucho más difícil que antes discutir objetivamente con él. Es capaz de trabajar *en* sus carriles muy intensiva y tenazmente, pero apenas es posible sacarle de ahí. Con gusto aún quisiera reconstruir sistemáticamente toda la filosofía trascendental y clasificar debidamente todas sus investigaciones anteriores (¡utópicos planes de trabajo!); fuera de esto no hay nada más. Personalmente se ha vuelto más amable, atento y cordial; por ello los meses pasados en Friburgo son para mí valiosos y no ha sido fácil separarme de él[1895].

Stein llegó a la conclusión de que, para Husserl, ninguno de sus antiguos discípulos entraba en consideración, "pues si hubiéramos comprendido el idealismo, deberíamos estar de acuerdo"[1896]. Desilusionado también de Heidegger, Husserl estaba convencido de que solo tenía "*un* discípulo"[1897], Eugen Fink, quien, en efecto, colaboró con él hasta su muerte y no lo abandonó con la llegada del nazismo al poder.

ACTIVIDAD EXTERIOR, ACTIVIDAD INTERIOR

Solicitada por distintas asociaciones[a] y medios de comunicación, entre ellos el programa "Hora de la mujer" de la radio bávara[b], a principios de abril de 1932 Edith Stein brindó una serie de conferencias tituladas "El arte materno de la educación", en Múnich. Se alojó en la Casa Venio, en el 55 de la Baaderstrasse, que pertenecía a una comunidad benedictina de mujeres. En esta ciudad probablemente se reunió con la escritora Gertrud von Le Fort, que junto con Reinhold Schneider integraron en Alemania la corriente del movimiento literario *renouveau catholique*, cuyos exponentes fueron en Francia, Paul Claudel, George Bernanos, Charles Peguy, Simone Weil y François Mauriac y, en Inglaterra, G. K. Chesterton, Graham Greene, A. Cronin, C. S. Lewis y J. R. R. Tolkien.

En 1931, Gertrude von Le Fort había publicado su novela *La última del cadalso*[c], cuyo argumento, centrado en la vida de una monja carmelita en tiempos de la revolución francesa, fue asociado, por algunos críticos, con la pretensión de alertar

---

a Por ejemplo, la Societas Religiosa, a quienes envía "Caminos para la paz interior", donde habla de cómo congeniar "trato con jefes y colegas poco simpáticos, reproches inmerecidos, humana mezquindad" (Posselt, 150). También observa que la "disposición psicológica" es distinta para las personas, y que no todos los medios "como meditación, lectura espiritual, participación en la liturgia y en los ejercicios piadosos son aptos para todos" (Posselt, 152).

b Recuerda Edith Stein: "La radio bávara me facilitó hacer un viaje por toda Alemania; y así pude otra vez ser un 'monje' feliz casi dos semanas" (OCI, 966).

c De ascendencia protestante y perteneciente a la nobleza, Gertrude von Le Fort se convierte al catolicismo en la década del veinte. Dice Victoria Howwell en la introducción de *La última del cadalso*: "La fama de los Diálogos de Carmelitas de Bernanos y la ópera del mismo nombre compuesta por Francis Poulenc ha superado con creces la de esta novela que los inspiró, y sin embargo no alcanzan la misma riqueza de temas y de personajes que nos presenta Von Le Fort en esta 'obra maestra en miniatura'".

sobre la arremetida de los nazis contra el catolicismo. Esta novela inspiraría una ópera de Francis Poulenc (*Diálogo de carmelitas*), y una obra de George Bernanos llevada al cine en 1960 por Philippe Agostini y Raymond Leopold Bruckberger. Como deja en claro en una de sus cartas, Edith no había tenido que ver con la elección de la temática, en efecto elegida sin su "intervención"[1898] cuando, según explicó, la autora estaba "bastante lejos, espiritualmente hablando"[1899] de la piedad carmelita. Piedad a la que se acercó luego de hablar con ella "toda una tarde" en Múnich[1900].

Tanto Von Le Fort como Stein se ocupaban de los temas que afectaban a las mujeres. Para establecer analogías y diferencias sobre cómo se veía esta temática en la Europa de la época, recordemos que apenas dos años antes, en Inglaterra, Virginia Woolf publicaba su ensayo feminista *Un cuarto propio* en el que, pese a las diferencias de enfoque, sobre todo por ser la inglesa una escritora agnóstica, hay ciertos elementos comunes a las preocupaciones de las mujeres católicas alemanas. Específicamente, Woolf veía el acceso a todas las profesiones y a la educación como la manera en que las mujeres podrían escapar, gracias a la independencia económica, de las tiranías, hipocresías y humillaciones del hogar patriarcal[a]. Pero, a diferencia de las universidades prusianas, que admitían mujeres desde fines del siglo XIX[b], en Inglaterra primero se crearon universidades específicamente para mujeres, quienes recién

---

a En 1840 el 60 % de las mujeres de Inglaterra eran analfabetas, en 1860 el 40 %. Se comenzaron a fundar universidades para mujeres, sostenidas en su mayoría por mujeres ricas. En 1880 se decretó la educación obligatoria para todos los niños de entre 5 y 10 años (cosa que tardaría en hacerse efectiva) En 1920 la Universidad de Oxford permitió el ingreso de las mujeres en las universidades en las que hasta entonces solo estudiaban los varones. Recién en 1948 las incorporó la Universidad de Cambridge.

b En la década de 1890, Rosa de Luxemburgo debió estudiar economía en Zúrich. En Heidelberg las mujeres podían estudiar filosofía desde 1895, aunque las admisiones regulares de mujeres recién se dieron en 1900.

entrado el siglo XX se incorporaron a la educación superior en las mismas universidades que los hombres, por lo que en este aspecto Inglaterra llevaba un importante retraso. De todas maneras, en uno y otro país se avanzaba lentamente, y si bien desde el catolicismo se propiciaba un modelo de mujer menos disruptivo que el propuesto por Virginia Woolf, en su conferencia de Múnich, Edith Stein se opuso a la "opinión, frecuentemente sostenida en las asociaciones de profesoras católicas, de que 'la decisión de abrazar la profesión de la enseñanza significa ya la renuncia al matrimonio, y que debía considerarse como una especie de 'deserción' el que [las profesoras] abandonaran luego su profesión y se casaran"[1901]. Entre otros temas generadores de conflicto, se preveía una reforma de la escuela femenina para que en los cursos superiores el cuerpo docente tuviera formación universitaria. Una tensa división con las profesoras formadas en magisterios que, recordaba Edith en sus conferencias, ya se había dado en Prusia, con la reforma en 1910, cuando "las antiguas maestras" pasadas a dar clase solo en los grados inferiores "se habían dado, en broma, el nombre de 'reino animal inferior'"[1902]. En su conferencia "Tiempos difíciles y formación" ("Notzeit und Bildung"), brindada en Essen, el 18 de mayo, se refiere a lo afectada que se ve la formación debido a las crisis y recortes económicos, al aumento de la criminalidad, y no elude hablar del cierre de quince academias de pedagogía, de la formación intelectual y cultural de las mujeres, de la tendencia "cada vez más fuerte, de excluir a las mujeres de los puestos de trabajo", de "la exigencia de reforzar —y no de debilitar— las influencias femeninas en la educación de las muchachas"[1903], e invita a recurrir a las grandes creaciones culturales alemanas. Con ánimo apostólico, Stein pide: "Rompamos las filas y ayudémonos mutuamente…"[1904]. Para Moreno Sanz, "quizá la conferencia más interesante de esta época" fue la del 26 de junio en Ludwshafen, "Natural y sobrenatural en el Fausto de Goethe". Pero, ahora "para Stein, la cruz se ha sobrepuesto a su amor por Goethe"[1905], por lo que dice: "La marca que está sobre nuestra formación humana no puede ser una imagen de Goethe, sino la cruz"[1906], y subraya el poder redentor del sufrimiento "en unión con la ofrenda del Salvador"[1907].

Al igual que cada vez que sentía que era mucha "la actividad exterior"[1908], Edith pasó la Pascua en Beuron, con el objetivo de "dar a la vida interior el alimento que necesita[ba]"[1909]. Podría afirmarse que, durante 1932, un año muy convulsionado y el último de la República de Weimar, llegó a importantes conclusiones. En las elecciones para el cargo de presidente, Hindenburg fue elegido de nuevo, "pero Hitler, que se presentaba a sí mismo como 'la palabra redentora', que iba a devolver a Alemania el honor, la libertad y el pan, consiguió con el 36,8 % de los votos, algo más que un simple éxito respetable"[1910]. Alentados por este resultado, "el terror callejero de la Sturmabeilung (SA, 'grupos de ataque') de los nacionalistas adquirió nuevo incremento"[1911]. Ante esto, Edith Stein sintió más que nunca la urgencia de aportar un grado de racionalidad, una alternativa a las propuestas nacionalsocialistas. Sus clases en Münster, los sábados a la tarde, sobre problemas de la educación moderna para las jóvenes, se daban en un horario que permitía a los docentes asistir fuera del horario laboral. Estas actividades la enfrentaron a nuevas exigencias. Con el objetivo de preparar sus clases debió abordar "una avalancha interminable de literatura de psicología y pedagogía femenina"[1912]. Aunque "sin duda exagera"[1913] su falta de preparación pedagógica, dado su paso por Espira.

Al tiempo que comenzaba con sus lecciones en el Instituto Pedagógico de Múnich, nuestra filósofa seguía itinerando y escribiendo artículos, como "Misión de la mujer académica católica", publicado en la revista de la Asociación Hildegardis, que retomaba el legado de Hildegarde von Bingen. A todo esto, aunque sabía que sería imposible tener consigo a su hermana Rosa, consideraba: "En las circunstancias actuales hay que darse por satisfecho si el Instituto logra mantenerse en pie"[1914]. Tampoco podía contar con ingresos regulares como conferencista "por la sencilla razón" de que en 1932 "poca gente" podía "pagarse tal cosa"[1915]. En consecuencia, se suspendió una de las conferencias pautadas en Aquisgrán[a], la estupenda ciudad que limita con Bélgica, en la que se encuentra la catedral de Aachen, con el sepulcro de Carlomagno e importantes tesoros medievales.

En este punto, Edith analizaba su situación en Münster con precisión y claridad:

> Estoy librando una batalla bastante dura por asentar mi existencia científica: no que tenga que luchar con persona alguna (pues todos me complacen cuanto pueden), sino con la situación que se me ha creado por los diez años de ruptura en la continuidad del trabajo y con mi profunda falta de conexión con la vida moderna. Es muy grato ver que, poco a poco, me voy compenetrando con los profesores [...] y también con los estudiantes[1916].

La sensación de inadecuación no disminuía su capacidad de liderazgo. Siempre con miras a mejorar la situación y comunicación entre creyentes y no creyentes, luego de "un debate" muy animado que sostuvo con asociaciones de estudiantes, pensó en lo provechoso que sería que asistieran al instituto, en calidad de "oyentes" estudiantes de la Universidad, "lo que sería una ganancia para ambas partes"[1917b]. Una de sus estudiantes recordó:

> Ella se interesaba por todos nuestros asuntos, por el estudio, por nuestra camaradería y también por los asuntos políticos que en-

---

a De todas maneras, Edith Stein estuvo allí entre el 8 y el 9 de octubre de 1932: "Estuve en Aquisgrán [...]. En la comisión de formación de la Alianza católica de mujeres hubo un debate..." (OCI,980).

b También en una carta a Honecker vuelve sobre esta cuestión: "Considero muy importante mantener una relación cercana con la Universidad. El profesor Steffes prometió hacer lo que pueda en este sentido" (OCI, 973). En agosto de 1932 podía afirmar: "He congeniado admirablemente con las estudiantes (no solo con mis oyentes, sino también con las de la Universidad), así como con las religiosas que estudian en el Marianum. Preveo que para el invierno mi audiencia estará compuesta en buena parte de ambos grupos y no principalmente de maestras y aspirantes a maestras" (OCI, 977).

> tonces traían locas nuestras cabezas. Era el momento en el que el nacionalsocialismo se abría paso firme entre los estudiantes. Organizamos una reunión de estudiantes contra la "Anst"[a], en la que habló Helena Weber[b], sintiéndolo mucho algunas partidarias del nacionalsocialismo[1918].

En esa ocasión también intervino Edith Stein, pero su voz se escuchó "apagada y casi se perdía en el gran salón"[1919]. Probablemente, no era lo que esperaban aquellos que por su doctorado y su fama de conferencista tenían una idea sobre ella. Como tantos otros, María Wilkens, presidenta de la primera filial de la Asociación de Maestras Alemanas Católicas de Berlín, tuvo que adecuar la idea que se había forjado a una realidad completamente diferente:

> Esperaba yo ver a toda una dama judía imponente, segura de sí misma, chispeante, como otras muchas a las que había conocido en el movimiento feminista liberal y en las actividades sociales. Esperaba también un lenguaje arrebatador. Pero en ella no se encontraba nada imponente, ni una personalidad que fascinara por su actitud e ingenio. Una mujer pequeña, bondadosa, singularmente sencilla, vestida con elegante simplicidad, sin la menor pretensión exterior ni deslumbrantes rasgos de espíritu. Además de su amabilidad casi infantil en su modo de saludar, había en sus ojos pensativos una cierta reserva, algo misteriosamente solemne, que la mantenía peculiarmente alejada y que en esta tensión producía una especie de timidez (al menos eso es lo que me pasaba a mí). Se expresaba con tranquilo donaire, sin retórica, con una dicción clara, bella y en modo alguno rebuscada. Pero en sus palabras se notaba una gran energía espiritual y una

a Asociación de Trabajo de Estudiantes Nacionalsocialistas.

b Tanto Helene Weber como María Schmitz fueron de las primeras mujeres que alcanzaron escaños parlamentarios en Alemania. El 6 de febrero de 1919, en la asamblea nacional de Weimar, por primera vez hubo mujeres en el parlamento alemán.

disciplinada y exuberante vida interior, basada en solidísimos cimientos[1920].

Tranquilidad, autodominio, sosiego, humildad y sencillez eran algunos de sus rasgos, pero también están quienes han reparado que Edith Stein tuvo que trabajar[a] "para suavizar su carácter enérgico y fogoso"[1921]. Según una de sus estudiantes, cierta vez Edith salió indignada de la clase cuando no encontraron una referencia en el texto bíblico. Con los años se hizo "muy serena"[1922], conquistó "el corazón de sus alumnas"[1923] y fue un modelo de comportamiento para ellas, y para las instituciones en las que trabajó. "Desde el primer momento" comprendieron que estaban "ante una personalidad muy fuerte[b], una gran pedagoga"[1924].

Respecto a sus antiguos condiscípulos, obviando el sentimiento de lejanía respecto del mundo secular, siguió en relación con varios de ellos. Especialmente cercana a los que la valoraban como persona y pensadora, fue informada por Alexandre Koyré, que la visitó en Münster, acerca del legado de Max Scheler, cuestión por la que él se había reunido con su viuda y con Martin Heidegger. La conexión con el mundo filosófico no estaba descartada, por lo que paralelamente ella informaba a Martin Honeker sobre su nuevo empleo y le solicitaba el envío del manuscrito sobre *Acto y potencia* que había dejado en su casa. El

---

a Una de sus estudiantes recuerda que el título de una de las primeras composiciones que Edith Stein les propuso era "El imperio del mundo pertenece a los valerosos", y agrega que "por 'valerosos' no entendía a los militares ni a los conquistadores, sino a aquellos que, habiéndose vencido a sí mismos, reinan sobre su propio yo" (JBouflet, 105) (Miribel en español, 86) (Elizabeth Miribel, ed fr 89 86-7).

b Otro testimonio reafirma esta opinión: "Todas teníamos cierto temor ante ella. No obstante, como alumna, le tuve al mismo tiempo gran confianza. Le ponía en mis cuadernos de composiciones, que solo pasaban por sus manos, mis pensamientos más personales y mis sentimientos más íntimos [...] Las horas que pasé oyendo a la señorita Stein forman parte de los más imborrables recuerdos de mi tiempo de estudios" (JBouflet, 105).

costo del papel hacía que cada impresión costara una pequeña fortuna y lo necesitaba para revisarlo durante las vacaciones de verano en Breslau, atento a sus clases del siguiente semestre, "sobre *Estructura de la persona humana*"[1925].

EXIGIR DEMASIADO

Honecker hizo lo que Edith llamó "una bondadosa crítica"[1926] de su traducción[a] de Santo Tomás. También le sugirió que intentara conseguir habilitación en otra universidad. Pero Edith se veía obligada a aclarar: "Con los filósofos [de Münster] (Scholz, Wust, Rosenmöller) tengo amistosas relaciones, pero, de momento, no he abordado la cuestión de concurso a cátedra"[1927]. Sabía que también allí "habría dificultades" y, además, debía consolidar su posición en el Instituto, de manera que no deseaba "comenzar enseguida con otra cosa"[1928].

Lo que Honecker proponía era ciertamente demasiado. Obligada a preparar nuevos cursos, Stein debió instruir a directivos y pedagogos con el fin de capacitarlos para "asumir cargos de responsabilidad en la vida pública"[1929]. Eran cursos exigentes, pero a causa de la crisis económica se habían reducido "a un mínimum"[1930]. Las urgencias de los alemanes, fueran o no maestros, pasaban por otro lado. En los meses que precedieron

---

a Edith dijo que la alegraba "cualquier confirmación de que no debo dar por perdidas las innumerables horas que empleé en ello" (OCI, 973). En cuanto a las críticas de Petrus Wintrath, Edith decía: "Como una novata me he metido en la escolástica (no en la filosofía), *para* familiarizarme con Santo Tomás. Que se terminara la obra y que, a pesar de todas las deficiencias, saliera como salió, lo considero casi como un milagro. Pues se llevó a cabo en ratos libres, junto a una intensa actividad docente [...]. Si fuera quince o veinte años más joven y estuviera libre para hacer lo que mejor me pareciera, comenzaría otra vez desde abajo con el estudio de la filosofía y de la teología. Pero estoy en una edad en la que lo que uno tiene ha de dar frutos, y solo secundariamente, en cuanto ello es posible, se debe ir en busca de aquello que falta" (OCI, 970).

a las elecciones generales, programadas para el 31 de julio, se dieron una seguidilla de "alborotos y desórdenes, que en algunos casos llegaron a ser luchas en las calles y más allá de las calles"[1931].

Mientras tanto, las reseñas sobre su traducción de Tomás se demoraban[a]. Aun así, recibía algunos comentarios de religiosos y especialistas, entre ellos los de Peter Wust, profesor de Filosofía en Münster y que la había conocido en Salzburgo, quien opinó: "Edith pone al mayor fenomenólogo de la Edad Media ante los ojos de los fenomenólogos de nuestro tiempo, aferrados todavía al subjetivismo, como un puro espejo de su pensamiento"[1932].

Si bien recibió críticas y, para algunos, como Jacques Maritain, el tomismo de Edith Stein era poco "ortodoxo"[1933], también tuvo sinceros admiradores, como Daniel Feuling, que catalogó a "este difícil trabajo" como una realización "magistral"[1934]. De esta época es su correspondencia con Sigismund Waitz, el obispo de Salzburgo, a quien le había hecho observaciones acerca del tratamiento que él daba al judaísmo en su obra sobre San Pablo. Durante la Segunda Guerra, cuando Austria se anexó a Alemania, Waitz estuvo bajo arresto domiciliario. Finalmente, luego de una "encendida homilía" en la que arremetió "contra el sistema de propaganda nacionalsocialista, sufrió un infarto y murió pocos días después"[1935].

---

a Llegado diciembre de 1932 le escribía a Ingarden: "No necesita molestarse a causa de mi traducción de Santo Tomás. No estoy triste de que no llegue ninguna recensión. Y si le alegra, quédese con el volumen y dígamelo, entonces le enviaré el segundo" (OCI, 996). Finalmente, por medio de Ingarden, en 1933 Jan Stepa, que era profesor de Filosofía en Lemberg y sería luego obispo de Tarnow, publicó una reseña de la traducción. También en 1933 apareció una recesión de Thomas Graf en la revista *Divus Thomas*, editada en Friburgo por los dominicos (OCI, 1004). Luego del ascenso de Hitler al poder y el llamamiento al boicot a los negocios y establecimiento judíos, Edith Stein le escribía a Hedwig Conrad-Martius: "El trabajo sobre Santo Tomás tampoco me corre prisa. Ha sido reseñado suficientemente" (OCI, 1016). Dado que se había prohibido a los judíos la enseñanza y profesiones, habría que preguntarse si Edith Stein hizo esta afirmación para no comprometer a su amiga.

En 1932, el terreno estaba preparado para lo que vendría. El crecimiento del partido nacionalsocialista fue impresionante. En las elecciones del treinta, de los doce diputados que conseguía regularmente pasaron a tener ciento siete diputados, y se convirtió así en la segunda fuerza política de Alemania. La crisis fue decisiva para ello y permitió a los nazis hacer un "llamamiento frenético a todos los resentimientos, prejuicios y emociones nacionalistas, antidemocráticas, antisocialistas, antisemíticos y antiliberales". Fue así como el nacionalsocialismo se convirtió, entre 1930 y 1932, "en el gran colector de todos los adversarios de la democracia, de todos los desilusionados, amargados y fanatizados". Pero, contrario a lo que podría suponerse, Hitler no llegaría fácilmente al poder por vía eleccionaria. Necesitó para ello "la desintegración del sistema político"[a] y del apoyo de sectores del poder económico temerosos de los avances del anarquismo y de las izquierdas.

Viendo que su situación empeoraba semana a semana, parte de la población evaluaba la posibilidad de emigrar. Mientras que en 1929 se contaba un millón trescientos mil desempleados, un año después los desempleados alcanzaban los tres millones, la cifra trepó hasta los cuatro millones trescientos mil en septiembre de 1931, y en septiembre de 1932 fueron más de cinco millones las personas sin empleo. En ese contexto, Edith Stein pensaba que era importante el "servicio social voluntario"[1936]. Y a una de sus alumnas, menos dotada intelectualmente, que había abandonado los estudios en Espira y a la que solía animar en sus cartas, le aconsejaba que investigara en esta dirección: "La organización está muy a los comienzos y, sinceramente, creo que hay muchas cosas que mejorar"[1937].

---

a "Después de las elecciones de septiembre de 1930 no fue posible formar una mayoría positiva hacia ningún lado" (AG Weimar, 10). Además, el 20 de julio de 1932, el canciller Von Papen disolvió el gobierno de coalición entre el partido socialista (SPD), el Centro y el Partido Democrático allanando el camino al nacionalsocialismo, que en las elecciones nacionales del 31 de julio de 1932 duplicó su apoyo alcanzando el 37,2 % de los votos.

Uno de los que partió en búsqueda de nuevos horizontes fue Werner Gordon, sobrino de Edith Stein que, instalado en Colombia, informó a sus parientes acerca de su conversión al catolicismo y sobre su casamiento con una joven sudamericana y católica. Al felicitarlo por su matrimonio, Edith señala que hubiera preferido que no hubiera dado ese paso "por razones externas"[1938]. Y, además de explicarle a su sobrino que en Alemania se podría haber obtenido una dispensa del obispo "para el matrimonio con judíos", agregaba: "Allí donde según el nombre perteneces a la Iglesia, deberías desear, por pura honradez, pertenecer también interiormente". Edith percibía, por lo que su sobrino comunicaba, que estaba falto "de formación" y le explicaba:

> (La homilía no forma parte de la misa; porque sea aburrida no resta valor alguno al sacrificio). Además, a menudo los sacerdotes dicen algo que en modo alguno está en consonancia con la Iglesia. Para comprender todo esto uno ha de conocer a fondo la doctrina de la fe y, especialmente, la doctrina de la Iglesia[1939].

Resulta interesante la mirada sobre algunos sacerdotes, así como también la seguridad de que la flaqueza de los hombres no era suficiente para empañar la doctrina de la fe. Lo que aconsejaba lo había experimentado ya que dominaba intelectualmente la temática y había escrito acerca del ideal de la vida religiosa y sobre el peligro de sus desviaciones en sus últimos trabajos. Además, deducía que la mujer de su sobrino podría no estar "suficientemente catequizada"[1940], siendo así incapaz de trasmitirle estos aspectos, por lo que decía: "Sé, no solo por tus cartas, sino también por otras fuentes, que las relaciones eclesiásticas en Sudamérica [...] no se pueden comparar con las alemanas"[1941]. Se observa que el vínculo con su sobrino transcurriría en buenos términos. Edith enviaba "de todo corazón" saludos a la novia, y lamentaba "no poder escribir en español"[1942], pero afirmaba que seguramente podría entenderlo, si recibía cartas en este idioma. Su competencia lingüística era admirable. Asimismo, esta carta también es señal de que seguía el curso de los acontecimientos familiares, aunque a prudente distancia. Por eso, no podía escapársele que la crisis afectaba fuertemente el negocio de la madre, que de todas maneras lucía "muy animada" aunque "las huellas de la edad"[1943] no podían negarse por más tiempo. Por eso mismo, para ahorrarle "cualquier sacudida" adicional, en cónclave familiar habían decidido no informarle la conversión de Rosa al catolicismo[1944].

ÚLTIMOS VIAJES, CONFERENCIAS, CONGRESOS

A mediados de 1932, Edith Stein fue parte de un gran congreso de la asociación del sur de Alemania de la Unión Católica Femenina Juvenil. Unas siete mil muchachas participaron del encuentro Weisse Rose[a]. Los edificios de Ausburgo lucían adornos alegóricos y, además de pronunciarse las autoridades religiosas, las autoridades civiles también dieron sendos discursos. Se ha afirmado que "la entera organización, con procesiones y manifestaciones públicas, tenía un claro carácter" opositor al avance nacionalsocialista[b]. En ese marco, el 25 de julio se reunieron las directoras regionales en un evento que convocó alrededor de mil participantes. Una fotografía en la que se observa la vista

---

a Jóvenes del sur de Alemania asistieron al encuentro Weisse Rose ("rosa blanca"). En 1942, los hermanos Hans y Sophie Scholl formaron parte de una asociación con este nombre. Aunque en un principio pertenecieron a las juventudes hitlerianas, en 1934, tras una serie de acontecimientos, como la noche de los cristales rotos (1938), ambos pasaron a oponerse al régimen. El grupo que llamaron Weisse Rose, conformado por ellos, unos pocos amigos y un profesor de la Universidad de Múnich, redactó una serie de panfletos. En febrero de 1943 los hermanos, delatados por repartir el sexto de estos panfletos, fueron apresados y guillotinados. También fueron condenados a muerte otros siete integrantes del grupo.

b Edith quedó impresionada por la personalidad de Alois Dempf, un teórico de la cultura y profesor de filosofía considerado también "profeta contra el nacionalsocialismo" (OCI, 980, n. 8).

panorámica de la sala y del público que asistió a los encuentros en el gran auditorio de Ausburgo, muestra la gran multitud hacia la que Edith Stein se dirigió en su conferencia "Tarea de la mujer católica como guía de la juventud hacia la Iglesia", donde imagina la posibilidad de "atraer a los grandes contingentes de maestras jóvenes desempleadas" y darles una "formación religiosa y psicopedagógica básica" para así lograr "una ayuda de gran escala a los niños"[1945]. En lo que respecta a las jóvenes subraya que, para el sacerdote, "aunque estudie psicología y tenga una larga experiencia en el trato con las muchachas, el alma de la joven sigue siendo para él constante y ampliamente una *terra incognita*" y que muchas veces, hasta las mujeres maduras "logran muy difícilmente hablar sobre cuestiones de la vida sexual de una forma objetiva y con desenvoltura"[1946]. Su propuesta es que mujeres formadas adecuadamente oficien como guía de jóvenes.

Con tanta actividad[a], sus planes con respecto a la "vida de familia y de relación humana" ocupaban un cuarto lugar luego del estudio de Tomás y algunos "asuntos recientes de filosofía" que debía "recensionar o enjuiciar"[1947]. Por lo demás, la situación política era desesperada. En 1932, en la Asamblea general de la VkdL[b] (Asociación Católica de Maestras Alemanas), María Schmitz, responsable del discurso de apertura, hizo un claro llamamiento a los católicos al definir al nacionalsocialismo: "Una autoridad que proviene de la fuerza de los puños es una solidaridad que atiza el odio"[1948]. Ya en 1930, a modo de advertencia, Clement August von Galen, párroco de una iglesia de Münster, había realizado preguntas retóricas desde el púl-

---

a Sus conferencias, además de ser publicadas en diferentes revistas, formaban parte de la preparación de sus clases. En Münster anunciaban sus clases: "Docente doctora Edith Stein: Estructura de la persona humana. Clase, cada ocho dias. Sábado de 3.30 a 5 horas. Comienza el 5 de noviembre" (OCI 978, n. 7).

b Maria Schmitz fue presidenta federal del VkdL de 1916 a 1953. En 1919 fue miembro del Partido del Centro en la Asamblea Nacional de Weimar. Véase https://www.vkdl.de/

pito: "¿Se puede inscribir un católico en el partido de Hitler? ¿Puede un sacerdote admitir a los miembros de este partido, como tales, en las ceremonias religiosas? Nosotros respondemos negativamente"[1949]. Por el contexto, Raphael Walzer declaró que algunas conferencias de Edith Stein "constituían uno de los raros y valientes testimonios de este tiempo y que ella lo aportaba resuelta y plenamente consciente"[1950]. Pero qué podían hacer todos aquellos preocupados por lo que se avecinaba, para contrarrestar el avance nacionalsocialista. En sus conferencias, desde 1930, Edith venía advirtiendo que "la satisfacción propia del 'buen católico' que 'cumple con sus obligaciones', que lee un 'buen periódico', que toma 'las opciones correctas', etc."[1951] no era suficiente. Pensaba que el cristianismo como camino de fe exigía un compromiso político concreto e incluso hablaba sobre la necesidad de votar en las elecciones.

Mientras tanto, en el Instituto Pedagógico de Münster, Stein brinda su primer curso antropológico sobre "Problemas en la formación de la mujer", que, aunque está centrado en su idea de formación religiosa, no descuida la educación política como fundamental e integra "sus propias ideas anteriores a su conversión sobre la necesidad de atender a las demandas esenciales del movimiento feminista surgido del idealismo y del liberalismo, al que debe mucho el movimiento católico"[1952].

JUVISY, PARÍS

Durante las vacaciones en Breslau, Edith Stein trabaja en la preparación del índice de su traducción y lee la *Summa Teológica*. Entre las reseñas que escribe en esos años se ocupa de *Meditaciones cartesianas* ("La fenomenología trascendental de Husserl")[1953], donde dice que en su tesis doctoral Eugen Fink, "su actual ayudante", aclara y complementa sus reflexiones "en la más estrecha conexión con los pensamientos propios de Husserl"[1954]. También escribe una recensión sobre el libro de Dietrich von Hildebrand, *Metafísica de la comunidad*, que considera "una gran y audaz empresa" al trazar "el bosquejo ontológico de una sociología"[1955]; además, lo pone en contexto de las "sólidas y pulcras investigaciones del propio autor", y de "la obra de toda una vida de Max Scheler" y obras de Alexander Pfänder. Sus vacaciones, según puede verse, no incluían mucho descanso. Más aún cuando tuvo que prepararse para un gran acontecimiento: fue la única mujer invitada a participar, en septiembre, del Congreso Internacional Tomista a realizarse en Juvisy, un centro de estudios dominicos cerca de París, al que asistieron "prestigiosos intelectuales católicos alemanes"[1956]: Daniel Feuling, Alois Mager, Fritz-Joachim von Rintelen, Bernhard Rosenmöller y Gottlieb Scöngen. En París, pensaba instalarse en casa del matrimonio Koyré, con quienes tenía una excelente relación.

El viaje a Francia tuvo varias etapas. El sábado 3 de septiembre Edith Stein tomó un tren desde Breslau a Würzburg, donde tuvo una entrevista y visitó a su antigua compañera de estudios Käthe Kleemann, quien, junto a su marido Albert Ruben, se habían pasado al catolicismo. El recuerdo de este último ilustra un aspecto que solo podemos conocer a través de este tipo de testimonios:

> A Edith Stein la encontré solo unas cuantas veces. La primera fue cuando salía de una dura crisis de mi vida. Aún no estaba del todo equilibrado. Ella se sentó frente a mí en el cuarto de mi esposa y su delicada figura casi desapareció en el gran sillón. No he olvidado esta imagen ¿Por qué? A los pocos minutos me había derrotado totalmente con su discurso y ya estaba fuera de mí, pues con la mayor calma y sosiego, sin levantar ni un momento su voz, de todos modos, en una forma clara y concreta aunque sin pretensiones, me dijo las verdades más amargas[1957].

En cuanto a la reunión que sostuvieron en Würzburg, recordó la gran impresión que Stein causó en el Instituto Médico Misionero de la ciudad. De profesión médico, Albert Ruben se desempeñaría luego en la misión de Tweespruit, Surgeon, en África del Sur. La última vez que se vieron, la visitó en el Carmelo de Colonia, antes de partir a las misiones: "Hacía frío y ella estaba envuelta en un grueso mantón. No recuerdo el contenido de nuestro coloquio; en parte trató naturalmente sobre nuestro viaje a las misiones. Siempre le tuve gran veneración. En mi misal tengo su definición de la Iglesia de Cristo. Más bella no la he visto nunca. Su destino muestra cuán lejos están de ella los hombres"[1958].

El 5 de septiembre, Edith prosiguió su viaje hacia Heidelberg, donde se encontró con Hedwig Conrad-Martius, que había sido atendida en una clínica de esa ciudad. Juntas se dirigieron a la Abadía de Neuburg para visitar al padre Petrus Jans. Allí, Edith Stein dejó una tarjeta de visita que oportunamente llegó a manos de Daniel Feuling, otro de los filósofos alemanes invitado al congreso. Feuling, que había escuchado a Martin Heidegger hablar de ella en su casa de la Selva Negra, quiso conocerla. Estaba a punto de partir a Juvisy, preocupado por su conferencia, ya que "no era fácil hacer inteligibles las expresiones alemanas en lengua francesa"[1959]. Atento a ello, Heidegger le había comentado que los trabajos del profesor ruso Alexandre Koyré le serían de utilidad "para aprender su manera de traducir"[1960]. Fue entonces que la llegada de Edith Stein resultó providencial, entre otras cosas, porque se alojaría en casa de Koyré y le prometió a Feuling pedirle sus traducciones.

El 6 de septiembre de 1932, Edith Stein se reunió con Petrus Jans, Daniel Feuling y Hedwig Conrad-Martius y tomó notas para la conferencia de Juvisy. Luego, se dirigió en tren hacia Estrasburgo, donde en compañía de Jean Hering visitó la catedral. El jueves 8 de septiembre pudo dedicarse a recorrer París y hacer algunas visitas. Luego, viajó a Juvisy para alcanzarle las traducciones de Koyré a Feuling. Tomando un descanso de las obligaciones, el domingo 11 paseó por la ciudad: tenía programada una excursión por el Sena, por el Bois de Boulogne y una visita a Notre Dame y a la Sainte Chapelle. Como se dijo, en París, se alojó en casa de los Koyré. El lunes 12 lo dedicó totalmente al congreso. Ese día, Feuling se encontró nuevamente con ella, también los acompañó Koyré, y juntos visitaron el Sacre Coeur, en Montmartre. Allí, evocó Feuling, "oramos unos instantes"[1961]. Tal vez uno de los puntos más valiosos del recuerdo de Feuling pasa por el relato que hace del diálogo que sostuvieron durante el camino. Comentó que hablaron "de todo, especialmente de filósofos judíos"[1962]. Feuling informa que no solo se mencionó a Husserl y a Henri Bergson. También nombraron a Meyerson:

> "También él es uno de los nuestros", se repetía a cada paso. Me hacía gracia el estilo de Koyré y de Edith Stein que, hablando de los judíos, decían tan sencillamente "nosotros". Me apercibí de la comunidad de sangre, que era tan viva en Edith como un día en Pablo, quien exclamó con orgullo: "Hebraei sunt, et ego (son hebreos, yo también)". Haciéndome entonces un poco malicioso, les interrogué seriamente: "Bien, ¿dónde me ponen pues a mí?" Desconcertados me miraron añadiendo: "Qué, ¿también usted es de los nuestros?"[1963].

Como respuesta, Feuling debió explicar que había deslizado algo parecido a una broma. Esa tarde, los tres visitaron a Meyerson, en París, y tomaron juntos el té. "Se cruzaron muchas preguntas" y el peso de la conversación recayó sobre Edith Stein, ya que Feuling, demasiado "cansado de la excitación de la conferencia"[a] sentía que "no podía hilar un pensamiento"[1964]. Es probable que estos días hayan sido muy especiales para Edith. Todo se desenvolvía en un clima distinto al que estaba acostumbrada desde que vivía rodeada de religiosas y estudiantes. El tiempo que pasó en Juvisy y en París fue lo más aproximado a lo que hubiera experimentado de habérsele permitido desarrollar su profesión como filósofa, incluso como filósofa católica. Según monseñor Steffes, que conversó con ella a su regreso, "conocer

---

a Respecto de la conferencia de Feuling, Edith Stein comentó que su presentación sobre fenomenología "fue un informe excelente, del que quedó cautivado Husserl" (OCI, 1371).

personalmente a tantos eminentes filósofos franceses" le proporcionó una especial "alegría"[1965]. Dar y asistir a conferencias especializadas, sostener diálogos académicos y ser reconocida por sus pares filósofos habrá sido reconfortante. Con el tiempo, Jacques Maritain, que la conoció el 12 de septiembre en el congreso, destacó aspectos de su personalidad y aludió a la "generosidad total que se adivinaba en ella"[1966].

En París, haciéndose tiempo entre sus muchas actividades, Edith pudo conocer el Louvre, visitar Santa Magdalena y San Agustín. Tampoco faltaron comidas y encuentros con otros filósofos, entre ellos el mencionado Jacques Maritain y Bernard Rosenmöller, con quien el 17 de septiembre emprendió el viaje de regreso a Alemania.

Desde el punto de vista académico, la actividad más gratificante de ese año fue asistir al Congreso Internacional Tomista de Juvisy. Edith Stein tuvo cinco participaciones en el congreso y acerca de la fenomenología, que aparecieron publicadas en *Journées d'Etudes de la Societé Tomiste* y pueden leerse en la edición de sus obras completas. Participante activa de las discusiones que se daban al final de las ponencias, Daniel Feuling contó:

> En los debates que siguieron a las dos conferencias de esta jornada de estudios, la doctora Edith Stein intervino en numerosas ocasiones. A diferencia de los otros participantes alemanes, ella se expresó correctamente en francés, de forma muy libre, ya que su palabra debía estar condicionada por lo que se había expuesto en las conferencias y lo que se había preguntado en el debate. Sus repetidas intervenciones merecieron una gran aprobación de la asamblea, constituida en su mayor parte por eminentes varones[1967].

Como se dijo, en el congreso, Edith Stein inició amistad con Jacques Maritain. También con su mujer, Raïsa, a quienes visitó en su casa. Diría él: "Raïsa y yo no hemos olvidado jamás esta visita, ni el ardor, la inteligencia y la pureza que iluminaban el rostro de Edith"[1968]. Décadas antes, en 1906, Jacques Maritain, representante del neotomismo y del movimiento católico de renovación en Francia, se había convertido del protestantismo al catolicismo, en tanto que el mismo año, Raïsa, quien influyó en esta decisión y que había nacido en Rusia, pasó del judaísmo al catolicismo. Juntos conformaron una pareja unida por la fe y en la que el papel de Raïsa fue determinante para el desarrollo intelectual de Maritain. ¿Habrán conversado los Maritain y Stein sobre Henri Bergson[a], el filósofo francés, también judío, del que ellos habían sido discípulos y tanto había influido en la asunción cristiana del matrimonio?

Lo que sabemos es que, finalizado el congreso, Maritain envió a Edith Stein su último libro, *Distinguer pour unir ou les degrés du savoir*, publicado ese año, con una dedicatoria personal en la que expresaba hacia ella su "respetueuse sympathie"[1969]. Por su parte, Edith agradeció la "nueva gran obra", asegurando que estudiarla era de "gran importancia", aunque "por desgracia" las obligaciones docentes le quitaban tiempo para algo que valoraba: "dedicar(se) a las cuestiones fundamentales de la filosofía y el estudio de la escolástica"[1970].

En ese entonces, revisitaba *Acto y potencia*, para utilizarlo en la preparación de sus clases sobre "Estructura de la persona humana", que comenzaron en noviembre de 1932 y finalizaron en marzo de 1933. Sentía que la revisión sistemática de *Acto y potencia* le "proporcionaría gran alegría, si estuviera mejor equipada para él", pero agregaba: "Cada vez veo más claro que estaba completamente ajena al mundo de la ciencia y, por consiguiente, para todo necesito un desproporcionado despliegue en tiempo y energía y me sucede como a una auténtica novata"[1971].

Pese a estos sentimientos, no pensaba distanciarse de su labor filosófica. Y cabría preguntarse si, además de los diez días en casa de los Koyré, visitar de camino a los Conrad, en Heidelberg, y pasar un par de días con Hering en Estrasburgo, Edith pudo haber tenido tiempo para visitar sitios religiosos e históricos

---

a J. M Oesterreicher destaca que Raïssa Maritain llamó a Bergson "don de la Providencia" (JMO, 71). Al final de su vida, Bergson dijo: "Mis reflexiones me han llevado cada vez más cerca del catolicismo" (JMO, 71)

asociados al mundo carmelita, como la iglesia Notre Dame des Victoires, en la que Teresita de Lisieux es protagonista. Lo cierto es que, después de los votos privados (obediencia, paciencia y castidad), mientras estuvo en Espira, llevó una vida conventual, y se habituó con gusto a ese estilo de vida, por lo que volver *al mundo* no le resultaba sencillo. Esto había quedado en evidencia durante la conferencia en Bendorf, en 1930, cuando en los debates[a] surgió una "disparidad de criterios", sobre los que decía, en octubre de 1932: "Ahora comprendo muy bien que entonces yo tenía que resultar muy extraña a personas que se mueven en medio de la vida. Pues ahora, que yo misma estoy fuera, me doy cuenta de lo totalmente extraño que se me ha vuelto el mundo y de los esfuerzos que me cuesta conectar con él. Y no creo que lo pueda conseguir otra vez del todo"[1972].

Además, desde hacía tiempo Edith se venía preguntando qué significaba, "en verdad, filosofar"[1973] y ello la había conducido a reflexionar acerca de sus propias limitaciones. Con relación a esto le escribía a su amiga Hedwig Conrad-Martius: "Este conocimiento de los propios límites ha hecho en mí grandes progresos en los últimos meses", y agregaba:

> ... hace años ya me dijo usted algo de esto, o sea, sobre la falta de este conocimiento y sobre la demasiado ingenua confianza en sí misma. Entonces no entendí mucho lo que quería decir. Normalmente, semejante crítica se comprende cuando surge una luz interior que nos la hace ver. Ahora que estoy continuamente en contacto con personas totalmente compenetradas con su trabajo, bien formadas en su rama y muy competentes en ella, me doy cuenta de que estoy desconectada de todo y de que soy del todo inepta para este mundo[1974].

a Los debates surgidos de la conferencia "Fundamentos de la formación de la mujer" se han publicado en el tomo IV de las *Obras completas* de Edith Stein (pp. 1137-1148)

Esto no la deprimía, e incluso mientras sintiera que ese era su camino, no pretendía "desertar"[1975] y estaba dispuesta a continuar su labor docente y a seguir atentamente ciertas publicaciones filosóficas[a], y estaba pendiente de la opinión de Hedwig Conrad-Martius sobre su traducción de Tomás de Aquino.

En cuanto al extenso curso "Estructura de la persona humana" que ha sido definido como "la *summa* de su antropología"[1976], para Moreno Sanz, además de ser "un testimonio personal de sus vivencias filosóficas, psicológicas y pedagógicas" y "su mejor alegato humanista en tiempos muy inhumanos", también expresa "un contrapunto —más allá de lo que muchos considerarán lastres dogmáticos y excesivos beateríos católicos— de las propias fracturas espirituales de su tiempo"[1977]. Moreno Sanz no deja de advertir que este curso forma parte de un proyecto de renovación pedagógica "que ofrecía muchos puntos de una amplia apertura educativa"[1978]. Y precisamente por la coyuntura histórica se comprende que Edith Stein diga, expresamente, que le gustaría pasar por alto "el concepto de raza" y prefiere hacer "un análisis de la noción de pueblo"[1979]. Sin dejar de vincular a Jesús con el pueblo judío[1980], les escribe en el apartado "Análisis de las nociones de pueblo y pertenencia a un pueblo":

> Si la vida de un hombre o de una comunidad fue una vida plena de valor, entonces tuvo sentido; [...] individuos y grupos enteros se pueden separar de un pueblo que va camino a perderse [...]. El criterio último del valor de un hombre no es la comunidad popular tal y como sea de hecho, y tampoco lo es la "idea" de su pueblo con relación a la que se evalúe ese modo de ser de hecho. Existe ciertamente una responsabilidad del individuo para con su pueblo, pero hay además otras cosas que tiene que proteger y de las que ha de responder[1981].

---

a Por ejemplo, menciona "la pequeña introducción a la filosofía de Heidegger de Koyré" (OCI, 992).

NUEVAS PREGUNTAS

Corría el final de 1932 y uno podría preguntarse: ¿qué es lo que le impedía a Edith Stein ingresar al Carmelo? Seguramente las obligaciones contraídas, su compromiso con la enseñanza y la consideración a su madre. En los escasos momentos de descanso, cuando surgía la posibilidad de pasar un tiempo en la Abadía de Beuron, solía alojarse en María Trost, una residencia y casa de ejercicios dirigida por las hermanas de San Vicente de Paul, que recibía a muchos religiosos interesados en tomar parte de las celebraciones litúrgicas de la abadía[a]. Uno de los monjes, Raphael Walzer, doctor en filosofía y teología que había sido elegido abad muy joven y que le llevaba pocos años, se convirtió en su amigo y consejero.

Por entonces, su correspondencia era cada vez mayor. Edith recibía tantas cartas que en ocasiones se embarullaba, y a riesgo de repetir lo que ya había comentado, admitía: "No sé normalmente qué y a quién he escrito"[1982]. Hay que considerar que, si bien en sus obras completas se han publicado unas 678 cartas suyas, sabiendo que muchas personas no conservaron las que recibían y, por otra parte, gran cantidad de documentos de autores judíos se destruyeron durante el gobierno del nacionalsocialismo y la Segunda Guerra Mundial, es evidente que gran parte de sus cartas se perdieron.

En el momento de mayor exigencia, Edith explicaba a sus corresponsales que había adoptado "como principio" contestar a quienes planteaban "preguntas urgentes"[1983]. Además de temas filosóficos o religiosos y de brindar asesoramiento en cuestiones espirituales o personales, también aconsejaba acerca de lecturas. Así, a Calista Brenzing, cisterciense de la Abadía de Seligenthal, que preguntaba sobre una literatura que estimulara a

a Edith Stein se alojó muchas veces en esta casa. Actualmente, el camino desde la Abadía de Beuron hasta la residencia María Trost se llama "Camino Edith Stein" (OCI, 1427, n. 1).

las jóvenes, le proponía[a] las novelas de Gertrund von Le Fort, *El papa del Ghetto* o *El velo de Verónica*[b], y que tuviera en cuenta a Hermann Hesse, "quien cada vez es reconocido con mayor fuerza por la joven generación como inspirador, al menos como ellos lo entienden"[1984]. Por supuesto que Goethe estaba entre sus autores ineludibles[c], aunque creía que se debería dar una selección de textos, ya que era imposible leer, enteros, en clase, *Wilhelm Meister, Der grüne Heinrich* o *Maler Nolten*. En cuanto a la educación sexual, aconsejaba:

> Yo no soslayaría las preguntas sexuales, al contrario, hay que alegrarse de que se ofrezca una ocasión propicia para hablar clara y honestamente sobre estas cosas, ya que no es conveniente lanzar a las muchachas al mundo sin educación sexual. Solo que se debe escoger el tema cuidadosamente y evitar cualquier erotismo lascivo. Tratar de forma realista y honrada, en conformidad con su significado, cosas que pertenecen a las realidades más elementales de la vida, lo tengo por mucho menos peligroso[1985].

---

a También decía que "no aconsejaría ni a Handel-Mazetti ni a Stockhausen (es una mezcla de catolicidad y erotismo, que encuentro especialmente penosa). Y *La gran guerra* no me parece adecuada para la gente joven" (OCI, 982). Enrica Handel-Mazetti fue considerada una de las fundadoras de la "nueva" literatura católica alemana, en tanto que la condesa Juliane Stockhausen escribía novelas "basadas sobre todo en el mundo de la nobleza católica". En cuanto a *La gran guerra*, su autora es Ricarda Huch (OCI, 982, n. 5, 6 y 7).

b Edith Stein y Gertrud von le Fort consolidaron su amistad a partir de 1932. Nuestra filósofa solía recomendar sus libros. Durante el proceso de beatificación de Edith Stein, Gertrud von le Fort escribió "que solo en dos ocasiones se le apareció el semblante humano como el de un santo: en el caso de Pío X y de Edith Stein" (OCI, 982, n. 8).

c En una conferencia por el centenario de la muerte de Goethe, el 26 de junio de 1932, en Ludwigshafen, dijo que el *Fausto* era uno de los "pocos" poemas verdaderamente grandiosos, porque permite desplegar "la gran pregunta de la humanidad, la pregunta por la caída del pecado y la redención" (OCIV368).

En sus conferencias y escritos antropológicos tampoco eludía el tema. Su convicción sobre el rol de las mujeres en la Iglesia y como guías se reitera. Por una parte, sostiene que las mujeres no deberían dejar a sus hijos a "personas que no gozan de su confianza incondicional"[1986]. Edith creía que la educación religiosa sería efectiva siempre y cuando las maestras encarnaran "vivamente" el ideal cristiano, pero, además, debían "conocer la vida" en la que se moverían sus estudiantes. De no ser así, la conclusión de estas sería: "Las hermanas no tienen la menor idea del mundo; no han sido capaces de prepararnos para los problemas que ahora tenemos que resolver"[1987]. En cuanto al tipo de enseñanza, aunque estaba de acuerdo con incluir profesores varones, se inclinaba por la existencia de un "profesorado mixto"[1988] y por un "sistema de especialización", siempre que los que integraran el cuerpo docente fueran "mayoritariamente mujeres"[1989].

Una de sus estudiantes recordó algunos pequeños gestos apreciados en tiempos de escasez y carestía. El primero transcurre en verano, en la época de las fresas, cuando esta joven se habría lamentado "muy vivamente de no estar entonces en casa", ya que abundaban en su jardín. Esa noche, llamaron a su puerta: "[Allí] estaba Edith Stein con una fuente llena de fresas que me alargó con una sonrisa y desapareció"[1990]. Luego ella y su compañera de cuarto liquidaron "la preciosa fruta sentadas en el borde de la cama"[1991]. El segundo recuerdo también transcurre durante el verano. En pleno almuerzo, una estudiante nacionalsocialista "elogió en la mesa *Mein Kampft* de Hitler como la mayor revelación de la historia universal":

> Aunque la señorita Stein siempre se dominaba en su trato con los demás demostró, no obstante, cierta antipatía a aquella colegiala. Un día recayó en la comida la conversación sobre si debían fumar las mujeres. A la colegiala en cuestión le gustaba apasionadamente fumar. Edith Stein le hizo con este motivo una maliciosa alusión, cuyas palabras textuales no recuerdo. Gozaba de cierta picardía un tanto maliciosa. Decía: el malicioso es ingenioso y el ingenioso es malicioso. Continué después sentada a su lado y me preguntó

> repentinamente: "¿Era muy malicioso lo que acabo de decir?". A lo que yo únicamente le pude asegurar que nos había causado gran satisfacción a todas y que a la colegiala no le habían quedado más ganas de batallar después de que alguien le había dicho las verdades[1992].

Lo que Edith habría afirmado es que una mujer fumadora, aun siendo estudiante, "no se ajustaba seguramente al ideal nacionalsocialista de la mujer alemana propagado por Goebbels"[1993]. La tercera anécdota es del invierno de ese mismo año. Helaba fuertemente y durante varios días se estropeó la calefacción, lo que no impidió que Edith "sentada embebida con sus libros" siguiera "trabajando como siempre"[1994]. Cuando le preguntaron si no sentía frío, "respondió con una sonrisa, aunque estaba amoratada de frío: 'Mientras no se hiele la cabeza, aún podemos tirar'"[1995]. Dado que la pobreza y el frío extremo se llevan muy mal, es más que probable que Edith, siempre sensible al sufrimiento de los otros, comparara su situación con la de la extensa población alemana que pasaba necesidades extremas[a].

Poco después, las cabezas de muchos se congelarían, no a causa del frío, sino por la comodidad de no pensar[b]. Corría el final de 1932 y ese tiempo se avecinaba. Hay una carta que

---

a Así lo había hecho en el frío invierno de 1932-1933 al separar una gran cantidad de ropa de abrigo para enviar a una aldea pequeña, sometida a los rigores del clima, a pesar de que una de las religiosas le sugiriera que con aquel frío podía pensar en sí misma (Posselt, 167).

b Escribió Hannah Arendt: "El no-pensar, que parece un estado tan recomendable para los asuntos políticos y morales, también entraña sus peligros. Cuando se sustrae a la gente de los riesgos del examen crítico, se les enseña que se adhieran de manera inmediata a cualquiera de las reglas de conducta vigentes en una sociedad y en un tiempo dados. Se habitúan entonces no tanto al contenido de las reglas —un examen detenido de las mismas los llevaría a la perplejidad— como a la posesión de las reglas bajo las cuales subsumir particulares (Arendt, *The Life of the Mind*. 1978. Nueva York: Harcourt Brace Jovanovich, p. 177. Traducción en https://www.redalyc.org/journal/3230/323052129003/html/

sobrevivió a las destrucciones y a las pérdidas que resulta particularmente significativa. Edith la envió durante la Navidad de 1932, mientras se alojaba con las ursulinas de Westfalia. Dice, dirigiéndose a una de sus estudiantes, con quien se mostraba atenta porque había sufrido muchas desilusiones:

> Existe una vocación al sufrimiento con Cristo y, a través de eso, a colaborar en su obra redentora. Si estamos unidos al Señor, somos miembros del cuerpo místico de Cristo; Cristo continúa viviendo en sus miembros y sufre en ellos; y el sufrimiento soportado en unión con el Señor es su sufrimiento, insertado en la gran obra de la redención y, por eso, fructífero. Este es un pensamiento fundamental de toda vida religiosa, pero especialmente de la vida del Carmelo: interceder por los pecadores a través del sufrimiento voluntario y gozoso, colaborando de este modo a la redención de la humanidad[1996].

La idea del papel corredentor del sufrimiento y del camino de la cruz no va a abandonar a Stein hasta sus últimos días. Poco después de escribir aquellas líneas, al igual que el resto de los judíos, ella vería clausuradas todas las puertas profesionales posibles. En su caso, las primeras puertas en cerrarse fueron las de la universidad; finalmente, por disposición del nacionalsocialismo, vio cerrarse las de la educación superior católica. Al abrirse las puertas del Carmelo se produjo un giro fundamental. Comenzó así la etapa final de su vida.

18
COMO SI TODO PUDIERA SEGUIR IGUAL

En enero de 1933, en medio de la crisis y de las preocupaciones acerca de las próximas elecciones, el Instituto de Pedagogía Científica de Münster, la Asociación de Maestros Católicos del Reich y la Unión de Maestras Católicas de Alemania invitaron a Edith Stein a un congreso que se desarrolló en Berlín y en el que fue la única conferenciante mujer. Allí habló de un tema que para muchos revestía gran urgencia: la "Formación de la juventud a la luz de la fe católica". Es probable que ya entonces Edith advirtiera que su aporte poco podría influir en el curso de los acontecimientos; de nada valdrían ni las palabras ni el ejemplo. Se trataba de una lucha perdida. Al menos, esto se deduce de su conclusión, cuando al finalizar la conferencia dijo que, vista "desde afuera", la reunión había sido "un éxito", pero, se preguntaba: "Cuál sea el efecto duradero esto es algo que escapa a nuestro conocimiento. Fueron días muy agotadores, que claramente me han manifestado qué grande y responsable es la tarea que tenemos"[1997].

Stein escribió esas líneas a mediados de enero de 1933. A finales de ese mes, el presidente Hindenburg, que en su fuero íntimo despreciaba a Hitler, permite que lo nombren canciller del Reich: "Las viejas elites le abren las puertas y le dan la bienvenida"[1998]. El 1.° de febrero se disolvió el parlamento, el día 4 se limitó por decreto la libertad de prensa, enseguida "las pandillas pendencieras de la SA ('grupo de ataque') y del Stahlhelm ('casco de acero') obtuvieron un brazalete con el letrero 'policía auxiliar'"[1999]. Inmediatamente después del incendio del edificio del parlamento (*Reichstad*) ocurrido el 26 de febrero, comenzaron las persecuciones, especialmente a los comunistas. Uno de ellos logra esconder a Hannah Arendt quien, a riesgo de ser arrestada, ese mismo año escribe:

> Parece que hoy en Alemania la asimilación judía debe declarar su bancarrota. El antisemitismo social general y su legitimación oficial afecta en primera instancia a los judíos asimilados, que ya no pueden protegerse mediante el bautismo ni enfatizando sus diferencias con el judaísmo oriental [...]; la asimilación es un hecho, y solamente después [...] se convierte en una ideología; una ideología que hoy se sabe que no se puede mantener porque la realidad la ha refutado más plenamente y con menos ambigüedades que nunca[2000].

Para Arendt, la asimilación fue la entrada de los judíos al mundo cultural europeo. El caso de Edith Stein ejemplifica este aspecto de forma singular, pero no tenemos su opinión sobre las detenciones masivas que se produjeron esos meses, ni sobre la instalación de los primeros campos de concentración, que eran campos de trabajo forzado y reclusión. Poco después, en las elecciones realizadas en marzo, el Partido Nacionalsocialista y el Partido Popular Nacional Alemán obtuvieron la mayoría de los votos por escasa diferencia. El 24 de marzo se aplicó una ley por la que Hitler obtuvo plenos poderes. Esta ley regía desde la Constitución de Weimar, aunque solo para aplicarse en emergencias y por breve tiempo. El 1.° de abril se lanzó una gran campaña de persecución y boicot a los comercios de dueños judíos y se publicaron panfletos y carteles responsabilizándolos de la destrucción de Alemania:

> Los grupos de la SA, vestidos de uniforme o con ropa de paisano participan principalmente en tales acciones. Se pinta la estrella judía [*sic*] en los escaparates y se amenaza a los propietarios de esos comercios y a los clientes que quieren comprar en ellos[2001].

Aunque en las elecciones del 5 de marzo de 1933 los nazis no consiguen la mayoría absoluta necesaria para modificar la Constitución, gracias a partidos de derecha y al apoyo del Partido Católico del Centro pueden promulgar una Ley de Plenos Poderes. El 31 de marzo Hitler impone el reemplazo de los funcionarios de los gobiernos estatales por funcionarios nazis.

El 1.° de abril se prohibió a los judíos tener cargos públicos y el día 7 se declaró que "aria" es toda persona cuyos padres y cuatro abuelos eran de raza blanca y de religión cristina. Cuatro siglos después de la originada en España, una nueva Inquisición está en marcha. Pero esta vez ni siquiera la conversión salvaría a los judíos de los ultrajes y asesinatos masivos.

Suele suceder que, frente a un inminente cambio de paradigma, impotentes ante las decisiones que se toman desde las altas esferas del poder, los ciudadanos comunes se refugien en antiguos hábitos o en pasatiempos acostumbrados. Mientras en enero Ingarden todavía preguntaba a su amiga si había leído su trabajo sobre el problema del realismo y el idealismo, aparecido tres años antes, Stein respondía que apenas llegaba a concretar "las cosas más necesarias"[2002]. También ella se refugiaba en el trabajo filosófico y lamentaba no ser tan "buena conocedora de la escolástica y de Santo Tomás"[2003] como quisiera.

Estaba convencida de que su responsabilidad como docente y conferenciante iba más allá de los temas específicos de sus materias, e intentaba que sus estudiantes estuvieran al tanto de los temas de actualidad e informadas de la situación pública. Por lo que todavía en febrero insistía en señalar que se debía prestar especial cuidado a las dificultades que se daban en el proceso de "la formación de la personalidad"[2004] de los jóvenes. A su entender, había que discutir críticamente "las concepciones colectivistas del presente" a la luz del "valor individual de la personalidad a partir del Dogma y de la Escritura"[2005].

En momentos en que algunos pedagogos y filósofos del régimen se esmeraban en publicar artículos y trabajos sobre la concepción nacionalsocialista de la educación, Edith Stein llamaba a evaluar y tratar críticamente esas manifestaciones[a].

---

a Así, cuando a pedido de una directora de una escuela de Düsseldorf recomendó algunos libros sobre pedagogía, invitó a revisar críticamente el texto *Formación humana*, de Ernst Krieck, rector de la Universidad de Frankfurt y que publicó artículos relacionados con ideas nacionalsocialistas sobre la educación (OCI, 1006).

Por supuesto que no era la única entre los que desesperaban por encontrar una alternativa a lo que sucedía. Pero, a la luz de los hechos, estas buenas intenciones solo resultaron un intento agónico. Durante la Navidad de 1932 había hallado refugio en el convento de las ursulinas de Dorsen, por invitación de la superiora, Petra Brüning. Poco después, le comentó a su anfitriona que no solo la había movido "el deseo de la soledad conventual"[2006] sino el presentimiento de que entre ellas existía "una unión interior"[2007]. Esta mujer, con quien mantuvo un vínculo cercano hasta el final de su vida, fue testigo y confidente de Edith Stein, quien le escribía, a mediados de febrero de 1933: "Para mí significa mucho que usted adivine mi pertenencia al *Corpus monasticum* [vida monástica/vida religiosa] y que mire el hábito como algo accidental. De alguna manera esto es ya la patria conventual"[2008].

En la misma carta confesaba: "La guía de la gracia divina se me ha hecho especialmente manifiesta otra vez en las últimas semanas. Creo ver más clara y precisa mi tarea"[2009]. Pero su visión quedaría oculta para la mayoría de las personas que la rodeaban ese semestre de invierno en Münster, mientras daba sus clases sobre "La estructura de la persona humana". Terminada la tarea en el instituto, el 25 de febrero de 1933 comenzaron las vacaciones de Pascua. Del último semestre de clases que Stein dictó en Alemania queda el testimonio de sus estudiantes. Debió ser espantoso para los opositores al nazismo ver que su país se sumía en tiempos de tanta oscuridad[a]. Una de las estudiantes del último semestre en Münster describió esos momentos:

a Aludimos al título del libro de Hannah Arendt, *Hombres en tiempos de oscuridad,* ensayo donde reúne a Lessing, Rosa de Luxemburgo, el papa Juan XXII, Karl Jaspers, Isak Dinesen, Hermann Broch, Walter Benjamin y Bertolt Brecht, que comparten "un tiempo histórico-tiempo de oscuridad. Signado por catástrofes políticas, desastres morales y un sorprendente desarrollo de las artes y las ciencias" (Joseph Einstein. Contratapa del libro, Gedisa, Barcelona, 1990).

> Aún la tengo en mi memoria. Causaron profunda impresión su sencillez y llaneza. Hablaba despacio y tranquilamente, sin gestos, pero con gran claridad y agudeza de ingenio. Se decía entonces que ella "era la profesora que representaba el punto de vista católico sin compromiso alguno"[2010].

Por su parte, la encargada de la biblioteca del instituto destacó:

> Aventajaba a todas las demás profesoras por su aguda penetración, lo amplio de su cultura, la forma acabada de su exposición y por la seguridad de su actitud frente a todo. En comparación con todas las que entonces trabajábamos allí, había que medirla a ella desde un plano esencialmente distinto [...]. Estoy firmemente persuadida de que ella era consciente de las debilidades de los que la rodeaban. Pero nunca pronunció la más mínima palabra de queja[2011].

Vivir en el mundo sintiéndose fuera de él entrañaba una paradoja para Edith, que ponía todo de sí en el trabajo. Por un lado, se comprometió cabalmente en la preparación de sus clases de antropología filosófica, e intentó transmitir a sus estudiantes su idea sobre "La estructura de la persona humana", "en la medida en que fue posible con hora y media de clase por semana y ante un público que, en su mayor parte, carecía de formación"[2012]. Por entonces, aún pensaba que durante el verano podría "acometer los problemas desde la teología" y así "proseguir adelante", en conexión con sus escritos anteriores, con el fin de alcanzar "una fundamentación de la pedagogía"[2013].

De haber podido seguir trabajando, semejante esfuerzo intelectual habría contribuido a la pedagogía de corte católico, llamada, según Edith Stein, a resolver una problemática de alcance político y social en la Alemania de su tiempo. Con esa convicción, todavía en febrero de 1933 y durante varias semanas, mantuvo "profundos e intensivos debates con otros docentes"[2014] que tenían contrato para publicar un compendio de pedagogía, y a quienes cuestionó "vehementemente"[2015], al punto que decidieron no publicarlo hasta alcanzar un acuerdo acerca de los fundamentos de la especialidad[a].

DUDAS Y ESCRÚPULOS

El incendio intencional del Reichstag del 27 de febrero de 1933 había comenzado en el lugar en el que se ubicaba el parlamento, pero luego el fuego devoró el edificio. Así como Hannah Arendt y otros compatriotas esclarecidos, Edith Stein pudo haber sentido que se trataba de un hecho de consecuencias políticas sin precedentes para Alemania. Se inculpó del atentado a un joven albañil comunista a quien los bomberos encontraron en la sala de diputados y que fue arrestado junto con otros cuatro militantes, lo que le sirvió de excusa a Hitler para detener a los diputados comunistas, pese a que tenían inmunidad parlamentaria. Como se adelantó, de inmediato presionó al presidente Hindenburg para que firme un decreto de emergencia y suspender las libertades civiles. De inmediato, la persecución y el arresto masivo de comunistas, socialistas, anarquistas y opositores instaló en muchos el terror, y en otros el acatamiento.

A principios de marzo, Edith Stein admitía ante Hedwig Conrad-Martius: "A menudo me he preguntado si, en mi trabajo filosófico, no habré ido más allá de mis propias posibilidades"[2016]. Recordaba algunas críticas que en el pasado le habían hecho la misma Conrad-Martius, Hans Lipps

---

a Para Edith Stein esto requería un diálogo complicado, pero en el que sentía debía implicarse, como le explicaba a Conrad-Martius: "Nosotros somos gente con un pasado filosófico totalmente diferente (el psicólogo, incluso, ni tiene preparación filosófica); así pues, puede imaginar lo difícil que resulta entenderse. Coincidimos tan solo en el objetivo: construir una pedagogía católica, y en el noble deseo de encontrar una base común [...]; con ello aprendo mucho..." (OCI, 1010).

y Anne Reinach[a], críticas que durante los años dedicados a la enseñanza no la preocuparon. Por ello insistía ante su amiga: "En este momento en que tengo ante mí tareas tan grandes, me interesa mucho aclarar a qué puedo atreverme naturalmente"[b2017]. No conocemos la respuesta a esta pregunta de Edith Stein, quien necesitaba una opinión sincera como reaseguro de sus alcances y límites filosóficos.

Por estos motivos, entre fines de febrero y junio de 1933, le envió a Hedwig Conrad-Martius sus manuscritos. De todas maneras, poco a poco se percibe una disminución del interés en obtener una respuesta a la pregunta sobre su talento filosófico. De hecho, el 5 de abril deslizaba, como al pasar (refiriéndose a su escrito): "Déjelo estar tranquilamente hasta que tenga tiempo"[2018]. Con nulas posibilidades de seguir trabajando en la docencia, es probable que tuviera dudas acuciantes que iban más allá de la pregunta sobre su talento y capacidades. Luego del llamado de Hitler a los alemanes a sabotear los negocios de sus compatriotas judíos, le comunicaba a los Conrad-Martius:

> Mis familiares en Breslau, como es natural, están muy excitados y deprimidos. Por desgracia, desde hace tiempo casi da lo mismo que nuestro negocio esté abierto o no. También mi cuñado diariamente espera el despido (jefe médico en la clínica dermatológica de la Universidad). Kuznitzky ha perdido ya su puesto como jefe

---

a Hans Lipps había realizado una "crítica radical" a su trabajo *Contribuciones para una fundamentación filosófica de la psicología y de las ciencias del espíritu*, publicado en el volumen V del *Anuario* de Husserl. Por su parte, Anne Reinach trató de explicarle que "las deficiencias" de su trabajo tenían su razón de ser en "deficiencias personales muy profundas" (OCI 1010).

b Atento a lo escrito por Hedwig Conrad-Martius sobre Martin Heidegger y Nikolai Hartmann, Edith Stein le pedía a su amiga si podría "examinar" sus propios trabajos. No era su intención pedir una reseña. Creía que H.C.M encontraría "mucho mejor" que ella misma: "la teleología inmanente" (OCI, 1009) que había en ellos.

del departamento dermatológico de un hospital municipal. Cada carta es una nueva mala noticia[2019].

Aunque "por todas partes" le aseguraban que ella no tenía "nada que temer", no podía ignorarse que lo peor estaba por venir y que esas "muestras de amistad"[2020], que le sentaban muy bien, no tenían efectos concretos[a]. Finalmente, le confesaba a su leal amiga Hedwig:

> Hace tiempo que me he conformado con esto: que siempre seguiré siendo muy ignorante, y que todo aquello que yo pueda llevar a cabo será algo mucho más fragmentario de lo que es en sí cualquier obra humana. Solamente espero dar un empujón en la dirección en la que se deba caminar, convencida de que otros después lo harán mejor[2021].

Cuando amigos y parientes temían cada uno por su propio futuro profesional, y esto le pasaba inclusive a los hombres, y a los médicos, una profesión más necesaria en el terreno práctico que la filosofía, se comprende que luego de proponerse abandonar la tarea intelectual, Edith agregue: "Ahora que puedo mirar hacia atrás y que creo ver también el camino para el futuro inmediato, estoy persuadida de que era necesario caminar paso a paso y de que tranquilamente puedo seguir abandonándome a la Providencia"[2022]. Este abandono, sin embargo, coincidía con determinadas tomas de posición.

---

a Recuerda una de sus estudiantes en Münster que, "por lo general" Edith Stein estaba generalmente "alegre y serena, aunque muchas veces seria y pensativa. Muy particularmente cuando comenzó la persecución de los judíos, se agravaron sus presagios hacia su familia. Nunca se le oyó una queja sobre esto. Era conmovedor, empero, contemplar su tranquilo rostro cambiado por el dolor" (Posselt, 161). Según esta testigo, Edith Stein aventuraba las consecuencias que, a la larga, recaerían sobre los alemanes en general. "Aún la oigo decir: '¡Todo esto se vengará algún día!', y no puedo dudar de que ella ya veía venir entonces el amargo castigo para nuestro pobre pueblo" (Posselt, 161).

DAR EL PASO

Al mismo tiempo que dudaba respecto a su capacidad filosófica, subyacía en Edith Stein un tipo de seguridad honda y determinada. A la historiadora benedictina Adelgundis Jaegerschmid, que había interpretado a Santa Teresa de Lisieux, le escribía:

> Lo que usted ha escrito acerca de Teresita, me ha sorprendido. Por primera vez me ha hecho ver que también se la *puede* contemplar desde este lado. Mi impresión era solo que aquí hay una vida humana modelada hasta el final única y exclusivamente por el amor de Dios. Yo no conozco nada más sublime y, en la medida de lo posible, de ello quisiera impregnar mi vida y la vida de todos aquellos que me rodean[2023a].

La benedictina había percibido, en los textos de Santa Teresita, canonizada en 1925, notas de "cursilería"[2024]. Sin adentrarse en esas reflexiones, Edith desestimaba de plano esa aproximación. No es que fuera incapaz de criticar al sistema: por ejemplo, en ocasión de la consulta de una de sus antiguas estudiantes de Espira que estudiaba la posibilidad de ingresar en una Orden benedictina, le decía que se exigía "una considerable dote"[2025] y le sugería analizar la cuestión con detenimiento antes de decidirse. En cuanto a la situación política, comentaba: "Imposible predecir cómo se presentará el futuro. De momento no temo ataques a la Iglesia y a los conventos, ya que el Gobierno ha de tomar en consideración los millones de sus propios electores católicos"[2026].

Efectivamente, Hitler no atacó directamente a la institución católica y, cuando quiso influir en sus autoridades, presionó o

---

a Edith también habla de Santa Teresa de Lisieux y de los libros que ha leído sobre ella en una carta a Petra Brüning del 9 de noviembre de 1937. La misma idea la expresa en el tomo IV de sus *Obras completas*. En el tomo V, *Escritos espirituales*, Teresita del Niño Jesús es citada también en su correspondencia.

eliminó a algunos de sus miembros, especialmente a los judíos conversos. Aunque esto ocurriría con el correr del tiempo, la dirección de los acontecimientos estuvo marcada desde sus primeras decisiones políticas. Decisiones apoyadas desde las altas esferas del poder económico y social, así como también por sectores medios y populares. Paso a paso, a través de la coerción estatal, se eliminó la posibilidad de oposición al régimen.

En esta línea, el 8 de abril de 1933 se cesanteó a empleados *no arios*. Por supuesto que con estas medidas la situación de la familia Stein, como la de todas las familias judías de Alemania, se hizo cada vez más angustiante. Atento las circunstancias, a una estudiante con vocación religiosa que buscaba una Orden a la que ingresar, Edith la llamaba a reflexionar:

> Piensa, además, en esto: que no estamos aquí para tener el cielo en la tierra. Creo que, si supieras algo más de esto, cómo miles de personas actualmente son empujadas a las desesperación, entonces anhelarías aliviarles en su mucha necesidad y sufrimiento[2027].

La gravedad de lo que sucedía también alteraba a las estructuras religiosas, por lo que la Unión de Maestras Católicas Alemanas debió cancelar un congreso que tenía planeado hacer en junio, en Karlsruhe. Más o menos por entonces, el ministro de Educación del nacionalsocialismo fijó la fecha de un congreso con la orientación de su partido, al que se obligó a asistir todos los que trabajaban en la enseñanza. Paulatinamente, buena parte de los institutos católicos se vieron afectados y algunos tuvieron que cerrar sus puertas En abril, la Unión de Maestras Católicas convocó a una asamblea extraordinaria, y aunque la labor del organismo se extendió hasta 1937, finalmente "se decretó su disolución forzosa"[2028].

No eran pocos los docentes que, desde un principio, entendieron los alcances de las políticas nazis. Una tarde, poco antes de Pascua de 1933, al regresar de una reunión de la Asociación de Académicos Ccatólicos, Edith Stein tuvo un inconveniente con sus llaves y no pudo entrar a su residencia en el Collegium

Marianum. Al tocar el timbre, dado que las estudiantes cuyos dormitorios daban a la calle estaban de vacaciones, nadie escuchó su llamado. Para Moreno Sanz, "ese cierre de puerta tan real se vuelve simbólico del cierre de todas las puertas para Stein en Alemania"[2029]. Un maestro católico que pasaba por allí la reconoció y le preguntó si podía ayudarla. Alcanzó a su mujer que iba caminando más adelante con una amiga, y enseguida regresó para decirle que la invitaban a pasar la noche en su casa. Durante la velada, el hombre comentó que los periódicos norteamericanos anunciaban "las crueldades que se cometían contra los judíos"[2030]. En ese momento, Edith tuvo una certeza:

> Ya antes había oído hablar de las fuertes medidas contra los judíos. Pero entonces me vino de repente una luz, que Dios había dejado caer nuevamente su mano pesada sobre su pueblo y que el destino de este pueblo también era el mío. Yo no dejé advertir al señor que estaba conmigo lo que en aquel instante pasaba dentro de mí. Parecía que nada sabía él de mi origen. En tales casos solía hacer inmediatamente la oportuna observación. Esta vez no lo hice. Me parecía como herir la hospitalidad si con tal noticia iba a perturbar su descanso nocturno[2031].

Pese a no renegar nunca de su judeidad, en esas líneas Stein muestra un ánimo preconciliar. Sin eufemismos, Moreno Sans subraya: "Lo que ella consideró entonces, y no va a dejar de pensarlo nunca hasta su muerte, era un nuevo castigo divino a su pueblo, imbuida como estaba, y no dejó de estarlo nunca [...] de la idea francamente antisemita de los judíos como 'asesinos de Cristo'" que pesaba "en la Iglesia católica de estos momentos"[2032]. La convicción de Stein de que Dios "había dejado caer nuevamente su mano pesada sobre su pueblo" hace, para Moreno Sanz, que se entrecrucen

> los motivos de su entrada en el Carmelo, de su plena asunción como judía, no menos que de su convicción de la necesidad de ofrecer vicariamente su vida por la redención de su pueblo "infiel"

—el otro tópico nefasto de la Iglesia católica hasta entonces, y como hemos visto hasta Juan XXIII, y contundentemente hasta el Vaticano II y Pablo VI, que suprimirá de la liturgia definitivamente esas oprobiosas expresiones de "asesinos" e "infieles"—...[2033]

La convicción de Stein acerca de la necesaria conversión de los judíos no solo traerá consternación a su familia y a las generaciones posteriores, sino que fue uno de los motivos por los que autoridades rabínicas y parte de la comunidad judía no vio con buenos ojos el proceso de santificación. De todas maneras, por lo que cuenta en su autobiografía, lo que dice en conferencias y en otros escritos, es indudable su respeto por otras cosmovisiones y su idea de que la redención no sería patrimonio de unos pocos. Volviendo a ese encuentro y conversación con el maestro católico que la recibió en su casa, es lo primero que Edith cuenta en su escrito autobiográfico "Cómo llegué al Carmelo de Colonia", redactado en 1938, antes de verse obligada a dejar esa ciudad y trasladarse a Holanda. La conversación con las personas que la alojaron en esa emergencia propició que su mente se abriera a una realidad que, pese a la grave situación que pasaba su propia familia, podría no haber considerado en profundidad.

De todas maneras, ese año, como venía haciéndolo desde 1928, decidió pasar la Pascua en la Abadía de Beuron, donde acostumbraba a hacer "en silencio ejercicios espirituales"[2034]. Respecto a su predilección por Beuron y su compromiso religioso, presenciando extensos servicios litúrgicos, escribió el abad Raphael Walzer:

> No sabría definir lo que la atraía tan fuertemente hacia Beuron, hacia la celebración del oficio litúrgico. No creo que fuera por su solemne duración, aunque la resistencia de Edith no conoció apenas límites. Se pasaba sin esfuerzo toda la jornada del Viernes Santo [...] en la iglesia abacial. Con esto se conformaba simplemente a las costumbres ascéticas de una rigurosa educación judía[2035].

Continúa Walzer: "La idea de 'batir un récord' le era tan ajena como la de rechazar el sacrificio para buscar más cómodamente las consolaciones sensibles y las alegrías espirituales. No deseaba las gracias extraordinarias o los éxtasis"[2036]. Pero, como ella relata, algo había cambiado:

> Esta vez me llevaba un motivo especial. En las últimas semanas había pensado continuamente si no podría hacer algo en la cuestión de los judíos. Al final había planeado viajar a Roma y tener con el Santo Padre una audiencia privada para pedirle una encíclica[2037].

"La cuestión de los judíos" remite no solo al ensayo de Karl Marx que lleva ese título. Sobre todo después de 1933 adquiere el estatus de preocupación acuciante para millones de personas y para pensadores como Hannah Arendt, que escribe sobre "La cuestión judía" en esa década. El análisis y las respuestas a esta "cuestión" varían sustancialmente y, para el caso de Edith Stein, no estaban separados del paso que se disponía a dar. No queriendo dar el paso por "propia cuenta", dado que los "votos" personales que había realizado "en privado"[2038] le exigían sumisión, consultó con Raphael Walzer, a quien "presentaba, para su resolución, toda cuestión importante"[2039].

CARTA AL PAPA

Antes de llegar a Beuron, con la idea de consultar con Walzer sobre una audiencia con el papa Pío XI, el Jueves Santo de 1933 Edith Stein se encontró con Hedwig Spiegel, que sería su ahijada de bautismo. Por la noche, juntas participaron "en la Hora Santa en el Carmelo de Colonia-Lindental". Allí, mientras escuchaba al sacerdote, Edith sintió que la "ocupaba otra cosa más honda que sus palabras":

> Yo hablaba con el Salvador y le decía que sabía que era su cruz la que ahora había sido puesta sobre el pueblo judío. La mayoría no lo comprenderían, pero aquellos que lo supieran, deberían cargarla libremente sobre sí en nombre de todos. Yo quería hacer esto. Él únicamente debía mostrarme cómo. Al terminar la celebración tuve la certeza interior de que había sido escuchada. Pero en qué consistía el llevar la cruz, eso aún no lo sabía[2040].

Nuevamente aparece en esas líneas la idea de ofrecer vicariamente su vida; pero que diga que lo haría "en nombre de todos" amplia la esfera hacia aquellos que, como ella expresó en sus escritos, comprendieran que en la humanidad todos somos corresponsables. Lo cierto es que, en la Semana Santa de 1933, Stein tuvo una poderosa intuición sobre la que seguiría cavilando en 1938 al escribir el párrafo arriba citado. En el trayecto de Colonia a Beuron, se encontró con el monje benedictino Aloys Mager, que había estado también en el congreso de Juvisy. Fue él quien le comunicó el regreso de Raphael Waltzer de Japón, esa misma mañana. Con su director espiritual en Alemania "todo estaba en orden"[2041], y aunque Walzer se resistía a pensar que fuera obligada a dejar su actividad docente en Münster, ella supo ver con claridad que si el instituto no se plegaba a las exigencias del gobierno tendría "sus días contados". Le resultaba evidente que "en la enseñanza era donde menos se tolerarían influencias contrarias a la dirección del poder" y que se avecinaba el fin de su "breve carrera como profesora"[2042].

Podría decirse que la primera gran decisión que Edith Stein tomó en 1933 fue tanto personal como política. Lamentablemente, su pedido de audiencia con Pío XI fue desestimado porque, según dijeron, se trataba de un "Año Santo", habría muchas peregrinaciones, y no podría ser recibida en una audiencia privada[a]. El mismo año en que se iniciaba un nuevo calvario para

---

a Dice ella: "Mis indagaciones en Roma dieron por resultado que a causa del gran ajetreo no tenía posibilidades de una audiencia privada. Solo para una 'pequeña' audiencia (es decir, en un grupo pequeño) se me podría ayudar

los judíos se conmemoraban, según el calendario oficial que rige occidente, los mil novecientos años de la muerte de Jesucristo. Al saber que no obtendría una audiencia privada con el papa, Edith Stein le envió una carta sellada[a]. Tiempo después, recibió una "bendición" para ella y para sus familiares, pero, como dice en su autobiografía, "ninguna otra cosa se consiguió"[2043].

Para Susanne Batzdorff, en su carta al papa Pío XI Edith Stein "habló en favor de la gente de la que descendía. Pero otras afirmaciones todavía la mostraban como una católica preconciliar" ya que "manifiesta su intención de pedir por la conversión del pueblo judío..."[2044]. Siguiendo con su carta, mucho se ha especulado acerca de la influencia que pudo tener en la redacción de la encíclica que Pío XI preparó alrededor de 1937. O sobre la alocución pronunciada el 6 de septiembre de 1938, donde se subrayó que el antisemitismo era inadmisible para los católicos.

Dado que el nacionalsocialismo proclamaba una guerra abierta a las religiones, hasta que Hitler asumió el poder, la iglesia católica prohibía a sus fieles afiliarse a su partido. Pero, el 23 de marzo,

> Hitler había calificado a las iglesias católica y protestante como "importantes factores de preservación de nuestra raza" y prometía "asegurarles en la enseñanza y la educación, la influencia que les tocaba". Tales promesas, acompañadas de las medidas de represión y terror, convencieron a las autoridades de la Iglesia católica de

---

en algo. Con eso no me bastaba, por lo que desistí de mi viaje y me decidí por escribir" (OCI, 499).

a El arcipreste benedictino de Beuron, Raphael Walzer, envió esta carta al cardenal secretario de Estado Eugenio Pacelli que Stein había conocido en Espira cuando le dio el discurso de bienvenida. Pacelli informó a Walzer que la carta había "'sido presentada a Su Santidad'. En 1937, Pío XI publicó la encíclica "Mit Brennender Sorge", en la que se condenó la ideología nacionalsocialista como pagana y anticristiana". Véase en línea: https://www.lastampa.it/vatican-insider/es/2012/08/03/news/edith-la-judia-santa-que-murio-en-el-campo-de-concentracion-1.36382939#:~:text=El%2012%20de%20abril%20de,%C2%AB%C2%A1Padre%20Santo!

suspender su oposición al régimen. La Conferencia Episcopal de Fulda suspendió las prohibiciones y sanciones contra los nazis católicos, y manifestó su confianza al Führer. En tales condiciones, y con la perspectiva de un concordato deseado desde tantos años atrás, que permitiría un *modus vivendi* con un gobierno peligroso, la "cuestión judía" se volvía secundaria[2045].

El caso es que al viajar Raphael Walzer a Roma, donde entrega la carta sellada de Edith Stein, se estaba gestionando el concordato de Hitler con el Vaticano, que, priorizando que se respetasen "los derechos de la Iglesia Católica en Alemania"[2046], toleró que se disuelva el partido del Centro, en julio de 1933. Como oportunamente recordó Susanne Batzdorff, "la firma del concordato entre el Vaticano y Alemania tuvieron un efecto devastador entre los contrarios al nazismo en Alemania y específicamente entre los judíos"[2047]. En cuanto a Edith Stein, cuando en 1938, antes de abandonar Alemania con destino a Holanda, redacta sus recuerdos, escribe:

> … he pensado muchas veces si no le habría pasado por la cabeza [al papa Pío XI] el contenido de mi carta, pues, en los años sucesivos se ha ido cumpliendo punto por punto lo que yo allí anunciaba para el futuro del catolicismo en Alemania[2048].

En esta carta, Edith Stein hablaba de los resultados de la "siembra del odio"[2049] que había encontrado tierra fértil en la Alemania nacionalsocialista. En principio, se había *robado* "a los hombres su mera subsistencia económica, su honor de ciudadanos y su patria". El boicot, agrega, llevó a muchos a la desesperación y al suicidio. Pero, según escribió al papa, aquello era

> … una muestra que traerá muchos más sacrificios. Se pretende justificar con el lamento de que los infelices no tienen suficiente fuerza para soportar su destino. Pero la responsabilidad cae en gran medida sobre los que lo llevaron tan lejos. Y también cae sobre aquellos que guardan silencio acerca de esto. Todo lo que

> ha acontecido y todavía sucede a diario viene de un régimen que se llama "cristiano". Desde hace semanas, no solamente los judíos, sino miles de auténticos católicos en Alemania, y creo que, en el mundo entero, esperan y confían en que le Iglesia de Cristo levante la voz para poner término a este abuso del nombre de Cristo. ¿Esa idolatría de la raza y del poder del Estado, con la que, día a día, se machaca por radio a las masas, acaso no es una patente herejía? ¿No es la guerra de exterminio contra la sangre judía un insulto a la Sacratísima Humanidad de Nuestro Redentor, a la Santísima Virgen y a los apóstoles?[2050].

Esta carta, enviada el 12 de abril por Walzer, recibió esta respuesta el 20 de abril:

> Voglia far conoscere in modo adeguato alla mittente che la sua lettera è stata sottoposta doverosamente a sua Santità. Insieme a lei prego Dio che in tempi tanto difficili sotto la sua particolare protezione la santa Chiesa e conceda a tutti i suoi figli la grazia della forza d'animo e di sentimenti nobili che sono le premesse della vittoria da tanto attesa[2051].

Moreno Sanz señala que, "a pesar de este prodigio de humo y diplomacia, precisamente 'en tiempos difíciles' [...], poco después ella le envió a Pío XI su traducción de las *Quaestiones disputate*"[2052]. Esa vez, recibió una nueva carta de agradecimiento de Pacelli, cardenal secretario del Vaticano.

Moreno Sans lamenta que Hannah Arendt no conociera la carta de Stein al papa cuando escribió "El Vicario". Pese a todo, en 1933 hubo religiosos que denunciaron la discriminación del nazismo, como el arzobispo de Múnich, Faulhaber, que en su sermón de Adviento de 1933 se había referido a "los orígenes judaicos del cristianismo y la incompatibilidad de éste con el paganismo germánico"[2053]. En cuanto al Concordato firmado en julio, los hechos mostraron pronto su ineficacia. La actitud del Vaticano en esos años ha sido ampliamente tratada, analizada y en muchos casos criticada. Dentro del mismo catolicismo se alzaron voces, como la del teólogo Hans Küng, que en su libro *El judaísmo* se pregunta: "¿Qué habría pasado si los cristianos activos, los párrocos, los obispos y el papa hubieran demostrado un mayor coraje cristiano?". Este autor se interroga, "en primer lugar": "¿Qué habría sucedido si el episcopado alemán, en lugar de capitular ante el nacionalsocialismo, para consternación de muchos, después de la declaración de Gobierno hecha por Hitler, el 23 de marzo de 1933, hubiera advertido sobre el antisemita programa de los nazis y protestado públicamente a la vista de los actos de terror y violencia que comenzaron enseguida contra todos los que no se doblegaban?"[2054]. Cuando Edith Stein dice que los nazis, después de atacar a los judíos, tendrían como objetivo a la iglesia y a los católicos debió haber pensado en que eso sucedería de darse la reacción imaginada por Küng, quien también se pregunta qué hubiera sucedido si el Vaticano no suscribía el concordato con Hitler, y, en tercer lugar, qué habría pasado si "los 14.000 párrocos evangélicos de Alemania" hubieran acordado "crear desde el principio un frente activo contra el régimen nazi y llamar a la resistencia política". Para Küng no se trata de "especulaciones ilusorias"[2055].

FIN DE LA DOCENCIA Y GRAN DECISIÓN

Volvamos al 19 de abril, cuando Edith Stein regresó a Münster. Allí se entrevistó con el administrador del instituto, que se desahogó diciendo que se sentía desmoralizado y que había recibido insinuaciones acerca de que ella no podría seguir dando clases. Dicho esto, le aconsejó que no anunciara sus lecciones de verano y que trabajara silenciosamente con la esperanza de que el instituto pasara totalmente a cargo de la Iglesia. Se trataba de una "esperanza consoladora" pero sin demasiado fundamento. Serenamente, Edith sentenció: "Si esto no resulta, entonces ya no queda para mí ninguna posibilidad en Alemania"[2056].

Después de este encuentro se sintió "casi aliviada" por compartir la "suerte general"[2057] de tantos judíos. Pero sus amigos no querían abandonarla. Y aunque María Schmitz le aseguró que la Liga de Maestras Católicas de la que era presidenta se encargaría de su sustento, también le planteó que evaluara las posibilidades de viajar al extranjero[a].

Diez años después del asesinato de Edith Stein, cuando Élisabeth de Miribel preparaba un libro sobre ella, el profesor Steffes se refirió a esos días:

> Encontré a la señorita Stein perfectamente tranquila. Poseía una fuerza interior contra la que se estrellaban todos los acontecimientos exteriores. Cuando le expresé el disgusto del Instituto y mi profundo pesar, me respondió sonriendo: "Usted también me seguirá pronto"[2058].

Por supuesto ni Edith Stein ni nadie podía imaginar el alcance de esas palabras. Ella estaba convencida, y eso fue lo que efectivamente sucedió, de que los nazis arremeterían también contra los religiosos e instituciones que no se plegaran inmediatamente a sus designios. Un año después del cese de sus actividades docentes, le llegó el "turno" al profesor Steffes, que ya no pudo dar clases. "Después vino la desaparición del Instituto"[2059], y con ello su influencia en la educación alemana a través de su vasta biblioteca, centros de estudio especializados, comunidades y fundaciones asociadas, todas sostenidas por "donaciones e iniciativas privadas, sin ninguna contribución del Estado"[2060]. Con pesar, Steffes explicó: "Los nazis han destruido una gran obra, en cuya elaboración no habían tenido parte ninguna y a la que se mostraron incapaces de reemplazar"[2061].

Desde marzo a julio, mientras permaneció en el Collegium Marianum, Edith Stein siguió trabajando. Aunque ya no tenía sentido continuar con las preparaciones de clases, se ocupó de reseñar algunos libros. Como resaltó su primera biógrafa, con

---

a Comenta Edith Stein: "Efectivamente, me llegó un ofrecimiento de Sudamérica. Mas cuando me vino esto, se me había mostrado ya otro camino muy distinto" (OCI, 500).

su exclusión "se daba un corte seco a su actividad docente en el mismo momento en que ella elaboraba un amplio plan de reforma de la enseñanza que prometía grandes resultados"[2062]. Atrás quedaron sus contactos con autoridades competentes de Berlín y de otras ciudades y regiones relevantes. En ese contexto, a fines de abril, Edith se preguntaba: "¿No será ya tiempo, por fin, de ir al Carmelo?"[2063]. Vale recordar que el día de Año Nuevo de 1922, al recibir el bautismo había pensado "que aquello era solo una preparación para la entrada a la Orden"[2064]. Hasta sus directores espirituales la habían disuadido[a]. Pero, a causa de los sucesos exteriores, sentía que "la espera se me hizo últimamente muy dura. Me había vuelto una extranjera en el mundo"[2065].

El 30 de abril, Edith se dirigió a la Ludgerikirche para la celebración de la fiesta del Buen Pastor, iglesia en la que se proponían trece horas de oración. Al entrar se dijo a sí misma que permanecería allí hasta ver, claramente, si "ya" podía entrar en el convento[2066]. Al terminar la jornada ya tenía "el sí" para dar el siguiente paso. Esa misma noche escribió al abad Walzer. A principios de mayo, declaraba: "No creo en una vuelta al Instituto ni, en absoluto, en la posibilidad de una actividad docente en Alemania"[2067b]. Mediando el mes obtuvo su permiso para "dar los primeros pasos"[2068].

De inmediato Edith Stein restableció contacto con la doctora Elisabeth Cosack, a quien había conocido el año anterior en Aquisgrán y que, sabiendo que "interiormente rondaba muy cerca del Carmelo"[2069], le había comentado que tenía estrecha relación con la Orden, especialmente con el monasterio de Co-

a Había solicitado ingresar en 1932. Se le negó el permiso "con miras a (su) madre y a la actividad que desempeñaba desde hacía varios años en la vida católica" (OCI, 501).

b El 17 de mayo, en respuesta a un pedido para que diera una conferencia, Edith preguntó: "¿Sabe usted que soy una convertida del judaísmo? ¿Y se atreve a oponerse a la corriente dominante, depositando tal influjo sobre la juventud alemana en una judía? (OCI, 1020). Los nazis usaban el formulismo "poner a disposición" para despedir a opositores al régimen.

lonia, donde se encontraba la carmelita Marianne de Deo, de nombre de civil condesa Praschma, con quien estaba en contacto. Una vez en la ciudad, Edith expresó las razones que podrían alegarse contra su ingreso: "Mi edad (42 años), mi ascendencia judía, mi falta de bienes"[2070]. En esa época era habitual ingresar a los conventos con una dote. La doctora Cosack no creía que fueran obstáculos irremontables. Más aun cuando había lugares disponibles luego de que varias carmelitas se trasladaran a un nuevo convento en Silesia, en la localidad de Pawelwitz, a las puertas de Breslau.

A fines de mayo Edith Stein visita por primera vez el Carmelo de Colonia. Mientras permanecía "arrodillada muy cerca del altar de Santa Teresita", la doctora Cosack conversó extensamente con la hermana Marianne y luego con la priora y la subpriora, "la madre Renata del Espíritu Santo, tan decisiva para su vida posterior, y sobre todo tras su desaparición, pues realmente fue ella la principal impulsora de su santificación con la biografía que sobre ella escribió"[2071]. Finalizado el diálogo, dado que las carmelitas debían retomar sus actividades, se le pidió a Edith que regresara más tarde. Algo después, separada de las religiosas por la reja, participó del oficio de vísperas y luego conversó con la priora y con la maestra de novicias. Luego, fue presentada a las demás carmelitas con derecho a votar su incorporación. El único reparo que se planteó fue "la responsabilidad que se podía adquirir admitiendo a alguien del mundo que pudiera hacer aún tanto fuera"[2072a].

El 2 de junio Raphael Walzer escribió al Carmelo de Colonia afirmando que la "capacidad intelectual excepcional" de Edith Stein quedaba fuera de duda, y que también poseía un

a Además, Edith Stein debía presentar documentación, como su certificado de bautismo y confirmación, dictámenes de su párroco y directores espirituales. Asimismo, las monjas esperaron a conocer la opinión del provincial de la Orden. Edith Stein pidió "con insistencia una respuesta rápida" ya que su situación era "incierta" (OCI 503). Finalmente, pasado mediados de junio, se entrevistó con el doctor Albert Lenné en Colonia.

carácter sencillo, dócil, "tanto más admirable", destacándose "su madurez y profundidad". En pocas líneas, explicaba que la única dificultad que había visto para su entrada en el Carmelo fue su posición destacada en el mundo católico y las consideraciones a su madre. Walzer dejó asentado que no había querido responsabilizarse "de que la Iglesia 'militante' pierda una mano de obra tan cualificada". Y agregaba: "Hasta hace poco yo era contrario a que entrara en un convento a causa de su vocación activa en el mundo de la mujer. Pero después de que el cambio de la situación social le ha allanado el camino, ya no me opongo a su entrada"[2073].

Por supuesto que los motivos de Edith Stein para ingresar al Carmelo iban más allá de su obligado retiro de la docencia. Su decisión había sido meditada y analizada durante más de diez años. Algunas de las alternativas que habría sopesado figuran en una carta enviada en mayo de ese año a Elly Dursy, quien por su parte dudaba en qué Orden religiosa ingresar. Como exprofesora y referente, Edith le aconsejaba:

> ... allí tendrías que estar no solo en el coro, sino que tendrías que arreglártelas con personas que viven allí, y dejarte guiar por los superiores, que con la teología de María Laach meterían la tijera en tu vida interior. (Te digo estas cosas en confianza para tranquilizarte). No quisiera que eso se propagara por mi medio[2074].

Edith Stein conocía los conventos de los que hablaba. En su época, la Abadía de Beuron y la de Laach eran centros de renovación litúrgica; contrariamente a lo que sucedía en el Carmelo, donde, por regla general, las monjas permanecían "totalmente en silencio detrás de la reja"[2075] y solo en ocasiones se convocaba coros para cantar durante las misas. Al ser la música académica, comúnmente llamada clásica, fundamental para gran parte de los alemanes (como lo demuestran las composiciones litúrgicas y cantatas de Bach), resulta una parte esencial del culto. Los alemanes católicos amantes de la música debían añorar su presencia en las celebraciones religiosas. El

18 de junio, Edith se presentó en el locutorio, ante el capítulo de las religiosas y se sorprendió por un pedido especial que le hicieron del otro lado de la reja:

> … tuve que cantar una cancioncilla. Ya me lo habían dicho el día anterior, pero yo lo había tomado como una broma. Canté "Bendice, Tú, María…", algo tímida y en voz baja. Después dije que se me había hecho más difícil que hablar ante mil personas. Según supe más tarde, las monjas no lo captaron pues no estaban enteradas de mi actividad de conferenciante[2076].

Como no podían votar esa noche, Edith abandonó el convento sin saber el resultado. Al día siguiente, ya en Müntser, recibió un telegrama: "Gozoso asentimiento. Carmelo"[2077]. Había sido aceptada. De inmediato, pidió a sus amigos más íntimos que mantuvieran silencio acerca de sus planes. El 15 de julio de 1933, luego de despedirse formalmente en Müntser, se dirigió a Colonia como huésped de las carmelitas. "Era la vigilia de la gran festividad de Nuestra Señora del Monte Carmelo"[2078]. Luego, desde mediados de agosto y hasta octubre, vería a su madre "para irla preparando poco a poco"[2079]. Por último, el 15 de octubre debía presentarse nuevamente en el convento para entrar como postulante.

En ese estado de cosas, y atento a la difícil situación económica, Theodor Conrad[a] ofreció devolverle un préstamo; y aunque no lo necesitaba para ingresar al convento, porque las carmelitas de Colonia solicitaron una dispensa para recibirla sin dote, de todas maneras, el dinero sería transferido a la cuenta del convento.

Hasta mediados de julio Edith tuvo tiempo de organizar su partida de Münster. Debido al secreto, hasta que su familia estuviera enterada, pocas personas conocían el verdadero motivo de su alejamiento. Para despedirla, alumnas y religiosas organizaron una reunión, le hicieron regalos, entre ellos hermosos

---

a El marido de Hedwig Conrad-Martius pudo pensar que Edith debía ayudar a su familia. Ella comentó que, salvo alguna que otra vez, no había tenido que auxiliarlos.

ramos de rosas que llevó consigo cuando, acompañada por cinco alumnas y la bibliotecaria, se dirigió a tomar el tren a Colonia.

"Seis grandes baúles de libros" habían precedido su camino al convento, "ninguna otra carmelita había llevado consigo un tal ajuar"[2080]. El 15 de julio, Edith llegó al Carmelo de Colonia[a]. Según ella, el mes que permaneció alojada "en las habitaciones de la portería del convento fue un tiempo felicísimo. Seguía el horario de las religiosas, trabajaba en las horas libres y podía ir con frecuencia al locutorio"[2081] a conversar con las carmelitas. Durante ese tiempo tomó la comunión su catecúmena.

Siendo "huésped de las queridas carmelitas"[2082], Edith pudo continuar con su vasta correspondencia[b]. Por entonces, las cartas que le enviaba su madre "rezumaban desesperación[2083]. A su antigua alumna Anneliese Lichtenberger, que había sufrido muchas frustraciones y ahora estaba enferma, como anticipando los años por venir, le escribía: "El camino del sufrimiento es el más cualificado para la unión con el Señor. La fuerza redentora del sufrimiento, llevado con alegría, es muy necesaria, precisamente en esta época nuestra"[2084].

ÚLTIMA ESTANCIA EN BRESLAU

A mediados de agosto, después de un encuentro con Raphael Walzer en Tréveris, de pasar una noche en el Carmelo de Cordel

---

a En una carta a Petra Brüning, que le había enviado un "maravilloso regalo" para su ajuar, y a quien le encargaba especialmente a la doctora Ruth Kantarowicz, una de sus protegidas, Stein comenta que asistió en el convento de Colonia a "la misa de vigilia de la fiesta del Carmen" [Nuestra Señora del Monte Carmelo] (OCI, 1031-1032).

b A la bibliotecaria de Münster le comentaba que ordenaría sus libros cuando estuviera instalada y que "de momento" las carmelitas buscaban lo que ella precisaba y se lo pasaban "a través del 'torno'" (OCI, 1034). En estas cartas a amigas insistía en que no temieran un distanciamiento: "Una carmelita ha de tener un corazón para todo y para todos" (OCI, 1034).

y visitar la abadía benedictina de Maria Laach, Edith Stein llegó a Breslau para lo que sería la última estadía en la casa materna. La esperaba su hermana Rosa, la primera en conocer su decisión de entrar al Carmelo. Durante dos o tres semanas, salvo uno de sus sobrinos, nadie le preguntó nada. Debían intuir que, de hacerlo, sumaría más preocupaciones las que todos tenían. Su madre, contó Edith, "sufría mucho a causa de las circunstancias de aquellos tiempos. Le alteraba el que 'hubiera hombres tan malos'"[2085]. Cuando los mayores crímenes del nacionalsocialismo eran aún inconcebibles, la familia se aferraba a la remota esperanza de que primara la razón, la bondad y la caridad, y que su vida como alemanes de pleno derecho fuera recuperada. Entretanto, Edith escribía:

> Si [...] los tiempos no fueran tan tristes, yo, personalmente, no tendría sino que darles la gracias, porque son ellos los que, finalmente, me han abierto este camino. Para alegría mía, mis familiares mantienen una actitud paciente y valiente, especialmente mi querida madre. Ella tiene también una profunda fe en Dios, que ha sido su guía en su larga y dura vida[2086].

Aferrándose a una última esperanza, muchos judíos, que hubieran podido hacerlo, se resistían a dejar el país. "Casi todos mis familiares se inclinan por quedarse en Alemania, tanto tiempo como se pueda aguantar"[2087], escribió Edith Stein a su amigo Fritz Kaufmann, obligado a abandonar Friburgo. También Richard Courant había sido despedido. Mientras ellos pensaban cómo exiliarse, Edith vio a sus familiares de Hamburgo "muy animados". De hecho, pese a la "inseguridad respecto al futuro", su sobrina Ilse, cuyo hermano ya estaba en Colombia, "no quería ni pensar en un trabajo en el extranjero"[2088].

Pero no todos apostaban por quedarse. Edith y Erna Stein vieron emigrar a Palestina a su amiga de juventud, Lili Platau. Dado que las nuevas disposiciones prohibían a los médicos judíos atender pacientes 'arios' y la consulta de Erna Stein, en un barrio mayoritariamente habitado por personas de escasos recursos económicos, había disminuido considerablemente, decidió hacerse cargo de los pacientes de su amiga, cuyo consultorio estaba en una zona de familias judías pudientes. Era una solución transitoria, pero que Erna abandonara la casa y se trasladara "a otro extremo de la ciudad"[2089], junto a su marido y sus hijos, fue un duro golpe para la señora Stein, acostumbrada a vivir con ellos. Aunque como excombatiente de la Primera Guerra Mundial Hans Biberstein era aún el "incontrovertido jefe de la clínica dermatológica"[2090] de Breslau, se esperaba que en cualquier momento lo despidieran, como en efecto sucedería más adelante.

"A pesar de todas estas preocupaciones que la oprimían", recuerda Edith, su madre "revivió" al llegar ella a la casa y recobró "su alegría y su humor". Para recuperar la historia familiar, y tal vez para distraerla del presente, Edith le pidió que le contara "sus primeros recuerdos"[2091] y se dispuso a escribir la "Historia de una familia judía", un texto con el que, se ha interpretado, "tratará de contentar a la madre" homenajeándola y, también, como "el modo de compensarla ante el tiempo y la eternidad de la insalvable angustia que le produjeron su conversión y su entrada en el Carmelo"[2092]. Al escribirlo, Edith tuvo en mente una conversación que había tenido años antes con un sacerdote, que le había sugerido, dice en el prólogo, escribir lo que ella, "como hija de una familia judía, había conocido de la dimensión humana judaica"[2093]. Ya hemos visto que aunque aspiró a la "imparcialidad"[2094], partes de su relato fueron cuestionados por los sobrevivientes.

Volviendo a las despedidas familiares, llegado el momento, mientras colaboraba con Erna en su traslado, sin demorarse en detalles Edith le comunicó su decisión. Su hermana, con quien había estado tan unida en la infancia y juventud "se quedó pálida y derramó lágrimas"[2095]. "Es algo horrible este mundo" dijo Erna, "lo que a uno hace feliz es para otro lo peor que le pudiera pasar"[2096]. Poco después, sin dar crédito a lo que oían, enterados de su próximo ingreso al Carmelo, sus cuñados, Hans Biberstein y también el marido de Else, que no podían comprender semejante decisión, adujeron que, si la preocupación por su subsistencia había influido en esta idea, considerara la propuesta de vivir con ellos. Dos días antes de su partida el marido de Erna aún quiso disuadirla. Cuenta Edith: “Lo que yo quería realizar, le parecía que acentuaba agudamente la línea de división con el pueblo judío, ahora que estaba tan oprimido. Él no podía comprender que desde mi punto de vista se veía muy diverso”[2097].

En cuanto a la reacción de su madre, después de dos semanas “muy tranquilas”[2098], en las que Auguste no le preguntó por sus “intenciones” futuras, se desató la tormenta. “¿Qué es lo que vas a hacer en las monjas de Colonia?”, quiso saber mientras tejía junto a la ventana. Cuando Edith respondió “vivir con ellas”[2099]. Auguste “se opuso desesperadamente”[2100]. Esta palabra se repite cada vez que Edith y su familia recuerdan ese momento. Hubo “una resistencia desesperada”[2101]:

> Desde aquel momento se perdió la paz. Un peso oprimió toda la casa. De vez en cuando mi madre me dirigía un nuevo ataque al que seguía una nueva desesperación en silencio. [...] Se empeoró el asunto cuando llegó de Hamburgo mi hermana Else para el cumpleaños de mi madre. Al hablar conmigo, mi madre se dominaba, pero al hablar con Else se excitaba. Mi hermana me volvía a contar aquellas explosiones, pensando que yo no conocía[a] lo que suponía aquello para mi madre[2102].

“Después de esta conversación”, informaba Edith a Petra Brüning, “no ha habido una segunda, pero mis familiares siguen

---

a Edith comunicaba a sus amigas: “Mi madre se ha tranquilizado un poco, porque espera en silencio que no me decida a hacer lo que a ella le parece lo más horrible” (OCI, 1046). A muchas de sus relaciones les preocupaba la reacción de Auguste, quien, en efecto “quedó totalmente consternada” (OCI, 1048). A la escritora Gertrude von le Fort, Edith le decía: “Me hace mucho bien tener noticias de personas que comprenden mi camino, en contraposición al gran sufrimiento que he provocado aquí, y que diariamente tengo ante los ojos” (OCI, 1050).

tan cariñosos conmigo como antes. Estoy segura, sin embargo, de que a mi madre solo la mantiene la esperanza de que no le daré ese disgusto, y, por eso, la despedida será mucho más dura"[2103]. Cuando la vida de todos se desmoronaba, los hijos se quedaban sin trabajo, emigraban o pensaban en irse del país, Edith se aferraba a la idea de que, después del primer año en Colonia, las carmelitas la enviarían al nuevo convento de Breslau. ¿No era esto mejor, para Auguste, que la propuesta de que aceptara un puesto en Sudamérica?

A todo esto, le produjo dolor que algunas personas interpretaran que, con su entrada en el Carmelo, buscaba alcanzar alguna protección adicional. Incluso Auguste dijo que prefería una hija docente en Sudamérica que una carmelita en Alemania[2104]; pero Edith confiaba en que, como siempre, su madre, cambiaría de opinión. Entre tanto, se ocupaba de ayudar a sus parientes en lo que podía. Después de la mudanza de Erna, para obtener recursos económicos, los Stein trataron infructuosamente de alquilar la parte de la casa que había quedado vacía. Edith quiso colaborar con ese tema. Supo que los mayores interesados eran los representantes de una iglesia protestante, que desistieron de firmar el contrato. Entonces, como último intento, visitó al pastor principal:

> Cuando me fui a despedir me dijo: "Por lo visto queda usted muy triste y eso me apena". Le conté cómo mi madre estaba entonces tan acongojada con sus muchas preocupaciones. Me preguntó qué clase de preocupaciones eran aquéllas. Le hablé brevemente de mi conversión y de mis deseos por el convento. Esto le impresionó profundamente. "Debe usted saber antes de irse que aquí ha conquistado un corazón". Llamó a su señora y tras una rápida consulta decidieron convocar nuevamente la junta directiva de la iglesia y proponer otra vez la oferta. Aun antes de marcharme vino el pastor principal con su colega a nuestra casa para cerrar el trato. Al despedirse me dijo en voz baja: "Dios la guarde"[2105].

En cuanto a lo que podría hacerse desde el mundo católico, Edith escribía: "Creo que a las alianzas católicas juveniles les corresponde, como nunca, una gran tarea. Pero espero poco de una organización desde arriba[a]. Tiene que salir de la juventud misma"[2106].

ÚLTIMOS DÍAS CON SU MADRE

Para tranquilizar a Auguste, las carmelitas que preparaban la fundación de un convento cerca de Breslau sostuvieron entrevistas a solas con ella. Madre e hija sufrían. Contó Edith muchos años después:

> La decisión era tan difícil que nadie podía asegurarme: este o aquel camino es el recto. Para ambos se podían aducir buenas razones. Debía dar el paso sumergida completamente en la oscuridad de la fe. Muchas veces durante aquellas semanas pensaba: ¿Quién se quebrantará de las dos, mi madre o yo? Pero ambas preservamos hasta el fin[2107].

Se llevaba a cabo una lucha de titanes. Para Moreno Sanz, ella misma se tambaleaba "a la vista de la desesperación de su madre y su convicción de que su resistencia tendría efecto"[2108]. Además, siendo su familia numerosa, Edith indefectiblemente debió explicar su decisión a unos y a otros. Un día se encontró en la sala de espera del dentista con su sobrina Susel (Susanne M. Batzdorff). Escribió Edith:

---

a En efecto, las autoridades no actuarían en ese sentido. La conferencia episcopal de Fulda había decidido publicar una carta pastoral conjunta. El encargado de redactar el texto definitivo fue el obispo de Friburgo. Dicha carta debía ser leída desde el púlpito. Paralelamente, el 6 de junio se firmaba el *Reichskonkordat* [concordato].

> Se puso radiante de alegría. Habíamos pedido la vez al mismo tiempo sin saberlo. Pasamos juntas a la consulta y me acompañó después a casa. Ella se apoyaba en mi brazo, yo tenía cogida su morena mano de niña en las mías. Susel tenía entonces doce años, siendo muy madura y reflexiva para su edad. Yo no había podido hablar nunca a los niños de mi conversión a la fe. Pero Erna se lo había contado. Yo le estaba agradecido por ello. Le pedí a la niña que cuando yo me fuese procurara hacer muchas visitas a la abuelita. Ella me lo prometió. "Pero ¿por qué haces tú ahora esto?", me preguntó. Pude darme cuenta de las conversaciones que ella había oído a sus papás. Yo le expliqué mis motivos como a una persona mayor. Escuchó muy atentamente y me comprendió[2109].

No fue tan así. Susanne explicó que cuando "aquellos judíos que apenas habían reconocido su condición de tales", movidos por el desaliento buscaban desesperadamente apoyo en sus familias y amigos, ella tuvo la sensación de que su "querida", su "dulce tía" Edith rompía "sus lazos con su familia judía"[2110]. Décadas después de ese día, al leer las palabras con las que Edith relató el encuentro, su sobrina escribió: "Todavía estoy intentando comprender"[2111a]. Susanne también relata cómo se había enterado de la conversión de su tía, y las consecuencias que eso tuvo en su propia vida:

> Mis padres nos dijeron a mi hermano y a mí, con edades de diez y once años, que nuestra tía Edith se había convertido al catolicismo años antes y que ahora iba a meterse a monja. Recuerdo ver a la abuela derramando lágrimas silenciosas. Sus hombros caídos, pero no hizo ningún ruido. Para mí, una niña de once años fue una

a Su libro, incluso las poesías de su autoría insertas en el texto, dan cuenta de este intento de comprender. También se percibe afecto y admiración, y lo difícil que resultó para la mayoría de la familia aceptar la decisión de Edith Stein y, luego, adecuarse al proceso de beatificación y canonización en el que, sin embargo, y con algunas críticas, cooperaron. Lo mismo que con sus biógrafos. Véase *Mi tía Edith*.

imagen terrible. La mera idea de un adulto incapaz de controlar la situación [...] era casi insoportable[2112].

El nacionalsocialismo arrebató las ilusiones de esos niños, que además de ver la angustia de sus padres poco a poco fueron obligados a cambiar de colegios, se les prohibió hacer deportes y actividades compartidas hasta entonces con el resto de los niños alemanes. Para Susanne, la imagen de la matriarca desmoronada completaba el cuadro de una realidad adversa y demoledora. Hasta entonces, Auguste había sostenido a su numerosa familia, mantenía una huerta y sus nietos se habían acostumbrada a verla, con más de ochenta años, "doblada sobre los surcos de las hortalizas", arrancando "una zanahoria, limpiándola con la manguera de agua para luego entregarla como un obsequio fresco y fragante"[2113]. Estas felicidades sencillas quedarían en el pasado, guardadas en la memoria.

Los recuerdos de Susanne ilustran las vivencias de estos niños y personas comunes cuyas vidas cambiaron para siempre. Relata que su madre solía contarles argumentos de óperas y que luego, en el piano, "tocaba algunos de los momentos estelares y cantaba algunas de sus famosas arias"[2114]. Erna también leía a sus hijos por las noches. Y cantaba, acompañándose del piano: "había canciones de Brahms y Schubert, Beethoven y Hugo Wolf [...]. Fue un tiempo mágico en que sus canciones eran solo para nosotros, y escuchábamos embelesados"[2115]. Quería que sus hijos se familiaricen con la música y les decía que los llevaría a la ópera cuando fueran "capaces de comprender algo de lo que [iban] a ver"[2116]. Entre las óperas que les enseñó están *El cazador furtivo*, de Weber, *La flauta mágica*, de Mozart, *El zar y el carpintero* de Lortzing, y *Hänsel y Gretel*, de Humperdinck. Y fue justamente esta última la "única"[2117] que los niños pudieron ver, antes de las prohibiciones de 1933, en el Teatro Estatal de Breslau.

La conversión al catolicismo de Edith Stein conmovió a su familia y tuvo consecuencias que afectaron a Susanne personalmente, ya que sus padres, pensando en que habría "seguido otro camino si hubiera recibido una buena formación en lo que respecta a su herencia judía"[2118], decidieron enviar a sus hijos a una escuela religiosa para que tuvieran una educación completa en ese sentido. Al igual que a otros niños, poco interesados en la temática, a Susanne no la entusiasmaban las clases de religión ni los temas de la historia del judaísmo, pero la realidad cotidiana la hacía consciente de que formaba parte de un grupo minoritario y acosado. A menudo, los jóvenes que pasaban a su lado le "dirigían insultos antisemitas"[2119] a los que no podía responder. Para protegerlos, los adultos les habían exigido que se comportaran "correctamente", esto significaba fingir que no escuchaban los insultos, y no hacer "nada que llamara la atención"[2120]. En su exilio norteamericano, Susanne expresó: "Viendo ahora cómo les fue bajo el régimen de Hitler a todos esos niños judíos bien criados y bien educados, lo único que se puede sentir es una mordaz ironía por todo esto"[2121].

En estos aspectos, los relatos personales de Susanne complementan los recuerdos de su tía Edith. En los años treinta, cuenta Susanne, por ser "la única estudiante judía" de su curso, asistir a la escuela era "una dolorosa lucha diaria"[2122]. Todas las estudiantes, menos ella, tenían el dudoso privilegio de pertenecer a la Alianza de Chicas Alemanes y lucir un uniforme marrón con "el alfiler de la esvástica"[2123]. En cuanto a los paseos, asistencia a conciertos, caminatas, partidos de tenis y práctica de deportes, todo lo que había alegrado la adolescencia de su tía Edith, de su madre y de su grupo de amigos, fueron prohibidos para los niños judíos[a].

En ese ambiente de tensión y miedos, Edith Stein explicaba a su familia que la determinación de hacerse carmelita no era una huida. Esto se ve claramente en la carta que le escribió a su sobrino Werner, a quien también informa acerca de la censura en la correspondencia. Había dejado de existir el "secreto

---

a Su madre insistía en que debía ir a esa escuela, no abandonar la educación pública. Pero, según relató Edith Stein, su hermana Erna llegó a pensar en "enviar a Susel a un Liceo católico donde los niños católicos serían tratados un poco mejor" (Posselt, 204).

postal"[2124] y se corría todo tipo de riesgos si las cartas eran interceptadas, porque los que las enviaban podían ser severamente castigados. Incluso así, Edith comentó que, si bien los institutos católicos eran presionados por el gobierno, había encontrado muestras de preocupación y afecto. Pero agregaba:

> Aun cuando las personas no se hubieran portado tan bien conmigo, jamás me hubiera apartado esto de la Iglesia. No he entrado en ella para aprovecharme de ella o porque las personas hubieran tirado de mí hacia dentro, sino porque su doctrina y la fe en los sacramentos me parecieron irrecusables. Y a lo largo de once años he experimentado tan abundantemente su bendición, que ya nada podría separarme de ella. Y aunque no existiera en el mundo nadie, cuya vida diera testimonio de lo que la fe puede hacer de una persona, yo me sentiría obligada a ello[2125].

Con cierta inocencia, mucha pasión y con el ímpetu propio de la juventud, su sobrina Erika, a quien había ayudado en sus exámenes de psicología, se oponía a su decisión. "Mi sobrina Erika, la judía más piadosa y estricta, sintió como un deber suyo influirme", escribió Edith. "Mis hermanos no lo hicieron, porque sabían que no tenía remedio alguno"[2126].

Por su parte, consciente de que en el plano argumentativo llevaba las de perder, Auguste no quiso discutir con su hija, aunque se desahogaba con su familia. Finalmente, Edith pasó su último día en la casa familiar. Cinco años después, evocando esa jornada, describió la despedida. Utilizar la forma de diálogo parece indicar que las palabras quedaron fijadas en su memoria. Cabría preguntarse cuántas veces, en los años siguientes, meditó sobre ellas al rememorar aquel día:

> El último día que yo pasé en casa fue el 12 de octubre, día de mi cumpleaños. Era, a la vez, una festividad judía, el cierre de la fiesta de los tabernáculos. Mi madre asistió a la celebración en la sinagoga del seminario de rabinos. Yo la acompañé, pues al menos aquel día queríamos pasarlo juntas. El maestro preferido por

> Erika, un gran sabio, tuvo una bella exhortación. Durante el viaje de ida en el tranvía no hablamos mucho. Para darle un pequeño consuelo le dije "La primera temporada es solo de prueba". Pero esto no ayudó en nada. "Cuando te propones tú una prueba, bien sé yo que la superas". Después se le antojó a mi madre volver a pie. ¡Algo más de tres cuartos de hora con sus 84 años! Pero tuve que acceder, pues noté que quería hablar francamente conmigo.
> —¿No era hermosa la homilía?
> —Sí.
> —Por lo tanto, ¿también como judío se puede ser piadoso?
> —Ciertamente, cuando no se conoce otra cosa.
> En aquel momento se volvió hacia mí exasperada: "¿Entonces por qué la has conocido tú? No quiero decir nada contra él. Puede que haya sido un hombre bueno. Pero ¿por qué se ha hecho Dios?[2127].

En el texto de Edith no figura la respuesta a semejante pregunta. No podía compartir con su madre, como lo había hecho días antes ("Hoy, es la fiesta de la Transverberación de Santa Teresa")[2128], o esperar que comprendiera aquellas palabras.

Al dejar la casa de su madre, Edith abandonaba también el mundo secular, y como a eso se sumaba la angustiante situación de los judíos alemanes, pensando probablemente que no la verían más, esa tarde muchos familiares y amigos fueron a saludarla. De alguna manera, eso "quitaba un poco la tensión del ambiente", pero "a medida que unos tras otro se iban despidiendo"[2129] la situación empeoró. Finalmente quedó a solas con su madre. Edith recordó:

> De pronto echó ambas manos a su rostro y comenzó a llorar. Me puse detrás de su silla y estreché fuertemente su cabeza plateada sobre mi pecho. Así permanecimos largo rato hasta que se la convenció para que se marchara a la cama. La llevé hasta arriba y la ayudé a desnudarse, la primera vez en la vida. Me senté después en su cama hasta que me mandó a dormir. Ninguna de las dos pudimos conciliar el sueño aquella noche[2130].

A la mañana siguiente, como era su costumbre, Edith asistió a la misa de las cinco y media. Luego volvió a desayunar con su familia. Su tren salía a las ocho y sus hermanas mayores, Else y Rosa, querían acompañarla hasta la estación. Erna también pretendía ir, pero le pidieron que se quedara con Auguste porque podría tranquilizarla más que nadie. "Como las dos más pequeñas", escribió Edith, "habíamos conservado siempre la ternura filial [...]; los hermanos mayores rehuían manifestarlo, aunque su amor no era ciertamente menor"[2131]. Durante el apurado desayuno, la madre intentó tomar algo, pero no pudo "y comenzó a llorar como la noche anterior"[2132]. Nuevamente, Edith la abrazó, y luego llamó a Erna para que la reemplazara. Después de ponerse el sombrero y el abrigo, regresó con su madre, que la "abrazó y besó con el mayor cariño". También estaba allí su sobrina Erika, que le agradeció la ayuda que le había dado para preparar sus exámenes. Finalmente, su madre exclamó: "El Eterno te asista"[2133].

Entre sollozos, Auguste vio como sus hijas menores se abrazaban. Edith reconoció: "Mi marcha apareció como una crueldad inconcebible"[2134]. Su consuelo era pensar que sus oraciones, una vez que estuviera en el claustro, serían escuchadas. Contemplando por última vez la casa familiar, observó: "Al pasar el tranvía por delante de nuestra casa, no había nadie a la ventana para hacer, como otras veces, unas señales de adiós"[2135].

Una vez en la estación de tren, su hermana Else se aferró fuertemente a ella. Luego, en su asiento, miró a sus hermanas a través de la ventanilla y quedó "sorprendida de la diferencia de ambas caras". Mientras que Rosa permanecía "serena y tranquila", como si fuera con ella "a la paz del convento", el aspecto de Else "se tornó súbitamente por el dolor como el de una anciana"[2136]. Desde el andén, sus hermanas continuaron saludándola y agitando sus manos hasta que las perdió de vista. Una vez completamente sola, Edith se abandonó a la sensación de que se hacía realidad lo que hacía poco apenas se "atrevía a soñar". Sin embargo, le estaba vedado manifestar lo que sentía: "Ninguna explosión de alegría al exterior, pues era terrible lo que quedaba tras de (ella)"[2137].

Esa noche, al llegar a Colonia, se alojó en casa de Hedwig Spiegel, su ahijada de bautismo. Al día siguiente, después de enviar a su familia un telegrama, juntas fueron al convento. Las profesoras del Palatinado le habían enviado enormes crisantemos blancos. Con esas flores las carmelitas adornarían el altar. Esa tarde Edith y Hedwig Spiegel tomaron un café, luego dos mujeres se acercaron para acompañarla hasta la puerta de la clausura.

El 14 de octubre, entre las cuatro y las cinco de la tarde, después de las vísperas de la celebración de Santa Teresa de Ávila, fundadora de la Orden, con un sencillo vestido negro de lana, Edith ingresó a la clausura. Las carmelitas le proporcionaron la esclavina y la toca que llevaban las postulantes. No necesitó que nadie le diera ánimo ante la puerta de la clausura. Su texto "Cómo llegué al Carmelo de Colonia" termina con las palabras: "Y yo atravesé con profunda paz el umbral de la casa del Señor"[2138].

En el convento había veintiuna carmelitas divididas entre las dieciocho hermanas de coro y las tres hermanas legas. En procesión, condujeron a la nueva integrante a su celda: cuatro muros de unos tres metros cada uno, pintados de blanco, con "una pila de agua bendita de barro"[2139], imágenes en papel de los santos de la Orden y, en el suelo, una palangana y una jarra de agua. Una pequeña mesita para la costura, un taburete para sentarse y un jergón de paja, con una almohada y unas mantas de lana rústica, completaban el austero mobiliario. En una de las paredes, una gran cruz de madera. A través de una ventana Edith podía contemplar el jardín interior del convento. A las 19.30, se unió a las monjas en el rezo de "completas"[2140]. De las 20.00 a las 21.00, volvió a su celda. A las 21.00 se unió al rezo de los maitines en la celebración de Santa Teresa de Ávila. Müller y Neyer observan que esta separación del mundo exterior y el cese radical de sus actividades, como paso "para estar completamente libre en su interior", es un "camino consecuente del método fenomenológico de la 'reducción', esa forma de conocimiento que había redescubierto la actividad receptiva del conocer [...].

La fenomenóloga Edith Stein se había convertido en monja contemplativa"[2141].

Raphael Walzer había creído que para ella sería muy difícil vivir entre hermanas legas y novicias significativamente más jóvenes, en un convento "poco espacioso y situado en plena ciudad", lo que podría ser "una hazaña casi imposible". Pero debió admitir que se había equivocado completamente[2142].

19
UN MUNDO QUEDÓ ATRÁS, PERO LA ESCRITURA CONTINÚA

Luego de la resolución de Edith Stein, varias personas se ofrecieron para hablar con Auguste, entre ellas Gertrud von le Fort, cuya novela *El velo de Verónica* cuenta la historia de una conversión. Edith pensaba que existía cierta conexión entre uno de sus personajes y la señora Stein, y creía que a la escritora le "significaría mucho conocer"[2143] a su madre. Tal vez por eso le escribe:

> Nunca he hablado a mi madre de usted. No conseguí que se interesara por ninguna de sus poesías, puesto que rechaza todo aquello que nada tiene que ver con su fe judía. Por esa razón, tampoco fue posible decirle algo que pudiera hacerle comprender un poco mi decisión. Muy especialmente rechaza las conversiones. Cada cual debe vivir y morir en la fe en la que ha nacido. Sobre el catolicismo y la vida religiosa tiene concepciones espantosas. En este momento es difícil decir debido a que sufre más: a causa de la separación de su más pequeña, a la que siempre ha estado unida con amor especial, a causa del miedo ante un mundo enteramente extraño e inaccesible, en el que su hija ha desaparecido para ella, o a causa del cargo de conciencia de sentirse culpable por no haberme educado lo bastante rigurosamente en el judaísmo. Como puntos de contacto para usted, solo veo el fuerte y genuino amor de Dios, que tiene mi madre, y el amor hacia mí, por nada perturbado[2144].

Como le dijo a Hedwig Conrad-Martius, Edith tuvo que aceptar que lograr que su madre "comprendiera algo" sería "totalmente imposible"[2145]. En cuanto a sus hermanos, habían mostrado "una bondad y cariño conmovedores"[2146]. Días antes de ingresar al convento, Edith informó a Ingarden del paso que iba a dar: "Ahora me encuentro en camino hacia Colonia, para ingresar mañana allí en el convento de las carmelitas. Es un plan antiguo, que ha llegado a su madurez por las actuales circunstancias"[2147]. Transcurrido un mes en el Carmelo, seguramente luego de su respuesta, Edith contesta: "Comprendí perfectamente que a usted no le gustaría este paso"; le asegura que la amistad entre ellos continua[a] y que podría seguir con sus trabajos filosóficos, aunque desde hacía ya "muchos años" habían dejado de ser lo más importante para ella[2148].

En consideración a los tiempos que corrían y a las dificultades que la familia atravesaba, aunque durante los primeros meses no se podían recibir visitas, la superiora, Josepha Wery, le permitió escribir semanalmente a su madre y continuar con su correspondencia, de modo que hasta finales de 1933 se conservan varias cartas a amigos personales, filósofos y religiosos[b].

La llegada de Edith Stein al Carmelo de Colonia introdujo o potenció desarrollos intelectuales. Entre sus papeles, hay una carta enviada por la priora, solicitando a la editorial que los publicó los tres volúmenes de los comentarios de San Agustín al Evangelio de San Juan. Como explica Moreno Sanz, pese a que "los trabajos científicos no eran consentidos durante el tiempo del noviciado", la nueva postulante recibió "señales más favorables a sus estudios" ya que "la Orden carmelitana no estaba dispuesta a malversar el gran talento de Stein"[2149]. Por eso, no pasó demasiado tiempo y se le otorgó "permiso para emplear las horas dedicadas al trabajo personal"[2150] a la prosecución de sus investigaciones filosóficas. Asimismo, a fines de noviembre pudo estudiar a Duns Escoto, una tarea que tenía pendiente. Moreno Sanz concluye que

---

a Pese al rigor de la clausura asegura a sus amigos: "La reja no es ninguna barrera" (OCI, 1051) y aclara que la situación no significaría "una pérdida" (OCI, 1063): "Los asuntos de mis amigos siempre seguirán interesándome" (OCI, 1063).

b Explica Edith: "Tengo permiso para 'liquidar' todo aquello que precisa de una respuesta, provenga de viejas o nuevas cartas" (OCI, 1061).

estas prerrogativas en el trato presentan una imagen alternativa "frente a los remilgos de la mayoría de sus muchísimos hagiógrafos, de los que a veces Stein misma es incitadora, que presentan como rarísimas excepciones el tiempo que ella dedica a escribir"[2151].

El caso es que aun cuando se dice que se la trató como a una novicia más, no es menos cierto que por su talento y formación se la consideró especialmente. De hecho, no debía ser común que a una novicia la precedieran varios baúles con libros, o que en su toma de hábito se diera la presencia de tantas autoridades de la Iglesia e intelectuales. Además, una vez en el convento comenzó a escribir textos que ocupan unas novecientas páginas reunidas en el tomo V de sus *Obras completas* bajo el título *Escritos espirituales*[a].

Muy pronto, apenas un mes después de su entrada en el Carmelo, Edith Stein redacta una "meditación o conferencia"[2152] en homenaje a San Juan de la Cruz, con la que inicia una serie de biografías de santos y religiosos, mayormente mujeres. En el corto artículo sobre San Juan hay una exposición sobre el sentido redentor que tiene la cruz para este místico, por lo que se ha interpretado que Stein "ha dejado plantadas" las raíces de lo que serán "sus dos esenciales teorías sobre la sabiduría de la cruz y del sufrimiento vicario"[2153], dos cuestiones que aparecen en sus cartas del período y que desarrollará en su obra final *Ciencia de la Cruz*. Por lo pronto, en su texto sobre San Juan, explica que "la búsqueda del sufrimiento como satisfacción perversa por el dolor es algo muy distinto de la voluntad de sufrir por la expiación"[2154].

Otros, como "Dichosos los pobres de Espíritu", escrito probablemente al llegar al Carmelo, parecen una reflexión o, como se lo denomina en este tomo, una "meditación" sobre las bienaventuranzas, en la que Stein retoma "la imagen de cristiano

---

a Tomo dividido en "Espiritualidad y mística", "Escritos históricos-doctrinales", "Meditaciones, "Notas necrológicas", "Piezas teatrales y poesías", "Cuadernos de notas personales" y "Apéndices".

perfecto"[2155] hacia la cual debe tender el creyente, y recuerda el consejo de Cristo: "Al joven rico que diera todos sus bienes a los pobres"[2156]. Este ha sido visto como un texto dirigido a sí misma por ser "una alabanza de la radical renuncia interior a cualquier género de 'espíritu inflado', e incluso a la excesiva confianza en la razón, para, en cambio, apoyarse en las 'fuerzas sobrenaturales de la fe'"[2157]. Significativamente, varios textos de su etapa carmelita son publicados en revistas y periódicos católicos, entre 1934 y 1939, bajo su nombre religioso (cuando los judíos ya no podían publicar).

En enero de 1934, Edith escribe "Amor con Amor. Vida y obra de Santa Teresa de Jesús". Al finalizar, hay una errata que podría interpretarse como un pequeño lapsus que dice mucho. Escribe que Teresa de Ávila entra en el convento "el día de las ánimas de 1933", el año de su propio ingreso, cuando debió haber anotado "de 1535"[2158]. En este escrito, Edith declara que para comprender el desarrollo de la vida interior de Teresa es preciso "que digamos antes algo sobre la vida interior"[2159]; al hacerlo no evita referirse a las "gracias místicas", "éxtasis" y "visiones", a las que define como "revelaciones privadas" que instruyen "al alma sobre su propio estado o sobre el estado de otras almas"[2160].

Probablemente a fines de 1934, escribe "Santa Teresa Margarita del Corazón de Jesús" y "Una maestra en la educación y en la formación: Teresa de Jesús", donde, además de presentar a la fundadora de la Orden como una líder nata, Stein la menciona textualmente cuando Teresa se refiere a la oposición de su padre cuando decide ser monja, y no logra convencerlo. Como si con ello meditara en su separación de su propia madre, cita a Teresa: "Cuando salí de casa de mi padre no creo será más el sentimiento cuando me muera; porque me parece cada hueso se me apartaba por sí, que, como no había amor de Dios que quitase el amor del padre y parientes, era todo haciéndome una fuerza tan grande que, si el Señor no me ayudara, no bastaran mis consideraciones para ir adelante"[2161]. Es muy probable que Edith Stein se sintiera identificada con Teresa de Ávila en este y en muchos aspectos[a], de modo que cuando se refiere a ella como educadora, parece estar hablando de sí misma y de sus ideales: "El objetivo de la educación lo tenía claro delante de los ojos: era un ideal de vida que ella traía en su corazón, sin haberlo prácticamente comprobado, y un tipo de personas en consonancia con esa ideal"[2162]. Resulta fundamental desde el punto de vista biográfico destacar el tratamiento que en este artículo Stein da al desprendimiento mundano y al desasimiento de toda voluntad, y esboza su creencia en que del amor al Salvador se sigue al amor a las almas y "el ansia de ayudar mediante el sufrimiento a la obra de la salvación"[2163].

Hemos visto que, desde muy joven, Edith Stein acudió a los libros como medio para su formación personal. Ahora, como postulante y novicia, se detiene en *Constituciones* y *Camino de perfección*, de Teresa de Ávila. Son muchos los paralelismos entre una y otra que surgen de este artículo. Pero, además, cuando Edith Stein habla de que "el ejemplo de la Madre se ha convertido en el más eficaz medio de educación", podría pensarse en el hogar de Auguste Stein cuando agrega: "Santa alegría, infantil jovialidad, junto a una ferviente disciplina, insistente negación de sí mismo, las dos mutuamente y apoyadas. Tal es el estilo de vida del Carmelo: el mundo que un grande y ardoroso corazón de madre ha creado..."[2164].

Después de la primera visita al convento, Hedwig Conrad-Martius destacó que el aire infantil y amable característico de Edith Stein, adquirió, allí, "algo embelesador. El doble sentido maravilloso de la palabra *gratia*: la gracia y el encanto estaba reunidos en ella"[2165]. Para finalizar, es probable que Edith Stein se inspirara en los textos de Teresa, en los que destaca la "fuerza de su lenguaje" y "la veracidad y naturalidad" de su estilo abren los corazones y los introducen en la vida divina[2166]. En los meses

a También parece reflexionar sobre sí misma cuando dice, sobre Teresa: "Ella, que era tan implacablemente sincera consigo misma, no podía pensar en otra cosa que en examinarse cotidianamente, para llegar a un conocimiento cada vez más profundo de la propia nada" (OCV, 69).

de postulantado y noviciado, Stein redacta otros escritos que muestran su cercanía con la Orden elegida. Entre ellos, "Sobre la historia y el espíritu del Carmelo", donde se remonta al profeta Elías diciendo que, en el convento del Monte Carmelo, "judíos, mahometanos y cristianos de todas las confesiones compiten en la veneración del gran profeta"[2167]. Parecería que, al menos en su caso, la clausura no implicaba un dejar de actuar en el mundo, ya que siguió publicando en revistas católicas, y, en este artículo, reconoce el poder de divulgación de la figura de Teresita de Lisieux y menciona "la novela carmelitana"[2168] de su amiga, Gertrud von Le Fort.

A diferencia de quienes ingresaban al convento muy jóvenes, sin formación ni relaciones, Edith Stein aportó, además, a conocidos que quisieron colaborar con el convento enviando donativos, alguna que otra "dádiva"[2169], regalos, o comprando libros e imágenes que se vendían en la portería[2170]. También estaban sus exestudiantes, amigas y compañeras de trabajo, como la bibliotecaria del Instituto de Münster, Margarete Günther, que buscaban la manera de alojarse en habitaciones de huéspedes y así estar cerca de las carmelitas.

En diciembre, Franziska Ernst, una amiga catorce años más joven que ella, también ingresó al Carmelo de Colonia. Para Edith Stein, tras décadas de esfuerzo intelectual, años de viajes constantes, los primeros meses de clausura habrán resultado un alivio; una suerte de retiro espiritual o, para expresarlo en términos legos o profanos, una cura de desintoxicación del mundo.

PRIMEROS TIEMPOS EN EL CARMELO

Contando con un breviario romano en cuatro tomos que contenía las oraciones propias de la Orden, un apreciado regalo de Petra Brüning, superiora de las ursulinas de Dorsen, Edith Stein atravesó la puerta de la clausura. Luego de "medio año de postulantado"[2171] podría ingresar al noviciado, recibir su nombre religioso, celebrar la toma de hábitos "muy festivamente" y, como su madrina de bautismo, Conrad-Martius "no debería faltar" en esa ocasión[2172].

Una de las primeras visitas que recibió en el locutorio, mediada por la doble reja, fue la de la señora Reinach, a quien la unía una duradera y profunda amistad y con quien pudo pasar "una hora maravillosa"[2173]. Por entonces, las personas opositoras al régimen sentían una desolación incomparable. No pocos, entre ellos Hedwig Conrad-Martius, hablaban de su añoranza por un camino como el que Edith tomaba al alejarse del mundo y centrarse en su vocación religiosa. Pero las ocho a diez horas de silencio y oración prescriptas en la Orden carmelita requieren una particular vocación o, dicho en términos religiosos, un carisma específico. Asimismo, habría que pensar en el "trabajo psíquico de filigrana"[a], que Stein piensa caracteriza a Santa Teresita de Lisieux, y que es "en el que se basa una parte esencial de la vida carmelitana [...], un trabajo silencioso de perforación, que es capaz de hacer saltar las rocas"[2174].

Hacía más de una década que se preparaba para dar este paso. En cuanto a incomodidades, como la carencia de calefacción durante el crudo invierno, ante la preocupación de su entorno, con humor Edith tranquilizaba a una amiga[2175b].

La vida de las carmelitas de clausura debía explicarse con detalle. "Ninguna carmelita auténtica", comunicaba Edith a una benedictina, "evitaría sus dos horas de oración establecidas"[2176]. Durante las horas de recreación les contaba a las carmelitas acerca de la liturgia de Beuron. Y habían pensado que, para el día de su toma de hábito, pautado para el 15 de abril del año siguiente, le regalarían "una misa cantada en gregoriano"[2177].

---

a Quien había planteado el trabajo psíquico de Teresita valiéndose de esta metáfora fue Adelgundis Jaegerschmid.

b Todas las mañanas, las carmelitas buscaban brasas en la cocina y las llevaban a sus celdas, en las que había una pequeña caldera con "tapadera agujereada" (OCI, n. 4, p. 1066) de la que salía algo de calor.

Llegado el momento, Edith debió aclarar que, siendo carmelita, el suyo sería "un camino silencioso"[2178], y que solo podría responder cartas en momentos contados, si se trataba de cuestiones urgentes. Quienes quisieran verla solo podrían ingresar al convento en horarios precisos, permaneciendo en el locutorio, a través de una doble reja, como se acostumbraba en su época, y durante un tiempo limitado. Aun así, concedía: "Si alguien se acerca a nosotras agobiado y molido, y puede sacar algo de paz y de consuelo, entonces me siento muy feliz"[2179].

Las carmelitas, que recibían noticias del exterior por medio de la portera del convento y de las visitas, estaban al corriente de que en las prisiones alemanas, religiosos y religiosas acompañaban a prisioneros, entre ellos a una gran cantidad de comunistas, condenados a muerte por los nazis. Por todo ello, Edith Stein sentiría que era "mucho más fácil guardar" la paz en el convento, que para "aquellos que día a día y hora a hora" se encontraban "en la lucha" mundana[2180].

Respecto de la Orden elegida, el Carmelo evoca el lugar del mismo nombre que se localiza cerca de la ciudad de Haifa, Israel, donde, según el Antiguo Testamento, en el siglo IX antes de Cristo, habitó el profeta judío Elías (véase Reyes 18-19) "que buscaba a Dios y que luchó contra la arbitrariedad de los poderosos". A imitación suya, en los primeros tiempos del cristianismo unos monjes se radicaron en el Monte Carmelo dispuestos a vivir como "ermitaños y dedicarse en la soledad a la contemplación"[2181].

ADECUÁNDOSE A LA VIDA CARMELITA

No parece que Edith haya tenido mayores contratiempos para adecuarse a su nueva vida. Sin embargo, como destacan Müller y Neyer, en ese entonces existía un "ceremonial" con 454 prescripciones en las que se "determinaba" cada paso de la vida del convento. Se trataba, según estos autores, de un "desafortunado libro" que hizo gastar muchas energías a Edith Stein, para quien ese aprendizaje fue "una buena escuela de humildad"[2182]. Moreno Sans llama la atención sobre el hecho de que, mientras se ocupa de aprenderse dicho ceremonial, en su autobiografía, que está escribiendo en esos momentos, Stein critique "a su juvenil enamorado, el practicante judío Metis, por respetar los gestos necesarios en un sabbat, considerándolos sutilezas talmúdicas que la repugnaban"[2183]. No es posible saber si ella asoció ambos tipos de rituales, pero bien sabía que la obediencia era un requisito esencial a su nueva posición y debía esmerarse en ese sentido.

Su maestra de novicias y primera biógrafa, Renata Posselt, afirma que estaba muy bien preparada por el estilo de vida que había llevado antes de entrar al convento[2184]. Posselt brinda testimonios de primera mano. Además, tal vez inspirada en lo que sucedió luego de la muerte de Teresita de Lisieux, cuando sus hermanas comenzaron el proceso de divulgación de su obra y posterior beatificación y santificación, Posselt pensó en que el caso de Edith Stein merecía iniciar un camino similar. Con las mejores intenciones, en su libro, hace algunas definiciones o interpretaciones controvertidas[a]. Dice que Edith fue recibida "como cualquier otra postulante"[2185], y que la mayoría de las monjas no habían oído nunca su nombre ni estaban al tanto de su actividad pública. En realidad, aun tratándose de un convento de clausura, las noticias tienen el poder de atravesar cualquier

---

a Respecto de esta biografía y de otras descripciones, su sobrina, Susanne Batzdorff, dice que, sin que haya mediado mala fe, existen "afirmaciones equívocas" que continúan dando a los lectores "una impresión equivocada de lo que era la vida en la casa" familiar. También habló de "licencias poéticas" y errores que Erna Stein trató de que se modificaran en las siguientes ediciones del libro, sin conseguirlo. Concluye Batzdorff: "Nosotros, la familia de Edith Stein, teníamos la impresión de que tales licencias poéticas estaban orientadas hacia un propósito, a saber, aquel de representar una atmósfera de ortodoxia tan opresiva que apartó de la fe a una naturaleza tan sensible como la de Edith y la impulsó al cristianismo [...]. Conociendo el meticuloso respeto de Edith por la verdad, no puedo creer que lo mismo se originara en ella" (SB, 95).

muro. Lo que sí es seguro es que, al ingresar al Carmelo, Edith vio "como la cosa más natural"[2186] el "aceptar y ejercitarse en las mil pequeñeces a las que desde el primer día tiene que acostumbrarse una postulante"[2187]. Atenta a estas exigencias, "se afanaba, con una sencillez cautivadora, en cumplir todos los puntos del horario doméstico, en atender todas las indicaciones y en aceptar toda aquella novedad insólita"[2188]. Esta inmersión a fondo en su nueva vida condujo a situaciones más o menos graciosas, como la "significativa pregunta de una monja anciana para ver hasta qué punto valía la nueva postulante", que quiso saber: "¿Sabe coser bien?"[2189].

Pronto las carmelitas se percataron de que, pese a sus títulos académicos o tal vez por ello, Edith cosía "muy mal", y además se daba "tan poca maña para los trabajos de casa que daba lástima verla"[2190]. La antaño niña mimada a la que sus hermanas mayores y su madre, convencidas de su inteligencia y de que debía proseguir sus estudios y no ocuparse de zurcir medias, eximían de tareas domésticas, era, además, "inútil para la cocina"[2191]. Así y todo, para alivio de su maestra de novicias, sabía sufrir las humillaciones "con valor interior y con humor exterior"[2192]. Estos gestos la hacían simpática a las carmelitas que constataron que, en materia de oración, dominio de sí misma y capacidad de adaptación, Edith Stein era una adelantada. Otro rasgo que resultó atractivo para sus nuevas compañeras fue que "en su interminable charla se revelaba una capacidad de ingenio que a todas cautivaba"[2193].

Claro que esa charla se daba en los contados momentos de recreación. El riguroso horario se cumplía a rajatabla[a]. Edith

---

a El horario de verano era el siguiente: "En verano: 04.30 Levantarse. 05.00-06.00 Oración. 06.00-07.00 Prima-Nona. 07.00 Santa misa. 08.00-9.53 Tiempo de trabajo. 9.53 Examen de conciencia. 10.00 Comida, seguidamente una hora de recreación. 12.00-13.00 Descanso. 13.00-14.00 Trabajo (para nosotras 13.30 noviciado). 14.00 Vísperas, después lectura espiritual. 15.00-16.45 Trabajo, luego Viacrucis o lectura espiritual. 17.00-18.00 Oración. 18.00 Cena y Recreación (ahora, a las 19.20: mes de mayo). 19.30 Completas y Oración de la noche. 20.00-21.00 Retiro de celda. 21.00

explicó: "El fundamento de nuestra vida son las dos horas de oración que figuran en nuestro horario"[2194]. Y, en abril de 1934, seis meses después de su ingreso en el Carmelo, aseguró: "Desde que disfruto de este beneficio comprendo lo mucho que he carecido de él estando afuera"[2195]. Esto se reflejaba en su aspecto: a las pocas semanas de estar en el Carmelo se la vio rejuvenecer "visiblemente"[2196]. Puede haber influido en ello que se le exigiera moderación en su autoimpuesto rigor y limitar "el exceso de trabajo mental, los ayunos corporales, y el acortar voluntariamente el sueño"[2197]. Sin duda Teresa de Ávila fue una mujer sabia al decir que, en las religiosas, "comer bien, dormir sin escrúpulos y santa alegría"[2198] eran señales de una vocación auténtica. Y justamente es su buen humor lo que resalta Posselt cuando manifiesta que Edith reconoció que "nunca se había reído tanto"[2199a] como en las horas de recreación, al conversar con las carmelitas.

Antes de que la postulante fuera aceptada como novicia había que cumplir ciertos requisitos comunitarios. Por eso, "el 15 de febrero de 1934 tuvo lugar la votación del capítulo del convento"[2200] cuando, arrodillada, frente a las carmelitas, "según costumbre de la Orden"[2201], Edith Stein escuchó que había sido aceptada en el noviciado[b].

UNA FIESTA "COMO NO LA HABÍA VIVIDO NUNCA EL CARMELO DE COLONIA"

El 15 de abril de 1934 tuvo lugar lo que Posselt describe como una fiesta hasta ese momento inédita,

---

Maitines y Ludes, Examen de conciencia, preparación de la oración de la mañana" (OCI, 1082).

a Al escribir esta biografía, entrevisté a varias postulantes al Carmelo y a exmonjas carmelitas. Varias se refirieron al buen humor como un rasgo apreciado en la convivencia claustral.

b Previamente, el médico del convento había certificado su buen estado de salud. Y también había pasado un "examen canónico" (MyN, 233).

> como no la había vivido antes el Carmelo. Los ricos regalos de flores de sus muchas amigas y conocidos habían dejado adornada la pequeña iglesia de forma primorosa. Se contaba con muchos asistentes, pero hubo tal aluvión de gente, que fue más llamativo. La alta estima, veneración y amor de que Edith gozaba en el mundo se manifestaba poderosamente[2202].

Dice su primera biógrafa que, a la homenajeada, estas demostraciones parecían "afectarle muy poco"[2203]. Matizando estas afirmaciones, Moreno Sanz afirma que "está ya muy claro que ella va a ser un 'monja de excepción' sobre la que se vuelca los más florido de la 'primavera católica'. Y así la fiesta lo es también de algún modo de la propia fenomenología católica", que cuenta con el "beneplácito" de Husserl que le envía una "entrañable" y entusiasta postal. Según Moreno Sanz, reconciliada con su maestro, "que interrumpió su camino académico"[2204], les muestra la postal a varios asistentes, como el abad de Beuron Raphael Walzer y el pensador católico Peter Wust. En ella, Husserl expresaba: "¡Cuánto nos gustaría ir a la grandiosa y exaltadora fiesta de la toma de hábito, con la cual la vida de usted adquiere un supremo y bendito giro!"[2205].

La celebración fue preparada con esmero, asistieron amistades del mundo católico y también algunos parientes y amigos. Al igual que en toda boda tradicional, el vestido de la desposada fue[a] un asunto crucial. Rosa Stein le regaló a su hermana una bella seda blanca para su confección[b]. Se redactaron tarjetas

---

a De entrevistas realizadas a carmelitas y excarmelitas que profesaron en distintos conventos de la Argentina surge que las costumbres han variado notablemente. En especial, si los conventos se rigen por las Reglas y Constituciones de las carmelitas descalzas de 1991 o anteriores, siendo las primeras las que se rigen de acuerdo al Concilio Vaticano II. Véase: https://www.carmelitaniscalzi.com/wp-content/uploads/2017/03/Constituciones-1990.pdf

b El 3 de mayo de 1934, Edith Stein comunicaba que el vestido se había transformado en una casulla (OCI, 1085), que se encuentra en la actualidad en el Carmelo de Colonia.

de invitación indicándose que la ceremonia se desarrollaría de acuerdo al siguiente cronograma: "A las 9 de la mañana misa solemne, a continuación, sermón y toma de hábito"[2206].

Previamente la postulante debía realizar, en silencio, ejercicios espirituales, y se unía a la comunidad durante las comidas. Edith Stein toma *La subida al Monte Carmelo*, de San Juan de la Cruz, como guía de sus ejercicios espirituales. "Antes de entrar en el santo silencio", le escribió a Petra Brüning, que había enviado al convento un "precioso paquete de Pascua"[2207]: "El Sábado Santo por la tarde a cada novicia esperaba en su celda su conejo de Pascua y una vela de Pascua"[2208]. Los regalos de los amigos de Edith, anticipando la toma de hábito, dieron indicio a la comunidad conventual de cuánto se la estimaba en el mundo exterior. Ella misma tradujo del latín el ritual de la toma de hábito para que los asistentes pudieran leerlo en edición bilingüe.

En la celebración también estuvieron "un gran número de señoras"[2209] a las que Edith había conocido siendo docente y conferencista. El día de la ceremonia, ella sale de la clausura para saludar "a los huéspedes de honor allí reunidos"[2210]. Entre los religiosos destacaban Raphael Walzer, quien daría la misa, y el provincial de los carmelitas, a cargo de la imposición del hábito. Entre los filósofos y profesores asistieron el profesor Johann Steffes, director del Instituto de Pedagogía Científica de Münster; el profesor de filosofía de Münster y teórico de la cultura Alois Dempf, llamado "profeta contra el nacionalsocialismo"[2211]; Adolf Donders, director espiritual de Stein en Münster, que dejó un escrito testimonial sobre ese día; los filósofos Peter Wust y Bernhard Rosenmöller[a], también invitado al congreso de Juvisy; y Hans Brunnengräber, colega de Stein en Münster. Hedwig Conrad-Martius, además de amiga, representaba a los fenomenólogos, y tampoco quiso estar ausente Gerta Krabbel, presidenta de la Alianza Católica de Mujeres Alemanas, que

a Rosenmöller se instaló en Breslau en 1937, donde ayudó a las hermanas de Edith Stein que permanecían allí y "tuvo dificultades a causa de su catolicismo y de su respaldo a los judíos perseguidos" (OCI, 960, n. 8)

"irradiaba alegría"[2212]. También estuvo su secretaria, Emmy Schwitzer, quien años después se casó con un médico holandés y logró visitar a Stein poco antes de que la arrestaran los nazis.

El día de la toma de hábito, Edith Stein pudo saludar, por última vez fuera de la clausura, a la baronesa Von Bodman, a colegas de Espira y a sus estudiantes de Friburgo, Espira y Münster. Ese día se encontraban presentes antiguas y nuevas relaciones, como Annie Bender y la doctora Cosack. Al describir esos momentos, Edith comunicó que, "desde luego", no había asistido "nadie de la familia"[2213]. La única excepción fue Nelly Neumann, la primera esposa Richard Courant. En cuanto a la Universidad de Breslau, estuvo representada por el profesor Joseph Koch, quien, Edith pensaba, sería uno de los primeros en informar a Erna y a Rosa "cómo transcurrió la fiesta"[2214].

Por la época y por las personalidades involucradas, todo estuvo revestido del característico esplendor ritual del catolicismo. "Con todos los Ornamentos abaciales y todo el Clero" presente, Raphael Walzer fue el que condujo a Edith Stein en procesión hasta la puerta de la iglesia. Luego, la llevó hasta el altar. Desde un reclinatorio, Edith siguió la ceremonia "a la que dio realce la interpretación musical a cargo del coro de cantores de la III Orden de Santo Domingo"[2215]. Terminada la misa, Walzer dio "una alocución" que, según la maestra de novicias, "puso de nuevo a dura prueba la humildad"[2216] de Edith. A continuación, se acercó el provincial de los carmelitas y se desarrolló el acostumbrado diálogo[a] en el que la postulante atestigua "ante la iglesia y ante el mundo"[2217] su vocación e intenciones. Este diálogo culmina con una bendición: "Que el Señor que te ha traído a ti a nosotros, te despoje del hombre viejo con todos sus resabios…"[2218]. Dicho esto, Edith Stein pasó a llamarse Teresia Benedicta a Cruce (Teresa Benedicta de la Cruz), nombre que

---

a Un diálogo que la maestra de novicias y primera biógrafa de Edith Stein califica de "inmutable durante siglos" (Posselt, 208). Según surge de mis entrevistas con carmelitas argentinas, el ritual ha variado de acuerdo a las comunidades.

había elegido[a]. Luego, se levantó, tomó el cirio encendido y se acercó a la puerta de la clausura. Allí la esperaban las carmelitas con cirios encendidos en sus manos. Una de ellas le mostró un crucifijo. Arrodillándose, la nueva novicia lo besó, atravesó el umbral y las puertas se cerraron[2219].

Mientras los asistentes se reunían junto a las rejas abiertas del coro y las carmelitas recorrían el claustro entonando el himno "O gloriosa Domina", Edith[b] cambió rápidamente su vestido por el hábito. "Los velos y corona de mirtos" del traje fueron sustituidos por el velo carmelita, los zapatos por "modestas sandalias"[2220]. Cumplido este paso, las carmelitas ingresaron en el coro seguidas por la superiora y por Edith Stein, que "se arrodilló sobre una alfombra delante de la reja del coro. A su lado, sobre un taburete, estaban preparados"[2221] los elementos que completaban el hábito: el cinturón de cuero, el escapulario, la capa blanca y el velo. Al recibirlos, Edith sostuvo un nuevo diálogo, esta vez con la superiora, la maestra de novicias y el provincial. Completando el acto con un simbolismo que en su caso sería particularmente anticipatorio, Edith Stein se postró en el suelo "en forma de cruz"[2222]. Por último, luego de que le pidieran que se levantara besó la mano de la priora y se abrazó con las demás religiosas que entonaban un canto celebratorio de la vida en comunidad.

Las personas que habían quedado del otro lado de las rejas vieron cómo las monjas se alejaban y cuando el coro hubo quedado vacío, aquellos que se habían demorado en la iglesia debieron despedirse. Poco después, el filósofo de Münster, Peter

---

a Acerca del cambio de nombre explicó Edith: Santa Teresa "entendió el abandono del apellido familiar como renuncia a todo el pasado; así debía superarse toda tentación de soberbia a causa de la nobleza de sangre y también el peligro de acentuación de las diferencias sociales. Pero el sentido más profundo es que hemos sido llamados personalmente para vivir el significado de determinados misterios" (OCI, 1111).

b Se seguirá con este nombre, salvo que sea necesario recurrir a su nombre religioso.

Wust, publicó un artículo periodístico en el que decía que "fue llevada una novia al altar, una novia cuya vida puede considerarse casi como un símbolo del movimiento intelectual de los últimos decenios..."[2223]. A su modo, Wust "ve como en ese blanco vestido de novia de la pureza ha conjuntado el hábito filosófico y el católico"[2224].

LUEGO DE LA CEREMONIA

No faltaron las fotografías de ese día, como las que tomó Theodor Rauch, provincial del Carmelo. Pero a Edith le pareció que la "más elegante" era la que había tomado su amiga Hedwig Spiegel, donde se la ve "con el velo caído"[2225]. Poco después, Edith envió cartas de agradecimiento por las flores y presentes recibidos. A la bibliotecaria del Instituto de Münster le estaba particularmente agradecida porque su "informe"[2226] fue la primera noticia que recibió Rosa Stein[a], que no había podido asistir. El 4 de mayo, Edith le escribe a su hermana Erna:

> Poco a poco os acostumbraréis a mi nuevo nombre (Teresia Benedicta a Cruce O.C.D. [...]). Si, no obstante, preferís utilizar el antiguo, aquí no os lo tomarán a mal, pues comprenden las cosas. Espero que tampoco vosotros os enfadéis conmigo, si ahora yo firmo como me llaman mis hermanas de comunidad[2227].

Poco después, le decía a una religiosa de otra Orden: "Los servicios básicos del amor ahora deben efectuarse a través de un camino silencioso. Creo, incluso, que de esta manera puedo ayudarle más que con palabras"[2228]. Lo que no podría cambiar es la cantidad de cartas que recibía y que exigían respuesta, cosa que en esos momentos le preocupaba especialmente: "Cuando,

---

a Por su parte, Rosa Stein agradeció a Margarete Günther y le escribió: "A todos los que se gocen de él, los haré partícipes de su informe" (OCI, 1664).

además, hay que escribir a tantas personas, una teme convertir en banal lo más sagrado"[2229].

Cada vez que podía, reiteraba que las visitas podrían resultar inoportunas:

> La mayoría de las hermanas, cuando son llamadas al locutorio, lo consideran como una penitencia. Es siempre como un paso a un mundo extraño, y se es feliz cuando nuevamente una puede retirarse a la paz del coro, y asimilar delante del sagrario lo que a cada cual le ha sido encomendado. Pero cada día yo siento esta paz como un magnífico regalo de la gracia, que no puede ser dado solo para una; y si alguien se acerca a nosotras agobiado y molido, y puede sacar de aquí algo de paz y de consuelo, entonces me siento muy feliz[2230].

En base a las constituciones de Santa Teresa de Ávila, cada convento tiene reglas propias y que cambian según la época. Edith instaba a desistir de que la visitasen "los grandes días de fiesta" porque eran "los únicos días en los que las novicias tienen recreación común con las hermanas más antiguas; y puede pensar que no es bien visto si en lugar de estar con la comunidad una está en el locutorio"[2231]. Según Müller y Neyer, el primer año de noviciado no tuvo demasiados sobresaltos: Edith ayudaba en los quehaceres generales, escribía y "representaba obras de teatro cuando se celebraban fiestas domésticas"[2232]. También tradujo salmos del latín que eran cantados "por las religiosas jóvenes con arreglo a conocidas melodías de canciones sacras"[2233].

A todo esto, luego de una pausa de semanas, Auguste había vuelto a escribirle a su hija "para atacar" su decisión[2234]. Apenada, Edith comenta: "De vez en cuando envía un saludo, pero no habla a gusto de mí"[2235]. Cuando entre mayo y junio Gertrud von Le Fort estuvo en Breslau, Edith le escribió: "Apenas me atrevo a proponerle que visite a mi madre, ya que, momentáneamente, no le gusta hablar de mí"[2236]. Agregaba que poco antes había estado con ella una conocida que quedó contrariada, y también le explicaba: "Mi madre la acogió muy amablemente, pero no quiso saber absolutamente nada de Colonia. No quisiera exponerla a esto”[2237].

En julio de 1934, después de la muerte de “su hermano preferido”, Auguste estaba “muy amargada”[2238]. Sobre lo que pensaba de su decisión, Edith le escribió a Erna: “Sé que no sirve de nada decirle algo y que solo conseguiría hacerle enfadar inútilmente”[2239].

Si por algún motivo, interno o externo, Edith Stein flaqueó en sus creencias, a diferencia de Teresa de Ávila y de Santa Teresita de Lisieux, que dejaron vestigios de épocas de aridez o sequedad espiritual, ella no se permitió, no las experimentó o no tuvo necesidad de comunicar este tipo de experiencias. Por el contrario, a una amiga religiosa interpelada por sus propias dificultades con el entorno le escribía:

> Nuestra influencia sobre los otros será bendecida en la medida en que no cedamos una pulgada en el seguro terreno de nuestra fe y sigamos impertérritos la voz de nuestra conciencia, sin que nos importe nada lo que piensan los demás. Si en el desempeño de algún puesto esto ya no fuera posible, opino que se debería renunciar a él, incluso aun cuando parezca que muchas cosas dependen de nuestra actividad[2240].

¿A qué se debe que nunca, ni en su correspondencia ni en sus escritos autobiográficos, Edith plantee dudas acerca de su fe? Su condición de conversa y la época en la que le tocó vivir pudieron haberla predispuesto a no escribir sobre estas cuestiones.

COMPRENDER LO RADICALMENTE OPUESTO

Poco después de la toma de hábito, Stein recibió noticias de Roman Ingarden, quien finalmente había obtenido una cátedra universitaria en Polonia. Aunque en las Navidades pasadas su amigo le había asegurado que se alegraba de que hubiera “encontrado” la felicidad en el Carmelo, habría expresado alguna contrariedad, por lo que ella le respondió:

> Para mi hermosa fiesta de toma de hábito, he recibido [...] un muy ácido deseo de felicidad. Solo que una única gota de vinagre en un mar de dulzura no puede hacer mucho. Pero lo siento por usted, que no haya tenido parte en mi alegría. Me alegré mucho por cuantos vinieron aquí y se alegraron conmigo. Y vinieron muchos[2241].

Como aclara Moreno Sanz, Edith Stein siguió cultivando con la misma pasión su escritura epistolar, que "no deja de ser nunca ella misma filosófica"[2242]. Esto se aprecia especialmente en las cartas que le envía a Ingarden, como la de mayo de 1934, donde subraya (hablando de sí misma en tercera persona): "Han pasado ya 3 semanas desde que para Edith Stein sonó la campana de la muerte. En lugar de eso ahora existe la hermana Teresia Benedicta a Cruce [...]. Lleva un hábito marrón y un velo blanco de novicia..."[2243]. Además de enviar una foto de su toma de hábito, Edith les hace llegar a su amigo y a su esposa dos estampas conmemorativas de ese día con la imagen de la Virgen del Carmen.

En nombre de la amistad, Ingarden se arrogaba un derecho a crítica que solo alguien muy cercano podría expresar. Por tres años no hay cartas entre ellos, recién en el verano de 1937 Edith recibió una a la que respondió:

> Mucho me ha alegrado tener noticias suyas. Ahora quiero demostrarle que no espero 3 años para dar la respuesta. No creí que usted "se enfadara" conmigo a causa de mi entrada en la Orden. [...] Pensé únicamente que en mi última carta podría haber habido algo que le quitó las ganas de escribir. Si no fue así, tanto mejor. Por propia experiencia comprendo perfectamente lo de la falta de tiempo, y por tanto le dispenso de escribir, a no ser que tuviera algo en el corazón que quisiera decir gustosamente[2244].

Ingarden habría realizado suposiciones acerca de la vida carmelitana. Para despejar el tema, Edith afirma: "Lo que usted expone sobre los presupuestos acerca de nuestra actitud frente a la vida, está tan fuera de lugar que no acabaríamos si yo quisiera refutarle"[2245]. A continuación, casi como si le hablara a un niño pequeño, le explica:

> Será mejor que le cuente de forma muy sencilla algo sobre mi vida. Creemos que a Dios le place elegir un pequeño grupo de personas que de manera mucha [*sic*] más cercana deben participar en su propia vida, y creemos pertenecer a ese grupo de afortunados. No sabemos con qué criterios se ha hecho la elección. Desde luego no según la dignidad y mérito, y por ello la gracia de la elección no nos hace soberbios, sino humildes y agradecidos. Nuestra tarea es amar y servir. Dado que Dios no abandona el mundo que él ha creado, y, sobre todo, ama mucho a los hombres, por eso, naturalmente, nos es imposible menospreciar al mundo y a los hombres[2246].

Y punto seguido, ella declara:

> No hemos dejado el mundo porque lo consideráramos sin valor, sino a fin de estar libres para Dios. Y si Dios lo quiere, otra vez hemos que [*sic*] retomar la relación con algunos que están más allá de nuestros muros. Para nosotras vale lo mismo pelar patatas, limpiar ventanas o escribir libros. Pero, en general, se emplea a la gente para aquello que más vale, por esta razón es mucho más raro que yo pele patatas que escriba[2247].

Las cartas entre Stein e Ingarden exhiben el tipo de reparos que se le hacían desde el mundo secular. Estos reparos no se dirigen tanto a la conversión o a la determinación de hacerse monja, sino a la Orden elegida[a], con una regla que ya por en-

---

a En 1937, comenta a Ingarden que su último y frustrado trabajo para cátedra se había transformado en "2 volúmenes sobre *Ser finito y ser eterno*" (OCI, 1223). También le pedía: "¿Podría usted decidirse a llamarme 'hermana Benedicta', como yo me he acostumbrado? Con 'señorita Stein' tengo que ponerme a pensar qué cosa es eso" (OCI, 1223).

tonces presentaba exigencias muy difíciles de comprender por el mundo moderno.

Siendo la actividad principal de las carmelitas descalzas la oración[a], con realismo y tal vez con algo de humor, un rasgo esencial en Teresa de Ávila, al referirse a las horas de oración obligatorias, Edith informaba a una religiosa de otra Orden que "la enfermedad típica de las carmelitas es sinovitis en rodilla"[2248]. Luego agregaba detalles de su experiencia como novicia:

> Cuando entramos por la puerta, la mirada se encuentra, lo primero de todo, con un crucifijo de gran tamaño que cuelga sobre la reja. Si se imagina cómo estoy en mi lugar en el coro, por favor no me vea con capa blanca (pues ésta solo nos la ponemos para la santa misa y para el Oficio festivo de primera clase), sino con el antiguo hábito marrón, muy pequeña en el suelo. Tampoco mis meditaciones son altos vuelos del Espíritu, sino, generalmente, muy sencillas y modestas. Lo mejor de ellas es la acción de gracias por haberme regalado este lugar como patria terrena y escala para la eterna[2249].

ENCLAUSTRADA PERO ACTIVA

Enclaustrada pero activa intelectualmente tras los muros del convento, Edith siguió escribiendo, aunque, decía, "el horario del Carmelo" dejaba "muy poco tiempo para el trabajo científico"[2250]. De 1933 es su texto "Amor por la cruz". En 1934 escribió reseñas, dos de ellas sobre la traducción al alemán de la *Summa Teológica* de Santo Tomás, que venían haciendo dominicos y benedictinos, y que fueron publicadas en distintas revistas. Además, siendo postulante completó el índice de las *Quaestiones*,

---

a Dice Stein: "A diario, todas juntas, rezamos por las intenciones que nos han sido encomendadas, y cada una en particular hace lo propio por las personas que tienen especialmente a su cargo". En esa misma carta, agrega: "Para nosotras es muy bochornoso que, a veces, se nos atribuya una santidad y poder especial en la oración" (OCI, 1104).

publicado ese año. También redactó artículos relacionados al Carmelo: "Amor con amor. Vida y obra de Santa Teresa de Jesús", "Santa Margarita del corazón de Jesús" y "Sobre la historia del Espíritu del Carmelo". Y en diciembre de 1934 comunicaba a Hedwig Conrad-Martius que en el convento se esperaba que publicara su trabajo *Acto y potencia.*

Se ha dicho que Edith Stein va a desempeñarse en el Carmelo de Colonia "como asesora intelectual, litúrgica y artística, se convierte en lectora, cantora, muchas veces instructora y profesora de las monjas"[2251]. También asesoraba a quienes sentían vocación[a] por el Carmelo, a exestudiantes, a colegas[b], a amigas y a conocidas que se habían convertido. Este último fue el caso de la doctora en Ciencias Políticas[2252] Ruth Kantorowicz, convertida en 1934 y a quien Edith había conocido por intermedio de su hermana Else. En diciembre, las dos comenzaron una intensa correspondencia. Edith sabía que la conversión de Ruth había sido "una alegría" para su padre fallecido recientemente, por eso mismo, y con el ánimo preconciliar al que se hizo mención, suponía que la actitud del padre de Ruth representaba "una gracia especial" y le pedía que la ayudara a "pedir" por Auguste "para que también a ella se le abra la mente"[2253].Edith aconsejó a su amiga no intentar entrar a una Orden, ya que ninguna la admitiría inmediatamente después de su conversión. También la instaba a aprender lo relativo a los dogmas de la fe y la liturgia. No se le escapaba que "amar" a la iglesia y a la "vida católica" no quería decir abandonar una actitud crítica porque "a la larga" las

---

a Le escribe a una conocida: "La muchacha debería aprender a hablar un poco: para hacer comprender a los otros que una se siente llamada al Carmelo, ha de saber decir de qué manera se ha persuadido de ello" (OCI, 1099).

b Particularmente conmovedora es la respuesta a la bibliotecaria de Münster, Margarete Günther, a quien Edith le decía: "Siempre soy un poco rigurosa" (OCI, 1098), y aconsejaba seguir la opinión de quienes le decían que debía realizar la jura de su cargo como candidata a maestra —aun cuando el documento contenía, luego de la muerte del anterior presidente, Hindenburg, "el nombre de Hitler"— (OCI, n. 3, p. 1098).

"sombras" de las organizaciones y vida católicas contemporáneas no podrían "permanecerle ocultas"[2254]. En agosto de 1935, conmovida por la suerte de Ruth Kantarowicz, pensando que lo mejor para ella era "vivir en un ambiente católico"[2255], apoyó su deseo de dejar Hamburgo e instalarse en Colonia. Una vez allí, las carmelitas y grupos de mujeres católicas se ocuparon de procurarle pequeñas tareas de subsistencia. La hija de un matrimonio de médicos que, hasta el nazismo, había tenido una vida acomodada, se alojó en la casa de "gente muy buena y sencilla"[2256]. Como la enorme mayoría de los judíos alemanes con formación académica, tuvo que adecuarse a la nueva y dolorosa realidad. Uno de sus trabajos fue copiar a máquina escritos de Edith Stein, entre ellos, "Historia de una familia judía"[2257]. Pero estas pequeñas ayudas eran paliativos en épocas en que las condiciones de vida y la posibilidad de subsistencia se hacían cada vez peores.

20
VOTOS SIMPLES EN UN MUNDO COMPLEJO

No era urgente para Edith Stein abandonar esta etapa; tenía la impresión de que "el noviciado propiamente dicho" había comenzado recién cuando interiorizó las ceremonias y costumbres carmelitas[2258]. Dentro de estas prácticas, las más entretenidas eran las habituales representaciones teatrales a las que las religiosas eran aficionadas. Son conocidas las imágenes de Teresita de Lisieux vestida con armadura y representando a Juana de Arco; pero solo podemos imaginar a Edith Stein "vestida de San Francisco"[2259], ya que no hay registro fotográfico de ese momento ni de su actuación en otras obras en las que participó.

Más allá de estas actividades, Edith experimentaba una especial vocación por el silencio. En relación con los ejercicios espirituales comunitarios que tuvieron lugar el 22 y el 31 de enero de 1935, dijo: "Ejercicios en el Carmelo: para ser como el cielo solo falta la propia santidad"[2260]. Además, reiteraba en su correspondencia que no llevaba una "vida sacrificada", que la avergonzaba que algunas personas pensaran eso y, para despejar todo tipo de dudas, agregaba: "Una vida sacrificada yo la he llevado todo el tiempo que estuve fuera"[2261]. A otro corresponsal, intrigado por saber cómo le iba con la soledad, le respondía que esa pregunta la hacía sonreír, "pues ha de saber que la mayor parte de mi vida he estado más sola que aquí"[2262]. También daba gracias por "la inmerecida y extraordinaria gracia de la vocación"[2263].

En cuanto a lo que sucedía fuera del convento, todo empeoraba. Durante los primeros meses de 1935, las noticias de sus conocidas de Espira no eran alentadoras: con los colegios de formación de maestras suprimidos, sus antiguas compañeras de trabajo procuraban reinsertarse en escuelas estatales, lo que implicaba actuar con "más sensatez y precaución"[2264] que en una escuela confesional. En ese contexto, Edith apreció el nuevo libro de Gertrud von le Fort, *Die Ewige Frau*[a], una obra frente a la cual encontraba "inútil" todo lo que se había escrito "sobre la mujer" en los últimos decenios[2265].

En cuanto a sus próximos pasos, el 15 de febrero, mediante votación, Edith fue autorizada a realizar los "votos simples"[2266] o temporales[2267]. La ceremonia, realizada el 21 de abril de 1935, la comprometía por los siguientes tres años. Fue una celebración interna sobre la que informó a Petra Brüning[2268], que le había enviado obsequios para engalanar el momento. Según la costumbre, Edith llevó una corona de rosas blancas. También describió la ceremonia en otra carta:

> Los de fuera no se enteran de nada. Dentro de casa, sin embargo, es una fiesta de primera clase, y se celebra a lo largo de todo el día. A las 5 de la mañana la novia es recogida en su celda por todas las hermanas, con las capas blancas y las velas encendidas, y conducida al coro. El rito de la celebración es muy parecido al de la toma del hábito, únicamente que en lugar del *Veni Creator* se canta el *Te Deum* y se emiten los votos en las manos de nuestra querida Madre. En el coro y en el refectorio la novia se sienta junto a nuestra querida Madre, y en las procesiones va entre las Madres Priora y Subpriora. Lleva una coronita de rosas blancas y, en la mesa del comedor, delante de ella, se coloca al Niño Jesús como novio, también con una coronita[2269].

En mayo de 1935 Edith se desempeñó por primera vez en el rol de "hebdomadaria"[2270], oficio desempeñado semanalmente y que consistía en iniciar el rezo en el coro y que, como el de "lectora del tercer nocturno"[2271], se hacía luego de la profesión. De esta manera, poco a poco complementaba una total inmersión en la vida del Carmelo. Ese mismo mes recibió el encar-

---

a En verdad, el libro de Gertrud von le Fort, traducido como *La mujer eterna*, tuvo tanto éxito que a comienzos de la década del sesenta iba por su vigésimo cuarta edición.

go de Theodor Rauch, provincial de las carmelitas descalzas, que, orgulloso porque una discípula de Husserl estuviera en su provincia y "plenamente consciente" de que la responsabilidad que esto suponía para él"[2272], le indicó que continuara con *Acto y potencia*, cuyas últimas partes ella pensaba que tendría "que cambiar mucho"[2273]. De hecho, esta obra la ocupó hasta 1939.

Cada tanto, Stein recibía cartas de Husserl y también de parte de Adelgundis Jaegerschmid, quien lo acompañaría en sus últimos años, y que le informó que Husserl acudía a misa y a menudo se refugiaba en Santa Lioba. Cierta mañana, después de haber leído el Evangelio, sentado al sol, habría afirmado: "Hoy han brillado sobre mí dos soles"[2274]. Por conocer íntimamente a su Maestro, Edith tuvo la percepción de que se producía en él un "acercamiento interior cada vez más intenso"[2275] y dedujo: "Si Husserl acude a la santa misa, será por algo"[2276]. El matrimonio Husserl asistió además a la toma de hábitos de Adelgundis Jaegerschmidt, en Santa Lioba, en las cercanías de Friburgo.

Recordemos que San Juan de la Cruz pudo tener un origen converso, confirmado en Santa Teresa de Ávila, y que debió soportar muchas privaciones y humillaciones. Aunque Edith no estaba al tanto del origen común, tanto para la toma de hábito como para la profesión simple hizo sus ejercicios espirituales con San Juan "como maestro de ejercicios"[2277]. Encontró inspiración en *La subida al Monte Carmelo.* Luego de la celebración de sus votos simples, envió de regalo a la madre Petra la coronita de mirtos y la imagen del Niño Jesús de Praga. Con mirtos también habían adornado las mesas.

En qué consistían los ejercicios espirituales en el Carmelo de Colonia, lo explica Edith:

> Me preguntaba usted sobre nuestros ejercicios: Cada dos años los tenemos en común, pero, además, todos los años cada una en particular dispone de 10 días en silencio para sí. Los comunes son buenos a causa de las sugerencias que brindan y del reforzamiento del espíritu comunitario. Sin embargo, los que hacemos solas —al

> menos para mí y, probablemente, también para la mayoría— son más eficaces. Los hacemos cuando a cada una le va mejor. Si es posible, yo los hago durante la Semana Santa[2278].

A una religiosa que quería que se quitara el velo durante las visitas, Edith le decía: "A los 'buenos católicos' siempre me presento con velo, porque presupongo que comprenden perfectamente nuestra vida"[2279]. Su amiga benedictina debería de comprender las exigencias de su Orden: "No puedo apoyar su petición ante mis queridos Superiores. Sin embargo, es usted muy dueña de dirigirse directamente a nuestra querida Madre"[2280]. El permiso fue otorgado, por lo que su amiga pudo verla, a través de la doble reja, pero sin velo.

Sin prever que todo iría de mal en peor, a fines de 1935, mientras muchos de los familiares de Edith aún pensaban quedarse en Alemania, otros planificaban emigrar. A su sobrino Werner, preso de la nostalgia, le decía:

> Tu aislamiento es mucho más doloroso. Nuestros muros mantienen lejos de nosotras muchos males, y encierran dentro de sí todo lo que se necesita para ser feliz —feliz en nuestro sentido, no según lo que generalmente se entiende fuera por tal—[2281].

Edith también explicaba: "Nuestro convento ejerce una gran fuerza de atracción para mucha gente [...]; perciben algo de la tranquilidad y paz que hay detrás de la reja"[2282]. Eran tiempos violentos y contradictorios, y los fieles católicos buscaban refugio y pedían oraciones. En 1937, a una dominica que planificaba una fundación en Latinoamérica, Edith le escribió: "Pienso que usted siente esto como una liberación; escapar de la presión de estrechas determinaciones y poder llevar a cabo algo nuevo"[2283].

En paralelo, Rosa la mantenía informada acerca de las dificultades familiares. Los Stein se sentían "muy intimidados y nunca [sabían] con quién relacionarse"[2284]. En cuanto al mundo católico, las restricciones a los colegios católicos y otras presiones ratificaban en Edith la sospecha de que "hasta ahora vivimos en la paz más profunda tras los muros de nuestra clausura, sin ser molestadas en modo alguno. Pero la suerte de nuestras hermanas españolas nos dice, sin embargo, a qué tenemos que estar preparadas"[2285]. El reciente asesinato de las carmelitas españolas podría anticipar lo que podría sucederles. A todo esto, al fallecer una estudiante a la que había aconsejado, Edith escribió de su puño y letra, en una estampita con la inscripción *Pax aeterna*: "Las almas de los justos están en las manos de Dios. A los ojos de los necios parecía que morían, pero ellos están en paz"[2286].

LEYES RACISTAS. NÚREMBERG

El 15 de septiembre de 1935 se dictaron las leyes de Núremberg, que incluían la ley de ciudadanía y la "ley para la protección de sangre y el honor de los alemanes". Además de privar a los judíos de la ciudadanía, se prohibieron los matrimonios mixtos. Con su concepción de una raza superior, los nazis consideraban que su descendencia, mestiza, debilitaba la "raza" alemana. Poco después, el 14 de noviembre, los judíos fueron excluidos de su derecho al voto. De manera sistemática, gran parte de los alemanes se convencería de que los judíos, que representaban apenas el 1 % de la población, eran responsables de sus males, y su solo contacto contaminante. En periódicos, revistas, carteles en las calles, en los comercios, en los clubes, en acceso a los pueblos y ciudades se anunciaba que los judíos eran el enemigo, se les prohibía la entrada. Como cosa común, a la frase "los judíos son nuestra desgracia" se le agregaba "el que se enfrenta a los judíos lucha contra el demonio"[2287]. Mucho se ha escrito sobre la posición vaticana, que no hizo declaraciones públicas condenando la persecución de los judíos o pidiendo expresamente a las autoridades católicas que se expresen en contra de estas leyes y de la segregación. Tampoco hubo una condena explícita en las encíclicas publicadas luego, mientras que sí se condenaba expresamente al comunismo. El papa tampoco censuraría a los obispos y sacerdotes católicos que se asociaron a la ideología nazi.

Quedó claro que sería difícil o imposible que Edith Stein pudiera seguir publicando en Alemania. Entre tantas malas noticias, a fines de ese año tuvo la alegría de recibir unas palabras de puño y letra de su madre. Pese a que para una mujer judía de su edad era peligroso ir sola por las calles, un día, escapando a la vigilancia y el cuidado de las hijas que vivían con ella, la señora Stein quiso hacer una visita al convento carmelita fundado a las puertas de Breslau. Aunque en un principio se había pensado que Edith se trasladara allí, sus superiores desistieron de la idea alegando que en Colonia podría continuar con más facilidad con su trabajo filosófico. Sin embargo, cabe la posibilidad de que no quisieran trasladarla a su ciudad natal, donde podría llamar la atención de las autoridades.

Mientras tanto, Edith reelaboró el manuscrito de *Acto y potencia*. Para actualizar su investigación solicitó bibliografía a Hedwig Conrad-Martius y a Alexandre Koyré. Este último la visitó en el Carmelo, leyó el primer capítulo de la reformulación y la "animó a seguir trabajando"[2288]. Semejante estímulo era muy bienvenido ya que "un trabajo de esta naturaleza"[2289] encajaba difícilmente con el ritmo y obligaciones carmelitanas, y le exigía un sacrificio adicional. Dispuesta a realizarlo, aunque Edith recomendaba a una amiga admitir, "sin complejos de inferioridad"[2290], que no se podían realizar un sinfín de tareas, ella misma parecía gozar de una ilimitada capacidad de concentración y trabajo[a]. A una exhaustiva lectura de Aristóteles le adjudicó "la ruptura total de la primera redacción (de su trabajo) a favor de la segunda"[2291]. El resultado fue una "total transformación"[2292] de su investigación que, en febrero de 1936, llevaba el título *Ser finito y ser eterno*[b].

---

a En una carta de noviembre de 1935, informa: "La filosofía se traga casi todo el tiempo, salvo las horas de oración" (OCI, 1154).

b Aunque tanto ella como sus superiores pretendieron publicarlo, recién se editó en 1950.

Ese mismo año, publicaciones católicas con las que colaboraba dejaron de requerir sus artículos. Ella se mostraba comprensiva: "G.K.[a] seguramente se ha dado cuenta de que no puede poner en peligro su revista con mi colaboración, pero no ha tenido el valor de decírmelo"[2293]. Pidiendo a sus amigos que no se inquietaran porque se le impedía publicar o votar, ella afirmaba: "Desde hace tiempo estoy preparada para cosas mucho peores"[2294]. A través de su correspondencia, Edith influía más allá de los muros del convento y de las prohibiciones y censuras. Especializada en los vínculos entre el individuo y la comunidad, sin plena conciencia de ello, seguía los pasos de Teresita de Lisieux. Esto es, redactaba una obra autobiográfica y espiritual (en el caso de Stein también filosófica) que, escrita en la soledad del convento, llegó, gracias al impulso de las carmelitas, a ser conocida y publicada en todo el mundo occidental. También se conservan las cartas que resguardaron algunas de sus estudiantes, a quienes siguió aconsejando. Precisamente, apoyaba a Margarete Günther, que luchaba por establecerse como docente bajo el nuevo sistema, le parecía adecuado que contraiga matrimonio y le aconsejaba "un suficiente y total descanso"[2295]. En cuanto a Elly Dursy, el tema seguía siendo su vocación religiosa. A Petra Brüning, debido a sus frecuentes atenciones y cuidados constantes, la consideraba como a una madre[b] y le agradecía "las grandes provisiones de literatura dramática"[2296] que servirían para las próximas representaciones en el convento.

En principio, las carmelitas querían ocuparse de la obra *Metanoeite*, de Reinhard Johannes Sorge, un autor muerto muy joven durante la Primera Guerra Mundial y que había pasado del protestantismo al catolicismo. A Edith su obra le interesaba desde hacía más de una década. Cuando la sensación de desastre inminente no le era ajena, como lo habían hecho Reinach y

a Gerta Krabbel, directora de la revista *Die christliche Frau.*

b Le escribía: "Siempre he tenido la sensación de que usted hace por mí lo que haría mi buena madre si comprendiera nuestra vida" (OCI, 1164).

Sorge en las trincheras, ella se refugiaba en su fe y, al igual que ellos, seguiría escribiendo hasta último momento.

Por entonces, si bien le comunicaba a Maritain que le faltaban "los requisitos indispensables de una sólida formación escolástica"[2297] y que había hablado de esta "carencia" con sus superiores, Stein concluyó que sus "conocimientos fragmentarios" podrían ser de utilidad para otras personas[2298]. Su anhelo era contribuir al pensamiento, convencida de que "toda la filosofía" necesita ser completada, "ya que todo lo finito, en cuanto creado, tiene relación con Dios, lo que la filosofía es incapaz de explicar por sus propios medios, y porque no solo el hombre sino todo el cosmos está englobado en los misterios de la caída y de la redención"[2299].

Bajo ese presupuesto, Stein perseveraba en la tarea de "tender puentes"[2300]. La misma certeza aparece en *Ser finito y ser eterno* cuando afirma:

> Ningún sistema de pensamiento humano alcanzará jamás un punto de perfección tal que pueda satisfacernos, sino que también puede ser el camino que conduzca a un contacto vivo con los antiguos pensadores y a la comprensión de que, a pesar del tiempo y de las barreras constituidas por las naciones y las escuelas, todos los que buscan realmente la verdad tienen algo en común [...]. Hay un hecho esencial que es inherente a todo trabajo filosófico humano: la verdad es una, pero se descompone para nosotros en muchas verdades que debemos conquistar una tras otra[2301].

COMO LA VIDA MISMA, INCANSABLEMENTE ACTIVA

A principios de junio de 1936, Edith recibió una carta "muy cariñosa"[2302] de su madre[a]. Quizás, cerca de los 87 años y con su

---

a Podría tratarse de la que menciona cuando escribe a Else: "He hecho copia de la carta de mamá" (OCI, 1183). Según Auguste, "todos sus hijos deben tener 'su' casa" (OCI, 1183).

salud desmejorada, Auguste haya pensado que escribirle sería la única manera de despedirse de ella. Días después, la anciana, que siempre había sido "como la vida misma, incansablemente activa", tuvo una afección biliar y comenzó a perder fuerzas y a sufrir desmayos. Cuando las medicinas para el corazón que le recetaron hicieron efecto, Auguste se mostró "alegre, tranquila y muy vivaz", lo que le brindó a Edith cierta felicidad. Desde hacía tiempo, su "gran preocupación, con relación" a su madre, había sido "que desapareciera toda la dureza y amargura de los últimos años y que recuperara la paz"[2303].

Sin embargo, un mes después debía aceptar que Auguste sufría "nuevamente muchísimo a causa de la separación", y que nada de lo que ella pudiera decirle le serviría "de consuelo"[2304]. En respuesta a Petra Brüning, que había insinuado que Auguste sería premiada por su esperanza mesiánica, Edith le confiaba:

> ¡Si al menos tuviera ésta! La esperanza mesiánica casi ha desaparecido en los judíos de hoy, incluso en los creyentes. Y casi lo mismo puede decirse de la fe en una vida eterna. Por eso jamás pude hacer comprender a mi madre ni la conversión ni el ingreso en la Orden[2305].

De todos modos, Edith cavilaba: "Las pequeñas indicaciones que a veces me he atrevido a hacerle [quizá] hayan provocado en el fondo de su alma conflictos de los que nada ha salido al exterior"[2306]. Enfermedad, separación, reflexiones y recuerdos de tiempos mejores eran materias sobre las que Edith escribía a amigas, que también atravesaban las vicisitudes de esos tiempos oscuros. Al igual que algunas de ellas, había sufrido "nerviosos dolores de estómago"[2307]. Cada vez era mayor la sensación de impotencia frente a los acontecimientos políticos y sus implicancias en la vida de millones de alemanes, fueran o no judíos, aunque estos últimos llevaban la peor parte. Por eso mismo, pensando en el dolor de su madre, a quien no veía desde su entrada en el Carmelo y que sufría "más que entonces por la separación"[2308], Edith admitió: "Por primera vez percibo que la clausura es un sacrificio"[2309].

Aun así permanecería tras los muros del convento[a] donde, además de la reelaboración de *Acto y potencia*, se hacía tiempo para redactar escritos espirituales: "Sobre la historia y el espíritu del Carmelo" (1935), "La oración de la Iglesia" (1936)[b] y "El castillo interior" (1936). Durante el mes de agosto, al tiempo que su madre empeoraba, varias religiosas cayeron en cama y Edith las atendió con solicitud[2310]. Dado su desempeño en varios frentes, conviene reflexionar nuevamente sobre su capacidad para atender una gran cantidad de asuntos, ya que seguiría escribiendo y trabajando "afanosamente en un apéndice sobre la filosofía existencial de Heidegger.

Como otras escritoras y filósofas de su época, Edith Stein siempre se expresa con cautela y humildad sobre sus logros. Esto, aunque parezca extraordinario, la posiciona cerca de Teresa de Ávila, quien reitera que los mismos no son producto de su deseo, sino que los redacta por obediencia a sus superiores. Teresa elude la adjudicación de autoría, precisando que lo mejor de su obra fue dictado por Dios y nunca escrito o pensado por ella misma. Cuatrocientos años después, al insertarse en el mundo del pensamiento católico, Edith Stein también fue muy prudente. Apenas dos años antes había recibido duras críticas de parte de Laurentius Siemer, dominico y hombre de letras especialista en Santo Tomás que, luego de agradecerle la recensión de la *Summa* en traducción alemana, desliza que, "con seguridad", el texto había "suscitado también interés entre las mujeres

a Actualmente, aun entre las carmelitas descalzas se obtienen permisos de salida en situaciones familiares, como la muerte de los padres y en caso de urgencias.

b Moreno Sanz destaca la importancia de este texto "que constela los diferentes tipos de oración, tanto litúrgicas como solitarias [...]. Para Stein, sin duda proyectando su propia experiencia y la de su comunidad, es en la vida oculta y silenciosa en la que realiza la tarea de la redención, en el diálogo silencioso del corazón con Dios" (MS, 485-6).

por Santo Tomás de Aquino"[2311]. Además de esta expresión de condescendencia hacia el género femenino, Siemer agregaba: "Ahora tengo que decirle algo que quizás le va a doler. Usted no conoce el tomismo"[2312a].

Estos datos sobre la relación con un experto contemporáneo permite entender cuánto valoró la opinión de Alois Dempf, filósofo que ha alcanzado proyección hasta nuestros días, y también fue traducido al español[b]. Edith apreciaba especialmente su opinión de especialista porque seguía sintiéndose "una diletante"[2313], cuestión que no rehúye en su libro cuando, hablando de sí misma en tercera persona, explica: "(La autora) llegada apenas a la escolástica, no puede pretender, más que progresivamente y de manera fragmentaria, asimilar los conocimientos que le hacen falta"[2314].

Prosiguiendo con su trabajo, en octubre de 1936, Edith Stein le solicitó a Hedwig Conrad-Martius varias obras de su autoría, también un libro "sobre el alma"[2315] de Alexander Pfänder. Asimismo, decía que "agradecería *mucho* una exposición introductoria acerca de la última teoría del átomo"[2316]. Como se ve, los muros del convento resultaban más permeables de lo que se podría pensar a primera vista. Seguir escribiendo y estudiando

---

a Inteligente y experta en responder a quienes se arrogaban el lugar del saber, en la línea de su admirada Santa Teresa, humildemente, ella escribió: "Gracias, de corazón, por su bondadosa carta y por su sincero juicio. No tema haberme hecho daño con ello o haberme causado dolor, como cuando se toca una vieja herida". Finalmente, con la inteligencia de una sutil académica, ella le pide que le permita dar "gracias por su bondadosa ayuda" (OCI, 1105) en el índice de las Quaestiones que estaba preparando. Cuatro días después L. M. Siemer reconoce: "He sido bastante grosero con usted y he acentuado exageradamente los aspectos negativos" (OCI, 1489). En 1935, Siemer fue arrestado por la Gestapo durante varios meses, en Colonia junto con dos dominicos que murieron en prisión. Luego de esta experiencia, estuvo ligado a movimientos de resistencia católicos.

b Sobre los testimonios de Dempf acerca de Edith Stein, véase Miribel, Elisabeth.

era un privilegio que a muchos intelectuales judíos alemanes se les hacía imposible desde todo punto de vista.

Enseguida se le otorgaron dispensas, como acceder a la obra de Duns Scoto y seguir con sus investigaciones filosóficas. En septiembre de 1935, cuando aún se la consideraba una "principiante en la vida religiosa"[2317], el provincial de la Orden del Carmelo de Colonia le escribió diciendo que no podía "reprimir cierta preocupación"[2318]. Continúa explicando en su carta:

> La dispensa de la hora de recreo, yo —por desgracia— no puedo concederla por consideración con la comunidad. Comprenda usted, querida hermana Benedicta, que debemos evitar la impresión de que a usted se le conceden demasiadas excepciones. Pues también en esos casos se aplica aquello de: ¡Primun vivere-modo carmelitico; deinde philosophari! Tengo que ejercer el oficio, nada fácil, de moderador: Modero la observancia por consideración con usted. Y modero las dispensas por consideración con las hermanas: esas dispensas que son vulnus legis.
> Lo que usted escribe con respecto a la concentración, lo comprendo perfectamente. Pero, en interés de usted misma, no puedo justificar otra dispensa[2319].

El provincial de la Orden representa, según lo explicó Edith Stein, una autoridad a la "que se está obligado a obedecer y que comparte todas las preocupaciones y toda la responsabilidad"[2320] de los religiosos a su cargo. Por la carta, se cree que existieron quejas sobre las permisos y privilegios otorgados a la novicia filósofa. Pero también es posible "que al superior mismo le pareciera mal el conceder demasiadas excepciones"[2321]. Habladurías no faltaban en esos tiempos. En lo que respecta a Husserl, de quien se decía que había pasado al catolicismo, en este caso Edith se ocupaba de aclarar:

> Respecto de los rumores sobre la conversión de Husserl [...], yo sé de fijo que no piensa convertirse al catolicismo, aunque en los últimos años tiene una visión muy positiva de la Iglesia y de la

> vida religiosa. Si él llegase a tomar semejante decisión, con toda seguridad me lo haría saber[2322].

Tiempo atrás, un apesadumbrado Husserl le había confesado: "Para nosotros la carga de la vida ha llegado a hacerse muy pesada"[2323]. Despreciado por las autoridades de la universidad, dejado de lado por algunos de sus discípulos, debía temer por sí mismo, por su esposa y por sus hijos.

EL ABANDONO

Además de no querer recibir visitas, excepto la de sus familiares más cercanos, a mediados de 1936 Auguste Stein pasaba el día en cama y cavilaba "sobre por qué la [había] 'abandonado' su benjamina"[2324]. En su correspondencia de ese período, Edith implora a sus amigos que recen por su madre, y se consolaba meditando, como antes en Münster: "A los que aman a Dios todo les sirve para el bien" (Romanos 8, 28). Aseguraba que esto se aplicaría a su "querida madre, pues ella ha amado muy de veras a 'su' querido Dios [...], y con la confianza puesta en él ha soportado muchas pruebas y ha hecho mucho bien"[2325].

Con la familia pensando en el exilio y en ausencia de la madre, Edith y su hermana Rosa deberían ser las que ampararan durante el resto de sus vidas a los que quedaron en la casa familiar. Al enterarse del fallecimiento de su madre, ocurrido el 14 de septiembre de 1936, a la misma hora en la que las carmelitas se reunían para la renovación de los votos, Edith sintió en ello una suerte de consuelo. Pero en pleno duelo, tuvo que aclarar:

> La noticia sobre su conversión fue un rumor sin fundamento alguno. Quien haya podido propagarlo, no lo sé. Hasta el final, mi madre se ha mantenido fiel a su fe. Ahora bien, dado que su fe y la firme confianza en su Dios se han mantenido en pie desde la más tierna infancia hasta sus 87 años; y dado que fue la última cosa que siguió viva en ella en su dura lucha con la muerte, por

> eso tengo la confianza de que habrá encontrado un juez benévolo y de que ahora es mi más fiel intercesora, para que yo también alcance la meta[2326].

Para ella, el cielo estaba mucho más abierto y disponible de lo que algunos presumían, y no estaba restringido a los creyentes de una u otra confesión. Edith también se afirmaba en la creencia de que su madre al fin descansaba en paz y comprendía "todo"[2327]. Cuando a pedido suyo una de sus hermanas le envió un ejemplar de *Hanna*, libro de devoción para mujeres y jóvenes judías que había pertenecido a Auguste, se sintió especialmente conmovida. Lo había solicitado porque la primera vez que acompañó a su madre al cementerio tras su bautismo, esta le había hecho leer "la oración que los niños han de decir junto a la sepultura de sus padres"[2328]. Una plegaria en la que se dice:

> Pero tu existes, tu vives todavía. ¡Lo siento yo en mi interior! Si semejante energía divina desapareciera, si una interioridad tan profunda como la de tu amor, si tales sentimientos como los que tú tenías hacia mí, fueran simplemente un producto de la tierra, de la carne y de la sangre, y por tanto fuesen perecederos, entonces todo se desplomaría, ya no existiría tampoco ni espíritu ni elevación ni dignidad ni amor ni interioridad vivificadora[2329].

A través del *Hanna* y con ese recuerdo, Edith tendía un puente, no ya entre concepciones filosóficas distintas, sino entre ella y su madre. Una madre que escribió una carta de despedida que no figura en la correspondencia publicada de Edith Stein, quien, sin embargo, al comunicarse con su familia poco después de su cumpleaños, el 17 de octubre de 1936, dice: "Me afectó profundamente cuando leí esta desprevenida carta de cumpleaños y se me hizo difícil enviársela a Else; pero yo no debía ocultarla"[2330].

OTROS PUENTES, OTRAS DESPEDIDAS

Se sabe que, en la segunda mitad de 1936, Edith trabajaba en un apéndice sobre la filosofía de Heidegger. Antes de partir para Inglaterra donde felizmente había obtenido una segunda beca, su amigo Fritz Kaufmann fue a visitarla al Carmelo. Es posible que durante el encuentro conversaran sobre las dificultades que atravesaban los filósofos judíos en Friburgo y acerca de las últimas noticias de Husserl.

Luego, entre el 16 y el 29 de diciembre de 1936, Rosa Stein visitó el Carmelo de Colonia. Si todo hubiera sucedido según las normas de las carmelitas, las hermanas solo habrían podido verse en el locutorio, a través de la reja. Pero Edith sufrió una caída el 14 de diciembre por la tarde, mientras preparaba obsequios de Navidad, cuando bajaba a las apuradas las escaleras, por lo que fue trasladada a un hospital de la ciudad, donde su hermana pudo permanecer con ella, sentarse en la cama a su lado y conversar acerca de su bautismo y comunión. El 24 de diciembre, y he aquí otra excepción a las reglas, en el auto del doctor Eugen Hopmann, fueron del hospital de Colonia a la iglesia de Santa Isabel, donde Rosa fue bautizada y sus padrinos fueron parientes de una de las exprioras del Carmelo. Luego, Edith pudo regresar a la casa conventual, aunque por un tiempo debió conservar dos escayolas con las que habían fijado su mano y su pie hasta que se recuperara. Según ella, Rosa había llegado a Colonia "como alelada debido a lo mucho" que había "aguantado el último año". Sin embargo, a poco de estar ahí, comunicaba Edith a una amiga: "Se ha espabilado enseguida, y es tan feliz como nunca lo había sido en su vida"[2331].

Pero todavía debía afrontar nuevas contrariedades. Ya bautizada, de regreso en Breslau, Rosa hizo frente a Frieda, que se sentía "obligada a salvaguardar el punto de vista judío lo más rigurosamente posible"[2332]. En esa oportunidad, Erna y su sobrina Erika, judía practicante, mediaron para resolver la situación. Asimismo, la familia debía atender cuestiones relacionadas con el negocio familiar. Según Edith, "la última gran preocupación"[2333] de Auguste fue que su hijo Arno quisiera vender el negocio para "marchar a América", donde se encontraban su mujer y dos de sus hijos[2334]. Esto provocó fuertes tensiones familiares, ya que no era el único propietario, pero al entender de Edith era "absolutamente imprevisible" lo que sucedería.[2335]

En cuanto a sí misma, las palabras dirigidas a una exdiscípula indican el camino que, pese a la penosa coyuntura, seguiría inalterable los próximos años:

> Todo cambio de las circunstancias externas de vida fácilmente trae consigo una perturbación de la paz interior. Por ello, una nunca debería buscar el que no haya dispuesto Dios. [...] Ordinariamente uno recibe una cruz más pesada, cuando quiere quitarse la suya de encima. Y finalmente, hay que tener mucha lástima de las comunidades en las que el párroco y maestro permanecen allí solamente hasta que se les ofrece algo "mejor"[2336].

Durante este período, la correspondencia de Edith indica que seguía colaborando con sus amigos[a], tratando inclusive de influir en "la postura de las maestras católicas"[2337]. En cuanto a sus sobrinos, que habían tenido "experiencias desagradables en la escuela"[2338], les escribía comentando que a muchos jóvenes les hacía bien visitar a las carmelitas en su mundo, "en el que no se nota nada de todas las duras luchas de fuera"[2339]. En ese sentido, Lotte Stein, al pasar una hora con ella, le había preguntado: "¿No notas aquí absolutamente nada de lo que pasa fuera?"[2340]. Lo que Edith percibiera o dejara de percibir estaría sostenido por una creencia inclaudicable y por la convicción de que se hallaba en el lugar donde debía estar, certeza que por nada se

---

a Por ejemplo, trata de conectar a Hedwig Conrad-Martius con asociaciones feministas y universitarias de Inglaterra, donde su amiga aspiraba a conseguir una Fellowship. Ilusionada le escribía que pensaba que las "mujeres del movimiento femenino se ponen muy contentas siempre que encuentran a otra mujer que en verdad trae algo entre manos, y no dudan en prestar su ayuda gustosamente" (OCI, 1199).

había "visto conmovida"[2341]. Por eso, insistía en resaltar cómo Rosa, "sin luchas ni dificultades"[2342], luego de estar apenas unos días con ellas, había comprendido la vida de las carmelitas.

Por experiencia propia, Edith pensaba que "ningún ser humano puede madurar y avanzar hacia adelante sin sufrimiento"[2343]. Al escribirse la historia del Carmelo de Colonia, se recordó la azarosa historia de las fundadoras, forzadas en ocasiones al exilio. Su convento fue iniciado por una española que había tomado el hábito en el Carmelo de Amberes, fundado por Ana de San Bartolomé, discípula, amiga y enfermera de Santa Teresa de Ávila. En vistas a las celebraciones de aniversario, había que revisar y reunir[a] gran cantidad de escritos.

En agosto de 1937, Edith le comenta a una religiosa de otra Orden, doctora en filosofía: "He pensado que las personas que están 'hundidas', durante las vacaciones necesitan reposo —para esto ha dispuesto Dios las vacaciones—, y pensé que le haría bien tomarse unos baños de sol en el Monte Carmelo y respirar más libremente que de ordinario su aire fresco"[2344]. El aire podía ser irrespirable allí afuera, sabía que por ser judía no tenía ya derecho a voto y que su reseña a la traducción de Santo Tomás por Joseph Bernhardt no se había publicado. Solo quienes participaran de su fe podían comprender que propusiera una estancia respirando el aire del convento para disipar, en los visitantes, al menos por un tiempo, el cansancio o, quizás, el rarificado aire de Alemania.

El caso es que los católicos alemanes se encontraban divididos entre quienes se atenían al concordato firmado por el Vaticano, aquellos que a pesar de su catolicismo apoyaban a los nazis y aquellos otros que sufrían las decisiones de los primeros y de los segundos. En consecuencia, se perdió un tiempo precioso. El nacionalsocialismo siguió avanzando. A una de sus conocidas, que había abandonado la Unión de Maestras Católicas de

a La primera biógrafa de Edith Stein, priora del convento, escribió la historia de los trescientos años del Carmelo de Colonia (1637-1937). El libro de 202 páginas contiene 73 fotografías.

Baviera, Edith le aseguró: "Conozco a muchos que no lo han hecho, incluso desempeñan un cargo"[2345].

Si bien esta obediencia debería entenderse como la máxima a seguir por todo cristiano, es decir la *Imitatio Christi*, lejos de hacer "ningún reproche" y conociendo bien "lo difícil que resulta la presión de las relaciones"[2346], pero convencida de que "no existe otro camino para la paz", con precisión afirmaba: "Si se actuara conforme al principio: 'Buscad primero el reino de Dios...' entonces sería mucho mejor. Nunca hubieran sucedido muchas cosas, de las que nos quejamos, si se hubiera tenido el valor de obedecer a Dios antes que a los hombres"[2347].

21
SUMA DE DIFICULTADES

En la medida de sus posibilidades, Edith Stein siguió activa en el ambiente católico de la época. También ayudaba a amigos y familiares perseguidos. Una de sus protegidas, Ruth Kantorowicz, quien hacía tiempo había perdido su trabajo como bibliotecaria, se alojó, en el verano de 1935, cerca del Carmelo de Colonia. Luego, en 1936, fue a los Países Bajos con la intención de ser admitida en el Carmelo de Maastricht, pero, aunque contó con el apoyo de la priora y la maestra de novicias, el resto de las carmelitas votó en contra de su ingreso. El hecho de su reciente conversión pudo pesar en este resultado adverso. Por su parte, imaginando a su amiga "desconcertada y desvalida"[2348], en agosto de 1937 Edith le escribió a la artista plástica Hedwig Dülberg, preguntándole si podía viajar para encontrarse con ella y consolarla. Cada vez más preocupada, reiteró el pedido en diciembre, en tanto que Ruth se dirigía a probar suerte con las "ursulinas de Venlo"[2349]. Para alentarla, Edith le aconsejaba que aprendiera holandés y que buscara trabajo, pero su amiga argumentaba que de nada serviría, que solo había posibilidades en aquellos para los que no calificaba, e insistía en su decisión de ingresar en un convento. Temiendo que su estado de desamparo despertara "la sospecha" de que solo buscaba refugio, Edith insistió ante Hedwig Dülberg: "Usted es la persona que mejor podría ayudarle[a]..."[2350].

Edith también se dirigía a amigas, seculares y religiosas solicitando que visitaran a su hermana Rosa, que se sentía "muy sola"[2351]. "Tengo que cuidar de una larga lista de futuros sacerdotes

---

a Las carmelitas de Maastricht por un tiempo cubrieron los gastos de pensión de Ruth Kantorowicz en Venlo. En tanto que las carmelitas de Colonia estaban dispuestas a proveer una "suma" (OCI, 1236) a Hedwig Dülberg para que realice el viaje de rescate.

y religiosas. Apenas si hay ahora intención más urgente"[2352], comentaba Edith en una de sus cartas, replicando de alguna manera lo que había hecho una ilustre antecesora, Teresita de Lisieux, al rezar por misioneros y sacerdotes. A su vez, era consciente de que, en momentos de pobreza y oscuridad, cuando la ayuda material escaseaba, muchos se refugiaban en la religión y precisaban auxilio. Visto así, nada era "más urgente" que estos estuvieran a la altura de las circunstancias[a]. Sobre todo cuando, en 1937, al mejorar la economía alemana, el régimen sumaba adeptos y los opositores eran perseguidos, encarcelados, torturados o asesinados.

En aquel contexto, Edith le aseguraba a una conocida: "No estamos tan rigurosamente aisladas como usted imagina"[2353]. Incluso enterada del caso particular de su destinataria, la invitaba a tener "mucho valor, confianza en Dios y paciencia consigo misma"[2354]. Se trataba de un deseo, consejo o regla de comportamiento que ella misma había asimilado y en la que persistía cuando, a principios de septiembre de 1937, con escaso tiempo para el trabajo filosófico, debió oficiar como enfermera. Luego de diez semanas de aquí para allá[b] ("el trabajo de enfermera es una ocupación ambulante")[2355], y recordando tal vez la Primera Guerra Mundial, escribía: "Que una carmelita filosofe, es algo inusual, y desde luego no es lo más importante en su vida. Y si construyera sobre ello su dicha, tendría muy mala base"[2356]. Aun así, en los dos últimos años había escrito "un grueso libro"[2357] que se encontraba en imprenta, en Salzburgo, aunque "obstáculos externos" paralizaban "el comienzo de la impresión"[2358].

---

a En noviembre de 1937, Edith Stein decía comprender que "las grandes tareas apostólicas" del presente empujaban "a una actividad exterior" pero, concluía: "Dicha actividad es necesaria, si bien las decisiones últimas acontecen en otro lugar" (OCI, 1231).

b Explicó Edith Stein a mediados de noviembre: "Entre nosotras este trabajo consiste, fundamentalmente, en ir y venir muchas veces a la enfermería, a la cocina y al sótano, y también a través del jardín, pues desde hace algunas semanas nuestra enferma donde mejor está es fuera, envuelta entre muchas mantas calientes" (OCI, 1233).

También recibía noticias de lo que atravesaba su familia. Los hijos de Erna, de 16 y 15 años, continuaban "acudiendo a la escuela 'Viktoria' y al instituto Friedrich, a pesar de todas las dificultades". Aunque sus padres "a veces" pensaban en "planes de emigración"[2359], el desarraigo les resultaba inimaginable. Tampoco Edith analizaba la perspectiva del exilio. Al mismo tiempo, no sentía "nostalgia" del pasado porque, decía, "esta desaparece cuando una aterriza en su verdadera patria"[2360]. Por lo pronto, pedir una foto del sepulcro de su madre[2361] y sostener correspondencia con sus familiares la ayudaba a sentirse cercana a todos ellos.

Entretanto, si bien la primera parte de su "obra en dos volúmenes sobre *Ser finito y ser eterno*"[2362] estaba en la imprenta, a mediados de 1937 consideraba que necesitaba "algún tiempo"[2363] para pulir el segundo tomo. Tiempo, precisamente, que no sobraba ese año de la celebración del tercer centenario del convento carmelita. El 20 de septiembre de 1937 Edith Stein envió el cronograma de las celebraciones a un profesor de filosofía de la Academia estatal de arte de Düsseldorf. Además, participó en tareas organizativas, encargándose de componer el índice y la bibliografía de la obra conmemorativa "Bajo el cetro de la Reina de la paz. Trescientos años del Carmelo de Colonia", escrita por su superiora Teresia Renata del Espíritu Santo. Las actividades transcurrieron entre el jueves 30 de septiembre y el domingo 3 de octubre. Esos días, desde las seis hasta cerca de las once horas de la mañana se sucederían varias misas. Por la tarde, primero a las cinco y luego a las siete y media, tendrían lugar las predicaciones y otras actividades. El domingo 3 de octubre se realizó el acto de clausura. Una abigarrada pompa rodeaba las circunstancias. La iglesia Santa María de la Paz envió al Carmelo la imagen de "la Reina de la Paz", que fue colocada en el altar mayor de la iglesia de las carmelitas, "magníficamente adornado"[2364] por "un sacerdote, popularmente llamado el 'pastor artista'"[2365]. Cada día, se celebraron una misa pontifical, una misa solemne "y otras varias misas; tres veces hubo predicación diaria y mucho movimiento de gente"[2366]. Las carmelitas podían ver a las visitas a través de la reja. Al informar de estas actividades,

Edith deslizaba: "Hay que estar contentos de que una cosa así aún sea posible"[2367].

Unos quince días después, le escribía a una médica, amiga de Erna, que evaluaba emigrar a Palestina: "Yo a ningún otro lugar quisiera ir, si también a mí se me presentara alguna vez la necesidad de abandonar A[lemania]"[2368]. En esos años, y desde una perspectiva diferente, en su escrito "Antisemitismo", Hannah Arendt, "histórica y políticamente, orientada hacia la cuestión judía"[2369], analizaba el tema de la asimilación y la propuesta sionista. Siendo directora de la rama parisina de *Aliyah* y ayudando a los jóvenes exiliados a emigrar, conocía por experiencia que, al aproximarse una guerra, "el gobierno británico que controlaba la emigración a Palestina"[2370] se hacía cada vez más cauto. Después de 1933, "la consigna esparcida como un murmullo por toda Alemania era: *T'schuwah*, Regreso, Retorno al judaísmo, Reencuentro"; este llamamiento de "retorno al gueto", argüía Arendt, era una reacción equivocada en 1937-1938, cuando el antijudaísmo había infectado "el mundo entero"[2371].

Ahora bien, al remontarse a la tierra donde la historia judía y cristiana echaba raíces, la tierra del profeta Elías, venerado por las tres religiones del libro, o al hablar de las fundadoras del Carmelo, especialmente de Santa Teresa de Ávila, pero también de Santa Teresita de Lisieux, cuya vulgata dio nuevo impulso a la Orden en el siglo XX, Edith Stein no pretendía compararse con ellas ni con las fundadoras del Carmelo de Colonia. En ese sentido, le decía a su amiga Petra Brüning: "No debe sacar consecuencias sobre nosotras de nuestras predecesoras. Ya fue bastante embarazoso para nosotras oír durante los días de fiesta del aniversario tan inmerecidas alabanzas. Aunque siempre está bien que, al menos por una vez, se aclaren las cosas diciendo cómo deberíamos ser"[2372]. En la misma carta, Edith dice que no ha "leído muchos" libros[a] sobre Santa Teresita, y que "lo mejor"

a Dice Stein: "En Lisieux están tristes a causa de Ghéon; pero nosotras lo hemos leído con gusto en el refectorio. Naturalmente, hay cosas que ningún profano entiende" (OCI, 1230).

sería ir directamente a lo "escrito" por "la propia Santa"[2373]. En sus textos, la joven de Lisieux hace referencia a lo que denominó *su pequeño camino*, un camino que se convertiría en piedra de toque del existencialismo cristiano

En 1937 Edith escribe la reseña "Nuevos libros sobre Santa Teresa de Jesús". A fines de 1937, al tanto de que ni en Alemania ni en Salzburgo se publicaría *Ser finito y ser eterno*, mientras se pensaba en la editorial Jakob Hegner, de Viena, Edith escribía:

> Esperemos que todo salga bien. De todos modos, estas son dificultades que cuadran mal en el Carmelo. Necesito el tiempo para cosas más necesarias que para cartas de negocios.
> Mi consuelo es que el Señor se cuidará del libro, si es que le puede servir. De lo contrario puede quedarse sin imprimir[2374].

La infatigable filósofa de otros tiempos dejaba lugar a una resignada carmelita. De todas maneras, a fines de diciembre, Edith pensaba que, si Hegner "lo aceptase, sería un bonito regalo de Navidad"[2375]. A fines de diciembre de 1937, cuando hacía tres meses que se desempeñaba nuevamente como enfermera, Edith intuía:

> Aún no sé si podré escribir alguna vez una obra de más envergadura. De momento me parece que son tareas completamente distintas las que me aguardan. Tomo lo que viene y solo pido que me sean concedidas las capacidades necesarias para ello. En todo caso es una buena escuela de humildad tener que hacer continuamente cosas que solo con gran esfuerzo una consigue llevar a cabo imperfectamente[2376].

A principios de 1938, relevada del cuidado de las enfermas, le asignaron "el oficio de tornera"[2377]. A los amigos que desconocían esta ocupación les explicaba: "Para esto se necesitan buenas piernas"[2378]. El oficio era una muestra de confianza: ocuparse del torno implicaba "tramitar toda la comunicación con el mundo externo con ayuda de las porteras". Además, debía atender el teléfono, algo que solo podían hacer la priora y la subpriora, por eso solo terminaba "las cartas después de muchas interrupciones"[2379].

Cumplidos cuatro años de su ingreso al convento, algunas cosas no habían cambiado en absoluto. Edith Stein seguía acumulando una "montaña" de cartas que responder. Incluso durante la recreación tenía "asuntos que resolver"[2380], ya que por las tardes la responsable del "torno" y las porteras hacían "un balance del día"[2381]. En el espacio que quedaba en este constante ir y venir se daba tiempo para más de lo que cabría imaginar. Por una parte, afligida a "a causa del infeliz conejito"[2382], como llamaba a Ruth Kantorowicz, respondía a su "nuevo grito de socorro". En Maastricht habían dispuesto "pagarle solamente tres meses más de pensión"[2383], por lo que antes de que se cumpliera ese plazo debía encontrar trabajo. Confiando en que Hedwig Dülberg podría ayudarla, a fines de mayo Edith le solicitaba que pasara por Colonia y "mantener, previamente, una conversación a fondo"[2384]. Al igual que muchos judíos que por disposición del gobierno no podían disponer de sus bienes, en 1936 y frente a un notario, Ruth había otorgado plenos poderes a un conocido, logrando así blanquear unos diez mil marcos que pasaron a la cuenta del doctor Paul Strerath[a], médico de confianza del Carmelo de Colonia.

En el ámbito comunitario, Edith contó que "la mayor de [sus] hermanas legas"[b], a quien había cuidado en su lecho de enferma y que falleció en marzo de 1938, había sido una mujer

a También sobre estas cuestiones Edith informaba a amigos y conocidos que podrían ayudar a Ruth K. Lo hacía para "aclarar totalmente la situación actual y ver las posibilidades prácticas" (OCI, 1268) con las que se podía contar. El estado nazi seguiría avanzando sobre las propiedades y los bienes de los judíos, a los que por ese entonces ya se les había prohibido enviar dinero al exterior.

b Hermanas legas: no enteramente equiparadas a las monjas, se encontraban en muchas órdenes, se creó el estatuto para que las iletradas pudieran ingresar a la vida religiosa, y para que las monjas contaran con ayuda para tener más tiempo para el Oficio y para el estudio.

"incansable en los trabajos más humildes; un espíritu fuerte y viril que comprendió y vivió con decisión el ideal carmelitano"[2385]. Cuando esta falleció, en sus rezos le encomendó a su "querido Maestro" Husserl, cuya salud se deterioraba después de sufrir "una complicada pleuresía"[2386]. Ante lo inevitable, Edith pensaba:

> No tengo preocupación alguna por el querido Maestro. He estado siempre muy lejos de pensar que la misericordia de Dios se redujese a las fronteras de la Iglesia visible. Dios es la Verdad. Quien busca la verdad busca a Dios, sea de ello consciente o no[2387a].

VOTOS PERPETUOS Y "UNA MUERTE DICHOSA"

Mientras la salud de Husserl declinaba, Edith Stein se disponía para la "gran fiesta pública"[2388] con la que se celebrarían sus votos perpetuos, un acontecimiento al que podían asistir parientes y amigos. Por eso, le escribió a Hedwig Conrad-Martius que "no debería faltar la querida madrina"[2389]. Esperaba que, como había sucedido la vez anterior, la "Asociación universitaria"[2390] cubriera los gastos del viaje. Pero la situación económica de los Martius distaba de ser buena, y se habían trasladado a Múnich. Edith reconoció: "Me resulta muy difícil imaginar que la plantación y la casa de Eisbrünnel ya no existen"[2391].

En su mente permanecían fijadas imágenes y situaciones de tiempos pasados. Pero su nueva vida la mantenía ocupada y sin "mucho tiempo para trabajar"[2392] filosóficamente. Así, durante gran parte de 1938 estaría atenta a la corrección de las pruebas del segundo tomo de *Ser finito y Ser eterno*, e incluso, con la esperanza de que así se acelerara la publicación, pediría a varias

---

a Es una reflexión muy agustiniana. En *Las confesiones*, libro X, I, 1, San Agustín escribió: "Resulta, en efecto, que has amado la verdad, porque aquel que hace la verdad accede a la luz". A su vez, San Agustín parafrasea el Evangelio según San Juan 3, 21: "Pero el que obra la verdad se acerca a la luz, para que quede de manifiesto que actúa como Dios quiere".

de sus relaciones que escribieran a los editores solicitando información sobre el libro.

De pronto, a causa de las Leyes de Núremberg, específicamente la disposición que prohibía a los ciudadanos judíos el derecho a voto, las carmelitas de Colonia vieron alterado su ritmo corriente. En las votaciones de 1936, cuando habían dejado la clausura para votar en las elecciones parlamentarias, Edith Stein permaneció en el convento. Pensaban que esta vez sucedería lo mismo, pero el 10 de abril de 1938, momentos antes de que las monjas salieran para ir a votar, una delegación oficial, con cruces gamadas en sus uniformes, se presentó en el convento con una urna precintada aduciendo que así se les ahorraba concurrir a la votación. Aunque había un solo partido, se pedía a los ciudadanos responder: "¿Votas a favor de la lista presentada por nuestro Führer?". Se sospechaba que habría fraude electoral, por otra parte, una votación negativa exponía a las religiosas, que estaban en un dilema. Había quienes les decían que no se arriesgaran, que votaran unánimemente por el "sí". Pero Edith, que estaba a punto de comenzar sus ejercicios espirituales para la profesión perpetua, "con extrema excitación conjuró a las religiosas a que, bajo ninguna circunstancia, emitieran un voto a favor de Hitler: era un enemigo de Dios y de la Iglesia"[2393]. Al revisar los documentos de identidad, los hombres preguntaron por qué no acudía a votar una de las religiosas. La respuesta fue que no podía "porque está algo débil de la cabeza [...]; después vino la tan temida: '¿Y la doctora Stein?'". Debieron responder: "No es aria"; entonces, mientras los tres emisarios se marchaban, uno gritó al otro: "'Anota que no es aria'. Abrieron precipitadamente y con gran fuerza la puerta, y dejaron el Carmelo"[2394]. Como la Gestapo ya había desalojado conventos dejando a los religiosos en la calle, luego de esta experiencia, Edith pensó que era peligrosa su presencia en el convento y comenzó a pensar en su traslado.

A todo esto, los primeros meses del año 1938 precedieron un gran acontecimiento en su vida. Fueron muchas las invitaciones para la profesión de votos perpetuos y para "la fiesta de imposición de velo"[2395] enviadas desde el Carmelo de Colonia. En algunos casos, Edith mandó convocatorias impresas escritas a máquina, a las que agregaba alguna que otra frase manuscrita. En otros casos, estampas religiosas que contenían algunas frases impresas a las que sumó a mano algunos datos[2396]. Finalmente, el 21 de abril de 1938, un jueves de Pascua, Edith hizo sus votos perpetuos ante la priora y la comunidad conventual. Se dijo que durante "la habitual acción de gracias por la celebración de aquel día, la aprovecha Edith para hacer ver a las hermanas la gravedad de las circunstancias"[2397]. Había escrito, en *Ser finito y ser eterno*: "Es 'malo' en el sentido riguroso y propio del término solo algo que proviene de la voluntad libre, en efecto, la libertad de lo creado es la condición de la posibilidad del mal"[2398]. Que un animal devore a otro en la línea de subsistencia es una cuestión instintiva, que un hombre torture o asesine a otro es una acción libre, así "el mal en cuanto perversión de la voluntad de lo creado es un cierre de la fuente de la gracia y con ello anulación de la elevación del ser por la gracia"[2399]. Para Edith Stein, lo que sucede en el mundo debe motivar una toma de posición: "En *la voz de la conciencia* que la guía hacia el acto justo y la retiene frente a la injusticia"[2400]. En el apartado "Poder, deber y vida interior", nuestra filósofa asocia el acto libre con la máxima expresada por Kant en *Crítica de la razón práctica*: "Tú puedes porque debes". Volviendo a la votación por el sí o por el no en apoyo al Führer, si relacionamos lo anterior con el mandamiento bíblico "amarás a tu prójimo como a ti mismo", lo que Edith les pedía a las carmelitas era una toma de posición respecto de las medidas contra los judíos y los perseguidos, porque el prójimo no es necesariamente aquel con quien "simpatizo" o que comparte mis ideas, mi religión, el prójimo "es todo hombre que se acerca a mí, sin excepción, y de nuevo se dice: tú puedes, porque debes"[2401].

El 1.° de mayo, Edith recibió el velo negro[a], que había sido dispuesto "con una corona de rosas blancas sobre el Altar"[2402], de

---

a En esa época la entrega del velo negro era una fiesta separada de la profesión.

manos de Wilhelm Stockums, obispo auxiliar de Colonia, quien presidió la misa solemne y predicó durante la ceremonia. Este tipo de celebraciones traían consigo "muchos huéspedes y también mucho trabajo"[2403]. Fue cuantiosa la asistencia ese día, pero también fueron muchos los amigos que habían abandonado el país y los que al no poder asistir enviaron sus buenos deseos y también regalos[a], lo que obligó a Edith a escribir un sinfín de "cartas de gratitud"[2404]. Entre los buenos deseos, las palabras de Malwine Husserl significaron para ella un "fabuloso regalo de profesión". Había intuido que, al igual que con la muerte de su madre, acaecida el día de su renovación de votos, la de Husserl se daría en "circunstancias parecidas"[2405]. Y así fue: Husserl falleció apenas unos días después, el 27 de abril.

A causa de las medidas contra los judíos, al final de su vida Husserl había tenido que abandonar la casa en la que habían estado los últimos veinte años. Atendido por su mujer, una enfermera de la Cruz Roja y por Adelgundis Jaegerschmid, cinco semanas antes de morir le habría dicho a esta última: "'Antes de todo comienzo se encuentra siempre el Yo, que es y piensa y busca relaciones en el pasado, en el presente y en el futuro. Pero he ahí precisamente el difícil problema. ¿Qué había antes del comienzo?... La filosofía es la voluntad apasionada de llegar a conocer el ente... Toda filosofía es filosofía del comienzo, filosofía de la vida y de la muerte"[2406]. La misma testigo envió a Edith un detallado relato de esos días, que ella "guardó como un precioso recuerdo"[2407]; allí Husserl habría vertido su opinión sobre su recorrido:

> Es notable ver cómo Edith sabe descubrir, como desde la cima de una montaña, la claridad y amplitud del horizonte con una maravillosa agilidad y transparencia; y, al mismo tiempo, sabe volverse hacia dentro y guardar la perspectiva de su yo. En ella todo es auténtico. Si no, yo diría que su conversión y su vocación han sido arregladas y fabricadas[2408].

---

a Entre ellos, varios libros sobre espiritualidad, libros religiosos, valorados en el convento porque se sumaban a la biblioteca. (OCI, 1263).

El 14 de abril, Jueves Santo, cuando se recitó el salmo 23, "Yahvé es mi pastor, nada me faltará", Husserl dijo: "Sí, esto es lo que yo quiero, deseo que Él esté cerca de mí, pero no siento su proximidad", y agregó: "Es preciso rezar por mí"[2409]. El viernes por la mañana, cuando su mujer le dijo "hoy es viernes Santo", Husserl respondió: "¡Qué bello día, ¡Viernes Santo! Cristo nos perdonó todo". Más adelante, Husserl hizo gestos "como para espantar una visión horrible. Interrogado por lo que veía, dijo: 'Luz y tinieblas, muchas tinieblas, y nuevamente luz'. Después de esto cayó en una especie de coma que se prolongó hasta el 27 de abril. Ese día, volviéndose súbitamente hacia su enfermera, gritó: 'He visto algo magnífico, rápido, ¡escriba!'. Cuando ella volvió con el cuaderno de notas, ya había muerto"[2410].

Algo de enojo mundano se trasluce en Edith Stein, cuando apenas una semana después de la muerte de Husserl le escribe a Emil Vierneisel, director de la delegación de Heidelberg de la Asociación de Universitarios Católicos:

> ¿Han dado los periódicos de Baden la noticia de la muerte de Husserl? Hoy me han enviado una escueta noticia del "Hamburger Fremdemblat" de asombrosa frialdad. Al querido profesor esto ya no puede hacerle daño. Cuando falleció, estaba, desprendido de todo lo terreno. Pero a la posteridad una casi quisiera dirigir las palabras de Goethe sobre los ignorantes de Hans-Sachs[a][2411].

El desprecio que había sufrido Husserl la afectaba profundamente. Por eso, pese a la censura y a la inexistencia del secreto postal, confiando en la incultura de los censores, y valiéndose de una escondida alusión a su admirado Goethe, expresó con-

---

a Hans Sachs fue un poeta alemán del siglo XVI, zapatero de profesión, amigo del pintor Albert Durero. Autor de un millar de poemas en estilo Meistersang: poesías cantadas de las escuelas gremiales del siglo XV. Dedicó un Himno a Lutero. Se dice que sintetizó la tradición de los maestros cantores con el humanismo. Además de Goethe, véase ópera *Maestros cantores*, de Richard Wagner, comentada en la p. 107 en adelante, cap. 4, de esta biografía.

tundentemente su dolor. También un vaticinio que no suele ser común en las cartas escritas luego de su conversión, ya que las palabras de Goethe a las que Edith se refiere son: "Sea desterrado al cenagal el pueblo que ignora a su maestro".

Convencida de que ningún reconocimiento podría esperarse en Alemania, el 6 de mayo Edith le escribió a Ingarden: "Sé muy bien lo que la muerte de Husserl significa para usted"[2412]. Y, después de detallar que en los últimos momentos el Maestro "únicamente estaba lleno del deseo de la patria eterna"[2413], recalcó:

> Fue una muerte dichosa, que no quiere ningún luto de los que aquí quedan. Pero con ello no queda saldada la debida gratitud con relación a la obra de su vida. Precisamente ahora sería muy oportuno exteriorizarla en un escrito conmemorativo[a]. Pero ¿quién se encargará de editarlo? ¿En qué país debe aparecer? ¡Nosotros estamos tan diseminados por el mundo y unidos por medio de tantas dificultades![2414].

Imposible publicar en Alemania un homenaje a un filósofo que, si bien se había convertido al protestantismo hacía décadas, por ser de ascendencia judía calificaba como "no ario". Por esto, cuando Edith Stein le propone a Ingarden que "quizás le sea a usted posible acercarse a Colonia y Friburgo para debatir de viva voz lo necesario"[2415], parecía no darse cuenta de lo ineficaz de cualquier intento. Los discípulos leales estaban diseminados por el mundo, muchos habían emigrado, otros no podían alzar la voz. De la primera generación de fenomenólogos, Alexandre Koyré había conseguido una cátedra en el Cairo, mientras que Ingarden vivía en Polonia, Dietrich von Hildenbrand y Siegfried

---

a Ella estaba dispuesta a colaborar: "Estoy segura de que se encontrarían medios y caminos, en orden a que yo pudiera colaborar, caso de que se llevara a cabo un escrito conmemorativo. Pero yo no podría responsabilizarme de la organización del trabajo. Aparte de esto, y por otras razones, tampoco podría hacerme cargo de la edición" (OCI, 1256).

Hamburger, convertidos al catolicismo, tampoco podían hacer nada y finalmente consiguieron exiliarse, en tanto que Johannes Hering estaba en Francia. Y aunque los Conrad-Martius eran protestantes y permanecieron en Alemania, tampoco contaban con medios suficientes para publicar.

Además de pedir que Malwine Husserl le envíe algunas fotos recientes de su marido, en una de las cartas de la época Edith Stein preguntaba: "¿Cómo se ha comportado la universidad? ¿Y cómo Heidegger?"[2416]. Ella no se engañaba, un testigo recordó "que cuando se valoraba a Martin Heidegger nunca estuvo de acuerdo con su oportunismo en su relación con Edmund Husserl durante la época hitleriana"[2417]. También quería saber qué sucedía con el más estrecho colaborador de Husserl de los últimos tiempos, el profesor Eugen Fink. Fue él quien pronunció el discurso fúnebre, el 29 de abril. En cuanto a Heidegger, no asistió al entierro de Husserl. El único miembro de la facultad que estuvo presente fue Gerhard Ritter. Estos hechos no le pasaron desapercibidos a nadie, sobre todo a Malwine, cuyos dos hijos sobrevivientes de la Primera Guerra Mundial (el tercero había fallecido en el frente), habían logrado emigrar dejando a sus padres en una gran soledad, pero internamente aliviados de que pudieran vivir fuera de Alemania.

Este tipo de actitudes de Heidegger hicieron que Hannah Arendt creyera y divulgara el rumor, no cierto, de que siendo rector había prohibido la entrada de Husserl a la biblioteca de la Universidad de Friburgo[2418]. Representando a la universidad, fue Karl Diehl, un economista, quien rodeado de un pequeño número de personas a los que él llamaba "la facultad de los hombres decentes"[2419], pronunció unas palabras sobre Husserl. Muchos años después, en una famosa entrevista de la revista *Der Spiegel*[a], realizada el 23 de septiembre de 1966, cuando

---

a Heidegger pidió que se publicara solo después de su muerte. La entrevista se publicó en 1976. Rudiger Safranski se refiere a los nervios que, por diferentes motivos, mostraron el entrevistador y Heidegger. Este último, dice Safranski: "Despierta la impresión de que colaboró para ejercer una

le preguntaron a Heidegger acerca de su distanciamiento de Husserl, sus respuestas fueron elípticas, trató evadir cualquier tipo de responsabilidad respecto de sus propias actitudes y de la universidad.

Volviendo a 1938, los años que habían pasado sin verse no había disminuido el cariño entre los Husserl y Stein. Por eso, al día siguiente de fallecer su marido, Malwine escribió:

> Querida hermana Benedicta:
> Tengo que responder inmediatamente a su amable carta y proporcionarle ya las fotografías que yo había destinado para usted hacía ya mucho tiempo. Quédese con ellas.
> Todo el que guarde una respetuosa fidelidad al que se nos ha ido —y entre ellos se encuentra usted en el más genuino sentido de la palabra— tiene derecho a poder verle constantemente. Usted verá su querido rostro, tal como en los días sanos resplandecía lleno de espíritu y bondad, cómo soportó con piadosa humildad los sufrimientos de la grave prueba, y cómo refleja la paz y la transfiguración de alguien que muere como un bienaventurado[2420].

La inclinación de Husserl y de su mujer al catolicismo se fue operando paulatinamente, y si bien él no llegó a convertirse, sí lo haría su esposa, quien además pudo ocuparse personalmente del legado filosófico de su marido.

Los tiempos se precipitaban: en mayo de 1938 el papa Pío XI comienza a escribir la encíclica "*Humani generis unitas*". Para Müller y Neyer, "su lenguaje es ambiguo: por un lado, se advierte a los católicos que tengan cuidado con los judíos, 'mientras perdure la incredulidad del pueblo y su hostilidad hacia el cristianismo'; por otro lado, el papa condena 'especialmente el odio al que se denomina con el nombre de Antisemitismo'"[2421]. No

---

especie de resistencia" al nacionalsocialismo. Heidegger "esconde en esta conversación al revolucionario nacionalsocialista que él había sido durante un determinado tiempo, y silencia los impulsos filosóficos que lo habían convertido en eso mismo" (*Un maestro...* 481).

hay referencia, en cambio, a las hostilidades contra los judíos ni ninguna autocrítica por las persecuciones y atentados a la comunidad judía, desde tiempos inmemoriales, en nombre del cristianismo. Al morir el papa, esta encíclica no llegó a publicarse y el borrador se consideró perdido hasta 1995.

SER FINITO Y SER ETERNO

La tardanza con la que la Iglesia concedió el *imprimatur*, obtenido recién el 3 de noviembre de 1938, complicó la publicación de este libro que no consiguió salir a la luz hasta 1950. El manuscrito de *Ser finito y ser eterno. Una ascensión al sentido del ser*, resultado de la reelaboración de *Acto y potencia*, consta de más de mil páginas, está dividido en dos tomos, "tal como se quería publicar"[2422], y consta de dos apéndices: "El castillo interior" y "La filosofía existencial de Martin Heidegger. Ser y tiempo". Alois Dempf había tranquilizado a su autora al decir que le parecía "muy exacto el tratamiento de las cuestiones escolásticas"[2423]. Aunque en el prólogo Stein señala que se trata de un libro "escrito por una principiante para principiantes"[2424], para muchos es "con toda razón su obra principal"[2425] y en él se retoma "el pensamiento occidental, judío y cristiano y de la historia de la revelación"[2426]. Después de constatar que fue "formada en la escuela de Edmund Husserl", Stein explica que, como filósofa,

> Santo Tomás encontró en ella a una alumna llena de respeto y de buena voluntad, pero no podía hacer tabla rasa de su intelecto, pues este ya estaba marcado con una fuerte impronta, que no se podía negar. El encuentro de los dos mundos filosófico exigía una confrontación[2427].

Desde el comienzo aclara que "ningún sistema de pensamiento humano alcanzará jamás un punto de perfección tal que no se pueda sentir necesidad de más claridad"[2428]. De ahí, surge como camino posible realizar "un vivo intercambio de pareceres con los antiguos pensadores" ya que, cree, hay algo común "a todos los que buscan lealmente la verdad"[2429]. En ese camino, además de Aristóteles, Platón y Santo Tomás, se convoca a Heráclito, Parménides, Plotino, San Pablo, San Anselmo, Avicena, Averroes, San Agustín, Duns Scoto, Teresa de Ávila, Kant, Husserl, Max Scheler, Heidegger, entre otros. Además de dialogar con "las mejores exégesis neoescolásticas de la época"[2430], entre sus contemporáneas Stein menciona especialmente el intercambio de ideas con P. E. Przywara, que "tuvo una influencia determinante sobre los planteamientos de ambos"[2431]. También reconoce que "recibió mucho" de su amiga Hedwig Conrad-Martius.

Leída en relación con su biografía, esta monumental obra presenta reflexiones ligadas a intereses vitales de Stein y a sus experiencias. Es así cuando retoma a Séneca o Boecio, para explicar las dificultades de traducción de términos griegos y latinos al alemán. También dice (hablando de sí misma en tercera persona):

> Los filósofos en los que la cuestión del ser se ha manifestado de nuevo, por una necesidad interna [...] viven muy cercanos a la antigüedad y pueden ayudarnos a comprender los impulsos originarios de los antiguos maestros. Este camino se impone a la autora, puesto que la escuela de Edmund Husserl es su patria filosófica y el lenguaje de los fenomenólogos, su lengua filosófica materna[2432].

A este diálogo también convoca a los filósofos de las Jornadas de Juvisy, Daniel Feuling y Jacques Maritain, y a pensadores como Gabriel Marcel, Martin Grabmann, Jean Hering, Alexandre Koyré. Para Stein, "una filosofía cristiana considerará como su más noble tarea preparar el camino de la fe"[2433], lo que implicaría "un trayecto común con los incrédulos"[2434]. Apelando al terreno cultural común, en sus ejemplos refleja sus intereses literarios, desde Homero a Schiller, o trata con personajes históricos como Napoleón y Bismarck. Y no elude definir la verdad de la obra de arte: "Significa que la obra es lo que debía ser"[2435]. En el mismo sentido, la vida plena consistiría en alcanzar un grado de realización de lo que debe ser: "Lo que cada hombre debe llegar a ser —su determinación personal— forma parte de su esencia"[2436]. Desde esta posición esencialista, Stein explica que "unidad, verdad, bondad, belleza, pertenecen al significado del ser mismo"[2437].

Habiendo trabajado la cuestión de *analogía entis*, y luego de hacer comprensible a través de una mirada fenomenológica a Santo Tomás, Stein parece estar hablando de su propio camino cuando dice, sobre la capacidad de autoconfiguración del alma:

> Para que esta configuración sea una configuración libre y no un evento involuntario como la configuración del alma animal por el proceso de su desarrollo natural, es necesario que el alma pueda poseer un conocimiento sobre sí misma y que pueda tomar posición frente a sí misma. El alma debe "llegar hasta sí misma" en dos sentidos: *conocerse* ella misma y *llegar a* ser lo que ella debe ser[2438].

Cuando Stein asegura que "la oscuridad iluminable del alma hace comprender que el conocimiento de sí debe considerarse como una posesión que aumenta poco a poco"[2439], nos recuerda el camino que proponen *Las Moradas*, de Santa Teresa. Para Moreno Sanz, luego de realizar "la tremenda ascesis racional" que le supone la ascensión al sentido del ser, Stein da un giro por entero agustiniano para culminar "con una fenomenología del amor y del puro sentido amoroso de toda la creación"[2440]. A fines biográficos resultan significativos los apartados en los que la autora trata "lo íntimo del alma", especialmente cuando alude a experiencias místicas:

> Si uno se atiene a los testimonios de los místicos [...] en esos estados de éxtasis en los cuales [el alma] es "arrebatada", los sentidos no son receptivos a las impresiones externas. El cuerpo está como muerto, pero el espíritu llega a la contemplación de la vida más alta y a la plenitud del ser[2441].

En otro orden de cosas, Stein también retoma un tema que le es cercano, las relaciones del individuo con la comunidad: "Si se trata de comprender a la humanidad en cuanto totalidad que nos rodea y nos sostiene, es importante la experiencia de lo común que, a pesar de toda diversidad, nos une a los hombres de todos los tiempos y de todos los horizontes, así como el enriquecimiento y el complemento que podemos experimentar por ese contacto con la humanidad diferente a la nuestra"[2442].

Al final de su trabajo, Stein se propone mostrar que sus "explicaciones sobre la estructura del alma humana"[2443] conectan con la obra *Castillo interior*, de Teresa de Ávila. En cuanto al apéndice sobre Heidegger, se ha destacado que la exposición que hace de *Ser y tiempo* debe ser considerada "como una de las primeras y mejores interpretaciones de este libro" o, como sostiene H. B. Gerl: "Una síntesis modélica de comprensión empática" que permite a los lectores acceder de modo "inusitadamente claro a las complejidades conceptuales y terminológicas de Heidegger"[2444].

MALES MAYORES

Meses después de los votos, Edith Stein seguía respondiendo saludos y felicitaciones por ellos. También le escribían por su trabajo filosófico, o solicitando consejos, por lo que una "montaña"[2445] de cartas se apilaba en su pequeña mesa de trabajo. A las personas de fe con las que se relacionaba les encomendaba rezar por "algunas intenciones difíciles de nuestra casa[a]"[2446]. Y, con especial énfasis, a medida que la situación de los judíos se agravaba, también pedía por sus familiares. Así, a una conocida que por motivos de salud no había podido ingresar al Carmelo, dirigiéndose por el nombre de religión que había elegido, le escribía: "Quisiera encomendarles encarecidamente a mis familiares. Cada vez se ponen peor las cosas para ellos"[2447].

a Seguramente se refería a los problemas psíquicos de una de las novicias, que finalmente no fue admitida a la profesión perpetua y abandonó la Orden.

Este tipo de expresiones se repiten constantemente a partir de 1938. "Fuera, en el mundo, ahora lo tienen todo muy difícil"[2448], explica Edith una y otra vez. También comenta que los hijos de Erna, Susel y Ernst Ludwig:

> Tienen ahora 16 y 17 años, y ambos están en los últimos cursos de la escuela. Mis hermanos quieren permanecer tanto tiempo como sea posible en Alemania, y retener a los hijos consigo. Pero ahora tienen que darse cuenta de que ya no será por mucho tiempo. Alguna esperanza tienen de poder enviarlos a Inglaterra[2449].

Cada uno de los millones de fotos y objetos personales de las víctimas del genocidio nazi que pueblan los museos alrededor del mundo, cada una de estas cartas es testimonio de su tiempo. La familia Stein todavía tenía esperanzas de que algo cambiara positivamente en Alemania. En paralelo, miles de personas, como Erna y su marido, meditaban planes de emigración. Lamentablemente, pocos países estuvieron dispuestos a recibir a los judíos emigrados, por más calificados que estuviesen. Edith Stein escribía: "Todos mis hermanos y sus hijos están en gran apuro. He de pedir para ellos una patria en la tierra y la patria eterna"[2450]. En contraposición con estas noticias, la comunicación con otros alemanes que no sufrían persecución y cuyos problemas cotidianos[a] no revestían esa gravedad, corría por otros carriles. Pensando en religiosas que habían fallecido y en aquellos a los que, como su madre y Husserl, la muerte

---

a Esto se aplica a la carta que conservó una de sus queridas amigas, Margarete Günther, que tenía un hijo de pocos meses y a quien Edith, por su experiencia al cuidado de sobrinos, le escribía: "En el calor del verano los bebés tienen fácilmente trastornos de nutrición. Naturalmente, para los padres ello es motivo de gran sufrimiento, ver a una criaturita tan pequeña sufrir y no poder ayudarle [...]. Una joven madre, ante todo, tiene que estar interiormente tranquila. Si se pone nerviosa, entonces el niño sufre también" (OCI, 1272). En su carta, Edith también le pedía: "Por favor, en medio de sus preocupaciones, piense un poco en mis hermanos, quienes próximamente habrán de separarse de sus hijos" (OCI, 1272).

había liberado de estas preocupaciones, Edith expresaba una pena que no mermaba su fe: "Hoy, más que nunca una desea a cada cual el descanso eterno, y da gracias por todos los que han sido liberados del sufrimiento de este tiempo"[2451].

Afirmada sólidamente en su fe cuando millones de personas perdían la suya, Edith Stein retomaba a Santa Teresa de Ávila y a San Juan de la Cruz, e insistía en que "lo decisivo sería la unión con Dios por la voluntad, esto es, la conformidad con la voluntad divina"[2452]. En aquellos tiempos oscuros, Edith Stein se apoyaba en Teresa de Ávila, a quien citaba en una carta, el 20 de octubre de 1938:

> ¿Que si la vida mística está reservada a unos pocos? Su hermano en religión Garrigou-Lagrange ha tratado de demostrar con toda energía (y muchos le han seguido) que sería solo el desarrollo de las tres virtudes teologales, y que todos los cristianos están llamados a lo que es *lo esencial*, a saber, la unión con Dios. Esto no sería nada extraordinario; extraordinario sería solo aquello que se da en algunos casos: éxtasis, visiones y cosas por el estilo. Que realmente pocos llegan ahí, se explica por los obstáculos de parte del hombre. Los santos Padres de nuestra Orden [Teresa de Jesús y Juan de la Cruz] no son, del todo, de este parecer. De todos modos, para consuelo de los no agraciados místicamente, los dos acentúan que lo decisivo sería la unión con Dios por la voluntad, esto es, la conformidad con la voluntad divina[2453].

"El camino más seguro", subrayaba, era "hacer de nuestra parte todo lo posible, a fin de llegar a ser un vaso vacío para la gracia divina". Esto implicaba, desde una perspectiva kenótica, un consejo presente en muchas religiones: "Despega tu corazón de todas las cosas. Busca a Dios, y lo hallarás"[2454].

Cuando se cerraron definitivamente las escuelas religiosas, y muchas de sus excompañeras debieron abandonar la enseñanza, vivir lejos de sus conventos y dar clases particulares en sus casas, Edith Stein les recordaba:

> Dios, toda la Santísima Trinidad, está en nosotros. Si llegamos a comprender que podemos construirnos una celda cerrada en nuestro interior y recogernos allí tan a menudo como sea posible, entonces en ningún lugar del mundo nos faltará nada[2455].

Con esta imagen de la Trinidad, en cada ser humano, Edith Stein se diferencia de Santo Tomás de Aquino. Lo que para el aquinatense son huellas o vestigios[a] de Dios, para ella es imagen reflejada (San Pablo 1, Corintios 13, 12). Pero lo que podía experimentar una carmelita despegada del mundo resultaba un sacrificio para aquellos que, sin el consuelo de la fe, veían sufrir a sus hijos, padres y parientes.

El 14 de octubre, su hermano Arno, a quien no veía desde hacía cinco años, pasó por Colonia para despedirse de ella antes de abandonar Alemania para siempre. Por su parte, Hans Biberstein, el marido de Erna, dejando a su esposa e hijos a la expectativa, también viajó a Norteamérica para buscar "un medio de existencia para su familia"[2456]. Para ese entonces, sus hijos adolescentes habían tenido que dejar los estudios, Susel trabajaba "duro como sirvienta en casa de una familia conocida", en tanto que Ernst Ludwig estaba en una finca aprendiendo agricultura[2457]. También su sobrino mayor, Wolfgang Stein, evaluaba la posibilidad de establecerse en la Argentina.

Luego de recibir una carta de su cuñado desde Nueva York, seguramente afligido porque sus hijos no podían terminar su formación escolar, Edith le decía: "Esto es algo que hoy no entra en consideración. Pienso que esto pertenece también a las cosas que hemos de aprender de nuevo"[2458]. Comparando sus experiencias, continúa diciendo:

> Que nosotros hemos pensado y hecho muchas cosas al revés, lo podemos constatar a diario, si nos examinamos sobre ello. Es muy provechoso hacerlo. Nos daría en las narices ver que no podemos

a Véase la conferencia de Roberto Walton del 5 de abril de 2022.

> abandonarnos a nosotros mismos y estaríamos abandonados, si uno no se preocupara por nosotros, el cual tiene una visión más clara y amplia que nosotros[2459].

"Todo está en un clima de desintegración y cambio"[2460], escribía Edith poco antes de la noche de los cristales rotos. Por su ahijada de bautismo, Hedwig Spiegel, casada con un abogado judío, que la visitaba constantemente en el locutorio, estaba enterada de las grandes dificultades que tenían para emigrar. Mientras tanto, en el convento, las carmelitas seguían con sus obligaciones rituales, que abarcaban desde las reglas de la más estricta observancia, hasta el envío de estampitas o "rosas bendecidas de Santa Teresita"[2461]. En ese ambiente, al conmemorarse los sesenta años del ingreso de una de ellas al Carmelo, Edith escribió una pieza teatral, una entre las muchas que solían representar para este tipo de acontecimientos.

Estas ocupaciones debían conciliarse con el interés por sus parientes. Entre ellos, quienes corrían más peligro y quedaban "en peor situación"[2462], eran sus hermanas Frieda y Rosa que, instaladas en la casa familiar de Breslau, intentaban liquidar el negocio familiar. En consideración a la situación de sus hermanas, Edith obtuvo permiso de escribir con más regularidad, pero aquello era "solo una débil sustitución"[2463]. Todavía se tenía la esperanza de que Hans Biberstein lograra el permiso para llevarlas a Estados Unidos. Por su parte, no ajena al padecer general, Ruth Kantorowicz se desempeñaba como "muchacha para todo" en un convento de ursulinas[2464]. Ante estas circunstancias, a una amiga que había perdido recientemente a su madre, Edith le escribía:

> El día de los difuntos recordaremos las dos a nuestras madres. Este recuerdo es siempre para mí muy consolador. Confío firmemente en que mi madre ahora tiene poder para ayudar a sus hijos en los grandes apuros del momento presente[2465].

Esta convicción es personal, dado que dominaba en la Iglesia la idea de que los no bautizados, en este caso su propia madre, no alcanzarían la bienaventuranza eterna[2466]. Finalizando 1938, Edith explicaba que, debido a que los judíos no podían hacer uso del dinero para nuevas inversiones o para llevarlo al exterior, para sus familiares no tenía "ningún sentido ahorrar"[2467]. Por esas razones, tampoco valía la pena que intentaran vender el negocio o la propiedad familiar. Con pesar, Edith le escribía a Petra Brüning: "Confío en que, desde la eternidad, la madre vela por ellos. Y, además en que el Señor ha aceptado mi vida por todos". Y, recurriendo a un personaje bíblico muy caro al mundo judío, agrega:

> Una y otra vez he de pensar en la reina Ester[a], que justamente para esto fue sacada de su pueblo, para interceder por él ante el rey. Yo soy una pobre, impotente y pequeña Ester, pero el rey que me ha elegido es inmensamente más grande y misericordioso. Esto es un gran consuelo[2468].

LA OSCURIDAD DE LA RAZÓN

Mientras la Alemania que había conocido se transformaba, Edith siguió escribiéndose con editores y filósofos durante gran parte de 1938. Entre ellos, Walter Warnach, profesor en la Academia de Artes de Düsseldorf, quien colaboró con la corrección de pruebas de *Ser finito y ser eterno*. Warnach también le envia-

---

a La historia de la reina Ester se encuentra en el Antiguo Testamento. Véase Libro de Ester. Este pasaje de la carta de Edith Stein fue leído tanto durante su beatificación como durante su canonización y se utiliza el 9 de agosto, en la celebración de su santoral. Además, desde el punto de vista cristiano, "la reina Ester es la redimida que participa en el drama del Gólgota" (OCI, 1286, n. 3). Edith Stein es, para Feliciana Merino, "un ejemplo de vivir la solidaridad hasta la muerte". Véase "Edith Stein en el centenario de su bautismo": https://es.aleteia.org/2022/05/02/edith-stein-en-el-centenario-de-su-bautismo

ba sus poesías. En sus respuestas, combinando el rol de crítica literaria con el de especialista en temas religiosos, Edith interpretaba que no eran "fácilmente accesibles", aunque a través de ellos creía "comprender algo de la condición anímica" del autor. Con relación al poema titulado "Plegaria pidiendo consuelo", se sentía llamada a "romper una lanza a favor de los ángeles", afirmando: "Ellos no se interponen entre nosotros y Dios. El rayo de luz que (según Dionisio), a través de los nueve coros, nos alcanza, abraza a todo el mundo espiritual..."[2469]. Siendo un tema de su interés, se ocupó del pseudo-Dionisio en uno de sus últimos escritos, "Caminos del conocimiento de Dios. Dionisio el Aeropagita y su teología simbólica"[2470].

Mientras tanto, tropas alemanas entraron a Austria, al plebiscitarse en 1938 la anexión al tercer Reich, y la publicación de su libro quedó en la nada. A pesar de la intención del editor, tampoco pudo realizarse en Breslau[a], debido a que solo se publicaban a los miembros de la cámara de literatura del Reich y, por supuesto, los "no arios" estaban excluidos. Aun así, hasta bien entrado ese año, pensando que con ello podría dar "un empujoncito para seguir imprimiendo"[2471], Edith hacía que sus amigos interrogaran a Borgmeyer sobre los avances en la impresión de su libro. Este año también redacta dos breves artículos biográficos sobre dos carmelitas en los que pudo sentirse reflejada. El primero, sobre Catalina Esser, que introdujo el nuevo Carmelo de Colonia en 1850 (escritora y, como ella misma, con la "capacidad de pasar desde el silencio de su vida escondida al diálogo con las altas esferas de la Iglesia y del Estado"[2472]). El segundo texto es sobre el reformador conventual P. Andrés de San Romualdo, a quien compara con San Juan de la Cruz por su "pureza y ternura"[2473]. Para Moreno Sanz, "en su casi esquemática brevedad, esta semblanza destila ya algunas de las gotas

---

a La editorial Otto Borgmeyer había publicado en 1931, 1932 y 1934 los dos tomos de *Investigaciones de santo Tomás de Aquino sobre la verdad* y su "correspondiente vocabulario" (OCI, n. 4, p. 1280).

que irán a dar al caudaloso río interpretativo que es *Ciencia de la Cruz*"[2474].

Las semanas que preceden a Navidad corresponden al tiempo de "Adviento". En la actualidad, en algunos países, como Alemania, cada día los niños reciben un pequeño regalo. En la época de Edith Stein, a menos que se tratara de cuestiones urgentes, las carmelitas dejaban de escribir cartas y tampoco iban al locutorio[2475]. Los acontecimientos hicieron que ese año cambiaran las costumbres. En la fatídica noche del 9 de noviembre, conocida como *noche de los cristales rotos*, 400 sinagogas fueron incendiadas, entre ellas la de Colonia; 7000 negocios saqueados y destruidos, mientras la policía miraba sin actuar y los bomberos cuidaban que no se expandiera el fuego a barrios no judíos. Esa noche, más de noventa personas fueron asesinadas y 35.000 judíos fueron apresados y enviados a campos de concentración.

Pocos días antes, Erich Przywara había visitado por primera vez a Edith Stein en el Carmelo de Colonia. ¿Se habría presentado para conversar personalmente acerca del clima social y político, y sobre las posibles consecuencias? El caso es que, previendo los riesgos de su estadía por más tiempo en Alemania, las carmelitas decidieron que Edith abandonara Colonia. La priora escribió al Carmelo de Echt diciendo que Sor Benedicta necesitaba "urgentemente un cambio de aires". Las monjas comprendieron inmediatamente lo que eso significaba y la invitaron cordialmente. Rápidamente[a] se consiguieron los permisos para su viaje a Echt. Para su pasaporte se necesitaba una fotografía. En la puerta de la clausura Edith Stein recibió al fotógrafo. Cuando la priora vio su escapulario zurcido, se sacó el suyo de los hombros y se lo entregó. Así salió en la última foto que se tiene de ella.

El 16 de diciembre, Edith Stein pidió a Walter Warnach el envío de las pruebas de imprenta de su libro. Asimismo, se

a El 26 de diciembre, un experto en solicitudes ante la Santa Sede redactó en latín el texto en el que se pedía autorización para el traslado.

encargó de comunicar su traslado y de despedirse de su querida amiga Petra Brúning. Durante los últimos meses había meditado en profundidad sobre el significado del nombre que había elegido al hacerse carmelita, y conectando su resolución personal con el espíritu de los tiempos que le tocaban vivir, el 9 de diciembre escribió:

> He de decirle que mi nombre de religión lo traje ya conmigo cuando llegué de postulante al convento. Conseguí exactamente lo que pedí. Bajo la cruz comprendí el destino del pueblo de Dios, que ya entonces comenzó a preanunciarse. Pensé que quienes comprendieran que esto era la cruz de Cristo deberían tomarla sobre sí en nombre de todos. Ciertamente, hoy sé mucho mejor lo que significa haberse desposado con el Señor bajo el signo de la cruz. Desde luego, nunca se llegará a comprender, porque es un misterio[2476].

Imposible no recordar esas líneas citadas en la mayor parte de las biografías dedicadas a Edith Stein. Así se asumía entre los millones de inocentes injustamente condenados. Pero, al ofrecerse a tomar sobre sí "la cruz de Cristo", relacionando esta decisión con el "destino del pueblo de Dios", expresaba una convicción que, desde el pueblo judío, no podría interpretarse unívocamente. Hay que recordar que en *Ser finito y ser eterno* había escrito que, en cierto sentido, desde la creación del primer hombre, "toda la humanidad es la humanidad de Cristo... y la humanidad comienza en el primer hombre"[2477]. Desde una perspectiva contemporánea, Avenatti de Palumbo y Bertolini explican que la decisión de Stein de "ir hacia el pueblo es ir hacia el Amado porque, en sentido estricto, el cuerpo de Cristo en dimensión social hay que entenderlo, no referido a la Iglesia sino a la humanidad sin más"[2478].

Dos meses y medio antes de abandonar el Carmelo, Edith Stein escribió la meditación sobre la "Sancta Discretio" benedictina. En este como en posteriores escritos espirituales, diferencia lo que según ella es alcanzable por la vía natural y sobrenatural.

Entre 1936 y finales de 1938 también escribe trece poemas religiosos[a] que se han relacionado con decisiones personales, y en los que, como en la obrita teatral "Ante el trono de Dios", hay "elementos muy trágicos de aquel momento histórico del nazismo en el poder"[2479] que se contraponen con elementos beatíficos[b]:

> ¿Quién eleva aún su mirada hacia las colinas eternas? / Bajo el hechizo del poder de las tinieblas permanecen los pueblos. / Por sus esclavos reina el Anticristo, / ríos de sangre y lágrimas por todas partes, / un océano de sufrimiento y culpa cubre el mundo[2480].

El 18 de diciembre de 1938, Edith Stein escribe su texto autobiográfico "Cómo llegué al Carmelo de Colonia", en donde percibe "una profunda conexión"[2481] entre las condiciones de ese momento y las que la llevan al Carmelo de Echt. Por entonces, tal vez con un dejo de melancolía alcanza a deslizar que su libro (*Ser finito y ser eterno*) sería su "regalo de despedida a Alemania"[2482]. Su primera biógrafa recordó que la fiesta de Navidad transcurrió aquel año empapada "con la amargura y nostalgia de la despedida"[2483]. Otra de las carmelitas recordaría: "Cuando me abrazó a mí, no pude ya contener las lágrimas. No pronuncié otra palabra que su nombre. Cuando vio mi congoja, también ella perdió por un momento la serenidad y suspiró en voz alta. Pero se recuperó enseguida y se despidió de nosotras"[2484].

---

a Para Moreno Sanz, la "Novena de pentecostés" es quizás su mejor poema, atravesado "de una simbología mística" (MS, 491), acompañados por los propios dibujos de Stein. "Por motivos biográficos", este autor destaca el poema "Quinquagesima 1938", pues "en él se inicia la serie de tres ofrendas expiatorias de su vida [...], ofreciéndose al Corazón de Jesús el 26 de marzo de 1938", el 21 de abril en su profesión solemne y el 9 de junio de 1939 (MS, 491). Entre estos poemas figura el dedicado a su hermana Rosa, en recuerdo de su bautismo.

b Introduce, además de personajes bíblicos y del santoral, el canto "Santo, Santo", de una misa de Schubert.

Con una celeridad que demuestra la intervención de una red de amigos puestos a disposición, por la mañana del 31 de diciembre de 1938 Edith Stein obtuvo su pasaporte y ese mismo día abandonó el Carmelo de Colonia. Había sido "una decisión dura" para las carmelitas, pero ella "tenía la firme convicción de que era la voluntad de Dios y de que así se evitarían cosas peores"[2485]. Un médico, amigo del Carmelo, la condujo al convento de Echt. Curiosamente, ese Carmelo había sido fundado en 1875 por las carmelitas de Colonia expulsadas durante Kulturkampf[a]. Una vez en Holanda, Edith recibió noticias de sus familiares. Desde Breslau, Erna le comunicaba que se disponía a emigrar junto con sus hijos; hubiera querido verla y despedirse, pero, por disposiciones burocráticas, solo si emigraba a Holanda o utilizaba un barco de una compañía holandesa hubiera podido acercarse a Echt. Dado que su barco salió del puerto de Bremen, las hermanas nunca más volvieron a verse. También enviaron noticias Else y Max Gordon[b], que pensaban viajar en marzo del siguiente año junto con su hija mayor, para "reunirse con su hijo en Colombia[2486]. Por su parte, el 31 de diciembre, el mismo día en que su tía Edith dejaba Alemania, Annie Gordon se encaminaba a Noruega, donde unos amigos le proporcionaron trabajo y le consiguieron el complicado "permiso de entrada"[2487].

El 1.º de enero de 1939 entraría en vigor "una orden por la cual todas las mujeres judías debían añadir el nombre 'Sara' a su nombre de pila. Además, se marcaba los pasaportes de judíos

---

a "Kulturkampft", lucha por la cultura, fue un movimiento en contra de la iglesia católica que alcanzó impulso bajo el gobierno de Bismark, y que responde a razones políticas y religiosas. En 1872 los jesuitas fueron expulsados. También sucedió con algunos Carmelos. Como el de Colonia. Al llegar a Holanda, en 1875, las carmelitas recibieron primero la hospitalidad de las ursulinas. Luego fundaron su propio convento.

b Se conserva una carta de despedida, enviada a Hamburgo, en la que Edith, ya en Echt, le dice a su cuñado: "Desde aquí he sentido de tal manera vuestra despedida como si estuviera ahí [...]. Os acompaño en el viaje" (OCI, 1303).

con una gran 'J'"[2488]. Por ello, se presume que "las prisas de la evacuación"[2489] tuvieron como objetivo evitar que Edith Stein y el doctor Paul Strerath, quien la llevó en su auto, tuvieran que pasar la aduana luego de esas medidas. "La familia se dispersa por la tierra, pero sabe Dios con qué finalidad"[2490], escribía Edith en enero, desde Holanda, preocupada por los que permanecerían en su tierra natal. Por entonces, confiaba en que su hermana Rosa obtendría ayuda de la Unión San Rafael, una organización de católicos alemanes fundada en 1841, que orientaba y auxiliaba a los emigrantes. En 1941, la Gestapo disolvió las sedes de la unión que se encontraban en Alemania y los bienes de la asociación fueron confiscados. En 1942, el mismo año en que Edith Stein fue asesinada, la iglesia y la imagen de la Reina de la Paz, que ella había pedido ver por última vez antes de dejar Alemania, fueron víctimas de las llamas.

22
CUANTO MÁS OSCURO...

"Cuanto más oscuro se vuelve aquí todo para nosotros, tanto más tenemos que abrir el corazón a la luz que viene de arriba"[2491]. Esto decía Edith Stein a un mes exacto de la noche de los cristales rotos. Más adelante, en enero de 1939, a los que querían consolarla por el obligado exilio, les aclaraba que ningún "consuelo humano"[2492] podría ser eficaz, pero, nuevamente y como haría constantemente en los años siguientes, confiaba en que "el que impone la cruz sabe cómo hacer la carga dulce y ligera"[2493]. Valoraba especialmente los pequeños gestos, como cuando en camino a Echt pudo detenerse en la parroquia en la que se encontraba la imagen de la Reina de la Paz, muy venerada en Colonia. Allí recibió algo de consuelo luego de la "dolorosa despedida" de la "querida familia conventual de Lindental"[2494]. Edith conocía la historia de las carmelitas alemanas procedentes de Colonia e instaladas en Echt en 1875. Al llegar al nuevo convento, le dan la celda de Gertrudis Erzberger, la hija del ministro de Hacienda alemán que había sido asesinado en 1921. Sobre su predecesora, Edith escribirá una pequeña biografía.

Una vez en el nuevo convento, en donde la mayoría de las carmelitas son alemanas, Edith redacta la meditación "Vida escondida y epifanía", que, "en su tesitura trágico-mística", ha sido considerada por Moreno Sanz como "uno de sus mejores textos espirituales"[2495]. Allí se dirige a las carmelitas alegóricamente: "Ocultas a los ojos de los hombres, fueron y son formadas las piedras vivas que constituyen la Iglesia invisible"[2496]. Al final de su alocución, sostiene que "vivimos de nuevo en una época que necesita con urgencia de la renovación que surge de las fuentes escondidas del alma unidas con Dios", y pide especialmente por que haya "santos sacerdotes y una actividad sacerdotal llena de bendiciones"[2497].

Durante 1939, Edith Stein escribe varios textos espirituales y poesías. Sus editores explican que, además de "un servicio a la vida comunitaria"[2498], surgen "por necesidad interna, son expresiones de su vida interior en un momento determinado"[2499]. Edith Stein domina el arte de la versificación, y hay un atento cuidado de la rima y del ritmo, "sin embargo se puede advertir que en las poesías más íntimas o personales usa formas muy libres"[2500]. Algunas de ellas están pensadas para ser cantadas. Para ella, "el año litúrgico en el Carmelo" era un "rosario de hermosas fiestas celebradas no solo en el sentido litúrgico, sino también como fiestas familiares". Al escribir estas obras, Edith Stein se inspiraba en Teresa de Ávila, que en ocasiones "entonaba desde su corazón desbordante los cánticos espirituales, e incluso en el coro de las hermanas tocaba el tamboril y bailaba, así ha permanecido en el Carmelo la alegre costumbre de hacer poesías y cantar"[2501].

En febrero de 1939, Edith, que no había llevado a Echt su manuscrito autobiográfico por temor a que revisaran su equipaje, quiso recuperarlo. Un joven misionero "se manifestó dispuesto a la aventura"[2502]. En la frontera su coche fue detenido y revisado, un policía encontró el voluminoso manuscrito y luego de revisarlo se lo devolvió diciendo: "Esta es su tesis doctoral, ¿no?"[2503]. Afortunadamente la "Vida de una familia judía" y "Cómo llegué al Carmelo de Colonia" llegaron a manos de su autora, y pudo redactar algunas páginas más. Por entonces, revisando las pruebas de imprenta de *Ser finito y ser eterno* y la confección del índice, Edith reconoce que precisa "más tiempo del que se dispone en el Carmelo"[2504]. Eran pocas las religiosas jóvenes, y en tiempos de crisis, debido a que las carmelitas vivían de donaciones y se dedicaban casi exclusivamente a la oración, se precisaban recursos, por eso instaba a Petra Brüning a realizar una colaboración para ayudar "a cubrir los gastos de impresión y a difundir el libro, si finalmente aparece"[2505]. Era esta una hipótesis cada vez menos plausible. Las medidas contra los judíos se profundizaban. Sumado a esto y de manera gradual, el destino del conjunto de los europeos dejó de pertenecer a la voluntad de la mayoría. De pronto dejarían de importar los deseos o proyectos que cada uno tuviera. Se sabía que la situación empeoraba y se avanzaba hacia una guerra. Era un hecho que, fuertemente incrementada desde 1933, la industria armamentista alemana se había fortalecido, se botaron nuevos barcos de guerra, se construyeron aviones y tanques por lo que, a esas alturas, en 1939, los nazis estaban más que listos para la "Blitzkrieg", una "guerra relámpago" sorpresiva y factible por el gran poderío militar acumulado.

¿Pero cómo se había llegado hasta allí sin que la mayoría de la población se opusiera a las medidas implementadas por el nacionalsocialismo? Recordemos que cuando Hitler asumió el poder, en 1933, en Alemania había seis millones de desocupados. Al desarrollar una sólida industria de construcción y de infraestructura vial y crear un servicio nacional del trabajo de carácter gubernamental que proveyó a la industria de trabajadores, el desempleo bajó drásticamente[a]. Por otra parte, como los sueldos eran altos, el Frente Laboral del Trabajo absorbió a los sindicatos, se prohibieron las huelgas, los trabajadores no podían cambiar de trabajo sin autorización y tampoco se permitían los despidos. Pese a la falta de libertad sindical, la situación general de los trabajadores había mejorado, además, el estado les aseguraba vacaciones y creaba lugares de esparcimiento. También se bajaron los impuestos a los bienes personales. Paralelamente, la represión, persecución, presidio, asesinatos y torturas a representantes de izquierda habían amedrentado a la población crítica. En 1936, Hitler había pedido a la población alemana: "Denme cuatro años...". En ese lapso, en el que se implementaron efectistas políticas raciales y las persecuciones mencionadas, se había propuesto bajar la desocupación y llegar al pleno empleo, también recuperar la na-

a La cifra de 6.000.00 de desocupados bajó a la mitad en 1934. En 1935 los desempleados eran de 2.9 millones, en 1936 de 2.5 millones, en 1937, 1.8 millones, en 1938 de 1 millón y en 1939 solo eran 302.000 personas hábiles.

ción, restaurar el poderío militar y lograr el bienestar de la mayoría de la población.

A todo esto, el inicio de una guerra no sería una sorpresa para quienes hubieran leído en 1925 *Mein Kampf*, libro en el que Hitler anunció: "Los alemanes tienen el derecho moral de adquirir territorios ajenos gracias a los cuales se espera atender el crecimiento de la población". El aumento de los sueldos y los bajos impuestos impulsaron a buscar mano de obra barata y recursos económicos en otros territorios para incrementar el denominado "espacio vital alemán" (Lebensraum), concepto que Hitler había tomado de la biología y con el que expresaría que la "raza superior" alemana tenía derecho de someter a las "razas inferiores".

Finalmente, en marzo de 1939, a un año de la anexión de Austria, la guerra era inminente. Hasta allí, la política francesa e inglesa había tratado de "apaciguar" a Hitler firmando tratados. Pero en realidad estaban más preocupados por la expansión comunista que por los planes del gobierno alemán. Hay que decirlo: pese a lo que les sucedía a los judíos, desde 1933,hasta la ocupación alemana de Checoslovaquia, en marzo de 1939, prevalecían las políticas defendidas por los apaciguadores. Para Eric Hobsbawm, este episodio "decidió a la opinión pública de Gran Bretaña a resistir al fascismo". Aun así, "cuando los ejércitos alemanes avanzaban hacia Polonia, el gobierno de Neville Chamberlain seguía dispuesto a negociar con Hitler, tal como éste había previsto"[2506].

VÍCTIMA PROPICIATORIA PARA LA PAZ VERDADERA

Cuando tropas alemanas invadieron Checoslovaquia, se proclamó el "Protectorado de Bohemia y Moravia". El 25 de enero, desde Berlín, Hitler había llamado al "aniquilamiento de la raza judía en Europa". Como había sucedido en el boicot a las tiendas judías en 1933, ante la promulgación de las Leyes de Núremberg de septiembre de 1935 y en la noche de los cristales rotos de noviembre de 1938, tampoco esta vez hubo una condena conjunta de los obispos alemanes, ni del Vaticano[a]. Además, con el fracaso, un mes antes, de las conversaciones sobre Palestina llevadas a cabo en Londres, Hitler debería sentir el camino allanado. Edith Stein había intuido que lo que le quedaba de vida lo pasaría fuera de Alemania[2507]. Aun así, en abril de 1939, expresaba: "Mi actitud fundamental es la gratitud": era "preciso orar mucho para mantenerse fiel en cada situación. Ante todo, por tantos y tantos que lo tienen más difícil que yo y no están tan anclados en la eternidad"[2508]. Durante esta etapa, se lee constantemente en sus escritos "¡Hágase tu voluntad!"; para Müller y Neyer, esta sumisión a la voluntad de Dios —que por otra parte se recuerda diariamente en la oración en el Carmelo— fue una actitud que la determinó firmemente "hasta el final de su vida"[2509].

Era un tema sobre el que venía meditando largamente, de hecho, en "El castillo interior" había subrayado que Teresa de Ávila, al igual que otros maestros espirituales, veía la entrega a la voluntad de Dios como lo más esencial en la unión: la entrega de nuestra voluntad es lo que Dios nos pide a todos y todos podemos realizar. Ella es la medida de nuestra santidad, y a la vez condición para la unión mística que no está en nuestro poder, sino que es libre regalo de Dios. Pero de aquí resulta también la posibilidad de vivir desde el centro del alma y de realizarse a sí mismo y la propia vida, sin ser agraciados con gracias místicas[2510].

---

a En la encíclica *Mit brenmender Sorge*, del 14 de marzo de 1937, se hacía referencia a las amenazas del nacionalsocialismo para el catolicismo, pero todavía se decía que " quien quiera ver proscriptas" las enseñanzas bíblicas "reniega de la fe en el verdadero Cristo, tal como apareció encarnado, en el Cristo que recibió su naturaleza humana de un pueblo que lo crucificaría" (Denamy, 1938). Las referencias al pueblo judío como deicida, sin mencionar que Cristo y sus primeros seguidores eran judíos, y que los encargados de darle muerte fueron los romanos, no podía menos que abonar los sentimientos antijudíos de muchos cristianos.

Mientras tanto, censuras e inconvenientes impedían la publicación de *Ser finito y ser eterno*. Por eso, sin demasiadas ilusiones, Edith recibió las últimas pruebas de imprenta. Otros eran los títulos que se imprimían en la Alemania nacionalsocialista. *Mein Kampf* se vendía por millones y las ganancias iban a los bolsillos de su autor. Otros lo imitaban; a fines de mayo, llegó a sus manos el panfleto *Flucht aus dem Kloster*, compuesto por Martin Lintl, un excarmelita que gracias al aparato de propaganda nazi fue extensamente difundido. De manera elíptica, debido a la censura, Edith dijo haberlo leído "con esfuerzo" y solicitaba "destruir el cuaderno" por el "efecto" que pudiera provocar en otras personas. En el panfleto se explicaba que "todo es interpretado como obra humana, fiel a los principios de la psicología oficial...", allí lo "sobrenatural" quedaba "totalmente descartado". Nunca era nombrado Jesús, lo que significaba "una renuncia del cristianismo en toda línea"[2511].

Como "contrapeso", aunque evidentemente no alcanzara su trabajo la misma difusión que la del propagandista nazi salido de las filas del Carmelo, Edith se ocupó de escribir la "pequeña biografía"[2512] de una carmelita francesa, autora de escritos místicos, texto "en el que se agudiza la visión trágico-mística que van adquiriendo" sus últimos escritos "cada vez más imbricados"[2513] con sus propias experiencias. Como puede percibirse en las anotaciones, apuntes, escritos espirituales, traducciones y poesías que figuran en sus obras completas, desde 1933 hasta su muerte Edith Stein no solo profundizó en la espiritualidad del Carmelo, sino que, como había sucedido en su etapa filosófica, su obra y su vida se ven inexorablemente entrelazadas. Daniel Feuling sintetiza esta idea al decir que, siendo carmelita, "no se trataba ya para ella de buscar la verdad, sino de vivirla"[2514]. Una y otra vez reitera el sentimiento de desolación, y así evoca la *noche oscura* de San Juan de la Cruz en su poema "San José, ¡Cuídanos!":

El cielo, pesado y oscuro, se nos cae encima.
¿Es que siempre es noche y la luz nunca más quiere aparecer?
¿Es que el Padre, arriba, se ha apartado de nosotros?[2515]

En ese contexto, el 26 de marzo de 1939, con espíritu sustitutorio, ofreciendo su vida, Edith Stein le escribió a la priora del convento de Echt:

> Querida Madre:
> Por favor, permítame Vuestra Reverencia ofrecerme al Corazón de Jesús como víctima propiciatoria por la paz verdadera: que el poder del Anticristo, si es posible, se derrumbe sin una nueva guerra mundial, y que pueda ser instaurado un nuevo orden de cosas. Desearía hacerlo incluso hoy, porque ya son las 12. Sé que no soy nada, pero Jesús lo quiere, y seguramente en estos días llamará a otros muchos para esto.
>
> Domingo de Pasión, 26.III.39[2516]

ROSA Y EDITH REUNIDAS EN ECHT

El 1.° de junio, Edith Stein escribe una poesía, sin título, en la que frente a "la tierra abandonada a las tempestades salvajes", se presenta como el refugio "la soledad del desierto, / donde la llama del pecado no alcanza"[2517]. El 9 de junio, durante sus ejercicios espirituales, escribe un testamento que contiene algunas propuestas para su legado[a]. En el orden concreto, dejaba sus libros científicos, o "de poco uso para las hermanas", a los padres carmelitas, los trapenses o los jesuitas[2518]; el resto quería dejarlos "naturalmente al convento"[2519]. Pedía que se hicieran llegar a Bell y a Ingarden textos de ellos que conservaba, y que se les entregase "algún pequeño manuscrito" suyo "como recordatorio"[2520]. Además de preocuparse de la publicación de *Ser finito y ser eterno*, agradecía a las carmelitas "por el amor con que [la habían] acogido y por todo lo bueno que [le habían] dado..." y afirmaba: "Desde ahora acepto con alegría y

---

a De acuerdo con la Regla y Constituciones carmelitas, en abril de 1935 había escrito un testamento en Colonia. Debió destruirlo al trasladarse a Echt, porque "podía complicar el paso de la frontera" (OCI, 514), y porque había "perdido ya su valor a causa del cambio de la situación" (OCI, 514).

con perfecta sumisión a su santa voluntad, la muerte que Dios me ha reservado..."[2521]. Luego de pedir, entre otras cosas, que su vida y su muerte sea aceptada para la "santificación y perfección de nuestra Santa Orden, particularmente los Carmelos de Colonia y Echt", agrega, preconciliarmente: "En expiación por la incredulidad del pueblo judío y para que el Señor sea acogido por los suyos y venga en su Reino la gloria; por la salvación de Alemania y la paz del mundo..."[2522]. Como señalan Müller y Neyer, las palabras "como expiación por la incredulidad del pueblo judío" han suscitado "constantes dificultades"; se trata de una fórmula que "no aparece en ningún otro lugar" de sus escritos, "por lo demás, estas palabras se hallan en total oposición a la mayoría de las declaraciones de Edith Stein"[2523]. Por su parte, Moreno Sanz va a destacar el espíritu ecuménico de sus últimos textos. Además, hay que tener en cuenta que en el mismo testamento Stein pide por sus familiares y antepasados, con lo que queda excluido que pensara en que la salvación estaba circunscripta a un grupo específico de creyentes. Según testigos, Edith no soportaba que "criticaran a los judíos, tomando siempre su defensa. Decía a menudo que judíos y jesuitas sirven de 'cabezas de turco' a los que se atribuyen fácilmente todos los males"[2524]. Se debe considerar también que redacta su testamento antes del desencadenamiento de la guerra y antes de que se realizaran las matanzas de judíos.

Dejando de lado la fórmula que ha sublevado a sus propios familiares[a] y el momento en 1998 cuando su canonización despertó grandes polémicas, evidentemente se trata de un momento crucial. Edith Stein se ofrece a cargar a cruz de Cristo. En *La significación del ateísmo contemporáneo*, Jacques Maritain habla de lo que sucede cuando "en el alma de un santo" se da este movimiento, seguido a una negativa "a aceptar las cosas como son":

> El mal es tal, que lo único se tiene a mano para remediarlo, y que embriaga al santo de libertad, de exaltación y de amor, es darlo

---

a Susanne Batzdorff ha desarrollado el tema en su libro *Mi tía Edith*.

> todo, abandonarlo todo [...] es darse y despojarse totalmente a fin de participar del poder de la Cruz, es morir por los que Él ama. Hay aquí un relámpago de intuición y de deseo que está por encima de todo orden de moralidad humana[2525].

Luego de abandonar Edith el Carmelo de Colonia, durante los primeros meses de 1939, Rosa Stein viajó a Bélgica, entusiasmada con la propuesta de una mujer que se proponía fundar allí una comunidad religiosa. Las carmelitas de Colonia la ayudaron con muebles, ropa y otros enseres, y ella misma llevó las pertenencias que pudo trasladar. Pronto constató que había sido víctima de una estafadora. Viéndola indefensa, sin conocer el idioma y sin amistades, la priora del Carmelo de Beek "consiguió liberar[la]"[2526]. Se cree que Rosa y su rescatista "atravesaron la frontera belga-holandesa ilegalmente"[2527] a través de un río que se estaba dragando. El 1.° de julio, durante la visita del principal de la Orden, con quien se encontraba por primera vez, Edith pudo explicarle la penosa situación de su hermana. Un par de horas después, Rosa las "sorprendió con su inesperada presencia"[2528]. Inmediatamente, se dispuso que fuera recibida en el convento de Echt y comenzó a tramitarse, con muchas dificultades, su "permiso de residencia"[2529]. Para ello, Edith explicó a su familia que era "preciso toda clase de negociaciones con las autoridades belgas y holandesas"[2530].

Una vez que Rosa y Edith Stein estuvieron reunidas, su hermana Frieda les enviaba extractos de las cartas de los familiares, pero, por los controles de frontera, no era "aconsejable grandes envíos de cartas"[2531]. A los exiliados, Edith les decía: "Frieda es muy valiente. Pero es muy duro para ella quedarse ahora completamente sola"[2532]. A Erna, que se había enfermado al llegar a Norteamérica, la anima con pensar en su cumpleaños y agrega: "Ante todo te deseo la paz del corazón, que también proporciona tranquilidad a los nervios [...]; espero que la alegría que te causan los niños te ayude a soportar el difícil cambio cada vez mejor"[2533]. Para Erna sería un gran consuelo el desempeño escolar de sus hijos. Pronto, "Suse figuró en la lista de honor de su colegio" y su hermano obtuvo “excelente” en todas las asignaturas y “una medalla como distinción”[2534]. La capacidad de adaptación y la necesidad de recuperar algo de la felicidad de la niñez, los deseos de tener una vida más normal de la que habían llevado durante los últimos cinco años debieron ser un estímulo para los más jóvenes. En cuanto a “los mayores”, la adaptación fue “más difícil. Todos [se tenían] nostalgia mutuamente” y estaban preocupados por los que aún quedaban en Breslau[2535]. Hasta cuando les fue posible, los familiares se encontraban regularmente; Paul Stein le hacía llegar noticias a su hijo Gerhard, que en vano se esforzaba por que tuviera un visado para Estados Unidos: “Cada sábado tenemos aquí el ‘día de familia’. Tía Clara, tía Frieda y Eva vienen a nuestra casa, y se leen cartas de todo el mundo”[2536].

Pero cada vez sería más difícil recibir noticias. En el convento, Rosa trabajaba como portera, una actividad que Edith explicaba a su familia:

> Algunas veces puede verme y oírme, pero raras veces estamos juntas. Tenéis que imaginaros el “torno” como una pequeña plataforma giratoria. Por él salen y entran todas las cosas, sin poder verse. Soy visible cuando abro a Rosa la puerta del jardín. Esto podemos hacerlo a través de una ventana. El jardín tampoco es accesible para otras personas. Para Rosa hemos recabado permiso del obispo para que pueda ayudarnos en la recolección de la fruta. Tenemos más de lo que pueden dar abasto nuestras manos[2537].

“EL MUNDO ESTÁ EN LLAMAS”

En agosto de 1939, Edith Stein compartió con Peter Wust, profesor de Filosofía en Münster, aquejado de un cáncer de laringe, la historia de una carmelita fallecida que “todo lo ofreció por las grandes intenciones del tiempo presente”[2538]:

> Me ha impresionado mucho que en usted el sufrimiento haya atacado los órganos con los cuales hoy se peca mucho. Me parece

> como una llamada para la realización de una expiación especial. Dicha llamada es una gracia extraordinaria. Creo que un sufrimiento tal, si es asumido con un corazón disponible y llevado hasta el final, ante Dios es como un verdadero martirio[2539].

¿No era el camino que ella misma emprendería? En mayo habían capitulado los Países Bajos y Bélgica. Los campamentos de refugiados se rodearon de alambre de púas. Los refugiados se transformaron en prisioneros. Edith y Rosa Stein figuraban en los registros de la policía y sus solicitudes de inmigración estaban en archivos ministeriales. El 1.° de septiembre, Alemania había invadido Polonia. Sin dilaciones Francia e Inglaterra declararon la guerra. Comenzó la Segunda Guerra Mundial. "Los acontecimientos actuales", explicaba Edith en una carta, urgían a las carmelitas a tomar "muy en serio su vocación"[2540]. Con esta convicción retoma la figura del gran místico fundador del Carmelo descalzo español, San Juan, con quien compartía el patronímico "de la Cruz". La renuncia al mundo, a los bienes materiales y a sí mismo para unirse a Cristo, aceptar la cruz y participar místicamente de su muerte forma parte de la tradición carmelita. En ese sentido, dos meses después de declarada la Segunda Guerra Mundial, Edith insistía: "No se puede desear la liberación de la cruz, cuando alguien tiene el título 'de la cruz'"[2541]. Se trataba de un tema en el que cavilaba constantemente; de hecho, a pedido de la priora redactó, para el día de la Exaltación de la Cruz, una meditación donde dice: "El mundo está en llamas, el combate entre Cristo y el Anticristo ha estallado abiertamente. Si te decides por Cristo, te puede costar la vida"[2542]. Como en otras ocasiones, sus pensamientos fueron premonitorios. Entre 1936 y 1942, Edith Stein escribió la mayoría de sus poesías. Una de ellas, "A Dios Padre", parece traslucir el sentimiento que la lleva, en 1939, año de su composición, a redactar tres oraciones de inmolación[a]:

---

a Así se considera su carta a la priora del 26 de marzo; y el 9 de junio cuando redacta su testamento. Además, en la alocución "Exaltación de la Cruz" subraya el sentido cristológico de los votos, como seguimiento de la

> Bendice el ánimo agobiado de pena de los oprimidos por el dolor,
> la pesada soledad de almas hundidas;
> el ser totalmente agitado de los hombres,
> el sufrimiento que el alma nunca ha confiado a otra alma hermana
> [...]
> Bendice a los alegres, Señor. Consérvalos bajo tu protección.
> Todavía nunca me has quitado el vestido de luto.
> A veces siento pesada la carga sobre mis cansadas espaldas,
> Pero si tú me das fuerza, llevaré esta carga como penitencia
> Hasta el sepulcro[2543].

¿Sabría Edith Stein que, a dos semanas de declarada la guerra, un grupo de obispos alemanes emitieron una carta pastoral conjunta, en la que justificaban la conquista del Lebensraum (el ya mencionado espacio vital alemán) y alentaban a los soldados católicos a obedecer al *Führer*, cumplir con su deber y sacrificar la vida por su causa?[a]

En cuanto a su gran libro, a mediados de 1939, su editor era "muy pesimista"[2544]; para fin de octubre había "perdido el ánimo",

---

cruz" (OCV, 631): "¿Oyes el gemir de los heridos en los campos de batalla...? [...]; ¿te conmueve el llanto de las viudas y de los huérfanos? [...] Los ojos del Crucificado te están mirando, interrógate y poniéndote a prueba. ¿Quieres sellar de nuevo y con toda seriedad la alianza con el Crucificado? ¿Cuál será tu respuesta?..." (OCV, 634). Más adelante, en sentido cristológico se lee, el 14 de septiembre de 1940, "Las Bodas del Cordero" (OCV, 697).

a Solo el obispo de Berlín, Konrad von Preysing, se opuso en aquella ocasión. En un documento de 23 páginas, "Las palabras de los obispos alemanes para el 75 aniversario del fin de la Segunda Guerra Mundial", presentado por monseñor Georg Bätzing, presidente de la Conferencia Episcopal Alemana, en 2020, se admite: "Tanto en septiembre de 1939 como después, los obispos alemanes no protestaron abiertamente contra la guerra de exterminio nacionalsocialista". También se dice que apenas reaccionaron frente a "los escandalosos crímenes contra aquellos que fueron discriminados y perseguidos como 'extranjeros', especialmente los judíos". Bätzing, quien manifestó un "vacío en la memoria", y en el "reconocimiento" a las víctimas del nazismo.

y después de "todos los esfuerzos" realizados, tuvo que admitir que desistía de la publicación de *Ser finito y ser eterno.* Habiendo finalizado la corrección de pruebas, Edith pidió "trabajar en las tareas de la casa"[2545], donde le parecía que era más necesaria. De todas maneras, meses después decía: "Soy una mano de obra muy débil para lo que aquí en casa es más urgente"[2546].

La segunda mitad del año Edith se desempeñó como "tornera", se encargó del refectorio y de realizar trabajos comunes, la limpieza de la casa, las grandes coladas y la recolección de fruta en el huerto, que después procesaban para conservar. Con todo eso, contadas "las 7 horas diarias de oración", decía que "rara vez" quedaba algo de tiempo "para escribir"[2547a]. Pero, como siempre, recibía numerosas cartas y consultas. En una de ellas, una dominica que se había doctorado en filosofía quería saber cómo entendía "la equivalencia armónica entre libertad cristiana y cumplimiento de las prescripciones conventuales"[2548].

> Pienso que la equivalencia está en el "*fiat voluntas tua*". La Sagrada Regla y las Constituciones son para nosotras expresión de la voluntad de Dios. Sacrificar a ellas inclinaciones personales es tomar parte en el sacrificio de Cristo. Exigencia del amor es también amoldarse a las reglas no escritas, a las costumbres de la casa y al gusto de la comunidad. Si hacemos todo esto, para agradar al Corazón de Jesús, entonces eso no es una limitación, sino la más alta expresión de libertad, libre obsequio de amor esponsal. Si tenemos esta disposición fundamental —buscar en todas las ocasiones alegrar a Jesús—, entonces también encontraremos en qué casos está permitido, e incluso mandado, dispensarse de una regla o prescripción, etc.[2549].

---

a Aun así, Edith Stein todavía seguía pensando en su obra y, en un texto autógrafo en el contrato de edición, aclaraba que el original debería conservarse en el Carmelo de Colonia (OCI,1332).

"UN ÁNGEL DE PAZ"

En octubre, Hitler autoriza el programa T-4, por el que envía la orden de matar a los que consideraba "no merecedores de vida". Los médicos que trabajaban en instituciones sanitarias deben enviar a personas discapacitadas, física o mentalmente, a centros donde son asesinadas con inyecciones letales o en cámaras de gas[a]. El 31 de octubre de 1939, las carmelitas de Echt se contactaron con el Ministerio de Justicia de Holanda solicitando el permiso de residencia para Rosa Stein. Debieron explicar que había llegado luego de ser "engañada por datos falsos"[2550] sobre la fundación de una comunidad religiosa en Bélgica. En principio, las religiosas trataron de que consiguiera un puesto como portera en otro Carmelo, pero ahora solicitaban que se quedara:

> Ella se ha familiarizado entre nosotras en el servicio de portería, y puesto que apenas si podemos prescindir de su ayuda, con gusto quisiéramos tomarla tan pronto como sea posible como hermana portera en nuestro convento de Echt. Como tal pertenece a la Orden y es por ella abastecida. Así pues, no existe peligro alguno de que pueda ser una carga para el público. La señorita Stein es católica, pero de origen no-ario. De ahí que para ella no hay posibilidad alguna de regresar a Alemania; e igualmente poca de que pueda permanecer en Bélgica. Por ello con sumo respeto ruego que sea concedido lo antes posible en interés de nuestra casa, así como por filantropía hacia los apátridas el permiso de una estación duradera en Holanda...[2551].

Con el permiso de residencia transitorio próximo a expirar, varias veces se requirió la presencia de Rosa en la Alcaldía de Echt. Dependían de la respuesta del ministerio, ya que de lo contrario sería forzada a dejar Holanda. Religiosos amigos y contactos en el mundo exterior se movieron intensamente. Una

---

a Unas doscientas mil personas con discapacidad fueron asesinadas durante la guerra.

amiga de las carmelitas informó que el ministro de Justicia había "dado autorización de palabra"[2552], pero la definición corría por parte del Ministerio de Asuntos Exteriores; renovadas las gestiones, finalmente se le otorgó la residencia temporal. De no haber llegado el permiso, Rosa "hubiera tenido que ir al campo de refugiados"[2553], informaría luego Edith a su hermana Erna. Pero solo era una solución transitoria y "limitada"[2554], ya que debía renovarse mensualmente. Conseguir algo similar para Frieda era su deseo, pero que pudiera salir de Alemania no dependía en absoluto de ninguna de ellas. En noviembre de 1939 Edith Stein solicitó hacer sus "votos solemnes"[2555], costumbre que existía en el Carmelo de Echt, a diferencia del de Colonia. Cuando le indicaron que debía esperar tres años respondió con resignada clarividencia que pasado ese lapso volvería a presentar su petición, "si es que para entonces estoy viva y las circunstancias lo permiten"[2556]. Poco después, con motivo de los cincuenta años de su cuñado Hans Biberstein, que ya estaba en Norteamérica, Edith expresaba algo similar a la nostalgia al exclamar: "¡Cómo hubiera sido celebrado en Breslau!". Y, pensando en el presente, agregaba:

> Te sucederá como a mí: que emergen todos los viejos recuerdos bélicos y que el contraste entre ahora y entonces se percibe vigorosamente. Y hoy no nos es posible seguir los acontecimientos con un corazón indiviso[2557].

La paradoja se daba en sostener el amor a una patria que ahora los expulsaba, imposible sostener aquel corazón indiviso que durante la Primera Guerra llevó a los judíos a presentarse como voluntarios en el frente de batalla[a]. Con la correspon-

---

a Conservaría, como Hannah Arendt, un amor por la lengua alemana. En relación con este tema le escribió en 1940 a Herman Leo Van Breda: "Con la lengua materna me comporto como usted: con gusto dejo a cada cual la suya, y yo utilizo la mía allí donde no existe una razón apremiante para otra cosa" (OCI, 1342).

dencia vigilada y censurada, Edith intentaba hacer llegar a sus parientes un abrazo que anulara la distancia geográfica, las diferencias generacionales y cualquier otra separación:

> Es asombroso ver cuánto tiempo hace que todo esto sucedió. Por entonces aún no habían nacido los pequeños Biberstein, y ahora están ya tan crecidos que no pueden imaginar que una vez fuimos tan jóvenes como ellos. Para ellos estos son los años decisivos. Me alegro de que haya desaparecido la presión que durante tanto tiempo hubieron de soportar. No obstante, me gustaría que su antigua patria no les fuera totalmente extraña. De ello os preocuparéis también vosotros[2558].

Edith Stein defendía, al menos en la forma del recuerdo, la "antigua patria". Pero su mente vagaba más allá, hacia las guerras napoleónicas, y, totalmente desilusionada de las cosas del mundo, reconocía: "Tengo grandes deseos de ver todo esto, por una vez, a la luz de la eternidad"[2559]. No necesariamente esperaba la muerte, sino contemplar las penosas circunstancias en la perspectiva de la trascendencia, y deseaba la venida de "un ángel de la paz para el Carmelo y para toda la atormentada humanidad"[2560].

En diciembre se representa su obra teatral "Yo estoy siempre con vosotros", en el que desarrolla un diálogo entre Santa Ángela, fundadora de las ursulinas, y una religiosa, que, como en sus otros diálogos, sucede por la noche. El tema es la vocación religiosa de las jóvenes y la pregunta de la superiora ursulina: "¿Qué será de ellas? ¿qué de nuestra juventud?". Luego del intercambio con Santa Ángela, la ursulina puede darse a sí misma la respuesta: "¿Qué es la seguridad? / ¿Dónde está el destino cierto? Vemos, / y es bueno que nos demos cuenta de ello, / cómo alrededor nuestro se desploman edificios / que nos parecían construidos para siempre. / Solo una cosa es cierta: que Dios existe / y que Él nos sostiene con su mano"[2561].

MALWINE HUSSERL LOGRA EMIGRAR. ÚLTIMOS INTENTOS DE PUBLICACIÓN

La solidaridad, muchas veces heroica, de quienes ayudan a otro ser humano poniendo en riesgo la propia vida merece ser una y otra vez reconocida. Así lo habrá sentido Malwine Husserl, quien gracias a la intervención de amigos y discípulos de su marido había logrado salir de Alemania antes del fatídico noviembre de 1939, cuando comienzan las deportaciones forzadas de judíos, se los obliga a usar un distintivos con la estrella o escudo de David y se restringen aún más sus actividades. El joven franciscano Herman Leo Van Breda pudo salvarla junto con una gran cantidad de manuscritos. Con la ayuda del ministro de Asuntos Exteriores, Paul-Henri Spaak, gestionó su traslado de Friburgo a Bélgica[a].

En febrero de 1940, Edith le escribió a Malwine para que remitiera una carta a Leo Van Breda y al Instituto Filosófico de la Universidad de Lovaina; era la última esperanza para su libro. Aunque se publicara con su nombre religioso, no sería difícil rastrearla. Pero, dado que desde enero de 1939 el ministro de Cultura y Propaganda del Reich, Joseph Goebbels, anunciara medidas para alejar a los judíos de la actividad cultural alemana, el editor no quedó tranquilo y, aunque Edith sugirió que el libro tuviera la firma de "una carmelita"[2562], por varias razones estuvo en total desacuerdo cuando él pretendió que apareciera bajo el nombre de la priora de Colonia. Por una parte, no era la verdad, y por otra, cualquiera sabría quién era

a Antes, Adelgundis Jaegerschmid había intentado introducir a la viuda y a los manuscritos "clandestinamente en Suiza" (OCI, 1337 n 2). Los papeles de Husserl pasaron a ser parte del archivo husserliano de la Universidad de Lovaina. Malwine también pudo llevar los 2700 ejemplares que componían la biblioteca de su marido. Cuando Bélgica fue invadida, a sus ochenta años, ella encontró refugio en un convento donde permaneció hasta el final de la guerra, y en ese período se convirtió al catolicismo. En 1945 pudo viajar a la casa de su hijo en Nueva York, pero luego volvió a Friburgo, donde murió, a los noventa años, en 1950.

la verdadera autora, y eso no solo representaba un peligro para la priora, sino para "el convento y toda la provincia carmelitana de Alemania"[2563].

"Ahora la cosa está que arde"[2564], le explicaba Edith a Malwine, a quien MacIntyre llama, con razón, "la extraordinaria mujer de Husserl"[2565]. Se llegó a pensar que la Universidad de Lovaina podría comunicarse con el editor alemán, a quien las carmelitas habían otorgado una subvención de tres mil marcos. En 1938, Edith había recibido "las últimas galeradas del segundo volumen y los primeros pliegos del primero". Ahora el editor estaría dispuesto a vender la obra a una editorial extranjera: "Quizás estuviera dispuesto a concluir la impresión por encargo de una editorial belga e imprimir su empresa en la hoja del título. Los libros concluidos serían más fáciles de transportar que 3000 kg de plomo"[2566]. Apenas dos meses después de este ofrecimiento, Edith le pedía a Breda que olvidara por completo el asunto, y agregaba: "Los 3000 kg de plomo no me agobian. Siempre me sentí obligada a hacer lo que pueda para tratar de resolver el asunto. Pero una vez que he hecho lo posible, me quedo tranquila"[2567]. En mayo, al capitular los Países Bajos y Bélgica, quedó frustrada cualquier ilusión en este sentido. De todas maneras, mientras estuvo en sus manos, Malwine Husserl intentó mantener a Edith Stein en contacto con los fenomenólogos[a].

---

a En febrero de 1940, por su intermedio, Edith recibió una carta de Norteamérica sobre una "recién fundada sociedad" de fenomenología en Buffalo. Edith informó a su fundador, Marvin Farber, que había asistido a las clases de Husserl y que como discípula suya tenía "gran interés en el crecimiento de la sociedad", pero que siendo carmelita no estaba en condiciones de pagar la cuota societaria, no podía viajar, y "apenas si sería posible una colaboración para la revista" (OCI, 1345). También lo informó acerca de su obra *Ser finito y ser eterno* y preguntó si "habría alguna posibilidad en América" de que se hicieran cargo de la obra (OCI, 1345-6).

ESPIRITUALIDAD Y CONSCIENCIA

Como se dijo, Elly Dursy conservó pasajes de las cartas enviadas por Edith Stein, cartas que reflejan los escritos de Teresa de Ávila, sus consejos:

> Me parece que quieres ser demasiado tú misma en vez de dejarlo a Dios. Por eso estoy en contra de una más exigente petición de cuentas por escrito. A sí mismo y todo lo que se tiene en el corazón dejarlo en las manos de Dios y dejarle actuar. Luego él hace que la cosa funcione, cuando quiere que nosotros hagamos algo[2568].

Respecto de las experiencias místicas, Edith afirma: "Uno no puede colocarse a sí mismo en 'quietud'. Es cosa de Dios"[2569]. Y, siguiendo a Teresa de Ávila y Juan de la Cruz, especifica:

> No se debe abandonar la oración, en tanto que Dios mismo no eleve a uno a otra forma de oración. Pero para que la oración sea provechosa hay que dar al espíritu el alimento adecuado, y éste será muy distinto según la situación y nivel de formación. Creo sin embargo que es práctico, en la medida en que uno no busca otra cosa sino la unión con Dios y en todo se deja conducir por el Espíritu de Dios, concluir muy pronto con el deseo de "incitaciones"y entonces tendrá sitio la quietud y la sencillez[2570].

¿Lo decía por propia experiencia? Por lo que vimos al analizar "El castillo interior", Edith estaría hablando aquí de la cuarta morada de Teresa de Ávila. En esta época de dificultades extremas, la filósofa y carmelita alemana pensaba que "la gran sabiduría" consistía en entregarse "mucho más confiadamente al amor todopoderoso"[2571], aceptando las limitaciones propias o las impuestas desde afuera. En la década del cuarenta, Edith asumía que la inteligencia, el desarrollo intelectual, no significaban mucho si no se alcanzaba la paz del corazón. Así, después de enterarse de la muerte del profesor Wust, que en el pasado había insistido en conocer su opinión acerca de uno de sus libros, le decía a Petra Brüning:

> Delante de mí siempre tenía algo de miedo —así nos lo aseguró él a menudo de palabra y por escrito—, porque yo era discípula directa de Husserl y él autodidacta [...]; me había pedido urgentemente una crítica sincera. Para mí fue muy penoso, pues mucho mejor hubiese preferido dejar que siguiese su camino sin molestarle[2572].

Antes de que pudiera enviarle sus opiniones, Wust se había presentado en el locutorio y Edith tuvo la oportunidad de entregarle en mano lo que había escrito y comentar su contenido. Nunca más se volverían a ver. Al enterarse de su muerte, ¿qué quedaba por hacer?: "Solamente podía tratar de repararlo con la oración" y recordar: "Nadie sabe bien lo que, incluso en los años de su fama, ha sufrido a causa de los complejos de inferioridad"[2573].

HOLANDA ENTRA EN GUERRA

A pesar de la insistencia de Francia e Inglaterra para que los Países Bajos y Bélgica se unieran al bando aliado, como había sucedido en la Primera Guerra, se declararon neutrales. Pero esto no sería posible. Se esperaba que Alemania invadiera Francia a través de Bélgica, y no hubo lugar a dudas de la magnitud del conflicto después de la invasión nacionalsocialista a Noruega y Dinamarca, también declarados países neutrales. Cuando les llegó el turno de enfrentar al ejército alemán, los holandeses quisieron defenderse de la invasión, pero las batallas apenas duraron una semana, porque, a pesar del evidente rearme nazi, confiando en el uso del recurso de neutralidad, Holanda y los demás Países Bajos no habían modernizado su industria bélica. Cuando en 1939 quisieron revertir la situación, se enfrentaron con la negativa de Inglaterra y Francia de venderles armas, puesto que no se habían unido a los aliados. Escasamente defendidos y preparados para la invasión, los holandeses creyeron que obtendrían el socorro aliado. Dispuestos a resistir, los primeros días fueron optimistas, pero cuando a mediados de mayo de 1940 los bombardeos destruyeron la ciudad de Rotterdam, optaron por rendirse. Los acontecimientos se precipitaban. "Sentencias en el mes de junio de 1940" se titula el apocalíptico poema de Edith Stein, "uno de los mejores que escribió, y que agudiza la tensión entre la tragedia y el modo total de aceptación y entrega con que es vivida. Todo él se diría que está entonado en forma de desgarrado Kadish judío ante el desastre total que se avecina"[2574]. Citamos la primera y última estrofa:

> El Señor entra en el lagar
> y su vestido es rojo.
> Él va barriendo con escoba de hierro
> Poderosamente por el país.
> El anuncia su última venida
> En bramidos de tormentas
> Oímos el poderoso zumbido
> Solo el Padre sabe cuándo
> ...
> ¡No juzguemos, para que no seamos juzgados!
> A todos nos engaña la apariencia externa de las cosas.
> Aquí en la tierra vemos en enigmas
> Solo el Creador conoce el verdadero ser[2575].

El correlato histórico de este poema es la creación del campo de concentración de Auschwitz en las afueras de la ciudad polaca de Oswiecim, el confinamiento de ciento sesenta mil judíos en la ciudad de Lodz, la caída de Dunkerque y la entrada de Italia en la guerra, de mano de Mussolini, aliado de Hitler. El 21 de junio se firma el armisticio franco-alemán. El 22 de junio, Edith Stein escribe el poema "Transverberación", donde asume la voz de Teresa de Ávila, de forma "que quedará la duda de hasta qué punto ella misma sintió ese 'rayo' caído del cielo en lo 'más profundo de mi corazón'"[2576]. Del mismo año es el poema "Al timón", el texto "Las bodas del cordero", fechado en septiembre, y una obrita teatral que recrea un diálogo entre San Ambrosio y San Agustín, que toma citas de su libro *Confesiones*, y finaliza con el canto *Te Deum Laudamus*, en latín.

Durante 1940, cada nueva invasión del ejército alemán a los países limítrofes fue una demostración de poderío. Mientras tanto, el Carmelo de Echt, de "características rurales" si se lo compara con el de Colonia, recibe a Edith Stein "como profesora a título pleno [...] es maestra de novicias, formadora de legas, directora espiritual, profesora de latín y escritora"[2577]. También se recibieron de buen grado sus sugerencias que, siguiendo el modelo de Colonia, implementaron en el Carmelo de Echt. Existía entonces una diferencia jerárquica entre las carmelitas y "las hermanas legas"[2578], quienes no contaban con material impreso sobre sus tareas específicas. Esto traía a su entender consecuencias muy negativas y le pareció oportuno preparar un manual para ellas.

Rosa Stein también fue bien recibida, pero, ante su deseo de ingresar a la Orden como "hermana portera", se le dijo que no era el "el tiempo adecuado para efectuar tal cambio"[2579] y debió conformarse con ingresar "en la Tercera Orden", donde no se sentía a gusto, ya que hubiera preferido hacer el noviciado[2580]. Para consolarla, se le permitió "todos los domingos" estar con Edith, para que la fuera "introduciendo en la vida espiritual"[2581].

En una carta dirigida a una hermana lega, Edith cuestiona una "definición" con la que no estaba de acuerdo. Si bien no hay precisiones respecto del conflicto, en ello algo tuvo que ver la mentira. Al menos, eso se deduce de la definición que Edith brinda del término mentir, precisando que implica fingir "ante los otros o ante uno mismo algo que se reconoce como verdadero"[2582]. Asimismo, precisa que "no se está obligado a de cir todo lo que uno sabe a todos" pero que, al presentar "a alguien algo como verdadero, sabiendo que no lo es", se "niega la verdad"[2583]. En *Ser finito y ser eterno*, había dado una definición: "La mentira no es —como el error— un desconocer la verdad o un supuesto conocimiento, sino el intento de aniquilar la verdad. Es un intento impotente: la mentira se estrella contra la verdad"[2584]. En su carta, opta por cortar por lo sano y recurrir al silencio impuesto por las Constituciones carmelitas, porque, "cuando uno comienza a hablar de cosas interiores, generalmente no se atiene a pocas palabras"[2585]. Evidentemente, hasta el momento, la conversación con la otra religiosa no había dado resultados positivos. Además, se requirió la intervención de uno de sus superiores, sobre lo que Edith dice:

> El P.M[a] me ha dado la misma definición [...]. Pero ni ante mi conciencia ni ante mi conocimiento filosófico se mantiene en pie. Sé que ésta es la comprensión más común. Justamente eso es lo que me produce tanto dolor. En ello veo una de las manchas de la Iglesia terrena, que no pertenece a la novia pura de Cristo, sino a aquello que de humano hay en ella[2586].

La respuesta puede relacionarse con la convicción agustiniana del seguimiento de la propia conciencia; dice Agustín en el comentario al salmo 37: "Entre el juez justo y tu conciencia, no debes temer más que a tu causa; si ella no es culpable, no habrá temor a ningún acusador, no tendrás que desmentir a ningún falso testigo, ni andarás buscando a ninguno verdadero. Tú muestra tan solo la buena conciencia, de manera que puedas decir: Porque en ti, Señor, he esperado; tú me escucharás, Señor, Dios mío".

Aquí hay otro punto en común entre Edith Stein y los fundadores del Carmelo, Santa Teresa de Ávila y San Juan de la Cruz: una visión de "lo humano" que no enturbiaba la entrega a su causa, sino que la fortalecía. Las "manchas de la iglesia terrena" no disuadiría de su fe a ninguno de ellos. Las luchas que llevó a cabo Santa Teresa de Ávila y las persecuciones que enfrentó San Juan de la Cruz en el mundo religioso no se le

a Probablemente se refiera al confesor del convento.

escapaban a la filósofa y carmelita que, según hemos visto y se verá en su última obra, *Ciencia de la Cruz*, hallaba en ellos inspiración constante.

"AGRADECIDA DE PODER HACER TODAVÍA ALGO"

Para Edith también resultaría inspiradora, en julio de 1940, a dos meses de la ocupación alemana de Holanda, la visita del obispo Joseph H. G. Lemmens. Ocho personas habían registrado su casa durante horas. En carta a la priora de Beck, Edith comenta: "Básicamente les ha respondido que se debería decir a la pobre gente la verdad"[2587]:

> Primero vino, procedente del este, el bolcheviquismo atacando a Dios, después el nacionalsocialismo atacando a la Iglesia. Pero ninguno de los dos triunfaría, al final solo triunfaría Cristo. Todos tendríamos que ponernos de rodillas. Primero, sin embargo, tendría lugar todavía un combate inexorable entre las cosmovisiones. Pero tendríamos que ser coherentes a nuestros principios sin ceder en nada. De este modo ha hablado el señor obispo a la gente, y así deberíamos hablar también nosotros, si vinieran aquí[2588].

Durante su visita, el obispo saludó a cada religiosa y recuerda Edith:

> Nos exhortó a no ser miedosas, sino a tener mucha confianza, a dormir bien y a charlar entre nosotras más que de ordinario, ya que en un tiempo así nos haría bien. Pero, ante todo, nos animó, naturalmente, a orar insistentemente, al sacrificio y a la fidelidad en la vocación, puesto que ahora tendríamos que luchar en primera línea[2589].

El obispo había dado a entender que estaba "preparado para lo que venga; de buen grado aceptaría el sobrenombre de *episcopus et martyr*"[2590]. En guerras y revoluciones, los muros del convento no protegían a nadie, y es probable que oficiaran incluso como una caja de resonancia ampliando los ecos de lo que sucedía afuera. Una convicción interna forjada en los últimos años llevaba a Edith a aceptar el destino indicado por su nombre religioso. En esos días, Raissa Maritain escribe: "Ya no hay futuro para mí en este mundo. La vida ha concluido para mí, terminado con la catástrofe que sume a Francia en el luto, y al mundo con ella"[2591]. A la distancia y sin saberlo, seguían hermanadas.

A finales de septiembre de 1940, Stein recibió una carta de Norteamérica que Marvin Farber había enviado en mayo. Además de incorporarla como miembro de la Sociedad Fenomenológica, decía que intentarían publicar su libro. En su respuesta, ella envió saludos a Fritz Kaufmann y a Gerhart Husserl. En esos días, también se comunicó con Hedwig y Theodor Conrad-Martius, quería tener noticias de Anne Reinach, pensaba que Hans Lipps tomaría parte en la guerra, en el ejército alemán, y se preocupaba por el destino de sus hijos, también por el de Ingarden y los suyos[a]. Entre tanto, Paul Stein le hacía llegar noticias a su hijo: había recibido "un número de espera" para abandonar el país, pero, como bien señala Susanne Batzdorff, había una "pizca de sarcasmo en sus reflexiones sobre las oscuras posibilidades de emigrar"[2592].

Alrededor de octubre de 1940, la priora del Carmelo de Echt le encarga a Edith Stein un estudio sobre San Juan de la Cruz, como contribución al cuarto centenario de su nacimiento. Inmediatamente, comienza la preparación de la obra, la búsqueda de bibliografía y es probable que haya comenzado a escribir en noviembre. Encargada de elegir el material para las meditaciones en común, optó por fragmentos de la *Subida al Monte Carmelo*, de San Juan de la Cruz. A mediados de este mes, los

---

a Edith relaciona a Lipps e Ingarden citándolos seguidamente. Pero confunde el número de hijos de Ingarden, que eran tres: "Seguro que Hans L. toma parte en la guerra mundial. ¿Dónde estarán sus hijos? ¿Y dónde Ingarden y sus cuatro hijos?" (OCI, 1357).

nazis ordenan el confinamiento de más de trescientos cincuenta mil judíos en el gueto de la ciudad de Varsovia. La respuesta a estas situaciones dramáticas parece encontrarlas Edith en las enseñanzas del santo carmelita, que en su definición de "amor puro" comprende, como ella explicaría:

> Un corazón libre de todo apego a cualquier cosa creada: a sí mismo y al resto de las criaturas, pero también a todo consuelo y cosas similares que Dios pueda conceder al alma, a cualquier forma de devoción especial, etc. [...] Lo que una puede hacer para llegar hasta aquí está ampliamente tratado en la *Subida del Monte Carmelo*. Cómo Dios purifica al alma, en la *Noche Oscura*. El resultado, en la *Llama de Amor Viva* y en el *Cántico Espiritual*[2593].

Con la perspectiva de concretar un nuevo trabajo de escritura, se sintió "muy agradecida de poder hacer todavía algo, antes de que el cerebro se oxide completamente"[2594]. En realidad, era muchísimo lo que estaba haciendo. De hecho, en noviembre de 1940 le informa a Farver que continuaba interesada en publicar *Ser finito y ser eterno*, su "desventurado opus".[2595] Además, se ocupa de un artículo que va a enviarle acerca de la visión mística y la relación con la teología en Dionisio Areopagita, el "enigmático autor (ca. Siglos V-VI) que marcó los senderos de la teoría mística en el cristianismo y en el propio islamismo, en especial entre sufíes"[2596].

23
A ESTO NO DEBEMOS CEDER

A principios de 1941, el Reich promulgó la sexta disposición de la ley de ciudadanía y el "'cerco' de la población judía entró en una nueva fase"[2597]. Todos ellos debían completar formularios en los que figuraba que "total o en parte tuvieran sangre judía"[2598]. Por supuesto, Edith y su hermana no fueron la excepción. En febrero, los nazis crearon el Consejo Judío de Ámsterdam. Como en Holanda los judíos representaban apenas el 1,5 de la población, y la mayoría de ellos, a diferencia de lo que sucedía en Bélgica o en Francia[a], estaban instalados allí desde hacía siglos, no se percibía una migración reciente. Tal vez por eso, luego de implementadas las medidas raciales, hubo protestas en contra del despido de los judíos y marchas organizadas por estudiantes, algunas iglesias y profesores de universidades. Nada cambió las cosas, ni siquiera la huelga organizada en febrero de 1941, luego de los disturbios organizados por nacionalistas que desencadenaron redadas en las que se detuvieron también a ciudadanos no judíos.

Los conventos no representaban una seguridad en este sentido. Edith sabría que, en el curso de los meses, los de Aquisgrán, Düren, Beuel, Bonn y Luxemburgo habían sido expoliados o estaban expuestos a ataques aéreos, y que muchas de las religiosas habían huido a casas de parientes o amigos, mientras que las más jóvenes comenzaron a trabajar en hospitales y otras instituciones.

A la filósofa carmelita no la paralizaban estas medidas. En marzo de 1941, le explicaba a Martin Farver que sus superiores le dejaban "total libertad" para enviar artículos, pero ella no podía "escribir nada que no tenga que ver con nuestra vida", por lo que

---

a En Bélgica alrededor del 90 % de los judíos habían emigrado de Europa del Este o de Alemania, después de 1939. En Francia eran cerca del 50 %.

pensaba enviarle el trabajo que estaba realizando sobre Dionisio el Areopagita[2599]. Poco después, a una joven que le había enviado unas flores que tardaron en llegar y se marchitaron, le decía: "El tiempo es muy áspero para atenciones tan tiernas"[2600]. Aun así, mantenía el buen ánimo y a mediados de mayo, en diálogo con una carmelita de Colonia, la alienta, alegrándose de que esté trabajando en "algo consistente: "Aún existe una poderosa fuerza creadora que quiere ser bien encauzada"[2601]. En lo que no estaba de acuerdo era en "dejarse absorber" totalmente, debía respetarse el horario carmelita y las obligaciones diarias: "Pero el equilibrio no puede encontrarse naturalmente sin experimentarlo"[2602]. En esta etapa de su vida, lejos de pensar que los resultados de su trabajo intelectual dependían exclusivamente de sí misma, también creía que "ninguna obra intelectual viene al mundo sin grandes dolores"[2603]. La vida intelectual "siempre reclama la atención de toda la persona", pensaba, y concluía: "A esto no debemos ceder"[2604].

UN CAMINO ECUMÉNICO

Cómo resolvía este dilema no lo sabemos, porque seguía trabajando a destajo. El 6 de enero, Edith Stein redactó "En la fiesta de la Epifanía de 1941", texto que, para Moreno Sanz, completará, junto con el escrito en holandés sobre "Los Reyes Magos", de 1942, el camino "ecuménico" (esto es, relativo a las distintas comunidades cristianas) que había abierto en "Vida escondida y Epifanía". Esta visión ecuménica presenta a los Reyes Magos como buscadores de la Verdad, siendo así "representantes de todos los que buscan, de cualquier pueblo y nación", y plantea "la necesidad interior de superar los límites de concepciones y costumbres heredadas"[2605]. Allí también reflexiona sobre el hecho de que habría quienes sirven a Dios sin ser conscientes de ello: "Eventualmente hombres que no pertenecen, ni exterior ni interiormente, a la Iglesia"[2606]. Como en textos anteriores y en la obra "Diálogo nocturno" que escribe este mismo año, Edith

Stein conecta los sucesos mundanos con su convicción religiosa. En este diálogo se produce el encuentro entre una superiora carmelita y una "extranjera", en quien esta adivina a la reina Ester[a]. A ella la religiosa le dice, en clara referencia a Hitler: "Hoy un nuevo Amán ha jurado / con un odio amargo la ruina del mismo pueblo. / ¿Es, quizás, por eso que Ester ha regresado?". A lo que Ester responde: "Tú lo has dicho. / Sí, voy vagando por el mundo, / implorando refugio para los que no tienen patria, / para el pueblo expulsado y pisoteado / que no puede morir"[2607b].

A la comprensión empática e intersubjetiva del sufrimiento se le suma, en este lamento, el respeto por la vida humana, algo fundamental para Edith Stein desde sus primeros trabajos sobre empatía, demás escritos fenomenológicos, antropológicos, conferencias y escritos espirituales[c]. Como en este diálogo, en "Caminos del conocimiento de Dios. La 'Teología simbólica' del Areopagita y sus presupuestos objetivos", que está escribiendo en este período, Stein trata la "experiencia de Dios" remontándose al Antiguo Testamento. Así se pregunta: "¿Qué da al profeta la seguridad de que está ante Dios?". Colige que su certeza se apoya en el "'sentimiento' de que Dios está presente"[2608]. Como ha destacado Angela Alles Bello, hay una constante en Stein, que sabe "muy bien conjugar al judaísmo y al cristianismo en la figura de Jesús", siendo "una de las pocas personas judías

---

a En varias oportunidades Edith Stein se identificó con Ester, véase la p. 642 de esta biografía.

b También se dice, como si Stein quisiera conectar a Ester y a la Virgen, ambas nacidas en el judaísmo: "Ante el trono de la Gracia/ no deja de interceder la Madre por su pueblo". De todas maneras, siguiendo la convicción expresada en su testamento y otros escritos acerca de la conversión de los judíos agrega: "Cuando Israel haya encontrado al Señor, / solo entonces, cuando sea acogido por los suyos, / vendrá en el esplendor de su gloria. / Y esta segunda venida tiene que ser suplicada" (OCV,736).

c Carlos Taubenschlag destaca en Stein la unidad cuerpo y alma, de modo que "esta formación de lo corpóreo humano abre un horizonte importante a los debates éticos, porque la carne no es solamente carne: está espiritualizada/formalizada" (Taubenschlag, Carlos. 154).

convertidas que ha puesto el acento en la continuidad entre ambas religiones"[2609].

LA ESPERANZA EN LA FUTURA CLARIDAD

Compenetrada con el Carmelo al recibir a una nueva candidata, Edith reflexiona acerca de las discrepancias entre la "historia secreta" de las almas y las realidades mundanas:

> Desde que hemos vuelto a tener una postulante en casa, pienso mucho en nuestros primeros días en la Orden y en las maravillosas inspiraciones que el camino del Carmelo sugiere cada vez. Tal vez la historia de las almas *en* el Carmelo es todavía más maravillosa. Está profundamente escondida en el corazón divino. Y lo que nosotros creemos comprender de vez en cuando de la propia no es más que un reflejo pasajero de lo que permanece en el secreto de Dios hasta el día en que todo se haga manifiesto. La esperanza en la futura claridad es mi gran alegría. La fe en la historia secreta no tiene que cesar de robustecernos, aun cuando lo que se presenta a nuestra vista exterior (en nosotros mismos o en los otros), pudiera desanimarnos[2610].

Ciertamente, las noticias exteriores eran más que desalentadoras. A un año de la conquista de Francia, y luego de que en abril el ejército alemán y sus aliados invadieran Yugoslavia y Grecia, en junio Hitler lanzó la denominada operación Barbaroja e invadió la Unión Soviética. Edith Stein ora por la paz en su poesía "*Pax vobis* ¡La paz esté con vosotros!", de Pascua de 1941. Luego, en ocasión de la profesión de Rosa Stein, como miembro de la Orden Tercera (comunidad seglar que se incorpora al Carmelo), escribe una poesía que "conmueve, a la vista de su común destino en Auschwitz"; allí, el verso dedicado a Jesús puede compendiar la relación que las hermanas tuvieron hasta el fin de sus días: "Me alargas tu mano-yo no quiero soltarla jamás"[2611].

LA FILOSOFÍA, UN VOLVER A LAS FUENTES

Mientras Rosa se desempeñaba en la portería[a], Edith Stein estuvo siempre dispuesta a volver al terreno filosófico cuando fuera necesario. Eran muchos los religiosos, estudiantes de teología y filosofía e intelectuales del mundo católico que se acercan o le envían sus escritos. Entre ellos Henri Boelaars, un redentorista que se había doctorado en Roma con un trabajo sobre la doctrina de la intencionalidad del conocimiento de Husserl, y que le solicitaba leyera su tesis. En mayo, cumplida la tarea, ella comenta los puntos que ameritaban alguna objeción o aclaración. Guiada por la intención de reflejar "lo que sobre el trabajo hubiera dicho Husserl"[2612], en un marco estrictamente fenomenológico, retomó el tipo de discurso depurado de todo lo religioso que había caracterizado a su maestro[b]. Como discípula y asistente de Husserl, para la joven generación de filósofos Edith Stein resultaba una personalidad indispensable. A Boelaars le señalaba que Husserl habría rechazado colocar "al *criticismo* y la *fenomenología* cerca el uno del otro"[2613]. Respecto de la metafísica en Husserl, estaba dispuesta a afirmar: "Él siempre ha subrayado que no quería erigir ninguna metafísica ni tampoco ningún 'sistema' filosófico, sino solo elaborar un *método* —sencillamente *el* método filosófico..."[2614]. Sostendría que "dejando a un lado los últimos momentos", Husserl nunca había querido confiarles, a sus discípulos, "las consecuencias metafísicas de su [...] solo idealismo metódico". Había tenido la impresión de

a Edith explica que también llevaba a cabo: "el bonito oficio de sacristana y [era] responsable de la portería. Un trabajo bonito y abundante, abundante también, naturalmente, en penalidades". Justamente por este contacto entre el convento y la comunidad, Rosa tenía buenas relaciones con vecinos y visitantes.

b Comenta Edith: "En primer lugar le hubiera llenado de satisfacción que usted haya dedicado varios años al estudio de sus escritos. Siempre se mostró muy reacio cuando alguien sostenía haberle comprendido en un par de meses" (OCI, 1369).

que el Maestro "se había dejado arrastrar por su joven asistente" (Eugen Fink) "hacia formulaciones más radicales de las que él hubiera formulado". Sabía perfectamente que "Husserl vio en el doctor Fink al heredero de su obra" y creía que, por eso mismo, no le había gustado que ella, en el congreso de Juvisy, "hiciera una diferencia entre las concepciones de ambos"[2615].

PREOCUPACIONES URGENTES

En otro orden de cosas, en agosto de 1941, las "oprimentes" noticias de los familiares que aún quedaban en Breslau hacía que resultara difícil hacerse "una idea de sus penalidades"[2616]. De tanto en tanto Edith y Rosa recibían noticias de la familia en el exterior. Se sabía que, "después de muchos esfuerzos"[2617], Erna pudo pasar los exámenes para ejercer como médica. Todos sabían lo precaria que era la situación para la mayoría de ellos. La familia de Arno Stein estaba "totalmente dispersa". Tres de sus hijos vivían en distintas ciudades de Norteamérica, su mujer había conseguido "un puesto casero"[2618] fuera de Nueva York y una de sus hijas, con síndrome de Down, no conseguía el permiso para salir de Breslau.

Durante su último año de vida, Edith Stein sostuvo un regular y fructífero intercambio epistolar con la priora del Carmelo de Beek, Johanna van Weersth que, luego de finalizada la Segunda Guerra Mundial, pudo viajar a Echt y poner a salvo varios de sus manuscritos y pertenencias, que habían quedado allí, ocultados por sus compañeras. En 1939, Edith le había pedido que rezaran por sus familiares, "lo necesitan mucho"[2619], mientras que, a mediados de 1941, se comunicaban para intercambiar libros de los fundadores de la Orden[a]. Edith también esperaba que pudiera enviarle la edición francesa del libro de

---

a Al comentar que no había llevado a Holanda las obras de los padres de la Orden en francés, Edith Stein da cuenta de que las leyó en ese idioma en el que, como se ha dicho, se manejaba con soltura (OCI,1375).

Jean Baruzi, *San Juan de la Cruz y el problema de la experiencia mística.*

Inmersa en su tarea, comentaba: “Ya sé que Baruzi es un escritor no creyente. Pero, creo que no se puede prescindir de él, si se quiere escribir sobre el padre Juan”[2620]. En su opinión, las “asombrosas lagunas” del libro debían ser completadas[2621]; además, esperaba recibir publicaciones de carmelitas, en especial las de la revista holandesa *Rozengaarde*. Uno de los gestos más reveladores de su encuentro con San Juan de la Cruz se aprecia cuando quiso copiar “el pequeño dibujo [...] hecho sobre una hojita de aproximadamente 5 centímetros” que el carmelita español había realizado “según la aparición del Crucificado, en el convento de la Encarnación”[2622]. Este dibujo representa a un Cristo en escorzo[a]. “Yo soy cualquier cosa menos un artista”, escribía Edith, que vivía inmersa en la obra del santo y poeta. A la priora del Carmelo de Beek le escribía: “¿Puedo volver a pedir su oración para que en su Centenario saque a la luz algo que valga la pena?”[2623]. El resultado de su esfuerzo fue *Ciencia de la Cruz*.

LA ESTRELLA AMARILLA

A partir del 1.° de septiembre de 1941, todos los judíos que vivían en territorio bajo dominio alemán fueron obligados a llevar una estrella de David, amarilla, del tamaño de una mano, con la inscripción “judío”. El 14 de septiembre, se lee en la comunidad carmelita el texto de Edith Stein “Elevación de la cruz”, donde retoma el tema de los votos de obediencia, castidad y pobreza, dice: “Hoy conviene tener presente que la posibilidad de te-

---

a Lo más llamativo y original del dibujo es la perspectiva. El Cristo está visto desde el ángulo superior derecho y no desde abajo, o de frente. Se sugiere así que Cristo es visto “desde la derecha misma de Dios” (*Subida* II, 7,11) (Salvador Ros García, Cervantes virtual). Salvador Dalí realizó una pintura inspirada en este dibujo.

ner que abandonar el querido convento forma parte de nuestra pobreza"[2624]. Además, medita sobre la imagen de Jesús, que "busca la compañía de los pecadores para tomar sobre sí todos los pecados del mundo". Por eso, concluye, "las almas virginales no conocen la repugnancia por los pecadores"[2625]. Las frases finales son especialmente significativas si se piensa que Edith Stein no estará viva para la renovación comunitaria de los votos del año siguiente, coincidente con esta celebración. Volveremos sobre ello, pero podemos imaginarla en sus últimos minutos de vida, recordando lo que había escrito allí sobre "la felicidad del alma capaz de encender la luz de la gracia en la noche del pecado. El camino de la cruz"[2626].

Volviendo a 1941, a fines de septiembre, en vísperas del Yom Kipur, el ejército de ocupación nazi ejecutó en Ucrania, según sus propios datos, a más de treinta y tres mil judíos en Babi Yar, situado a las afueras de Kiev[a]. A todo esto, la corta distancia entre La Haya y Berlín había facilitado que el cuerpo de policía instituyera, en julio de 1940 y sin dilación, según los lineamientos de la sede central del Reich, la creación de un departamento específico, el IV B 4, Judenreferat, responsable del "informe judío". A principios de octubre del año siguiente, Edith y Rosa tuvieron que presentarse en Maastricht para inscribirse en la comisaría de policía "conforme a las ordenanzas"[2627]. El trámite era "supuestamente para control de los carnets de identidad"[2628]. En realidad, formaba parte del plan nazi de empadronamiento de judíos para su posterior detención y exterminio. Por temor a que fueran detenidas, Cornelius Leunissen intentó evitar que Edith y Rosa se presentaran al control, por eso fue acusado ante el Judenbegünstigung. Afortunadamente escapó de la Gestapo cuando esta se presentó en su convento. Aunque Edith comentó que todo había "salido muy bien"[2629] en Maastricht, Rosa concedía, en

a El documentalista ucraniano Sergei Loznitsa realizó un film sobre estos hechos titulado *Babi Yar. Context.* También la sinfonía N.º 13 de Shostakovich está relacionada al hecho.

una carta a uno de sus sobrinos: "A nosotras nos va bien, solo que continuamente hay que estar preparados para todo"[2630].

El 12 de octubre, al cumplir cincuenta años, Edith fue sorprendida con una fiesta organizada por las carmelitas. A una de sus corresponsales le explica: "No solo he visto a Abraham, sino también a Henoc y Noé, Isaac y Jacob, Moisés y Aarón, David, Elías y Eliseo"[2631]. Todos ellos aparecieron "tal y cómo se les describe" en el Eclesiastés, libro del Antiguo Testamento que presenta un elogio de los antepasados de Israel. El gesto debió ser apreciado por Edith y por Rosa, en momentos en que lo judío era anatemizado, las carmelitas aparecieron caracterizadas en su honor. Con humor, agrega Edith:

> Abraham tenía un aspecto muy respetable (M. Subpriora). Moisés solo las narices tenía impresionantes, el resto era pequeño y gracioso; en la parte posterior de las tablas de la ley estaba el menú de cocina de la última semana (hna. Agatha)[2632].

El número de novicias había aumentado en los últimos tiempos con el ingreso de aspirantes holandesas, a quienes Edith daba clases de latín, por lo que solicitó a la priora de Echt que se le otorgara "estabilidad"[2633]. Su deseo era "emitir la profesión solemne"[2634] pero, como todavía se pensaba que podrían trasladarla al extranjero, surgían algunas dudas. En esas circunstancias, poniendo el asunto en manos de las autoridades, agregaba: "Estoy contenta con todo. Una *scientia crucis* solo se puede adquirir si se llega a experimentar a fondo la cruz. De esto estaba convencida desde el primer momento, y de corazón he dicho: *¡Ave Crux, spes única!*"[2635].

UNA FILÓSOFA OCULTA

El 12 de septiembre de 1941, Stein le envía a Martin Farber, a Norteamérica, su escrito sobre la doctrina mística del Areopagita, donde analiza sus caminos acceso hacia Dios. Con ello, dice Moreno Sanz, ha quedado abierto el camino hacia *Ciencia de la*

Cruz, "en 'Caminos del conocimiento de Dios' se adentra precisamente en los velos de misterio que crea la teología simbólica hacia el Dios insondable"[2636]. Previamente, su escrito había sido aprobado por dos especialistas, Alois Lieske y el padre Hirschmann, que entre 1940 y 1942 estuvo en contacto con Edith Stein y que había sido nombrado evaluador. Los "Caminos del conocimiento de Dios" es un trabajo que ocupa casi cuarenta páginas del tomo V de sus *Obras completas*. Allí Stein quiere ofrecer una parte del "original pensamiento" del Areopagita "que no es menos importante para los filósofos que para los teólogos"[2637]. Desde la definición de teología, hasta especificar la teología simbólica del Areopagita, pasando por un análisis del símbolo como imagen, la mirada fenomenológica de Edith Stein explora y define el sentido religioso, la fe, la experiencia y el conocimiento experiencial de Dios, punto en el que retoma la cuestión de la empatía ("aun sin un conocimiento experiencial propio" se podría "entender lo que los otros hablan desde su experiencia personal de Dios"[2638]). Hay un momento en el que Stein afirma que "el hombre no crece totalmente separado de los otros, de manera que el peso cae sobre la 'sociedad', si esta es culpable por no haber dado el testimonio que podría haberle abierto"[2639] los ojos. Estas afirmaciones pueden relacionarse con el contexto de su escritura, el de una sociedad que se cerraba al mandamiento de amar a Dios y al prójimo como a sí mismo. Además de citar frecuentemente el Antiguo Testamento, para Stein "apenas alguien puede vivir sin que no le alcance algún testimonio de Dios. Si se cierra ante él, o no se molesta en atenderlo, es culpa suya; y si a continuación viene la 'obcecación', es decir, en vez del simple no-conocer aparece la incapacidad de reconocerlo, entonces la culpa recae sobre él"[2640]. Con la seguridad del profeta veterotestamentario, Edith Stein asevera: es "comprensible que Dios se esconda de aquellos que no siguen la invitación de buscarlo, que permanecen estáticos estúpidamente ante sus autotestimonios; o no lo buscan a Él, sino los medios para alcanzar metas contrarias a Él con frecuencia"[2641].

Desde su celda conventual, Stein lanza hacia ese mundo que la acosa, ¿y hacia la idolatría del nazismo, con su mitología wagneriana?: "Quien no acoge la palabra de Dios como palabra de Dios le resultará palabra muerta [...]; los paganos hallan en algunas de sus imágenes una ratificación de su fe idolátrica; los dialécticos descubren contradicciones entre diferentes pasajes; los moralistas y pedagogos se escandalizan en muchas cosas, porque nada sospechan del sentido escondido"[2642]. Y es justamente este "sentido escondido" sobre lo que Edith Stein avanza, en su estudio sobre el Areopagita y, en profundidad al trabajar sobre San Juan de la Cruz:

> Dios es el teólogo originario. Todo hablar sobre Dios presupone que Dios hable. Su lenguaje más propio, ante el cual la lengua humana debe callar[a], no se ajusta a las palabras humanas ni a ningún lenguaje figurado Es una aprehensión de la persona, a la que va dirigida, y exige como condición para su percepción la entrega personal. Una tal aprehensión lleva por norma la demanda a ser "teólogo". Dios quiere, aquellos a los que habla en la cima de la montaña, transmitan su mensaje a los de abajo [...]. Brinda a sus teólogos las palabras e imágenes que posibilitan a otros hablar de Él[2643].

San Juan y Santa Teresa de Ávila son el tipo de teólogo del que Edith Stein habla y, a la luz de su trabajo *Ciencia de la Cruz*, nos preguntaremos si este no es también su retrato. A fines biográficos no podemos menos que señalar la conexión y diferencias que Edith hace con aspectos de la teología de Santo Tomás, y más adelante con categorías de Platón[b]. En una apertura al diálogo con otros pensadores, destaca que el Areopagita "no re-

a Nuevamente pensemos en la coincidencia con Wittgenstein en su afirmación "de lo que no se puede hablar hay que callar".

b Aquí, al hablar de lo Bello y lo Bueno, nos recuerda a Dante cuando dice en *La Commedia*: "El amor que mueve al sol y las demás estrellas". En Stein "lo bello y lo bueno es lo mismo: hacia lo que tiende todo y donde todo participa. Pero lo que al bien no le deja quieto en sí mismo, sino que lo mueve abundantemente produciendo todo y le hace actuar, es el *amor*" (OCV, 177).

chaza los medios que le ofrecen a él y a su círculo de lectores el pensamiento conocido de los filósofos de su tiempo, incluso las doctrinas y cultos no cristianos [...]. Dionisio con la tolerancia de su 'maestro' Paulo ha mirado todo y se ha quedado con lo bueno"[2644a]. El desarrollo que la filósofa carmelita hace de las alegorías, metáforas y parábolas nos acerca al florido lenguaje del carmelita español, cuando dice que toda la naturaleza habla "un lenguaje simbólico"[2645]. Y si bien para ella la mirada puede ser educada e instruida en el lenguaje de las imágenes, al haber "personas que están especialmente inclinadas a ello"[2646], dedica unas páginas a las diferencias que se dan entre creyentes y no creyentes. Finalmente, llega a los místicos y a cómo se pueden entender sus escritos, "sin ser uno mismo místico"[2647]. Y parece estar hablando nuevamente de ella cuando dice que "quien haya aceptado en fe" la existencia de Dios y del mundo suprasensorial "estará deseoso de experimentar cuanto le puedan transmitir las imágenes"[2648]. Para ella, la "*Teología simbólica* es un hablar de Dios en imágenes que son tomadas del mundo de los sentidos"[2649].

UNA GUÍA ESCONDIDA

En noviembre de 1941, Boelaars comentaba que en los Países Bajos había "mucho interés por la fenomenología"[2650]. En buena parte, esto se debía a la presencia de Leo Van Breda y a los archivos Husserl. Por la cercanía entre Holanda y Bélgica existía un circuito de comunicaciones filosóficas que alcanzaba a Edith Stein. Tras la ocupación de Holanda, la casa de los jesuitas en Maastricht había sido incautada, por lo que los jesuitas holandeses se trasladaron a la residencia de los jesuitas alemanes en Valkenburg. Edith Stein se pone en contacto con ellos, les pide bibliografía. Allí se encontraba el padre Hirschmann, quien sería "una destacada personalidad del catolicismo alemán, sobre

a Véase 1 Tesalonisenses 5, 21,

todo después del Concilio Vaticano II"[2651]. Es él quien le había sugerido a Jan Hille Nota ponerse en contacto con ella. En respuesta a dos artículos de Nota sobre Scheler y la fenomenología, luego de especificar algunas cuestiones, detallar el carácter de Scheler y su relación con el catolicismo, Edith comentaba:

> Para mí Scheler siempre fue el verdadero "fenómeno de la genialidad", como ninguna persona con las que yo me he encontrado. Por supuesto, Husserl también era un genio, pero al mismo tiempo un sabio genuinamente alemán, con una conciencia intelectual muy delicada[2652].

Así como consideraba que, por su estilo de trabajo, Scheler no era "un fenomenólogo consecuente"[2653], opinaba que lo mismo podía decirse de Heidegger: "Que no es consecuente —no, porque sea muy rápido (cuando quiere, es un maestro en los análisis más agudos), sino a causa de su metafísica"[2654].

Edith Stein le escribe a Jan Hille Nota en holandés, idioma que se esmeraba en aprender. Respecto de la publicación de *Ser finito y ser eterno*, dice Nota: "Edith Stein era realista [...]; conversando me decía tranquila: 'yo pienso que será una obra póstuma'"[2655]. Las circunstancias históricas conspiraron para que este trabajo filosófico no fuera debidamente difundido en su época. Las medidas nazis y su no pertenecer al mundo académico, su condición de mujer y de judía, había impedido que lograra sus objetivos. Quedarse en Europa y la vida de clausura tampoco colaboró a que su trabajo se divulgara. Además, quien se interesara en conocer sus manuscritos debía encontrar las pocas impresiones y copias mecanografiadas que circulaban, y luego pasar estas en máquinas de escribir, que, en los conventos no solían ser numerosas, ni tampoco lo eran las personas capacitadas para hacer el trabajo en buen tiempo[a].

a En el Carmelo de Echt solo había una máquina de escribir que se utilizaba para los trabajos y comunicaciones más urgentes. Ruth Kantorowicz, que no había logrado ingresar en una Orden religiosa, fue la encargada de pasar a máquina varios de los escritos de Edith Stein.

Jan H. Nota fue una de las personalidades del catolicismo que, luego de la Segunda Guerra Mundial, se ocupó de difundir y valorar la obra de Edith Stein, quien lo había impactado también por su personalidad:

> A Edith Stein no le preocupaba solo su verdad particular, sino la verdad como tal. En el trato con los demás quería escuchar la verdad, aun a costa de su propia persona. Tenía también el valor de decir la verdad a los demás. [...] El rasgo más atractivo de la personalidad de Edith Stein, ver las debilidades propias y ajenas sin juzgar a nadie, en mi opinión, no fue nunca comprendido. Tengo la impresión de que en los ambientes cristianos su conciencia judía, su amor y su compromiso con el judaísmo no siempre fueron valorados correctamente[2656].

"COMPLETAMENTE IMPOTENTES"

En noviembre de 1941, Edith informa a una corresponsal que Frieda, la única de sus hermanas que quedaba en Breslau, había tenido que dejar la casa familiar y fue trasladada al campo, alojada, "con otras once señoras, de los mejores círculos de Breslau, en una gran buhardilla", y obligada a realizar tareas de sastrería[2657] y "pelar patatas"[2658]. Mientras esto ocurría, Paul Stein y su mujer vivían "esperando medidas de fuerza similares"[2659]. Todos ellos contaban las cosas "sin lamentaciones"[2660]. Como era de esperar, Else Stein, que había emigrado con su marido a Colombia, sufría "a consecuencia de la separación de todos los hermanos"[2661]. Los amigos dentro y fuera del convento temían por el futuro de Edith y Rosa Stein. Johannes de Jong, de Ultrech, uno de los obispos neerlandeses que más adelante suscribiría la carta de protesta contra las acciones nazis en Holanda, estaba al tanto de su caso, y le envió unas líneas:

> Conocemos la difícil situación en que se encuentran todos los que son de ascendencia judía. Sus sufrimientos son indeciblemente

> grandes. ¡Cuántas veces acuden a nosotros con el ruego ardiente de que se les preste ayuda en su desgracia! pero nosotros nos hallamos completamente impotentes. Con un dolor que desgarra el alma hemos de responder a todos, también a usted, desgraciadamente: ¡No podemos hacer nada por usted![2662].

Del mundo que Edith Stein había conocido en su juventud poco quedaba en pie. Conmovida, pedía oraciones por su antiguo amigo, Hans Lipps, que había caído con "un tiro en la cabeza en el frente del Este"[2663]. Finalmente, el 23 de noviembre de 1941, el Carmelo de Colonia aprobó, por votación, y según las normas eclesiásticas, su traslado definitivo al Carmelo de Echt. Dos días después, el 25 de noviembre, se emitió una ley de ciudadanía en la que se disponía que los judíos residentes en el extranjero dejaban de ser ciudadanos alemanes y que sus bienes pasaban al Reich, es decir, serían confiscados. Al tiempo que Edith se enteraba del resultado de las votaciones, "llegó la orden de las fuerzas de ocupación que declaraba a todos los alemanes no-arios en los Países Bajos apátridas, exigiéndoles inscribirse para la emigración hasta el 15 de diciembre"[2664]. De no hacerlo se exponían a "severos castigos"[2665]. Inmediatamente, Edith presentó una solicitud para que se les permitiese permanecer en el Carmelo de Echt. Si la nota era rechazada, seguirían figurando en la lista de emigrantes. Viéndolas cada vez más amenazadas, las carmelitas pensaron en enviar a las hermanas a un convento en Suiza, que era un país neutral. Edith sabía bien que ese país se oponía "rotundamente a la inmigración", pero confiaba en que atento a las "circunstancias especiales" el convento de Suiza se decidiera "hacer una excepción"[2666]. Es factible que los nervios de todos se encontraran alterados; aunque en sus cartas Edith no vierte quejas ni reclamos, alguna dificultad se desliza en una dirigida a una terciaria de la Orden, con quien se disculpa en caso de no haber utilizado "el tono adecuado"[2667] para dirigirse a ella.

El 31 de diciembre, Edith se comunica con Hilde Vérène Borsinger, jurista y abogada que había hecho su doctorado sobre los derechos de la mujer en la Iglesia Católica, a quien había conocido una década atrás en Beuron; en ese encuentro, Edith había apoyado el restablecimiento del diaconado femenino. Esta vez recurre a ella para "pedirle una gran obra de caridad", le informa su situación en Echt y que sus superiores han pensado en trasladarla a Suiza: "Pensar en otra nación, apenas tiene sentido. Si no pudiéramos salir fuera de esta manera, seremos deportadas de todas formas por las autoridades"[2668]. Explicaba en esta carta que su hermana Frieda había sido enviada por la fuerza a Silesia, y que vivía en "una, así llamada, 'comuna judía'"[2669] soportando lo que le tocaba vivir con valor y entereza. Agregaba, además, refiriéndose a sí misma y a Rosa: "Nosotras, naturalmente, si no queda otro remedio, nos someteríamos a un destino parecido"[2670]. El cerco se estrechaba: "Líderes de la Iglesia protestante de siete regiones alemanas hicieron pública una proclamación colectiva que, en virtud de su constitución racial, declaraba a los judíos incapaces de salvación mediante el bautismo: los consideraba responsables de la guerra, y 'enemigos innatos del mundo y de Alemania'. En consecuencia, hacía una exhortación para que 'se adoptaran las medidas más severas contra los judíos y se los desterrara de las tierras alemanas"[2671].

1942. NUEVAS MEDIDAS RESTRICTIVAS

Edith Stein escribe en holandés "Los tres Reyes Magos, de 1942", una meditación para la renovación de votos. Este año redacta aún algunos textos espirituales y poesías, pero es en su interpretación sobre San Juan de la Cruz donde, dice Moreno Sanz, "derramó todo el sentido de su escritura, se diría que lo exprimió por completo antes de que a ella misma la redujeran a la nada..."[2672].

Todavía los hermanos que habían quedado en Breslau podían enviar algunas cartas. En una de ellas, sin victimizarse, desde la "Vivienda comunitaria judía"[2673], como se llamaba eufemísticamente a la prisión a la que la habían enviado, Frieda comentaba que había "mucha cantidad" de ropa y pocas lavanderas[a]. Aunque las horas de pie le provocaban "unas buenas agujetas", también decía:

> Nuestro director procura que haya alternancias con actividades intelectuales. Desde ayer volvemos a tener clase de inglés dos veces por semana [...]. Hoy tuvimos una velada literaria con Santa Juana[b]. Él mismo, además de cumplir sus obligaciones como director y médico, da clases de canto, de inglés, etc.[2674].

Judíos a cargo de judíos en prisión. La cruel estrategia nazi fue retirarles derechos de manera gradual, someterlos a un cautiverio con actividades recreativas, de modo que muchos se fueran acostumbrando a un estado de cosas totalmente contrario a la dignidad humana. Poco a poco se fue gestando la llamada "solución final", decidida en la Conferencia de Wannsee, reunión de jerarcas nazis en Berlín, el 20 de enero de 1942, cuando decretaron el exterminio de judíos en Alemania y países ocupados. Primero se los deportaría a Polonia y allí serían asesinados en los campos de concentración. Sin conocimiento de ello, obligados a vivir en comunidades o guetos, los prisioneros encontraban algún consuelo al ver allí conocidos, amigos, o incluso familiares, y los más solidarios, como Frieda, dedicaban el escaso tiempo libre a ayudar a los demás; en su caso confeccionando calcetines para los niños, "aprovechando restos" de tela y de lana[2675]. Para su consuelo, en los últimos tiempos, Frieda pudo recibir, mediante la Cruz Roja, alguna que otra carta de su hija Erika, que había logrado salir de Alemania. Además de preocuparse por ella, Frieda y el resto de la familia temían por la hija de Arno,

---

a Estremece su comentario, acerca de que le había gustado "ver lo blanca que había quedado la ropa", después de lo cual agregaba: "Nuestra maestra de lavandería es muy entendida y activa; ayuda siempre, cuando hay que tender la ropa al aire libre. Es más fácil y mejor tenderla así" (OCI, 1632).

b Podría tratarse de la obra teatral de G.B Shaw dedicada a Juana de Arco.

la joven cuya condición de discapacidad impidió que sus padres pudieran llevarla a Norteamérica.

Como la política de ocupación de los nazis se daba "a menudo en concurrencia con las autoridades civiles y militares"[2676] de los países ocupados, consternados al ver que el cerco se cerraba cada vez más, alemanes y holandeses opuestos al régimen gobernante hacían lo que podían por ayudar a los judíos. Edith misma pensaba en la emigración y agradecía a la antigua vecina del Carmelo de Colonia, Maria Delsing, que le enviara lo que estaba "permitido"[2677] llevar según la lista puesta a disposición por las autoridades. Las indicaciones eran precisas. Debía completarse un formulario en el que había que precisar "el precio de todo"[2678]. Estos eran detalles siniestros, porque las autoridades que los llevaban adelante sabían que eran inútiles, que lo más valioso se vendería en subastas públicas o se lo apropiarían.

En enero de 1942, Edith Stein le escribía a la priora del Carmelo de Beek diciendo que agradecía permanecer en Echt, "al menos hasta nueva orden"[2679]. Esto no implicaba ninguna seguridad, sabía muy bien que ella y Rosa serían llamadas a Ámsterdam. No se trataba de "comparecer ante el benévolo 'Joodsen Raad'[a], sino ante las S.S". Era, según sus palabras: una "invitación que no debemos rechazar" [2680]. En principio, todas estas formalidades administrativas, los cuestionarios y censos servían para detectar posibles resistencias y evaluar el grado de riqueza. Por eso, Edith pensaba que no se tendría "demasiada prisa" en su caso y en el de Rosa: "Ya que de nuestro cuestionario se puede deducir que no hay nada que buscar en nosotras"[2681].

A fines de enero de 1942, las hermanas debieron presentarse en Maastricht[2682] llevando adherida a su ropa la estrella de David amarilla. Durante horas debieron dar información, durante las cuales fueron obligadas a hablar a tres metros de los empleados de las SS. Se les informó que los ciudadanos judíos tenían prohibida la salida y que podían ser requeridas en

---

a El Joodsen Raad: Consejo Judío de Ámsterdam, fundado en 1941 luego de la ocupación nazi.

cualquier momento (en efecto, a fines de marzo fueron citadas en Ámsterdam).

En febrero, anclada en su mundo, regido por la fe y la regla carmelita, un mundo en el que confluían sus aspiraciones religiosas, la filosofía y la escritura, Edith meditaba acerca de una imagen del Niño Jesús de Praga:

> ... lleva la corona imperial, y, seguramente, no por casualidad se ha manifestado activo precisamente en Praga. Praga ha sido, a través de los siglos, la sede de los antiguos emperadores alemanes, esto es, de los *romanos*, y produce una impresión verdaderamente majestuosa, que ninguna otra ciudad, de las que yo conozco, pueda compararse con ella, ni siquiera París o Viena[2683].

Edith Stein no conoció Roma. Pero vivió en el imperio prusiano, una impronta que ni siquiera entonces borraba de su mente. También es sugerente que no relacione a Praga por su impronta judía, por el antiguo cementerio y el templo contiguo, ni con las historias alrededor del Golem y la obra de Franz Kafka.

Ese mes, ante el comisario alemán, hubo una protesta de las iglesias cristianas de los Países Bajos contra la deportación de judíos[a]. Protegidas por su entorno más íntimo, en marzo Edith y Rosa Stein viajaron a Ámsterdam en compañía de Anni Wilke, joven amiga del Carmelo de Echt, que "sin miedo" se puso a disposición de ellas durante dos o tres días. Edith la llamó "querido ángel de la guarda en Ámsterdam"[2684]. No extraña que la denominara así. Juntas debieron ir de un despacho a otro. Primero, al Consejo Judío, donde se registraban a los judíos de los Países Bajos. Luego, a la Oficina para emigración judía, a cargo de las SS. Como se informa en el tomo I de sus *Obras completas*:

---

a Todas las iglesias cristianas de Países Bajos se opusieron a la política nazi "en una valerosa actitud, prácticamente única en Europa" (MS, 550).

> Todas las personas allí conducidas debían esperar horas y horas, llenar cuestionarios, aguantar interrogatorios. Nadie sabía para qué servía todo eso. Eran medidas de camuflaje: la población judía debía estar burocráticamente disponible para posteriores deportaciones[2685].

VIVIR A CONTRACORRIENTE

A principios de abril, Edith le contaba a Agnella Stadmüller, religiosa dominica doctorada en filosofía, con quien llevaba más de quince años de relación: "Estamos en una situación insegura. Pero, por lo que se puede saber, no habrá variación antes del final de la guerra"[2686]. Algunos de sus antiguos conocidos resultaban difíciles de localizar y debían ocultarse. Era el caso del padre Erich Przywara, sobre quien comentaba elusivamente: "Se cree que está en Múnich, pero no se sabe en qué casa"[2687a]. El lenguaje cifrado se imponía, por lo que, desde 1933 a esta parte, debió silenciar mucho de lo que pensaba. Como premonición de lo que sería su propio fin, el 24 de abril, la iglesia carmelita María de la Paz, que Edith había visitado al huir de Colonia, fue devorada por las llamas.

Durante 1942, Edith recibió extensas comunicaciones de María Ernst, que había ingresado al Carmelo de Colonia poco tiempo después que ella. En estas cartas, su amiga expone sus vivencias y da cuenta de sus lecturas y reflexiones con un tono entre didáctico, autosuficiente y barroco[b], totalmente distinto al

---

a El 29 de abril, Edith recibió noticias. Anna Dursy le escribió: "Me parece como si ustedes dos estuvieran de manera especialísima en el Crucis Mysterium. Fue muy doloroso experimentar así a Przywara. [...] Solo en sus manos se observa el padecimiento nervioso. Las manos le temblaban" (OCI, 1641).

b María Ernst sentía que Edith era la "única persona" que conocía su desarrollo espiritual (OCI, 1645). Es evidente que esta carmelita sufría; pero tal vez no dimensionaba que su situación era mucho menos peligrosa, y

suyo. Frente a la complicada fluidez de expresión, con sinceridad Edith respondía que si escribía poco, era porque necesitaba todo el tiempo para su libro sobre San Juan, y agregaba: "Esto lo comprenderá Vuestra Caridad, y tomará mis tratados como cartas, como yo tomo sus cartas como tratados"[2688].

Con ello, sin mediar ironía, Edith pudo haber querido decir que sus libros, más que sus reflexiones epistolares, serían el legado o testimonio de su recorrido mental y espiritual. En cuanto *Ciencia de la Cruz*, en abril comentaba:

> Tengo que ir realizando todo con mucho esfuerzo. Es cierto que el plan de trabajo se me regala, es decir, que él mismo se descubre poco a poco. Pero tengo que labrar las piedras completamente sola, ordenarlas y arrastrarlas. Al realizar este trabajo, además del gran agotamiento, a menudo he tenido la sensación de que en modo alguno podría abrirme paso para lo que quiero decir y expresar. Pensé, incluso, que siempre quedaría así. Pero ahora siento mucha más fuerza para redactar. El padre Juan ha motivado nuevamente algunas explicaciones sobre el símbolo[2689].

Este libro fue su testamento espiritual[a], y eran muchos los interesados en este trabajo. Todavía en junio de 1942, poco antes de las deportaciones masivas, Ruth Kantorowicz[b] se ocupaba de

---

escribía: "Todos nos hallamos en situación de sacrificio, más que nunca" (OCI, 1645). El apego a Edith Stein y las reflexiones de sus cartas ameritaron que la superiora del convento de Colonia agregara un párrafo diciendo que María Ernst la preocupaba, ya que unía "en sí grandes contrastes", era "complicada" y tenía tendencia a no "ver lo esencial" o empeñarse "en seguir caminos innecesarios, pero muy elevados" (OCI, 1647).

a Entre los estudios sobre esta obra, destacan las conferencias y artículos de Francisco Javier Sancho Fermín. Véase, entre otros del autor: "La *Ciencia de la Cruz* de Edith Stein" y *Edith Stein (1891-1942) modelo y maestra de espiritualidad (en la escuela del Carmelo Teresiano).*

b Edith Stein, las carmelitas y otras comunidades religiosas seguirían tratando de protegerla. Cuando le tocó viajar a Ámsterdam, fue alojada en la misma casa que albergó en su momento a Edith y Rosa Stein.

copiar algunos manuscritos en "una máquina de escribir muy estropeada"[2690]. La disposición al trabajo que demostraban todas estas mujeres, Frieda lavando y cosiendo en la comunidad a la que los nazis la habían destinado, Rosa como portera en el Carmelo, la dedicación de Ruth, e incluso que Edith continuara con su escritura podrían leerse, más que como una actitud negacionista, como actos de resistencia a la dominación. No hay quejas en las cartas que se han conservado de ellas, tampoco muestran excesiva preocupación por el futuro, como sí lo hace María Ernst[2691].

En medio del caos, a mediados de abril, Edith recibió buenas noticias. Herman Leo Van Breda anunciaba su visita a Holanda. Solo se quedaría en el país dos semanas. La "finalidad principal" de su viaje era "arreglar ciertos asuntos relacionados con los papeles de Husserl"[2692]. Por lo que le pedía:

> ... desearía preguntarle ciertos detalles acerca de la colaboración de usted con Husserl. Desearía igualmente que me aconsejara en lo que respecta a nuestra empresa, y finalmente tendría la gran satisfacción de comunicarle lo que ocurre en Lovaina con los manuscritos y con la señora Husserl[2693].

Como eran "contados los días" que pasaría en Holanda, y por los horarios estrictos de una monja carmelita, Van Breda pidió "dos o tres entrevistas bastante largas y que se sucedan a breves intervalos"[2694]. Finalmente, en un tono confidencial, contaba:

> Voy a anunciarle un acontecimiento que la hará muy feliz: el 22 de marzo tuve la gran dicha de recibir a la señora Husserl en la Iglesia Católica, de bautizarla "subcondicione" [bajo condición] y de administrarle por primera vez la Sagrada Comunión. Pero le suplico encarecidamente que no le escriba nada a ella sobre este asunto, antes de haber hablado conmigo[2695].

Se sabe que luego de verlo y de conversar con Van Breda, Edith Stein le escribió a Malwine Husserl, quien respondió inmediatamente y con genuina alegría. En su carta, Malwine le decía que desde joven se había sentido vinculada con el catolicismo. Además de tranquilizarla respecto de los esfuerzos de Van Breda para publicar su obra, e invitarla a escribirle nuevamente, Malwine Husserl le pedía: "Si usted vuelve a tener tiempo y ganas para escribir, me interesaría mucho oír de usted qué piensa sobre las relaciones internas de E. Husserl con el catolicismo"[2696]. No se conoce si hubo una respuesta de Edith Stein sobre ese tema.

En mayo de 1942, luego de visitarla en Echt, Henry Boelaars, que pensaba dar una conferencia sobre "El valor de la filosofía de Husserl para el pensamiento escolástico", le dijo que *Ser finito y ser eterno* le proporcionaba "sugerencias nuevas"[2697]. Y que había comenzado a preparar un índice para obtener "una visión de conjunto de lo que se ha leído"[2698]. Del mes de mayo de 1942 se conserva también una carta del sacerdote jesuita Jan Hille Nota a quien, por su ordenación sacerdotal, Edith Stein le envía su tesis sobre la empatía y otros regalos. Él le informa que se está haciendo una copia mecanografiada de *Ser finito y ser eterno*, le sugiere que efectúe las correcciones necesarias, que luego retorne el escrito a la redacción o a Leo Van Breda, y agrega: "Sería magnífico que todo se publicara". J. H. Nota pensaba incluso que se realizara una traducción al neerlandés, una tarea que no era nada sencilla, lo sabía "por los buenos intentos" que había realizado "el capellán Wintjens"[2699].

ÚLTIMAS EXPECTATIVAS DE EMIGRACIÓN

La carta que Edith le escribió a Hilde V. Borsinger, a finales del año anterior, fue revisada por la censura, y solo después de ser aprobada, como demuestran los varios sellos del Alto Mando del ejército alemán, pudo alcanzar su destino. En abril de 1942, volvieron a comunicarse. Edith y su hermana Rosa habían expresado en los formularios que deseaban emigrar a Norteamérica. Entretanto, Edith había recibido la invitación de un Carmelo español[2700], y también se evaluaba su traslado al

Carmelo de Le Pâquier[2701], en Suiza. El 5 de julio, este carmelo aceptaba por "unanimidad de votos"[2702] su incorporación, pero no la de Rosa. Moreno Sanz sostiene que

> el cerco no lo construyeron solo los nazis. Las monjas del convento suizo la acogen gustosas a ella sola, pero no a Rosa. La policía federal suiza restringe máximamente la entrada de extranjeros, y más si son judíos. La propia Iglesia demora en Roma la aprobación del traslado. Pudo haberse logrado, sin duda, si esta última hubiese acelerado esos trámites presionando —como en algún caso se hizo— a las autoridades y a las propias monjas de Le Pâquier[2703].

Entre tanto, en los Países Bajos existía una organización clandestina que procuraba esconder y salvar a personas en peligro. "También el Carmelo había recibido la correspondiente oferta de ayuda para las hermanas Stein"[2704]. Pero Edith la había rechazado argumentando, por una parte, que no deseaba incurrir en mentiras ni falsedades, y por otra, temía que las carmelitas sufrieran represalias.

Con motivo del onomástico de la priora, para el 13 de junio, Edith Stein escribe la pieza teatral "Arcángel San Miguel". El arcángel San Miguel se presenta, en oposición a Lucifer, diciendo: "Todos los ángeles me siguieron. / Satanás se precipitó al abismo profundo. / Por eso ahora también soy el jefe de los ejércitos / que contra Satanás y sus seguidores combaten / en esta horrible guerra mundial"[2705]. Cierra la obra San Juan de la Cruz diciendo, como si estuviera aleccionando a las carmelitas: "Créanme, yo lo he experimentado: / Calvario y Carmelo son una misma cosa"[2706]. Luego de que San Juan de la Cruz la invoca, aparece la Reina del Carmelo y todos cantan la antífona mariana *Flos Carmeli, vitis florígera*[a].

---

a La obra se cierra con una estrofa en latín que pudo haber escrito Edith Stein.

Ciertamente, la situación empeoraba día a día. A partir de junio de 1942, Rudolf Hoss, comandante del campo de concentración de Auschwitz, dirige la ejecución de judíos en cámaras de gas ciclón B: ácido cianhídrico cristalizado. El 11 de julio, los obispos de las comunidades cristianas envían un telegrama al comisario alemán Seyss-Inquart, y redactan una carta pastoral para ser leída días después. El 16 de julio, Jan H. Nota visita a Edith Stein por última vez; ella le había pedido una meditación para la celebración de Nuestra Señora del Carmen, pero como hasta entonces no había predicado en público, él se sentía inseguro. Ese fue su último recuerdo de ella: "Edith Stein me enseñó en el locutorio unos textos preciosos. Me facilitó la preparación y casi me hizo la plática"[2707].

Poco después, el 23 de julio, el Carmelo de Seedorf envió una carta en la que aceptaba recibir a Rosa "por tiempo ilimitado"[2708]. Pero lo más dificultoso sería obtener el permiso de salida de Holanda. Por eso mismo, la doctora Lisamaría Meirowsky, que había trabajado en una asociación de ayuda a refugiados alemanes en Utrech y era portera en una abadía trapense, aconsejaba a las hermanas Stein "ver las cosas con claridad y obrar en consecuencia". Les advertiría que "en general, ninguna persona no aria" recibía el permiso de salida del territorio ocupado. Ella también era judía y convertida al catolicismo, por lo que no desconocía las dificultades, y agregaba: "No digo estas cosas para desanimarla, sino para que obre con prudencia y sagacidad [...]. Yo le aconsejaría que escribiera primero al cónsul de Suiza para obtener el permiso de entrada en el país y, en caso afirmativo, que les proporcione una certificación escrita"[2709]. También sugería que no se comunicaran directamente al Consejo Judío, sino que se dirigieran primero a Sylphia van Berkel, miembro de una organización católica de ayuda humanitaria a refugiados. Ella debía hablar "del asunto con el Consejo Judío". Solo si esta mujer no veía "peligro alguno en que el Consejo Judío presente la solicitud a la policía"[2710], debía escribirles directamente. Lo cierto es que Sylphia van Berkel actuaba con excepcional valentía. Así lo explicaba Lisamaría Meirowsky:

> La señorita v. B[a] es la única dama holandesa (aria), que actualmente trabaja con enorme celo e indescriptible valor en favor de los católicos no arios. Por ejemplo, del campamento de Drenthe, que ahora es exclusivamente un campamento de tránsito para Silesia, han sido liberados, con excepción de quince católicos, todos los cristianos —unos doscientos. Esta señorita es la única que se ha encargado de hallar alojamiento y sustento para los doscientos. Ella está en contacto permanente con el Consejo Judío, el cual le comunica todos los casos en que se trata de católicos[2711].

Sigilo, inteligencia, valor y un alto grado de compromiso eran necesarios a cualquier que quisiera ayudar a los judíos perseguidos. Pero la verdad es que nadie sabía cómo actuar, con quién y en qué momento convenía hablar, y las gestiones avanzaban lentamente. La carta de Leirowwsky está fechada el 26 de julio. Ese mismo día, en contra de las medidas de deportación de judíos y trabajadores holandeses a campos de concentración del este, los obispos de los Países Bajos presentaron una carta pastoral que fue leída desde el púlpito, en las iglesias. Poco antes, enterados de la carta, los nazis quisieron negociar con los obispos: si modificaban el contenido, los judíos bautizados no serían deportados. Como portavoz, el cardenal de Jong, que se había opuesto a dar los sacramentos a los holandeses nazis, rechazó el ofrecimiento. El 28 de julio, Edith y Rosa se enteran de que Frieda, Paul, Trude y Eva Stein habían sido llevados al campo de concentración de Theresienstadt. En Holanda, la venganza fue inmediata, el 30 de julio se dispuso: "Como los obispos católicos... se habían inmiscuido en el asunto, todos los judíos católicos serían deportados aquella misma semana"[2712]. Ese día, el obispo de Lausana, Ginebra y Friburgo firmó su acuerdo a que Edith y

---

a Esta valiente mujer siguió trabajando luego que se disolviera la asociación católica mencionada, fue arrestada en 1944 por la policía de seguridad alemana y enviada a un campo de concentración, donde murió ese mismo año.

Rosa Stein encontraran asilo en dos conventos de su diócesis. Dado que en principio solo se había pensado en facilitar la entrada al país a Edith, Hilde V. Borsinger había explicado al Carmelo de Berna que esta no abandonaría a su hermana "a una suerte incierta"[2713]. Todo parecía encauzarse, pero solo unos días después, el 3 de agosto, el Consulado de Suiza en Ámsterdam denegaba a las hermanas Stein el permiso de entrada y residencia[a].

TESTAMENTO ESPIRITUAL Y LITERARIO

Al acercarse el final de su vida, Edith Stein envió una estampa con la imagen de San Juan de la Cruz, en la que copió los versos del *Cántico espiritual*: "Ya no tengo otro oficio, / que ya solo en amar es mi ejercicio"[2714]. Con ello dice mucho porque, aunque todavía no daba por finalizada su obra sobre el místico español, especialistas han considerado que a fines de julio la tenía prácticamente lista[b]. En *Ciencia de la Cruz*, su propuesta es comprender la doctrina del santo carmelita dando "cuenta de su personalidad, de la originalidad de sus escritos, de su origen y destino"[2715]. O, como dice en el prólogo: hacer "el intento de comprender a Juan de la Cruz en la unidad de su esencia, tal como se desprende de su vida y obras, desde un punto de vista que haga posible percibir esta unidad de una sola mirada"[2716]. Doctrina y experiencia mística confluyen en la experiencia de San Juan y, probablemente, en la de Edith Stein, quien a través de sus análisis fenomenológicos fue adentrándose en "la oscuridad mística". Para Moreno Sans, en Stein "se realiza plenamente la *Wesenanschauung* (intuición de esencia) como un acto intelectual de muy particular naturaleza",

---

a El 9 de septiembre, cuando ya era tarde, llegó la obtención del visado del Consulado de Suiza.

b Sobre el argumento a favor de que es "una obra completa y finalizada", véanse *Obras completas*, V (pp. 185-199).

esto es, sobrepasando la experiencia sensible y alcanzando un discurso místico. Discurso sobre el que Husserl había tratado en *Fenomenología pura* (1913) como próximo a la intuición de esencias, cuando describe el ver (*schauen*), que no es propiamente un saber del intelecto[2717].

Según Michel Hulin[a], la exégesis o interpretación de la experiencia mística supone, entre otras cosas, el adecuado conocimiento de las circunstancias en las que se da la experiencia, la personalidad, creencias preestablecidas y horizonte intelectual que conforman la visión del mundo del sujeto. Por ello, la mística no queda circunscripta a una religión particular, se trata de un proceso que puede darse siempre y en todo lugar, lo que constituye "en este asunto la mejor muralla contra el sectarismo y la intolerancia"[2718]. Por eso, aunque Edith Stein va a ocuparse de "los problemas de la mística" que presenta San Juan de la Cruz "en el marco de la doctrina católica de la fe"[2719] y su interpretación está ceñida a ese ámbito, para Moreno Sanz, ella finalmente dará una visión ecuménica de la experiencia mística en la que pueden rastrearse expresiones del Tao, del sufismo, de autores como J. Böhme y Maestro Eckhart: incluso "irá admitiendo formas expresivas del judaísmo", y será San Juan quien "la sumerja en el ecumenismo de la vivencia humana y de sus mismas formas expresivas menos dogmáticas, intransigentes y sectarias"[2720].

Como hemos visto, para Edith Stein la lectura puede desencadenar un fenómeno empático, como le habría sucedido tras leer *Libro de la vida*, de Santa Teresa de Ávila. Las obras de San Juan de la Cruz son otro hito en ese camino. Ella explica que hay que buscar el origen de *Subida del Monte Carmelo*, *Noche oscura*, *Cántico espiritual* y *Llama de amor viva*, "en el tiempo del encarcelamiento de Toledo"[2721]. ¿Cómo no proyectar, en la carmelita alemana, salvando la distancia epocal, la experiencia de encarcelamiento? Porque a San Juan de la Cruz lo encarce-

a Citado por Moreno Sanz, ob. cit.

laron religiosos contrarios y celosos de su lugar en la reforma de la Orden iniciada por Santa Teresa de Ávila[a], mientras que Edith Stein sintió en carne propia el rechazo de la academia y el cerco que los nazis construyeron a su alrededor. Otro paralelismo evidente se da cuando ella dice que "para estar libre para Dios", San Juan "se había separado de sus seres queridos, había renunciado a la carrera de los estudios y a su convento"[2722]. De renuncias y distancias sabía también ella por separarse de los suyos y tener que dejar su profesión como docente y filósofa. Estremece cuando dice que el "abandono extremo" que sufrió San Juan en la cárcel de Toledo tuvo consecuencias en su vida expresadas en su obra mística. Tal vez, Edith piensa en sus propias experiencias de despojamiento cuando escribe que el carmelita "mostrará detalladamente, cómo el alma, precisamente con la experiencia de su propia nada y de su impotencia en la noche oscura, llega al verdadero conocimiento de sí y a la iluminación acerca de la inmensa grandeza y santidad de Dios, cómo así es purificada, adornada de virtudes, y preparada para la unión"[2723]. Para Moreno Sanz, todo este libro es un "diálogo empático con los textos del santo", un diálogo en el que ofrece una "mirada unitaria sobre su vida y obra", un diálogo "tan empático, que no siempre permite distinguir si lo que se está leyendo es obra de San Juan o de ella misma"[2724]. Dicho esto, no podemos olvidar que Edith Stein dice que en *Ciencia de la Cruz* prevalecerá la búsqueda de "un significado" de lo que la autora "cree haber comprendido de las leyes del ser y de la vida espiritual a lo largo de los esfuerzos realizados durante su vida". Pero, advierte, lo que dice sobre "yo, libertad y persona",

---

a La Orden carmelita se remonta al siglo XIII. En 1562, Santa Teresa de Ávila reforma la Orden del Carmelo al centrar la vida religiosa en la oración y, como los ermitaños que en el siglo XII se instalaron en el Monte Carmelo y sigue el ejemplo del profeta Elías y propone una vida religiosa llamada "a la contemplación, tanto en la oración como en la vida" (Constituciones 1991, n. 10). Eso provoca un cisma con los carmelitas que habían mitigado la Regla primitiva.

no es tomado de San Juan, sino de la filosofía de la persona según lo trata la filosofía contemporánea.

Al presentar la vida de San Juan, esta amante del arte en todas sus formas nos describe su "naturaleza de artista"[2725]. Poeta, diseñador de los planos de un convento contemplativo y dibujante, para él era "una necesidad el expresar en canciones lo que sucedía en su alma"[2726]. Lo infantil (en tanto capacidad de recibir impresiones y responder con energía, vitalidad e ingenuidad libre de inhibiciones), lo artístico, y lo santo se reúnen en San Juan de la Cruz preparando "el mejor terreno al mensaje de la cruz"[2727], explica Edith Stein y, como en numerosas ocasiones en este trabajo, el lector que conoce su vida no puede dejar de pensar en la proyección entre ella y su biografiado[a].

El símbolo de la cruz en el Evangelio, las profecías del Antiguo Testamento, el recuerdo del profeta Elías, guía y padre de los carmelitas y del modelo de vida contemplativa, son los antecedentes que presenta Edith Stein antes de llegar a las visiones de San Juan de la Cruz y específicamente al "mensaje de la cruz", un mensaje cuya definición brinda con un lenguaje llano: "Todo cuanto comprendemos simbólicamente bajo el nombre de 'cruz', todas las cargas y sufrimientos de la vida, deben ser considerados como mensajes de la cruz"[2728]. Edith Stein se imagina a Juan de la Cruz "indefenso, abandonado a la maldad de enemigos despiadados"[2729] y, al mismo tiempo, llegando, en la experiencia de la propia nada y de su impotencia en la "noche oscura", al conocimiento de sí mismo, a la iluminación y a la vivencia de unión con Dios. "Cruz y noche", sintetiza, "son el camino hacia la luz celestial"[2730]. San Juan de la Cruz lo expresa poéticamente: "¡Oh noche que guiaste! / ¡Oh noche amable más

a Edith Stein resume la biografía de San Juan de la Cruz resaltando aspectos de su vida de estudiante, y nos recuerda sus experiencias como enfermera cuando dice: "Se dedica, después de varios intentos fracasado en otras profesiones, al difícil servicio a los enfermos, y persevera en ello con total entrega" (OCV, 210). También subraya: "Toda la Sagrada Escritura, el Antiguo y el Nuevo Testamento, eran su pan cotidiano" (OCV, 211).

que la alborada! /¡Oh noche que juntaste amado con amada, / amada con el amado transformada!"[2731].

Ahora bien, cuando analiza a San Juan como escritor, Stein destaca que es su experiencia personal lo que "le abre los ojos para la comprensión mística de los Libros sagrados"[2732]. Más adelante, al relacionar los símbolos "cruz" y "noche", debe admitir que el símbolo dominante, tanto en las poesías de San Juan como en los tratados complementarios, "no es la cruz sino la Noche"[2733]. Dado que su propósito es llegar a una ciencia de la cruz, Stein va a relacionar estos símbolos y así concluye: "La *cruz* es signo de todo lo que causal o históricamente está relacionado con la cruz de Cristo. *Noche* es la necesaria expresión cósmica de la mística cosmovisión de San Juan de la Cruz"[2734]. Edith Stein transcribe la traducción completa[a] de la poesía de la *Noche oscura*, ya que su objetivo es "percibir en ella el eco del mensaje de la cruz"[2735]. Paso a paso, mientras se adentra en el sentido de la noche, siguiendo al santo carmelita, ella se compromete fenomenológica y existencialmente de modo que, como dicen Müller y Neyer, "este testimonio enardece también a Edith Stein, como se ve en cada renglón de la *Ciencia de la Cruz*"[2736]. La respuesta a cómo sucede aquello, siendo el suyo un desarrollo filosófico y hermenéutico, la da Stein cuando dice, en *Ser finito y ser eterno*: "El corazón es el verdadero centro de la vida"[2737]. También habla de un "sentir" que "tiene en sí un valor de conocimiento, nos descubre algo":[2738]

> Algo hacia el que constituye una vía de acceso. Es un "acto" espiritual, una "percepción espiritual". Lo llamaremos "sentir", porque es una captación "oscura", porque este acto no tiene la claridad ni la precisión de la intuición intelectual perceptible conceptualmente, y porque es una "percepción del corazón"[2739].

---

a Advierte que la traducción alemana se realizó sobre el texto original, teniendo en cuenta otras traducciones alemanas y una al flamenco. Este es otro dato más de la competencia lingüística de Edith Stein.

Siguiendo siempre a San Juan de la Cruz, la carmelita y filósofa alemana plantea "la incapacidad para formar un concepto de Dios a base del pensamiento discursivo o con el pensamiento indagador ayudado por la imaginación", y que la noche oscura es la "escuela de todas las virtudes", porque "en la sequedad y el vacío se vuelve el alma humilde"[2740]. Edith Stein sostiene que en todo lo que escribe Juan de la Cruz subyace una *ontología del espíritu*, y su esfuerzo será precisar lo que el carmelita español entiende por "espíritu" y por "fe". A fines biográficos, resulta esclarecedor que Edith subraye que el camino espiritual "que conduce al alto monte de la perfección y que solo puede ser recorrido por aquellos a los que ninguna carga hace retroceder"[2741].

Iluminan su reticencia a hablar de sus propias vivencias religiosas y místicas las páginas que Edith le dedica a las "visiones, revelaciones, locuciones y percepciones espirituales"[2742], que ve como fenómenos sensibles unidos a grandes peligros, "pues los sentidos creen poder juzgar acerca de las cosas espirituales, cuando están tan capacitados para ello, como un burro las cosas de la razón"[2743]. A través de San Juan de la Cruz, presenta y reflexiona detenidamente los caminos de purificación del alma, para llegar al "esclarecimiento mutuo entre 'espíritu' y 'fe'; a la relación entre "muerte y resurrección"; y a los modos de unión con Dios. En este punto, conecta *El castillo interior* de Teresa de Ávila con textos sanjuaninos, "Llama de amor viva" y el "Cántico espiritual", poemas que traduce y transcribe en su totalidad. Sobre esta obra, dirá que "cuando Juan habla de la unión del alma con Dios [...], las palabras del Cantar de los Cantares" acuden "en tropel a sus labios. Pero en los días en que con particular violencia fue sacudida su alma por las penas y todos los gozos del amor, en sus meses de prisión en Toledo, el viejo poema nupcial brotó en su corazón con nuevas resonancias"[2744]. "El cántico nupcial del alma" es la última de las grandes obras analizadas antes de pasar a la parte tercera del libro, "Seguimiento de la Cruz", en la que se retoma la biografía de San Juan de la Cruz y se citan su correspondencia y testimonios.

En la última parte de su libro, Edith Stein sostiene, como anteriormente en sus clases y conferencias, que el ideal de vida cristiano es formar "imágenes vivas. Formar almas según la imagen de Cristo". Y continúa diciendo, en consonancia con Juan de la Cruz: "Ese fue el ideal de la vida del Reformador de la Orden y guía de almas"[2745]. La comprensión empática y los aportes propios de Edith Stein hacen de esta obra su testamento espiritual. Tal vez por eso, por estar meditando en estas cuestiones desde lo más íntimo, desde el "pensamiento del corazón"[a], cita muchos de los consejos de San Juan y fragmentos de las cartas que él envió, sus dichos y advertencias. Los exilios y renuncias voluntarios y obligados signaron los últimos años de Edith Stein que, al haber elegido el patronímico "de la cruz" y habiendo escrito este libro, no dejaba de meditar sobre las últimas horas de San Juan, sobre "la conformidad entre doctrina y vida"[2746] expresada en sus cartas, cuando dice: "Yo solo deseo que la muerte me encuentre en un lugar apartado, lejos del trato con los hombres, sin hermanos del convento a quienes dirigir; sin alegrías que me puedan consolar, probado por todas las penas y dolores"[2747]. Aunque padeció grandes dolores, pobreza y la enemistad de enemigos poderosos, Juan de la Cruz murió rodeado de personas que lo estimaban y admiraban. "La santidad nunca permanece tan escondida que no encuentre ningún admirador"[2748], escribe Edith Stein sin saber que al final de su vida estaría rodeada de otras víctimas, pero que llegaría la hora en que su propia historia sería rescatada y que ella misma alcanzaría la santidad.

DÍAS FINALES

El domingo 2 de agosto, a las cinco de la tarde, las campanas del Carmelo de Echt, como de costumbre a esa hora, llama-

a Pensamiento que desarrolla en el apartado "Lo más profundo del alma y los pensamientos del corazón".

ron a la meditación. Mientras Edith Stein está leyendo, suena dos veces un llamado desde el locutorio, reclamando a la priora. Dos oficiales de las SS están allí para llevarse a Edith y Rosa Stein. La priora intenta disuadirlos, en vano les dice que Edith y su hermana han sido aceptadas en Suiza, que solo esperan el permiso de salida[2749]. Los oficiales de las SS apenas les otorgan tiempo para llevar lo imprescindible. En su celda, Edith alcanza a pedir a las religiosas que se comuniquen con el cónsul de Suiza, en La Haya, "acerca del permiso para el viaje"[2750]. Hasta último momento, evaluaba la posibilidad de emigrar.

La conmoción en el convento alcanza a los vecinos que conocían a Rosa y presenciaron las despedidas. Según una testigo, Edith dijo a su hermana: "Ven, nosotras vamos por nuestro pueblo"[2751]. Nadie más escuchó esas palabras[a]. Finalmente, las llevaron a un vehículo en que había otros prisioneros. Tras un breve paso por la comandancia de Roermond, las condujeron al campamento policial de tránsito de Amersfoort, al que llegaron en medio de la noche, porque los conductores de los vehículos se confundieron de camino. A su llegada, el campo "quedaba castigado por dos o tres días"[2752], ya que se acusaba a un prisionero de robar pan seco que había encontrado tirado.

Si hasta ahí "el comportamiento de las SS había sido hasta cierto punto cortés", ahora los prisioneros son empujados "a golpes y culatazos"[2753]. Se dejó a los judíos evangélicos en libertad. Los judíos católicos reciben los números de prisionero que van del 3000 al 3214[2754]. Unos pocos quedan en Amersfoort porque están casados con no judíos. A través del Consejo Judío, los prisioneros restantes pueden enviar telegramas, informando su traslado al campo de concentración de Westerbork. Según testigos, los religiosos se mostraban tranquilos.

987 nombres figuran en el listado de prisioneros que son llevados la noche del 3 de agosto en un tren con las ventanillas

---

a Así lo dice en su libro Susanne Batzdorff.

tapiadas al campo de Westerbork[a]. Al mediodía, el tren se detiene en la estación de Hoogahalen. Los detenidos pueden enviar algunos telegramas informando su próximo destino. Entre los judíos convertidos, son quince religiosos: "Entre ellos los cinco hermanos Löb; dos padres, un hermano y dos hermanas, todos ellos trapenses"[2755]. Está allí la doctora Mierowsky. Edith Stein se encuentra además con sus amigas Alicia Reis, ahijada suya que trabajaba en un convento, y Ruth Kantarowicz, apresada en Venlo. Se reúnen a rezar; según testimonios era innegable que el pacífico temperamento de Edith Stein "ejercía un gran influjo"[2756] alrededor suyo.

Edith y Rosa fueron destinadas a la barraca 36, un lugar extraordinariamente sucio y lleno de pulgas[2757]. Se incomunicó a hombres y mujeres. Allí conviven con madres desesperadas, enajenadas, niños desamparados y hambrientos. Entre el 4 y el 5 de agosto, Edith Stein redacta un par de notas a la priora de Echt. Informa que "todos los católicos"[2758] están juntos. Al final agrega: "Estamos completamente tranquilas y contentas. Naturalmente, hasta la fecha, sin misa y sin comunión; quizás más tarde sea posible. Ahora nos es dado experimentar un poco más cómo se puede vivir sostenidas interiormente"[2759]. Años antes había escrito que no se trataba "de contraponer la oración interior, libre de todas las formas tradicionales, como piedad 'subjetiva', a la liturgia como oración 'objetiva' de la Iglesia. Toda oración auténtica es oración de la Iglesia, y es la Iglesia misma la que ahí ora, porque es el Espíritu Santo el que vive en ella"[2760].

Desde la barraca 36 de Westerbork, por medio del Consejo Judío, Edith Stein escribe a la priora que no sabe si se quedarán allí: "Se quiere hacer todo para librarnos o, al menos, para que podamos quedarnos aquí"[2761]. Solicita ropa de invierno, mantas, medicamentos para los prisioneros judíos católicos. Aunque los

---

a Para un detallado informe de cómo fueron los traslados y de las cartas y escritos de prisioneros y sobrevivientes, véase Fr. Paul Hamas, *Edith Stein and Companions on the way to Auschwitz.*

superiores de las órdenes religiosas tenían expresamente prohibido ver a las monjas prisioneras, en Echt "dos intrépidos señores" se ofrecen para ayudar a las carmelitas[2762]. El 6 de agosto, día de la conmemoración de la Transfiguración de Cristo, los prisioneros saben que serán deportados, Edith escribe su última carta, con un pedido a la priora:

> Lo más necesario [...], medias de lana, dos mantas. Para Rosa, toda la ropa interior de invierno y lo que estaba en la lavandería; para las dos, toallas y trapos para lavarse. Rosa tampoco tiene cepillo de dientes, ni cruz, ni rosario. Me gustaría tener el próximo volumen del breviario (hasta ahora he podido rezar maravillosamente). Nuestras cartillas de identidad, de familia y de racionamiento[2763].

Con similar resignación, la doctora Mierowsky escribe desde el campo de concentración a su confesor: "Parto con ánimo, confianza y alegría —lo mismo que las religiosas que están en mi compañía—. Daremos testimonio por Cristo y con nuestros Obispos confesaremos bien alto la verdad. Somos hijos de la Santa Madre Iglesia y queremos unir nuestros sufrimientos a la Pasión de nuestro Rey, Redentor y Esposo; y ofrecernos por la conversión de muchos, por la de los judíos, por la de aquellos que nos persiguen. Y contribuir, según nuestras fuerzas, a la paz y al reino de Cristo"[2764]. La convicción de la efectividad del ofrecimiento vicario por la expiación de los pecados de la humanidad, el entregar la vida por la salvación de los pecadores es lo que Edith Stein y sus compañeros sentían, y es así cómo se disponían a enfrentar un destino que, no se les escapaba, podía ser la muerte por decisión de sus verdugos. En cuanto a la integración entre su vida y su obra, recordemos su testamento, cuando ofrece su vida "por la salvación de Alemania y la paz en el mundo"[2765]. En cuanto a sus verdugos, en *Ciencia de la Cruz* Stein había escrito: "Las almas no comprenden lo que les sucede, y muy pocas encuentran a alguien que pueda abrirles los ojos"[2766]. Ella no podía saberlo, pero tal vez intuía que sus enemigos serían más feroces que los que tuvo Juan de la Cruz, cuando fue encarcelado en Toledo. ¿La fortificaría meditar aquello que había escrito?: "En la experiencia de su propia nada y de su impotencia en la noche oscura llega al verdadero conocimiento de sí" y, por eso mismo, "después de la fuga de la cárcel", Juan habla "de sus verdugos como de sus grandes bienhechores"[2767]. Al escribir sobre Juan de la Cruz y sobre las características de la Reforma iniciada por Teresa de Ávila, Stein había aclarado "una característica esencial de la Reforma [es el] seguimiento de Cristo por el camino de la cruz, tomar parte en la cruz de Cristo tendría que ser la vida de los carmelitas descalzos"[2768]. Cuatrocientos años después, debió recordar esas palabras. Reflexionando sobre sus últimos días el padre Hirschmann dijo:

> Edith Stein no era solo una judía unida en amor a su pueblo; fue al mismo tiempo una alemana unida al pueblo alemán [...]; con frecuencia me decía: "¿Quién expía por lo que se hace al pueblo judío en nombre del pueblo alemán?" [...] Nunca olvidaré las conversaciones con esta verdadero testigo y filósofa cristiana cuando hablaba de ello: el odio nunca puede tener en el mundo la última palabra[2769].

Paralelamente a estos acontecimientos, una joven judía nacida en los Países Bajos había conseguido un puesto de trabajo en la Sección Cultural (ayuda para deportados) del Consejo Judío. Primero trabaja como mecanógrafa, pero odia la tarea y no encuentra sentido a esa ocupación, por lo que, junto con otros voluntarios, pide trabajar en el campo de trabajo de Westerbork. Se llama Etty Hillesum, y "no quiere sustraerse al destino de los judíos, un destino común que ella considera inevitable"[2770]. Testigo de la deportación masiva de judíos de Holanda, en esa época escribe: "Toda Europa se va transformando gradualmente en un gigantesco campo de concentración"[2771]. Al intentar describir la vida en ese campo, de medio kilómetro cuadrado, la joven recuerda al juez romano que le dijo a un mártir: "'¿Sabes que tengo poder suficiente como para matarte?', a lo que el mártir replicó:

'Y usted, ¿sabe que yo tengo poder suficiente como para dejarme matar?'"[2772]. Como un eco de aquello, en *Ciencia de la Cruz* Edith había escrito: quien "se ha decidido por Cristo [...] es débil y despreciado por los hombres, pero precisamente por esto, fuerte, pues la fuerza de Dios es poderosa en la debilidad"[2773]. Mientras que la doctora Mierowsky y Edith Stein encontraban su fuerza en la fe católica, Etty Hillesum, con quien se las ha relacionado, desarrolla una conciencia y una vivencia religiosa "fuera de toda convención"[2774]. A su manera, también había encontrado refugio en el centro de su alma[a], y escribía: "Descanso en mí misma. Y lo de mí misma más profundo y lo más rico en mí, donde descanso, lo llamo 'Dios'"[2775].

Es probable que Etty Hillesum[b] se haya cruzado con Edith Stein en el campo de Westerbork. En una carta, recuerda: "Vivimos un día memorable cuando el tren nos trajo a unos judíos católicos o a unos católicos judíos —como queremos llamarlos—, monjas y sacerdotes luciendo la estrella amarilla y ataviados con hábitos"[2776]. En sus escritos, parte del vivir cotidiano se entrecruza con reflexiones sobre lo que sucedía hasta que ella misma fue deportada:

> Dos criaturas indefensas revoloteaban en torno al cuerpo macizo de una mujer que se hallaba inconsciente en un rincón: no entendían para nada que su madre, ahí exangüe, no les atendiera. Miro al sacerdote que abandonaba por vez primera el convento tras quince años de retiro y le pregunto: "Y ahora, ¿qué tiene usted que decir del mundo?".

---

a Sin adherir a una visión religiosa convencional, Etty Hillesum podría decir, con Edith Stein, que todo puede desaparecer, "y sin embargo puede haber una seguridad interior de que se está ante Dios, que Dios está presente" (OCV, 179).

b De reciente edición, sugiero la lectura del libro de Mercedes Monmany: *Ya sabes que volveré. Tres grandes escritoras asesinadas en Auschwitz: Irène Némirovsky, Gertrud Kolmar y Etty Hillseum.*

> Pero su mirada se eleva por encima del hábito, inquebrantable y cordial, como si todo lo que veía alrededor fuera conocido y familiar desde hacía mucho tiempo[2777].

Etty Hillesum menciona a una de las compañeras de cautiverio de Edith Stein, la carmelita Mendes da Costa, que tenía ancestros portugueses. También dice haberse encontrado

> con dos religiosas pertenecientes a una familia judía muy ortodoxa, muy rica y muy culta de Breslau, con la estrella amarilla cosida sobre sus hábitos monásticos. Aquí están rememorando sus recuerdos de juventud[2778].

En esos días, cuando todavía se conservaba la esperanza de poder ayudarlos, y luego de un viaje complicado, los dos emisarios de Echt lograron que los policías holandeses les permitan ingresar al campo de concentración y ver a Edith Stein. Uno de ellos escribió:

> Nos estrechamos la mano y, al principio, no salían las palabras de pura alegría por ver a gente de Echt. Pero enseguida se rompió el hielo y les entregamos todo lo que el convento nos había dado[2779].

La presencia de Edith Stein impresionó a estos hombres que, para aliviar la tensión, en broma, le ofrecieron un cigarrillo: "Ella también se rio y nos contó que antes, cuando era estudiante, también fumaba y bailaba..."[2780].

Un funcionario holandés recordó:

> En el infierno de Westerbork vivió por algunos días, anduvo, habló y oró... como una santa. Durante una conversación dijo: "El mundo se compone de contrastes... (pero) al final nada quedará de estos contrastes. No quedará otra cosa sino el gran amor [...]. 'Nunca supuse que hubiera hombres así', dijo en cierta ocasión. 'Como tampoco pensé que mis hermanas y hermanos tuvieran que soportar tales sufrimientos... A cada hora

rezo por ellos ¿Oirá Dios mis oraciones? Lo que ciertamente oye son sus lamentos'"[2781].

Julio Marcan, comerciante judío de Colonia a cargo de la vigilancia de los detenidos en el campo de Westerbork, también recordó a Edith Stein, quien le llamó la atención "por su gran paz y resignación"[2782]; durante esos días, se ocupaba de los niños, los lavaba, peinaba y les conseguía alimento. El 6 de agosto, aunque no serían liberados, "uno tras otro"[2783] muchos prisioneros tuvieron que presentarse ante el comandante del campo, para ser informados de que las excarcelaciones habían sido revocadas. Los nazis y sus aliados participan de una siniestra mascarada. Los prisioneros deben registrarse: "Por largas horas el grupo iba pasando de una mesa a otra, y había que rellenar interminables listas y papeles [...]. Personas destinadas a morir tienen que someterse a las absurdas vejaciones del registro y son fotografiadas con el número de presidiario en la mano"[2784]. Una de las sobrevivientes escribió:

> La gran diferencia entre Edith Stein y las demás religiosas era su silencio. Mi impresión es que ella sentía aflicción en su interior, pero no miedo. No puedo expresarlo mejor sino diciendo que arrastraba tal cúmulo de sufrimientos, que, aun cuando alguna vez sonreía, producía mayor pena. Casi nunca hablaba, tan solo con frecuencia miraba con enorme tristeza a su hermana Rosa. Ahora que estoy escribiendo esto, se me ocurre que ella preveía lo que les aguardaba a ellas y a los demás [...]. Todo su porte exterior, tal como me la imagino sentada en la barraca, despertaba en mí otra idea; era una Pietá sin Cristo[2785].

El 7 de agosto, los prisioneros fueron llevados a la estación Hooghalen. Los subieron a vagones de ganado: sesenta personas hacinadas en cada vagón, con un balde de agua y uno para usar como baño. Los vagones fueron cerrados desde el exterior. Se piensa que no fueron abiertos hasta llegar a Auschwitz. En la estación de Schifferstadt, un empleado ferroviario, Valentín

Fouquet, habla con una religiosa que se identifica como Edith Stein:

> Hacia el mediodía del 7 de agosto de 1942 estaba yo esperando el expreso de Saarbrücken a Ludwigshafen. Llegó el tren y ante mí se detuvo un vagón completamente ocupado por detenidos. Desde este vagón y a través de una ventana enrejada se dirigió a mí una señora de indumentaria oscura y me preguntó si era de Schifferstadt y si por casualidad conocía a la familia Schwind. Le dije que me era muy conocido la familia del decano Schwind, compañero mío de escuela. Entonces me rogó que le transmitiera saludos de la religiosa Teresa Benedicta. Que ella era Edith Stein y se dirigía hacia el Este. Aquella mujer tenía un aspecto tranquilo y amable[2786].

Otro testigo, que leyó en 1948 un folleto sobre Edith Stein, dice que habló con ella ese día:

> Un centinela abrió la puerta corrediza. Vimos entonces personas hacinadas, tiradas apáticamente sobre el suelo del vagón. Nos quedamos impresionados del hedor que venía del vagón. Entonces se asomó a la puerta abierta una mujer con hábito de monja. Como le debí parecer compasivo, me dijo: "Es terrible, ni siquiera tenemos recipientes donde hacer nuestras necesidades". La miré inquisitivamente, y dijo, vacilando: "Ahora vamos hacia la muerte". Me impresionó mucho aquello. Entonces le pregunté muy serio: "¿Lo saben también los que van con usted?". Y con voz entrecortada contestó: "Es mejor que no lo sepan"[2787].

Algunos de sus compañeros comenzaron a insultar a este hombre por hablar con una judía, otro de sus camaradas se puso de su parte. Ella presenció la escena, y cuando su interlocutor le preguntó si podían darle algo de comer o de beber, respondió: "No, gracias, no aceptamos nada"[2788]. El 9 de agosto, a dos semanas de la carta de los obispos holandeses, los 987 prisioneros llegan a Auschwitz. 464 son seleccionados para trabajar en los campos de concentración. Los restantes 523, hombres, mujeres y niños, fueron enviados a las cámaras de gas. Todavía no existían los gigantescos hornos crematorios que los nazis construyeron en 1943 en Auschwitz. Fueron asesinados en Birkenau. "Con el fin de mantener la tranquilidad entre tantas personas, se les dijo que se iba a practicar una desinfección previa". Siguiendo la siniestra farsa, los agentes de las SS les preguntaban su edad, origen y profesión, "pero cuando se dio la orden de quitarse la ropa, incluso los niños de pecho, la mayor parte comenzó a sospechar lo que les amenazaba"[2789]. Hasta la liberación, ocurrida tras la derrota de Hitler, más de un millón de judíos, gitanos, opositores y prisioneros de los nazis fueron asesinados en Auschwitz-Birkenau.

¿Conservó Edith Stein la fe hasta el final? Su convicción de la conformidad que debe existir entre la vida y la obra no daría lugar a dudas de que así fue. Hemos dicho que fue una buscadora de sentido[a]. Hallarlo en el catolicismo y, más precisamente en el camino de la cruz, la defendió del sentimiento de padecer un sufrimiento sin sentido. Un sinsentido que, como escribió Etty Hillesum al describir su experiencia de trabajo en el campo de concentración, fue una vivencia común para millones de las víctimas. Al analizar los Evangelios y el contexto histórico del pueblo judío en época del imperio romano, Terry Eagleton dice: "En ninguna parte de los Evangelios aconseja Jesús a los afligidos que se reconcilien con su sufrimiento"[2790]. De todos modos, en la tradición veterotestamentaria

---

a En ese aspecto coincidimos con Marisa Mosto, cuando retomando la frase de Paul Schilder, "la verdadera belleza de la vida reside en su carácter profundamente serio e inexorable", colige: "Quizás sea por esto que la vida de Edith Stein que es creemos, su mejor obra, ha seducido y sigue seduciendo a quien la contemple". "'Sentido y fuerza', como clave de comprensión de la libertad de espíritu en el 'drama' vital de Edith Stein" (*Teoliterária* V. 4 - N. 8, 2014).

> el motivo de una estrecha vinculación entre el sufrimiento más profundo y la exaltación más elevada es tradicional en el judaísmo, lo mismo que en el linaje occidental de la tragedia. El verdadero poder emana de la impotencia[2791].

La teología veterotestamentaria abunda en motivos revolucionarios, donde los más humildes creyentes serán compensados de sus sufrimientos: "A Yahvé no se le puede imaginar ni dar un nombre, pero se le verá como quien es cuando se vean exaltados los pobres y desposeídos los ricos"[2792]. A su vez, en los Evangelios se dice que los que perdieron su vida la salvarán, y Jesús, que prefiere a los humildes, a los pecadores[a], le dice al rico que quiera seguirlo que debe despojarse de sus pertenencias. Al anunciar un Nuevo Reino, "la *kénosis* o el autodesprendimiento es la condición para una abundancia de vida"[2793]. La Reforma carmelitana de Teresa de Ávila y San Juan de la Cruz, lo mismo que la carmelita francesa de renombre mundial Teresita de Lisieux y Edith Stein adscriben a este ideal.

Pero aunque tuvieron enemigos, Teresa de Ávila y Juan de la Cruz supieron lo que es el éxito proselitista, y el goce y el consuelo estético. Además, refundaron una Orden, conventos, tuvieron discípulos y en vida se los celebró como escritores y poetas. Un camino diferente es el de la carmelita francesa del siglo XIX, Teresa de Lisieux, precursora del existencialismo[b] cristiano, que falleció apenas a los 24 años, víctima de una tuberculosis que culminó en extensa agonía, y que transitó la noche oscura de los sentidos o del espíritu "como estado perma-

---

a Bien lo expresa Teresita de Lisieux cuando dice: "Los grandes santos lo ganaron por sus obras [el cielo]: yo quiero imitar a los ladrones, lo quiero alcanzar por maña, una maña de amor que me abrirá su entrada, a mí y a los pobres pecadores". Hans Urs Von Balthasar, *Teresa de Lisieux. Historia de una misión* (p. 261).

b En el sentido que le da Von Balthasar, su existencialismo se expresa en "su necesidad de llevarlo todo en su vida a la clara luz de la conciencia y la reflexión" (Von Balthasar, 321).

nente hasta el fin"[2794]. Como Teresa de Lisieux, Edith Stein se ofrece a sufrir vicariamente por las almas de los pecadores. Al final de su vida, transitando la noche oscura, Teresa describe el acoso de las tinieblas: "¡Adelante! ¡Adelante! Regocíjate de la muerte que te dará, no lo que tu esperas, sino una noche aún más profunda: la noche de la nada", para culminar diciendo que la fe "no es ya un velo, es un murallón que se levanta hasta los cielos y cubre el firmamento estrellado"[2795]. De todas maneras, no está sola: a diferencia de Edith Stein, Teresa de Lisieux, como Teresa de Ávila y San Juan de la Cruz, fallece rodeada del cuidado de quienes la rodean con solicitud.

Los refundadores del Carmelo sabían que, cuando Cristo padece en la cruz, en los Evangelios todo es aridez y silencio. Dolor que no mitiga ninguna belleza del lenguaje. *Ciencia de la Cruz*, dijimos, es el testamento literario, religioso y espiritual de Edith Stein, allí sostiene que no hablará de "ciencia" en el sentido de una simple "teoría", sino de una "verdad viva, real y operante"[2796]. Para Edith Stein y sus compañeros, asesinados ese día en Auschwitz, se trató de atravesar la *noche oscura* sin otro consuelo que su fe. Una fe que los protegía del sin sentido. Por eso, en el trance final, Edith Stein pudo haber hecho suyas las palabras de Pablo: "Ya no vivo yo, sino es Cristo el que vive en mí"[2797].

EPÍLOGO

El 30 de octubre de 1944, el Carmelo de Colonia se incendia tras un ataque aéreo. Las religiosas se dirigen al Carmelo de Welden. También las carmelitas de Echt deben dejar su convento, y se llevan a Herkenbosch, "con grandes dificultades"[2798], los escritos inéditos de Edith Stein. Luego de la derrota nazi, en 1945, Leo Van Breda y autoridades carmelitas se dirigen a Echt a buscar los manuscritos. "Como no había nada que encontrar", prosiguieron su viaje a Herkenbosch, donde los recuperan entre los escombros y los entregan a la doctora Gelber, que se encargó del archivo Edith Stein de Bruselas. Finalizada la guerra, se comunica a Erna Stein, en Norteamérica, lo que se sabe sobre la deportación de sus hermanas Edith y Rosa. Pese a todos los intentos para conocer qué fue de ellas, fue dificultoso reconstruir sus últimos días.

En junio de 1945, algunas de las carmelitas regresan a Colonia. Se decide reconstruir el monasterio, colocándose el 16 de junio de 1946 la primera piedra de la cuarta fundación del Carmelo María de la Paz. Poco después, Teresa Renata Posselt, priora y maestra de novicias, escribe la primera biografía de Edith Stein, que se publica en Alemania en 1948 y se agota en pocos meses. Este libro contribuye "en gran medida a solucionar el problema económico de la compra y adaptación del convento"[2799]. En 1947 también había aparecido un artículo sobre ella en *L'Osservatore Romano*. Pese a todo, durante varios años no hubo precisiones sobre los últimos días de Edith Stein y su hermana Rosa. Gracias a miembros de la resistencia, deportados y prisioneros que compartieron por un tiempo su cautiverio, y a otros sobrevivientes, se van articulando los datos y los testimonios que permiten precisar lo sucedido, pero recién en 1950 llega la confirmación, al conocerse las listas en las que figura el número de prisioneras y día en que las asesinaron. El Carmelo de Colonia recibe, en 1950, una carta en la que se atribuye a la mediación de Edith Stein la cura milagrosa de un enfermo[2800]. En Alemania se fundan escuelas e instituciones que llevan su nombre. Se realizan esculturas, vitrales, pinturas en su homenaje. Lo mismo sucederá en Echt. En 1957, bajo el priorato de Renata Posselt, el Carmelo de Colonia inicia el pedido de beatificación.

En 1962, se abre el proceso de beatificación. Ese mismo año, siendo cardenal de Cracovia, el futuro papa Juan Pablo II invita a Roman Ingarden a dar una conferencia sobre Edith Stein. En 1982, el correo alemán emite un sello con la imagen de Edith Stein. Se funda en Tubinga un carmelo con su nombre. Beatificada en 1987, Edith Stein fue canonizada por Juan Pablo II el 11 de octubre de 1998. El hecho suscita debates[a] y cuestionamientos de algunos representantes de la comunidad judía. El 1.º de octubre de 1999, Juan Pablo II nombra a Edith Stein, "síntesis dramática de nuestro siglo", copatrona de Europa, junto con Brígida de Suecia y Catalina de Siena.

Sin dudas, Stein ocupa un lugar entre las filósofas y pensadoras más relevantes de la primera mitad del siglo XX, algunas

a Su sobrina Susanne Batzdorff participó de ellos. Véase https://collections.ushmm.org/search/catalog/irn511707 "El holocausto, vergüenza de la humanidad, segó millones de vidas humanas. La de Edith Stein fue una más. Pero fue incapaz de destruir su espíritu, cuya presencia perciben muchas personas. Esto admitido, ¿qué necesidad había de canonizarla? ¿No es una velada forma de autocomplacencia eclesial?, eso suponiendo que de por medio no existan otros motivos o intereses peores" (Molter, 1998, citado por Jesús García Rojo en "Edith Stein: Balance biográfico", poco después de la canonización).

de las cuales han sido estudiadas otorgándoseles un lugar relevante, de resistencia, poco estudiado hasta los últimos años[a].

El 18 de abril de 2024, en el marco de una audiencia otorgada a los representantes de las Federaciones de carmelitas descalzas de todo el mundo, en la Sala del Consistorio del Palacio Apostólico Vaticano, se presentaron al papa Francisco las Cartas Postulatorias para que se conceda el título de Doctora de la Iglesia a Santa Teresa Benedicta de la Cruz (Edith Stein)[b].

Teresa de Ávila y Teresa de Lisieux son dos carmelitas proclamadas Doctoras de la Iglesia. Queda pendiente entonces el doctorado eclesiástico para Edith Stein, Teresa Benedicta de la Cruz. Tal vez, uno de los testimonios más conmovedores de Edith Stein como persona, como filósofa y como amiga lo brindó Fritz Kaufmann, retomando unas líneas que Husserl le envió cuando perdió a su padre:

> No mueren propiamente aquellos a quienes veneramos con amor [...]. Al pensar en ellos sentimos que estamos en presencia de ellos; sentimos que nos miran el alma, que se identifican con nuestros sentimientos, que nos entienden y que aprueban o desaprueban lo que estamos haciendo[2801].

a Así, en *El fuego de la libertad. La salvación de la filosofía en tiempos de oscuridad*, se conecta a Simone de Beauvoir, Simone Weil y Ayn Rand.

b Para el seguimiento de este tema sugiero consultar la página web "De la rueca a la pluma" citada en la bibliografía.

BIBLIOGRAFÍA

Stein, Edith. *Obras completas, I. Escritos autobiográficos y Cartas*. Edición bajo la dirección de Julen Urkiza y Francisco Javier Sancho. Madrid: Monte Carmelo, 2002. (OCI)

Stein, Edith. *Obras completas, II. Escritos filosóficos. Etapa fenomenológica (1915-1920)*. Edición bajo la dirección de Julen Urkiza y Francisco Javier Sancho. Madrid: Monte Carmelo, 2006. (OCII)

Stein, Edith. *Obras completas, III. Escritos filosóficos. Etapa de pensamiento cristiano (1921-1936)*. Edición bajo la dirección de Julen Urkiza y Francisco Javier Sancho. Madrid: Monte Carmelo, 2007. (OCIII)

Stein, Edith. *Obras completas, IV. Escritos antropológicos y pedagógicos. (Magisterio de vida cristiana, 1926-1933)*. Edición bajo la dirección de Julen Urkiza y Francisco Javier Sancho. Madrid: Monte Carmelo, 2007. (OCIV)

Stein, Edith. *Obras completas, V. Escritos espirituales. (En el Carmelo Teresiano: 1933-1942)*. Edición bajo la dirección de Julen Urkiza y Francisco Javier Sancho. Madrid: Monte Carmelo, 2005. (OCV)

BIBLIOGRAFÍA GENERAL

Adorno, Theodor y Horkheimer, Max. "Sobre los prejuicios", en *Sociológica*. Madrid: Taurus, 1966.

Alles Bello, Angela. *Edmund Husserl. Pensar en Dios, creer en Dios*. Buenos Aires: Biblos, 2016.

Alles Bello, Angela. (2022). "De fide o del confiar". *Eikasía Revista de Filosofía*, 109. https://doi.org/10.57027/eikasia.109.328

A Matre Dei, Theresia. *Edith Stein: en busca de Dios*. Madrid: Verbo divino, 1980. (Theresia AMD)

Arendt, Hannah. *The Life of the Mind*. Nueva York: Harcourt Brace Jovanovic, 1981.

Arendt, Hannah. *Hombres en tiempos de oscuridad*. Barcelona: Gedisa, 1990.

Arendt, Hannah. *La tradición oculta*, Buenos Aires: Paidós, 2004.

Arendt, Hannah. *Ensayos de comprensión. 1930-1954* (A. Serrano de Haro, trad.). Madrid: Caparrós editores, 2005.

Arendt, Hannah. *Escritos judíos*, Barcelona: Paidós, 2009.

Argüelles Fernández, Gerardo. *Roman Ingarden Teoría literaria entre Husserl y Gerigk*. Barcelona: Anthropos, 2015.

Avenatti de Palumbo, Cecilia y Bertolini, Alejandro. (2015). "La alegría como signo de la nupcialidad en tensión escatológica: Christophe Lebreton-Edith Stein". *Veritas*, 32, 37-56. http://dx.doi.org/10.4067/S0718-92732015000100002.

Ávila, Teresa. *Libro de la vida* (D. Chicharro, ed.). Madrid: Cátedra, 2006. (LDV)

Bashevis Singer, Isaac. *El mago de Lublin*. Barcelona: Plaza y Janés, 1979.

Batzdorff, Susanne M. *Mi tía Edith. La herencia judía de una santa católica*. Madrid: Editorial de Espiritualidad, 2001. (SB)

Bea Pérez, Emilia. "Edith Stein, hija del pueblo judío e hija de la Iglesia", en *Para comprender a Edith Stein. Claves biográficas, filosóficas y espirituales* (U. Ferrer, ed.). Madrid: Ediciones Palabra S.A., 2008.

Beckmann-Zöller, Beate. "Fenomenología de la vivencia religiosa en Edith Stein", en *Para comprender a Edith Stein. Claves biográficas, filosóficas y espirituales* (U. Ferrer, ed.). Madrid: Ediciones Palabra S.A., 2008.

Beckmann-Zöller, Beate. [UCAVILA](30 de noviembre 2023). "Perspectivas sobre la filosofía de la educación de Edith Stein. Influencias y originalidad". [Video]. Youtube. https://youtu.be/rRyw4vf24Hs?si=gBoNd24A_RHCJ8i4

Berlín 1919-1933. Gigantismo, crisis social y vanguardia, la máxima encarnación de la modernidad (L. Richard, dir.). Madrid: Alianza, 1993.

Bertolini, Alejandro. *Empatía y Trinidad en Edith Stein.* Salamanca: Ediciones Secretariado Trinitario, 2013.

Bertolini, Alejandro. (2016). El Dios empático: la irreverencia de Edith Stein entre la fenomenología y la fe. Revista *Pistis & Praxis*, 8 (2). https://doi.org/10.7213/revistapistispraxis.08.002.ds01

Bouflet, Joachim. *Edith Stein. Vida de una filósofa crucificada.* Bilbao: Sal Terrae, 2001. (JB)

Caballero Bono, José Luis. "Las condiciones de una autobiografía", en *Para comprender a Edith Stein: Claves biográficas, filosóficas y espirituales* (U. Ferrer, ed.). Madrid: Ediciones Palabra S.A., 2008.

Carr, Jonathan. *El clan Wagner.* Madrid: Turner, 2019.

Denamy, Sylvie Courtine. *Tres mujeres en tiempos sombríos. Edith Stein, Simone Weil, Hannah Arendt. O Amor fati amor mundi.* Madrid: Edaf Ensayo, 2003.

Dumont, Louis. *Homo aequalis, II. L'idéologie allemande. France-Allemagne et retour.* París: Gallimard, 1991.

Eagleton, Terry. *Jesucristo. Los Evangelios.* Madrid: Akal, 2007.

Efron, John M. *German Jewry and the Allure of the Sephardic.* Princeton N.J., Princeton University Press, 2016.

Emmerich, Marilonne. "María Schmitz (1875 1962)", en *Zeitgeschichte in Lebensbildern.* Grünewald: Mainz, 1975.

Eilenberger, Wolfram. *Tiempo de magos. La gran década de la filosofía: 1919-1929.* Madrid: Taurus, 2019.

Eilenberger, Wolfram. *El fuego de la libertad. La salvación de la filosofía en tiempos de oscuridad. 1933-1945.* Madrid: Taurus, 2021.

Feuling, Daniel OSB. "Kurze Lebensdarstellung", en Edith Stein, *Die Frau in Ehe und Beruf-Bidungsfragen heute.* Friburgo: Herder, 1962.

Ferrer Santos, Urbano. "Edith Stein: Una aproximación a la persona desde la causalidad y la motivación" en *Para comprender a Edith Stein: Claves biográficas, filosóficas y espirituales* (U. Ferrer, ed.). Madrid: Ediciones Palabra S.A., 2008.

Gadamer, Hans Georg. "Autopresentación", en *Verdad y método II.* Salamanca: Ediciones Sígueme, 1997.

García Rojo, Ezequiel. *Una mujer ante la verdad: Aproximación a la filosofía de Edith Stein.* Madrid: Espiritualidad, 2002.

García Rojo, Ezequiel. "La fenomenología: Propedéutica de la fe en Edith Stein", en *Para comprender a Edith Stein: Claves biográficas, filosóficas y espirituales* (U. Ferrer, ed.). Madrid: Ediciones Palabra S.A., 2008.

García Rojo, Jesús. "Edith Stein: Balance bibliográfico". *Estudios Eclesiásticos. Revista de investigación e información teológica y canónica* 75, Núm. 292 (marzo 28, 2019): 101-127.

Gardiner, John Eliot. *La música en el castillo del cielo. Un retrato de Johann Sebastian Bach.* Barcelona: Acantilado, 2015.

Giudice, Cecilia. "Un todo que piensa, siente, quiere y obra: la antropología integral de Edith Stein" [en línea]. *Tábano.* 2018, 14. Disponible en: https://repositorio.uca.edu.ar/handle/123456789/9210

Goldhagen, Daniel Jonah. *La Iglesia católica y el Holocausto. Una deuda pendiente.* Madrid: Taurus, 2002.

Goethe, J. W. *Los años de aprendizaje de Wilhelm Meister.* Madrid: Cátedra, 2016.

Grunfeld, Frederic V. *Profetas malditos.* Buenos Aires: Planeta, 1988,

Hamas, Fr. Paul. *Edith Stein and Companions: On the Way to Auschwitz.* San Francisco: Ignatius Press, 2010.

Hart, James. "A Précis of a Husserlian Philosophical Theology", en S. Laycock y J. Hart. *Essays in Phenomenological Theology.* Albany: SUNY Press, 1986.

Hart, James. "I, We, and God: Ingredients of Husserl's Theory of Community", en *Husserl-Ausgabe und Husserl Forschung* (Samuel Ijsseling, ed.). Dordrecht: Kluwer, 1990.

Hart, James. (1992). Entelechy in Transcendental Phenomenology. *American Catholic Philosophical Quarterly*, 66 (2), 189-212. https://doi.org/10.5840/acpq199266232

Hart, James. (2018). Husserl and the Theological Question. *Eidos: A Journal the Philosophy of Culture*, 2. https://doi.org/10.26319/4721

Haya Segovia, Fernando. "Sobre el problema de la empatía", en *Para comprender a Edith Stein: Claves biográficas, filosóficas y espirituales* (U. Ferrer, ed.). Madrid: Ediciones Palabra S.A., 2008.

Heidegger, Martin. *El Ser y el tiempo*. México: Fondo de Cultura Económica, 2000.

Heidegger, Martin. *Naturaleza, historia y Estado*. Madrid: Editorial Trotta, 2018.

Heine, Enrique. *Cuadernos de viaje*. Madrid: Editorial Biblioteca Clásica, 1889.

Hegel, Georg W. F. *Phénoménologie de l'Esprit* (traducción francesa por Jean Hyppolite). París: AubierMontaigne, 1998, Tomo 1: Introducción, 69.

Herbstrith, Waltraud. *El verdadero rostro de Edith Stein*. Madrid: Encuentro, 1987.

Hermsen, Joke J. *Un cambio de rumbo. Rosa de Luxemburgo y Hannah Arendt*. Madrid: Siruela, 2021.

Hillesum, Etty. *Diario de Etty Hillesum. Una vida conmocionada*. Madrid: Antrophos, 2013.

Hillesum, Etty. *Etty Hillesum. El corazón pensante de los barracones. Cartas*. Madrid: Antrophos, 2016.

Hobsbawm, Eric. *Historia del siglo XX*. Buenos Aires: Crítica, 1999.

Ingarden, Roman (1962). "Edith Stein on Her Activity as an Assistant of Edmund Husserl. Extracts from the letters of Edith Stein with a Commentary and Introductory Remarks". *Philosophy and Phenomenological Research*: 23(2), 155-175. https://doi.org/10.2307/2104910

Jakha, Hicham. (2023). Ingarden's Aesthetic Argument against Husserl's Transcendental Idealism Turn. *Analiza I Egzystencja*, 63 (3), 89-108. https://doi.org/10.18276/aie.2023.63-04

Küng, Hans. *¿Existe Dios?* Madrid: Ediciones Cristiandad, 1979.

Küng, Hans. *El judaísmo. Pasado, presente y futuro*. Madrid: Trotta, 1993.

Lebeau, Paul. *Etty Hillesum. Un itinerario espiritual*. Bilbao: Editorial Sal Terrae, 2000.

Levinas, Emmanuel. *Humanismo del hombre*. México: Siglo XXI, 2006.

Losurdo, Domenico. *La comunidad, la muerte, Occidente Heidegger y la "ideología de la guerra"*. Buenos Aires: Losada, 2003.

Löwith, K. *Mi vida en Alemania antes y después de 1933*. Madrid: Visor, 1992.

Löwy, Michael. *Redención y utopía. Pensamiento libertario judío en Europa central. Un estudio de afinidad electiva*. Santiago de Chile: Ariadna Ediciones, 2018.

MacIntyre, Alasdair. *Edith Stein. Un prólogo filosófico (1913-1022).* Granada: Nuevo Inicio, 2008.

Maritain, Jacques. *Cahiers Jacques Maritain*, n. 25, décembre 1952.

Merino Escalera, Feliciana (2014). "Edith Stein, testigo de la fe", *Revista de Espiritualidad* 290, 123-138.

Merino Escalera, Feliciana (2 de mayo de 2022). Edith Stein en el centenario de su bautismo. *Aleteia*. https://es.aleteia.org/2022/05/02/edith-stein-en-el-centenario-de-su-bautismo

Meyer, Jean. (2016). "Iglesia romana y antisemitismo (1920-1940)". Revista Mexicana de Ciencias políticas y sociales, 61 (226). https://doi.org/10.1016/S0185-1918(16)30007-1

Miribel, Elisabeth de. *Edith Stein: 1891-1942.* París: Ed. du Seuil, 1954.

Miribel, Elisabeth de. *Edith Stein*. Madrid: Taurus, 1956.

Mitscherling, Jeff. *Roman Ingarden´s Ontology and Aesthetics*. Ottawa: University of Ottawa Press, 1997.

Molter, Bernard. *Edith Stein. Martyre juive de confession chrétienne*. París: Ed. Cana, 1998. Citado por Jesús García Rojo en "Edith Stein: Balance biográfico".

Monmany, Mercedes. *Ya sabes que volveré. Tres grandes escritoras asesinadas em Auschwitz: Irène Némirovsky, Gertrud Kolmar y Edith Hillesum*. Madrid: Galaxia Gutenberg, 2017.

Monmany, Mercedes. *Sin tiempo para el adiós*. Madrid: Galaxia Gutenberg, 2022.

Moreno Sanz, Jesús. *Edith Stein en compañía. Vidas filosóficas cruzadas de María Zambrano, Hannah Arendr y Simone Weil.* Madrid: Plaza y Valdés, 2014.

Mosto, Marisa. "Sentido y fuerza", como clave de comprensión de la libertad de espíritu en el "drama" vital de Edith Stein" [en línea]. Jornadas Diálogos: Literatura, Estética y Teología. La libertad del Espíritu, V, 17-19 septiembre 2013. Universidad Católica Argentina. Facultad de Filosofía y Letras. Facultad de Teología, Buenos Aires. Disponible en: https://repositorio.uca.edu.ar/handle/123456789/4862

Moyn, Samuel. *Origins of the Other. Emmanuel Levinas between Revelation and Ethics*. Ithaca y Londres: Cornell University Press, 2005.

Müller, Andreas Uwe y Neyer, María Amata. *Edith Stein: vida de una mujer extraordinaria*. Burgos: Editorial Monte Carmelo, 2005. (MyN)

Neyer, María Amata. *Edith Stein. Su vida en documentos e imágenes*. Madrid: EDE, 2003.

Oesterreicher, John M. *Siete filósofos judíos encuentran a Cristo*. Madrid: Aguilar, 1961.

Posselt, M. Teresa Renata del E. S. *Edith Stein: una gran mujer de nuestro siglo*. Madrid: Monte Carmelo, 1980.

Reinach, Adolf. *Anotaciones sobre filosofía de la religión*. Madrid: Encuentro, 2007.

Riego de Moine, Inés. "Identidad y misión de la mujer. El aporte personalista de Edith Stein", en *Para comprender a Edith Stein: Claves biográficas, filosóficas y espirituales* (U. Ferrer, ed.). Madrid: Ediciones Palabra S.A., 2008.

Riego de Moine, Inés. (2006). Hombre y filosofía. Una mirada desde la mística. [Tesis de doctorado, Universidad Nacional de Cuyo]. https://bdigital.uncu.edu.ar/objetos_digitales/2651/riego.pdf

Safranski, Rüdiger. *Un maestro en Alemania: Martin Heidegger y su tiempo*. Barcelona: Tusquets, 1997.

Safranski, Rüdiger. *Goethe. La vida como obra de arte*. Barcelona: Tusquets, 2015.

Salvarani, Francesco. *Edith Stein. Hija de Israel y de la Iglesia*. Madrid: Ediciones Palabra S.A., 2012. Versión online.

Sancho Fermín, Francisco Javier. (1993). "Acercamiento de Edith Stein a San Juan de la Cruz". *Teresianum*, 44(1), 169-198.

Sancho Fermín, Francisco Javier. (1993). "Dentro del sanjuanismo moderno o La *Ciencia de la Cruz* de Edith Stein". *Teresianum*, 44(2), 323-352.

Sancho Fermín, Francisco Javier. *Edith Stein. Modelo y maestra de espiritualidad*. Burgos: Monte Carmelo, 1997.

Sancho Fermín, Francisco Javier. "El ambiente espiritual y humano en Edith Stein" en *Para comprender a Edith Stein. Claves biográficas, filosóficas y espirituales* (U. Ferrer, ed.). Madrid: Ediciones Palabra S.A., 2008.

Taubenschlag, Carlos A. "La noción de alma que propone Edith Stein en 'La estructura de la persona humana'" [en línea]. *Teología*, 115 (2014). Disponible en: https://repositorio.uca.edu.ar/handle/123456789/7182

Traverso, Enzo. *Cosmópolis. Figuras del exilio judeo-alemán*. México: Universidad Nacional Autónoma de México/Fundación Cultural Eduardo Cohen, 2004.

Traverso, Enzo. *El final de la modernidad judía. Historia de un giro conservador*. Valencia: Universitat de Valencia, 2014.

Traverso, Enzo. *Revolución, una historia intelectual*. México: Fondo de Cultura Económica, 2022.

Uzcanga Meinecke, Francisco. *La simbiosis imposible. Escritores judíos en la Alemania de entreguerras*. Madrid: Báltica, 2024.

Von Balthasar, Hans Urs. *Teresa de Lisieux. Historia de una misión*. España: Herder, 1957.

Von Le Fort, Gertrud. *La última del cadalso*. Madrid: Encuentro, 2009.

Walton, Roberto. [Edith-Stein-Archiv Köln] (6 de mayo 2022). Diferentes accesos a la religión entre fenomenología y religión. La visión de Edith Stein [Video]. Youtube. https://youtu.be/nWx_3aofFNE?si=s3hsO_3dQNznXrwF

Wright, Terence C. "Edith Stein: Prayer and interiority", en *The Phenomenology of Prayer. Perspectives in Continental Philosophy* (Bruce Ellis Benson & Norman Wirzba, comps.). Nueva York: Fordham University Press, 2005 (pp 134-141).

Wust, Peter. *Briefe an Freunde*, Verlag: Münster/Westf.: Regensberg, 1956.

Young-Bruehl, Elizabeth. *Hannah Arendt. Una biografía*. Barcelona: Paidós, 2006.

ENLACES CONSULTADOS

Archivo de Edith Stein en Colonia (Alemania). Incluye los 27 volúmenes de la colección ESGA en línea: www.edith-stein-archiv.de

Archivo Edith Stein en Echt (Países Bajos): http://edithstein.nl
Karmel Maria vom Frieden. Carmelo "María de la Paz" en Colonia (Alemania): https://www.karmelitinnen-koeln.de/
Edith Stein Circle (IASPES). Asociación internacional para estudio de la filosofía de Edith Stein: http://www.edithsteincircle.com/
Edith Stein Gesellschaft Deutschland. Sociedad Edith Stein en Alemania: https://www.edith-stein.eu/
Edith Stein Gesellschaft Deutschland. Sociedad Edith Stein en Austria: https://www.edith-stein-gesellschaft.at/
Steiniana: Revista de Estudios Interdisciplinarios. Pontificia Universidad Católica de Chile: https://ojs.uc.cl/index.php/STE/index
De la rueca a la pluma: https://delaruecaalapluma.com/enlaces/

BIBLIOGRAFÍA COMPLEMENTARIA

Caballero Bono, José Luis. *Edith Stein (1891-1942).* Madrid: Ediciones del Orto, 2001.
Chávez Aguilar, Pamela Lucía. (2023). "Tras las huellas de Anna y Adolf Reinach en la experiencia religiosa de Edith Stein". *Steiniana.* Revista de Estudios Interdisciplinarios, 7(7), 91–102. https://doi.org/10.7764/Steiniana.7.2023.6
Della Croce, Giovanna. *Edith Stein. Vita, antologia, preghiere*, Roma: Edizioni OCD, 1991.
Esparza, Michel. *El pensamiento de Edith Stein.* Pamplona: Eunsa, 1998.
Herbstrith, Waltraud, et al. *En el camino de la verdad. Edith Stein.* Madrid: Editorial de Espiritualidad, 1987.
Feldman, Christian. *Edith Stein: judía, filósofa y carmelita.* Barcelona: Herder, 1999.
García Rojo, Ezequiel. *Edith Stein. Existencia y pensamiento.* Madrid: Editorial de Espiritualidad, 1998.
García, Ciro. *Edith Stein o la búsqueda de la verdad.* Burgos: Monte Carmelo, 1998.

García, Ciro. *Edith Stein: Una espiritualidad de frontera.* Burgos: Monte Carmelo, 1998.

Graef, Hilda. *The scholar and the cross.* Londres: Longmans Green and Co., 1954.

Grande Sánchez, Pedro José. *Edith Stein. Servir a la humanidad.* Madrid: Voz de papel, 2022.

González di Pierro, Eduardo (coord.). *Edith Stein. Filósofa del siglo XX para el siglo XXI. Miradas latinoamericanas.* Buenos Aires: Biblos, 2019.

Ochayta Piñeiro, Félix. *Edith Stein. Nuestra hermana.* Burgos: Monte Carmelo, 1998.

Sancho Fermín, Francisco Javier. (1996) "La obra steiniana en España. Bibliografía en español de Edith Stein". *Archivum Bibliographicum Carmeli Teresiani*, (31), 385-397.

FILMOGRAFÍA SOBRE EDITH STEIN

La settima stanza. 1995. Dirección: Márta Mészáros.

A Rose in Winter. 2018. Dirección: Joshua Sinclair. Presentada en Festival de Cannes 2018.

TEATRO SOBRE EDITH STEIN

La séptima morada. Autora: Liliana (Lili) Grinberg.

CANONIZACIÓN DE LA BEATA TERESA BENEDICTA DE LA CRUZ

Homilía del santo padre Juan Pablo II durante la misa de canonización: https://www.vatican.va/content/john-paul-ii/es/homilies/1998/documents/hf_jp-ii_hom_11101998_stein.html

Algunos artículos sobre los debates, 1998 en adelante:

Sin autor. (12 de octubre de 1998). "El Papa canonizó a Edith Stein". *La Nación*. https://www.lanacion.com.ar/sociedad/el-papa-canonizo-a-edith-stein-nid113880/

Sin autor. (11 de octubre de 1998). "Polémica por la canonización de una monja de origen judío". *Clarín*. https://www.clarin.com/sociedad/polemica-canonizacion-monja-origen-judio_0_rJKrQ-JUhx.html

https://collections.ushmm.org/search/catalog/irn511707

NOTAS

1 (OCIV, 663)
2 (OCI, 663)
3 (OCI, 480)
4 (OCI, 487)
5 (SB, 37)
6 (Arendt, 2009, 167)
7 (OCI, 165)
8 (OCI, 165)
9 (OCI, 164)
10 (SB, 53)
11 (OCI, 165-6)
12 (OCI, 167)
13 (Arendt, 103)
14 (OCI, 166)
15 (OCI, 167)
16 (OCI, 170)
17 (OCI, 170)
18 (OCIV, 435)
19 (OCIV, 435-436)
20 (OCIV, 739)
21 (OCI, 172)
22 (OCI, 173)
23 (OCI, 173)
24 (SB, 50)
25 (SB, 51)
26 (OCI, 173)
27 (OCI, 174)
28 (OCI, 174)
29 (OCI, 172)
30 (OCI, 203)
31 (SB, 35)
32 (OCI, 177)
33 (OCI, 181)
34 (SB, 75)
35 (OCI, 177)
36 (OCI, 177-8)
37 (MS, 223)
38 (OCI, 177)
39 (OCI, 177)
40 (OCI, 177)
41 (SB, 80)
42 (SB, 180)
43 (OCI, 188)
44 (OCI, 190)
45 (OCI, 192)
46 (OCI, 192)
47 (Posselt, 18)
48 (Traverso, 2014, 25)
49 (Traverso, 2014, 38)
50 (OCI, 186)
51 (OCI, 186)
52 (OCI, 187)
53 (OCI, 190)
54 (MS, 12)
55 (MS, 20)
56 (OCIV, 658)
57 (OCIV, 688)
58 (OCIV, 374)

59 (Posselt, 17)
60 (OCI, 190)
61 (OCI, 191)
62 (OCI, 191)
63 (OCI, 195)
64 (OCI, 195)
65 (OCI, 196)
66 (SB, 60)
67 (SB, 59)
68 (OCI, 195)
69 (OCI, 204)
70 (OCI, 205)
71 (MacIntyre, 24-25)
72 (OCI, 205)
73 (OCI, 205)
74 (Posselt, 16)
75 (OCI, 205)
76 (M.S, 227)
77 (OCI, 206)
78 (OCI, 206)
79 (OCI, 206)
80 (OCI, 207)
81 (OCI, 207)
82 (OCI, 207)
83 (OCI, 208)
84 (MS, 227)
85 (OCI, 205)
86 (OCI, 208)
87 (MS, 229)
88 (MS, 229)
89 (OCI, 209)
90 (OCI, 197)
91 (Posselt, 22)
92 (Posselt, 23)
93 (OCI, 197)
94 (SB, 62-3)
95 (OCI, 198)
96 (OCI, 198)
97 (Posselt, 18)
98 (Posselt, 18)
99 (Posselt, 22)
100 (Posselt, 20)
101 (OCI, 199)
102 (OCI, 199)
103 (OCI, 199)
104 (OCI, 200)
105 (OCI, 200)
106 (OCI, 201)
107 (OCI, 201)
108 (OCI, 201)
109 (OCI, 201)
110 (SB, 67)
111 (Efon, 159)
112 (SB, 41)
113 (SB, 42)
114 (SB, 42)
115 (SB, 41)
116 (OCI, 203)
117 (OCI, 203)
118 (OCI, 202)
119 (OCI, 202)
120 (I. B. Singer, 165)
121 (E. Y. Bruehl, 74)
122 (OCI, 202)
123 (OCI, 203)
124 (OCI, 203)
125 (OCI, 203)
126 (OCI, 204)
127 (OCI, 211)
128 (OCI, 211)
129 (OCI, 212)
130 (OCI, 212)
131 (OCI, 211)
132 (MS, 231)
133 (SB, 15)
134 (SB, 13-14)
135 (OCI, 213)
136 (OCI, 214)
137 (OCI, 217)
138 (OCI, 221)
139 (OCI, 221)
140 (OCI, 222)
141 (OCI, 235)
142 (OCI, 235-6)
143 (OCI, 236)
144 (OCI, 237)

145 (OCI, 237)
146 (OCI, 184)
147 (OCI, 236)
148 (SB, 160)
149 (SB, 160)
150 (OCI, 257)
151 (OCI, 258)
152 (OCI, 258)
153 (OCI, 263)
154 (OCI, 260)
155 (OCI, 260)
156 (SB, 61)
157 (SB, 61)
158 (SB, 62)
159 (OCI, 262)
160 (OCI, 262)
161 (OCI, 263)
162 (OCI, 263)
163 (OCI, 264)
164 (OCI, 264)
165 (OCI, 265)
166 (OCI, 265)
167 (Dumont, 122-150)
168 (OCIV, 187)
169 (Goethe, 481)
170 (OCIV, 183)
171 (OCIV, 188)
172 (OCIV, 191)
173 (OCIV, 325)
174 (OCI, 261)
175 (OCI, 261)
176 (Hegel, 69)
177 (OCI, 222)
178 (OCI, 222)
179 (OCI, 223)
180 (OCI, 223)
181 (OCI, 224)
182 (SB, 122)
183 (MS, 235)
184 (OCI, 265)
185 (OCI, 265)
186 (MyN, 30)
187 (Moreno Sanz, 232)
188 (Moreno Sanz, 232)
189 (OCI, 266)
190 (OCI, 266)
191 (MS, 223)
192 (OCI, 267)
193 (MS, 236)
194 (OCIV, 648)
195 (OCIV, 100)
196 (OCIV, 101)
197 (OCI, 267)
198 (OCI, 267)
199 (SB, 77)
200 (SB, 77)
201 (SB, 151)
202 (SB, 179)
203 (SB, 179)
204 (OCIII, 1021-22)
205 (OCIV, 900)
206 (OCIII, 1019)
207 (OCIV, 1035)
208 (OCIV, 1033)
209 (OCI, 180)
210 (OCI, 180)
211 (OCI, 180)
212 (OCI, 215)
213 (OCI, 180)
214 (OCI, 180)
215 (SB, 76)
216 (SB, 77)
217 (JB, 30)
218 (OCI, 185)
219 (OCI, 185)
220 (SB, 160)
221 (SB, 161)
222 (SB, 161)
223 (OCI, 185)
224 (OCI, 268)
225 (OCI, 268)
226 (OCI, 199)
227 (OCI, 269)
228 (SB, 181)
229 (SB, 181)
230 (SB, 181)

231 (MS, 238)
232 (OCI, 200)
233 (OCI, 200)
234 (OCI, 269)
235 (OCI, 270)
236 (OCI, 270)
237 (OCI, 240)
238 (OCI, 197)
239 (OCI, 239)
240 (OCI, 197)
241 (OCI, 270)
242 (OCI, 270)
243 (OCI, 270)
244 (OCI, 266)
245 (OCI, 271)
246 (OCI, 271)
247 (OCI, 272)
248 (OCI, 273)
249 (OCI, 273)
250 (OCI, 273)
251 (OCI, 273)
252 (OCI, 273)
253 (OCI, 273)
254 (OCI, 274)
255 (OCI, 275)
256 (OCI, 274)
257 (OCI, 276)
258 (OCI, 276)
259 (OCI, 276)
260 (OCI, 276)
261 (MS, 239)
262 (OCI, 277)
263 (OCI, 277)
264 (OCI, 278)
265 (OCI, 280)
266 (OCI, 282)
267 (OCI, 283)
268 (OCI, 283)
269 (OCI, 284)
270 (M. Monmany, 2022, 40)
271 (OCI, 284)
272 (OCI, 286)
273 (MyN, 35)
274 (MS, 239)
275 (OCI, 279)
276 (OCI, 285)
277 (MS, 239)
278 (OCIII, 945)
279 (OCI, 286)
280 (OCI, 281)
281 (OCI, 286)
282 (OCI, 286)
283 (OCI, 286)
284 (MS, 243)
285 (OCI, 286)
286 (Gardiner, 433)
287 (Gardiner, 433-4)
288 (MS, 24)
289 (MS, 9)
290 (MS, 26)
291 (OCI, 287)
292 (OCI, 287)
293 (OCI, 287)
294 (OCI, 197)
295 (OCI, 197)
296 (OCI, 288)
297 (OCI, 288)
298 (OCI, 288)
299 (OCI, 289)
300 (OCI, 289)
301 (OCI, 290)
302 (OCII, 907)
303 (OCI, 290)
304 (SB, 89)
305 (OCI, 290)
306 (SB, 90)
307 (OCI, 290)
308 (MS, 241)
309 (OCI, 289)
310 (OCI, 289)
311 (OCI, 289)
312 (OCI, 292)
313 (OCI, 292)
314 (Grunfe, 41)
315 (OCI, 291)
316 (OCI, 291)

317 (OCI, 291)
318 (OCI, 293)
319 (OCI, 295)
320 (OCI, 295)
321 (OCI, 295)
322 (OCI, 241)
323 (OCI, 241)
324 (OCI, 241)
325 (OCI, 241)
326 (OCI, 242)
327 (OCI, 244)
328 (OCI, 244)
329 (OCI, 244)
330 (OCI, 244)
331 (OCI, 245)
332 (OCI, 246)
333 (OCI, 247)
334 (OCI, 247)
335 (OCI, 248)
336 (OCI, 307)
337 (OCI, 248)
338 (OCI, 245)
339 (OCI, 249)
340 (OCI, 249)
341 (OCI, 249)
342 (OCI, 250)
343 (OCI, 251)
344 (OCI, 252)
345 (Safranski, 2015, 271)
346 (Safranski, 2015, 271)
347 (Safranski, 2015, 271-2)
348 (Safranski, 2015, 254)
349 (OCI, 254)
350 (OCI, 256)
351 (OCI, 257)
352 (OCI, 257)
353 (OCI, 298)
354 (OCI, 298)
355 (OCI, 298)
356 (OCI, 298)
357 (MacIntyre, 36)
358 (OCI, 331)
359 (MyN, 59)
360 (OCI, 300)
361 (OCI, 301)
362 (OCI, 301)
363 (OCI, 301)
364 (OCI, 302)
365 (OCI, 302)
366 (OCI, 302)
367 (OCI, 302)
368 (OCI, 302-3)
369 (OCI, 303)
370 (OCI, 303)
371 (FG, 13)
372 (OCI, 303)
373 (OCI, 303)
374 (OCI, 305)
375 (OCI, 306)
376 (OCI, 307)
377 (OCI, 309)
378 (OCI, 309)
379 (OCI, 310)
380 (OCI, 310)
381 (OCI, 312)
382 (OCI, 315)
383 (OCI, 316)
384 (OCI, 316)
385 (OCI, 316)
386 (Traverso, 2013, 55)
387 (OCI, 318)
388 (OCI, 319)
389 (OCI, 320)
390 (OCI, 320)
391 (OCI, 320)
392 (OCI, 321)
393 (OCI, 321)
394 (OCI, 322)
395 (OCI, 321)
396 (OCI, 321)
397 (OCI, 322)
398 (OCIV, 734)
399 (OCI, 322)
400 (OCI, 323-4)
401 (OCI, 324)
402 (OCI, 324)

403 (OCI, 324)
404 (OCI, 324)
405 (MS, 251)
406 (OCI, 325)
407 (OCI, 325)
408 (MS, 251)
409 (OCI, 325)
410 (OCI, 324)
411 (OCI, 325)
412 (OCI, 325)
413 (OCI, 325)
414 (OCI, 326)
415 (OCI, 326)
416 (OCI, 327)
417 (OCI, 327)
418 (OCIII, 722)
419 (OCI, 328)
420 (OCI, 328)
421 (OCI, 329)
422 (OCI, 345)
423 (OCIII, 154)
424 (OCIII, 155)
425 (OCIIII, 547)
426 (OCIIII, 548)
427 (OCIIII, 548)
428 (OCIII, 547)
429 (OCIII, 584)
430 (OCIII, 585)
431 (OCII, 779)
432 (OCI, 328-9)
433 (OCI, 345)
434 (OCI, 346)
435 (OCI, 346)
436 (OCI, 347)
437 (OCI, 348)
438 (OCI, 346)
439 (OCI, 346)
440 (JB, 57)
441 (OCI, 349)
442 (OCI, 349-50)
443 (OCI, 351)
444 (OCI, 350)
445 (OCI, 351)
446 (JB, 58)
447 (OCI, 351-2)
448 (OCI, 352)
449 (OCI, 352)
450 (OCI, 353)
451 (OCI, 353)
452 (OCI, 353)
453 (OCI, 353)
454 (OCI, 353)
455 (OCI, 353)
456 (MacIntyre, 27)
457 (OCI, 353)
458 (OCI, 354)
459 (OCI, 365)
460 (MyN, 68)
461 (MS, 259)
462 (OCI, 354)
463 (OCI, 354)
464 (OCI, 355)
465 (OCI, 355-6)
466 (OCI, 356)
467 (OCI, 356)
468 (OCI, 356)
469 (OCI, 356)
470 (OCI, 356)
471 (Denamy, 33)
472 (Alles Bello, 108)
473 (Alles Bello, 109)
474 (Alles Bello, 113)
475 (OCI, 357)
476 (OCI, 357)
477 (MS, 262)
478 (OCI, 357)
479 (OCII, 926)
480 (OCI, 358)
481 (MyN, 66)
482 (OCI, 359)
483 (OCI, 359)
484 (OCI, 359)
485 (OCI, 360)
486 (OCI, 360)
487 (OCI, 360)
488 (OCI, 360)

489 (OCI, 362)
490 (OCI, 362)
491 (OCI, 363)
492 (OCI, 363)
493 (OCI, 363)
494 (OCII, 926)
495 (OCII, 926)
496 (OCI, 364)
497 (MyN, 71)
498 (MyN, 71)
499 (MyN, 71)
500 (OCI, 364)
501 (OCI, 365)
502 (OCI, 365)
503 (OCI, 365)
504 (OCI, 365)
505 (OCI, 366)
506 (MS, 263-264)
507 (OCI, 366)
508 (OCI, 413)
509 (OCI, 367)
510 (OCI, 368-9)
511 (OCI, 370)
512 (OCI, 370)
513 (OCI, 370)
514 (OCI, 371)
515 (OCI, 371)
516 (OCI, 370)
517 (OCI, 368)
518 (OCI, 368)
519 (OCI, 371)
520 (OCI, 371)
521 (OCI, 371)
522 (OCI, 372)
523 (OCI, 373)
524 (OCI, 373)
525 (OCI, 374)
526 (OCI, 373)
527 (OCI, 373)
528 (OCI, 373)
529 (OCI, 374)
530 (OCI, 374)
531 (MyN, 70)
532 (OCI, 375)
533 (OCI, 375)
534 (OCI, 375)
535 (OCI, 375)
536 (OCI, 376)
537 (OCI, 376)
538 (OCI, 308)
539 (OCI, 376)
540 (OCI, 377)
541 (OCI, 377)
542 (OCI, 377)
543 (OCI, 377)
544 (OCI, 378)
545 (OCI, 378)
546 (OCI, 380)
547 (MyN, 73)
548 (OCI, 380)
549 (OCI, 380)
550 (OCI, 380)
551 (OCI, 380)
552 (OCI, 381)
553 (MS, 266)
554 (MS, 266)
555 (OCI, 381)
556 (MyN, 74)
557 (OCI, 381)
558 (OCI, 381)
559 (OCI, 381)
560 (OCI, 382)
561 (OCI, 382)
562 (OCI, 383)
563 (OCI, 383)
564 (MyN, 79)
565 (OCI, 383)
566 (OCI, 384)
567 (OCI, 384)
568 (OCI, 384)
569 (OCI, 385)
570 (OCI, 386)
571 (OCI, 386)
572 (OCIV, 687)
573 (OCIV, 688)
574 (OCI, 386)

575 (OCI, 386)
576 (OCI, 386)
577 (OCI, 387)
578 (OCI, 388)
579 (OCI, 389)
580 (OCI, 390)
581 (OCI, 389)
582 (OCI, 389)
583 (OCI, 391)
584 (OCI, 391)
585 (OCI, 391-2)
586 (Miribel, 53)
587 (OCI, 392)
588 (OCI, 392)
589 (OCI, 393)
590 (OCI, 333)
591 (OCI, 333)
592 (OCI, 333)
593 (OCI, 394)
594 (OCI, 394)
595 (OCI, 394)
596 (OCI, 394)
597 (MS, 270)
598 (OCI, 395)
599 (Losurdo, 22)
600 (Losurdo, 8)
601 (OCI, 395)
602 (OCI, 395)
603 (OCI, 396)
604 (OCI, 396)
605 (OCI, 397)
606 (OCI, 397)
607 (OCI, 397)
608 (OCIII, 1026)
609 (OCI, 394)
610 (MyN, 82, 3)
611 (Löwith, 23)
612 (Hermsen, 33)
613 (OCI, 333)
614 (OCI, 334)
615 (OCI, 333)
616 (OCI, 334)
617 (OCI, 334)
618 (OCI, 334)
619 (OCI, 397)
620 (OCI, 397)
621 (OCI, 397)
622 (MyN, 96, nota 14)
623 (OCI, 398)
624 (OCI, 398)
625 (OCI, 399)
626 (OCI, 399)
627 (OCI, 400)
628 (OCI, 400)
629 (OCI, 401)
630 (OCI, 401)
631 (OCI, 402)
632 (MyN, 83)
633 (OCI, 403)
634 (OCI, 404)
635 (OCI, 406)
636 (OCI, 404)
637 (OCI, 404)
638 (MyN, 85)
639 (OCI, 405)
640 (OCI, 407)
641 (OCI, 407)
642 (OCI, 408)
643 (OCI, 409)
644 (OCI, 411)
645 (OCI, 410)
646 (OCI, 412)
647 (OCI, 413)
648 (OCI, 413)
649 (OCI, 413)
650 (OCI, 413)
651 (OCI, 413)
652 (OCI, 413)
653 (OCI, 413-4)
654 (OCI, 414)
655 (OCI, 414)
656 (OCI, 416)
657 (OCI, 416-7)
658 (OCI, 417).
659 (OCI, 419)
660 (OCI, 419)

661 (OCI, 418)
662 (OCI, 419)
663 (OCI, 420)
664 (OCI, 420)
665 (OCI, 420)
666 (OCI, 421)
667 (OCI, 421)
668 (OCI, 421)
669 (OCI, 422)
670 (OCI, 422)
671 (OCI, 423)
672 (OCI, 423)
673 (OCI, 423)
674 (OCI, 423)
675 (OCI, 424)
676 (MyN, 86)
677 (OCI, 425)
678 (MyN, 86)
679 (OCIII, 1033)
680 (OCI, 430)
681 (OCI, 426)
682 (OCI, 424)
683 (OCI, 424)
684 (JB, 72)
685 (OCI, 426)
686 (OCI, 427)
687 (OCI, 427)
688 (Löwith, 28-9)
689 (OCI, 428)
690 (OCI, 428)
691 (OCI, 431)
692 (OCI, 431)
693 (OCI, 432)
694 (OCI, 428)
695 (OCI, 428)
696 (OCI, 429)
697 (OCI, 433)
698 (OCI, 433)
699 (OCI, 434)
700 (OCI, 434)
701 (OCI, 434)
702 (OCI, 434)
703 (OCI, 434)
704 (Losurdo, 8-9)
705 (Losurdo, 9)
706 (Losurdo, 10)
707 (Losurdo, 10)
708 (Losurdo, 147-8)
709 (OCI, 437)
710 (OCI, 438)
711 (OCI, 438)
712 (OCI, 439)
713 (OCI, 439)
714 (MS, 275)
715 (OCI, 440)
716 (OCI, 440)
717 (OCI, 442)
718 (OCI, 438)
719 (OCI, 444)
720 (OCI, 444)
721 (OCI, 444)
722 (OCI, 445)
723 (Losurdo, 22)
724 (OCI, 446)
725 (OCI, 448)
726 (OCI, 443)
727 (OCI, 448)
728 (OCI, 449)
729 (OCI, 449)
730 (OCI, 449)
731 (OCI, 449)
732 (OCI, 450)
733 (OCI, 450)
734 (OCI, 450)
735 (OCI, 450)
736 (OCI, 450)
737 (OCI, 450)
738 (OCI, 450)
739 (OCI, 451)
740 (MacIntyre, 128-9)
741 (OCI, 452)
742 (OCI, 454)
743 (OCI, 454)
744 (OCI, 454)
745 (OCI, 454)
746 (OCI, 455)

747 (OCI, 455)
748 (OCI, 455)
749 (OCI, 455)
750 (OCI, 455)
751 (OCI, 455)
752 (OCI, 455)
753 (OCI, 359)
754 (OCI, 359)
755 (JB, 72)
756 (OCI, 456)
757 (OCI, 456)
758 (OCI, 457)
759 (OCI, 458)
760 (OCI, 458-9)
761 (OCI, 459)
762 (OCI, 459)
763 (OCI, 459)
764 (OCI, 460)
765 (OCI, 460)
766 (OCI, 460)
767 (OCI, 460-1)
768 (OCI, 461)
769 (OCI, 461)
770 (OCI, 461)
771 (OCI, 461)
772 (OCI, 461)
773 (OCI, 461)
774 (OCI, 461)
775 (OCI, 462)
776 (OCI, 462)
777 (OCI, 464)
778 (OCI, 465)
779 (OCI, 463)
780 (OCI, 465)
781 (OCI, 465)
782 (OCI, 466)
783 (MacIntyre, 129)
784 (OCI, 463)
785 (OCI, 463)
786 (OCI, 463)
787 (OCI, 466)
788 (OCI, 467)
789 (OCI, 468)
790 (OCI, 469)
791 (OCI, 469)
792 (OCI, 469)
793 (OCI, 469)
794 (OCI, 470)
795 (OCI, 470)
796 (OCI, 470)
797 (OCI, 471)
798 (OCI, 471)
799 (OCI, 472)
800 (OCI, 473)
801 (OCI, 473)
802 (OCI, 474)
803 (OCI, 474)
804 (OCI, 474)
805 (OCI, 474)
806 (OCI, 474)
807 (OCI, 474)
808 (OCI, 474-5)
809 (OCI, 473)
810 (OCI, 475)
811 (OCI, 475)
812 (OCI, 475)
813 (OCI, 475)
814 (OCI, 475)
815 (OCI, 475)
816 (OCI, 475)
817 (OCI, 476)
818 (OCI, 476)
819 (OCI, 477)
820 (OCI, 477)
821 (OCI, 477)
822 (OCI, 478)
823 (OCI, 478)
824 (OCI, 478)
825 (OCI, 478)
826 (OCI, 479)
827 (OCI, 479)
828 (OCI, 479)
829 (OCI, 479)
830 (OCII, 202)
831 (MyN 91-2)
832 (OCI, 479)

833 (OCI, 479)
834 (OCI, 479)
835 (OCI, 479)
836 (MyN, 92)
837 (MyN, 92-93)
838 (OCI, 480-1)
839 (OCI, 481)
840 (OCI, 481)
841 (OCI, 482)
842 (OCI, 482)
843 (OCI, 482)
844 (OCI, 482)
845 (OCI, 483)
846 (OCI, 483)
847 (OCI, 484)
848 (OCI, 485)
849 (OCI, 485)
850 (OCI, 486)
851 (OCI, 486)
852 (OCI, 486)
853 (OCI, 486)
854 (OCI, 486)
855 (OCI, 487)
856 (OCI, 487)
857 (OCI, 487-8)
858 (OCI, 487)
859 (OCI, 489)
860 (OCI, 489)
861 (OCI, 489)
862 (OCI, 489)
863 (OCI, 490)
864 (OCI, 490)
865 (OCI, 490)
866 (OCI, 490)
867 (OCI, 490)
868 (OCI, 490)
869 (OCI, 490-1)
870 (MS, 283)
871 (MyN, 94)
872 (Denamy, 36)
873 (OCI, 491)
874 (OCI, 491)
875 (OCI, 374)
876 (OCI, 355).
877 (OCIII, 674)
878 (Urbano Ferrer, ed. 200)
879 (MacIntyre, 136)
880 (OCI, 578-9)
881 (OCII, 79).
882 (OCII, 106).
883 (OCII, 113)
884 (OCII, 94).
885 (OCII, 97)
886 (OCII, 95)
887 (OCII, 96)
888 (OCII, 98)
889 (OCII, 101
890 (OCII, 112)
891 (OCII, 112
892 (OCII, 112).
893 (OCII, 88)
894 (A. Bertolini, 2013, 57)
895 (A. Bertolini, 2013, 90)
896 (MacIntyre, 138).
897 (OCII, 120)
898 (OCII, 121)
899 (OCII, 123).
900 (OCII, 136),
901 (OCII, 144)
902 (OCII, 172)
903 (OCII, 173)
904 (OCII, 178-9)
905 (OCII, 182).
906 (OCII, 185)
907 (OCII, 187)
908 (OCII, 191).
909 (OCII, 195)
910 (OCII, 199).
911 (OCII, 199)
912 (OCII, 200)
913 (OCII, 201)
914 (OCII, 201)
915 (OCII, 201-2)
916 (OCI, 1371)
917 (Haya Segovia, 196)
918 (MyN, 101)

919 (OCI, 552)
920 (OCI, 553)
921 (OCI, 559)
922 (OCI, 559)
923 (OCI, 558)
924 (OCI, 554)
925 (OCI, 555)
926 (OCI, 555)
927 (OCI, 555)
928 (OCI, 555-6)
929 (OCI, 556)
930 (OCI, 556)
931 (OCI, 558)
932 (OCI, 556)
933 (OCI, 556)
934 (OCI, 556)
935 (OCI, 561)
936 (OCI, 557)
937 (OCI, 561)
938 (OCI, 557)
939 (OCI, 560)
940 (Traverso, 2004, 19)
941 (Traverso, 2004, 20)
942 (Traverso, 2004, 22)
943 (OCI, 565)
944 (MyN, 104)
945 (OCI, 568)
946 (OCI, 561)
947 (OCI, 561)
948 (OCI, 562)
949 (OCI, 562)
950 (OCI, 562)
951 (OCI, 561)
952 (OCI, 566-7)
953 (OCI, 567)
954 (MyN, 102)
955 (OCI, 568)
956 (OCI, 569)
957 (Traverso, 2004, 199)
958 (Traverso, 2004, 199)
959 (OCI, 569)
960 (OCI, 569-70)
961 (MacIntyre, 163)
962 (OCI, 570, nota 3)
963 (OCI, 570)
964 (OCI, 570)
965 (OCI, 570)
966 (OCI, 571)
967 (OCI, 571)
968 (OCI, 572)
969 (OCI, 573)
970 (OCI, 573)
971 (OCI, 573)
972 (OCI, 573-4)
973 (JBouflet, 85)
974 (OCI, 574)
975 (MyN, 107)
976 (MyN, 107)
977 (OCI, 574)
978 (OCI, 574)
979 (OCI, 574)
980 (OCI, 574)
981 (MacIntyre, 183)
982 (OCI, 564)
983 (OCI, 568)
984 (OCI, 566)
985 (OCI, 582)
986 (OCI, 575)
987 (OCI, 575)
988 (OCI, 576)
989 (OCI, 577)
990 (OCI, 578)
991 (MyN, 108)
992 (Monmany, 2022, 32)
993 (MyN, 105)
994 (OCI, 578-9)
995 (OCI, 334)
996 (OCI, 335)
997 (OCI, 335)
998 (OCI, 335)
999 (OCI, 335)
1000 (OCI, 335)
1001 (OCI, 335)
1002 (OCI, 558)
1003 (OCI, 580)
1004 (OCI, 581)

1005 (MyN, 110)
1006 (OCI, 585)
1007 (OCI, 585)
1008 (OCI, 586)
1009 (OCI, 586)
1010 (OCI, 587)
1011 (OCI, 588)
1012 (OCI, 589)
1013 (OCI, 589-90)
1014 (OCI, 590)
1015 (OCI, 591)
1016 (OCI, 591)
1017 (MyN, 112)
1018 (OCI, 591)
1019 (OCI, 591)
1020 (OCI, 592)
1021 (OCI, 592)
1022 (OCI, 591)
1023 (MacIntyre, 174-5)
1024 (MyN, 120)
1025 (OCI, 592-3)
1026 (OCI, 336)
1027 (OCI, 336)
1028 (OCI, 336)
1029 (OCI, 595)
1030 (Jakha, 92)
1031 (MS, 292)
1032 (Sancho, 168)
1033 (MyN, 115)
1034 (MyN, 115)
1035 (OCI, 598)
1036 (OCI, 598)
1037 (OCI, 598)
1038 (SB, 187)
1039 (OCI, 599)
1040 (OCI, 600)
1041 (OCI, 600)
1042 (OCI, 601)
1043 (OCI, 602)
1044 (OCI, 570)
1045 (OCI, 603)
1046 (MyN, 116)
1047 (OCI, 603-4)
1048 (OCI, 604)
1049 (OCI, 604)
1050 (MacIntyre, 158)
1051 (OCI, 604)
1052 (OCI, 616)
1053 (OCI, 604)
1054 (Safranski, 1997, 114)
1055 (Safranski, 1997, 161)
1056 (OCI, 606)
1057 (OCI, 606.)
1058 (OCI, 609)
1059 (OCI, 610)
1060 (OCI, 611)
1061 (OCI, 611)
1062 (OCI, 609)
1063 (OCI, 611)
1064 (OCI, 613)
1065 (OCI, 613)
1066 (OCI, 613)
1067 (OCI, 613)
1068 (OCI, 612)
1069 (OCI, 612)
1070 (OCI, 758)
1071 (OCI, 614)
1072 (OCI, 614)
1073 (OCI, 614)
1074 (OCI, 614)
1075 (OCI, 654, nota al pie 3)
1076 (OCI, 615)
1077 (MyN. 90)
1078 (OCI, 616)
1079 (MyN, 119)
1080 (OCI, 622)
1081 (OCI, 624)
1082 (Safranski, 1997, 140)
1083 (Eilenberger, 2019, 56)
1084 (Eilenberger, 2019, 56)
1085 (Eilenberger, 2019, 57)
1086 (Eilenberger, 2019, 57)
1087 (Eilenberger, 2019, 58)
1088 (MS, 296)
1089 (OCI, 624-5)
1090 (MS, 298)

1091 (OCI, 625)
1092 (OCI, 625-6)
1093 (OCI, 626)
1094 (OCI, 626)
1095 (OCI, 626)
1096 (OCI, 626)
1097 (OCI, 626)
1098 (OCI, 628-9)
1099 (OCI, 629)
1100 (OCI, 651)
1101 (OCI, 629)
1102 (OCI, 630)
1103 (OCI, 631)
1104 (OCI, 631)
1105 (OCI, 631)
1106 (MS, 297)
1107 (MS, 297)
1108 (Grunfeld, 30)
1109 (Gadamer, 375-376)
1110 (OCI, 631)
1111 (OCI, 631)
1112 (Goethe, 64)
1113 (Goethe, 37)
1114 (OCI, 632)
1115 (OCI, 633-4)
1116 (MS, 299)
1117 (OCI, 634)
1118 (OCI, 634)
1119 (OCI, 635-6)
1120 (OCI, 636)
1121 (OCI, 642)
1122 (Gardiner, 703)
1123 (OCI, 641)
1124 (OCI, 647)
1125 (Salvarani, 168)
1126 (OCI, 648)
1127 (OCI, 650)
1128 (OCI, 650)
1129 (OCI, 650)
1130 (OCI, 650)
1131 (OCI, 650)
1132 (OCI, 651)
1133 (OCI, 652)
1134 (OCI, 652)
1135 (OCI, 653)
1136 (OCI, 651-2)
1137 (OCI, 653)
1138 (OCI, 654)
1139 (OCI, 654)
1140 (OCI, 654)
1141 (OCI, 655)
1142 (OCI, 655)
1143 (OCI, 656)
1144 (OCI, 656)
1145 (OCI, 660)
1146 (OCI, 660)
1147 (OCI, 660)
1148 (OCI, 659)
1149 (García Rojo, 2022, 158)
1150 (Bello, 16)
1151 (OCI, 661)
1152 (OCI, 663)
1153 (OCI, 664)
1154 (OCI, 664)
1155 (OCI, 664)
1156 (OCI, 665)
1157 (OCI, 666)
1158 (OCI, 668)
1159 (OCI, 668)
1160 (OCI, 669)
1161 (OCI, 655)
1162 (OCI, 669)
1163 (OCI, 670)
1164 (OCI, 669)
1165 MyN, 124
1166 (OCI, 338)
1167 (OCI, 338)
1168 (OCI, 680)
1169 (OCI, 675)
1170 (OCI, 680, nota 14)
1171 (MyN, 125)
1172 (Lowith, 37)
1173 (Traverso, 2022, 354-5)
1174 (Traverso, 2022, 369)
1175 (Traverso, 2022, 419)
1176 (OCIV, 227)

1177 (OCIV, 228)
1178 (OCI, 681)
1179 (OCI, 1658-9)
1180 (OCI, 686)
1181 (OCI, 684)
1182 (OCI, 1417.8)
1183 (OCI, 1417-8)
1184 (OCI, 676)
1185 (OCI, 691, nota 5)
1186 (OCI, 686)
1187 (MacIntyre, 187)
1188 (OCI, 681)
1189 (MacIntyre, 187)
1190 (OCI, 686-7)
1191 (OCI, 686)
1192 (OCI, 561)
1193 (OCII, 212)
1194 (OCII, 238)
1195 (OCII, 237)
1196 (OCII, 212)
1197 (OCII, 221)
1198 (OCII, 238)
1199 (OCII, 246)
1200 (conf OCII, 246)
1201 (OCII, 329)
1202 (OCII, 348)
1203 (OCII, 258)
1204 (MacIntyre, 190)
1205 (MacIntyre, 191)
1206 (MacIntyre, 192)
1207 (OCII, 262)
1208 (OCII, 268)
1209 (OCI, 295)
1210 (OCII, 298)
1211 (OCII, 298)
1212 (OCII, 302)
1213 (OCII, 302)
1214 (OCII, 306)
1215 (MacIntyre, 203)
1216 (MacIntyre, 203)
1217 (OCII, 344)
1218 (OCII, 344)
1219 (OCII, 349)
1220 (MacIntyre, 210)
1221 (OCII, 465)
1222 (OCII, 403)
1223 (OCII, 403-4)
1224 (OCII, 416)
1225 (OCII, 421)
1226 (OCII, 421)
1227 (OCII, 421)
1228 (OCII, 422)
1229 (OCII, 431)
1230 (OCII, 437)
1231 (OCII, 438)
1232 (OCII, 438)
1233 (OCII, 440)
1234 (OCII, 442-3)
1235 (OCII, 472)
1236 (MacIntyre, 227)
1237 (MacIntyre, 228)
1238 (MacIntyre, 160)
1239 (OCII, 479-80)
1240 (OCII, 480)
1241 (OCI, 229)
1242 (SB, 166)
1243 (SB, 166)
1244 (OCI, 678)
1245 (OCI, 654)
1246 (OCI, 683)
1247 (OCI, 684)
1248 (OCI, 680)
1249 (OCI, 682)
1250 (OCI, 682)
1251 (OCI, 682)
1252 (OCI, 688)
1253 (OCI, 679)
1254 (OCI, 679)
1255 (OCI, 685)
1256 (OCI, 685)
1257 (OCI, 693)
1258 (OCI, 693)
1259 (OCI, 695)
1260 (OCI, 694)
1261 (OCI, 705)
1262 (OCI, 705)

1263 (OCI, 705)
1264 (OCI, 707)
1265 (OCI, 707)
1266 (OCI, 338)
1267 (OCI, 338)
1268 (OCI, 338)
1269 (OCI, 341)
1270 (OCI, 229)
1271 (OCI, 230)
1272 (OCI, 230)
1273 (OCI, 230)
1274 (OCI, 229)
1275 (OCI, 231)
1276 (OCI, 231)
1277 (OCI, 231)
1278 (OCI, 231)
1279 (OCI, 230)
1280 (OCI, 232)
1281 (OCI, 232)
1282 (OCI, 232)
1283 (OCI, 232)
1284 (OCI, 233)
1285 (OCI, 234)
1286 (OCI, 234)
1287 (OCI, 234)
1288 (OCI, 234)
1289 (OCI, 235)
1290 (OCI, 232)
1291 (OCI, 699)
1292 (OCI, 699)
1293 (OCI, 701)
1294 (OCI, 701)
1295 (OCI, 703)
1296 (OCI, 703)
1297 (MyN, 132)
1298 (OCI, 705)
1299 (OCI, 705)
1300 (OCI, 708)
1301 (OCI, 341)
1302 (OCI, 342)
1303 (OCI, 342)
1304 (OCI, 342)
1305 (OCI, 342)
1306 (OCI, 343)
1307 (SB, 110)
1308 (OCI, 343)
1309 (OCI, 344)
1310 (OCII, 474)
1311 (OCII, 479)
1312 (SB, 118)
1313 (OCI, 344)
1314 (OCI, 344)
1315 (SB, 123)
1316 (OCV, 692)
1317 (OCV, 694)
1318 (OCV, 695)
1319 (OCV, 699)
1320 (OCI, 344)
1321 (OCI, 344)
1322 (OCI, 344)
1323 (OCI, 707)
1324 (MyN, 138)
1325 (OCII, 138)
1326 (MS, 332)
1327 (OCI, 688)
1328 (MyN, 138)
1329 (MyN, 153)
1330 (OCI, 716, nota 2)
1331 (OCI, 718)
1332 (MyN, 139)
1333 (Eilenberger, 2019, 51)
1334 (Eilenberger, 2019, 51)
1335 (Eilenberger, 2019, 51)
1336 (Eilenberger, 2019, 52)
1337 (Eilenberger, 2019, 50)
1338 (Eilenberger, 2019, 76)
1339 (Eilenberger, 2019, 76)
1340 (MacIntyre, 167)
1341 (MacIntyre, 167)
1342 (OCII, 536)
1343 (MacIntyre, 169)
1344 (OCII, 549)
1345 (OCII, 569)
1346 (MyN, 570)
1347 (OCII, 594)
1348 (OCII, 613)

1349 (OCII, 613)
1350 (OCII, 616)
1351 (OCII, 619)
1352 (OCII, 625)
1353 (OCII, 625)
1354 (OCII, 628)
1355 (OCII, 594)
1356 (OCII, 648)
1357 (OCII, 649)
1358 (OCII, 652)
1359 (OCII, 652)
1360 (OCII, 653)
1361 (OCII, 653)
1362 (OCI, 718)
1363 (MacIntyre, 171)
1364 (Salvarani, 176)
1365 (OCI, 500)
1366 (Salvarani, 176)
1367 (Salvarani, 176)
1368 (OCI, 54, nota 24)
1369 (MS, 345)
1370 (MacIntyre, 283)
1371 (MS, 346)
1372 (Posselt, 89)
1373 (MacIntyre, 276)
1374 (MyN, 115)
1375 (Caballero Bono, 168)
1376 (Beckmann- Zöller, 2008, 312)
1377 (Beckmann- Zöller, 2008, 313)
1378 (MacIntyre, 277)
1379 (MacIntyre, 277)
1380 (MacIntyre, 256)
1381 (Beckmann- Zöller, 2008, 314)
1382 (Beckmann- Zöller, 2008, 319)
1383 (Beckmann- Zöller, 2008, 319)
1384 (Beckmann- Zöller, 2008, 320)
1385 (OCII, 298)
1386 (OCV, 155)
1387 (OCII, 307)
1388 (Sancho, 335)
1389 (OCII, 298)
1390 (MacIntyre, 279)
1391 (OCV, 72)
1392 (OCV, 78)
1393 (OCV, 84)
1394 (OCV, 100)
1395 (MacIntyre, 280)
1396 (OCV99)
1397 (OCV, 100, 101)
1398 (JB, 96)
1399 (JB, 96)
1400 (OCIII, 638)
1401 (Salvarani, 186)
1402 (OCI, 721)
1403 (OCIII, 1032)
1404 (OCI, 500)
1405 (OCI, 718)
1406 (MS, 346)
1407 (MS, 349)
1408 (MacIntyre, 291-2)
1409 (OCV, 75)
1410 (OCV, 75)
1411 (OCV, 75)
1412 (OCV, 77)
1413 (OCV, 77)
1414 (MS, 352)
1415 (OCV, 117)
1416 (OCIII, 139)
1417 (OCIII, 133)
1418 (OCIII, 133)
1419 (OCI, 721)
1420 (OCI, 717, nota 9)
1421 (OCI, 721)
1422 (OCI, 718)
1423 (MyN, 145)
1424 (OCI, 718)
1425 (OCI, 720)
1426 (OCI, 724)
1427 (OCI, 724)
1428 (OCI, 724-5)
1429 (OCI, 729)
1430 (OCI, 729)
1431 (MacIntyre, 299)
1432 (OCI, 729)
1433 (W. Herbstrith, 82)
1434 (OCI, 500)

1435 (MyN, 152)
1436 (OCI, 1424)
1437 (OCI, 1424)
1438 (OCI, 1424)
1439 (OCI, 1424-5)
1440 (OCI, 717)
1441 (OCI, 717)
1442 (OCI, 720)
1443 (OCI, 722)
1444 (OCI, 731-2)
1445 (Salvarani, 184)
1446 (OCI, 728)
1447 (OCI, 728, nota 4)
1448 (MS, 358)
1449 (MyN, 153-4)
1450 (MyN, 154)
1451 (MyN, 155)
1452 (MS, 359)
1453 (MS, 359)
1454 (OCI, 729)
1455 (OCI, 729)
1456 (OCI, 729)
1457 (W. Herbstrith, 81)
1458 (W. Herbstrith, 81).
1459 (W. Herbstrith 83, 4)
1460 (W. Herbstrith, 79)
1461 (W. Herbstrith, 85)
1462 (W. Herbstrith, 85)
1463 (W. Herbstrith, 82)
1464 (W. Herbstrith, 81)
1465 (OCI, 731)
1466 (OCI, 736)
1467 (OCI, 737)
1468 (OCI, 737)
1469 (OCI, 738)
1470 (OCI, 738)
1471 (OCI, 739)
1472 (OCI, 738)
1473 (LDV, 229)
1474 (OCI, 739)
1475 (OCIII, 149)
1476 (OCIII, 156)
1477 (MS, 365)
1478 (MS, 353)
1479 (MS, 363)
1480 (MS, 356)
1481 (OCI, 739)
1482 (OCI, 740)
1483 (OCI, 741)
1484 (OCI, 741)
1485 (MyN, 156)
1486 (OCI, 55)
1487 (OCI, 55)
1488 (OCI, 55)
1489 (OCI, 55)
1490 (OCI, 51)
1491 (MS, 363)
1492 (MS, 363)
1493 (OCI, 735)
1494 (OCI, 736)
1495 (MyN, 161)
1496 (OCI, 749)
1497 (MyN, 164)
1498 (OCIV, 116)
1499 (OCIV, 113)
1500 (OCIV, 116)
1501 (OCI, 737)
1502 (OCI, 737)
1503 (OCI, 737)
1504 (OCI, 738)
1505 (OCI, 736)
1506 (MyN, 167)
1507 (MyN, 167)
1508 (MyN, 167)
1509 (W. Herbstrith, 89)
1510 (W. Herbstrith, 89)
1511 (W. Herbstrith, 89)
1512 (W. Herbstrith, 90)
1513 (W. Herbstrith, 90)
1514 (W. Herbstrith, 91)
1515 (W. Herbstrith, 92)
1516 (MyN, 167)
1517 (MyN, 168)
1518 (OCI, 742)
1519 (OCI, 745)
1520 (OCI, 746)

1521 (MyN, 169)
1522 (MyN, 169)
1523 (OCI, 747)
1524 (MS, 369)
1525 (OCI, 752)
1526 (OCI, 758)
1527 (OCI, 758)
1528 (OCI, 758)
1529 (MS, 370)
1530 (MS, 371)
1531 (OCI, 758-9)
1532 (OCI, 759)
1533 (OCI, 746)
1534 (OCI, 746)
1535 (OCI, 746)
1536 (OCI, 746)
1537 (OCI, 760-1)
1538 (OCI, 761)
1539 (OCI, 771)
1540 (OCI, 771)
1541 (*Berlín...*, 52)
1542 (OCI, 769)
1543 (OCI, 769)
1544 (OCI, 769)
1545 (OCI, 769)
1546 (OCI, 783)
1547 (OCI, 783)
1548 (OCI, 783)
1549 (OCI, 773)
1550 (OCI, 773)
1551 (OCI, 773)
1552 (OCI, 773)
1553 (OCI, 774)
1554 (OCI, 777)
1555 (OCI, 774)
1556 (OCI, 777)
1557 (OCI, 778)
1558 (OCI, 1701)
1559 (OCI, 1702)
1560 (OCI, 772)
1561 (MyN, 173-4)
1562 (MS, 373)
1563 (OCIV, 69)
1564 (OCI, 779)
1565 (OCI, 783)
1566 (OCI, 785)
1567 (OCI, 792)
1568 (OCI, 792)
1569 (OCI, 795)
1570 (OCI, 795-6)
1571 (OCI, 796)
1572 (OCI, 798)
1573 (OCI, 798)
1574 (OCI, 798)
1575 (OCI, 798)
1576 (OCI, 798)
1577 (OCI, 798)
1578 (OCI, 798)
1579 (OCI, 799)
1580 (OCI, 799)
1581 (MS, 377)
1582 (OCI, 799-800)
1583 (OCI, 799)
1584 (OCI, 801)
1585 (OCI, 802)
1586 (OCI, 802)
1587 (OCI, 806)
1588 (OCI, 806)
1589 (OCI, 808)
1590 (OCI, 808)
1591 (Küng, 182)
1592 (OCI, 1428)
1593 (OCI, 1429)
1594 (OCI, 831)
1595 (OCI, 1430)
1596 (OCI, 789)
1597 (OCI, 809)
1598 (OCI, 808)
1599 (MyN, 180-1)
1600 (MyN, 181)
1601 (MyN, 181)
1602 (MyN, 182)
1603 (MyN, 182)
1604 (MyN, 183)
1605 (MyN, 183)
1606 (W. Herbstrith, 103)

1607 (W. Herbstrith, 106)
1608 (W. Herbstrith, 108)
1609 (W. Herbstrith, 108)
1610 (W. Herbstrith, 109)
1611 (W. Herbstrith, 109)
1612 (W. Herbstrith, 109)
1613 (MyN, 182)
1614 (MyN, 183)
1615 (MyN, 183)
1616 (OCIV, 71)
1617 (Berlín, 128)
1618 (OCIV, 76)
1619 (OCIV, 77)
1620 (OIV, 77)
1621 (OCIV, 77)
1622 (OCIV, 78)
1623 (OCIV, 83)
1624 (MS, 398)
1625 (MS, 398)
1626 (OCI, 123)
1627 (MS, 385)
1628 (OCI, 949)
1629 (OCI, 806)
1630 (OCI, 839)
1631 (OCI, 808)
1632 (OCI, 808)
1633 (OCI, 809)
1634 (MyN, 183)
1635 (OCI, 810)
1636 (OCI, 813, nota 4)
1637 (OCIV, 1064)
1638 (OCI, 815)
1639 (OCI, 814)
1640 (OCI, 815)
1641 (OCI, 815)
1642 (MS, 385)
1643 (OCI, 815)
1644 (OCI, 815, nota 8)
1645 (MS, 386)
1646 (MS, 386)
1647 (MS, 386)
1648 (MS, 389)
1649 (OCI, 833)
1650 (OCI, 833)
1651 (OCI, 833)
1652 (OCI, 823)
1653 (OCI, 823)
1654 (OCI, 833)
1655 (Salvarani, 547)
1656 (OCI, 821)
1657 (OCIII, 190)
1658 (OCI, 839)
1659 (OCI, 825)
1660 (OCI, 825)
1661 (OCIII,177)
1662 (OCI, 825)
1663 (OCI, 822)
1664 (OCI, 829)
1665 (OCI, 829)
1666 (OCI, 82)
1667 (OCI, 792)
1668 (OCI, 752)
1669 (OCI, 752)
1670 (OCIII, 204)
1671 (OCI, 834)
1672 (OCI, 834-5)
1673 (Salvarani, 546)
1674 (Salvarani, 546)
1675 (Salvarani, 546)
1676 (Salvarani, 546)
1677 (Löwy, 46)
1678 (Löwy, 35)
1679 (Meinecke, 9)
1680 (Young-Bruehl, 135)
1681 (Löwy, 28)
1682 (Eilenberger, 2019, 284)
1683 (Eilenberger, 2019, 287)
1684 (Eilenberger, 2019, 287-8)
1685 (Eilenberger, 2019, 290)
1686 (Eilenberger, 2019, 290)
1687 (Eilenberger, 2019, 291)
1688 (Eilenberger, 2019, 300)
1689 (Eilenberger, 2019, 306)
1690 (MS, 389)
1691 (Eilenberger, 2019, 307)
1692 (Eilenberger, 2019, 307)

1693 (Eilenberger TM 307)
1694 (Eilenberger, 2019, 308)
1695 (Young-Bruehl, 98)
1696 (Young-Bruehl, 112)
1697 (MS, 90)
1698 (OCIII, 206)
1699 (MS, 90)
1700 (MS, 91)
1701 (MS, 91)
1702 (MS, 390)
1703 (OCIV, 99)
1704 (OCIV, 99)
1705 (OCIV, 100)
1706 (OCI, 848)
1707 (OCI, 848)
1708 (OCI, 848-9)
1709 (OCI, 852)
1710 (OCI, 857)
1711 (OCI, 865)
1712 (OCI, 853)
1713 (OCI, 867)
1714 (OCI, 867)
1715 (OCI, 867)
1716 (OCI, 892)
1717 (OCIII, 75)
1718 (OCIV, 274)
1719 (OCI, 858)
1720 (OCI, 841)
1721 (OCI, 845)
1722 (OCI, 845)
1723 (OCI, 845)
1724 (OCI, 851)
1725 (OCI, 869)
1726 (OCI, 869)
1727 (OCI, 862)
1728 (OCI, 857)
1729 (OCI, 842)
1730 (OCIV, 122-3)
1731 (OCIV, 123)
1732 (OCI, 870)
1733 (OCI, 877)
1734 (OCI, 883)
1735 (OCI, 891)
1736 (OCI, 896)
1737 (OCI, 897)
1738 (OCI, 898)
1739 (OCI, 898)
1740 (MS, 391)
1741 (OCI, 878)
1742 (OCI, 869, nota 6)
1743 (OCI, 887)
1744 (MS, 392)
1745 (OCIV, 197)
1746 (OCIV, 229)
1747 (OCIV, 228)
1748 (OCIV, 228)
1749 (OCI, 888)
1750 (OCI, 899)
1751 (W. Herbstrith, 18)
1752 (MS, 394)
1753 (OCI, 921)
1754 (OCIV, 231)
1755 (OCI, 900)
1756 (OCI, 901)
1757 (OCI, 901)
1758 (OCI, 901)
1759 (OCI, 906)
1760 (OCI, 906)
1761 (OCI, 908)
1762 (OCI, 908)
1763 (MyN, 198)
1764 (OCI, 910)
1765 (OCI, 910)
1766 (OCI, 911)
1767 (OCI, 911)
1768 (OCI, 911)
1769 (OCI, 914)
1770 (OCI, 749)
1771 (MyN, 199)
1772 (OCI, 914)
1773 (OCI, 950)
1774 (OCI, 951)
1775 (MyN, 198)
1776 (OCI, 932)
1777 (OCI, 918)
1778 (OCI, 823)

1779 (OCI, 918)
1780 (OCI, 932)
1781 (OCI, 932)
1782 (Posselt, 139)
1783 (OCI, 932)
1784 (OCI, 932)
1785 (OCI, 932)
1786 (OCI, 924)
1787 (OCI, 975)
1788 (OCI, 975)
1789 (OCI, 938)
1790 (OCI, 938, nota 3)
1791 (OCI, 939)
1792 (OCI, 939, nota 4)
1793 (OCI, 939)
1794 (OCI, 939)
1795 (Beckmann- Zöller, 2008, 364)
1796 (OCI, 1447)
1797 (OCI, 942)
1798 (OCI, 943)
1799 (OCI, 1439, nota 1)
1800 (OCI, 1439)
1801 (OCI, 1438)
1802 (OCI, 1439)
1803 (OCI, 1439)
1804 (OCI, 981)
1805 (OCI, 928)
1806 (OCI, 918)
1807 (OCI, 918)
1808 (MyN, 200)
1809 (OCIV, 256)
1810 (OCIV, 256)
1811 (OCIV, 257)
1812 (OCIV, 257)
1813 (OCIV, 257)
1814 (OCI, 259)
1815 (OCI, 501)
1816 (OCIV, 268)
1817 (MyN, 200)
1818 (OCIV, 271)
1819 (MyN, 199)
1820 (MyN, 199)
1821 (OCI, 926)
1822 (OCI, 933)
1823 (OCI, 926)
1824 (OCI, 1442-3)
1825 (Posselt, 134-5)
1826 (JB, 116)
1827 (OCI, 927)
1828 (OCI, 1444)
1829 (OCI, 1457)
1830 (OCI, 1453)
1831 (OCI, 926)
1832 (OCI, 927)
1833 (OCI, 809)
1834 (MacIntyre, 297-8)
1835 (MacIntyre, 298)
1836 (MacIntyre, 299)
1837 (MacIntyre, 300)
1838 (MS, 403)
1839 (MS, 403)
1840 (MacIntyre, 298)
1841 (OCIII, 243)
1842 (OCIII, 242)
1843 (OCIII, 243)
1844 (OCIII, 338)
1845 (MS, 405)
1846 (MS, 366)
1847 (OCIII, 384)
1848 (OCI, 1441)
1849 (OCI, 1444)
1850 (OCI, 1445, nota 10)
1851 (OCI, 949)
1852 (OCI, 949)
1853 (OCI, 950-1)
1854 (OCI, 952)
1855 (OCI, 952)
1856 (OCI, 952)
1857 (OCI, 953)
1858 (OCI, 953)
1859 (OCI, 953)
1860 (JB, 144)
1861 (Posselt, 146-7)
1862 (Posselt, 147-8)
1863 (Miribel, 122)
1864 (OCI, 950, nota 5)

1865 (OCI, 950, nota 5)
1866 (MyN, 202)
1867 (MyN, 203)
1868 (MS, 401)
1869 (MS, 401)
1870 (OCIV, 348)
1871 (MS, 402)
1872 (OCIV, 310)
1873 (MS, 407)
1874 (MS, 408)
1875 (OCIII, 555-6)
1876 (OCI, 950)
1877 (JB, 149)
1878 (Posselt, 156)
1879 (Posselt, 157)
1880 (Posselt, 157)
1881 (Posselt, 157)
1882 (OCIV, 114)
1883 (OCIV, 417)
1884 (OCIV, 417)
1885 (OCIV, 418)
1886 (Posselt, 158)
1887 (Posselt, 157)
1888 (OCV, 62-3)
1889 (OCI, 955)
1890 (OCI, 955)
1891 (OCI, 956)
1892 (OCI, 957)
1893 (OCI, 960)
1894 (OCI, 959)
1895 (OCI, 959)
1896 (OCI, 964)
1897 (OCI, 964)
1898 (OCI, 1128)
1899 (OCI, 1128)
1900 (OCI, 1128)
1901 (MyN, 199)
1902 (OCIV, 354)
1903 (OCIV, 393)
1904 (OCIV, 398)
1905 (MS, 411)
1906 (OCIV, 370)
1907 (OCIV, 397)
1908 (OCI, 961)
1909 (OCI, 961)
1910 (MyN, 204)
1911 (MyN, 205)
1912 (OCI, 963)
1913 (MS, 410)
1914 (OCI, 968)
1915 (OCI, 974)
1916 (OCI, 968)
1917 (OCI, 969)
1918 (Posselt, 158-9)
1919 (Posselt, 159)
1920 (JB, 125-6)
1921 (JB, 104)
1922 (Miribel, 85)
1923 (Bouflet, 104)
1924 (Miribel, 86)
1925 (OCI, 971, nota 4)
1926 (OCI, 973)
1927 (OCI, 973)
1928 (OCI, 973)
1929 (MyN, 203)
1930 (OCI, 973)
1931 (OCI, 974)
1932 (P. Wust, 97)
1933 (JB, 160)
1934 (JB, 158)
1935 (OCI, 974, nota 2)
1936 (OCI, 986)
1937 (OCI, 986)
1938 (OCI, 976)
1939 (OCI, 976)
1940 (OCI, 976)
1941 (OCI, 976)
1942 (OCI, 976)
1943 (OCI, 978)
1944 (OCI, 978)
1945 (OCIV, 413)
1946 (OCIV, 414)
1947 (OCI, 978)
1948 (Emmerich, 215)
1949 (Bouflet, 162-3)
1950 (Miribel, 118-9)

1951 (OCIV, 242)
1952 (MS, 412)
1953 (OCIV, 995)
1954 (OCIV, 997)
1955 (OCIV, 998)
1956 (MS, 414)
1957 (Posselt, 144)
1958 (Posselt, 144)
1959 (Posselt, 163)
1960 (Posselt, 164)
1961 (Posselt, 164)
1962 (Posselt, 164)
1963 (Posselt, 165)
1964 (Posselt, 165)
1965 (Miribel, 147)
1966 (Miribel, 130)
1967 (Feuling, 162-5)
1968 (Maritain, 32)
1969 (OCI, 987, nota 2)
1970 (OCI, 987)
1971 (OCI, 988)
1972 (OCI, 981)
1973 (OCI, 991)
1974 (OCI, 991)
1975 (OCI, 992)
1976 (MS, 417)
1977 (MS, 418)
1978 (MS, 418)
1979 (OCIV, 726)
1980 (OCIV, 734)
1981 (OCIV, 736-7)
1982 (OCI, 964)
1983 (OCI, 984)
1984 (OCI, 982)
1985 (OCI, 982-3)
1986 (OCIV, 410)
1987 (OCI, 985)
1988 (OCI, 984)
1989 (OCI, 984)
1990 (Posselt, 159)
1991 (Posselt, 160)
1992 (Posselt, 160)
1993 (MyN, 204)
1994 (Posselt, 160)
1995 (Posselt, 160)
1996 (OCI, 998)
1997 (OCI, 1001)
1998 (MS, 422)
1999 (MyN, 212)
2000 (Arendt, 2009, 97)
2001 (MyN, 212)
2002 (OCI, 1003)
2003 (OCI, 1003)
2004 (OCI, 1005)
2005 (OCI, 1005)
2006 (OCI, 1001)
2007 (OCI, 1001)
2008 (OCI, 1007)
2009 (OCI, 1007)
2010 (Posselt, 166)
2011 (Posselt, 167)
2012 (OCI, 1009)
2013 (OCI, 1009)
2014 (OCI, 1009)
2015 (OCI, 1010)
2016 (OCI, 1010)
2017 (OCI, 1010)
2018 (OCI, 1015)
2019 (OCI, 1016)
2020 (OCI, 1016)
2021 (OCI, 1017)
2022 (OCI, 1017)
2023 (OCI, 1014)
2024 (OCI, 1014, nota 3)
2025 (OCI, 1012)
2026 (OCI, 1012)
2027 (OCI, 1019
2028 (OCI, 1019, nota 5)
2029 (MS, 423)
2030 (OCI, 498)
2031 (OCI, 498)
2032 (MS, 424)
2033 (MS, 424)
2034 (OCI, 498)
2035 (Miribel, 150)
2036 (Miribel, 150)

2037 (OCI, 498)
2038 (OCI, 498)
2039 (OCI, 498)
2040 (OCI, 499)
2041 (OCI, 499)
2042 (OCI, 499)
2043 (OCI, 499)
2044 (SB, 200)
2045 (Meyer, 2016)
2046 (MyN, 213)
2047 (SB, 202)
2048 (OCI, 499)
2049 (OCIV, 30)
2050 (OCIV, 30)
2051 (MS, 425)
2052 (MS, 426)
2053 (MS, 426)
2054 (Küng, 236)
2055 (Küng, 236)
2056 (OCI, 499)
2057 (OCI, 500)
2058 (Miribel, 148)
2059 (Miribel, 148)
2060 (Miribel, 148)
2061 (Miribel, 148-9)
2062 (Posselt, 168)
2063 (OCI, 500)
2064 (OCI, 500)
2065 (OCI, 501)
2066 (OCI, 501)
2067 (OCI, 1020)
2068 (OCI, 501)
2069 (OCI, 501)
2070 (OCI, 501)
2071 (MS, 429)
2072 (OCI, 502)
2073 (OCI, 1661)
2074 (OCI, 1019)
2075 (OCI, 1097)
2076 (OCI, 503)
2077 (MyN, 225)
2078 (MyN, 226)
2079 (OCI, 1029)
2080 (OCI, 504)
2081 (OCI, 505)
2082 (OCI, 1033)
2083 (OCI, 1034)
2084 (OCI, 1033)
2085 (OCI, 505)
2086 (OCI, 1030)
2087 (OCI, 1057)
2088 (OCI, 1037)
2089 (OCI, 1043)
2090 (OCI, 1045)
2091 (OCI, 506)
2092 (MS, 432)
2093 (OCI, 159)
2094 (OCI, 160)
2095 (OCI, 506)
2096 (OCI, 506)
2097 (OCI, 508)
2098 (OCI, 1046)
2099 (OCI, 506)
2100 (OCI, 1047)
2101 (OCI, 506)
2102 (OCI, 507)
2103 (OCI, 1047)
2104 (OCI, 1048)
2105 (OCI, 507)
2106 (OCI, 1025)
2107 (OCI, 507-8)
2108 (MS, 431)
2109 (OCI, 508)
2110 (SB, 26)
2111 (SB, 27)
2112 (SB, 83)
2113 (SB, 63)
2114 (SB, 139)
2115 (SB, 139)
2116 (SB, 139)
2117 (SB, 140)
2118 (SB, 198)
2119 (SB, 198)
2120 (SB, 199)
2121 (SB, 199)
2122 (SB, 129)

2123 (SB, 129)
2124 (OCI, 1036)
2125 (OCI, 1037)
2126 (OCI, 507)
2127 (OCI, 508-9)
2128 (OCI, 1044)
2129 (OCI, 509)
2130 (OCI, 509)
2131 (OCI, 509)
2132 (OCI, 509)
2133 (OCI, 509)
2134 (OCI, 1058)
2135 (OCI, 509)
2136 (OCI, 510)
2137 (OCI, 510)
2138 (OCI, 510)
2139 (Posselt, 199)
2140 (OCI, 1058)
2141 (My N, 230)
2142 (Miribel, 154)
2143 (OCI, 1051)
2144 (OCI, 1055-6)
2145 (OCI, 1059)
2146 (OCI, 1059)
2147 (OCI, 1054)
2148 (OCI, 1063)
2149 (MS, 435)
2150 (OCI, 1063)
2151 (MS, 436)
2152 (OCV, 621)
2153 (MS, 438)
2154 (OCV, 624)
2155 (OCV, 612)
2156 (OCV, 612-613)
2157 (MS, 436)
2158 (OCV, 503, nota 28)
2159 (OCV, 507)
2160 (OCV, 509)
2161 (OCV, 58-9)
2162 (OCV, 61)
2163 (OCV, 65)
2164 (OCV, 71-72)
2165 (MyN, 232)
2166 (OCV, 78)
2167 (OCV, 559)
2168 (OCV, 556)
2169 (OCI, 1070)
2170 (OCI, 1123, nota 2)
2171 (OCI, 1059)
2172 (OCI, 1059)
2173 (OCI, 1060)
2174 (OCI, 1061)
2175 (OCI, 1066)
2176 (OCI, 1062)
2177 (OCI, 1062)
2178 (OCI, 1068)
2179 (OCI, 1069)
2180 (OCI, 1071)
2181 (MyN, 221)
2182 (MyN, 233)
2183 (MS, 440)
2184 (Posselt, 195)
2185 (Posselt, 196)
2186 (Posselt, 196)
2187 (Posselt, 196-7)
2188 (Posselt, 197)
2189 (Posselt, 197)
2190 (Posselt, 197)
2191 (Posselt, 197)
2192 (Posselt, 197)
2193 (Posselt, 199)
2194 (OCI, 1077)
2195 (OCI, 1077)
2196 (Posselt, 200)
2197 (Posselt, 200)
2198 (Posselt, 200)
2199 (Posselt, 203)
2200 (MyN, 233)
2201 (Posselt, 204)
2202 (Posselt, 207)
2203 (Posselt, 207)
2204 (MS, 441)
2205 (OCI, 1478)
2206 (OCI, 1075)
2207 (OCI, 1076)
2208 (OCI, 1076)

2209 (OCI, 1081)
2210 (Posselt, 207)
2211 (OCI, 980, nota 8)
2212 (OCI, 1081)
2213 (OCI, 1091)
2214 (OCI, 1086)
2215 (Posselt, 208)
2216 (Posselt, 208)
2217 (Posselt, 208)
2218 (Posselt, 209)
2219 (Posselt, 209)
2220 (Posselt, 209)
2221 (Posselt, 209)
2222 (Posselt, 210)
2223 (MyN, 234)
2224 (MS, 442)
2225 (OCI, 1086)
2226 (OCI, 1079)
2227 (OCI, 1087)
2228 (OCI, 1068)
2229 (OCI, 1070)
2230 (OCI, 1069)
2231 (OCI, 1080)
2232 (MyN, 235)
2233 (MyN, 236)
2234 (OCI, 1086)
2235 (OCI, 1091)
2236 (OCI, 1093)
2237 (OCI, 1093)
2238 (OCI, 1097)
2239 (OCI, 1086)
2240 (OCI, 1073)
2241 (OCI, 1088)
2242 (MS, 434)
2243 (OCI, 1088-9)
2244 (OCI, 1222)
2245 (OCI, 1222)
2246 (OCI, 1222)
2247 (OCI, 1222)
2248 (OCI, 1094)
2249 (OCI, 1103)
2250 (OCI, 1101)
2251 (MS, 443)
2252 (MyN, 236)
2253 (OCI, 1100)
2254 (OCI, 1101)
2255 (OCI, 1147)
2256 (OCI, 1151)
2257 (OCI, 1150)
2258 (OCI, 1113)
2259 (OCI, 1117)
2260 (OCI, 1119)
2261 (OCI, 1120)
2262 (OCI, 1124)
2263 (OCI, 1124)
2264 (OCI, 1135)
2265 (OCI, 1119)
2266 (OCI, 1129)
2267 (MyN, 236)
2268 (OCI, 1129-30)
2269 (OCI, 1094)
2270 (OCI, 1134)
2271 (OCI, 1134)
2272 (MyN, 237)
2273 (OCI, 1137)
2274 (Denamy, 37)
2275 (OCI, 1134)
2276 (OCI, 1134)
2277 (OCI, 1121)
2278 (OCI, 1218)
2279 (OCI, 1170)
2280 (OCI, 1170)
2281 (OCI, 1151)
2282 (OCI, 1151-2)
2283 (OCI, 1209)
2284 (OCI, 1209)
2285 (OCI, 1209)
2286 (OCI, 1148, nota 4)
2287 (Goldhagen, 31)
2288 (OCI, 1155)
2289 (OCI, 1155)
2290 (OCI, 1152)
2291 (OCI, 1155)
2292 (OCI, 1161)
2293 (OCI, 1168)
2294 (OCI, 1168)

2295 (OCI, 1169)
2296 (OCI, 1165)
2297 (OCI, 1167)
2298 (OCI, 1167)
2299 (OCI, 1167)
2300 (OCI, 1187)
2301 (Heidegger, 2000, 14 y 19)
2302 (OCI, 1171)
2303 (OCI, 1171)
2304 (OCI, 1174)
2305 (OCI, 1174)
2306 (OCI, 1174)
2307 (OCI, 1175)
2308 (OCI, 1175)
2309 (OCI, 1175)
2310 (OCI, 1177)
2311 (OCI, 1488)
2312 (OCI, 1488)
2313 (OCI, 1179)
2314 (Heidegger, 2000, 14)
2315 (OCI, 1187)
2316 (OCI, 1187)
2317 (OCI, 1516, nota 4)
2318 (OCI, 1516)
2319 (OCI, 1516)
2320 (OCI, 1239)
2321 (OCI, 1516, nota 4)
2322 (OCI, 1187)
2323 (OCI, 1478)
2324 (OCI, 1179)
2325 (OCI, 1180)
2326 (OCI, 1185)
2327 (OCI, 1186)
2328 (OCI, 1189)
2329 (MyN 250)
2330 (OCI, 1189)
2331 (OCI, 1196)
2332 (OCI, 1196)
2333 (OCI, 1187)
2334 (OCI, 1187)
2335 (OCI, 1187)
2336 (OCI, 1192)
2337 (OCI, 1204)
2338 (OCI, 1205)
2339 (OCI, 1205)
2340 (OCI, 1205)
2341 (OCI, 1228)
2342 (OCI, 1201)
2343 (OCI, 1207-8)
2344 (OCI, 1213)
2345 (OCI, 1219)
2346 (OCI, 1219)
2347 (OCI, 1219)
2348 (OCI, 1214)
2349 (OCI, 1235)
2350 (OCI, 1235-6)
2351 (OCI, 1218)
2352 (OCI, 1216)
2353 (OCI, 1219)
2354 (OCI, 1220)
2355 (OCI, 1238)
2356 (OCI, 1228)
2357 (OCI, 1228)
2358 (OCI, 1228)
2359 (OCI, 1228)
2360 (OCI, 1207)
2361 (OCI, 1206)
2362 (OCI, 1223)
2363 (OCI, 1223)
2364 (OCI, 1226)
2365 (OCI, 1221)
2366 (OCI, 1226)
2367 (OCI, 1226)
2368 (OCI, 1227)
2369 (Young-Bruehl, 193)
2370 (Young-Bruehl, 212)
2371 (Young-Bruehl, 217)
2372 (OCI, 1230)
2373 (OCI, 1230)
2374 (OCI, 1231)
2375 (OCI, 1239)
2376 (OCI, 1239)
2377 (OCI, 1245)
2378 (OCI, 1248)
2379 (OCI, 1279)
2380 (OCI, 1246)

2381 (OCI, 1246, nota 4)
2382 (OCI, 1249)
2383 (OCI, 1249)
2384 (OCI, 1264)
2385 (OCI, 1251)
2386 (OCI, 1248)
2387 (OCI, 1251)
2388 (OCI, 1248)
2389 (OCI, 1248)
2390 (OCI, 1248)
2391 (OCI, 1247)
2392 (OCI, 1247)
2393 (MyN, 254)
2394 (Posselt, 268)
2395 (OCI, 1248)
2396 (OCI, 1252)
2397 (MyN, 266)
2398 (OCIII, 996)
2399 (OCIII, 997)
2400 (OCIII, 1030)
2401 (OCIII, 1035)
2402 (Posselt, 263)
2403 (OCI, 1267)
2404 (OCI, 1258)
2405 (OCI, 1258)
2406 (MyN, 256)
2407 (Posselt, 263)
2408 (Miribel, 178)
2409 (Miribel, 179)
2410 (Miribel, 180)
2411 (OCI, 1255)
2412 (OCI, 1255)
2413 (OCI, 1255)
2414 (OCI, 1255-6)
2415 (OCI, 1256)
2416 (OCI, 1259)
2417 (W. Herbstrith, 13)
2418 (Young Bruehl, 293)
2419 (Safranski, 1997, 303)
2420 (OCI, 1562)
2421 (MyN, 213)
2422 (OCIII, 596)
2423 (OCI, 1179)
2424 (OCIII, 604)
2425 (MyN, 238)
2426 (MyN, 238)
2427 (OCIII, 604)
2428 (OCIII, 605)
2429 (OCIII, 606)
2430 (MS, 444)
2431 (OCIII, 606)
2432 (OCIII, 621)
2433 (OCIII, 639)
2434 (OCIII, 639)
2435 (OCIII, 902)
2436 (OCIII, 904)
2437 (OCIII, 931)
2438 (OCI, 1019)
2439 (OCIII, 1020)
2440 (MS, 447)
2441 (OCIII, 1029-30)
2442 (OCIII, 1095)
2443 (OCIII, 113)
2444 (MS, 479)
2445 (OCI, 1280)
2446 (OCI, 1260)
2447 (OCI, 1269)
2448 (OCI, 1271)
2449 (OCI, 1271)
2450 (OCI, 1273)
2451 (OCI, 1277)
2452 (OCI, 1278)
2453 (OCI, 1277-8)
2454 (OCI, 1278)
2455 (OCI, 1281)
2456 (OCI, 1279)
2457 (OCI, 1279)
2458 (OCI, 1283)
2459 (OCI, 1283)
2460 (OCI, 1281)
2461 (OCI, 1272)
2462 (OCI, 1292)
2463 (OCI, 1283)
2464 (OCI, 1285)
2465 (OCI, 1285)
2466 (OCI, 1285, nota 12)

2467 (OCI, 1286)
2468 (OCI, 1286)
2469 (OCI, 1265)
2470 (OCI, 1265)
2471 (OCI, 1280)
2472 (MS, 487)
2473 (OCV, 584)
2474 (M.S, 487)
2475 (OCI, 1288)
2476 (OCI, 1292)
2477 (OCIII, 1108-9)
2478 (Avenatti de Palumbo y Bertolini, 65)
2479 (MS, 491-2)
2480 (OCV, 703)
2481 (OCI, 497)
2482 (OCI, 1292)
2483 (Posselt, 271)
2484 (W. Herbstrith, 189)
2485 (OCI, 1302)
2486 (OCI, 1292)
2487 (OCI, 1302)
2488 (OCI, 1292)
2489 (OCI, 1299)
2490 (OCI, 1302)
2491 (OCI, 1293)
2492 (OCI, 1297)
2493 (OCI, 1297)
2494 (OCI, 1298)
2495 (MS, 503)
2496 (OCV, 636)
2497 (OCV, 639)
2498 (OCV, 743)
2499 (OCV, 744)
2500 (OCV, 744)
2501 (OCV, 71)
2502 (Posselt, 278)
2503 (Posselt, 278)
2504 (OCI, 1304)
2505 (OCI, 1304)
2506 (Hobsbawm, 139)
2507 (OCI, 1300)
2508 (OCI, 1312-3)
2509 (MyN, 257)
2510 (OCV, 106)
2511 (OCI, 1315-6)
2512 (OCI, 1316)
2513 (MS, 498)
2514 (Miribel, 198)
2515 (OCV, 805)
2516 (OCI, 1307)
2517 (OCV, 809)
2518 (OCI, 514)
2519 (OCI, 514)
2520 (OCI, 515)
2521 (OCI, 515)
2522 (OCI, 516)
2523 (MyN, 275)
2524 (Miribel, 202)
2525 (Miribel, 183)
2526 (OCI, 1318, nota 2)
2527 (OCI, 1318)
2528 (OCI, 1318)
2529 (OCI, 1323)
2530 (OCI, 1318)
2531 (OCI, 1419)
2532 (OCI, 1319)
2533 (OCI, 1333)
2534 (OCI, 1350)
2535 (OCI, 1350)
2536 (SB, 153)
2537 (OCI, 1319)
2538 (OCI, 1320)
2539 (OCI, 1320)
2540 (OCI, 1321)
2541 (OCI, 1358)
2542 (OCV, 632)
2543 (OCV, 811)
2544 (OCI, 1317)
2545 (OCI, 1325)
2546 (OCI, 1348)
2547 (OCI, 1326)
2548 (OCI, 1325)
2549 (OCI, 1325)
2550 (OCI, 1330)
2551 (OCI, 1330)

2552 (OCI, 1333-4)
2553 (OCI, 1334)
2554 (OCI, 1334)
2555 (OCI, 1327)
2556 (OCI, 1327)
2557 (OCI, 1328)
2558 (OCI, 1328)
2559 (OCI, 1329)
2560 (OCI, 1336)
2561 (OCV, 713-717)
2562 (OCI, 1338)
2563 (OCI, 1388)
2564 (OCI, 1337)
2565 (MacIntyre, 39)
2566 (OCI, 1338)
2567 (OCI, 1342)
2568 (OCI, 1343)
2569 (OCI, 1434)
2570 (OCI, 1343)
2571 (OCI, 1344)
2572 (OCI, 1349)
2573 (OCI, 1349)
2574 (MS, 504)
2575 (OCV, 814-5)
2576 (MS, 505)
2577 (Bertolini, 2013, 247)
2578 (OCI, 1350)
2579 (OCI, 1349)
2580 (OCI, 1349)
2581 (OCI, 1350)
2582 (OCI, 1352)
2583 (OCI, 1352)
2584 (OCIII, 994)
2585 (OCI, 1352)
2586 (OCI, 1352)
2587 (OCI, 1353)
2588 (OCI, 1353)
2589 (OCI, 1353)
2590 (OCI, 1354)
2591 (Denamy, 201)
2592 (SB, 153)
2593 (OCI, 1339)
2594 (OCI, 1359)
2595 (OCI, 1355)
2596 (MS, 507)
2597 (OCI, 1379, nota 3)
2598 (OCI, 1379 nota 3)
2599 (OCI, 1364)
2600 (OCI, 1365)
2601 (OCI, 1367)
2602 (OCI, 1368)
2603 (OCI, 1368)
2604 (OCI, 1368)
2605 (OCV, 638)
2606 (OCV, 637)
2607 (OCV, 733)
2608 (OCV, 148)
2609 (Alles Bello, 2022)
2610 (OCI, 1368)
2611 (MS, 511)
2612 (OCI, 1369)
2613 (OCI, 1369)
2614 (OCI, 1370)
2615 (OCI, 1371)
2616 (OCI, 1377, nota 1)
2617 (OCI, 1373)
2618
2619 (OCI, 1308)
2620 (OCI, 1382)
2621 (OCI, 1385)
2622 (OCI, 1386-7)
2623 (OCI, 1387)
2624 (OCV, 660)
2625 (OCV, 662-3)
2626 (OCV, 663)
2627 (OCI, 1379)
2628 OCI, 1379, nota 3
2629 (OCI, 1379)
2630 (OCI, 1381, nota 2)
2631 (OCI, 1381)
2632 (OCI, 1381)
2633 (OCI, 1383)
2634 (OCI, 1383, nota 2)
2635 (OCI, 1387)
2636 (MS, 508)
2637 (OCV, 129)

2638 (OCV, 154)
2639 (OCV, 156)
2640 (OCV, 156)
2641 (OCV, 157)
2642 (OCV, 157)
2643 (OCV, 160)
2644 (OCV, 164)
2645 (OCV, 167)
2646 (OCV, 169)
2647 (OCV, 173)
2648 (OCV, 173)
2649 (OCV, 174)
2650 (OCI, 1628)
2651 (W. Herbstrith, 12)
2652 (OCI, 1389)
2653 (OCI, 1389)
2654 (OCI, 1390)
2655 (W. Herbstrith, 12)
2656 (W. Herbstrith, 12-3)
2657 (OCI, 1387)
2658 (OCI, 1393)
2659 (OCI, 1387)
2660 (OCI, 1387)
2661 (OCI, 1374)
2662 (OCI, 1629)
2663 (OCI, 1387)
2664 (OCI, 1392)
2665 (OCI, 1392)
2666 (OCI, 1393)
2667 (OCI, 1391)
2668 (OCI, 1393)
2669 (OCI, 1393)
2670 (OCI, 1393)
2671 (Goldhagen, 186)
2672 (MS, 519)
2673 (OCI, 1633, nota 6)
2674 (OCI, 1632)
2675 (OCI, 1636)
2676 (OCI, 1395, nota 5)
2677 (OCI, 1394)
2678 (OCI, 1394)
2679 (OCI, 1395)
2680 (OCI, 1395)
2681 (OCI, 1395)
2682 (OCI, 1402)
2683 (OCI, 1396)
2684 (OCI, 1397)
2685 (OCI, 1397, nota 1)
2686 (OCI, 1399)
2687 (OCI, 1398)
2688 (OCI, 1401)
2689 (OCI, 1401)
2690 (OCI, 1644)
2691 (OCI, 1645)
2692 (OCI, 1638)
2693 (OCI, 1638)
2694 (OCI, 1638-9)
2695 (OCI, 1639)
2696 (OCI, 1647)
2697 (OCI, 1642)
2698 (OCI, 1642)
2699 (OCI, 1643)
2700 (OCI, 1402)
2701 (OCI, 1407)
2702 (OCI, 1650)
2703 (MS, 510)
2704 (MyN, 271)
2705 (OCV, 738)
2706 (OCV, 741)
2707 (W. Herbstrith, 15)
2708 (OCI, 1649)
2709 (OCI, 1650)
2710 (OCI, 1651)
2711 (OCI, 1651)
2712 (MyN, 272)
2713 (OCI, 1653)
2714 (OCV, 1406)
2715 (OCV, 230)
2716 (OCV, 201)
2717 (MS, 11-2)
2718 (MS, 348)
2719 (OCV, 230)
2720 (MS, 349)
2721 (OCV, 231)
2722 (OCV, 226)
2723 (OCV, 227)

2724 (MS, 526)
2725 (OCV, 207)
2726 (OCV, 207)
2727 (OCV, 208)
2728 (OCV, 222)
2729 (OCV, 226)
2730 (OCV, 228)
2731 (OCV, 227)
2732 (OCV, 231)
2733 (OCV, 233)
2734 (OCV, 237)
2735 (OCV, 237)
2736 (MyN, 268)
2737 (OCIII, 1026)
2738 (OCIII, 1088)
2739 (OCIII, 1089)
2740 (OCV, 247)
2741 (OCV, 253)
2742 (OCV, 257)
2743 (OCV, 257)
2744 (OCV, 396)
2745 (OCV, 443)
2746 (OCV, 462)
2747 (OCV, 468)
2748 (OCV, 472)
2749 (Posselt, 304)
2750 (Posselt, 305)
2751 (MyN, 276, nota 26)
2752 (Posselt, 333)
2753 (Theresia AMD, 285)
2754 (Hamas, 27)
2755 (OCI, 1410)
2756 (Theresia AMD, 287)
2757 (Hamas, 14)
2758 (OCI, 1410)
2759 (OCI, 1411)
2760 (OCV, 119)
2761 (OCI, 1410)
2762 (Theresia AMD, 289)
2763 (OCI, 1413)
2764 (Posselt, 321-2)
2765 (OCI, 516)
2766 (OCV, 232)
2767 (OCV, 227)
2768 (OCV, 20)
2769 (W. Herbstrith, 222-3)
2770 (E. Hillesum, 2013, XI)
2771 (E. Hillesum, 2016, 47)
2772 (E. Hillesum, 2016, 51)
2773 (OCV, 216)
2774 (E. Hillesum, 2013, IX)
2775 (E. Hillesum, 2013, IX)
2776 (E. Hillesum, 2016, 53)
2777 (E. Hillesum, 2016, 54)
2778 (Paul Lebeau, 179)
2779 (W. Herbstrith, 211)
2780 (W. Herbstrith, 211)
2781 (Theresia AMD, 293)
2782 (Posselt, 317)
2783 (Theresia AMD, 290)
2784 (Theresia AMD, 287)
2785 (Theresia AMD, 287-8)
2786 (Theresia AMD, 298)
2787 (W. Herbstrith, 221)
2788 (W. Herbstrith, 221)
2789 (Theresia AMD, 301)
2790 (T. Eagleton, 21)
2791 (T. Eagleton, 22)
2792 (T. Eagleton, 22)
2793 (T. Eagleton, 23)
2794 (Balthasar, 284)
2795 (Balthasar, 161)
2796 (OCV, 205)
2797 (Gálatas 2, 20)
2798 (Theresia AMD, 296)
2799 (Posselt, 8)
2800 (Posselt, 349)
2801 (OCI, 1702)